・介護予防・日常生活支援総合事業のサービス ・自治体独自サービス

 要支援 **1、2** の認定を受けてから

 認定は受けずにチェックリストのみ 非該当

住んでいる地区の地域包括支援センターの職員

高齢者虐待防止事業（P.172）

護

地域包括支援センター（P.74）

介護予防サービス（P.70）

ホームヘルパー
訪問看護
訪問リハビリ
訪問入浴
デイケア
デイサービス
ショートステイ
居宅療養管理指導
福祉用具の貸出し、購入
住宅改修

地域支援事業（P.70）

介護予防・
日常生活支援総合事業
○介護予防・生活支援
　サービス事業
　・訪問型サービス
　・通所型サービス
　・生活支援サービス
　・介護予防支援事業
　（ケアマネジメント）
○一般介護予防事業

日常生活用具給付または貸与

電磁調理器
火災警報器
自動消火器
高齢者用福祉電話
緊急通報装置

（P.87）

自治体独自サービス（地域支援事業の任意事業）

配食サービス
紙おむつの給付
寝具乾燥・消毒サービス
理容・美容サービス
生活自立のための住まいづくり助成
介護手当金の給付

（P.87）

高齢者 住まい・施設マップ

← 介護サービスが付いている

施設

自宅

私らしく生活できるのはどこかしら？

P.89

介 医 ☆

介護医療院

長期療養が必要な要介護1〜5の人が医療ケアと介護を同時に受けられる施設。

費　用　要介護度、負担割合と所得に応じて約5〜15万円程度
※医療費は原則利用料に含まれる。

P.89

介 ☆

介護老人保健施設

病状が安定しているものの、自宅等での生活に戻るためにはリハビリや看護を中心とする療養が必要な要介護1〜5の人を対象とした施設。

費　用　要介護度、負担割合と所得に応じて約8〜15万円程度
※医療費は原則利用料に含まれる。

P.88

介 老 地域 ☆

介護老人福祉施設（特養）

常時介護を必要とする要介護3〜5の人で、かつ在宅での介護が困難な人を対象とした施設。

費　用　要介護度、負担割合と所得に応じて約5〜15万円程度

P.90

介 地域

グループホーム

認知症のある高齢者が、介護サービスを受けながら、家庭的な環境の中で共同生活を送ることができる住まい。要支援2〜要介護5の人を対象。

費　用　10〜20万円程度

P.92

老

有料老人ホーム

介護付き ◎☆
住宅型
健康型

60歳以上の人を対象とし、食事の提供、入浴・排泄・食事の介護、洗濯・掃除の家事、健康管理などのいずれかのサービスを提供する施設。

費　用　15〜20万円程度。入居一時金に100〜300万円程度要する場合もある

 介護保険法
 老人福祉法
医 医療法

地域 地域密着型
☆ 医師または看護師の配置義務のある施設
◎ 特定施設

外部の介護サービスを利用する

P.91

☆
◎ **ケアハウス**

60歳以上で自炊ができない程度の心身機能の低下があり、独立して生活するには不安な人を対象とした施設。外部のサービスを利用する場合と、施設内のサービスを受ける場合がある。
※外部サービス利用型は、医・看の配置義務なし

費　用　収入に応じて設定されている

P.91

☆ **軽費老人ホーム**

60歳以上で一定の所得以下の健康な人で、家庭の事情等により、自宅での生活が困難な人を対象とした施設。

費　用　収入に応じて設定されている

P.93

高齢者住まい法 **サービス付き高齢者向け住宅**

☆
◎ もっぱら高齢者を対象とした賃貸住宅。自宅での生活と同様、介護保険サービスを利用しながら、生活を送ることができる。

P.95

老
☆
◎ **養護老人ホーム**

身体または精神的、環境的、経済的事情により、家庭で生活を送ることが困難な人を対象とした施設。
※外部サービス利用型は、医・看の配置義務なし

費　用　収入に応じて0円～10万円程度

P.95

生活支援ハウス

各種の相談や緊急時の対応を行い、自宅で生活することが不安な60歳以上の高齢者の生活を支援する住まい。夜間も含めた生活援助員の配置がある。

費　用　収入に応じて設定されている

P.96

シルバーハウジング

バリアフリー化された住宅と、緊急時対応などの生活援助員による日常生活支援サービスの提供を併せて行う高齢者世帯向けの公営住宅。

子どもの福祉マップ

相談する

- 子育て世代包括支援センター　**P.151**
- 利用者支援事業　**P.151**

妊娠・出産

- 不妊・不育治療費助成制度　**P.147**
- 妊産婦健康診査　**P.146**

子どもの発育や発達

- 訪問指導　**P.156**
- 乳幼児健康診査　**P.157**
- 育児・発達相談（教室）

時間や形態などは市町によって異なるので、
最寄りの保健センターに問い合わせてください。

手当金など

- 出産手当金　**P.149**
- 出産育児一時金　**P.148**
- 育児休業給付金　**P.149**
- 児童手当　**P.159**
- プレミアム・パスポート　**P.156**
- 出産祝い金　**P.156**
- チャイルドシート購入補助金　**P.156**
- 児童扶養手当　**P.160**
- 障 障害児福祉手当　**P.130**
- 障 特別児童扶養手当　**P.130**

預ける・通う

- 病 病児・病後児保育　**P.154**
- 障 児童発達支援　**P.128**
- 障 放課後等デイサービス　**P.128**
- 保育サービス（一時預かり・延長保育など）　**P.154**
- 児童ショートステイ（短期宿泊）　**P.154**
- 児童トワイライトステイ（夜間預かり）　**P.154**
- ファミリーサポートセンター　**P.154**
- 産前・産後ママヘルパー　**P.155**

医療費助成

病 子ども医療費助成制度 **P.158**
（市町ごとの実施状況は **P.216**）

病 小児慢性特定疾病医療費助成制度 **P.158**

病 ひとり親家庭医療費助成制度 **P.163**

障 自立支援医療制度 **P.135**

障 心身障害者医療費助成制度 **P.134**

つどう

🍀 **子育て支援センター**
保育所などに併設されており、育児情報を交換したり、親子遊びや子育て講座、子育て相談などが行われています。

🍀 **児童館**
子ども同士で遊ぶ場として、各種教室や行事が企画されています。

学校生活

🍀 就学援助制度 **P.165**

🍀 学習支援 **P.166**

🍀 放課後児童クラブ **P.166**

児童虐待

児童相談所、保健センター、児童家庭支援センター、市町の子育て支援担当課などに相談してください。
P.176

障害のある人の福祉マップ

はたらく・訓練

就労移行支援（P.120）　　自立訓練（P.120）
職場適応訓練（P.142）　　（機能訓練・生活訓練）
職場実習制度（P.142）　　障害者職業能力開発校
職業準備支援事業（P.141）　　　　　　　（P.349）
就労継続支援（P.120）　　産業技術専門校
相談・支援機関（P.141）　　　　　　　　（P.349）
ハローワーク（P.141）

医 療

高額療養費制度（P.17）
心身障害者医療費助成（P.13）
自立支援医療（P.135）

出かける・余暇活動

同行援護（P.118）
行動援護（P.118）
移動支援（P.124）
福祉有償運送（P.143）
自動車に係る諸税の免税（P.144）

経済を支える制度

障害年金（P.138）　　　各種手当（P.140）
各種割引（P.355）　　　税金控除・免除（P.59）
生活保護（P.40）　　　　共済制度（P.140）
貸付制度（P.49）　　　　手帳申請（P.108）
総合支援法上の減免制度（P.126）

児童

児童発達支援センター（P.128）
放課後等デイサービス（P.128）
児童手当制度（P.140）
児童入所施設（P.129）

くらし（住まい・介護）

住宅改修（P.246）
共同生活援助（グループホーム）（P.121）
障害者支援施設（P.300）
意思疎通支援事業（P.124）
居宅介護（P.117）
重度訪問介護（P.117）
短期入所（ショートステイ）（P.118）
日常生活用具（P.124）
補装具（P.123）

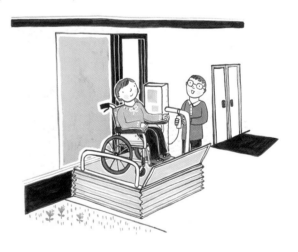

権利擁護に関する制度

成年後見制度（P.181）
福祉サービス利用支援事業（P.184）
クーリング・オフ制度（P.185）
民事法律扶助（P.193）
個別給付に係る処分の審査請求（P.187）

成年後見制度利用支援事業（P.183）
サービスの苦情相談（P.190）
自己破産（P.54）

医療費軽減マップ

すべての人に関わる制度

職域の健康保険

国民健康保険

後期高齢者医療制度

◆ 高額療養費制度
（限度額適用認定／

◆ 高額医療

◆ 入院時

特定の人に関わる制度

子どもの制度

◆ 子ども医療費助成制度　　　　　　P.158
◆ 小児慢性特定疾病医療費助成制度　P.158
◆ 自立支援医療（育成医療）　　　　P.136
◆ 乳幼児期任意予防接種費助成制度　P.238

母子家庭の制度

◆ ひとり親家庭医療費助成制度
　　　　　　　　　　　　　　P.163

妊産婦の制度

◆ 妊産婦健康診査　*P.146*
◆ 不妊・不育治療費助成　*P.147*

低所得の人に関わる制度

生活保護（医療扶助）

法外援護（金沢市）

P.47

◆ 生活保護の申請　　　　　*P.40*
◆ 通院移送費の申請　　　*P.40, 43*
◆ 治療材料費の申請　　　　*P.40*

P.17

長期高額疾病による特定疾病受療）

介護合算療養費制度　　　　P.21

食事療養費・入院時生活療養費　P.22

🔹 保険料の減免制度　　　　P.23

税の申告

P.59

適切な税金申告をおこなうことで各種保険料や利用料が軽減されることもあります。

障害のある人の制度

🔹 心身障害者医療費助成制度　　P.134
🔹 自立支援医療（更生医療）　　P.135
🔹 自立支援医療（精神通院医療）P.137

高齢者の制度

🔹 高齢者医療費助成制度
　　　　　　　　　P.103

その他の制度

労働者災害補償保険　P.204

原子爆弾被爆者援護法　P.36

難病医療費助成制度　P.32

肝炎治療医療費助成制度　P.37

無料低額診療事業

🔹 無料低額診療施設への受診　P.48

健康保険・国民健康保険・後期高齢者医療制度

🔹 一部負担金減免申請　　　　P.27

離職者生活支援マップ

働く支援 家賃の支援 住宅入居の支援 生活費の支援

雇用保険受給資格がある人　　　　雇用保険受給資格がない人

住居がある人

P.56

雇用保険による
失業等給付
支援　給付

P.57

職業訓練を受講する場合は
職業訓練受講給付金
給付
（＋貸付）

P.49

入居時の費用や生活費の貸付を
受ける場合は
総合支援資金貸付
貸付
貸付

P.40

資産や能力などいろいろ
活用しても困る場合は
生活保護制度
 支援　 給付
 給付　 給付

住居がない人

P.46

住宅を喪失、喪失のおそれが
ある場合は
**住居確保
給付金**
支援　給付

P.46, 49

住宅を喪失、喪失のおそれが
ある場合は
・**住居確保給付金**
・**総合支援資金貸付**
 支援　 給付　 貸付　 貸付

P.56

雇用保険による
失業等給付
支援　給付

P.57

職業訓練を受講する場合は
職業訓練受講給付金
給付
（＋貸付）

P.58

当座の生活支援資金として
臨時特例つなぎ資金貸付
貸付

包括的相談支援・連携マップ

保育施設

医療
機関

施設
事業所

放課後
児童クラブ

教育
機関

公民館

企業

介護予防
(P.75)

生活支援
(P.39,207)

居場所
づくり
(P.350,351)

虐待防止
(P.172)

防災
(P.200)

行政・相談窓口 P.355

多分野専門機関と地域の協働

更生保護に関する相談	司法関係の相談	労働に関する相談	権利擁護に関する相談	こどもの福祉・子育ての相談	高齢者の福祉・介護の相談	生活困窮の相談	障害者の相談	医療	保健（精神・難病・母子）	女性相談（DV）	消費者被害の相談	住まいの相談	暮らしの相談	教育の相談	外国人の生活相談
P 197 344	P 192 193	P 203 348 349	P 180 345 350	P 151 343	P 295	P 45 345	P 321 323	P 343 344 349 353	P 151 328 343 344	P 180 344	P 186 347	P 55	P 46 346	P 350	P 350

ライフサイクル別社会保障制度一覧

　　社会保障・社会福祉に関連する制度の主なものを、国の制度を中心に妊娠・出産から死亡までのライフサイクルに沿って整理してあります。表の左欄には、「… したい」とか「… が必要」というように「困っていること」を挙げており、それに対応する制度名を表の中欄に掲げてあります。また、本書の本文で解説のあるものについては、表の右欄（マップ欄）に該当ページを掲載していますので、本書の目的別索引としても利用してください。

　　なお、下記の内容のうち、市町によっては実施していないものもあります。また逆に、下記に掲載しているものよりも充実した制度を実施している市町もあります。詳しくは居住地の役場等に問い合わせてください。

妊娠

妊産婦等に関する制度

	制度	マップ
妊娠したときに交付されるのは	母子健康手帳	
妊娠中・産後に健康診査を受けたい	妊産婦健康診査	146
妊娠高血圧症候群などの心配がある	妊産婦訪問指導	
妊娠高血圧症候群などで入院した	療養援護	
母子保健全般について知りたい	両（母）親学級等	
妊娠・出産・子育てについて様々な相談をしたい	子育て世代包括支援センター	151
妊娠・出産・育児について悩みがある	産前・産後サポート事業	
妊娠や育児について相談したい	母子保健相談・指導	
産後に家族等から十分な援助を受けられない	産後ケア事業	
不妊治療を受けたい	不妊治療の保険適用	147
6週間（多胎妊娠の場合は14週間）以内に出産予定	産前休業	
出産翌日から8週間を経過しない	産後休業	

出産

出産費用に関する制度

	制度	マップ
出産費用を健康保険から支給	出産育児一時金	148
出産で休業した、扶養家族が出産した	出産手当金、家族出産育児一時金	149、148
当座の出産費用を借りたい	出産費貸付	
産前・産後・育児休業中の社会保険料は	産前・産後・育児休業中の保険料免除	150

乳児

乳児の健康に関する制度

	制度	マップ
新生児の疾病予防等について指導を受けたい	新生児訪問指導	260
未熟児の保健指導を受けたい	未熟児訪問指導	260
未熟児の入院養育が必要	未熟児養育医療	
乳児へのB型肝炎感染が心配	B型肝炎母子感染防止対策	
新生児の先天性代謝異常などが心配	先天性代謝異常等検査	
出生児の健診を受けたい	乳幼児健康診査、1歳6ヵ月児健康診査、3歳児健康診査	157
児童が結核で長期間入院が必要	療育の給付	
小児慢性疾患にかかった	小児慢性特定疾病医療費助成	158

子ども

子育てに関する制度

	制度	マップ
中学校修了前の子どもを育てているとき支給される	児童手当	159
昼間などに児童を預けたい	保育所	152
少人数での保育を希望する	家庭的保育事業、小規模保育事業	153
一時的に児童を預けたい	ショートステイ事業、トワイライト事業、一時預かり事業	154
産前・産後に家事育児を手伝ってほしい	産前・産後ママヘルパー	155
家庭で乳児を養育している	乳児家庭全戸訪問事業	156
子育てについて助言してほしい	養育支援訪問事業	
地域の人に一時的に短時間、子どもを預けたい	ファミリーサポートセンター事業	154
病中・病気回復期の子どもを預けたい	病児・病後児保育	154
子育て中の親子同士の交流・子育ての悩みを相談したい	地域子育て支援拠点事業	151
放課後等の子どもの居場所を確保したい	放課後子ども教室、放課後児童クラブ	166
保護者がいない児童や保護者に任すことが適当でないとき	里親委託	155
育児休業するとき	育児休業制度、育児休業給付	149
病気の子どもを看護したり、健診を受けさせたい	子の看護休暇	
3歳未満児の養育者が勤務時間を短縮したい	育児のための所定労働時間の短縮措置	150
中学生に勉強を教えてほしい	学習支援	166

障害のある子どもに関する制度

	制度	マップ
ホームヘルパーの派遣、ショートステイなどを受けたい	介護給付	117
訓練等の支援を受けたい	訓練等給付	120
入所施設でのサービスを利用したい	障害児入所支援	129
居宅生活をしながらサービスを利用したい	障害児通所支援	128
車いすや補聴器などの補装具が必要	補装具費	123
訓練用ベッドや浴槽など特殊な日常生活用具が必要	日常生活用具給付等事業	124
障害の軽減等のための医療を受けたい	自立支援医療（育成医療）	136
障害のある児童を育てているとき支給される	特別児童扶養手当	140
重度の障害のある児童を介護しているとき支給される	障害児福祉手当	140

ひとり親家庭に関する制度

ひとり親家庭

	制度	マップ
資金の貸付を受けたい	母子・父子・寡婦福祉資金貸付金	53、161
就業に関して相談したい	母子家庭等就業・自立支援事業	165
職業能力開発のための教育訓練を受けたい	自立支援教育訓練給付金事業	164
ひとり親家庭の父母が就職のため、看護師等の自立に効果的な資格を取得したい	高等職業訓練促進給付金等事業	164
ひとり親家庭の父母が高等学校卒業程度認定試験に合格したい	高等学校卒業程度認定試験合格支援事業	
ひとり親家庭の父母が必要な就業支援事業を探したい	母子・父子自立支援プログラム策定事業	
生活上の問題で相談や指導を受けたい	総合的な支援のための相談窓口	151
一時的に家庭生活支援員の派遣を受けたい	ひとり親家庭等日常生活支援事業	163
生活上の相談などの支援を受けたい	ひとり親家庭等生活向上事業	
ひとり親家庭で子どもを育てているとき支給される	児童扶養手当	160
住宅に困っている	公営住宅の優先入居	55
理容所や売店を開きたい	公共施設内での売店の設置	
保育所に入所を希望	保育所の優先入所、放課後児童健全育成事業等の配慮	

学校生活に関する制度

	制度	マップ
就学に経済的な援助が必要	学用品等の支給（就学援助制度）	165
高等学校等に就学するとき	高等学校等就学支援金制度	
障害のある子が特別支援学校等に就学するとき	特別支援学校等への就学奨励	
健康診断を受けたい	就学時健康診断、児童生徒等の健康診断	
感染症などにかかり経済援助が必要	医療費の援助	
学校管理下で病気やけがをした	学校等の児童生徒等に対する災害共済給付	
奨学金の貸与を受けたい	日本学生支援機構による奨学金の貸与	53

事 故

業務上の事故に関する制度

	制度	マップ
けがをしたり病気になった	療養（補償）給付	204
傷病治ゆ後の再手術等が必要	外科後処置	
休んで給料を受けられない	休業（補償）給付	204
けがや病気が治らず重度の障害状態になった	傷病（補償）年金	204
けがや病気は治ったが身体に障害が残った	障害（補償）年金	205
けがや病気は治ったが身体に軽度の障害が残った	障害（補償）一時金	205
けがや病気により重度の障害状態にあり介護が必要	介護（補償）給付	205
傷病治ゆ後、補装具が必要	義肢その他の補装具費、旅費	
脊髄損傷等治ゆ後、再発予防のための措置が必要	アフターケア	
後遺障害のある人が機能訓練を受けたい	リハビリテーション	
労災事故傷病者が疼痛・しびれ等の治療を受けたい	労災はり・きゅう施術特別援護措置	
外科後処置を受ける	外科後処置、旅費	
被災労働者の家族が学費に困っている	就学援護費	
被災労働者や家族が児童を保育所などに預けている	就労保育援護費	
被災労働者の遺族の生活保障	遺族（補償）年金、遺族（補償）一時金、長期家族介護者援護金	205
被災労働者の葬祭を行う	葬祭料（葬祭給付）	205
中小事業者や１人親方である	労災特別加入制度	205

自動車事故に関する制度

	制度	マップ
自動車事故の被害にあった	自動車損害賠償責任保険	
ひき逃げや無保険者の自動車による事故にあった	自動車損害賠償保障法に基づく政府保障事業	
交通事故のため生活に困っている	独立行政法人自動車事故対策機構法（交通遺児等貸付、後遺障害保険金または共済金一部立替貸付、保障金一部立替貸付、不履行判決等貸付）	53
自動車事故により重度の後遺障害が残った	介護料の支給	
脳損傷により重度の後遺障害が残り、治療や常時介護が必要	療護センター	
交通事故に起因する悩みについて相談したい	NASVA 交通事故被害者ホットライン	
損害賠償その他の法律相談を受けたい	公益財団法人日弁連交通事故相談センター	

失 業

失業者等に関する制度

	制度	マップ
失業したときの生活保障	求職者給付	56
失業していても雇用保険を受給できないとき	求職者支援制度	57
基本手当の支給日数を残して再就職した	再就職手当	
基本手当の支給日数を残してアルバイトなどで再就職した	就業手当	
中高齢者や障害のある人が職業に就いた	常用就職支度手当	
求職の申し込みをした後、病気になった	傷病手当	
再就職のために公共職業訓練を受ける	受講手当	58
公共職業訓練施設への通所で交通機関を利用する	通所手当	58
公共職業訓練を受けるため家族と別居している	寄宿手当	58
就職または公共職業訓練を受けるため移転する	移転費	
遠方への求職活動、短期教育訓練、求職活動のため子どもを預けたい	求職活動支援費	
65 歳以上で失業した	高年齢求職者給付金	
公共職業安定所の紹介により遠隔地に求職に行った	広域求職活動費	
能力開発のための教育訓練などを自費で受けた	教育訓練給付	
雇用保険を受給できない特定求職者が早期就職をめざす	職業訓練受講給付金	57
住居のない離職者が公的な給付を受けるまで貸付を受ける	臨時特例つなぎ資金貸付	58
再就職後の賃金が離職前の賃金より低くなった	就業促進定着手当	
会社が倒産し、給料や退職金がもらえない	未払賃金立替払制度	203
会社に休業を命じられた	休業手当	203

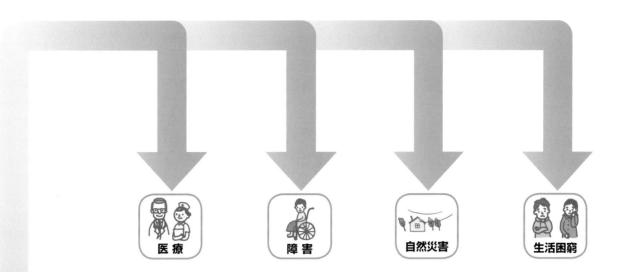

| | 医療 | 障害 | 自然災害 | 生活困窮 |

医療に関する制度

	制度	マップ
病気やけがで医療機関にかかった	療養の給付（現物給付）	13
入院したときの食費	入院時食事療養費（現物給付）	22
療養病床に入院したときの食費・居住費	入院時生活療養費（現物給付）	22
先進医療等や特別なサービス等を受けた	保険外併用療養費	
保険診療を受けられなかったとき、コルセットやはり、きゅうなどの代金などを支払ったときなどで、後から払い戻してもらいたい	療養費（現金給付）	29
訪問看護サービスを受けたい	訪問看護療養費	
緊急に転院したときなどの費用	移送費	
医療の自己負担分が限度額を超え、払い戻してもらいたい	高額療養費	17
当座の医療費支払のための費用を借りたい	高額医療費貸付	236
退職被保険者が病気やけがをした	退職者医療制度	28
療養のため働けず、給料をもらえない	傷病手当金	30

特定の疾病に関する制度

	制度	マップ
感染症のため医療が必要	感染症の予防及び感染症の患者に対する医療に関する法律	
難病にかかった	難病法に係る特定医療費助成制度、特定疾患治療研究事業	32
難病の患者が療養上生活上の相談をしたい	難病相談支援センター	344
予防接種により健康被害を受けた	予防接種健康被害救済制度（医療費・医療手当・障害児養育年金・障害年金・死亡一時金・遺族年金・遺族一時金・葬祭料）新型インフルエンザワクチン接種事業による健康被害救済制度、子宮頸がん等ワクチン接種緊急促進事業による医薬品副作用被害救済制度	
公害により健康被害を受けた	公害健康被害補償制度（療養の給付・障害補償費・遺族補償費・遺族補償一時金・療養手当・葬祭料）	
原爆の被爆によって健康被害を受けた	原子爆弾被爆者に対する援護に関する法律（健康診断・被爆者医療・医療特別手当・特別手当・原子爆弾小頭症手当・健康管理手当・保健手当・介護手当・葬祭料）	36
医薬品の副作用により健康被害を受けた	健康被害救済制度（医療費・医療手当・障害年金・障害児養育年金・遺族年金・遺族一時金・葬祭料）	
石綿（アスベスト）により健康被害を受けた	労働者災害補償保険制度、石綿健康被害救済制度、建設アスベスト給付金制度	204、206

障害のある人に関する制度

	制度	マップ
障害のある人の所得保障	障害基礎年金、障害厚生年金	138
任意加入していなかったときの傷病で障害状態となり、年金を受けられない	特別障害給付金	
重度障害のある人を家庭内で介護している	特別障害者手当	140
障害福祉サービスを利用している人が65歳になったとき	新高額障害福祉サービス等給付費	115
ホームヘルパーの派遣、デイサービス、ショートステイなどを受けたい	介護給付	117
訓練等の支援を受けたい	訓練等給付	120
車いすや補聴器などの補装具が必要	補装具費	123
浴槽などの日常生活用具の給付を受けたい	重度障害者日常生活用具給付	124
障害の軽減等のための医療を受けたい	自立支援医療（更生医療）	135
福祉サービスの利用手続の援助や金銭管理の援助などを受けたい	福祉サービス利用支援事業	184
精神に障害のある人が社会復帰や自立等の相談をしたい	精神障害者地域生活支援センター	
精神に障害のある人が通院治療を受けたい	精神科デイ・ケア	
居住する住宅に困っている	公営住宅の優先入居	55
JR等の運賃の割引を受けたい	JR等運賃の割引	355
航空運賃の割引を受けたい	航空運賃の割引	355
有料道路の通行料金の割引を受けたい	有料道路身体障害者等割引	356
放送受信料の減免を受けたい	NHK放送受信料の減免	356
郵便料金の減免を受けたい	点字郵便物等の郵便料の減免	
身体的、心理的、経済的虐待を受けたとき、発見したとき	障害者虐待の防止、障害者の養護者に対する支援等に関する法律	174

災害等被災者に関する制度

	制度	マップ
災害により被害を受けた	災害救助法（避難所、応急仮設住宅、炊出しその他による食品の給与、飲料水の供給、被服・寝具その他生活必需品の給与・貸与、医療、助産、災害を受けた人の救出、住宅の応急修理、学用品の給与、埋葬、死体の捜索、死体の処理、障害物の除去）、法律相談	200、193
自然災害により住宅に著しい被害を受けた	被災者生活再建支援金、公営住宅	200、55
災害により親族が死亡した	災害弔慰金	200
自然災害による病気やけがのため障害が残った	災害障害見舞金	200
災害被害からの立直り資金を借りたい	災害援護資金、災害復興住宅融資制度、生活福祉資金貸付制度	200、49
教育費・学費に困っている	授業料の減免、就学援助制度、日本学生支援機構の奨学金、高等教育の修学支援新制度	165、53
社会保険料・税の支払いに困っている	国民健康保険・後期高齢者医療保険・国民年金・介護保険の保険料減免・徴収猶予、国税・地方税の徴収猶予	23、67、232、243
医療保険の一部負担金、介護保険の利用料の支払いに困っている	国民健康保険・後期高齢者医療保険の一部負担金減免、介護保険の利用料減免	27、73、234、244
公共料金やローンの支払いに困っている	公共料金等の支払猶予、被災ローン減免制度	54、200

生活困窮者等に関する制度

	制度	マップ
生活に困っている	生活保護（生活扶助、教育扶助、住宅扶助、医療扶助、介護扶助、出産扶助、生業扶助、葬祭扶助、保護施設）	40
生活全般について困りごとや不安がある	生活困窮者自立支援制度（自立相談支援事業、住居確保給付金、就労準備支援事業、認定就労訓練事業、家計改善支援事業、子どもの学習・生活支援事業、一時生活支援事業）	45
低所得の人が自立更生のために必要な資金を借りたい	生活福祉資金貸付制度（生活支援費、住宅入居費、一時生活再建費、福祉費、緊急小口資金、教育支援費、就学支度費、不動産担保型生活資金、要保護世帯向け不動産担保型生活資金）	49
低所得の人が住宅に困っている	公営住宅、住居確保給付金	55、46
小中学校の就学費用に困っている	就学援助制度	165
教育費・学費に困っている	授業料の減免、就学援助制度、日本学生支援機構の奨学金、高等教育の修学支援新制度	165、53
社会保険料・税の支払いに困っている	国民健康保険・後期高齢者医療保険・国民年金・介護保険の保険料減免・徴収猶予、国税・地方税の徴収猶予	23、67、232、243
無料・低額で医療を受けたい	無料低額診療事業、無料低額介護老人保健施設利用事業	48
医療保険の一部負担金、介護保険の利用料の支払いに困っている	国民健康保険・後期高齢者医療保険の一部負担金減免、介護保険の利用料減免	27、73、234、244
法的トラブルにあった等	法テラスの総合法律支援（民事法律扶助）	192(193)

高齢者

高齢者に関する制度

	制度	マップ
年をとったときの所得保障	老齢年金	
病気になったりけがをした	高齢者の医療（医療保険・後期高齢者医療）	13
入院したときの食費	入院時食事療養費	22
療養病床に入院したときの食費・居住費	入院時生活療養費	22
医療費自己負担が限度額を超えたので払い戻してもらいたい	高額医療費（高額療養費）、高額医療・高額介護合算制度	17、21
大学病院などで高度な医療を受けた	保険外併用療養費	
保険診療を受けられなかったとき、コルセットやはり、きゅうなどの代金などを支払ったときなどで、後から払い戻してもらいたい	療養費	29
日常生活用具が必要	日常生活用具給付等事業	254
介護予防等に関する支援が必要	地域支援事業	246
家庭環境や経済的理由で在宅生活が困難	養護老人ホームへの入所措置事業	95
生きがい・健康づくり活動をしたい	明るい長寿社会づくり推進機構	
住宅に困っている	サービス付き高齢者向け住宅	93
医療や福祉、認知症等に関する悩みごとを相談したい	地域包括支援センター、認知症施策推進総合戦略に基づく事業、認知症医療センター運営事業	74
看護サービスを受けたい	訪問看護（医療保険・後期高齢者医療）	79
高齢者等の生活や介護に関し相談したい	地域包括支援センター、居宅介護支援事業所	74、76
介護が必要	〈介護保険対象サービス〉 介護保険サービス（訪問介護、訪問入浴介護、訪問看護、訪問リハビリテーション、居宅療養管理指導、通所介護、通所リハビリテーション、短期入所生活介護、短期入所療養介護、特定施設入居者生活介護、福祉用具貸与・購入費の支給、住宅改修費の支給、ケアプラン作成、地域密着型サービス〈定期巡回・随時対応型訪問介護看護、夜間対応型訪問介護、認知症対応型通所介護、小規模多機能型居宅介護、認知症高齢者のグループホーム、複合型サービス等〉介護老人福祉施設、介護老人保健施設、介護医療院、介護療養型医療施設） 〈介護保険対象外サービス〉 配食サービス、移送・外出支援サービス、訪問理美容サービス、寝具洗濯乾燥消毒サービス、高齢者配慮型住宅の建設・改修等、緊急通報・安否確認サービス	76
身体的、心理的、経済的虐待を受けたとき、発見したとき	高齢者虐待の防止、高齢者の養護者に対する支援等に関する法律	172

介護の支援に関する制度

	制度	マップ
家族を介護するために休む	介護休業制度、介護休業給付、介護休暇	204
家族の介護等を行う労働者が勤務時間を短縮したい	介護のための所定労働時間の短縮措置等	

葬祭費用・遺族の所得保障に関する制度

	制度	マップ
死亡したとき健康保険から支給される	埋葬料（費）	31
加入者本人の扶養家族が死亡した	家族埋葬料	31
年金加入者が死亡したときに遺族に支給される	遺族年金	
国民年金の第1号被保険者である夫が死亡した	寡婦年金	
国民年金の第1号被保険者が死亡した	死亡一時金	

葬 祭

発刊にあたって

　『福祉マップ』第11版をお送りします。初版は1988（昭和63）年ですので35年になります。おおよそ3年に一度改訂を重ねてきたことになります。初版の前文では、「福祉マップは各市町村の福祉制度とその利用法について解説したものであり、医療機関窓口、県内の医療福祉関係者に活用する」ことを呼び掛けていました。また、生活・福祉問題への相談・援助こそ「かかりつけ医」の役割であることが強調されました。たとえば、老老介護で夫がパーキンソン病、妻は元気だが収入が少なく経済的に苦しい。パーキンソン病の夫は歩行障害が悪化しリハビリが必要であるが介護保険料を滞納していたので制度を使えない、もしものことがあったときのために貯金がわずかばかりあるので生活保護は使えない、こういった場合どうしたらいいのだろうか。かかりつけ医として難病制度、無料低額診療、介護保険料滞納時のペナルティとはどんなものか、訪問リハビリテーションが医療保険で使えるかどうか、身体障害者の対象になるのかなど、いわゆる社会資源についての知識が必要です。

　この『福祉マップ』は、1. 医療と福祉は、市民の健康を増進し疾病を管理し、安心安全に暮らせる権利を保障するための車の両輪である。医療者が、利用しうる社会資源としての各種福祉施策を十分理解することで、より充実した医療を提供できるようになることが大切である。2. 福祉施策は複雑・多岐で福祉の専門家でも、制度の全容を常に最新の知識で把握することは至難の業である。分かりやすく、Up-to-dateに整理されていることが必要である。3. ほとんどの福祉施策は申請主義であるため、市民は常に制度の知識、情報を習得する必要がある。4. 医療福祉関係者にとっても市民にとっても、よりよい福祉施策になるように、現状の福祉施策について「こうすればもっと施策が使いやすくなる」「こうすればもっと役に立つ」というような提言もあわせて行うことの4点を理念としています。

　第11版の特徴をあげますと、第一に版のレイアウトが2段組みになりました。全体のページを増やさずに情報量を増やしました。また、第10版で、序章として「世代、分野を超えた総合的な相談支援をめざして」を設けたのですが、11版では8章として包括支援の章に再編しました。そして働く人の福祉を独立した章にしたことです。

　編集・執筆においては、石川県保険医協会医療福祉部員と事務局員に加え、弁護士、地域包括支援センターのソーシャルワーカー、社会保険労務士、病院医療ソーシャルワーカー、特定非営利活動法人理事長、社会福祉士、精神保健福祉士、相談支援専門員、助産師、大学教授など様々な分野の方にご協力をいただきました。保険医協会が日常活動で築いたネットワーク、編集委員のネットワークなどに支えられていることも『福祉マップ』の特徴です。他団体、行政などとのネットワークが、『福祉マップ』の中で述べられる提言などの実現に必要な鍵となっていきます。

　最後に、第2部「県内医療費助成制度・福祉制度」、第3部「資料編」の作成のためにご尽力いただいた各市町や各団体の皆さまに感謝申し上げます。また職場での仕事が終わったあとの夜間や休日の時間を使って、全体編集会議や各グループの編集会議に何度も参加し、資料や原稿の作成をいただいた編集委員のみなさまにも厚く感謝申し上げます。そして緻密に発刊スケジュールをつくり、遅れ遅れになる我々の尻を叩いていただいた能登印刷さんに感謝です。

『福祉マップ』第11版　編集長

石川県保険医協会　副会長　　大 川 義 弘

監修のことば

　『福祉マップ』第11版をお届けします。第10版を出版して以降、制度上の様々な変更がありましたので、内容を更新するとともに、より見やすくて使いやすく、誰にも役立つものになるよう、原点に立ち戻って見直しを行い、いくつか思い切った変更を行いました。

　そのひとつが、「包括的相談支援」の重視です。社会保障制度は、生活上の様々な課題に対応できるよう総合的で包括的な内容を備えていますが、ひとつの制度で成り立っているのではなく、課題ごとに設けられた独立したいくつもの制度によって構成されています。したがって、生活上の課題が生じた場合、その人の課題に合わせて制度の使い方を包括的に考え、ひとつの制度で解決できない時はどの制度をどのように組み合わせて使うかを判断しなければなりません。しかも、実際の生活では、ひとつの困りごとが別の困りごとをもたらし、いくつも重なり合って生じることは珍しくありません。子育てと親の介護が重なるダブルケア、ひとり親家庭の貧困と子育てなど。しかし、行政の窓口も制度ごとの縦割りのため、包括的には対応してもらえません。それでは、総合的生活保障としての社会保障は絵に描いた餅になってしまいます。こうした対応の限界を超えようと、いま「包括的相談支援」が動き始めています。第11版では、制度を運用する側も利用する側も、その動きを知り、広げていくことが社会保障を生かすうえで極めて重要であると考え、冒頭に「包括的相談支援・連携マップ」を入れ、独立した章を設けました。是非、積極的に活用して下さい。

　二つ目は、「働く人の権利と制度」の拡充です。働く人は、仕事のなかで事故にあったり、配慮のない働きで健康を害したり、会社の都合で退職を強いられるなど、特有の課題を抱えています。そのため、誰もが人間らしく働けるように様々な権利が保障されていますが、現実は「職場に憲法はない」と言われるほど、働く人の権利は軽視されています。非正規雇用で働く人は、会社に要求しづらい立場にあるため、なおさらです。しかし、多くの人が一日の大半を過ごす職場で権利が保障されない限り、人間らしい生活は実現できません。そこで第11版では、「働く人の権利と制度」を独立させ、職場でも活用できる内容に拡充しました。

　三つ目は、レイアウトの変更と軽量化です。改訂のたびに内容は充実してきましたが、それに伴ってページ数も重量も増えていきました。「便利だけど重いね」「持ち運ぶにはちょっと」という声も聞かれ、転機だと判断しました。そこで内容を充実させつつ軽量化する方法を検討し、レイアウトの変更に踏み切りました。「見やすい、使いやすい」と好評だった従来のレイアウトの基本は引き継ぎつつ、第10版より約30ページ減らしました。内容の充実と軽量化の両立は永遠のテーマです。皆さんの評価を参考に、これからもチャレンジを続けます。

　社会保障制度は、所得の多寡にかかわらず誰でも使える仕組みでなければなりません。近年、使いづらくする制度の変更が続いていますが、様々な負担の減額・免除や助成・貸付、特別の給付なども存在します。それらを誰が使えるか、どんな時に使えるか、自分の住む市町村では何が使えるかなど、時間を割いて調べなければ知ることのできない情報が『福祉マップ』には数多く盛り込まれています。これらを活用して、必要な時にはためらわず制度を使い、生活の改善に役立ててください。

　新型コロナ感染の長期化で生命・健康・生活・介護・労働などへの不安が続いています。いのちと暮らしを守る手引きとして『福祉マップ』を大いに活用してください。

　　　　　　　　　　　　　　　　　　　　　　　　　『福祉マップ』第11版　監修者
　　　　　　　　　　　　　　　　　　　　　　　金沢大学名誉教授　　横　山　壽　一

目次 CONTENTS

社会資源マップ
　○高齢者在宅マップ
　○高齢者 住まい・施設マップ
　○子どもの福祉マップ
　○障害のある人の福祉マップ
　○医療費軽減マップ
　○離職者生活支援マップ
　○包括的相談支援・連携マップ
　○ライフサイクル別社会保障制度一覧

発刊にあたって
監修のことば

第①部　医療・福祉制度の解説
第①章　医療保険制度と医療費助成制度

　第1節　医療保険制度の概要と患者負担
　　　1. 医療保険制度の概要･･････････････････････････････ 12
　　　　①医療保険の種類 ････････････････････････････････ 12
　　　　②医療保険給付の種類と患者負担 ････････････････ 13
　　　　③公費負担医療制度と医療費助成制度 ･･･････････ 15
　　　2. 高額療養費制度 ･･････････････････････････････････ 17
　　　　①高額療養費制度 ････････････････････････････････ 17
　　　　②特定の病気で治療を要するとき（特定疾病療養受療証）････････ 19
　　　　③限度額適用認定（高額療養費の現物給付化）････ 19
　　　　④高額医療・高額介護合算療養費制度 ･･･････････ 21
　　　3. 入院時食事療養費・生活療養費 ････････････････ 22
　　　4. 保険料（税）の減免制度 ･････････････････････････ 23
　　　　①国民健康保険 ･･･････････････････････････････････ 23
　　　　②後期高齢者医療制度 ･･･････････････････････････ 25
　　　5. 国民健康保険料を滞納した場合 ･･････････････････ 26
　　　6. 医療費一部負担減免制度 ････････････････････････ 27
　　　7. 退職後の健康保険 ･･･････････････････････････････ 28
　　　　①任意継続被保険者 ･････････････････････････････ 28
　　　　②退職後の健康保険の選び方 ･････････････････････ 29
　　　8. 療養費払い制度 ･･････････････････････････････････ 29
　　　9. 傷病手当金 ･･･････････････････････････････････････ 30
　　　10. 埋葬料（費）・葬祭費 ･･･････････････････････････ 31

　第2節　医療費助成制度
　　　1. 難病医療費助成制度 ･････････････････････････････ 32
　　　2. 被爆者の一般疾病医療 ･･････････････････････････ 36
　　　3. 肝炎治療医療費助成制度 ････････････････････････ 37

第②章　生活支援のための各種制度

　第1節　生活に困ったときに使える制度
　　　1. 生活保護 ･･･ 40
　　　2. 生活困窮者自立支援制度 ････････････････････････ 45
　　　　①自立相談支援事業 ･････････････････････････････ 45
　　　　②住居確保給付金 ･･･････････････････････････････ 46
　　　3. 法外援護 ･･･ 47
　　　4. 無料低額診療事業無料低額介護老人保健施設利用事業 ･･････ 48
　　　5. 生活福祉資金貸付制度 ･･････････････････････････ 49
　　　6. その他の貸付制度 ･･････････････････････････････ 53
　　　7. 債務整理 ･･･ 54
　　　8. 公営住宅 ･･･ 55

第2節　失業時に使える制度
　1．雇用保険の基本手当……………………………………………………56
　2．職業訓練受講給付金（求職者支援制度）……………………………57
　3．臨時特例つなぎ資金貸付制度…………………………………………58

第3節　税金の申告
　1．所得控除の種類…………………………………………………………59
　2．医療費控除………………………………………………………………60
　　①医療費控除……………………………………………………………60
　　②介護保険関連の医療費控除…………………………………………61

第❸章　高齢者の福祉・医療

第1節　介護保険制度20年のあゆみと現状
　1．介護保険制度の変遷……………………………………………………64
　2．2021年改定の概要 ……………………………………………………65

第2節　介護保険制度の概要
　1．被保険者と保険料………………………………………………………66
　2．相談・申請から認定まで………………………………………………68
　3．サービス種別と利用方法………………………………………………70
　4．サービスの利用者負担…………………………………………………71
　5．利用者負担の減免制度…………………………………………………73

第3節　在宅での暮らしを支えるサービス
　1．生活全般の困りごとについての相談（地域包括支援センター）…74
　2．介護保険サービス利用等についての相談（居宅介護支援事業所）…76
　　居宅介護支援（介護予防支援）とケアマネジャー（介護支援専門員）…76
　3．自宅への訪問サービス…………………………………………………77
　　①訪問介護………………………………………………………………77
　　②訪問型サービス………………………………………………………77
　　③定期巡回・随時対応型訪問介護看護（地域密着型サービス）…78
　　④夜間対応型訪問介護（地域密着型サービス）………………………78
　　⑤訪問入浴介護（介護予防訪問入浴介護）…………………………78
　4．医師の指示のある、自宅への訪問サービス…………………………79
　　①居宅療養管理指導（介護予防居宅療養管理指導）………………79
　　②訪問看護（介護予防訪問看護）……………………………………79
　　③訪問リハビリテーション（介護予防訪問リハビリテーション）…79
　5．日帰り通所施設の利用…………………………………………………80
　　①通所介護（通所型サービス）………………………………………80
　　②通所リハビリテーション（介護予防通所リハビリテーション）…81
　　③療養通所介護（通所看護）…………………………………………81
　6．短期間の宿泊施設の利用………………………………………………82
　7．複合的なサービスの利用………………………………………………82
　　①小規模多機能型居宅介護（介護予防小規模多機能型居宅介護）…82
　　②認知症対応型通所介護（介護予防認知症対応型通所介護）……83
　　③定期巡回・随時対応型訪問介護看護………………………………83
　　④看護小規模多機能型居宅介護（複合型サービス）………………83
　　⑤夜間対応型訪問介護…………………………………………………83
　　⑥認知症対応型共同生活介護（介護予防認知症対応型共同生活介護）…84
　　⑦地域密着型特定施設入居者生活介護………………………………84
　　⑧地域密着型介護老人福祉施設………………………………………84
　8．福祉用具、住宅改修の利用……………………………………………84
　　①福祉用具貸与（介護予防福祉用具貸与）…………………………84
　　②特定福祉用具購入（介護予防特定福祉用具購入）………………85
　　③住宅改修費の支給……………………………………………………85
　9．介護保険外のサービス…………………………………………………87
　　①配食サービス…………………………………………………………87
　　②理容・美容サービス…………………………………………………87
　　③寝具乾燥・消毒サービス……………………………………………87
　　④紙おむつ等の給付……………………………………………………87
　　⑤緊急通報装置等の貸与………………………………………………87
　　⑥日常生活防火安全用具の給付………………………………………87
　　⑦家族介護慰労事業（介護手当金の支給）…………………………87

第4節　高齢者の住まい・施設
　1．多様化する高齢者等の住まい…………………………………………88

　　　　　　２．介護老人福祉施設（特別養護老人ホーム）……………………… 88
　　　　　　３．介護老人保健施設……………………………………………………… 89
　　　　　　４．介護医療院……………………………………………………………… 89
　　　　　　５．介護療養型医療施設…………………………………………………… 90
　　　　　　６．グループホーム（認知症対応型共同生活介護）………………… 90
　　　　　　７．軽費老人ホーム、ケアハウス……………………………………… 91
　　　　　　８．有料老人ホーム………………………………………………………… 92
　　　　　　９．サービス付き高齢者向け住宅……………………………………… 93
　　　　　　10．養護老人ホーム………………………………………………………… 95
　　　　　　11．その他の高齢者の住まい…………………………………………… 95
　　　　　　　　①生活支援ハウス（高齢者生活福祉センター）………………… 95
　　　　　　　　②シルバーハウジング………………………………………………… 96

　　第５節　認知症の人たちへの支援
　　　　　　認知症の人たちを支えるための社会資源………………………………… 97
　　　　　　　　①認知症医療……………………………………………………………… 98
　　　　　　　　②認知症の予防　地域の介護予防で活躍するボランティア等… 100
　　　　　　　　③認知症になっても安心して住み続けられる地域づくり……… 100
　　　　　　　　④くらす　つどう……………………………………………………… 101
　　　　　　　　⑤相談支援………………………………………………………………… 101

　　第６節　高齢者にかかわる医療費助成制度
　　　　　　高齢者医療費助成制度…………………………………………………… 103

第❹章　　障害のある人の福祉

　　第１節　日本における障害のある人への支援の動向
　　　　　　2021年度障害福祉サービス報酬改定と近年の動向 ………………… 106

　　第２節　手帳の交付
　　　　　　１．身体障害者手帳の交付……………………………………………… 108
　　　　　　２．療育手帳の交付……………………………………………………… 109
　　　　　　３．精神障害者保健福祉手帳の交付………………………………… 114

　　第３節　障害者総合支援法に基づく福祉サービス
　　　　　　１．全般的事項…………………………………………………………… 114
　　　　　　　　①給付の全体像………………………………………………………… 114
　　　　　　　　②利用の手続き（支給決定までの流れ）………………………… 114
　　　　　　２．介護給付の対象サービス………………………………………… 117
　　　　　　　　①居宅介護（ホームヘルプ）……………………………………… 117
　　　　　　　　②重度訪問介護………………………………………………………… 117
　　　　　　　　③同行援護……………………………………………………………… 118
　　　　　　　　④行動援護……………………………………………………………… 118
　　　　　　　　⑤重度障害者等包括支援……………………………………………… 118
　　　　　　　　⑥短期入所（ショートステイ）…………………………………… 118
　　　　　　　　⑦療養介護……………………………………………………………… 119
　　　　　　　　⑧生活介護……………………………………………………………… 119
　　　　　　　　⑨障害者支援施設での夜間ケア等（施設入所支援）………… 119
　　　　　　３．訓練等給付の対象サービス……………………………………… 120
　　　　　　　　①自立訓練（機能訓練、生活訓練）……………………………… 120
　　　　　　　　②就労移行支援………………………………………………………… 120
　　　　　　　　③就労継続支援Ａ型（雇用型）…………………………………… 120
　　　　　　　　④就労継続支援Ｂ型（非雇用型）………………………………… 121
　　　　　　　　⑤就労定着支援………………………………………………………… 121
　　　　　　　　⑥共同生活援助（グループホーム）……………………………… 121
　　　　　　　　⑦自立生活援助………………………………………………………… 121
　　　　　　４．相談支援……………………………………………………………… 122
　　　　　　　　①計画相談支援………………………………………………………… 122
　　　　　　　　②地域移行支援………………………………………………………… 122
　　　　　　　　③地域定着支援………………………………………………………… 122
　　　　　　５．補装具費の支給…………………………………………………… 123
　　　　　　６．地域生活支援事業………………………………………………… 123
　　　　　　　　①市町村地域生活支援事業………………………………………… 123
　　　　　　　　②都道府県地域生活支援事業……………………………………… 124
　　　　　　７．日々の生活と活動の場…………………………………………… 125
　　　　　　　　①日々の生活と活動の場の体系…………………………………… 125
　　　　　　　　②グループホーム（居住支援サービス）………………………… 125

③グループホームにおける介護サービス提供について ………… 125
④サテライト型住居 ……………………………………………… 125
⑤地域移行支援の対象拡大について …………………………… 125
8．各種減免措置 ……………………………………………………… 126
①障害者の福祉サービス利用負担 ……………………………… 126
②障害児の福祉サービス利用負担 ……………………………… 126
③通所施設の食費の減免措置 …………………………………… 126
④グループホーム利用者の家賃助成 …………………………… 126
⑤特定入所者特別給付費に関する認定（補足給付）………… 126
⑥生活保護への移行予防措置に関する認定 …………………… 126

第4節　障害のある児童への支援制度
1．児童福祉法について ……………………………………………… 128
2．障害のある児童への福祉サービス ……………………………… 128
①障害児通所支援 ………………………………………………… 128
②障害児相談支援 ………………………………………………… 128
③障害児入所支援 ………………………………………………… 129
3．障害のある児童への各種手当 …………………………………… 130
①特別児童扶養手当 ……………………………………………… 130
②障害児福祉手当 ………………………………………………… 130
4．医療的ケア児への支援体制の現状と法整備 …………………… 130
①医療的ケア児とは ……………………………………………… 130
②医療的ケア児支援法の概要と環境整備 ……………………… 130

第5節　難病等の人への支援制度
難病等の人への障害福祉サービス ………………………………… 131
①障害者総合支援法における難病等の人への支援の範囲 …… 131
②対象外となった疾病について ………………………………… 131

第6節　障害のある人（児）の医療費助成制度
1．心身障害者医療費助成制度 ……………………………………… 134
2．自立支援医療（更生医療）制度 ………………………………… 135
3．自立支援医療（育成医療）制度 ………………………………… 136
4．自立支援医療（精神通院）制度 ………………………………… 137

第7節　その他の制度
1．障害年金 …………………………………………………………… 138
2．各種手当制度 ……………………………………………………… 140
3．就労支援に関する制度 …………………………………………… 141
①相談・支援機関 ………………………………………………… 141
②訓練・実習制度 ………………………………………………… 142
③トライアル雇用 ………………………………………………… 142
④事業主に対する助成金 ………………………………………… 142
4．福祉有償運送事業 ………………………………………………… 143
5．自動車にかかる諸税の免税 ……………………………………… 144

第5章　出産・子育て支援の制度

第1節　妊産婦に関する制度
1．妊産婦健康診査 …………………………………………………… 146
2．不妊・不育治療に関する制度 …………………………………… 147
①不妊治療費助成 ………………………………………………… 147
②不育治療費助成 ………………………………………………… 147
③不育症検査費用助成 …………………………………………… 148
3．出産に関する制度 ………………………………………………… 148
①出産育児一時金・家族出産育児一時金 ……………………… 148
②出産手当金 ……………………………………………………… 149
③育児休業給付金 ………………………………………………… 149

第2節　子育てに関する制度
1．相談窓口 …………………………………………………………… 151
2．保育所・幼稚園・認定こども園 ………………………………… 152
3．地域型保育事業 …………………………………………………… 153
4．保育所・認定こども園などで行っているサービス …………… 154
5．ファミリーサポートセンター …………………………………… 154
6．産前・産後ママヘルパー ………………………………………… 155
7．子育てサービス …………………………………………………… 156

　　　8．乳幼児健康診査 ……………………………………………………… 157
　　　9．子ども医療費助成制度 ……………………………………………… 158
　　　10．小児慢性特定疾病医療費助成制度 ………………………………… 158
　　　11．児童手当 ……………………………………………………………… 159

第3節　ひとり親家庭に関する制度
　　　1．児童扶養手当 ………………………………………………………… 160
　　　2．母子父子寡婦福祉資金 ……………………………………………… 161
　　　3．ひとり親家庭医療費助成制度 ……………………………………… 163
　　　4．家庭生活支援員の派遣 ……………………………………………… 163
　　　5．就労支援 ……………………………………………………………… 164
　　　　①自立支援給付金事業 ……………………………………………… 164
　　　　②母子家庭等就業・自立支援事業 ………………………………… 165

第4節　学校生活に関する制度
　　　1．就学援助制度 ………………………………………………………… 165
　　　2．子どもの学習支援 …………………………………………………… 166
　　　3．放課後児童クラブ …………………………………………………… 166

第6章　権利擁護

第1節　権利擁護と意思決定支援
　　　1．権利擁護の考え方 …………………………………………………… 168
　　　2．意思決定支援について …………………………………………… 168
　　　3．遺言 …………………………………………………………………… 170
　　　4．人生の最終段階における医療・ケアの考え方 ………………… 171

第2節　虐待・DV等
　　　1．虐待とは ……………………………………………………………… 172
　　　2．高齢者虐待 …………………………………………………………… 172
　　　　①高齢者虐待とは …………………………………………………… 172
　　　　②高齢者虐待かもしれないと気づいた時は？ ………………… 173
　　　　③通報後の市町村（行政担当部署と委託地域包括支援センター）の対応173
　　　3．障害者虐待 …………………………………………………………… 174
　　　　①障害のある人への虐待とは ……………………………………… 174
　　　　②虐待かもしれないと気づいた時は、相談・通報・届出をしましょう175
　　　　③通報後の対応 ……………………………………………………… 175
　　　4．児童虐待 ……………………………………………………………… 176
　　　　①児童虐待とは ……………………………………………………… 176
　　　　②児童虐待かもしれないと気づいた時は？ …………………… 176
　　　　③通報後の市町村等（行政担当部署と児童相談所）の対応 …… 177
　　　5．DV関連 ……………………………………………………………… 177
　　　　①DVとは …………………………………………………………… 177
　　　　②DVを発見したら ………………………………………………… 177
　　　　③相談への対応 ……………………………………………………… 177
　　　　④緊急時の支援 ……………………………………………………… 178
　　　　⑤法的対応 …………………………………………………………… 178
　　　　⑥相談窓口 …………………………………………………………… 178
　　　　⑦虚偽DVによる配偶者ならびに子どもへの権利侵害 ………… 178

第3節　権利を守る制度
　　　1．成年後見制度 ………………………………………………………… 181
　　　　①法定後見制度 ……………………………………………………… 181
　　　　②任意後見制度 ……………………………………………………… 182
　　　　③成年後見制度に関連する制度・サービス ……………………… 183
　　　2．福祉サービス利用支援事業（日常生活自立支援事業）………… 184
　　　3．詐欺や悪質商法の被害に遭ったら ……………………………… 185
　　　　①クーリング・オフ制度 …………………………………………… 185
　　　　②クレジットカードで購入した場合 ……………………………… 186
　　　　③相談窓口 …………………………………………………………… 186

第4節　不服の解決制度と法的な救済措置
　　　1．行政の決定に不服があるとき（不服審査請求について）……… 187
　　　2．福祉サービスを適切に利用するために …………………………… 189
　　　　①介護サービス情報の公表制度 …………………………………… 189
　　　　②福祉サービス第三者評価 ………………………………………… 189
　　　　③介護保険制度における苦情相談・解決の制度 ………………… 189

　　　　　④福祉サービス全般の苦情相談窓口 ································· 189
　　　3. 医療に対する苦情、権利擁護に関するその他の相談機関 ········ 190
　　　　　①医療事故 ··· 190
　　　　　②権利擁護に関するその他の相談機関 ····················· 191
　　　4. 日本司法支援センター（法テラス）の活用 ················· 192
　　　5. 民事法律扶助 ··· 193

　　第5節　福祉と司法の連携による支援
　　　1. 検察庁における社会復帰・再犯防止のための支援 ··········· 194
　　　2. 更生保護と福祉 ··· 195
　　　　　①保護観察官と保護司 ··································· 195
　　　　　②医療観察制度と社会復帰調整官 ······················· 196
　　　3. 地域生活定着支援センター ······························· 197
　　　4. アディクション（依存症）のある人への支援 ··············· 198
　　　　　①アディクションとは ··································· 198
　　　　　②地域で取り組むアディクション支援 ··················· 198
　　　　　③アディクション支援の特徴 ··························· 198
　　　　　④新しい生き方を探して ··························· 199

第❼章　働く人の制度

第1節　働く人の権利と制度

　　　1. 労働者を守る基本的なルール ····························· 202
　　　2. 会社を休むとき ··· 202
　　　3. 会社を辞めるとき ··· 203

第2節　労働災害

　　　1. 労働者災害補償保険制度 ··································· 204
　　　2. 石綿（アスベスト）健康被害救済制度 ····················· 206

第❽章　包括的相談支援
　　　　～「生きる」を支えるために～

　　　1. 包括的相談支援のあゆみ ··································· 208
　　　　　①「町に出る」相談支援の誕生 ························· 208
　　　　　②地域に住む人々の生活課題と社会資源の発見 ··········· 208
　　　2. 包括的相談支援のあり方 ································· 209
　　　　　①包括的理解をもとに ··································· 209
　　　　　②相談支援のアプローチ ································· 210
　　　　　③地域づくりと支援ネットワークの形成 ················· 211
　　　3. 新たな「重層的支援体制整備事業」という仕組み ··········· 212
　　　　　①法整備・財政的裏付けと課題 ························· 212
　　　　　②改正社会福祉法の問題点 ····························· 213
　　　4. 人権保障としての「包括的支援」 ························· 213

第❷部　県内市町の医療費助成制度・福祉制度

　　　1. 医療費助成制度一覧
　　　　　①子ども医療費助成 ······································· 216
　　　　　②ひとり親家庭等医療費助成 ····························· 218
　　　　　③通院精神医療費助成 ··································· 219
　　　　　④心身障害者医療費助成 ································· 220
　　　　　⑤小児慢性特定疾病医療費助成 ························· 223
　　　　　⑥特定不妊治療費助成 ··································· 224
　　　　　⑦一般不妊治療費助成 ··································· 227
　　　　　⑧不育治療費助成 ····································· 230
　　　　　⑨国民健康保険 ······································· 232
　　　　　⑩任意予防接種助成 ··································· 238
　　　　　⑪中軽度難聴児の補聴器購入助成制度 ················· 240
　　　2. 生活困窮者自立支援制度一覧
　　　3. 介護保険関連制度一覧
　　　　　①介護保険関連制度 ··································· 243
　　　　　②在宅寝たきり高齢者等介護慰労金 ····················· 245
　　　　　③地域支援事業・その他 ····························· 246
　　　　　④所得税・住民税の障害者控除認定 ····················· 249

　　　　　⑤介護予防・日常生活支援総合事業……………………………………… 251
　　　4．障害のある人のための制度一覧
　　　　　地域生活支援事業 ………………………………………………………… 252
　　　5．子育て支援のための制度一覧
　　　　　①妊産婦健康診査…………………………………………………………… 258
　　　　　②訪問指導等………………………………………………………………… 260
　　　　　③保育に関するサービス等………………………………………………… 261
　　　　　④放課後児童クラブ………………………………………………………… 266
　　　　　⑤地域子ども・子育て支援事業－利用者支援事業……………………… 267
　　　6．公営住宅の戸数一覧

第③部　資料編

　　　1．高齢者の施設
　　　　　介護老人福祉施設（特別養護老人ホーム）…………………………… 273
　　　　　地域密着型介護老人福祉施設（特別養護老人ホーム）………… 275
　　　　　介護老人保健施設………………………………………………………… 276
　　　　　介護医療院………………………………………………………………… 277
　　　　　介護療養型医療施設……………………………………………………… 278
　　　　　養護老人ホーム…………………………………………………………… 278
　　　　　軽費老人ホーム・Ａ型…………………………………………………… 278
　　　　　ケアハウス………………………………………………………………… 278
　　　　　有料老人ホーム…………………………………………………………… 279
　　　　　認知症高齢者グループホーム
　　　　　（地域密着型サービス（認知症対応型共同生活介護））………… 284
　　　　　生活支援ハウス（高齢者生活福祉センター）………………………… 291
　　　　　小規模多機能型居宅介護事業所………………………………………… 291
　　　　　看護小規模多機能型居宅介護事業所…………………………………… 294
　　　　　定期巡回・随時対応型訪問介護看護事業所…………………………… 295
　　　　　地域包括支援センター…………………………………………………… 295
　　　　　認知症疾患センター……………………………………………………… 299
　　　2．障害のある人の施設
　　　　　障害者支援施設…………………………………………………………… 300
　　　　　障害福祉サービス事業所
　　　　　（訪問系サービス、短期入所、グループホームを除く）………… 301
　　　　　障害福祉サービス事業所（短期入所）………………………………… 310
　　　　　障害福祉サービス事業所（グループホーム）………………………… 313
　　　　　地域活動支援センター…………………………………………………… 321
　　　　　福祉ホーム（身体）……………………………………………………… 322
　　　　　福祉ホーム（知的）……………………………………………………… 322
　　　　　視覚障害者情報提供施設………………………………………………… 322
　　　　　聴覚障害者情報提供施設………………………………………………… 322
　　　　　身体障害者福祉センターＢ型…………………………………………… 322
　　　　　相談支援事業所…………………………………………………………… 323
　　　3．子どもの施設
　　　　　児童養護施設……………………………………………………………… 328
　　　　　乳児院……………………………………………………………………… 328
　　　　　児童自立支援施設………………………………………………………… 328
　　　　　母子生活支援施設………………………………………………………… 328
　　　　　障害児入所施設（児者一貫含む）……………………………………… 328
　　　　　障害児通所支援事業所（児者一貫含む）……………………………… 329
　　　　　児童発達支援センター…………………………………………………… 333
　　　　　重症心身障害児病棟（指定医療機関／児者一貫含む）……………… 334
　　　　　進行性筋萎縮症病棟（指定医療機関／児者一貫含む）……………… 334
　　　　　ファミリーサポートセンター…………………………………………… 334
　　　4．生活保護関連施設
　　　　　救護施設…………………………………………………………………… 335
　　　5．行政・相談窓口
　　　　　石川県各自治体の医療・福祉担当課…………………………………… 335
　　　　　保健福祉センター／保健所……………………………………………… 343
　　　　　児童相談所………………………………………………………………… 343
　　　　　こころの健康センター…………………………………………………… 343
　　　　　発達障害支援センター／障害者更生相談所…………………………… 344
　　　　　難病相談・支援センター………………………………………………… 344
　　　　　リハビリテーションセンター…………………………………………… 344

　　　　　高次脳機能障害相談・支援センター …………………………… 344
　　　　　口腔保健医療センター ………………………………………… 344
　　　　　女性相談支援センター／母子・父子福祉センター ………… 344
　　　　　地域生活定着支援センター ………………………………… 344
　　　　　年金事務所 …………………………………………………… 344
　　　　　地方厚生局 …………………………………………………… 345
　　　　　福祉事務所 …………………………………………………… 345
　　　　　社会福祉協議会 ……………………………………………… 345
　　　　　生活困窮者自立相談支援機関 …………………………… 346
　　　　　労働局／労働基準監督署 ………………………………… 347
　　　　　国税局／税務署等 ………………………………………… 347
　　　　　消費生活相談窓口 ………………………………………… 347
　　　　　就労支援のための相談・支援機関 ……………………… 348
　　　　　ハローワーク（公共職業安定所） ……………………… 348
　　　　　石川県立産業技術専門校／障害者職業能力開発校 …… 349
　　　　　夜間救急／休日当番医 …………………………………… 349
　　　　　教育相談先 ………………………………………………… 350
　　　　　子どもの悩みごと電話相談先 …………………………… 350
　　　　　外国人のための相談窓口 ………………………………… 350
　　　　　法律相談／裁判所 ………………………………………… 350
　　　　　行政評価事務所 …………………………………………… 351
　　　　　当事者団体／家族会等 …………………………………… 351
　　　　　医療・福祉関係団体 ……………………………………… 353
　　　6. 運賃、料金等の割引・免除 ……………………………… 355

索　引 …………………………………………………………… 359

『福祉マップ』各版の特徴 ……………………………………… 365

コラム

◎75歳以上患者自己負担引上げの問題点 ………………… 15
◎マイナンバー制度の推進とICTの利活用との
　峻別の必要性について ……………………………………… 21
◎新型コロナウイルス感染症の感染拡大と
　国保における「特例」が意味するもの …………………… 26
◎がん経験者への外見サポート研修会 …………………… 31
◎医療機関における身寄りがない人への支援 …………… 38
◎生活保護受給者に対する後発医薬品使用の「義務」化 … 44
◎生活福祉資金の特例貸付が生活保護の水際作戦に？ …… 52
◎味覚と美味しさとは？ …………………………………… 61
◎「歳のせい」 ………………………………………………… 65
◎ケアプラン有料化に思う ………………………………… 76
◎眼鏡を作るときは、まず眼科へ ………………………… 116
◎障害児・障害者・高齢者　制度の線引きはあるけれど… 129
◎小児外科の病気 …………………………………………… 130
◎右上の歯が痛いんです！ ………………………………… 136
◎NASVA（独立行政法人自動車事故対策機構）との出会い… 144

◎子どもの食物アレルギーが増えている ………………… 151
◎歯科医師からのメッセージ　お口の機能を育てましょう… 153
◎一度だけのキスに… ……………………………………… 157
◎前向きに生きるために …………………………………… 171
◎身体拘束は身体的虐待に分類される …………………… 173
◎虐待は、刑事罰の対象になる場合があります ………… 175
◎虚偽DVとは ……………………………………………… 179
◎「尊厳死にだまされるな」 ……………………………… 179
◎マイナンバーカード普及のための保険証原則廃止
　～エストニアとの対比で考える ………………………… 186
◎問題解決しない事例検討会 ……………………………… 199
◎まさか！の自然災害で困ったら
　～支援制度はいろいろあります ………………………… 200
◎社会保険労務士の役割 …………………………………… 204
◎労災認定の線引きって難しい …………………………… 206
◎問題解決型支援から本人理解型支援へ ………………… 209
◎「地域共生社会」の問題点 ……………………………… 214

第①部

医療・福祉制度の解説

第①章

医療保険制度と医療費助成制度

第1節　医療保険制度の概要と患者負担

1. 医療保険制度の概要 ………………… 12
2. 高額療養費制度 ……………………… 17
3. 入院時食事療養費・生活療養費 …… 22
4. 保険料（税）の減免制度 …………… 23
5. 国民健康保険料を滞納した場合 …… 26
6. 医療費一部負担減免制度 …………… 27
7. 退職後の健康保険 …………………… 28
8. 療養費払い制度 ……………………… 29
9. 傷病手当金 …………………………… 30
10. 埋葬料（費）・葬祭費 ……………… 31

第2節　医療費助成制度

1. 難病医療費助成制度 ………………… 32
2. 被爆者の一般疾病医療 ……………… 36
3. 肝炎治療医療費助成制度 …………… 37

第1節　医療保険制度の概要と患者負担

1. 医療保険制度の概要

①医療保険の種類

ア　医療保険の種類

　憲法第25条により、すべての国民は健康で文化的な最低限度の生活を営む権利が保障されています。この「健康で文化的な生活」の保障には、病気や怪我の際に適切な医療が受けられることは必要不可欠です。

　日本においては、公的な医療保険制度によって、国民に対する医療給付が行われています。国民一人ひとりに必要な医療を保障するという意味で、「国民皆保険」という仕組みとなっており、すべての人が何らかの公的な医療保険に加入することが義務づけられています（何らかの公的医療保険に入っていない人は、最終的に都道府県国民健康保険に強制加入することになっています）。

　公的な医療保険の種類は、次のとおりです。

医療保険		保険者	被保険者
被用者保険（職場に勤めている人を対象とするもの）			
	全国健康保険協会管掌健康保険（協会けんぽ）	全国健康保険協会	主として中小企業の従業員
	組合管掌健康保険	各健康保険組合	主として大企業の従業員
	日雇特例健康保険	全国健康保険協会	臨時に日々雇用される人など
	船員保険	全国健康保険協会	船員として船舶所有者に雇用される人
	国家公務員共済組合	各共済組合	国家公務員
	地方公務員等共済組合	各共済組合	地方公務員
	私立学校教職員共済組合	日本私立学校振興・共済事業団	私立学校教職員
地域保険（自営業者などを対象とするもの）			
	都道府県国民健康保険	都道府県および市町村	被用者保険など他の公的医療保険に入っていない人（自営業者、退職者など）
	国民健康保険組合	各国民健康保険組合	医師、弁護士などの特定職種の自営業者
後期高齢者医療制度			
	後期高齢者医療制度	各後期高齢者医療広域連合	75歳以上の高齢者、65歳以上75歳未満の一定の障害を有する人

イ　健康保険の被扶養者

　健康保険の被保険者によって扶養されている人は、一定の要件を満たしていれば、都道府県国保の被保険者にならずに、健康保険の被扶養者として健康保険から医療を受けられます。

　被扶養者として認められるのは、①三親等以内の親族または②事実婚関係の配偶者の父母・子であって、生計維持認定基準を満たしているものです。

　生計維持認定基準は、次のとおりです。

被保険者と同居している場合	・扶養家族の年収が130万円未満であり、かつ被保険者の年収の2分の1未満であるとき（障害のある人や60歳以上の人は、年収が180万円未満）
被保険者と別居している場合	・扶養家族の年収が130万円未満であり、かつ被保険者からの仕送り（援助）額より少ないとき（障害のある人や60歳以上の人は、年収が180万円未満） ・親族の範囲は、父母などの直系親族、配偶者（事実婚を含む）、子、孫、兄弟姉妹に限られる

三親等内の親族とは

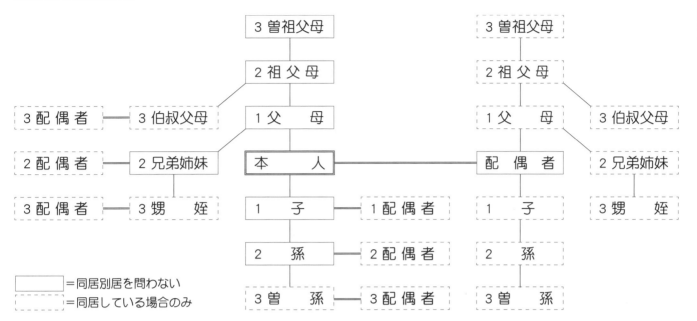

```
                    ┌─────────┐                              ┌─────────┐
                    │ 3 曽祖父母 │                              │ 3 曽祖父母 │
                    └────┬────┘                              └────┬────┘
                    ┌─────────┐                              ┌─────────┐
                    │ 2 祖 父 母 │                              │ 2 祖 父 母 │
                    └────┬────┘                              └────┬────┘
┌─────────┐ ┌─────────┐ ┌─────────┐          ┌─────────┐ ┌─────────┐
│ 3 配 偶 者 │─│ 3 伯叔父母 │ │ 1 父   母 │          │ 1 父     母 │ │ 3 伯叔父母 │
└─────────┘ └────┬────┘ └────┬────┘          └────┬────┘ └─────────┘
┌─────────┐ ┌─────────┐ ┌─────────┐          ┌─────────┐ ┌─────────┐
│ 2 配 偶 者 │─│ 2 兄弟姉妹 │ │ 本   人 │──────────│ 配 偶 者 │ │ 2 兄弟姉妹 │
└─────────┘ └────┬────┘ └────┬────┘          └────┬────┘ └─────────┘
┌─────────┐ ┌─────────┐ ┌─────────┐ ┌─────────┐ ┌─────────┐ ┌─────────┐
│ 3 配 偶 者 │─│ 3 甥   姪 │ │ 1 子   │─│ 1 配 偶 者 │ │ 1 子   │ │ 3 甥   姪 │
└─────────┘ └─────────┘ └────┬────┘ └─────────┘ └────┬────┘ └─────────┘
                    ┌─────────┐ ┌─────────┐ ┌─────────┐
                    │ 2 孫   │─│ 2 配 偶 者 │ │ 2 孫   │
                    └────┬────┘ └─────────┘ └────┬────┘
                    ┌─────────┐ ┌─────────┐ ┌─────────┐
                    │ 3 曽  孫 │─│ 3 配 偶 者 │ │ 3 曽  孫 │
                    └─────────┘ └─────────┘ └─────────┘
```

□＝同居別居を問わない
┆┆＝同居している場合のみ

②医療保険給付の種類と患者負担

ア　医療保険給付の種類

　病気や怪我などにより医療機関にかかった場合に、国民は保険医療機関から医療給付（診察、検査、薬、処置、入院など）を受けます。これらの給付は、医療サービスそのものを提供することにより行われることから「療養の給付」（現物給付）と呼ばれています。医療給付には、「療養の給付」以外にも入院時の食事や訪問看護などの給付があります。これら

の医療給付は、原則として、健康保険・国民健康保険・後期高齢者医療制度などの医療保険の種類により、給付内容が異なることはありません。

　なお、医療保険の給付は医療給付以外にも各種の現金給付があります。傷病で療養中の所得を保障する「傷病手当金」や、出産時の費用を保障する「出産育児一時金」などです。これらの現金給付は、医療保険の種類により給付内容が異なる場合があります。

　医療保険給付の種類は、次のとおりです。

	医療保険給付の種類	内　容
医療給付	療養の給付	医療サービス（診察、検査、処置、薬、入院など）の現物給付
	入院時食事療養費・入院時生活療養費	入院の際の食費（療養病床については、プラス居住費）
	訪問看護療養費	訪問看護ステーションの看護師などによる訪問看護
	保険外併用療養費	保険外の高度医療等を受けたときの保険対象医療分の給付
	高額療養費	1カ月の自己負担額が一定額を超えた場合に払い戻される制度。限度額適用認定証があれば、窓口負担は自己負担限度額まででよい（現物給付化）。（17ページ参照）
	療養費	現物給付が困難な場合の償還払い給付
現金給付	移送費	傷病により医療機関への移動が困難な場合の移送にかかる費用
	傷病手当金	傷病のため労務に就くことができない期間の所得保障（30ページ参照）
	出産手当金	出産のため休職中の期間の所得保障（149ページ参照）
	出産育児一時金	出産費用（148ページ参照）
	埋葬料	死亡時の埋葬に要する費用（31ページ参照）

※国民健康保険においては、傷病手当金と出産手当金は「任意給付」とされており、一部の国保組合を除いて行われていません。また、後期高齢者医療制度においても傷病手当金は「任意給付」であり、実施されていません。

イ　患者の負担

(1) 患者の一部負担

　医療機関で医療を受けた場合には、現物給付として医療そのものが給付されることになっていますが、その際に、医療にかかった費用の一定割合を自己負担することになっています。自己負担割合は、次のように、年齢ごとに異なっています。

年　　　齢	自己負担割合
0歳から義務教育就学前まで	2割
義務教育就学後から70歳未満	3割
70歳以上75歳未満	2割（現役並み所得者は3割）
75歳以上	1割（一定以上所得者は2割、現役並み所得者は3割）

※子どもの医療費については、自治体の助成制度があります（158、216ページ参照）。
※患者の自己負担には、高額療養費制度により、所得に応じて負担の上限が定められています（17ページ参照）。

(2) 75歳以上の自己負担の変更（2022年10月実施）

(ア) 2割負担の対象となる「一定以上所得者」

　次の①と②の両方にあてはまる場合、自己負担割合は2割となります。
① 同一世帯の75歳以上の人の中に課税所得が28万円以上の人がいる。
② 同一世帯の75歳以上の人の「年金収入その他の合計所得金額」が320万円以上である（単身世帯の場合は200万円以上）

(イ) 配慮措置（自己負担増加額の上限）

　「75歳以上自己負担2割化」については、制度実施後3年間（2025年9月30日まで）、配慮措置が設けられています。配慮措置の内容は、外来受診時の自己負担の増加額に上限を設定し、1カ月の自己負担の増加額を1割負担の場合の額と比較して最大でも3,000円に収めるとするものです。同一の医療機関を受診する場合には、1カ月の自己負担増加額が3,000円を超えた場合には、その月は窓口でそれ以上の負担は求められません。

　なお、入院を含む月額上限については、高額療養費制度（→17ページ）により所得に応じて負担上限があることに、変わりはありません。

(3) 入院時食事療養・生活療養の標準負担

　入院した時の食事にかかる定額負担です。療養病床に入院している場合は「入院時生活療養の標準負担」として居住費についても定額の負担がかかります。市町村民税非課税世帯の場合など、申請すると負担額が減額になる場合もあります（22ページ参照）。

(4) その他の負担（保険外負担）

　医療保険制度においては、一連の治療に保険と自費を組み合わせることは想定されていません（いわゆる「混合診療」の禁止）。したがって、保険診療を受ける場合には、上記のような保険の自己負担を除き、他の負担を求められることは原則としてありません。

　ただし、保険外併用療養費の自費負担部分（例えば、差額ベッド代）や、傷病の治療に直接関係のない費用については、医療機関は患者から実費相当分を徴収してもよいこととされています。その主なものは、往診時の交通費、一般の診断書料、入院中の生活費（おむつ代、テレビ代など）などです。

(5) 介護保険の自己負担

　医療系の介護保険給付を受けた際には、介護保険の自己負担として利用したサービス費用の1割（一定以上所得者は2割または3割）を自己負担しなければなりません（71ページ参照）。

　以下、本書ではこの4種類の患者負担を、各制度ごとに「対象となる医療費」として一覧表にしています。

コラム　75歳以上患者自己負担引上げの問題点

2022年10月から導入された75歳以上患者自己負担の1割から2割への引上げについて、その問題点を整理しておきたい。

一つ目は医療保険における患者自己負担と税・保険料負担の峻別の必要性である。もとより国民は、税・保険料により医療保障に関わる負担を行っている。いざ医療が必要となり医療機関で治療等を受けた場合に、なぜ自己負担が発生しなければならないのか。傷病に対する必要な治療を受けることは、憲法25条の「健康権」に基づくものであり、決して「受益」ではない。実際に医療が必要となった際に負担があること自体が問題なのであり、それは高齢者であれ現役世代であれ変わることはない。今回の負担増は、「高齢者でも能力のある人は負担すべき」として導入されたが、「応能負担原則」が問題になるのは、税・保険料負担においてであり、今回の負担増を正当化する根拠にはならない。

二つ目は、高齢者と現役世代の負担の「公平」性についてである。厚労省は、社会保障審議会医療保険部会において「高齢化が進むにつれ傷病リスクが高まり、たとえ自己負担割合が1割であっても窓口負担の総額は現役世代よりも高くなり、その原資である収入は高齢化が進むにつれ下がり続けていく」とした上で、1割負担の現制度下でも後期高齢者の年収に占める窓口負担の割合は現役世代のそれよりも上回っていることを明らかにしている。百歩譲って、自己負担における応能負担原則を議論したとしても、後期高齢者にさらなる負担を強いる本施策は、現役世代と比べて「公平」であるとはとても言えず、むしろ格差を拡大するものである。若年者の負担軽減を目指すのであれば、現行の3割負担を引き下げるという施策を実施すべきであり、これこそが本来の意味での「全世代型改革」であろう。

三つ目は、今まさにコロナ禍において負担増を議論すること自体の問題である。いま、政府が具体化すべきは、コロナによって疲弊した国民に対する生活保障施策と地域医療を支えるための医療提供体制施策である。しかるに、高齢者を必要な医療から遠ざける「負担増」の導入を、今なぜ行わなければならないのか、理解に苦しむところである。

以上、「全世代型改革」の理念からみても、また、実際の効果をみても、さらに実施のタイミングをみても、いずれの面からも今回の負担増施策は実施されるべきではなかったことを強調しておきたい。　　　　　　（社会保障法研究者）

③公費負担医療制度と医療費助成制度

国民に対する医療給付の制度は、医療保険に限られません。例えば、労務上の疾病については、労働者災害補償保険（労災保険）から医療給付を受けることになります（患者の負担はありません）。生活保護受給者の場合は、国民健康保険の被保険者資格を喪失し、医療給付は生活保護の「医療扶助」により行われます（40ページ参照）。

また、疾患にいたった原因により、そもそも医療費全額を公費が負担するもの（被爆者に対する認定疾病医療など）、医療保険の一部負担金の全部または一部を公費が負担するもの（自立支援医療、難病医療費助成制度など）、一部負担金の全部を公費が負担するもの（被爆者に対する一般疾病医療、感染症患者に対する措置入院など）などの「公費負担医療制度」があり、医療保険制度を補完しています。

さらに、地方自治体により、医療保険の一部負担金を助成する「医療費助成制度」が行われています。子ども・障害のある人・ひとり親家庭など、自治体ごとに対象範囲・給付範囲等が異なっています。なお、医療費の助成方法には、医療保険の一部負担をいったん支払った後で、自治体に返還請求する「償還払い」の方式と、医療機関の窓口で減額・免除され支払いが発生しない方式（償還払いとの対比で「現物給付」方式と呼ばれます）の2通りがあります。

主な公費負担医療制度については、次の一覧表を参照してください。また、公費負担医療制度と医療費助成制度の一部については、第2節（32ページ以下）に解説しているものもあれば、子どもや障害のある人などの各章ごとにも解説しているものもあります。それぞれの章を参照してください。

主な公費負担医療制度一覧

根拠法名	制度名	対象者	給付範囲	患者負担
感染症の予防及び感染症の患者に対する医療に関する法律	適正医療（第37条の2）	結核一般患者	保険の自己負担分（医療費の95％を限度）	医療費の5％負担
	結核患者の入院（第37条）	結核を他人に蔓延させるおそれの著しい者	保険の自己負担分	所得税年147万円超の場合、月額2万円の負担
生活保護法 →40ページ	医療扶助	生活困窮者（生活保護被保護者）	10割（医療保険被保険者の場合は保険の自己負担分）	収入認定額が最低生活基準以上の場合、本人支払額あり
戦傷病者特別援護法	療養の給付	戦傷病者	10割（公務上の認定傷病）	なし（公務上の認定傷病）
	更生医療	戦傷病者である障害のある者	10割	なし
障害者の日常生活及び社会生活を総合的に支援するための法律	更生医療 →135ページ	18歳以上の身体障害のある者	保険の自己負担分	1割負担（所得に応じた上限月額あり）
	育成医療 →136ページ	18歳未満の身体障害のある児		
児童福祉法	療育の給付	結核の児童	保険の自己負担分	保護者の所得に応じた負担
原子爆弾被爆者に対する援護に関する法律 →36ページ	認定疾病医療	認定被爆者	10割	なし
	一般疾病医療	被爆者	保険の自己負担分	なし
精神保健及び精神障害者福祉に関する法律	措置入院	精神障害のために自傷他害のおそれがある者	保険の自己負担分	所得税年147万円超の場合、月額2万円の負担
障害者の日常生活及び社会生活を総合的に支援するための法律	精神通院医療 →137ページ	精神に障害のある通院患者	保険の自己負担分	1割負担（所得に応じた上限月額あり）
麻薬及び向精神薬取締法	入院措置	麻薬中毒者	保険の自己負担分	所得税年147万円超の場合、月額2万円の負担
母子保健法	養育医療	未熟児	保険の自己負担分	保護者の所得に応じた負担
中国残留邦人の円滑な帰国の促進及び永久帰国後の自立の支援に関する法律	医療支援給付	中国残留邦人の生活困窮者	10割（医療保険被保険者の場合は保険の自己負担分）	収入認定額が最低生活基準以上の場合、本人支払額あり
感染症の予防及び感染症の患者に対する医療に関する法律	1・2類感染症に対する入院医療	1・2類感染症患者・疑似症患者・無症状病原体保有者	保険の自己負担分	所得に応じた負担がある場合あり
	新型コロナウイルス感染症のPCR検査等	新型コロナウイルス感染症患者・疑似症患者・無症状病原体保有者等	保険の自己負担分	なし
	新型コロナウイルス感染症軽症者等の宿泊・自宅療養	都道府県が実施する宿泊療養・自宅療養の軽症者等	保険の自己負担分	なし
	新感染症に対する入院医療	新感染症の所見がある患者	10割	なし
肝炎治療特別促進事業 →37ページ	医療の給付	B型およびC型肝炎患者	保険の自己負担分	所得に応じた自己負担上限月額
肝がん・重度肝硬変治療研究促進事業	医療費の支給	B型・C型肝炎ウイルスによる肝がん、重度肝硬変の患者	保険の自己負担分	月額1万円

根拠法名	制度名	対象者	給付範囲	患者負担
特定疾患治療研究事業	特定疾患治療研究事業	特定疾患対象患者（スモン、プリオン病、劇症肝炎、重症急性膵炎）	保険の自己負担分	なし
先天性血液凝固因子障害等治療研究事業	先天性血液凝固因子障害等治療研究事業	先天性血液凝固因子障害等の患者	保険の自己負担分	なし
児童福祉法	小児慢性特定疾病医療支援事業 →158ページ	小児慢性特定疾病認定患者	保険の自己負担分	原則2割（世帯の所得に応じた自己負担上限月額あり）
	措置入所者への医療給付	児童福祉施設等の入所者	保険の自己負担分	なし
難病の患者に対する医療等に関する法律 →32ページ	指定医療費助成制度	指定難病の患者	保険の自己負担分	原則2割（70歳以上1割負担対象者は1割）（所得に応じた自己負担上限月額あり）
特定B型肝炎ウイルス感染者給付等の支給に関する特別措置法	定期検査費	特定無症候性持続感染者	保険の自己負担分	なし
石綿による健康被害の救済に関する法律 →206ページ	石綿健康被害救済給付	石綿を吸引することにより指定疾病にかかった旨の認定を受けた者	保険の自己負担分	なし
労働者災害補償保険法 →204ページ	療養（補償）給付	業務上の傷病または通勤途上の災害	10割	なし
公害健康被害の補償等に関する法律	療養の給付	公害認定患者	10割	なし

2. 高額療養費制度

① 高額療養費制度

> **こんな内容です**

　各医療保険の被保険者および被扶養者が、医療機関に支払った1カ月の一部負担金が自己負担限度額を超えた場合、申請により超えた金額が高額療養費として支給される制度です。

70歳未満の自己負担限度額（月額）

区　分	自己負担限度額
ア　年収約1,160万円～ 　　　健保：標準報酬月額83万円以上 　　　国保：年間所得901万円超	252,600円＋（総医療費－842,000円）×1% ［140,100円］
イ　年収約770万円～約1,160万円 　　　健保：標準報酬月額53万円～79万円 　　　国保：年間所得600万～901万円以下	167,400円＋（総医療費－558,000円）×1% ［93,000円］

区　分	自己負担限度額
ウ　年収約370万円〜約770万円 　　健保：標準報酬月額28万円〜50万円 　　国保：年間所得210万円〜600万円以下	80,100円＋（総医療費−267,000円）×1% ［44,400円］
エ　〜年収約370万円 　　健保：標準報酬月額26万円以下 　　国保：年間所得210万円以下	57,600円 ［44,400円］
オ　低所得者（住民税非課税）	35,400円 ［24,600円］

※「年間所得」とは、前年の総所得金額等から基礎控除（33万円）を控除した額のことです（いわゆる「旧ただし書所得」）。

※［　］は直近12カ月間で3回以上該当したとき、4回目から対象になる限度額です（多数該当）。

70歳以上の自己負担限度額（月額）

区　分	個人単位（外来）の 自己負担限度額	世帯単位（外来・入院）の 自己負担限度額
現役並み所得者Ⅲ 年収約1,160万円〜 　健保：標準報酬月額83万円以上 　国保：課税所得690万円以上	−	252,600円＋（総医療費−842,000円）×1% ［140,100円］
現役並み所得者Ⅱ 年収約770万円〜約1,160万円 　健保：標準報酬月額53万円以上 　国保：課税所得380万円以上	−	167,400円＋（総医療費−558,000円）×1% ［93,000円］
現役並み所得者Ⅰ 年収約370万円〜約770万円 　健保：標準報酬月額28万円以上 　国保：課税所得145万円以上	−	80,100円＋（総医療費−267,000円）×1% ［44,400円］
一般 年収156万〜約370万円 　健保：標準報酬月額26万円以下 　国保：課税所得145万円未満	18,000円 （年間上限144,000円）	57,600円 ［44,400円］
低所得者 （住民税非課税）　Ⅱ	8,000円	24,600円
低所得者 （住民税非課税）　Ⅰ		15,000円

※［　］は直近12カ月間で3回以上該当したとき、4回目から対象になる限度額です（多数該当）。

※低所得者Ⅰは、世帯の全員が住民税非課税であり、その世帯の収入から必要経費・控除額（公的年金については80万円）を差し引いたときに0円となる人です。

注意事項

○高額療養費の合算を行う場合、下記の条件に注意する必要があります。

・同一の月であること。

・同じ医療保険者ごとに行うこと。

・差額ベッド代や入院時の食事代、診断書代等の自費負担は対象外。

・保険調剤薬局で支払った一部負担金は、処方箋を発行した医療機関の診療費と合算する。

○70歳未満の人は、加えて下記に注意する必要があります。

・合算できる金額は、21,000円以上の自己負担のものに限ること。

・受診者ごと、医療機関ごとに計算すること。

・同一医療機関であっても、入院・外来、医科・歯科は別計算とすること。

○70歳以上の人は、医療機関や入院外来に関係なく、すべての自己負担が対象になります。

○70歳未満の人の21,000円以上の支払いと70歳以上の人の支払いが同じ月にある場合、それらを合算したのち、70歳未満の高額療養費の限度額を超えた額が支給されます。

対象となる医療費

1	医療費の一部負担	○
2	入院給食費の一部負担	×
3	保険外負担	×
4	介護保険の一部負担	×

手続き

高額療養費の支給申請は、診療を受けた月の翌月の初日から2年以内に行う必要があります。

申請に必要なもの

(1) 高額療養費支給申請書（各申請窓口にあります）
(2) 一部負担金の領収証
(3) 健康保険被保険者証（以下健康保険証と省略）
(4) 印鑑
(5) 金融機関の口座番号

問合せおよび申請窓口

(1) 国民健康保険、後期高齢者医療保険加入者
　　　　　　　　　　　　　　　……………市町担当課
(2) 協会けんぽ加入者
　　　　　　　　　　　　　……………協会けんぽ各支部
(3) 組合管掌健康保険加入者
　　　　　　　　　　　　　　　……………各健康保険組合

＼ワンポイント アドバイス／

これまで市町村単位で運営されていた国民健康保険制度が、2018年4月から都道府県が財政運営の主体となり、市町村とともに運営することになっています。それにより、同一県内の引っ越しの場合等で、引き続き国民健康保険に加入する場合は、2018年4月以降の療養において発生した高額療養費の上限支払い回数が引き継がれることとなり、医療費の自己負担が軽減される場合があります。

②特定の病気で治療を要するとき（特定疾病療養受療証）

こんな内容です

厚生労働省指定の下記の疾病（特定疾病）で長期にわたり高額な医療費を要する場合には、申請により「特定疾病療養受療証」が発行されます。受療証を医療機関の窓口に提示すれば、その治療にかかる自己負担額は月額1万円までとなります。ただし、人工透析を受けている慢性腎不全の70歳未満の所得区分が「ア」「イ」の人については、自己負担額は月額2万円となります。

対象となる疾病

・人工透析を必要とする慢性腎不全
・血友病
・血液凝固因子製剤の投与によるHIV感染症

申請に必要なもの

(1) 特定疾病認定申請書（医師の意見欄に主治医の署名が必要になります）
(2) 健康保険証
(3) 印鑑

③限度額適用認定（高額療養費の現物給付化）

こんな内容です

高額療養費を利用する場合、医療機関の窓口で「限度額適用認定証」を提示することで、支払いが自己負担限度額までとなり、それ以上の自己負担を求められることはありません。

この取扱いは、高額療養費として患者に償還される分を、直接医療機関に支払う仕組みであることから、「高額療養費の現物給付化」と呼ばれています。

注意事項

○　同一の月に複数の医療機関を受診した場合
　　・それぞれの医療機関ごとに自己負担限度額まで支払いをする必要があります。この場合、自己負担額の合算が可能であれば（70歳未満の場合

は合算対象基準額21,000円）、後日、保険者に高額療養費の申請を行うことにより、払い戻しを受けることができます。

○　同一の月に同一の医療機関で外来と入院を受診した場合

・外来と入院はそれぞれ別々に計算し、自己負担限度額まで支払いをする必要があります。この場合も、自己負担額の合算が可能であれば、後日、保険者に高額療養費の申請を行うことにより、払い戻しを受けることができます。

○　同一の月に同一の世帯で複数人が医療機関を受診した場合

・個人単位で計算することになりますので、それぞれ自己負担限度額まで支払いをする必要があります。この場合も、自己負担額の合算が可能であれば、後日、保険者に高額療養費の申請を行うことにより、払い戻しを受けることができます。

＜高額療養費の現物給付化を受けるにあたって必要なもの＞

○　低所得者の場合

・入院時食事（生活）療養費の標準負担額減額認定証とセットになった「限度額適用・標準負担額減額認定証」の交付を受ける必要があります。

○　70歳未満の一般所得者、70歳以上の現役並み所得者Ⅰ、Ⅱ、Ⅲ

・「限度額適用認定証」の交付を受ける必要があります。

○　70歳〜74歳までの一般所得者

・交付されている「高齢受給者証」で所得区分は確認できますので、限度額適用認定証は不要です。

○　後期高齢者の一般所得者

・交付されている「後期高齢者医療被保険者証」で所得区分は確認できますので、限度額適用認定証は不要です。

```
手続き
```

限度額適用認定証は原則申請日の属する月の1日から有効となりますので、早めに管轄の保険者に申請してください。

また、保険料滞納者には限度額適用認定証が発行されない場合があります。

```
申請に必要なもの
```

（1）限度額適用認定申請書（各申請窓口にあります）
（2）健康保険証
（3）印鑑（認め印可）

```
ご存じですか？
```

オンライン資格確認等システムの導入で限度額適用認定証提出が不要に

　2021年10月より、オンライン資格確認等システムが導入された医療機関や薬局では、患者の直近の資格情報等（加入している医療保険や自己負担限度額等）が窓口で確認できるようになりました。また、患者本人が受付時に情報閲覧の同意をした場合、限度額適用認定証情報、限度額適用・標準負担額減額認定証情報、特定疾病療養受療証情報の適応区分がシステムで確認できれば認定証の発行手続きが不要となります。

　ただし、オンライン資格確認等システムを導入していない医療機関にかかる場合や、90日を超える長期の入院で食事療養費の減額の対象となる場合、国民健康保険料の滞納がある世帯の場合などは、これまでのように限度額適用認定証の発行手続きが必要となります。

　当初はマイナンバーカードの保険証利用を目的に導入されたシステムですが、健康保険証の提示で同じように資格情報等の確認を行うことができることによって、多くの医療機関が健康保険証の情報から資格確認をしているのが導入後の現状です。

コラム　**マイナンバー制度の推進とICTの利活用との峻別の必要性について**

　政府は、マイナンバーカード発行者にポイント付与したり、保険証として利用することを可能にしたりするなど、「あの手この手」を使ってマイナンバーカード普及に努めています。そもそもマイナンバー制度導入にはどのような狙いがあるのでしょうか。

　マイナンバー制度は、所得や資産、銀行口座、税・社会保険の負担、年金・医療の社会保険給付、子ども・世帯情報など膨大な個人情報を一元管理するもので、そのねらいは税・社会保険料の負担増と給付抑制の強化にあると考えることができます。国民一人一人が、社会保障のために「いくら払ったか」と社会保障給付を「どれだけ受け取ったか」を「一元的に」把握することが容易になり、負担と給付の関係が明確になるからです（このような仕組みは社会保障個人会計とも言われます）。

　マイナンバーカード普及のためのオンラインシステム導入は、左記「ご存じですか」でも書いてあるとおり、高額療養費自己負担限度額の適用対象について、オンラインですぐに確認してもらえるというような「利便性」があるのも事実です。一方で、例えば、介護保険で導入されている施設のホテルコストの補足給付について、預貯金1,000万円以上の人は対象外となってしまいますが、マイナンバーで情報が集約化されれば対象除外者を捕捉しやすくなるというような議論が政府審議会等で行われていることも事実です。社会保障給付の「入り」と「出」を一元的に国に管理させてしまうと、この国では残念ながら社会保障の負担増と給付抑制の強化に使われることになってしまうのです。

　ICTのシステム整備自体は否定できずそれを患者・国民にとって便利になるように使うことには異論はありません。しかし、　それを現行のマイナンバー制度の仕組みの中で実施すべきかどうかは、また別の議論が必要であると考えます。集約された個人情報を国家や民間企業等に「濫用」させない、逆に言えば国民一人一人の個人情報の「自己コントロール権」をしっかりと保障するための制度にするために、今のマイナンバー制度がこのまま「普及」することに強い危惧を抱いています。

（社会保障法研究者）

---

④高額医療・高額介護合算療養費制度

こんな内容です

　医療保険と介護保険を長期に併用する場合、世帯での自己負担が高額となるため、1年間（8月1日から翌年7月31日まで）の自己負担限度額が設定されており、自己負担限度額を超えた分が申請によって戻ってくる制度です。ただし、同一の医療保険に加入している人の費用しか合算の対象となりません。

70歳未満の自己負担限度額（年額）

区　分	自己負担限度額
ア　健保：標準報酬月額83万円以上 　　国保：旧ただし書所得901万円超	212万円
イ　健保：標準報酬月額53万円～79万円 　　国保：旧ただし書所得600万円～901万円以下	141万円
ウ　健保：標準報酬月額28万円～50万円 　　国保：旧ただし書所得210万円～600万円以下	67万円
エ　健保：標準報酬月額26万円以下 　　国保：旧ただし書所得210万円以下	60万円
オ　低所得者（住民税非課税）	34万円

※「旧ただし書所得」とは、各被保険者の総所得金額等から、基礎控除額（33万円）を差し引いた金額です。

70歳以上の自己負担限度額（年額）

区　分		後期高齢者医療制度、国民健康保険、健康保険など＋介護保険
現役並み所得者	Ⅲ	212万円
現役並み所得者	Ⅱ	141万円
現役並み所得者	Ⅰ	67万円
一般		56万円
低所得者 （住民税非課税）	Ⅱ	31万円
	Ⅰ	19万円

※各区分については、18ページを参照してください。

注意事項

・計算期間の末日（毎年7月31日）時点での医療保険上の世帯を単位とするため、同じ世帯でも異なる医療保険に加入している場合は合算ができません。

・70歳未満は、医療機関ごと、入院・外来ごとで21,000円を超える自己負担額のみを対象とします。

・70歳以上は、医療機関や入院外来に関係なく、すべての自己負担が対象になります。

・高額療養費や高額介護（予防）サービス費が支給される場合は、支給額を差し引いた額が自己負担額となります。ただし、医療保険の自己負担のう

ち、差額ベッド代や入院時の食事代、診断書代等の自費負担は対象外となり、介護保険の自己負担のうち、施設サービス利用時の食事・居住費（滞在費）、福祉用具購入費、住宅改修費などは対象外となります。

・高額医療・高額介護合算療養費の支給額が 500 円以下の場合は、支給対象となりません。

対象となる医療費

1	医療費の一部負担	○
2	入院時食事療養費・生活療養費の一部負担	×
3	保険外負担	×
4	介護保険の一部負担 ※ただし、福祉用具購入費用、住宅改修費用は対象となりません。	○

手続き

計算期間の末日（毎年 7 月 31 日）時点で加入している医療保険の保険者に申請を行います。

健康保険に加入している世帯

各市町の介護保険の窓口にて介護サービスを利用した分の「自己負担額証明書」を発行してもらい、発行した「自己負担額証明書」を健康保険の窓口に提出してください。

国民健康保険・後期高齢者医療制度に加入している世帯

毎年、該当世帯には申請の案内通知が届きますので、市町の医療保険担当窓口にて申請してください。

ご存じですか？

70 歳以上の「現役並み所得者」の基準収入額適用申請

70 歳以上の「現役並み所得者」で以下の条件に該当する人は、「一般」の所得と同じ自己負担割合（1 割または 2 割）になります。対象となる人は、基準収入額適用申請が必要になりますので、加入している医療保険の保険者に申請を行いましょう。

1. 対象者が 1 人の世帯で、収入額が 383 万円未満のとき。
2. 対象者が複数いる世帯で、収入額の合計が 520 万円未満のとき。

3.　入院時食事療養費・生活療養費

こんな内容です

入院中の食事代は、医療保険から支給される入院時食事療養費と患者が支払う負担額（標準負担額）で成り立っています。医療保険者が被保険者に代わって直接医療機関に入院食事療養費を支払い、患者は医療機関の窓口に標準負担額だけを支払うことになります。また、65 歳以上の人が療養病床に入院した場合には、一部の人を除き食事代に加えて療養に必要な光熱水費を含む居住費の負担がかかります。

入院時の食費の患者負担額

区　分		患者負担額 （1 食あたり）
一般・上位所得者		460 円
小児慢性特定疾病児童および指定難病患者		260 円
区分オ・低所得者Ⅱ	過去 1 年間の入院が 90 日以内	210 円
	過去 1 年間の入院が 90 日超	160 円
低所得者Ⅰ	―	100 円

療養病床に入院する65歳以上の食費・居住費の患者負担額

区　分	患者負担額	
	食費 (1食につき)	居住費 (1日につき)
一般・上位所得者	460円	370円
区分オ・低所得者Ⅱ	210円	370円
過去1年間の入院が90日超 　でかつ入院医療の必要性の 　高い医療区分Ⅱ・Ⅲの人	160円	370円
低所得者Ⅰ	130円	370円
入院医療の必要性の高い医 　療区分Ⅱ・Ⅲの人	100円	370円
指定難病患者	260円	0円

※1 「区分オ」は70歳未満の所得区分であり、住民税非課税者のことをいいます。

※2 「低所得者Ⅰ」と「低所得者Ⅱ」は70歳以上の所得区分です。低所得者Ⅰは、世帯の全員が住民税非課税であり、その世帯の各所得が必要経費・控除（公的年金については80万円）を差し引いたときに0円となる人です。低所得者Ⅱは世帯の全員が住民税非課税であり、低所得者Ⅰ以外の人のことをいいます。

※3 入院中の医療機関が「入院時生活療養費Ⅱ」に該当する場合は1食につき420円になります。

手続きおよび問合せ

住民税非課税世帯の低所得の人は、加入している医療保険者の窓口で「標準負担額減額認定証」の申請を行う必要があります。なお、標準負担額減額認定証は申請月の初日から有効となりますので、入院が分かった時点で早めの申請を行うことを勧めます。入院時には、健康保険証等に添えて医療機関の窓口に証を提出することで、入院時の食事代等の減額が行われます。

また過去12カ月の間に入院日数が90日を超えた場合は、90日を超えて入院していることが分かる書類（領収証または医療機関の入院期間証明書）を添えて申請を行うことで、「長期入院該当」の認定が受けられ、申請を行った翌月から食事代がさらに減額適用されます。

なお、保険料を滞納している場合は、標準負担額減額認定証が交付されないことがあります。

＼ワンポイント アドバイス／

「90日超え入院」の申請をした場合には認定証を医療機関に提出した翌月1日から食事代は減額されますが、実際は申請した日より減額の対象となります。また、「限度額適用・標準負担額減額認定」を受けた人で、医療機関の窓口に証の提示を忘れた場合にも、医療機関に支払ったあと領収証を医療保険者の窓口に持参の上、食事療養差額支給の申請をすることにより、後日支給を受けることができます。

4. 保険料（税）の減免制度

こんな内容です

国民健康保険や後期高齢者医療制度には、法律で定められた保険料の減免制度があります。

①国民健康保険

ア　法定軽減制度

前年中の所得が法令で定められた基準以下《別表1》の場合に保険料（応益割）が7割・5割・2割に軽減される制度です。軽減される世帯の所得基準は別表1を参照してください。軽減に際して申請の必要はありませんが、世帯員全員が所得（税）の申告をしていないと適応されませんので注意してください。

イ　申請減免

災害や失業、疾病等により保険料の支払いが一時的に困難となった場合には申請によって保険料を減免することができます。どのような人が対象となるかは各市町の条例で定められており、市町によって対象者も異なります。各市町の減免の基準については232ページを参照してください。

金沢市の場合、減免基準は次のようになっています。

(1) 国民健康保険加入者が天災その他の災害により、その所有し、かつ居住のために使用している家屋、または家財が著しい損害を受けた場合 《別表2》

(2) 国民健康保険加入者が、失業または事業の休廃止による失職等で当該年の見込合計所得金額が前年の合計所得金額より著しく減少した

　　場合　《別表3》
(3) 生活保護を受ける者と同程度の実情である場合
(4) その他特別の事情があると認められる者
　　（例えば、消費者金融からの借金、ローンなどの負担がある人）

ウ　非自発的失業者の保険料軽減

　倒産・解雇、雇い止めなどによって離職した場合で、雇用保険の失業等給付を受ける人は保険料の軽減措置を受けることができます。保険料算定の基礎となる前年の所得金額を 30/100 とみなして保険料を算定することにより保険料が軽減されます。軽減の対象となる期間は、離職の翌日から翌年度末までです。

＼ワンポイント アドバイス／

　金沢市の場合、2割軽減対象者には、新年度の納付通知書に減免申請書が同封されています。必ず提出しましょう。
　また、国保料は前年度の収入に応じて決まります。年度途中で収入が大きく減少した場合などは申請減免になります。

＼ワンポイント アドバイス／

　非自発的失業者の保険料軽減の対象になるかどうかは「雇用保険受給資格者証」に書かれた「離職コード（離職理由）」によって決まります。病気などの「正当な理由」があって離職した場合には「特定理由離職者」となり、国民健康保険料の軽減の対象となります。しかし、会社によっては病気などの理由があっても、離職票には自己都合による離職とされている場合がありますので、実態に見合った離職コード（離職理由）にしてもらうには、ハローワークでの相談が重要となります。

《別表1》法定軽減基準表（2018年度）

軽減割合	世帯主及び世帯に属する被保険者（と特定同一世帯所属者（注1））の合計所得（前年所得）
7割	43万円＋（給与所得者等の数（注2）－1）×10万円　以下の場合
5割	43万円＋（給与所得者等の数－1）×10万円＋（28万5千円×加入者数（と特定同一世帯所属者数））　以下の場合
2割	43万円＋（給与所得者等の数－1）×10万円＋（52万円×加入者数（と特定同一世帯所属者数））　以下の場合

注1：「特定同一世帯所属者」とは、国民健康保険の被保険者から後期高齢者医療制度に移行した人で、移行後も引き続き（世帯主との関係をそのままに）国民健康保険被保険者と同一世帯に属する人のことです。
注2：「給与所得者等の数」とは、給与収入が55万円を超える人と公的年金所得者（公的年金等の収入が60万円を超える65歳未満の人、または公的年金等の収入が125万円を超える65歳以上の人）をいいます。

《別表2》前年の合計所得金額に対する資産損失の限度と減免割合

	1/5 以上	1/3 以上	1/2 以上	2/3 以上
500万円以下	60%	80%	100%	100%
500万円を超え750万円以下	40%	60%	80%	100%
750万円を超え1,000万円以下	20%	40%	60%	80%

《別表3》前年の合計所得金額に対する本年所得の減少程度と減免割合

	1/3 以上	1/2 以上	2/3 以上
150万円以下	80%	100%	100%
150万円を超え300万円以下	60%	80%	100%
300万円を超え450万円以下	40%	60%	80%
450万円を超え600万円以下	20%	40%	60%

②後期高齢者医療制度

ア　所得が低い人への軽減措置（所得割額の軽減）

世帯に属する被保険者及び世帯主の総所得合計額が以下の基準に該当する場合に均等割額が減額されます。

軽減割合	対象世帯（判定基準）
7割	43万円＋10万円×（年金・給与所得者の数（注）－1）　以下の場合
5割	43万円＋28.5万円×世帯の被保険者数＋10万円×（年金・給与所得者の数－1）　以下の場合
2割	43万円＋52万円×世帯の被保険者数＋10万円×（年金・給与所得者の数－1）　以下の場合

注：「年金・給与所得者の数」とは、同一世帯内の被保険者及び世帯主のうち、給与収入が55万円を超える人、または公的年金等所得のある人（公的年金収入が65歳未満は60万円超、65歳以上は125万円超）の数です。

イ　被用者保険の被扶養者だった人の軽減

後期高齢者医療制度に加入する前日に被用者保険（協会けんぽ等）の被扶養者だった人は、所得割額にかからず、資格取得後2年間を経過する日までの間に限り、均等割額が5割軽減されます。

ウ　特別の事情がある場合の保険料の減免制度

災害等により財産に著しい損害を受けた場合や失業等により収入が減少した場合、その他特別な事情がある場合には保険料の減免を申請することができます。

石川県後期高齢者広域連合の場合、減免基準は次のようになっています。

(1) 震災、風水害、火災その他これらに類する災害により、住宅、家財、またはその他の財産について著しい損害を受けた場合《別表1》

(2) 心身に重大な障害を受け、または長期入院したこと、もしくは世帯主が死亡したことにより収入が著しく減少した場合《別表2》

(3) 事業または業務の休廃止、事業における著しい損失、失業等により収入が著しく減少した場合《別表2》

(4) 干ばつ、冷害、凍霜害等による農作物の不作、不漁その他これらに類する理由により収入が著しく減少した場合《別表2》

(5) その他、広域連合長が特に必要があると認める事情がある場合《別表3》

《別表1》前年の合計所得金額に対する資産損失の限度と保険料の所得割および均等割の減免割合

前年中の合計所得金額	減免割合
500万円以下	1　全焼または全壊のとき　100/100　2　半焼または半壊のとき　50/100以内
500万円を超え750万円以下	1　全焼または全壊のとき　50/100以内　2　半焼または半壊のとき　25/100以内
750万円を超え1,000万円以下	1　全焼または全壊のとき　25/100以内　2　半焼または半壊のとき　125/1000以内

（注）保険金、損害賠償金により補填される部分の金額を除く。

《別表2》前年の合計所得金額に対する本年所得の減少割合と保険料の所得割の減免割合

前年中の合計所得金額／減少の割合	150万円以下	150万円を超え300万円以下	300万円を超え450万円以下
1/3以上	80％	60％	40％
1/2以上	100％	80％	60％
2/3以上	100％	100％	80％

（注）雇用保険の受給期間中は除く。

《別表3》生活保護の基準生活費の収入割合と保険料の所得割の減免割合

基準生活費の収入割合	減免割合
基準生活費の110％未満	10％

（注）雇用保険の受給中を除き、基準生活費の1年間分相当額以上の預貯金、生命保険解約返戻金、株式等各種債権および居住用不動産以外の資産がない場合に限る。
（注）申請者の同意を受けて必要に応じて資産調査を行うことができる。

コラム　新型コロナウイルス感染症の感染拡大と国保における「特例」が意味するもの

　新型コロナウイルス感染拡大とそれに伴う医療提供体制の逼迫化は、「平時の」体制がいかに不十分なものであったかを露呈したものといえます。とりわけ、感染拡大が始まった当初に政府から相次いで出された国保に係る次の特例措置の持つ意味は重要です。

・新型コロナウイルス感染症に係る帰国者・接触者外来の受診時における被保険者資格証明書の取扱い（資格証明書を正規の被保険者証とみなして取り扱う）（令和2年2月28日保国発0228第1号）
・新型コロナウイルス感染症に感染した被用者に対する傷病手当金の支給（国保被保険者のうち被用者に対する傷病手当金制度の創設）（令和2年3月24日保国発事務連絡）
・新型コロナウイルス感染症の影響により収入が減少した被保険者等に係る国民健康保険料の減免（令和2年4月8日保国発事務連絡）

　上記の通知に基づいて、全国各地の自治体においても施策の具体化が進められました。一方、これらの措置は政府がいち早く対応したことでもわかるとおり、コロナ禍において真っ先に手当てが必要であった項目であり、いわば現行国保制度のウイークポイントを顕在化させたともいえます。今後の新たな感染症への対応等も考え合わせると、上記通知の内容を新型コロナウイルス感染者等に限定せず、「平時」からいかに充実させるかが、国保制度改善に向けた重要な課題となります。保険料滞納者に対する資格証明書制度の抜本的見直し、国保における傷病手当金制度の創設（対象者を被用者に限定しない）、保険料減免制度の抜本的拡充について、「特例」ではなく「恒久化」させる必要があります。（社会保障法研究者）

5. 国民健康保険料を滞納した場合

こんな内容です

　保険料を滞納した場合、滞納期間に応じて短期被保険者証や資格証明書が発行される場合があります。

6カ月以上の滞納

　有効期間が短い「短期被保険者証」が交付されることがあります。医療費の給付などは普通の健康保険証の場合と同じです。

1年以上滞納

　特別の事情がなく滞納している場合は、資格証明書が交付されることがあります。医療機関の窓口では10割支払い、あとで保険者負担分（7割〜9割）を返してもらうことになります。

1年6カ月以上滞納

　医療機関の負担が10割負担になるだけではなく、保険給付の差し止めや、「財産の差し押さえ」ができることになっています。

除外対象

　滞納があっても資格証明書の発行を除外される人がいます（以下は金沢市の例です）。
①以下の制度の医療費助成対象になっている人
　被爆者医療、更生医療、精神通院医療、感染症法に基づく医療などの公費負担医療。
　また、高額療養費支給対象者、金沢市の国民健康保険では障害者医療費助成制度の対象者も除外されています。
②世帯に特別な事情があると届出書により認められる場合
　特別な事情とは以下をいいます。
　　・世帯主がその財産につき災害を受け、または盗難にあったこと。
　　・世帯主またはその者と生計を一にする親族が病気にかかり、または負傷したこと。
　　・世帯主がその事業を廃止または休止したこと。
　　・世帯主がその事業につき著しい損失を受けたこと。
　　・上記に類する事由があったこと。
　　・分納、納付誓約を希望すること。
③18歳以下の子ども（18歳に達する日以降の最初の3月31日までの間にある人）

コメント

　生活苦で保険料を払えなくなっている場合は、必ず納付相談に行き「特別な事情」を認めてもらいましょう。そして、生活実態に合った支払い可能な金

額で分割納付の相談をしましょう。

その際、条件があえば23ページで紹介した保険料の減免制度を活用しましょう。

\ワンポイント アドバイス/

資格証明書の発行を除外される人

　資格証明書が発行された場合に医療機関を受診する際は、本来は10割負担となりますが、国の通知で、経済的な理由で医療費の一時払いが困難な場合には短期保険証が交付されることになっています。しかし、実際には全国の自治体では、そのような対応がなされていないところが多く、資格証明書が発行された世帯では医療機関にかかれないという実態があります。

　金沢市は市民らの働きかけにより、2014年9月より「資格証明書が発行された世帯で医療費の一時払いが困難な場合には特別な事情に準ずる状態として短期保険証を交付する」という対応へと改めました。資格証明書が発行されていても受診が必要な際には3割負担で医療を受けることができます。

短期保険証の留め置きに注意

　国民健康保険料を半年以上滞納した場合には有効期限の短い短期保険証が発行されます。短期保険証の発行の目的は、あくまでも保険料の滞納者との接触の機会を増やすためです。しかし、多くの自治体では短期保険証を保険料滞納のペナルティーと考え、窓口に保険証を取りに来るまでは窓口での留め置きとしているところがあります。さらに、保険料を少しでも払わないと保険証を渡さないといった対応をしているところもあります。

　厚生労働省も長期の留め置きについては望ましくないといった通知を出していますし、保険料を払わないと保険証を渡してはいけないなどといった規定は一切ありませんので、保険証が手元に届いていない場合は直ちに自治体に相談しましょう。

---

6. 医療費一部負担減免制度

こんな内容です

　医療費の支払いが困難になったとき、医療機関の窓口で支払う一部負担金を減免できる制度です。

利用できる人

　国民健康保険・後期高齢者医療制度の加入者が利用できます。ただし、すべての自治体で一部負担金の減免制度があるわけではないので注意が必要です（234ページ参照）。

　金沢市の国民健康保険の減免基準は以下のようになっています。

（1）災害等により死亡した場合、心身に障害を有するようになった場合、または資産に重大な損害を受けた場合

（2）干ばつ、冷害等による農作物の不作、不漁その他これらに類する理由により収入が減少した場合

（3）事業または業務の休廃止、失業等により収入が著しく減少した場合

（4）重篤な疾病または負傷により死亡し、心身に重大な障害を受け、または長期間入院した場合（後期高齢者医療制度のみの基準）

減免等の種類と期間は次の通りです。

種　　類	期　　間	減額率
免除	3カ月を限度	－
減額	3カ月を限度	20％、50％、80％
徴収猶予	6カ月以内	－

対象となる医療費		
1	医療費の一部負担	○
2	入院時食事療養費・生活療養費の一部負担	×
3	保険外負担	×
4	介護保険の一部負担	×

手続き

この制度を利用する場合は、あらかじめ市町の国保担当課に申請書を提出してください。受給が決定したときは、診療月ごとに申請者に証明書が交付されます。健康保険証と一緒に証明書を医療機関の窓口に提出してください。

＼ワンポイント アドバイス／

国民健康保険の一部負担減免制度を活用しよう

国民健康保険法第44条で、医療費を支払うことが困難な人の窓口での一部負担金の減額・免除・猶予ができることが明記されていますが、これまで石川県内のほとんどの市町では一部負担減免に関する要綱がありませんでした。さまざまな人たちの要求で、現在では県内においても多くの自治体で要綱を持つに至りましたが、実際には要綱を持っていても制度の周知がされておらず、ほとんど利用されていないのが実態です。経済的な理由で一部負担金の支払いが難しい人は市町の窓口で一度相談してみましょう。

7. 退職後の健康保険

退職などで健康保険の資格がなくなる（なくなった）場合、新たに何らかの健康保険に加入するなどの対応をとる必要があります。選択肢としては、①家族の健康保険の扶養家族になるか、②健康保険に継続して加入する手続をとるか（任意継続被保険者）、③国民健康保険に加入するか、が考えられます。それぞれ条件や保険料が違ったりしますので、自分はどれが当てはまるのか、また有利なのはどれか十分検討して選択しましょう。

①任意継続被保険者

こんな内容です

退職してからも2年間、在職中と原則同じ給付内容で健康保険に継続して加入し続けることができます。ただし、健康保険の資格を失う前日までに継続して1年以上被保険者であった人を除き、任意継続被保険者には傷病手当金、出産手当金は支給されませんので注意が必要です。

なお、2022年1月から、任意継続被保険者の生活実態に応じた加入期間の短縮化が認められるようになり、任意脱退の申し出をした場合にはその翌月1日に資格を喪失させることが可能となりました。

加入できる人

健康保険の資格がなくなった日の前日までに継続して2カ月以上資格があれば加入できます。

健保組合に加入していた人も対象となります。

保険料

事業主負担分も支払わなければなりませんので、原則退職時の保険料の2倍になります。ただし、保険料の限度額は30,330円（2021年度・協会けんぽ石川）です。また介護保険料を徴収される人（40歳以上）の保険料の限度額は35,730円です。

手続き

健康保険の資格がなくなった日から必ず20日以内に「任意継続被保険者資格取得申請書」を協会けんぽの各支部に提出します（健保組合の場合は、各健保組合の窓口へ）。

毎月の保険料は、その月の1～10日まで（10日が土・日曜日、祝日の場合は翌営業日まで）に支払う必要があります。正当な理由なく納付期日までに納付できないと、納付期日の翌日で資格を失うことになりますので注意が必要です。

②退職後の健康保険の選び方

退職後の健康保険を選択する際には次の３つを考慮し慎重に選ぶことが必要です。また、合わせて国民年金の加入手続きを行う必要があります。

（1）保険料

保険料については家族の健康保険の扶養家族に入るのが一番有利です。ただし、扶養家族になるためには条件がいくつかあり、年間収入が130万円（60歳以上・障害のある人の場合は180万円）未満であって、かつ、被保険者の年間収入の２分の１未満であることなどが必要です。申請以後１年間の収入見込みを算出するため、退職後に受けとる健康保険の傷病手当金や雇用保険の失業等給付などが基準を上回る場合は扶養家族に入ることはできません。

もし、扶養家族に入れない場合は国民健康保険と任意継続被保険者でどちらの保険料が安いかを比較します。国民健康保険料については市町の窓口で教えてもらうことができます。

（2）高額療養費

所得の多かった人は高額な治療（入院治療等）が必要な場合には注意が必要です。

任意継続被保険者の場合、高額療養費の自己負担限度額の算出の際の標準報酬月額は30万円が上限となりますので、自己負担限度額の区分は「上位所得者」にはなりません。しかし、国民健康保険に加入した場合、前年度収入で算出するため「上位所得者」に認定される場合があります。

8. 療養費払い制度

こんな内容です

医療保険は、「現物給付」が原則となっていますが、さまざまな理由で現物給付ができない場合があります。このようなとき保険者が必要と認めれば「療養費」として現金支給されます。療養費払いとは、一時的に患者が費用を立て替えて、後から加入している保険者から払戻しを受ける制度です。

支給対象

(1) 療養上必要なコルセット、治療用装具等
(2) 医師が同意し、保険者が必要ありと認めたあんま、はり、灸、マッサージ
(3) 重症のために人事不省になったとき等、保険医に被保険者の申立てができずに実費診療となった場合
(4) 外国に出張、あるいは旅行中に医療を受けた場合

支給額

一部負担金分を控除した金額が療養費として支給されます。

なお、外国で治療を受けた場合、支給決定を受けた時点での為替レートによって日本円で支給されます。

手続き

(1) 療養費支給申請書
(2) 領収証
(3) 必要な場合は診療を受けた医師の同意書または診断書、装具装着証明書
(4) 振込先の金融機関の口座番号

以上の書類を各保険者に提出します。

ただし、診療費を支払った日の翌月から起算して２年以内に請求しないと、時効によって請求権が消滅します。

9. 傷病手当金

こんな内容です

　被保険者が、業務外の傷病のため働くことができず、仕事を休んだため、その間の給与等の支払いを受けられなかったときでも安心して療養できるように生活を保障する現金給付制度です。

　なお、2022年1月から支給期間の計算方法が改善され、支給開始日から傷病手当受給期間を通算して1年6カ月間受給できることとなりました。（改定前は、受給開始日から「暦の上の1年6カ月間」しか受給できなかったので、傷病手当受給期間内に職場復帰し、再度休職して受給する場合には、トータルの受給期間が増えることになりました）

対象となる人

(1) 傷病の療養のために仕事を休んでいること。
　　療養は、保険診療、実費診療の別は問いません。また、自宅での療養も含みます。ただし、労災の場合は傷病手当金ではなく労災の休業補償給付金が支給されます。
(2) 労務不能であること。
(3) 3日間連続して休んでいること。
(4) 給与の支払を受けていないこと。

支給内容

　1日あたりの金額は、支給開始日以前の継続した12カ月間の各月の標準報酬月額を平均した額を30日で割ったその3分の2の額が支給されます。支給開始日以前の期間が12カ月に満たない場合は、支給開始日の属する月以前の継続した各月の標準報酬月額の平均額と30万円とを比べて少ない方の額を使用して計算します。ただし、支給額は次の要件に該当するとき、減額あるいは支給停止となります。

(1) 休職中に給与の支払があった場合で、その額が傷病手当金の額より少なければ差額を支給
(2) 傷病手当金と出産手当金の両方を受給できるとき、出産手当金の額が傷病手当金より低いときはその差額を支給。
(3) 障害厚生年金が受けられる場合、その額が傷病手当金より低いときは、その差額を支給
(4) 在職中の場合は老齢年金と傷病手当金は併給可能。ただし退職後は併給調整が行われ、老齢年金が傷病手当より低いときはその差額を支給
(5) 労災保険から休業補償給付を受けている場合、その額が傷病手当金より低いときは、その差額を支給。

支給期間

　支給にあたっては、仕事を休みはじめてから3日間の待機期間をおき、4日目から支給開始となります。

　同一の傷病に対する支給期間は、支給開始日から傷病手当金受給期間を通算して1年6カ月に達する日までが対象となります。したがって、支給期間中に途中で就労し、傷病手当金が支給されない期間がある場合には、支給開始日から暦上1年6カ月を超えても、繰り返し受給可能となります。

待機期間

傷病手当金の受取期間

※受給Ⓐの期間と受給Ⓑの期間の通算で1年6カ月間は受給可能

> \ワンポイント アドバイス/
>
> 　退職日までに1年以上の被保険者期間が継続してあった場合、退職日の前日に現に傷病手当金を受給しているか、受給できる状態であれば、退職後も引き続き傷病手当金を受給することができます。また、在職中に傷病手当金の受給権が発生していれば、退職してからでもさかのぼって請求することができます。ただし、さかのぼって請求できるのは2年前の分までです。なお、いったん仕事に就くことができる状態になった場合には、傷病手当金の受給期間が残っていても、その後は受給することはできません。

10. 埋葬料（費）・葬祭費

こんな内容です

　被保険者が死亡した場合に、埋葬や葬祭のための費用として支給されます。また、被扶養者が死亡したとき被保険者にも家族埋葬料として支給されます。

支給額

協会けんぽ加入者

　支給金額は、被保険者・家族とも、一律5万円です。

国民健康保険加入者

　各市町によって異なります。また、葬祭費の支給は市町ごとに任意となっています（236ページを参照してください）。

後期高齢者医療制度加入者

　広域連合ごとに金額は異なります。石川県の場合、支給金額は5万円です。

手続き

　死亡後に遺族または葬儀を執行した人が、医療保険の保険者に申請を行います。死亡した日から2年以内に申請をする必要があります。

※退職して健康保険の資格がなくなった後でも、以下の場合には埋葬料が支給されます。

①資格喪失後、3カ月以内に亡くなった場合

②傷病手当金または出産手当金の継続給付を受けている間に亡くなった場合

③②の継続給付を受けなくなって3カ月以内に亡くなった場合

コラム　がん経験者への外見サポート研修会

【"がん" による外見の変化】

　がんは日本人の2人に1人が経験する、身近な病気です。

　がん医療は飛躍的に進歩し、がんはあっても共に生きることができるようになりましたが、その治療の中には脱毛や皮膚・爪・体型の変化など、外見の変化を伴うものがあります。

　そのような経験をした方の中には「自分の姿を見るのがつらい」「人に会いたくない」「日常生活に困る」という方も少なくありません。

【理美容業者と医療福祉の専門職が共に学び理解し合う】

　そこで、がん経験者の外見サポート研究会と石川県がん安心生活サポートハウスが共同で「がん経験者の外見サポート研修会」を開催し、がん経験者の外見変化に対する悩みやその支援方法について学び、適切な支援を提供できる地域づくりを目指しています。

　この研修会の特徴は①地域の理美容業の方と医療福祉の専門職が共に学ぶこと②当事者の声からも学ぶこと③参加者同士が対話を通してお互いを理解し合うことで、がん経験者が地域の中でその人らしく主体的に生きることを支えられるような関係作りを目指していることです。

【研修会や外見サポートに関するお問い合わせはこちらまで】

石川県がん安心生活サポートハウスつどい場はなうめ

TEL:076-234-2108

mail:tsudoiba@saiseikaikanazawa.jp

※外見サポートに関する展示や情報もあります。

第2節　医療費助成制度

1.　難病医療費助成制度

こんな内容です

　難病のうち国が指定する338疾患（指定難病）に対する医療費の一部を助成する制度です。対象者には特定医療費受給者証が交付されます。

指定難病

難病の患者に対する医療等に関する法律第5条第1項に規定する指定難病

番号	病　　　名
1	球脊髄性筋萎縮症
2	筋萎縮性側索硬化症
3	脊髄性筋萎縮症
4	原発性側索硬化症
5	進行性核上性麻痺
6	パーキンソン病
7	大脳皮質基底核変性症
8	ハンチントン病
9	神経有棘赤血球症
10	シャルコー・マリー・トゥース病
11	重症筋無力症
12	先天性筋無力症候群
13	多発性硬化症／視神経脊髄炎
14	慢性炎症性脱髄性多発神経炎／多巣性運動ニューロパチー
15	封入体筋炎
16	クロウ・深瀬症候群
17	多系統萎縮症
18	脊髄小脳変性症（多系統萎縮症を除く）
19	ライソゾーム病
20	副腎白質ジストロフィー
21	ミトコンドリア病
22	もやもや病
23	プリオン病
24	亜急性硬化性全脳炎
25	進行性多巣性白質脳症
26	HTLV-1関連脊髄症
27	特発性基底核石灰化症
28	全身性アミロイドーシス
29	ウルリッヒ病
30	遠位型ミオパチー
31	ベスレムミオパチー
32	自己貪食空胞性ミオパチー
33	シュワルツ・ヤンペル症候群

番号	病　　　名
34	神経線維腫症
35	天疱瘡
36	表皮水疱症
37	膿疱性乾癬（汎発型）
38	スティーヴンス・ジョンソン症候群
39	中毒性表皮壊死症
40	高安動脈炎
41	巨細胞性動脈炎
42	結節性多発動脈炎
43	顕微鏡的多発血管炎
44	多発血管炎性肉芽腫症
45	好酸球性多発血管炎性肉芽腫症
46	悪性関節リウマチ
47	バージャー病
48	原発性抗リン脂質抗体症候群
49	全身性エリテマトーデス
50	皮膚筋炎／多発性筋炎
51	全身性強皮症
52	混合性結合組織病
53	シェーグレン症候群
54	成人スチル病
55	再発性多発軟骨炎
56	ベーチェット病
57	特発性拡張型心筋症
58	肥大型心筋症
59	拘束型心筋症
60	再生不良性貧血
61	自己免疫性溶血性貧血
62	発作性夜間ヘモグロビン尿症
63	特発性血小板減少性紫斑病
64	血栓性血小板減少性紫斑病
65	原発性免疫不全症候群
66	IgA腎症
67	多発性嚢胞腎
68	黄色靱帯骨化症
69	後縦靱帯骨化症
70	広範脊柱管狭窄症
71	特発性大腿骨頭壊死症
72	下垂体性ADH分泌異常症
73	下垂体性TSH分泌亢進症
74	下垂体性PRL分泌亢進症
75	クッシング病
76	下垂体性ゴナドトロピン分泌亢進症
77	下垂体性成長ホルモン分泌亢進症
78	下垂体前葉機能低下症

番号	病　　名
79	家族性高コレステロール血症（ホモ接合体）
80	甲状腺ホルモン不応症
81	先天性副腎皮質酵素欠損症
82	先天性副腎低形成症
83	アジソン病
84	サルコイドーシス
85	特発性間質性肺炎
86	肺動脈性肺高血圧症
87	肺静脈閉塞症／肺毛細血管腫症
88	慢性血栓塞栓性肺高血圧症
89	リンパ脈管筋腫症
90	網膜色素変性症
91	バッド・キアリ症候群
92	特発性門脈圧亢進症
93	原発性胆汁性胆管炎
94	原発性硬化性胆管炎
95	自己免疫性肝炎
96	クローン病
97	潰瘍性大腸炎
98	好酸球性消化管疾患
99	慢性特発性偽性腸閉塞症
100	巨大膀胱短小結腸腸管蠕動不全症
101	腸管神経節細胞僅少症
102	ルビンシュタイン・テイビ症候群
103	CFC症候群
104	コステロ症候群
105	チャージ症候群
106	クリオピリン関連周期熱症候群
107	若年性特発性関節炎
108	TNF受容体関連周期性症候群
109	非典型溶血性尿毒症症候群
110	ブラウ症候群
111	先天性ミオパチー
112	マリネスコ・シェーグレン症候群
113	筋ジストロフィー
114	非ジストロフィー性ミオトニー症候群
115	遺伝性周期性四肢麻痺
116	アトピー性脊髄炎
117	脊髄空洞症
118	脊髄髄膜瘤
119	アイザックス症候群
120	遺伝性ジストニア
121	神経フェリチン症
122	脳表ヘモジデリン沈着症
123	禿頭と変形性脊椎症を伴う常染色体劣性白質脳症
124	皮質下梗塞と白質脳症を伴う常染色体優性脳動脈症
125	神経軸索スフェロイド形成を伴う遺伝性びまん性白質脳症
126	ペリー症候群
127	前頭側頭葉変性症
128	ビッカースタッフ脳幹脳炎

番号	病　　名
129	痙攣重積型（二相性）急性脳症
130	先天性無痛無汗症
131	アレキサンダー病
132	先天性核上性球麻痺
133	メビウス症候群
134	中隔視神経形成異常症／ドモルシア症候群
135	アイカルディ症候群
136	片側巨脳症
137	限局性皮質異形成
138	神経細胞移動異常症
139	先天性大脳白質形成不全症
140	ドラベ症候群
141	海馬硬化を伴う内側側頭葉てんかん
142	ミオクロニー欠神てんかん
143	ミオクロニー脱力発作を伴うてんかん
144	レノックス・ガストー症候群
145	ウエスト症候群
146	大田原症候群
147	早期ミオクロニー脳症
148	遊走性焦点発作を伴う乳児てんかん
149	片側痙攣・片麻痺・てんかん症候群
150	環状20番染色体症候群
151	ラスムッセン脳炎
152	PCDH19関連症候群
153	難治頻回部分発作重積型急性脳炎
154	徐波睡眠期持続性棘徐波を示すてんかん性脳症
155	ランドウ・クレフナー症候群
156	レット症候群
157	スタージ・ウェーバー症候群
158	結節性硬化症
159	色素性乾皮症
160	先天性魚鱗癬
161	家族性良性慢性天疱瘡
162	類天疱瘡（後天性表皮水疱症を含む）
163	特発性後天性全身性無汗症
164	眼皮膚白皮症
165	肥厚性皮膚骨膜症
166	弾性線維性仮性黄色腫
167	マルファン症候群
168	エーラス・ダンロス症候群
169	メンケス病
170	オクシピタル・ホーン症候群
171	ウィルソン病
172	低ホスファターゼ症
173	VATER症候群
174	那須・ハコラ病
175	ウィーバー症候群
176	コフィン・ローリー症候群
177	ジュベール症候群関連疾患
178	モワット・ウィルソン症候群

番号	病　名
179	ウィリアムズ症候群
180	ATR-X症候群
181	クルーゾン症候群
182	アペール症候群
183	ファイファー症候群
184	アントレー・ビクスラー症候群
185	コフィン・シリス症候群
186	ロスムンド・トムソン症候群
187	歌舞伎症候群
188	多脾症候群
189	無脾症候群
190	鰓耳腎症候群
191	ウェルナー症候群
192	コケイン症候群
193	プラダー・ウィリ症候群
194	ソトス症候群
195	ヌーナン症候群
196	ヤング・シンプソン症候群
197	1p36欠失症候群
198	4p欠失症候群
199	5p欠失症候群
200	第14番染色体父親性ダイソミー症候群
201	アンジェルマン症候群
202	スミス・マギニス症候群
203	22q11.2欠失症候群
204	エマヌエル症候群
205	脆弱X症候群関連疾患
206	脆弱X症候群
207	総動脈幹遺残症
208	修正大血管転位症
209	完全大血管転位症
210	単心室症
211	左心低形成症候群
212	三尖弁閉鎖症
213	心室中隔欠損を伴わない肺動脈閉鎖症
214	心室中隔欠損を伴う肺動脈閉鎖症
215	ファロー四徴症
216	両大血管右室起始症
217	エプスタイン病
218	アルポート症候群
219	ギャロウェイ・モワト症候群
220	急速進行性糸球体腎炎
221	抗糸球体基底膜腎炎
222	一次性ネフローゼ症候群
223	一次性膜性増殖性糸球体腎炎
224	紫斑病性腎炎
225	先天性腎性尿崩症
226	間質性膀胱炎（ハンナ型）
227	オスラー病
228	閉塞性細気管支炎

番号	病　名
229	肺胞蛋白症（自己免疫性または先天性）
230	肺胞低換気症候群
231	α1-アンチトリプシン欠乏症
232	カーニー複合
233	ウォルフラム症候群
234	ペルオキシソーム病（副腎白質ジストロフィーを除く）
235	副甲状腺機能低下症
236	偽性副甲状腺機能低下症
237	副腎皮質刺激ホルモン不応症
238	ビタミンD抵抗性くる病／骨軟化症
239	ビタミンD依存性くる病／骨軟化症
240	フェニルケトン尿症
241	高チロシン血症1型
242	高チロシン血症2型
243	高チロシン血症3型
244	メープルシロップ尿症
245	プロピオン酸血症
246	メチルマロン酸血症
247	イソ吉草酸血症
248	グルコーストランスポーター1欠損症
249	グルタル酸血症1型
250	グルタル酸血症2型
251	尿素サイクル異常症
252	リジン尿性蛋白不耐症
253	先天性葉酸吸収不全
254	ポルフィリン症
255	複合カルボキシラーゼ欠損症
256	筋型糖原病
257	肝型糖原病
258	ガラクトース-1-リン酸ウリジルトランスフェラーゼ欠損症
259	レシチンコレステロールアシルトランスフェラーゼ欠損症
260	シトステロール血症
261	タンジール病
262	原発性高カイロミクロン血症
263	脳腱黄色腫症
264	無βリポタンパク血症
265	脂肪萎縮症
266	家族性地中海熱
267	高IgD症候群
268	中條・西村症候群
269	化膿性無菌性関節炎・壊疽性膿皮症・アクネ症候群
270	慢性再発性多発性骨髄炎
271	強直性脊椎炎
272	進行性骨化性線維異形成症
273	肋骨異常を伴う先天性側弯症
274	骨形成不全症
275	タナトフォリック骨異形成症
276	軟骨無形成症
277	リンパ管腫症／ゴーハム病
278	巨大リンパ管奇形（頚部顔面病変）

番号	病　　名
279	巨大静脈奇形（頸部口腔咽頭びまん性病変）
280	巨大動静脈奇形（頸部顔面または四肢病変）
281	クリッペル・トレノネー・ウェーバー症候群
282	先天性赤血球形成異常性貧血
283	後天性赤芽球癆
284	ダイアモンド・ブラックファン貧血
285	ファンコニ貧血
286	遺伝性鉄芽球性貧血
287	エプスタイン症候群
288	自己免疫性後天性凝固因子欠乏症
289	クロンカイト・カナダ症候群
290	非特異性多発性小腸潰瘍症
291	ヒルシュスプルング病（全結腸型または小腸型）
292	総排泄腔外反症
293	総排泄腔遺残
294	先天性横隔膜ヘルニア
295	乳幼児肝巨大血管腫
296	胆道閉鎖症
297	アラジール症候群
298	遺伝性膵炎
299	嚢胞性線維症
300	IgG4関連疾患
301	黄斑ジストロフィー
302	レーベル遺伝性視神経症
303	アッシャー症候群
304	若年発症型両側性感音難聴
305	遅発性内リンパ水腫
306	好酸球性副鼻腔炎
307	カナバン病
308	進行性白質脳症
309	進行性ミオクローヌスてんかん
310	先天異常症候群
311	先天性三尖弁狭窄症
312	先天性僧帽弁狭窄症
313	先天性肺静脈狭窄症
314	左肺動脈右肺動脈起始症
315	ネイルパテラ症候群（爪膝蓋骨症候群）／LMX1B関連腎症
316	カルニチン回路異常症
317	三頭酵素欠損症
318	シトリン欠損症
319	セピアプテリン還元酵素（SR）欠損症
320	先天性グリコシルホスファチジルイノシトール（GPI）欠損症
321	非ケトーシス型高グリシン血症
322	β-ケトチオラーゼ欠損症
323	芳香族L-アミノ酸脱炭酸酵素欠損症
324	メチルグルタコン酸尿症
325	遺伝性自己炎症疾患
326	大理石骨病
327	特発性血栓症（遺伝性血栓性素因によるものに限る）
328	前眼部形成異常

番号	病　　名
329	無虹彩症
330	先天性気管狭窄症／先天性声門下狭窄症
331	特発性多中心性キャッスルマン病
332	膠様滴状角膜ジストロフィー
333	ハッチンソン・ギルフォード症候群
334	脳クレアチン欠乏症候群
335	ネフロン癆
336	家族性低βリポタンパク血症1（ホモ接合体）
337	ホモシスチン尿症
338	進行性家族性胆内胆汁うっ滞症

利用できる人

　以下のいずれかの要件を満たす人が対象となります。

（1）指定難病と診断され、国の定める認定基準を満たす人

（2）（1）の基準を満たしていないが、申請日が属する月以前の12カ月以内に指定難病にかかる医療費総額が33,300円を超える月が3カ月以上ある人（軽症高額該当）

対象となる医療費

1	医療費の一部負担	○
2	入院時食事療養費・生活療養費の一部負担	×
3	保険外負担	×
4	介護保険の一部負担	○

訪問看護
訪問リハビリテーション
居宅療養管理指導
介護療養型医療施設（入所のみ）

自己負担

・この制度の対象となる人のうち、医療費の自己負担割合が3割の人は2割に引き下げられます。

・自己負担上限額（月額）は、加入している健康保険の世帯単位の住民税（所得割額）により算定されます。健康保険では被保険者の所得に基づき、また、国民健康保険や後期高齢者医療制度では住民票上の世帯で受診者と同じ医療保険に加入している全員分の所得に基づき、それぞれ算定されます。

自己負担月額上限

階層区分	階層区分の基準		一般	高額かつ長期（※）	人工呼吸器等装着者
生活保護	生活保護		0円	0円	0円
低所得Ⅰ	住民税 非課税世帯	本人年収 ～80万円	2,500円	2,500円	1,000円
低所得Ⅱ		本人年収 80万円超	5,000円	5,000円	
一般所得Ⅰ	住民税 課税以上7.1万円未満		10,000円	5,000円	
一般所得Ⅱ	住民税 7.1万円以上25.1万円未満		20,000円	10,000円	
上位所得	住民税 25.1万円以上		30,000円	20,000円	
入院時の食費			全額自己負担		

※指定難病にかかる月額の医療費総額が50,000円を超えた月が6カ月以上ある人

申請に必要なもの

1. 特定医療費（指定難病）支給認定申請書および同意書
2. 臨床調査個人票（指定医療機関で記載してもらったもの）
3. 同一世帯全員の住民票
4. 健康保険証の写し　※受診者の加入する保険によって提出する範囲が異なります。
5. 所得・課税証明書
   以下は該当となる人のみ必要
6. 同一世帯内に他に特定医療費または小児慢性特定疾病医療費の対象者がいることを証明する書類（該当者の小児特定疾病医療受給者証の写しあるいは特定医療費受給者証の写し）
7. 「高額かつ長期」または「軽症高額該当」に該当することを証明する書類（領収証および医療費申告書）
8. 生活保護受給証明書

手続き

　居住地管轄の保健福祉センター（金沢市の場合は福祉健康センター）に必要書類を揃えて提出してください。特定医療費（指定難病）受給者証の有効期限は1年間ですので、毎年更新の手続きが必要になります。

　住所や氏名、加入している医療保険等に変更があった場合は、変更の届出が必要になります。

2. 被爆者の一般疾病医療

こんな内容です

　原子爆弾被爆者に対する援護に関する法律に基づき、被爆者が厚生労働大臣の認定を受けた原爆症（特定疾病）以外の疾病やけがで医療機関を受診した場合、患者が支払う自己負担分を国が代わりに負担することから、原則として自己負担は無料になります。対象となる疾患は下記以外の疾病や怪我です。

・遺伝性疾病および先天性疾病
・被爆以前からの精神病
・軽度のう歯（C1、C2）

　また、保険適用外の自費負担や故意や重過失等による病気や怪我についても対象となりません。

対象となる人

被爆者健康手帳の交付を受けている人

対象となる医療費

1	医療費の一部負担	○
2	入院時食事療養費・生活療養費の一部負担	○
3	保険外負担	×
4	介護保険の一部負担	○

医療系サービスのすべて
福祉系サービスのうち以下のもの
・訪問介護（低所得者のみ）
・通所介護　　　　・認知症対応型通所介護
・短期入所生活介護　・小規模多機能型居宅介護
・定期巡回・随時対応型訪問介護看護
・看護小規模多機能型居宅介護
・介護老人福祉施設
※訪問介護を利用する場合は、「訪問介護利用被爆者助成受給者資格認定証」の手続きが必要となります。
※食費、居住費、滞在費については自己負担になります。
※養護老人ホーム、特別養護老人ホームへの措置入所負担は、償還払いで助成されます。

手続き

「被爆者一般疾病医療機関（指定医療機関）」に受診して、健康保険証と被爆者健康手帳を提出すると患者の一部負担が無料になります。

＼ワンポイントアドバイス／

　医療機関は、県健康福祉部健康推進課（難病対策グループ）に「申請書」を提出するだけで「被爆者一般疾病医療機関」の指定を受けることができます。
　被爆者健康手帳を持参しなかった場合および指定医療機関以外で医療を受けた場合は、一度窓口で自己負担分を払い、保険者に申請すると払戻しされますので、必ず領収証と診療明細書をとっておいて下さい。

3. 肝炎治療医療費助成制度

こんな内容です

　Ｃ型肝炎およびＢ型肝炎の治療にかかる医療費の一部を助成する制度です。

利用できる人

　医療保険に加入しており、かつ次にあげる治療を受ける人の医療費が助成されます。
1. Ｃ型ウィルス性肝炎の除去を目的として行うインターフェロン治療およびインターフェロンフリー治療
2. Ｂ型ウィルス性肝炎に対して行われるインターフェロン治療および核酸アナログ製剤治療

対象となる医療費

1	医療費の一部負担	○
2	入院時食事療養費・生活療養費の一部負担	×
3	保険外負担	×
4	介護保険の一部負担	×

自己負担

所得に応じた自己負担額が設けられています。

階層区分		自己負担限度額（月額）
甲	世帯の住民税（所得割）課税年額が235,000円以上の場合	20,000円
乙	世帯の住民税（所得割）課税年額が235,000円未満の場合	10,000円

※以下の(1)〜(3)のすべてに該当する人は世帯の住民税額の合算対象から除外することができます。
　(1) 申請者の配偶者以外であること（住民票の続柄で判断）。

(2) 申請者およびその配偶者と地方税法上の扶養
　　関係にないこと（課税証明書等により判断）。
(3) 申請者およびその配偶者と医療保険上の扶養
　　関係にないこと（健康保険証で判断）。

助成期間

　助成の開始日は、窓口に申請書を提出した月の初日からになります。提出した医師の診断書において、治療開始予定が申請した月の翌月以降となっている場合は、助成の開始日は治療開始予定の月の初日になります。

　なお、対象治療により助成期間が異なるので注意が必要です。

　　・インターフェロンを含む治療 ― 7カ月間または1年間
　　・核酸アナログ製剤治療 ― 1年間
　　・インターフェロンフリー治療 ―3カ月～7カ月
　　（治療内容によって助成期間が異なります）

※B型肝炎の核酸アナログ製剤治療については、医師が必要と認める場合に限り更新ができますが、再度申請書類の提出が必要です。
※インターフェロンを含む治療については、例外的に助成期間の延長を認められる場合があります。

手続き

　以下の書類をそろえ、居住地の保健福祉センターに申請することにより肝炎治療受給者証が交付されます。受給者証を医療機関の窓口で提示することにより、助成が受けられます。

・肝炎治療受給者証交付申請書
・指定の診断書（指定医療機関で記載してもらったもの）
・健康保険証の写し（本人のもの）
・住民票（世帯全員分、続柄が記載されたもの・マイナンバーの記載のないもの）
・所得・課税証明書（世帯全員）
・住民税額合算対象除外であることを証明する書類

コラム　医療機関における身寄りがない人への支援

　高齢者単身世帯や未婚率の増加、近隣関係の希薄化を背景にして、医療機関ではいわゆる「身寄りがない人」相談支援が後を絶たず、医療機関で働くMSW（医療ソーシャルワーカー）にとっても大きな課題となっている。2019年には厚生労働省より「身寄りがない人の入院及び医療に係る意思決定が困難な人への支援に関するガイドライン」が発出されてMSWの間では大きな話題となった。

　身元保証人等を求める介護施設が多数を占める中で、在宅生活の継続が困難になった身寄りがない患者の療養先の選定にあたっては、特に調整に困難を極め、諸事情を勘案して受け入れてくれる施設に申し込みが集中する現状も否めない。

　また石川県内にも身元保証をサービスにする民間団体も少しずつ現れてきており、身元保証・生活支援・死後事務など、さまざまな場面を想定したサービスを提供している。身元保証という安心を求めたくなる当事者の気持ちも分からないでもないが、身元保証団体については指導監督を行う行政機関も明確でなく、実際に経営破綻により預託金が返還されない事例が過去に全国で発生しており、慎重にならざるをえない。また、低所得者においてはまとまった金銭を準備することもできず、それらのサービスを利用することはそもそも困難である。

　安易に身元保証サービスを利用することがないよう、医療現場では医療・ケアチームで患者を中心にした最善の医療提供の検討を行い、また判断能力が低下し権利擁護を要する対象者には成年後見制度等の利用を勧め、死亡時には行政と連絡調整を行うなど、さまざまな対応を模索し続けている。しかしながら、地域社会とも共有ができなければ、この問題は一部の医療機関の内部に留まってしまうこととなる。

　2022年度から5カ年計画で第二期成年後見制度利用促進基本計画が実行に移される予定にしており、その計画案には「身寄りのない人」の支援に関してさまざまな提案が明記されている。身寄りの有無に限らず誰もが住み慣れた地域で暮らしていけるよう、権利擁護支援が新たなステージに入ることを一筋の光のように期待している。（医療ソーシャルワーカー）

第2章

生活支援のための各種制度

第1節　生活に困ったときに使える制度
1. 生活保護 ………………………………… 40
2. 生活困窮者自立支援制度 …………… 45
3. 法外援護 ………………………………… 47
4. 無料低額診療事業
   無料低額介護老人保健施設利用事業 … 48
5. 生活福祉資金貸付制度 ……………… 49
6. その他の貸付制度 …………………… 53
7. 債務整理 ………………………………… 54
8. 公営住宅 ………………………………… 55

第2節　失業時に使える制度
1. 雇用保険の基本手当 ………………… 56
2. 職業訓練受講給付金（求職者支援制度）… 57
3. 臨時特例つなぎ資金貸付制度 ……… 58

第3節　税金の申告
1. 所得控除の種類 ……………………… 59
2. 医療費控除 ……………………………… 60

第1節　生活に困ったときに使える制度

1. 生活保護

こんな内容です

　生活保護は、日本国憲法第25条に定められた理念に基づいて、生活に困っているすべての国民に対して、困っている状況と程度に応じて必要な保護を行い、健康で文化的な最低限度の生活を保障するとともに、一日も早く自分自身の力で生活できるよう手助けしようとする国の制度です。

　生活保護を受けることは、生活に困ったときに一定の要件を満たしていればだれでも受けることができる国民の権利であり、働いているいないにかかわらず、申請することができます。

扶助の種類

(1) 生活保護には、次の8種類の扶助があり、必要に応じて支給されます。
　①生活扶助……食費、衣料費、光熱水費などの日常のくらしの費用
　②教育扶助……教材費、学級費、給食費、学習支援費などの義務教育に必要な費用
　③住宅扶助……家賃、地代などの住宅の費用
　④医療扶助……病気、ケガなどの治療をするための費用
　⑤介護扶助……介護サービスを受けるための費用
　⑥出産扶助……お産をするための費用
　⑦生業扶助……技術を身につけたり、仕事に就くための費用、高校の就学に必要な費用
　⑧葬祭扶助……火葬、納骨などの葬祭の費用

(2) 対象となる人の特別な生活需要に応じて、次のような各種加算制度が設けられています。
　①妊産婦加算、②母子加算、③障害者加算、④在宅患者加算、⑤放射線障害者加算、⑥児童養育加算、⑦介護保険料加算、⑧介護施設入所者加算

(3) 毎月の保護費ではまかなえない一時的な費用を支給するものとして、次のような一時扶助があります。
　①被服費、②家具什器費、③移送費、④入学準備

金、⑤就労活動促進費、⑥その他（配電設備費、家財保管料、家財処分料、妊婦定期検診料など）

※住んでいる地域によって生活保護の基準が6段階に設定されています。
　石川県内の級地区分は次のとおりです。
　　2級地-1　金沢市
　　2級地-2　小松市
　　3級地-1　七尾市　輪島市　珠洲市　加賀市
　　　　　　　羽咋市　かほく市　白山市　能美市
　　　　　　　野々市市　川北町　津幡町　内灘町
　　3級地-2　上記以外の市町
※住宅扶助の特別基準額は次のとおりです。

	金沢市	小松市	左記以外の市町
単身世帯	33,000円	31,000円	31,000円
2人世帯	40,000円	37,000円	37,000円
3～5人世帯	43,000円	40,000円	40,100円

保護の決定

(1) 一緒に生活している人すべてをひとつの世帯として、国が定めたその世帯の「最低生活費」とその世帯のすべての「収入」とを比べて決定します。

　国が定めた最低生活費より収入が少ない場合は、保護を受けることができ、最低生活費から収入を差し引いた差額が保護費として支給されます。最低生活費より収入が多い場合には、保護は受けられません。

　なお、収入のすべてが最低生活費から控除されるわけではなく、「勤労控除」など収入認定から控除されるものもあります。

(2) 保護の申請が受理されると、福祉事務所の担当員（ケースワーカー）が申請した人の住まいを

訪問するほか、収入や資産、扶養義務者の状況など必要な調査を行います。

(3) 保護を受けられるか受けられないかについては、14日以内（特別な理由がある場合は30日以内）に、書面で申請者に通知されることになっています。

不服があるときは

保護の決定やその他の処分について不服がある場合は、不服申立て制度が設けられており、決定・処分のあったことを知った日の翌日から3カ月以内に、知事に対して審査請求をすることができます。

請求先は石川県健康福祉部厚生政策課で、正副2通の不服申立書を作成し提出します。

詳しくは187ページを参照してください。

手続き

生活保護は、「申請保護の原則」になっており、申請の意思がある人はだれでも申請できます。

申請するときは、保護を受けようとする本人、家族または三親等以内の親族（親・子・兄弟姉妹など）が直接窓口で申請しなければなりませんが、入院中など事情により窓口へ行けない場合はその旨申し出、相談するとよいでしょう。

申請の際には以下の書類等の提示を求められることが多いので、あらかじめ準備しておくことをお勧めします。以下の書類等がそろわなくても申請は可能ですので、困ったときは早めに相談に行きましょう。

・給与明細（世帯全員、前3カ月分）
・健康保険証（世帯全員）
・アパート等の賃貸契約書
・預金通帳（世帯全員、相談日に残高記帳されたもの）
・年金、手当等の通知（受給金額が分かる書類）
・生命保険等の証書
・車検証（自動車保有の場合）
・土地・家屋の納税証明書、権利書（土地・家屋を保有する場合）

問合せおよび申請窓口

福祉事務所（345ページ）
市町生活保護担当課（336ページ～）

生活保護制度をより理解するために

～よくあるQ&A～

Q1　働く能力のある人は生活保護を受けられないのですか？

生活保護は、生活に困窮する人が、その利用し得る資産、能力その他あらゆるものを最低限度の生活の維持のために活用することが前提となっており、「働く能力の活用」もその要件の一つに該当します。

しかし、働く能力や意思があっても、実際にそれを活用できる場がない場合は、収入を得ることができないため、当然生活保護を受けることは可能です。2008年の実施要領改定では、稼働能力について、(1) 稼働能力があるか否か、(2) その具体的な稼働能力を前提として、その能力を活用する意思があるか否か、(3) 実際に稼働能力を活用する就労の場を得ることができるか否かで判断することとしています。働く能力があることだけをもって、生活保護の申請が受理されないことはあってはならないことだといえます。

Q2　持ち家があったら生活保護が受けられないと聞きましたが

持ち家に住んでいることを理由に生活保護の申請を拒否してはいけないことになっています。むしろ、処分価値が利用価値に比べ明らかに大きい場合以外は、保有を認められます。ただし、65歳以上の高齢者で、資産価値が500万円以上の居住用不動産を有するケースについては、「リバースモーゲージ」（要保護世帯向け不動産担保型生活資金50ページ）という制度に基づき、所有の不動産を担保に融資を受けて生活をすることが求められることになります。

Q3　野宿生活でも生活保護は利用できますか？

本来、現在いる場所を「現在地」として生活保護を申請することができ、住所がないことを理由に申請を拒否してはいけないことになっています。安定した生活の場を求める要保護者に対しては、限度額内で敷金、家賃を出すことができます。

Q4　生命保険は解約しなくてはいけませんか？

貯蓄性の高い保険金は解約が求められますが、解約払戻金が最低生活費の概ね3カ月以下で、保険料が最低生活費の1割程度以下である場合に限り、保護を適用した後に保険金や解約返戻金を受領した時点で返還することを条件に、解約しないで済むこともあります。学資保険については、保護開始時の解約返戻金が50万円以下を目安としています。

※新型コロナウイルス感染症の影響により、これらの条件を超える保険に加入している場合についても、保護開始後概ね6カ月は処分指導を見合わせることが認められています。ただし、経済活動への影響が収束した後も収入が元に戻る見込みがない場合には、保険の解約が求められる可能性があります。

Q5　自動車を持つことはできないのですか？

自動車については、一定の条件に該当する場合には所有が認められることがあります。例えば、障害のある人（児）が通勤・通学・通所・通院する場合や、公共交通機関の利用が著しく困難な地域に住んでいて勤務先への通勤や通院が困難な場合、深夜勤務等の業務に必要な場合などです。また、おおむね6カ月以内に就労により保護から脱却することが確実に見込まれる場合にも、所有は認められています。

※新型コロナウイルス感染症の影響により一時的な収入の減少により保護が必要となった世帯について、経済活動への影響が収束した後に収入が増加すると考えられる場合には、保護開始から1年を経過した場合でも通勤用自動車の処分指導を行わないという通知が出ています。

Q6　親・兄弟に「扶養照会」すると言われましたが、必ず扶養を受けなければならないのですか？

生活保護における扶養義務者による扶養は、「保護の要件」とは異なり、「保護に優先して行われる」ものと定められています。これは扶養義務者の扶養の可否が、保護の要否の判定に影響を及ぼすものではないということを表しています。

生活保護申請時の最大の心理的負担となりうる親族への扶養照会については、市民団体による改善運動もあって、2021年4月より扶養義務者に関する実施要領の取り扱いが変更となりました。これにより、扶養義務者の照会を行うには、まずは生活保護申請者からの聞き取りにより扶養の可能性の有無の調査を行い、生活保護申請者が扶養照会を拒んでいる場合にはその理由について特に丁寧に聞き取りを行い、「扶養義務履行が期待できない者」に該当するか否かの検討が必要となりました。

「扶養義務履行ができない者」として、具体的には、①被保護者、社会福祉施設入所者、長期入院患者、主たる生計維持者ではない非稼働者、未成年者、概ね70歳以上の高齢者など、②借金重ねている、一定期間（10年程度）音信不通で交流が断絶しているなど、要保護者の生活歴等から特別な事情があり明らかに扶養ができない人、③DVや虐待など、扶養を求めることにより明らかに要保護者の自立を阻害することになると認められる人が挙げられています。いずれにしても、親族への問い合わせを拒否したい場合は、生活保護の申請時に扶養照会を拒否する意思を明確に伝えることが重要です（一般社団法人つくろい東京ファンドのホームページでは、「扶養照会に関する申出書」「申出書添付シート」を公開していますので、活用の検討をお勧めします）。

Q7　借金がある人は生活保護が受けられないというのは本当ですか？

世帯の収入が最低生活費を下回っていれば、借金があったとしても生活保護を受けることはできます。

ただし、生活保護費はあくまでも最低生活の維持のために利用するお金ですので、借金の返済にあてるのではなく、専門家に相談して自己破産などの借金の整理をすることが望ましいでしょう。

債務整理については54ページを参照してください。

Q8　何回相談に行っても申請を受理してもらえません。どうしたらいいですか？

受理してもらえない理由があいまいで分からな

かったり、納得がいかない場合は、法律家などに相談して申請を援助してもらう方法があります。日本弁護士会では法テラスの活動として生活保護の申請援助を行っており、司法書士会も面接相談会を開催し、日常的にも相談活動を行っています（350ページ）。また、石川県内の有志の弁護士・司法書士らで構成される「北陸生活保護支援ネットワーク石川」では生活保護に関する相談活動も行っています（右の「ご存じですか？」参照）。ぜひ利用してください。

Q9　病院に通院している場合、交通費は支給されますか？

　一定の条件に該当する場合は、病気やけが等の状態に応じて経済的かつ合理的な経路や交通手段によって、医療扶助において通院にかかる移送費が支給されることになっています。

　受診する医療機関については、原則として自宅に比較的近い医療機関に限るとされていますが、病気やけが等の状態によって近隣の医療機関での対応が困難な場合など、総合的に被保護者の状態を判断して、適切な医療機関への受診にかかる移送費が支給されることになります。

　医療機関に電車やバスなどで受診する場合にかかる交通費や、病気や障害等の状態によって公共交通機関の利用が困難な場合は、タクシーなどでかかる交通費が移送費の対象になります。事前に移送費の支給申請が必要となり、社会福祉事務所は主治医の意見を求めることとなっています。

Q10　クーラーがない場合、購入費用は出ますか？

　厚生労働省は、熱中症による健康被害が多数報告されている実態を踏まえ、2018年6月27日に保護の実施要領を改正し、一定の条件を満たす場合に、エアコン等の冷房器具購入費（上限5万円）と設置費用の支給を認める通知を出しました。一定の条件とは、①2018年4月1日以降に保護が開始された人でエアコン等の持ち合わせがない、②単身者で長期入院・入所後の退院・退所時にエアコン等をまかなえない、③災害にあい災害救助法の支援ではエアコン等をまかなえない、④転居の場合で、新旧住居の設備の相異により新たにエアコン等を補填しなければならない、⑤犯罪等により被害を受け、または同一

世帯に属する者から暴力を受けて転居する場合にエアコン等の持ち合わせがない、の5点のいずれかに該当し、かつ世帯に熱中症予防が特に必要とされる人がいる場合を対象としています。エアコンの持ち合わせがない場合は、積極的に保護の変更申請をして支給を求めていきましょう。

 ご存じですか？

生活困窮者の相談支援活動を進める「北陸生活保護支援ネットワーク石川」

　2018年の日本の「相対的貧困率」は15.4％、17歳以下の子どもの貧困率は13.5％でした。日本の貧困率は国際的にも高く、改善に向かっていません。

　貧困を克服するために、全国的には反貧困ネットワークの発足、日弁連の生活保護対策本部の発足など、反貧困のための組織と運動が広がりました。日弁連はこれまでの生活保護問題などへの取り組みの不十分さを反省し、貧困問題の取り組みを抜本的に強化することにしました。その結果、各ブロックで生活保護支援ネットワークが発足しました。北陸では2010年に福井で発足、2011年6月に「北陸生活保護支援ネットワーク石川」が県内の弁護士・司法書士等の参加で発足しました。

　「北陸生活保護支援ネットワーク石川」では、以下の日時で電話相談を実施しています。また、必要な場合には、生活保護申請同行や生活保護の不服審査請求などの支援を行っています。ぜひ、ご活用ください。

問合せ　毎週火曜日（祝日・年末年始除く）
13:00～15:00、18:00～20:00
TEL 076-204-9366

ご存じですか？

低所得者に対する特例措置（境界層該当者）

　生活保護を申請する場合には、医療・介護・障害者支援等のサービス給付の自己負担の減免など、他法他施策による低所得者に対する特例措置が適用されることによって、生活保護を必要としない状態になるか検討することがあります。この制度は、生活保護への移行防止策のための意味合いが強い側面もありますが、医療・介護・障害のサービスにかかる自己負担の減免を受けられる負担軽減策の一つとして、検討してみることもよいと思われます。

　具体的には、下記の制度の低所得者の特例措置の取り扱いがあります。

・高額療養費または高額医療費および入院時食事療養費標準負担額の低所得者特例（17、22ページ）
・入院時生活療養費標準負担額の特例（22ページ）
・介護保険給付の高額介護サービス費利用者負担上限額および食事標準負担額、介護保険料の減額措置（72、67ページ）
・障害者総合支援法による障害福祉サービスの定率負担および食費等の実費負担軽減ならびに自立支援医療の定率負担および食費等の実費負担軽減（126、135ページ）
・特定医療費（指定難病）の軽減措置、食費負担の減免措置または生活費負担の減免措置（35ページ）

　それぞれの低所得者の特例措置を受けるためには、特例措置の申請手続きを前提に、住まいを管轄する福祉事務所にいったん生活保護の申請手続きを行い、その上で保護の申請却下を受ける必要があります。その保護の申請却下通知書の決定理由欄に、特例措置の理由が記載され、各種制度の減額措置を受ける証明書として利用することができます。

コラム　生活保護受給者に対する後発医薬品使用の「義務」化

　2018年6月8日に公布された生活保護法の一部改正により、同年10月1日から生活保護受給者に対する医師・歯科医師の処方は、後発医薬品の使用が原則義務化された。これまでも、可能な限り後発医薬品を使用するようにといった努力規定で強制されてきたが、現在は原則義務化である。もちろん、背景にあるのは医療費削減である。しかし、近年の医療費高騰の主な要因は、高額すぎる新規医薬品の導入であることが分かっている。そのような状況の中で、なぜ生活保護受給者だけに後発医薬品を原則義務化とするのか？

　すべての後発医薬品の効果が先発品と同じで、医療費抑制に資する政策であるなら、国民全員に義務化するべきではないのか？　税金で生きる生活保護受給者には選択の自由がなく、安価な薬で十分だとする政府の悍ましい考え方が見えてくる。　　　　　（医師）

2. 生活困窮者自立支援制度

こんな内容です

　就労の状況、心身の状況、地域社会との関連性、その他の事情により、現に経済的に困窮し、最低限度の生活を維持することができなくなるおそれのある人に対して、一人ひとりの状況に応じて早期の支援と自立促進を図ることを目的とした制度です。

　専門の支援員が相談者に寄り添い、他の専門機関と連携しながら、下図のような支援が行われます。

　次ページ以降では必須事業の自立相談支援事業と住居確保給付金について紹介します。

〈生活困窮者自立支援制度の見取り図〉

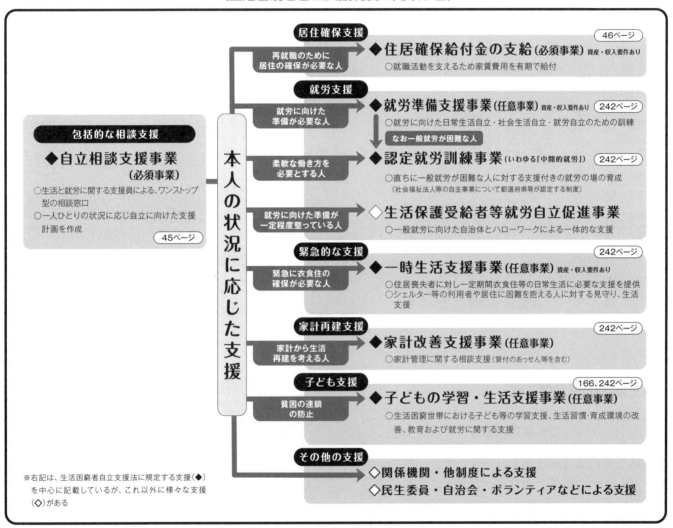

①自立相談支援事業

こんな内容です

　就職や住まい、家計管理などの困りごとや不安を抱えている人のために、ワンストップ型で相談に応じる窓口です。支援員が相談を受けて、どのような支援が必要かを相談者と一緒に考え、具体的に支援プランを作成し、寄り添いながら自立に向けた支援を行います。

相談窓口

　石川県内の自立相談支援機関は次のとおりです。

自治体名	相談窓口	住　所	電話番号
金　沢　市	金沢自立生活サポートセンター	金沢市高岡町7-25 金沢市松ヶ枝福祉館	076-231-3720
	金沢市生活支援課	金沢市広坂1-1-1	076-220-2292
七　尾　市	生活サポートセンターななお	七尾市御祓町1パトリア3階	0767-57-5086
小　松　市	こまつふれあい支援センター	小松市白江町ツ108-1 第1地区コミュニティセンター内	0761-21-8555
輪　島　市	くらしサポートセンターわじま	輪島市河井町13-120-1	0768-23-0783
珠　洲　市	珠洲市福祉課	珠洲市上戸町北方1-6-2	0768-82-7748
加　賀　市	加賀市相談支援課	加賀市大聖寺南町ニ41	0761-72-1370
	加賀市社会福祉協議会	加賀市大聖寺南町ニ11-5	0761-72-1500
羽　咋　市	羽咋市社会福祉協議会	羽咋市鶴多町亀田17 羽咋すこやかセンター内	0767-22-6231
かほく市	くらし再建支援センターかほく	かほく市遠塚ロ52-10 かほく市七塚健康福祉センター	076-285-8885
白　山　市	くらしサポートセンターはくさん	白山市倉光8-16-1 福祉ふれあいセンター	076-276-9389
能　美　市	くらしサポートセンターのみ	能美市寺井町た8-1 ふれあいプラザ2階	0761-58-6603
野々市市	ののいち自立生活サポートセンター	野々市市本町5-18-5	076-248-8210
川　北　町 津　幡　町 内　灘　町	石川中央保健福祉センター 　福祉相談部地域支援課	津幡町字中橋ロ1-1 河北地域センター	076-289-2202
志　賀　町 宝達志水町 中　能　登　町	能登中部保健福祉センター 　地域支援課	七尾市本府中町ソ27-9	0767-53-6891
穴　水　町 能　登　町	能登北部保健福祉センター 　地域支援課	輪島市鳳至町畠田102-4	0768-22-4149

②住居確保給付金

こんな内容です

　離職などにより住居を失った人、またはそのおそれが高い人で、就労に向けた活動をすること等を条件に、一定期間、家賃相当分が支給されます（資産・収入要件あり）。生活の土台となる住居を整えた上で、就職に向けた支援が行われます。

(1) 支給額

　生活保護の住宅扶助特別基準額（40ページ）を上限として、家賃相当額が支給されます（敷金・共益費等は対象外）。ただし、世帯収入が基準額（市町民税均等割の非課税限度額1/12）を超える場合には、家賃相当額の一部になります。

(2) 支給期間

　原則3カ月。一定の要件を満たせば、最長9カ月まで延長が可能です。

※新型コロナウイルス感染症の影響による特例措置として、離職等と同程度の状況の人も対象とし、一定の条件の下、支給期間を最長9カ月まで、さらに3カ月間の再支給、職業訓練受講給付金の併給が可能とされました（特例措置の期間等は相談窓口にご確認ください）。

(3) 支給方法

　住宅の貸主等への代理納付

利用できる人

　申請時に次の①〜⑧のいずれにも該当する人
①離職等により経済的に困窮し、住居を喪失したまたはそのおそれがある。
②65歳未満で、離職等の日から2年以内である。
③離職等の前に主たる生計維持者であった。

④世帯全員の収入合計額が基準額＋家賃額（ただし
　家賃額は住宅扶助基準に基づく金額が上限）以下
　である。

⑤世帯全員の預貯金合計額が基準額×6（ただし100
　万円を超えない）以下である。

⑥ハローワークに求職の申込みをしている。

⑦申請者および世帯員が国の雇用施策による給付等
　を受けていない。

⑧申請者および世帯員が暴力団員でない。

※住居確保給付金の受給中は常用就職に向けた就職
　活動を行う必要があります。

申請に必要なもの

①「住居確保給付金支給申請書」

②「住居確保給付金申請時確認書」

③本人確認書類

④離職関係書類

⑤収入関係書類

⑥金融資産関係書類

⑦求職申込関係書類

⑧入居（予定）住宅関係書類

相談窓口

　自立相談支援事業の相談窓口をご覧ください（45
ページ）。

---

3. 法外援護

こんな内容です

　低所得の世帯を援護するため、国の法律にない制
度を各市町が独自に実施している場合があります。
これを法外援護制度といいます。

　ここでは、金沢市が実施している法外援護制度
（援護規則）について紹介します。金沢市以外の人は
各市町生活保護担当課に問い合わせてください。

1. 教育援護
　義務教育における修学旅行等の支度金の一部を補
　給するもの

2. 療養援護
　医療費の支出により生活に困窮している世帯に対
　し療養費の全部または一部を補給するもの

3. 新規就労援護
　生活に困窮している世帯の子どもが中学校を卒業
　し、新たに就労する場合であって、かつ、その世
　帯が支度資金に困窮するときその一部を補給する
　もの

4. 心身障害者就労支度援護
　心身に障害のある人が職業訓練施設（特殊教育学
　校を含む）の課程を修了して、新たに就労する場
　合に、その支度資金の一部を補給するもの

5. 心身障害者扶養共済加入者援護
　石川県心身障害者扶養共済制度に加入した心身に
　障害のある人の扶養者に、必要な掛金の一部を助
　成するもの

6. その他の援護

＼ワンポイント アドバイス／

療養援護の活用

　金沢市の法外援護制度のなかで最も活用されている
ものが、療養援護です。突然の失業や病気で生活費を
工面することが大変な世帯が多いなか、医療費の支払
いに困ったときには療養援護の申請を考えてみるとよ
いでしょう。基本的には、過去3カ月内の世帯の実収
入額が生活保護基準額の1.2倍未満であれば、療養援
護を申請することができます。生活保護制度のよう
に、車の所有の制限や預貯金の調査などはありません
が、民間の医療保険に加入し、給付が受けられる場合
は対象になりません。

　医療費の助成を受けることができる期間は、1年間
（4月～翌年3月）のうち3カ月間（長期入院の場合に
は最長6カ月間）で年度が替われば再度申請が可能で
す。ただし、国民健康保険の一部負担金減免制度とは
併用はできませんので、注意が必要です。

申請できる人

①生活に困っている人で、生活保護法の適用にいた
　らない人

②生活保護を受けている人（教育援護およびその他
　の援護のみ利用可）

③心身に障害のある人（児）

<table>
<tr><th colspan="3">援護の額</th></tr>
<tr><td>1</td><td>教育援護</td><td>ア　小学校第6学年の児童　2,000円以内
イ　中学校第3学年の生徒（ただし、特学分校にあっては、第2学年の生徒を含む）　4,000円以内</td></tr>
<tr><td>2</td><td>療養援護</td><td>1カ月につき、医療保険の高額療養費の自己負担限度額以内</td></tr>
<tr><td>3</td><td>新規就労援護</td><td>1件につき、30,000円以内</td></tr>
<tr><td>4</td><td>心身障害者
就労支度援護</td><td>1件につき、20,000円以内</td></tr>
<tr><td>5</td><td>心身障害者
扶養共済制度
加入者援護</td><td>1件につき、83,880円以内</td></tr>
</table>

手続きおよび問合せ

金沢市福祉局生活支援課（TEL 076-220-2292）

その他の市町の人は、各市町生活保護担当課に問い合わせてください（336ページ～）。

ご存じですか？

水道料金、下水道使用料の減免ができます

金沢市の療養援護を受けている人がいる世帯については、水道料金、下水道使用料の基本料金相当額の減免を受けることができます。減免期間は、療養援護の認定後、最初の検針に係る月分からで、法外援護の対象となっている月分が対象となります。ただし、世帯の収入状況が変わったなど、減免する事由がなくなった場合は、速やかに届け出をする必要があります。

問い合わせは金沢市企業局料金センター（TEL 076-220-2977）まで。

4. 無料低額診療事業　無料低額介護老人保健施設利用事業

こんな内容です

経済的な理由によって、必要な医療や福祉サービスを受ける機会を制限することのないように、社会福祉法第2条第3項に基づき、無料または低額の負担で診療やサービスの利用ができる制度です。この制度の適用を受けている医療機関または介護老人保健施設でしか利用できません。石川県内では、右の医療機関と介護老人保健施設でこの事業を実施しています。

対象となる人

事業所ごとに対象となる基準や運用が決められていますが、非課税世帯であるなど医療費や利用料の支払いが困難な低所得者であることが条件となっています。

手続き

その事業所の医療ソーシャルワーカー等が相談にのります。この事業のみならず、各種公的制度の活用などの相談にも応じています。なお、利用に際して、収入状況が確認できる関係資料が必要な場合もあります。

詳しくは各実施機関に問い合わせてください。

実施機関

無料低額診療事業

医療機関名	住　所	電話番号
石川県済生会金沢病院	金沢市赤土町二13-6	076-266-1060
上荒屋クリニック	金沢市上荒屋1-79	076-249-6222
金沢聖霊総合病院	金沢市長町1-5-30	076-231-1295
健生クリニック	金沢市平和町3-5-2	076-241-8357
城北病院	金沢市京町20-3	076-251-6111
城北診療所	金沢市京町23-5	076-252-6111
城北クリニック	金沢市京町20-50	076-253-1666
城北歯科	金沢市京町20-15	076-252-0900
小松みなみ診療所	小松市下粟津町み1	0761-43-0375
輪島診療所	輪島市堀町1字13-2	0768-23-8686
羽咋診療所	羽咋市柳橋町堂田53-1	0767-22-5652
寺井病院	能美市寺井町ウ84	0761-58-5500
ときわ病院	野々市市中林4-123	076-248-5221

無料低額介護老人保健施設利用事業

事業所名	住　所	電話番号
美笑苑	珠洲市三崎町小泊ト部3-1	0768-88-8080
山中温泉しらさぎ苑	加賀市山中温泉長谷田町チ17-1	0761-78-0211
手取の里	能美市寺井町ウ84	0761-58-6616
陽翠の里	能美市緑が丘11-77	0761-51-7777

5. 生活福祉資金貸付制度

こんな内容です

　所得の少ない世帯、障害のある人がいる世帯、高齢者がいる世帯が安定した生活を送り、経済的な自立を図るために、資金を低利で借りて必要な相談・支援を受ける制度です。

　生活福祉資金貸付制度には、(1) 総合支援資金、(2) 福祉資金、(3) 教育支援資金、(4) 不動産担保型生活資金があります。

利用できる人

・所得の少ない世帯（他からの借入れが困難な世帯（市町民税非課税程度））
・障害のある人がいる世帯（身体障害者手帳、療育手帳、精神障害者保健福祉手帳の交付を受けている人等のいる世帯）
・65歳以上の高齢者がいる世帯

※「総合支援資金」は、次の要件すべてに該当する人が対象です。
①所得の少ない世帯で、収入の減少や失業等により生活に困窮している。
②公的な書類により、本人確認が可能である。
③住居を有している、または住居確保給付金（46ページ）の申請を行い、住居の確保が確実に見込まれる。
④貸付後、継続的な支援を受けることに同意している。
⑤貸付および支援により、自立した生活を送ることが見込まれ、返済が見込める。
⑥失業等給付、職業訓練受講給付金、生活保護、年金等他の公的給付を受けることができず、生活費をまかなうことができない。

借入れの条件

・連帯保証人：原則必要。ただし、連帯保証人なしでも借入れすることができます。
・貸付利子：連帯保証人を立てる場合は無利子。連帯保証人を立てない場合は年利1.5％
　　　　　　※緊急小口資金と教育支援資金は無利子で借入れできます。
・総合支援資金と緊急小口資金等の利用にあたっては、原則として生活困窮者自立支援制度の自立相談支援事業等による支援を受けることになります。

申請に必要なもの

　資金の種類ごとに必要な書類があります。詳しくは、下記に問い合わせてください。

相談窓口

　市町の社会福祉協議会（345ページ）または民生委員

生活福祉資金の種類と貸付条件等一覧

資金の種類		
総合支援資金	生活支援費	生活再建までの間に必要な生活費用
	住宅入居費	敷金、礼金等住宅の賃貸契約を結ぶために必要な費用
	一時生活再建費	生活再建のために一時的に必要で、日常生活費でまかなうことが困難な費用 〈例〉 ・就職・転職を前提とした技能習得に必要な経費 ・滞納している公共料金等の立て替え費用 ・債務整理をするために必要な経費等 ※債務の返済に充てることはできません
福祉資金	福祉費	・生業を営むために必要な経費 ・技能習得に必要な経費およびその期間中の生計を維持するために必要な経費 ・住宅の増改築、補修等および公営住宅の譲り受けに必要な経費 ・福祉用具等の購入に必要な経費 ・障害のある人用の自動車の購入に必要な経費 ・中国残留邦人等にかかる国民年金保険料の追納に必要な経費 ・負傷または疾病の療養に必要な経費およびその療養期間中の生計を維持するために必要な経費 ・介護サービス、障害者サービス等を受けるのに必要な経費およびその期間中の生計を維持するために必要な経費 ・災害を受けたことにより臨時に必要となる経費 ・冠婚葬祭に必要な経費 ・住居の移転等、給排水設備等の設置に必要な経費 ・就職、技能習得等の支度に必要な経費 ・その他日常生活上一時的に必要な経費
	緊急小口資金	緊急かつ一時的に生活の維持が困難となった場合に貸し付ける小額な費用
教育支援資金	教育支援費	高等学校、大学または高等専門学校に就学するために必要な経費
	就学支度費	高等学校、大学または高等専門学校への入学に際し必要な経費
不動産担保型生活資金	不動産担保型生活資金	低所得の高齢者世帯に対し、一定の居住用不動産を担保として生活資金を貸し付ける資金
	要保護世帯向け不動産担保型生活資金	要保護の高齢者世帯に対し、一定の居住用不動産を担保として生活資金を貸し付ける資金

※新型コロナウイルス感染症の影響による特例措置として、緊急小口資金は対象を拡大するとともに貸付限度額は20万円以内、措置期間は1年以内、返済期間は2年以内に（返済免除あり）、総合支援資金（生活支援費）も対象を拡大するとともに再貸付を可能とし、措置期間は1年以内（返済免除あり）、貸付利子は無利子とされました（2022年9月30日で申請受付終了）。

（2022年4月現在）

第2章　生活支援のための各種制度

貸付条件				
貸付限度額	据置期間 （返済猶予・無利子期間）	返済期間	貸付利子	保証人
（2人以上）月20万円以内 （単身）　　月15万円以内 ・貸付期間：原則3カ月間 　（最長12カ月間）	最終貸付日から6カ月以内	据置期間経過後 10年以内	連帯保証人あり： 無利子 連帯保証人なし： 年利1.5％	原則必要 ただし、連帯保証人なしでも貸付可
40万円以内	貸付日（生活支援費とあわせて貸し付けている場合は、生活支援費の最終貸付日）から6カ月以内			
60万円以内				
580万円以内 ※資金の用途に応じて上限目安額を設定 （52ページ参照）	貸付日（分割による交付の場合には最終貸付日）から6カ月以内	据置期間経過後 20年以内 （52ページ参照）	連帯保証人あり： 無利子 連帯保証人なし： 年1.5％	原則必要 ただし、連帯保証人なしでも貸付可
10万円以内	貸付日から2カ月以内	据置期間経過後 12カ月以内	無利子	原則不要
〈高校〉月3.5万円以内 〈高専〉月6万円以内 〈短大〉月6万円以内 〈大学〉月6.5万円以内 特に必要と認める場合は上記各限度額の1.5倍まで貸付可能	卒業後6カ月以内	据置期間経過後 20年以内	無利子	不要 ※世帯内で連帯借受人が必要
50万円以内				
・土地の評価額の70％程度 ・月30万円以内 ・貸付期間 　借受人の死亡時までの期間または貸付元利金が貸付限度額に達するまでの期間	契約終了後3カ月以内	据置期間終了時	年3%、または長期プライムレートのいずれか低い利率	必要 ※推定相続人の中から選任
・土地及び建物の評価額の70％程度（集合住宅の場合は50％） ・生活扶助額の1.5倍以内 ・貸付期間 　借受人の死亡時までの期間または貸付元利金が貸付限度額に達するまでの期間				不要

また、緊急小口資金等の特例貸付を終了した世帯や、再貸付が不承認となった世帯等に対し、「新型コロナウイルス感染症生活困窮者自立支援金」として単身世帯6万円、2人世帯8万円、3人以上世帯10万円が3カ月支給され、さらに再支給も可能とされました（申請期間等は相談窓口にご確認ください）。

「福祉費」の上限目安額等　　　　　　　　　　　　　　　　　　　　　　　　　（2022年4月現在）

資金の目的	貸付限度額の目安	据置期間	返済期間
生業を営むために必要な経費	460万円		20年
技能習得に必要な経費およびその期間中の生計を維持するために必要な経費	技能を修得する期間が ・6カ月程度　　130万円 ・1年程度　　　220万円 ・2年程度　　　400万円 ・3年以内　　　580万円		8年
住宅の増改築、補修等および公営住宅の譲り受けに必要な経費	250万円		7年
福祉用具等の購入に必要な経費	170万円		8年
障害者用自動車の購入に必要な経費	250万円		8年
中国残留邦人等にかかる国民年金保険料の追納に必要な経費	513.6万円		10年
負傷または疾病の療養に必要な経費およびその療養期間中の生計を維持するために必要な経費	療養期間が ・1年を超えないときは170万円 ・1年を超え1年6カ月以内であって、世帯の自立に必要なときは230万円	6カ月	5年
介護サービス、障害者サービス等を受けるのに必要な経費およびその期間中の生計を維持するために必要な経費	介護サービスを受ける期間が ・1年を超えないときは170万円 ・1年を超え1年6カ月以内であって、世帯の自立に必要なときは230万円		5年
災害を受けたことにより臨時に必要となる経費	150万円		7年
冠婚葬祭に必要な経費	50万円		3年
住居の移転等、給排水設備等の設置に必要な経費	50万円		3年
就職、技能習得等の支度に必要な経費	50万円		3年
その他日常生活上一時的に必要な経費	50万円		3年

※表中の貸付条件は目安であり、個別の状況により福祉費の範囲内（上限額580万円以内、据置期間6カ月以内、返済期間20年以内）で貸付が可能です。

コラム　生活福祉資金の特例貸付が生活保護の水際作戦に？

　コロナ禍で生活困窮に陥った人への救済措置として始まった生活福祉資金の特例貸付制度（緊急小口資金・総合支援資金）。急激な所得減少に対応するため、保証人なしで、比較的ゆるやかな審査で貸付を受けることができるため、多くの生活困窮者がこの制度を利用しています。しかし、その利便性を逆手にとった、生活保護の水際作戦が横行している実態があります。

　先日、ソーシャルワーカーのもとへ医療費相談に来られたＡさんは、タクシー運転での収入が減少し、生活に行き詰まったため市役所に生活保護の相談にいったところ、総合支援資金の貸付を紹介され社会福祉協議会に相談に行くよう勧められたとのことでした。ソーシャルワーカーがＡさんの状況をお聞きすると、確実に生活保護の対象となる人でした。しかし、Ａさんは生活保護よりも金額が多くもらえる総合支援資金の申請を選択しました。ソーシャルワーカーが市の生活保護担当者に、なぜ生活保護の対象者なのに総合支援資金を勧めたのか確認すると、「生活保護よりも金額が多いですし、非課税世帯であれば返済も免除になりますので」と驚きの回答。

　生活福祉資金は貸付であり「借金」です。生活に困窮している人に借金をさせることは決してお勧めできることではありません。目先の利益だけで総合支援資金に飛びつかないよう注意が必要です。また、自治体職員には、藁にもすがる思いで窓口に相談に来られた人に対して、最善の支援を行うことが求められます。

（医療ソーシャルワーカー）

6. その他の貸付制度

名称	融資対象（条件）	資金使途	借入限度額	受付窓口
交通遺児等貸付	自動車事故で死亡または重度の後遺障害が残った人の児童（中学卒業まで）	育成資金	・一時金 　15.5万円 ・毎月 　2万円または1万円 ・入学支度金 　4.4万円	（独行）自動車事故対策機構 TEL 076-239-3207
教育一般貸付	融資対象の学校に入学・在学している学生の保護者（所得制限あり）	教育資金等	学生一人につき350万円以内（自宅外通学等の場合は450万円以内）	教育ローンコールセンター（日本政策金融公庫） TEL 0570-008656
日本学生支援機構の奨学金	経済的理由により修学困難な学生等（被災・家計が急変した世帯の学生は、緊急・応急採用あり）	奨学金	学種別・設置者・入学年度・通学形態により異なる	日本学生支援機構 TEL 0570-666-301
母子父子寡婦福祉資金貸付金	・母子家庭の母 ・父子家庭の父 ・父母のいない児童 ・寡婦 　（161ページ）	・事業開始・継続資金 ・修学資金 ・技能習得資金 ・住宅資金 ・医療介護資金 ・生活資金　等	資金の種類によって異なる	・石川県の保健福祉センター 　（343ページ） ・市の福祉事務所 　（345ページ）
母子寡婦福祉小口資金貸付金	・母子家庭の母 ・寡婦	生活資金	10万円以内	（財）石川県母子寡婦福祉連合会 TEL 076-264-0503
勤労者小口資金融資（金沢市）	・金沢市内に1年以上居住し、同一事業所に1年以上勤めている人 ・市税を完納している人 ・取扱金融機関が指定する信用保証機関の債務保証を受けること	生活資金	100万円以内	金沢信用金庫、北陸銀行、のと共栄信用金庫、はくさん信用金庫、北陸労働金庫の金沢市内本支店

第2章　生活支援のための各種制度

7. 債務整理

2006年の改正貸金業法成立以降、多重債務者は大幅に減少したと言われています。しかし、近年では、安易なリボルビング払いへの誘導、給付ファクタリング（買取り）やSNSを利用した個人間融資が横行しているほか、新型コロナ禍の長期化による生活困窮などが要因となり、多重債務問題の再燃が危惧されています。

そもそも利息制限法に違反する金利は支払う必要がなく、存在自体が違法であるヤミ金融に対しては元本も支払う必要はありません。また、たとえ適法な借金だとしても、生活が困難になり、返済できる見込みがなくなった場合には、借金を少なくしたり、なくしたりすることができます。これを「債務整理」といいます。

多額の借金で返済が困難になったら早急に相談し、本書に載っている医療・福祉制度などを活用して生活再建を図りましょう。解決できない借金はありません！

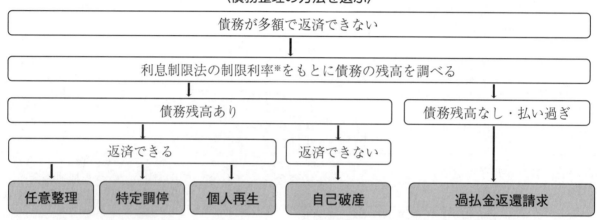

〈債務整理の方法を選ぶ〉

```
          債務が多額で返済できない
                  ↓
   利息制限法の制限利率※をもとに債務の残高を調べる
          ↓                          ↓
     債務残高あり                 債務残高なし・払い過ぎ
      ↓        ↓                        ↓
   返済できる  返済できない
    ↓    ↓      ↓
 任意整理 特定調停 個人再生  自己破産      過払金返還請求
```

※元本10万円未満は年20％、元本10万円以上100万円未満は年18％、元本100万円以上は年15％をそれぞれ利率の最高限として、これを超える部分は無効（返済不要）となります。

こんな内容です

①任意整理

弁護士や司法書士に依頼し、裁判所を通さずに債務整理をする方法です。残債務がある場合は返済計画を立て、債権者と返済の交渉をします。

②特定調停

簡易裁判所で調停委員が仲介して支払総額や支払内容などを協議する方法です。大規模な自然災害や新型コロナの影響で返済に困っている場合には、「被災ローン減免制度（自然災害被災者債務整理ガイドライン）」の利用により、財産の一部を残したまま個人信用情報（ブラックリスト）に登録されずに債務を減免できる場合があります。

③個人再生

継続的な収入がある場合に、債務の減免割合と分割払方法を定めた再生計画案を作成し、裁判所の認可を得る手続です。再生計画に沿った支払いを完了すれば債務完済となります。

④自己破産

債務を返済できなくなったときに、債務者の財産を換価してその範囲で返済し、残りの債務は免責してもらう手続です。自己破産する場合でも、すべての財産が処分されるわけではなく、法で定められた範囲の財産は手もとに残ります。

⑤過払金返還請求

利息制限法の上限金利を超えて余分に支払った分を、貸金業者から返還してもらうよう請求する手続です。

相談窓口

実施主体と内容	場所	日時	電話番号
金沢弁護士会 多重債務無料法律相談	小松商工会議所 （小松市園町）	木曜　13:00～15:50	076-221-0242
	七尾パトリア5階 フォーラム七尾 （七尾市御祓町）	木曜　13:00～16:20	
	珠洲市産業センター （珠洲市上戸町）	原則第1金曜　13:30～16:20	
	能登町役場 （能登町字宇出津）	原則第4金曜　13:30～16:20	
法テラス 無料面談相談	法テラス石川 （金沢市丸の内）	月曜（月2回）・火曜・木曜 10:00～12:00	0570-078374
法制度や相談窓口の紹介等	－	平日　9:00～21:00 土曜　9:00～17:00	
民事法律扶助による無料法律相談	法テラス石川 （金沢市丸の内）	平日　9:00～17:00	0570-078349
NPO法人金沢あすなろ会 相談会	NPO法人金沢あすなろ会 （金沢市西念）	電話にて要相談	076-262-3454

※民事法律扶助については193ページを参照してください。
※上記のほか、市町の消費生活相談窓口（347ページ）や司法書士会等でも相談を受け付けています。

8. 公営住宅

こんな内容です

公営住宅は、収入が少なく住宅に困っている人の生活の安定と福祉の増進を図るために、低廉な家賃で入居できるよう、国と地方公共団体が協力して建設した賃貸住宅（多くは集合住宅）です。定められた入居基準に該当する人は県や市町に入居を申し込むことができます。

○環境
車いす対応住戸（現に車いすを利用している人が申し込み可能）やシルバーハウジング住戸（270ページ参照）もあります。
○家賃
家賃は世帯全員の所得、住宅の広さ、経過年数等により決まります。家賃とは別に、共益費、町費も必要となります。入居の際の敷金は、家賃3カ月分です。
○連帯保証人
入居の際に必要です。条件は事業主体によって異なるので、申し込みの際に確認してください。

利用できる人

①現に同居し、または同居しようとする親族がいる人
②入居しようとする世帯員の所得合算額が基準額以下である人
③現在、住宅に困っていることが明らかな人
④暴力団員でない人
※上記の②③④に該当し、次のいずれかに該当する人は単身でも申し込みができます。
60歳以上の人、身体障害者手帳1～4級を持っている人、精神障害者保健福祉手帳1～3級を持っている人、療育手帳AおよびBを持っている人、DV被害者、生活保護を受けている人、認定被爆者など

申請に必要なもの

①申込書
②住民票（入居しようとする世帯員全員が記載され、続柄が分かるもの）
③所得証明書等（入居しようとする世帯員全員の所得が確認できる書類）
④その他、入居資格を証明するもの（該当者のみ）
　戸籍謄本、各障害者手帳の写し、生活保護受給者証、単身入居の申立書など

※家賃および収入基準の算定にあたり、身体障害者手帳6級、精神障害者保健福祉手帳1～3級、療育手帳AおよびBを所持している場合等は控除があるので、手帳の写しを提出してください。

相談窓口

県営住宅管理センター　TEL 076-232-5140（金沢市）、076-246-1320（野々市市）
市町公営住宅担当課（336ページ～）

第2節　失業時に使える制度

1. 雇用保険の基本手当

こんな内容です

　労働者が失業した場合に、再就職するまでの一定期間、生活費を保障する制度です。一般的に失業保険や失業手当と呼ばれていますが、正式には雇用保険法による「基本手当」といいます。雇用保険の被保険者が、定年や倒産、自己都合などの理由で離職し、再び労働をする意思と能力があるにもかかわらず、職業に就くことができないでいる間に失業の認定を受けた場合に、年齢や雇用保険の被保険者であった期間、離職の理由などによって、決められた日数分受給することができます。

所定給付日数

①自己都合・定年退職などによる離職者の場合

	被保険者であった期間				
	1年未満	1年以上 5年未満	5年以上 10年未満	10年以上 20年未満	20年以上
全年齢	—	90日		120日	150日

②就職困難者の場合

　就職困難者とは、身体障害者手帳や療育手帳、精神障害者保健福祉手帳を所持している人、社会的事情により就職が著しく阻害されているとハローワーク所長が認定した人のことです。

	被保険者であった期間				
	1年未満	1年以上 5年未満	5年以上 10年未満	10年以上 20年未満	20年以上
45歳未満	150日	300日			
45歳以上 65歳未満		360日			

③特定受給資格者・特定理由離職者の場合

　特定受給資格者とは、倒産・解雇等により離職を余儀なくされた人のことです。

　特定理由離職者とは、雇用期間の定めのある労働契約が更新されなかったこと、その他やむを得ない理由で離職した人のことで、2025年3月31日までは所定給付日数が特定受給資格者と同様となります。

	被保険者であった期間				
	1年未満	1年以上 5年未満	5年以上 10年未満	10年以上 20年未満	20年以上
30歳未満	90日	90日	120日	180日	—
30歳以上 35歳未満		120日	180日	210日	240日
35歳以上 45歳未満		150日		240日	270日
45歳以上 60歳未満		180日	240日	270日	330日
60歳以上 65歳未満		150日	180日	210日	240日

○個別延長給付

特定受給資格者や一定の特定理由離職者で、難治性疾患や障害のある人または激甚災害等で離職した人は給付日数が原則60日分（一部の人は120日分）延長される可能性があります。

○地域延長給付

特定受給資格者や一定の特定理由離職者で雇用情勢が悪い地域に居住する人は給付日数が原則60日分（一部の人は30日分）延長される可能性があります。ただし、2025年までの暫定措置です。

\ワンポイント アドバイス /

〈雇用保険の基本手当〉
受給期間の延長と給付制限期間の解除

①雇用保険の基本手当は、原則として離職の日の翌日から1年を経過すると受給できません。この期間中に妊娠、出産、育児（3歳未満）、疾病、負傷等により、引き続き30日以上働くことができない場合は必ず「受給期間延長」の申請をしましょう。延長できる期間は最長3年間となっています。病気療養中の人は健康保険から傷病手当金を1年6カ月もらいきってから求職活動を始めても、基本手当を受給する権利があるので安心です。

②自己都合で離職した場合は原則として2カ月間の給付制限があるので、失業状態でもすぐには手当が受給できません。しかし、ハローワーク所長が指示する公共職業訓練を受講する場合は給付制限期間が解除されます。また、訓練を受ける間（場合によっては受ける前後）、本来の給付日数を超えて（最長2年）、基本手当が受けられます。

基本手当の日額

基本手当の日額は、賃金日額のおよそ50～80％（60～64歳については45～80％）です。給付率は年齢や、賃金日額の違いによって決まります。

基本手当の日額は離職前6カ月間の給与を元に計算されます。給与には超勤手当も含まれるので、離職前6カ月に残業が多い場合は、基本手当の日額も多くなります。

利用できる人

原則：離職の日以前2年間に合計して12カ月以上雇用保険に加入していた人

例外：①特定受給資格者または特定理由離職者に該当する場合は、離職の日以前1年間に合計して6カ月以上雇用保険に加入していた人
②疾病、負傷、出産などにより連続して30日以上賃金を受け取っていなかった場合はその期間を2年に加えた上で、その間（最長4年）に合計して12カ月以上雇用保険に加入していた人

手続きおよび問合せ

離職後、住んでいる地域のハローワーク（348ページ）で求職の申し込みをします。その後4週に1回ずつ、決まった日に失業の認定を受けます。

---

2. 職業訓練受講給付金（求職者支援制度）

こんな内容です

求職者支援制度とは、雇用保険を受給できない特定求職者がハローワークが支援する無料の職業訓練（求職者支援訓練または公共職業訓練）を受講しスキルアップを図ることで、早期就職を目指すための制度です。

このうち一定の要件を満たす特定求職者に対し、職業訓練受講給付金（職業訓練受講手当、通所手当、

寄宿手当）が支給されます。

利用できる人

次のいずれの条件にも該当する人が対象となります。

①ハローワークに求職登録されている人で、ハローワーク所長のあっせんを受けて、求職者支援訓練または公共職業訓練を受講する人

②雇用保険被保険者ではない、または雇用保険の求職者給付を受給できない人

③本人収入が月8万円以下、かつ世帯全体の収入が月25万円以下（前年の収入が300万円以下）であること

④世帯全体の金融資産が300万円以下であること

⑤現在住んでいるところ以外に土地・建物を所有していないこと

⑥すべての訓練実施日に出席すること（やむを得ない理由がある場合は8割以上の出席）

⑦同世帯の人で同時にこの給付金を受給して訓練を受ける人がいないこと

⑧過去3年以内に、偽りその他の不正行為により特定の給付金を受給していないこと

⑨訓練期間中や終了後は定期的にハローワークでの職業相談を受けること

⑩すでにこの給付金を受給したことがある場合は、前回の受給から6年以上経過していること

支給額

職業訓練受講手当：月額10万円

通所手当：通所経路に応じた所定の金額（上限額あり）

寄宿手当：月額10,700円（訓練を受けるため別居して寄宿する必要性をハローワークが認めた場合のみ）

※月ごとの支給申請が必要です。

※所定の職業訓練を一度でも欠席（やむを得ない理由を除く）したり、就労支援を拒否すると、給付金の不支給や給付金の返還命令等の対象となる場合があります。

手続きおよび問合せ

住んでいる地域のハローワーク（348ページ）

＼ワンポイント アドバイス／

求職者支援資金融資の活用

　職業訓練受講給付金を受給できる人で、この給付金だけでは生活費が不足する場合は、希望により、労働金庫から「求職者支援資金融資」の貸付を受けることができます。

　貸付の上限額は、同居または生計を一にする別居の配偶者等がいる人は月額10万円、それ以外の人は月額5万円です。融資にあたっては労働金庫の審査が必要となり、原則として未成年者は利用できません。また、最終弁済時の年齢は65歳までと限定されています。

　欠席の繰り返しや就職支援の拒否、不正受給などにより、職業訓練受講給付金が停止された場合は、その時点で一括返済が必要となります。詳しくはハローワークまで（348ページ）。

3. 臨時特例つなぎ資金貸付制度

こんな内容です

　離職者を支援するための公的給付制度や貸付制度を申請している住居のない離職者は、公的制度による給付金または貸付金の交付を受けるまでの間、生活費の貸付を受けることができます。

利用できる人

　住居のない離職者であって、次のいずれの条件にも該当する人が対象となります。

①離職者を支援する雇用保険（失業等給付）、職業訓練受講給付金、住居確保給付金、生活保護等の公的給付制度、または生活福祉資金貸付等の公的貸付制度の申請が受理されており、かつ当該給付等の開始までの生活に困窮していること

②貸付を受ける人名義の金融機関の口座を有していること

貸付内容

10万円以内

貸付条件

・連帯保証人：不要

・貸付利子：無利子

※原則として、申請していた公的給付または貸付金の交付を受けたときから、1カ月以内に全額返済

する必要があります。

手続きおよび問合せ

住んでいる市町の社会福祉協議会（345ページ）

第3節　税金の申告

1. 所得控除の種類

税金の計算は難しいと敬遠しがちですが、各種保険料や福祉サービス利用料、医療費、公営住宅の減免、保育料など、私たちの生活に直接関係する各種制度の適用基準や一部負担の徴収基準の基礎となります。したがって、しっかりと税金の還付請求や確定申告を行うことが必要です。

所得税は現年課税により源泉徴収され、12月に年末調整されるか、または翌年3月に確定申告をして税額を確定することになります。一方、住民税は翌年課税となりますので、前年中の確定した所得に対して翌年6月から課税されることになります。

所得税・住民税の所得控除額の一部

控除の種類			所得税	住民税
基礎控除			最高48万円	最高43万円
配偶者控除	一般の控除対象配偶者		最高38万円	最高33万円
	老人（70歳以上）控除対象配偶者		最高48万円	最高38万円
配偶者特別控除			最高38万円	最高33万円
扶養控除	一般の扶養親族（16歳以上）		38万円	33万円
	特定扶養親族（19歳以上23歳未満）		63万円	45万円
	老人扶養親族（70歳以上）	同居老親等以外	48万円	38万円
		同居老親等	58万円	45万円
障害者控除	一般の障害者		27万円	26万円
	特別障害者		40万円	30万円
	同居特別障害者（控除対象配偶者または扶養親族）		75万円	53万円

控除の種類	所得税	住民税
寡婦（夫）控除	27万円	26万円
ひとり親控除	35万円	30万円
勤労学生控除	27万円	26万円

※年齢については12月31日時点をもって判断します。

ご存じですか？

障害者手帳がなくても障害者控除を受けることが可能。
要介護認定を受けている人は「障害者控除対象者認定」の申請の検討を！

障害者控除は身体障害者手帳や精神保健福祉手帳、療育手帳を持っている人の他にも、65歳以上の人で自治体から「障害者」に準ずる状態と認められ、「障害者控除対象者認定書」を発行された人も控除の申請が可能です。「障害者控除対象者認定」を受けるためには申請が必要ですので、各市町の介護保険担当課にご相談ください。

障害者控除対象者認定は介護保険の要介護認定申請をした際の認定調査票や主治医意見書等をもとに決定されます。認知症のある方や一人での外出が困難な状態にある場合には対象となる可能性があるので、申請を検討してください。詳しい認定基準は249～250ページを参照してください。

2. 医療費控除

①医療費控除

こんな内容です

　医療費控除とは、納税者本人または生計を一にする家族が病気やケガで医療機関にかかった場合、1年間に支払った医療費が課税対象所得から控除される制度を言います。

　1年間の医療費の合計が、10万円か年間所得の5％のいずれか低い方の金額を超えたときに、超えた額だけ200万円を限度に所得から控除されます。次の計算式で計算します。

医療費控除額＝（支払った医療費－保険などで給付された額）－所得の5％か10万円の低い額

　なお、セルフメディケーション税制と医療費控除の併用はできません。

控除される医療費

・医師や歯科医師による診療に支払った治療費
・治療のためのあんま、マッサージ、はり、灸の費用
・出産費用（ただし、出産育児一時金が支給されたときはその差額）
・通院費、医師等の送迎費
・入院に際し支払った食事代や部屋代
・治療に必要な義手、義足、松葉杖、義歯などの購入費
・コルセットなどの医療用器具の購入費
・6カ月以上寝たきりの人のおむつ代（医師の発行した「おむつ使用証明書」が必要）
・異常が見つかり治療が必要になった際の健康診断費、人間ドック費用
・かぜの治療などのために使用した医薬品の購入費
・介護保険サービス利用料（一部に限定）
・介護福祉士等により喀痰吸引および経管栄養が行われた場合の費用

対象となる医療費

1	医療費の一部負担	○
2	入院時食事療養費の一部負担	○
3	保険外負担	○
4	介護保険の一部負担	○（※）

※介護保険の一部負担については、控除対象になるものとならないものがあります。詳しくは61ページを参照してください。

手続き

　2月16日〜3月15日の期間に管轄の税務署で確定申告を行う際に、「医療費控除の明細書」を提出します。加入している健康保険の保険者の発行する「医療費通知書（医療費のお知らせ）」を添付することで記載を簡素化することが可能です。なお、医療費の領収証の提出は不要ですが、自宅で5年間保存する必要があります。

　また、給与所得者は源泉微収票の添付が必要となります。

＼ワンポイント アドバイス／

医療費控除の申請は5年以内に

　給与所得者の場合、医療費を支払った年の翌年1月1日から5年以内であれば、医療費控除の手続きをすることができます。ただし、なんらかの確定申告をした場合は、1年以内となります。

②介護保険関連の医療費控除

こんな内容です

介護保険の利用料についても、一部は医療費控除の対象となります。

控除の対象

下記の介護保険サービスが医療費控除の対象となります。医療系居宅サービス（★）については自己負担限度額を超えた分についても医療費控除の対象となります。

短期入所生活介護（ショートステイ）、通所介護（デイサービス）、訪問介護、小規模多機能型居宅介護、訪問入浴については、医療系居宅サービスと併せて利用する場合にのみ医療費控除の対象となります（下表の△）。ただし、自己負担限度額内の金額に限ります。

	介護保険自己負担	居住費	食費
訪問看護、訪問リハビリテーション、居宅療養管理指導、定期巡回・随時対応型訪問介護看護（★）	○	—	—
看護小規模多機能型居宅介護（★）	○	×	×
通所リハビリテーション（★）	○	—	○
短期入所療養介護（★）	○	○	○
短期入所生活介護	△	×	×
通所介護、認知症対応型通所介護、小規模多機能型居宅介護	△	—	×
訪問介護（生活援助中心型を除く）、訪問入浴介護	△	—	—
介護老人福祉施設	○(1/2)	○(1/2)	○(1/2)
介護老人保健施設、介護療養型医療施設、介護医療院	○	○	○

※介護福祉士等による一定の喀痰吸引および経管栄養が実施された場合には、利用したサービスの自己負担分の10分の1の金額が医療費控除の対象となります。
※すべての介護保険サービスについて、特別な居住費・食費については医療費控除の対象にはなりません。

手続き

居宅サービス・施設サービスのいずれの場合も、医療費控除を受けるには、介護保険関係法令に規定する「領収証」を確定申告書に添付するか、確定申告の際に提示する必要があります。
※高額介護サービス費として払戻しを受けた場合は、その高額介護サービス費を差し引いて医療費控除の金額を計算することになります。

コラム　味覚と美味しさとは？

ものを食べるとき何を基準に美味しさを判断しているのだろうか？辞書を紐解けば味覚とは動物の五感の一つで食物に応じて認識される感覚とある。生理学的には甘味、酸味、塩味、苦味、うま味から構成される。しかし、味覚が良い＝美味しいもの、とはいかない。人それぞれに美味しさの基準があり千差万別である。歯科的にいえば知覚過敏や咬合痛があれば食欲も減退する。入れ歯を装着すれば熱伝導も悪くなるし、異物感も出てくる。義歯なのでそもそも食感に乏しい。ものの美味しさは舌や粘膜の受容器だけでなく、視覚や嗅覚の他、聴覚やその人の記憶にも影響を受けると考えられる。例えば柿を食べるとき、手で柿に触れ目で大きさや色や形を確認し、食べる前にその匂いを嗅ぎ産地に思いを馳せる。切り刻むときの音も五感を刺激するだろう。いざ、口に運ぶ時、前歯でかぶりつき、臼歯で咀嚼する。舌で食塊を撹拌し、唾液を混ぜ、咽頭に流し込み胃で満腹感を得る。けっして舌先の味覚だけが美味しさを計る器官ではない。病院食や介護食も食べる前に調理の映像などを部屋に中継すれば患者の食欲も湧くかもしれない。

（歯科開業医）

第3章

高齢者の福祉・医療

**第1節　介護保険制度20年の
　　　あゆみと現状**

1. 介護保険制度の変遷 ……………… 64
2. 2021年改定の概要 ……………… 65

第2節　介護保険制度の概要

1. 被保険者と保険料 ……………… 66
2. 相談・申請から認定まで ……………… 68
3. サービス種別と利用方法 ……………… 70
4. サービスの利用者負担 ……………… 71
5. 利用者負担の減免制度 ……………… 73

**第3節　在宅での暮らしを支える
　　　サービス**

1. 生活全般の困りごとについての相談
　（地域包括支援センター）……………… 74
2. 介護保険サービス利用等についての相談
　（居宅介護支援事業所）……………… 76
3. 自宅への訪問サービス ……………… 77
4. 医師の指示のある、
　自宅への訪問サービス ……………… 79
5. 日帰り通所施設の利用 ……………… 80
6. 短期間の宿泊施設の利用 ……………… 82
7. 複合的なサービスの利用 ……………… 82
8. 福祉用具、住宅改修の利用 ……………… 84
9. 介護保険外のサービス ……………… 87

第4節　高齢者の住まい・施設

1. 多様化する高齢者等の住まい ……… 88
2. 介護老人福祉施設
　（特別養護老人ホーム）……………… 88
3. 介護老人保健施設 ……………… 89
4. 介護医療院 ……………… 89
5. 介護療養型医療施設 ……………… 90
6. グループホーム
　（認知症対応型共同生活介護）……… 90
7. 軽費老人ホーム、ケアハウス ……… 91
8. 有料老人ホーム ……………… 92
9. サービス付き高齢者向け住宅 ……… 93
10. 養護老人ホーム ……………… 95
11. その他の高齢者の住まい ………… 95

第5節　認知症の人たちへの支援

認知症の人たちを支えるための社会資源… 97

**第6節　高齢者にかかわる医療費
　　　助成制度**

高齢者医療費助成制度……………………103

第1節　介護保険制度20年のあゆみと現状

1. 介護保険制度の変遷

　社会全体で介護を支えるための仕組みとして2000年に施行された介護保険制度は、3年ごとに見直しが実施され2021年までの間に5回の改定を経てきました。これまでの改正の主なポイントを以下の表にまとめました。

　太字になっているところは、サービスを利用する

人の負担に関わる変更点です。 これまでの20年間で、利用者の負担は少しずつ大きくなってきています。だれもが無理なく介護サービスを利用できる制度、また高齢者の生活を社会として支える制度としての介護保険が維持されるよう、みんなで関心を持ち情報に注目していきましょう。

改正年度	改正内容	ポイント
2000	介護保険法施行	介護の社会化 「措置」から「契約」へ
2006	介護予防の重視 ※予防重視型のシステムへ転換	要支援者の給付を介護予防給付に 介護予防ケアマネジメントは地域包括支援センターが担当に 要支援が1と2に細分化 市町村の地域支援事業を創設 施設給付の見直し **入所施設の食費・居住費を自己負担化→低所得者への補足給付を創設** 介護サービス情報の公表 地域密着型サービスの創設
2009	事業者の法令遵守強化 ※介護サービスを提供事業者の法令順守や不正事案の再発防止、事業運営を適正化する内容に変更	業務管理体制の整備 介護事業者の休止・廃止を事前届け出制に 事業者への立ち入り検査権創設 事業者の不正逃れ防止 休止・廃止時のサービス確保を義務化
2012	医療と介護の連携強化 地域包括ケアシステムの推進 ※高齢者が住み慣れた地域で暮らし続けるための、地域包括システムの創設へ	定期巡回・随時対応型サービス、複合型サービスの創設 介護予防・日常生活支援総合事業の創設 市民後見人の育成 サービス付き高齢者向け住宅の開始 介護福祉士によるたんの吸引開始
2015	地域支援事業の充実 ※地域包括ケアシステム構築の開始 ※医療と介護の総合的な整備 ケアの重点化・効率化 介護保険制度の持続可能性の確保	介護予防・日常生活支援総合事業（新しい総合事業）の創設 在宅医療・介護連携推進事業の創設 8つの事業の実施を市町村に義務付け 認知症総合支援事業の創設 認知症初期集中支援チーム、認知症地域支援相談員 生活支援体制整備事業の創設 生活支援コーディネーターの配置等 介護予防給付の一部を地域支援事業に移行 特別養護老人ホーム入所は原則要介護3以上に **一定以上所得のある利用者の自己負担を2割に引上げ**
2018	地域包括ケアシステムの深化・推進 ※自立支援、重度化防止、地域共生社会の実現へ 介護保険制度の持続可能性の確保	共生型サービスの創設 自立支援・重度化防止 介護医療院の創設 **一定以上所得のある利用者の自己負担を3割に引上げ**
2021	感染症対策 災害に対して、地域との連携を強化する 地域包括ケアシステムの推進 自立支援・重度化防止の取組の推進 介護人材の確保・介護現場の革新 ※介護職員の働き方改革 制度の安定性・持続可能性の確保	感染症対策に関する計画等の策定、研修、訓練の実施等が義務化 業務継続計画（BCP計画）等の策定、研修、訓練の実施等が義務化 非常災害訓練を行う場合等に、地域住民と連携を図ることが努力義務化 認知症への対応 無資格の職員には「認知症介護基礎研修」の受講が義務化 認知症に係る取組の情報公表 リハビリテーション・機能訓練、口腔、栄養の取組の連携・強化 「自立支援促進加算」が新設 LIFE（科学的介護情報システム）の活用 ハラスメント対策 介護ロボットやAIなどの活用 ICTを活用した会議等 介護保険費用の増大を抑制するため、サービス評価を適正化・重点化

2. 2021年改定の概要

○感染症や災害への対応力強化

　自然災害の増加や、新型コロナウイルスの感染拡大を受けて、非常時でも必要なサービスが安定して継続的に利用できるよう、介護サービス事業者に対して感染対策の強化や業務継続に向けた取組の推進などが新たに設けられました。

○地域包括ケアシステムの推進

　地域包括ケアシステムは、住み慣れた地域で自分らしく住み続けることができるように、医療・介護を提供するシステムです。認知症で支援が必要になったとしても、必要とする質の高いサービスを利用することで地域での生活が続けられるよう、今回の改定では、すべての介護サービスで働く職員の、認知症対応能力の向上が求められています。また看取りにおいても、本人の意志を尊重した医療・ケア方針が決定されるような支援が規定されました。

○自立支援・重度化防止の取組の推進

　自立を支援し、介護の重度化を防止するため、リハビリテーション・機能訓練や口腔、栄養の取組が重視されました。またサービスの質の評価やデータの活用を行うことで、科学的に効果が裏付けられた質の高いサービスを受けられるような仕組みが作られました。

○介護人材の確保・介護現場の革新

　多様な介護人材（外国人や高齢者等）の採用や介護ロボット、AIの活用、記録文書のデジタル化などで、これまで介護スタッフ一人ひとりにかかっていた過度な負担を分散、軽減することができます。これにより、介護スタッフの労働意欲が高まったり、心身ともに余裕がうまれることで介護サービスの質の向上につながることが期待されます。

○制度の安定性・持続性の確保

　介護に要する費用が大幅に増加していますが、少子高齢化の影響で生産年齢人口のさらなる減少が見込まれています。こうした中、今回の改定でも制度の安定性・持続可能性を高められるよう改定が行われました。しかし一方で、制度の継続のために個人の負担が大きくなりつつあるのも事実です。サービス提供の実情などを踏まえ、公正かつ根拠があり、利用者にとって使いやすい制度となることが求められています。

第3章　高齢者の福祉・医療

コラム　「歳のせい」

　今まで出来ていた散歩の距離が短くなってきたり、買い物などでも疲れやすく休まないとできなくなってきた時「最近歳のせいで動けなくなってきて…」という言葉をよく聞きますが、本当でしょうか？
　腰部脊柱管狭窄症や変形性膝関節症など明らかな疾患がないのに、疲れて歩けなくなってしまう。そんな状況をロコモティブシンドローム、通称「ロコモ」と言います。原因が年齢だとすると、それは防ぐこともできないということになります。しかし、最近の研究では90歳以上の超高齢者でも、筋トレによって筋力は増強するということがわかっています。つまり、「歳のせい」というのは本人や、その症状を改善できない医療者の言い訳であるということになります。
　では、どのように改善するべきかというと、まず現状を知ることが重要です。スマホでもPCでも、「ロコモ」と検索ワードを入れると一番上に日本整形外科学会の「ロコモを知ろう」というページが出てきます。この中の立ち上がりテストで現状を知り、レベルに合わせて運動することが重要です。
　毎日続ける運動の目安としては、通常の椅子からの立ち上がりテストで、片足で楽に可能な方は1万歩／日程度の歩行、片足でギリギリ可能という方の場合は6,000歩／日ほどが適正です。片足は無理で両足でしかできない場合は、自転車漕ぎの運動かプール歩行が適正ということになります。それぞれのレベルに応じての運動を続けることで、筋力は徐々に増加していきますので、「歳のせい」とあきらめないで続けることが重要です。
（整形外科医）

第2節　介護保険制度の概要

高齢者の福祉サービスの柱となっている、介護保険制度概要を説明します。個別のサービスについては、第3節以降でふれていきます。

こんな内容です

超高齢社会となった今、介護は身近な話となってきています。

年をとっても、住み慣れた地域で暮らしつづけるために、身近な市町を保険者として、原則40歳以上のすべての人が加入して、介護の問題を社会全体で支えていこうとする仕組みが公的介護保険制度です。

利用できる人

○65歳以上の人（第1号被保険者）で、市町によって支援や介護が必要と認定された人は、介護の必要になった原因にかかわらずサービスが利用できます。

○40歳以上65歳未満の人（第2号被保険者）は、介護保険に定める16種類の特定の病気※が原因で介護認定が受けられた場合に、サービスが利用できます。

※特定の病気とは…

・がん（医師が一般に認められている医学的知見に基づき回復の見込みがない状態に至ったと判断したものに限る）・関節リウマチ・筋萎縮性側索硬化症・後縦靭帯骨化症・骨折を伴う骨粗しょう症・初老期における認知症・進行性核上性麻痺、大脳皮質基底核変性症およびパーキンソン病・脊髄小脳変性症・脊柱管狭窄症・早老症・多系統萎縮症・糖尿病性神経障害、糖尿病性腎症および糖尿病性網膜症・脳血管疾患・閉塞性動脈硬化症・慢性閉塞性肺疾患・両側の膝関節または股関節に著しい変形を伴う変形性関節症

1. 被保険者と保険料

加入者（被保険者）は年齢によって分けられます。65歳以上の人を第1号被保険者、40歳以上65歳未満で医療保険に加入している人を第2号被保険者とよびます。

	第1号被保険者（65歳以上）	第2号被保険者（40歳以上65歳未満）
保険料の決まり方	市町ごとに決められます（243ページ参照）。市町民税の課税状況や所得状況に応じて、所得段階によって分けられます。保険料の見直しは、3年ごとに行われます。	加入している医療保険ごとに決められます。〈国民健康保険〉所得や世帯内の被保険者の人数によっても変わります。〈健康保険組合・共済組合〉医療保険ごとに決められている保険料率と、給与、賞与に応じて変わります。
払い方	年金の額によって変わります。〈特別徴収〉年金額が18万円（月額1万5,000円）以上の場合は、天引きされます。〈普通徴収〉年金額が18万円（月額1万5,000円）未満の場合は、納付書で自分で払います。	〈国民健康保険〉医療保険料に上乗せして、世帯主が払います。〈健康保険組合・共済組合〉医療と介護の保険料を合わせて給料および賞与から差し引かれます。事業主が半分を負担します。

保険料の減免

保険料の支払いが困難な場合に、申請することにより保険料の減免を受けることができます。どんな場合に受けられるのかは、各自治体が定めている「介護保険条例」で定められています。詳しくは資料編（243ページ）を参照してください。

市町によっては、独自の減免規定を設けているところがあります。保険料の支払いに困ったときには、市町の介護保険窓口へ問い合わせてみましょう。

たとえば、こんなとき…

・被保険者本人またはその世帯の生計維持者が、災害等で住宅等に著しい損害を受けたとき
・世帯の生計維持者が死亡したとき
・世帯の生計維持者の収入が、下記の理由によって著しく減少したとき
　（長期入院等・事業または業務の休廃止・事業における著しい損失、失業等）

滞納した場合

滞納した期間に応じて、サービスを利用するときの保険給付に制限を受ける場合があります。窓口で個別相談が必要となります。

1年以上滞納したとき	**〈支払方法の償還払い化〉** 利用者がサービス費用を全額いったん支払い、市町に申請することにより、保険給付分が払い戻されることになります。
1年6カ月以上滞納したとき	**〈支払いの一時差止〉** 市町は、保険給付の支払いの全部または一部を一時差し止めます。この間、差し止め分の払い戻しを受けることはできません。 **〈差止額からの滞納保険料の控除〉** それでもなお滞納がつづくときは、保険給付から滞納保険料が差し引かれる場合があります。
2年以上滞納したとき	滞納した期間に応じて、利用者の負担が1割または2割の人は3割に、3割の人は4割に引き上げられるほか、高額介護サービス費の支給が受けられなくなります。

2. 相談・申請から認定まで

　介護サービスを利用するための第一歩は、要介護
認定を受けること等の相談をすることです。
　以下、介護相談・認定の流れについて説明します。

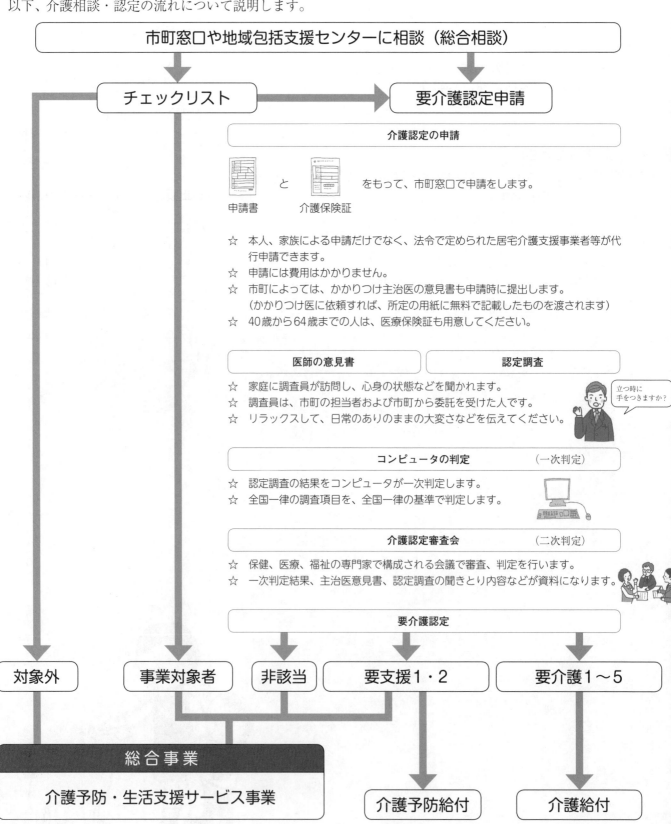

窓口では、心身の状態や生活状況に応じて、必要となる手続きについて説明を受けます。

①要介護認定の申請	「明らかに要介護認定が必要な場合」、「介護予防給付や介護給付によるサービスを希望している場合」などについては、要介護認定の手続きに進みます。
②チェックリスト	本人が介護予防・生活支援サービス事業のみの利用を希望する場合は、要介護認定等を省略して「チェックリスト」のみで状態の確認を行います。また、介護予防・生活支援サービス事業のサービスを利用した後であっても、必要な時は要介護認定等の申請は可能です。
③その他	チェックリストにより介護予防・生活支援サービス事業の対象となった人、また被該当者は、介護予防給付（福祉用具貸与や訪問看護など）は利用できません。

〈要介護・要支援認定申請に進んだ場合〉

☆　要介護度に応じて、サービスの利用限度額が決まります。

☆　認定に不服がある場合は、介護保険審査会に申し立てができます。

☆　認定結果が出るまでに約1カ月かかりますが、効力は申請時にさかのぼります。

☆　認定が出る前であってもサービスの暫定利用はできますが、認定された要介護の支給限度額を超えてサービスを利用した場合には、全額自己負担になることに注意が必要です。

☆　介護認定の有効期間は3カ月から4年とされており、更新が必要です。

☆　介護保険証は原則本人に交付されます。

介護保険被保険者証は、65歳以上の第1号被保険者に届きます。

要介護認定結果

給付制限対象の場合に記載されます。67ページ参照

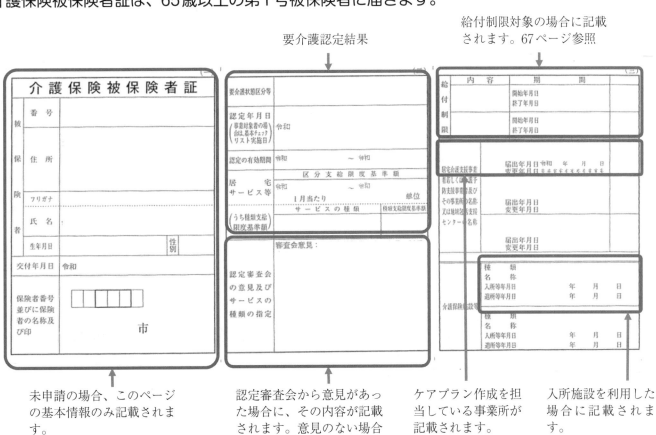

未申請の場合、このページの基本情報のみ記載されます。

認定審査会から意見があった場合に、その内容が記載されます。意見のない場合は空欄。

ケアプラン作成を担当している事業所が記載されます。

入所施設を利用した場合に記載されます。

3. サービス種別と利用方法

　介護認定結果等によって、利用できるサービス種別と利用方法が決まります。

　以下サービス種別と利用方法についてのフローチャートです。

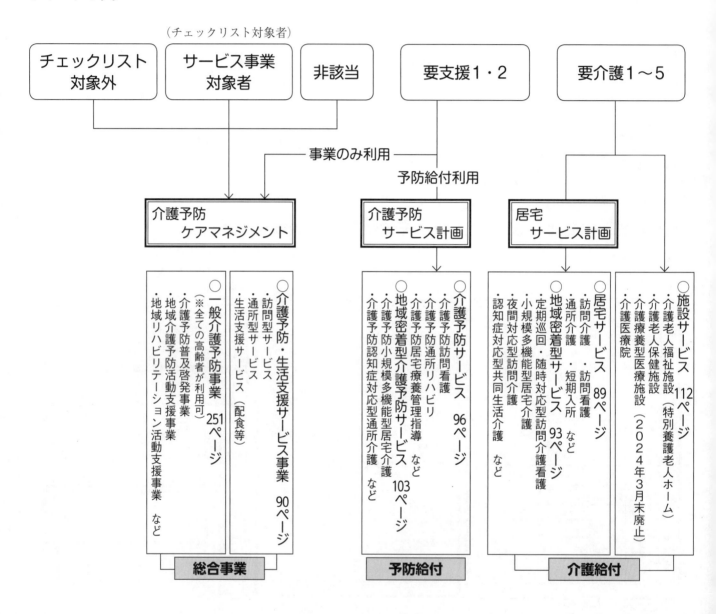

4. サービスの利用者負担

介護サービスを利用した場合、利用者負担は1割（一定以上の所得がある人は2割または3割）で、あとは介護保険から給付されます。

負担割合

介護保険負担割合証

要介護（要支援）認定、およびサービス事業対象者認定を受けたすべての人に、この介護保険負担割合証が送られてきます。

　※被保険者の負担割合に応じて「1割」「2割」「3割」と表記されます。

・負担割合証の適用期間は1年間（毎年8月1日から7月31日）となっています。

・負担割合証は毎年発行されます。

・年度途中で所得や世帯に変更が生じ負担割合が変更となった場合は、新しい負担割合証が送られてきます。

　これまで介護保険サービスを利用したときの費用は1割でしたが、2015年8月より、一定以上の所得がある人の自己負担割合が2割となる法改正が行われました。

　また、2018年8月の法改正にて、さらに所得の

ある人の自己負担割合が3割とされました。

※利用者の負担額には、月額の限度額（高額介護サービス費の仕組み、74ページ参照）があるので、実際の負担は、負担割合が2割となったすべての人が2倍または3倍となるわけではありません。

　利用者負担の詳細については次ページ以降で説明します。

〈利用者負担の判定の流れ〉

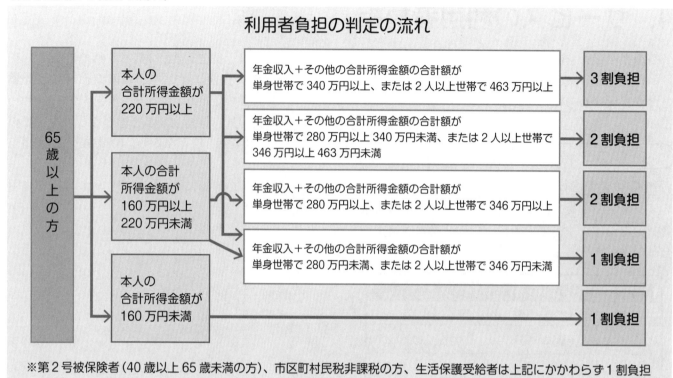

（厚生労働省パンフレットより）

支給限度額

　在宅サービスでは、介護度ごとに支給限度額が定められており、それを超えた分は全額自己負担となります。

区分支給限度額

要支援1	50,320円
要支援2	105,310円
要介護1	167,650円
要介護2	197,050円
要介護3	270,480円
要介護4	309,380円
要介護5	362,170円

負担限度額

　また、施設を利用するサービスでは、介護保険サービス以外の食費などは負担があります。

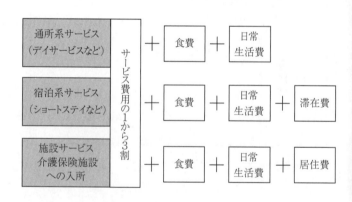

　施設サービスでは、所得に応じて、次ページのように負担を軽減する制度があります。

　この制度の適用を受けるために、市町に申請する必要があります。介護保険証を持参のうえ、介護保険担当課で申請し、負担限度額認定証の交付を受けてください。

利用者負担段階と負担限度額

利用者負担段階	居住費（滞在費）						食費	
	ユニット型個室	ユニット型個室的多床室	従来型個室		多床室		施設サービス	短期入所サービス
			特養*1	特養以外*2	特養*1	特養以外*2		
第1段階	820円	490円	320円	490円	0円	0円	300円	300円
第2段階	820円	490円	420円	490円	370円	370円	390円	600円
第3段階①	1,310円	1,310円	820円	1,310円	370円	370円	650円	1,000円
第3段階②	1,310円	1,310円	820円	1,310円	370円	370円	1,360円	1,300円

| 一般の方の基準費用額（目安） | 2,006円 | 1,668円 | 1,171円 | 1,668円 | 855円 | 377円 | 1,445円 | |

※施設の設定した居住費（滞在費）・食費が限度額を下回る場合は、施設の設定した金額の負担となります。
＊1　「特養」は、特別養護老人ホームです。　　＊2　「特養以外」は、介護老人保健施設・介護療養型医療施設・介護医療院です。

5. 利用者負担の減免制度

こんな内容です

利用料の支払いが困難な場合に、申請することにより利用料の減免を受けることができます。

利用できる人

①市町の介護保険条例に基づく減免

市町によっては、条例により利用料の減免制度が定められているところがあります。対象者は次のとおりです。

ア　本人または世帯の生計維持者が災害等で住宅等に著しい損害を受けたとき
イ　世帯の生計維持者が死亡したとき
ウ　世帯の生計維持者の収入が、下記の理由によって著しく減少したとき
　・長期入院等
　・事業または業務の休廃止、事業における著しい損失、失業等
　・干ばつ、冷害等による農作物の不作、不漁等

また、これ以外にも市町によっては、「市町長が別に定めた者」等の独自の減免規定があるところがあります。利用料の支払いに困ったときは、市町独自の減免制度がないかどうか確認することが大切です（石川県内各自治体独自の減免制度については、244ページ参照）。

②社会福祉法人によるサービスに関する低所得者の負担軽減

社会福祉法人が提供するサービスについては、低所得者に対する利用者負担の減免制度があります。

対象となる低所得者とは、市町民税世帯非課税で特に生計が困難な人です。減免の対象となるサービスは、社会福祉法人が提供する特別養護老人ホームへの入所、通所介護、短期入所生活介護、訪問介護です。減免の程度は、利用者負担（食費や日常生活費の負担も含みます）の2分の1の軽減が原則ですが、2分の1を超える減額あるいは全額免除を実施している法人もあります。

この減免を受けるには、利用者は市町に申請して、減免率などが記載された確認証の交付を受ける必要があります。

高額介護サービス費

利用者が支払った1割負担の合計額が一定の上限額を超えた場合には、超えた分を利用者の申請により市町から払い戻してもらえます。これを「高額介護サービス費」といいます。

払い戻してもらえる1割負担には、福祉用具購入費と住宅改修費の分は含みません。また、保険給付外の食費、居住費、日常生活費についても、対象にはなりません。

負担の上限額は、所得区分に応じ世帯単位で定められています。具体的には、同一世帯の利用者の同一月の1割負担が、合計で下表の上限額を超える場合に、超えた分が払い戻されます。なお、市町によっては、高額介護サービス費が戻ってくるまでの間、

無利息でサービス費分を借りることのできる「高額介護サービス費貸付制度」を実施している場合もあります。

高額介護サービス費

高額介護サービス費の 対象となる方	負担上限額 （月額）
生活保護を受給されている方	個人：15,000円
世帯全員が市民税非課税の方でその他の合計所得金額＋課税年金収入額が80万円以下の方	個人：15,000円
世帯全員が市民税非課税の方で上記以外の方	世帯：24,600円
市民税課税世帯で市民税課税所得380万円未満の方	世帯：44,400円
市民税課税所得380万円以上690万円未満の方	世帯：93,000円
市民税課税所得690万円以上の方	世帯：140,100円

（注）福祉用具購入費、住宅改修費、食事、住居費、その他介護保険給付の対象とならない費用は支給対象となりません。

第3節　在宅での暮らしを支えるサービス

1.　生活全般の困りごとについての相談（地域包括支援センター）

こんな内容です

　高齢者等が住み慣れた地域で、尊厳ある自分らしい暮らしを続けることができるように、地域包括ケアを推進していくことを役割とした中核機関です。市町の直営または法人への委託により、高齢者やその家族の相談支援と、相談支援を支えるネットワーク形成、地域づくりを担っています。

こんな人が働いています

　社会福祉士、保健師等、主任ケアマネジャーなど専門職がチームで対応します。

こんな業務をしています

必須となる4事業

　地域包括ケアの推進のために、センターでは複数の事業が定められています。その中には、必須となるものと、任意となるものの2種類があります。

　必須となるものとして、以下の4つの事業と、指定介護予防支援（要支援や事業対象者の予防プラン業務）があります。

　また、任意に委託可能な事業としては、社会保障充実分のうち、在宅医療・介護連携推進事業、生活支援体制整備事業、認知症総合支援事業、地域ケア会議推進事業については、地域包括支援センター以外の実施主体にも委託が可能となっています。

　地域包括支援センターは、全国の市町村に設置されていますが、必須事業のほかに、どの事業を組み合わせて委託するかによって、活動内容に違いがみられます。

地域包括支援センターの業務

（必須）

（介護保険法　第115条45第2項）

| 1 総合相談支援業務 | 2 権利擁護業務 | 3 包括的・継続的ケアマネジメント業務 | 4 介護予防ケアマネジメント |

これらの地域支援事業の4事業と
＋多職種協働による地域包括支援ネットワーク（法第115条の46条第7項）
＋指定介護予防支援（法第115条の22）

＋社会保障充実分（法第115条の45第2項4号〜6号　48第1〜2項）
　在宅医療・介護連携推進事業　生活支援体制整備事業
　認知症総合支援事業　　　　地域ケア会議推進事業

1. 総合相談

　　どこに相談をしたらよいのか分からないという介護や生活の困りごとを総合的に受けつける「ワンストップサービス」の拠点となっています。地域にあるさまざまなネットワークを活用し、住みなれた地域で暮らし続けるための相談支援を行います。

2. 権利擁護

　　市町に協力し高齢者虐待の防止、早期発見、相談対応を担っています。また、成年後見制度などの利用支援、高齢者の消費者被害防止のための情報提供や支援などを行っています。

3. 包括的・継続的ケアマネジメント

　　状態の変化により支援が途切れることのないよう、また、暮らし全体を支援するよう地域にあるさまざまな機関同士や地域との連携を促進し、ケアマネジャー等と共にチームアプローチを行います。

4. 介護予防マネジメント

　　高齢者が要介護状態になることを予防し、また要介護状態になっても悪化しないよう維持改善を図るため、高齢者一人ひとりの生きがいや自己実現のための取り組みを総合的に支援します。

窓　口

資料編の連絡先一覧を参照（295ページ）。
地域によって名称がかわります。

※小松市では「高齢者総合相談センター」、加賀市では「高齢者こころまちセンター」、白山市、かほく市、能美市、中能登町では「高齢者支援センター」となっています。

〈介護保険サービス〉

2. 介護保険サービス利用等についての相談
（居宅介護支援事業所）

居宅介護支援（介護予防支援）と
ケアマネジャー（介護支援専門員）

こんな内容です

　介護サービスを受けるには、ケアプラン（介護サービス計画）を作成する必要があります。そこで、ケアマネジャー（介護支援専門員）にどのような暮らしをしていきたいか、そのために必要なサービスや事業所にはどんなものがあるかを相談し、一緒にケアプラン作りに取り組んでいきます。

　ケアマネジャーは、ケアプラン作成のほか、サービス事業者へのサービスの依頼、保険者（市町）によっては要介護認定申請の代行もできます。

　なお、ケアプランの作成やその後のモニタリングを含めた居宅介護支援については、利用者の負担はなく、全額保険でまかなわれます。

　要支援1および要支援2の利用者のケアプラン作成等の介護予防支援は、「地域包括支援センター」が行います。ただし、居宅介護支援事業所に業務を委託する場合もあります。

　また、ケアマネジャーの資質向上のために、資格の更新制や登録制がとられており、ケアマネジャー1人あたりの標準担当件数は、35件と定められています。

手続き

　まずは市町の介護保険担当課や地域包括支援センターに相談し、ご自身の希望に合った担当ケアマネジャーを紹介してもらってください。ケアマネジャーのほとんどは、在宅介護や施設介護などのサービスを提供する事業所、社会福祉協議会、社会福祉法人、医療法人などに所属しています。なお、利用者はケアマネジャーを自分で選べますし、サービス事業所同様、変更することもできます。

　依頼する居宅介護支援事業所が決まったら、市町の介護保険担当課に「居宅介護支援事業者等の届出」を行ってください。この届出は、依頼する事業者が代行することもできます。

＜ケアプランの担当＞

要介護1〜5	居宅介護支援事業所のケアマネジャー
要支援1・2・事業対象者	地域包括支援センター（居宅介護支援事業所への委託も可）

コラム　ケアプラン有料化に思う

　ケアプランの有料化は他のサービスとの公正な負担を理由に進められているようにみえます。ですが私はケアマネジャー（ケアマネ）によるケアプラン作成を、他のサービスと一緒に考えるべきではないと思います。利用者の代弁機能と制度へのアクセスを保障する権利擁護機能があるからです。利用している他の介護保険サービスを入れ替えても最後はケアマネが残る。利用がない時もケアマネだけが対応していた。そんなことは多いのではないでしょうか。

　2000年に介護の社会化、措置から契約への流れの中で生まれたのが介護保険。申請が基本となったことで"利用ができない利用者"（拒否も含む）に対し、その権利を守る制度として生まれたのが権利擁護制度です。例えば苦情窓口、社会福祉協議会の日常生活自立支援事業、成年後見制度、そして高齢者虐待防止法がこれにあたります。またケアマネも複雑な制度と利用者をつなぐ権利擁護システムの一つと言えます。

　ケアプラン作成に利用者の自己負担を求めれば、所得の低い人が一番影響を受けるのは目にみえていますし、それを理由に利用を控える人が現れます。当然利用できる権利を、必要な時に使えなくなるのではないでしょうか。

　公平・公正な社会保障として国の介護を考えるならば、ケアプラン有料化により利用格差を生み出すこと、また使うほど負担が大きくなる応益負担の考え方こそ問題ではないかと思うのです。

（居宅介護支援センター／ケアマネジャー・社会福祉士）

〈介護保険サービス〉

3. 自宅への訪問サービス

①訪問介護

ホームヘルパーが、自宅に訪問して身の回りの世話や介護をする制度です。

○身体介護

利用者の身体に直接接触して行う介助、ならびにこれを行うために必要な準備および後始末等や、利用者が日常生活を営むのに必要な機能の向上等のための介助、および専門的な援助のことです。
（例／食事の介護、排泄の介護、衣服着脱の介護、入浴の介護、身体の清拭・洗髪、通院・外出の介助、一緒に行う家事等）

○生活援助

身体介護以外の訪問介護のことです。生活援助中心のケアプランについては、ひとり暮らし、または同居の家族もしくは親族の高齢・障害、疾病等の理由により、利用者または家族が家事を行うことが困難な人が対象となりますが、対象を限定する市町もあります。必要な場合はケアマネジャーと相談してください。
（例／調理、衣類の洗濯・補修、住居の掃除・整理整頓、生活必需品の買い物等。ただし、次のような行為は含まれません。ア：商品の販売や農作業等、生業の援助的な行為。イ：直接本人の日常生活の援助に属しないと判断される行為。※右記「ご存じですか？」参照）

○通院等のための乗車・降車介助

移動時間を除く、乗車、降車等の介助です。次のような場合は1人の利用者に対して、2人のヘルパーで訪問することができます（利用料は2人分となります）。ア：体重が重い、拘縮が強い等の利用者に対する入浴介助等の重介護の場合。イ：暴力行為などが見られる利用者の場合。ウ：その他利用者の状況等から適当と認められる場合。

②訪問型サービス

事業対象者と要支援者に対する訪問型サービスは総合事業のもとで実施され、「従来型の訪問介護（介護予防訪問介護）相当」と、それ以外の「多様なサービス」に大きく分けられています。

○従来型の訪問介護相当

事業対象者、要支援1、要支援2の利用者に対して、要介護状態にならないことを目的に、利用者が主体的に心身機能の改善や環境調整に取り組めるよう、適切な働きかけを行います。

○多様なサービス

多様な担い手によるサービスの提供が行われます。緩和した基準によって介護施設職員が行うサービスや、住民主体による支援、保健・医療の専門職が短期集中で行うサービスなどがあります。

ご存じですか？

介護保険の生活援助に該当しない行為

(1)「直接本人の援助」に該当しない行為とは、主として家族の利便に供する行為または家族が行うことが適当であると判断される行為です。例えば、①利用者以外の人に係る洗濯、調理、買い物、布団干し、②主として利用者が使用する居室以外の掃除、③来客の応接（お茶、食事の手配等）、④自家用車の洗車・清掃等

(2)「日常生活の援助」に該当しない行為とは、
①訪問介助員が行わなくても日常生活を営むのに支障がないと判断される行為
例えば、「草むしり」「花木の水やり」「犬の散歩等ペットの世話」等
②日常的に行われる家事の範囲を超える行為
例えば、「家具・電気器具等の移動、修繕、模様替え」「大掃除、窓のガラス拭き、床のワックスがけ」「室内外家屋の修理、ペンキ塗り」「植木の剪定等の園芸」「正月・節句のための特別な手間をかけて行う調理」等

※必要ならば市町が実施する生活支援サービスやシルバー人材センター等を活用してください。

訪問型サービスの類型

基準	従来型の訪問介護相当	多様なサービス			
サービス種別	訪問介護	訪問型サービスA（緩和した基準によるサービス）	訪問型サービスB（住民主体による支援）	訪問型サービスC（短期集中予防サービス）	訪問型サービスD（移動支援）
サービス内容	訪問介護員による身体介護、生活援助	生活援助等	住民主体の自主活動として行う生活援助等	保健師等による居宅での相談指導等	移送前後の生活支援
対象者とサービス提供の考え方	○既にサービスを利用しているケースで、サービスの利用の継続が必要なケース ○以下のような訪問介護員によるサービスが必要なケース（例）・認知機能の低下により日常生活に支障がある症状・行動を伴う人・退院直後で状態が変化しやすく、専門的サービスが特に必要な人 等 ※状態等を踏まえながら、多様なサービスの利用を促進していくことが重要。	○状態等を踏まえながら、住民主体による支援等「多様なサービス」の利用を促進		・体力の改善に向けた支援が必要なケース・ADL・IADLの改善に向けた支援が必要なケース ※3〜6カ月の短期間で行う	訪問型サービスBに準じる
実施方法	事業者指定	事業者指定／委託	補助（助成）	直接実施／委託	
基準	予防給付の基準を基本	人員等を緩和した基準	個人情報の保護等の最低限の基準	内容に応じた独自の基準	
サービス提供者（例）	訪問介護員（訪問介護事業者）	主に雇用労働者	ボランティア主体	保健・医療の専門職（市町村）	

　訪問型サービスの訪問介護は、身体介護・生活援助の区分はなく、1週あたりの訪問回数に応じた3区分と20分未満の短時間サービスで提供されます。

区　分	サービス回数
訪問型サービス（Ⅰ）	週1回程度の利用
訪問型サービス（Ⅱ）	週2回程度の利用
訪問型サービス（Ⅲ）	Ⅱを超える利用
訪問型短時間サービス	20分未満／月22回まで

③定期巡回・随時対応型訪問介護看護（地域密着型サービス）

　日中・夜間を通じて1日複数回の定期的な巡回または、随時通報により、介護・看護を一体的にまたは連携しながら提供するサービス

　詳細は83ページをご覧ください。

④夜間対応型訪問介護（地域密着型サービス）

　夜間において①定期巡回の訪問介護サービス、②利用者の求めに応じた随時の訪問介護サービス、③利用者の通報に応じて調整・対応するオペレーショ

ンサービスを組み合わせて提供するサービス

　詳細は83ページをご覧ください。

⑤訪問入浴介護（介護予防訪問入浴介護）

こんな内容です

　バスタブ、ホース等の器材を積載した入浴車で、おおむね3名の看護師、ヘルパーが訪問します。

　自宅の浴室での入浴が困難な人でも、お部屋の中で安楽にお風呂に入れるサービスです。健康チェック、脱衣、洗髪、洗顔、洗体、洗い流し、着衣等を行います。

〈介護保険サービス〉

4. 医師の指示のある、自宅への訪問サービス

①居宅療養管理指導（介護予防居宅療養管理指導）

こんな内容です

　医師、歯科医師、薬剤師、管理栄養士、歯科衛生士等が要支援・要介護者の居宅および入居中の居住系施設を訪問して行う指導や管理のことで、居宅介護支援事業者やその他の事業者に対しての情報の提供、要支援・要介護者やその家族に対しての介護サービス利用上の留意事項や介護方法の指導・助言を行うものです。

　2018年度の改定で、単一建物居住者の数によって報酬区分が分かれました。

手続き

・希望する医療機関または薬局と直接契約をします。
・居宅療養管理指導は、要支援または要介護度によって定められる区分支給限度額とはかかわりなく支給されます。

②訪問看護（介護予防訪問看護）

こんな内容です

　医療機関または訪問看護ステーションの看護師等が医師の指示を受け、通院が困難な利用者の自宅を訪問して、療養上必要な診療の補助を行います。利用者の状態によっては、2名の職員で対応したり、1時間30分以上のサービス提供ができる場合があります。

手続き

　ケアマネジャーに相談すると同時に、主治医にも相談してください。主治医が訪問看護の必要性を認め、指示がなされたら、サービスが開始されます。

③訪問リハビリテーション（介護予防訪問リハビリテーション）

こんな内容です

　通院が困難な要支援・要介護者に対し、病院・診療所の理学療法士や作業療法士、言語聴覚士が、医師の指示に基づいて、居宅を訪問して行うリハビリテーションをいいます。

手続き

　ケアマネジャーに相談すると同時に、主治医にも相談してください。主治医が必要性を認め指示がなされたら、サービスが開始されます。

　訪問リハビリテーションは、要支援・要介護者となった場合は介護保険、それ以外の場合は医療保険の適用を受けます。従って利用者の自己負担額もそれぞれの保険のルールにより各々徴収されます。

ご存じですか？ 訪問リハビリさまざま

　自宅に専門の職員が訪ねてリハビリを提供するサービスには、多様な方法があります。

　「訪問リハビリテーション」は病院、診療所、老人保健施設から理学療法士、作業療法士、言語聴覚士が行うことができます。その一方で、訪問看護ステーションから「訪問看護」として、理学療法士、作業療法士、言語聴覚士が訪問することもできます。

　介護保険の要介護認定を受けている人が在宅でリハビリを受ける場合には、原則として介護保険が優先されます。しかし、訪問看護ステーションから訪問看護として入る訪問リハビリは状態が急性増悪したり、末期の悪性腫瘍などの厚生労働大臣が定める疾病※の人は、医療保険の適用となり、医療保険での訪問看護を受けることになります。

　実際は、訪問リハビリを実施しているサービス機関がまだ少ないことも訪問リハビリが伸びない要因ともなっているようです。

　リハビリテーションは、患者本人の病態・状態により段階的に考えます。急性期・回復期は医療機関で医療保険にてリハビリが行われ、維持期は自宅で介護保険にて行われます。

　自宅でリハビリを受けたいと思われる人は、まずはケアマネジャーまたはソーシャルワーカー等に相談してください。

※厚生労働大臣が定める疾病
1. 末期の悪性腫瘍
2. 多発性硬化症
3. 重症筋無力症
4. スモン
5. 筋萎縮性側索硬化症
6. 脊髄小脳変性症
7. ハンチントン病
8. 進行性筋ジストロフィー症
9. パーキンソン病関連疾患
　・進行性核上性麻痺
　・大脳皮質基底核変性症
　・パーキンソン病
　　（ホーエン・ヤールの重症度分類がステージ3以上であって、生活機能障害度がⅡ度またはⅢ度のものに限る）
10. 多系統萎縮症
　・線条体黒質変性症
　・オリーブ橋小脳萎縮症
　・シャイ・ドレーガー症候群
11. プリオン病
12. 亜急性硬化性全脳炎
13. ライソゾーム病
14. 副腎白質ジストロフィー
15. 脊髄性筋萎縮症
16. 球脊髄性筋萎縮症
17. 慢性炎症性脱髄性多発神経炎
18. 後天性免疫不全症候群
19. 頸髄損傷
20. 人工呼吸器を使用している状態

〈介護保険サービス〉

5. 日帰り通所施設の利用

こんな内容です

　通所施設は、閉じこもりを防ぎ、社会参加の意欲を高めるためのサービスとして、また在宅の介護負担軽減をはかるためのサービスとして利用できます。

　デイサービスとデイケア、それぞれの特徴は以下の表をご覧ください。①デイサービスには要介護者を対象とした通所介護と、要支援者を対象とし総合事業のもとで実施される通所型サービスが、②デイケアには要介護者を対象とした通所リハビリテーションと、要支援者を対象とした介護予防通所リハビリテーションがあります。また、③療養通所介護は、要介護者を対象とした医療との連携が手厚いサービスです。

通所介護（デイサービス）	通所リハビリテーション（デイケア）
日常生活を営む上で支障があるため、デイサービスセンターに通い、食事の提供、生活等に関する相談・助言、健康状態の確認、その他の日常生活上の世話、機能訓練を受け、生きがいを高めたり、体の機能の維持をはかるとともに、介護にあたる家族の疲労軽減を目的としたサービスです（入浴は行っているところと行っていないところがあります）。	日常生活を営む上で支障があるため、介護老人保健施設・病院・診療所等に通い、理学療法・作業療法その他必要なリハビリテーション、食事の提供などを受けることにより、心身の機能回復をはかり、日常生活の自立を助けることを目的としたサービスです（入浴は行っているところと行っていないところがあります）。

デイサービスが社会生活の助長に大きな目標があるのに対し、デイケアは機能訓練を中心に身体面の維持・改善に主たる目標が置かれています。

①通所介護（通所型サービス）

　デイサービスセンターで、食事・入浴などの介護や機能訓練が日帰りで受けられます。

　また、基本のサービスに加えて機能訓練、栄養改善、口腔機能向上※などのメニューを選んで利用できます。

※機能訓練：個別の身体の状態に応じた機能訓練
　栄養改善：食事に関する指導など
　口腔機能向上：口の中の手入れやそしゃく・飲み込みの訓練法の指導など

通所型サービスの類型

基準	従来型の通所介護相当	多様なサービス		
サービス種別	通所介護	通所型サービスA（緩和した基準によるサービス）	通所型サービスB（住民主体による支援）	通所型サービスC（短期集中予防サービス）
サービス内容	通所介護と同様のサービス 生活機能の向上のための機能訓練	ミニデイサービス 運動・レクリエーション　等	体操、運動等の活動など、自主的な通いの場	生活機能を改善するための運動器の機能向上や栄養改善等のプログラム
対象者とサービス提供の考え方	・既にサービスを利用しており、サービスの利用の継続が必要なケース・「多様なサービス」の利用が難しいケース・集中的に生活機能の向上のトレーニングを行うことで改善・維持が見込まれるケース ※状態等を踏まえながら、多様なサービスの利用を促進していくことが重要。	・状態等を踏まえながら、住民主体による支援等「多様なサービス」の利用を促進		・ADLやIADLの改善に向けた支援が必要なケース　等 ※3〜6カ月の短期間で実施
実施方法	事業者指定	事業者指定／委託	補助（助成）	直接実施／委託
基準	予防給付の基準を基本	人員等を緩和した基準	個人情報の保護等の最低限の基準	内容に応じた独自の基準
サービス提供者（例）	通所介護事業者の従事者	主に雇用労働者＋ボランティア	ボランティア主体	保健・医療の専門職（市町村）

②通所リハビリテーション（介護予防通所リハビリテーション）

　介護老人保健施設や病院・診療所のデイケアで、日帰りの機能訓練などが受けられます。

　医師の指示のもと定期的にリハビリテーション計画を立て実施します。

　また、基本のサービスに加えて栄養改善、口腔機能向上などのメニューを選んで利用できます。

③療養通所介護（通所看護）

　末期がんや難病等の医療と介護のニーズを併せ持つ在宅の利用者を対象に、医療機関や訪問看護サービスとの連携体制や安全かつ適切なサービス提供のために、看護師の配置を厚くするなど体制を強化した通所サービスです（定員18人以内）。

手続き

　ケアマネジャーに相談すると、ケアマネジャーが施設と連絡・調整をし、サービスが開始されます。

　日帰りの利用とはいえ、一日の長い時間を過ごす場ですので、その事業所がご自身に合っているかどうかはとても大事になります。

　利用前の見学や体験を複数おこなうなどして、しっかりと事業所を選びましょう。

ご存じですか？

リハビリ特化型デイサービス

　「筋力を維持、回復させる訓練は行いたいが、食事やトイレなどの身体介助は要らない」。近年、高齢者のこのようなニーズから、運動や体操といった身体機能や日常生活の訓練に重点を置いたサービスを提供する通所介護事業所、いわゆる「リハビリ特化型デイサービス（機能訓練型デイサービス）」が登場してきました。

　それぞれの事業所によって内容は異なりますが、主に筋力アップトレーニングやストレッチ、リラクゼーション、歩行訓練、また国家資格を持った専門職（理学療法士、作業療法士、言語聴覚士、看護師、柔道整復師またはあん摩マッサージ指圧師）による個別機能訓練などが行われます。

　一般的なデイサービスが食事や入浴、レクリエーションなどを提供し、朝から夕方まで概ね7時間前後の利用時間を設定しているのに対して、リハビリ特化型デイサービスでは3時〜4時間程度の半日利用を設定し、入浴や食事の提供は行っていないというところが多くあるのも特徴です。

〈介護保険サービス〉

6. 短期間の宿泊施設の利用

こんな内容です

　介護保険を利用した短期間の宿泊サービス（ショートステイ）には、要介護者を対象とした短期入所生活介護・短期入所療養介護と、要支援者を対象とした介護予防短期入所生活介護・介護予防短期入所療養介護があります。

　ショートステイは、介護保険施設等に短期間（日帰りから30日まで）送迎付きで宿泊できるサービスです。利用者がリハビリや専門的なケアを受ける目的のほか、介護者が入院したり、用事や休息が必要となるときにも利用できます。介護者の休息的な利用（レスパイト）の場合、ケアプランに組み込み、定期的に利用するケースも少なくありません。

　利用日数は他の居宅サービスと同様に、要介護度に応じて月ごとの利用限度額（区分支給限度額）の枠内で利用できます。月をまたいで利用すればかなり長く利用することもできますが、連続利用は30日までに制限されており、31日目からは原則保険外の

（全額）負担になります。また、要介護認定期間中の利用日数の合計が半年を超えてはならないという規定もあります。

短期入所生活介護	介護老人福祉施設（特別養護老人ホーム）等の専用の施設に短期間入所して、食事や入浴等の介護や機能訓練が受けられます。
短期入所療養介護	介護老人保健施設や介護療養型医療施設に短期間入所して、医学的な管理のもとで看護、介護や機能訓練が受けられます。

　このほか地域密着型サービスの認知症対応型共同生活介護（グループホーム）でも、ショートステイを受け入れているところもあります。

手続き

　ケアマネジャーに相談すると、ケアマネジャーが施設と連絡・調整をし、サービスが開始されます。

〈介護保険サービス〉

7. 複合的なサービスの利用

地域密着型サービス

　地域密着型サービスは、要介護状態になってもできる限り住み慣れた地域で生活を続けることができるようにとの観点からつくられたサービス類型です。よって、サービスを利用できる人もその市町の住民に限られています。

　事業所の指定や指導・監督は市町が行うこととされています。

①小規模多機能型居宅介護（介護予防小規模多機能型居宅介護）

こんな内容です

　「通い」を中心に、利用者や家族の状況にあわせて「泊まり」を選べ、また通所できないときは「訪問」して様子を見るという柔軟な対応を1カ所のサービス事業所で提供できるところ（多機能）が最大の特徴です。

　しかも事業所が自宅の近くにあり、サービスごとに事業所が変わらず同じスタッフ（職員）が関わってくれるので、利用者も家族も安心して利用できるというメリットがあります。

　このサービスを利用契約（登録）できるのは1事業所で29人までに限定されており、通所は登録定員

によって利用できる人数は異なり、1日16人〜18人（登録定員が26人未満は1日上限15人まで）、泊まりは9人までという制限があります。

　事業所の数は少しずつ増えており周知されてきていますが、自治体によって差があります。また、医療ニーズの高い人をどこまで受け入れられるか、報酬が包括単位ということで経営が厳しいなどの問題点も依然として改善されていません。

手続き

　直接事業所と契約すると、その事業所のケアマネジャーがケアプランを作成して、サービスの利用が開始されます。

②認知症対応型通所介護（介護予防認知症対応型通所介護）

こんな内容です

　認知症の人のための介護サービスです。認知症で要介護状態になっても、可能な限り住みなれた地域で日常生活を送れるよう認知症の人の特性に配慮したサービスを受けられます。単独型や他のデイサービスと併設している併設型、また、グループホームの居間や食堂を利用して、定員3人までの認知症高齢者が利用できる共用型があります。共用型は、グループホームへの入所予定の人が施設に慣れる期間として活用したり、退所してからの通所利用として活用されています。

手続き

　ケアマネジャーに希望する利用日、利用施設、利用内容等を相談すると、ケアマネジャーが施設と連絡・調整をし、サービスが開始されます。

③定期巡回・随時対応型訪問介護看護

こんな内容です

　日中・夜間を通じて1日複数回の定期的な巡回または随時通報により、介護・看護を一体的に、または連携しながら提供するサービスをいいます。
　事業形態は、「一体型事業」と「連携型事業」の2種類あります。「一体型事業」は、一つの事業所に介護職員と看護職員を配置し、訪問介護サービスと訪問看護サービスを一体的に提供します。「連携型事業」は、看護職員を配置せず訪問介護サービスのみ行い、訪問看護サービスについては連携する地域の訪問看護事業所からサービスが提供されます。ただ、その場合の報酬は連携する訪問看護事業所が、定期巡回・随時対応サービス連携型訪問看護の単位数（月単位包括報酬）を算定することになります。
　なお、2015年の介護報酬改定で、「一体型事業」における訪問看護サービスの一部について、他の訪問看護事業所と契約を交わせば、当該訪問看護事業所がサービス提供できるようになりました。

④看護小規模多機能型居宅介護（複合型サービス）

　2012年4月に、「訪問看護」と「小規模多機能型居宅介護」を組み合わせて提供するサービスを創設し「複合型サービス」としていましたが、提供するサービス内容のイメージがしにくいとの指摘があり、2015年の介護報酬改定において「看護小規模多機能型居宅介護」と名称変更されました。
　このサービスは、主に①退院直後の在宅生活へのスムーズな移行、②がん末期等の看取り期、病状不安定期における在宅生活の継続、③家族に対するレスパイトケア、相談対応による負担軽減等のニーズをもった人々の支援をめざしています。

⑤夜間対応型訪問介護

こんな内容です

　24時間安心して自宅で暮らせるように、夜間帯（夜10時から朝6時まで）にホームヘルパーが訪問します。それは①「定期巡回」②「随時対応」③「オペレーションセンターサービス」の3つに分類されています。③の呼び出しを受け付けるオペレーションセンターは、利用者300人に1カ所が基準になっており、看護師か介護福祉士を配置することになっています。なお、介護予防（要支援1、2）の人は利用できません。
　全国的な傾向として、中・重度の利用者は入院・施設入所となりやすく継続利用する人が少なかったり、看護職員等の人員不足等によりなかなかサービスが広がらないといった実態があります。

次の3つのサービスは、第4節「高齢者の住まい・施設」に解説があります。

⑥認知症対応型共同生活介護（介護予防認知症対応型共同生活介護）

認知症高齢者専用のグループホームです。詳細は90ページをご覧ください。

⑦地域密着型特定施設入居者生活介護

定員29人以下のケア付き住宅（特定施設）です。詳細は92ページをご覧ください。

⑧地域密着型介護老人福祉施設

定員29人以下の特別養護老人ホームです。詳細は88ページをご覧ください。

〈介護保険サービス〉

8. 福祉用具、住宅改修の利用

「在宅での生活を続けたい」「介護しやすい環境を整えたい」をかなえるためには、生活環境を整えるという視点も大切です。介護保険では、①福祉用具を借りる（福祉用具貸与）、②福祉用具を購入する（特定福祉用具購入）、③住宅の改修工事をする（住宅改修費の支給）という3種類の生活環境を整えるサービスがあります。

①福祉用具貸与（介護予防福祉用具貸与）

こんな内容です

主な介護度によって、以下のような福祉用具を借りることができます。

要支援1〜	・歩行器 ・歩行補助杖 ※一般的なシルバーカーやステッキは含まれない ・スロープ ・手すり ※工事が必要ではないもの ・自動排泄処理装置（尿のみ）
要介護2〜	・車いす（自走用・介護用・電動のもの） ・車いす付属品（クッション等） ・特殊寝台（介護用ベッド、高さや背もたれの角度を変えらるもの） ・特殊寝台付属品（マットレス、移動用バー、テーブル、スライディングボード等） ・床ずれ防止用具（エアマットや体圧を分散する機能があるもの） ・体位交換器（起き上がり補助装置を含む）
要介護2〜	・移動用リフト（階段移動用や入浴時介助用） ・認知症高齢者徘徊感知機器（離床用センサーを含む）
要介護4〜	・自動排泄処理装置（便を吸引する機能がついたもの）

手続き

ケアマネジャーに希望する事業所、品目等を相談すると、ケアマネジャーが事業所と連絡・調整をし、サービスが開始されます。

利用料

レンタル費用の1割（一定以上の所得がある人は2割または3割）を負担します。料金は自由価格のため、用品によって、また事業所によっても異なります。なお、通常の搬入・搬出費用はレンタル料金に含まれています。

ご存じですか?

軽度者に対する福祉用具貸与の制限

2006年の改定にともない、軽度者（要支援1、2および要介護1）の福祉用具レンタルの一部が、原則保険対象外となりました。ただし、利用者の状態によって、例外基準に該当する場合や、該当しなくても医師の意見やサービス担当者会議での判断によって利用が可能になる場合もありますので、ケアマネジャーに相談してください。

②特定福祉用具購入（介護予防特定福祉用具購入）

こんな内容です

　入浴や排せつ時に使用するものなど、貸与になじまない福祉用具については、介護保険で購入できます。
　保険で購入費が支給される福祉用具には以下のものがあります。

- ・腰かけ便座（ポータブルトイレのほか、和洋の変換や高さを補う後付け便座も含む）
- ・自動排せつ処理装置の交換可能部品
- ・入浴補助用具（入浴の際のシャワーチェアやバスボード等）
- ・簡易浴槽（空気式や折りたたみ式で、取水・排水工事をする必要がないもの）
- ・移動用リフトのつり具の部分

利用料と手続き

　費用の1割（一定以上の所得がある人は2割または3割）を負担することで購入できます。1年度（4月〜翌3月）につき10万円までが対象となります。また、指定事業者から購入しないと給付が受けられません。

　給付については、いったん購入費用の全額を支払ったうえで、支給申請書（ケアマネジャーに購入理由を記載してもらう）、領収書、商品のパンフレット（写しで可）などを添えて、市町の介護保険担当窓口に申請してください。数カ月後に負担割合に応じた額が払い戻されます（償還払い）。また、市町と受領委任契約を結んでいる事業者から購入する場合は、利用者負担のみを支払うこともできます（受領委任払い）。

③住宅改修費の支給

　住み慣れた自宅での暮らしをつづけるために、事前申請することで住宅の改修費用が支給されます。
　自立支援型住宅リフォーム推進事業による住宅改造については、介護保険外のサービスですが、現場では介護保険サービスにおける住宅改修費と合わせて検討されることが多いため、同じ表の内で解説しました。

こんな内容です

住宅改修費（介護保険）	改修工事完了後、施工事業者に工事費を一旦全額支払い、後日、申請書に記載した被保険者の指定する口座に、利用者負担分を差し引いた額が支給される償還払いと、利用者負担分のみを支払う受領委任払いがあります。なお、受領委任払いの方法を利用するには、市町と受領委任契約を結んでいる施工事業者に依頼する必要があります。
自立支援型住宅リフォーム推進事業（石川県）	介護を必要とする高齢者や身体に重度の障害のある人が、住みなれた地域で安全に暮らし続けることができるよう、住宅を改修（リフォーム）する費用の一部を助成する石川県の制度です。

利用できる人

住宅改修費（介護保険）	1. 要支援1、2と認定された人 2. 要介護1〜5と認定された人（現在入院・入所中であっても退院・退所予定の場合は利用できます）
自立支援型住宅リフォーム推進事業	1. 介護保険制度で要介護および要支援と認定された65歳以上の高齢者のいる世帯 2. 下肢、体幹または乳幼児期以前に非進行性の脳病変による運動機能障害を有する人であって、障害程度1〜3級の人（ただし、特殊便器への取替えについては上肢障害2級以上の人）のいる世帯 3. 生活保護法で規定する介護扶助の対象者がいる世帯 4. 視覚に障害を有する学齢児以上の方で、障害程度等級2級以上の方のいる世帯 ※金沢市に住んでいる人は、金沢市独自の制度がありますので、この制度は利用できません。

ご存じですか？

受領委任払い

　後で9割（1割負担の場合）が払い戻されるとはいえ、業者に費用の全額を支払うのは大変です。
　一定要件を満した登録業者を利用した場合、受領委任払いが可能となることもあります。利用者は、本来の自己負担分のみを業者に支払えばよいので、一時的な費用負担が軽減されます。

対象工事

住宅改修費 （介護保険）	1. 手すりの取り付け 2. 段差の解消 3. 滑りの防止および移動の円滑化等のための床材の変更 4. 引き戸等への扉の取替え・新設・扉の撤去 5. 洋式便器等への便器の取替え 6. その他各住宅改修工事に付帯して必要となる住宅改修
自立支援型住宅リフォーム推進事業	1. 手すりの取り付け 2. 段差の解消 3. 滑りの防止及び移動の円滑化等のため床又は通路面の材料の変更 4. 引き戸等への扉の取替え 5. 洋式便器等への取替え 6. その他1から5までの住宅改修工事に付帯して必要となる工事

限度額

住宅改修費 （介護保険）	同一住宅につき1人あたり20万円。うち1割は自己負担、実質18万円が限度（1割負担の場合）原則として1人1回のみ（限度額以内であれば、数回に分けて使うことも可能）ただし、身体状況が著しく変化した時は再度利用が認められます
自立支援型住宅リフォーム推進事業	区分／助成率／助成限度額 生活保護法による被保護世帯 100% 100万円 住民税非課税世帯 90% 100万円 助成額＝助成対象経費（限度額最高100万円）×助成率－介護保険の住宅改修費支給額 なお、重度身体障害者（児）日常生活用具給付事業および生活保護法の介護扶助の場合も、「助成対象経費（限度額最高100万円）×助成率」から「最高20万円」を減額した金額が助成されます。

手続き

1. ケアマネジャーに事前相談をする。
2. 改修にかかる理由書（ケアマネジャー等に作成を依頼）、申請書等をそろえる。
3. 工事施工業者に所定の見積書を作成してもらう。
4. 市町の確認後、工事開始。
5. 工事完了後、いったん全額自己負担して業者に支払った分の領収書、改修前後の現場写真（日付入り）等をそろえて市町へ申請すると、1割負担の場合は、後で保険対象額の9割（最高18万円）が払い戻される（受領委任払いを除く）。

（注）自治体独自の「自立支援型住宅リフォーム推進事業」を併せて利用する場合は、工事着工前に申請する必要があります。市町によって若干手続き方法が異なるので、事前に担当課に確認が必要です。

ご存じですか？

住宅改修費がリセットできる場合

（1）要介護状態区分が3段階以上上がった場合

初めて住宅改修費が支給された住宅改修の着工日の要介護状態等区分を基準として3段階以上要介護状態等区分が上がった場合に、再度、20万円まで支給が可能となります。「3段階リセットの例外」といわれています。

これが適用された場合は、以前の住宅改修で支給可能残があってもリセットされ、支給限度額は20万円となります。この「3段階リセットの例外」は1回しか適用されません。

（2）転居した場合

転居した場合は、転居前の住宅に係る住宅改修費の支給状況とは関係なく、転居後の住宅について20万円まで支給が可能となります。

9. 介護保険外のサービス

　介護保険サービス以外にも、主に65歳以上の人を対象として、市町が独自に無料や少ない費用負担で利用できるサービスを行っています。以下に主なサービスとその内容を解説します。

　市町によっては実施していないサービスがあったり、あるいは本書に解説のないサービスを実施していることもあります。また、利用できる人の条件や利用回数、費用、手続きなどが異なります（246～248ページを参照）ので、市町の担当課や地域包括支援センター等に問い合わせてください。

①配食サービス

　一人暮らしの高齢者等の世帯に食事を提供し、見守りを行うサービスです。

　介護保険事業所や、民間宅配弁当事業所などで調理した栄養のバランスのとれた弁当を食事時間にあわせて配達し、安否の確認も行います。また、咀嚼や嚥下の機能にあわせた食事形態（キザミ、トロミなど）、治療食（糖尿病食、減塩食など）を提供する事業所もあります。

②理容・美容サービス

　歩行困難や認知症等により、理容室、美容室に行くことが難しい在宅の要介護者等の保健衛生の向上と気分転換をはかるため、理容師や美容師が自宅等を訪問し、理容・美容サービスを行います。

③寝具乾燥・消毒サービス

　在宅の要介護者の健康の保持、保健衛生の向上を図り、快適な生活環境を維持するため、日頃使用している掛布団、敷布団またはベッドパッド、毛布を洗濯、乾燥、消毒するサービスです。

④紙おむつ等の給付

　在宅の要介護者で常時おむつを使用している人に、一定枚数の紙おむつや紙おむつ購入助成券等が給付されます。おむつ以外の介護用品が含まれる市町もあります。

⑤緊急通報装置等の貸与

　急病や災害等の緊急時にボタンまたはペンダントを押すだけで、あらかじめ設定した連絡先へ通報される装置を、一人暮らしの高齢者や高齢者のみの世帯に貸し出すサービスです。連絡先については、近隣の親族の他、看護師等の専門職が24時間常駐するコールセンターとする等、市町によって異なります。また健康相談や生活相談、人感センサーや火災警報器の貸与等のサービスが付帯する場合もあります。

⑥日常生活防火安全用具の給付

　ガス漏れ警報器、自動消火器、電磁調理器、火災警報器等を給付する制度です。火災の予防等に配慮が必要な、一人暮らしや高齢者のみの世帯が対象となります。

⑦家族介護慰労事業（介護手当金の支給）

　要介護4または要介護5（市町によっては要介護3から）と認定された人等を在宅で介護している家族に支給される慰労金です。

第4節　高齢者の住まい・施設

1．多様化する高齢者等の住まい

　住み慣れた家で一生を過ごしたいと思っていても、心身の状態などにより家で暮らすことができなくなる場合があります。

　介護保険制度が始まる前は、介護が必要となり自宅での生活が困難になった時には「特別養護老人ホーム、老人保健施設、療養型の医療施設」の主に3つが、生活・療養の場としての役割を担っていました。

　しかし、介護保険制度が始まってからは、認知症対応型グループホームやサービス付き高齢者向け住宅（以下、サ高住）、小規模多機能型居宅介護支援事業所といったさまざまな形態の居住系施設（施設でも自宅でもない中間的な住まい）がつくられるようになりました。

　また、従来からあった有料老人ホームも介護付き特定施設、住宅型、健康型に分けられ、唯一措置施設として残されていた養護老人ホームも「外部サービス型特定施設」として介護保険サービスを提供できる指定施設に加えられました（ただし措置による施設には変わりないので入所の申込は各市町となります）。

　選択肢が増えることは利用する側にとってとても喜ばしいことですが、複雑多様化しすぎて見た目にわかりにくく、選びにくい状況になっています。また医療ニーズが高かったり、経済的余裕がなかったりという理由で入居できないといった問題もあります。

　住むところによって受けられる医療に違いがあるのはおかしな話ですが、現状は医師や看護師の配置が施設によって異なるため、施設のケア体制によっては住まいを転々としなければならない実態があります。

2．介護老人福祉施設（特別養護老人ホーム）

こんな内容です

　介護老人福祉施設とは、老人福祉法でいう「特別養護老人ホーム」のことです。要介護状態にある入所者に対し、施設サービス計画（ケアプラン）に基づいて、入浴や排泄、食事などの介護、相談援助、その他の日常生活上の世話、機能訓練、健康管理および療養上の世話を行うことで、その人の能力に応じた生活ができるよう支援する施設です。

　入居の決定は、申し込み順ではなく、介護度の高さや介護者の有無など在宅での生活が困難で緊急性の高い人が優先されます。

　申請時と状況が変わった場合は、速やかに施設に報告することが重要です。

　また、やむを得ない事由（虐待や介護放棄、認知症など）で、在宅において適切な介護サービスを受けることが困難な高齢者に対しては、老人福祉法の規定に基づき市町が職権をもって特別養護老人ホームへの入所の対応をとることができます。

利用できる人

　常時介護を必要とする65歳以上または40歳以上で特定疾病のある要介護3～5の人で、かつ在宅での介護が困難な人が対象となります。

　要介護1または2の人は対象外となりましたが、心身の状況、その人の置かれている環境、その他の事情で在宅での生活が困難と認められた人は、特例として入所が可能です。

利用料

　施設サービス費（おむつ代込み）や各種加算の1割（一定以上の所得がある人は2割または3割）＋食費＋居住費＋日常生活費が基本料金となります。
※利用者負担割合

		負担割合
年金収入等（単身）　　　340万円以上 　　　　　　（夫婦等）463万円以上		3割
年金収入等（単身）　　　280万円以上 　　　　　　（夫婦等）346万円以上		2割
年金収入等　　　　　280万円未満		1割

要介護度や利用者負担の段階、施設の療養環境によっても異なるため、従来型の施設（多床室）の場合、目安としては月額約5〜10万円、ユニット型個室の施設の場合は月額約6〜13万円となります。

市町民税非課税世帯の人には、食費・居住費の軽減制度があります（市町への申請が必要です）。

手続き

直接、施設にて申し込みを行います。入居者本人や家族などが申請できます。

申請に必要なものは、
(1) 各施設の窓口においてある入居申込書
(2) ケアマネジャー等の意見書
(3) 介護保険被保険者証、負担割合証、負担限度額認定証
（県内の介護老人福祉施設は273ページ参照）
(4) 直近3カ月分のサービス利用票およびサービス利用票別票のコピー
　※在宅サービス利用の人

3. 介護老人保健施設

こんな内容です

介護老人保健施設は、病状が安定しリハビリ、看護・介護を必要とする人が、主として病院から自宅に帰るまでの準備期間として利用する施設です。入所できる期間は、原則として3カ月間です。3カ月ごとに行われる判定で、在宅復帰が可能とされた場合は、退所しなければなりません。医師、看護職員や理学療法士、作業療法士等のリハビリ専門の職員が配置され、医療的なケアと日常生活訓練を中心とした生活援助の両方が受けられます。

利用できる人

病状が安定期にあり、入院の必要はないが、リハビリや看護・介護が必要な、要介護1〜5までの65歳以上または40歳以上で特定疾病のある人。

利用料

施設サービス費（おむつ代込み）や各種加算の1割（一定以上の所得がある人は2割または3割）＋食費＋居住費＋日常生活費等が基本料金となります。

要介護度や利用者負担の段階、施設の療養環境（老健の区分や居室のタイプ）によっても異なりますが、目安として、月額8万円〜15万円となります。

市町民税非課税世帯の人には食費・居住費の軽減制度があります（市町への申請が必要です）。

手続き

直接施設に入所申請をしてください。
申請に必要なものは、
(1) 介護保険被保険者証、負担割合証、負担限度額認定証
(2) かかりつけ医や入院中の主治医の情報提供書
（県内の介護老人保健施設は276ページ参照）

4. 介護医療院

こんな内容です

2024年3月に廃止される介護療養型医療施設（介護療養病床）の転換先として、2018年から介護医療院が創設されました。長期的な医療と介護の両方を必要とする人に、「日常的な医学管理」や「看取りや

ターミナルケア」等の医療ケアと「生活の場」としての機能を提供できる施設です。

介護医療院には、介護療養病床（療養機能強化型）相当のⅠ型と、老人保健施設相当以上のⅡ型の大きく分けて2つのタイプがあります。

利用できる人

　長期療養が必要な65歳以上または40歳以上で特定疾病のある要介護者（要介護1〜5）。

※Ⅰ型は、重篤な身体疾患や身体合併症を有する要介護者、Ⅱ型は、比較的病状の安定している要介護者

利用料

　施設サービス費や各種加算の1割（一定以上の所得がある人は2割または3割）＋食費＋居住費＋日常生活費等が基本料金となります。

　要介護度や利用者負担の段階、施設の療養環境によっても異なりますが、目安として、月額10万円前後となります。

　市町民税非課税世帯の人には食費・居住費の軽減制度があります（市町への申請が必要です）。

手続き

　施設に直接入院相談をしてください。申請時には、介護保険被保険者証、負担割合証、負担限度額認定証が必要です。

　（県内の介護医療院は277ページ参照）

5.　介護療養型医療施設

こんな内容です

　介護療養型医療施設は、医学的な管理が必要な要介護者が、医療的ケアや日常の世話、リハビリテーションを受けることができる施設です。ただ、医療保険の対象となる「療養型病院（医療療養病床）」との違いがほとんどないこと等を理由に2024年3月に廃止されることが決まっています。石川県においては、2022年2月現在、介護療養型医療施設の9割が「介護医療院」に転換しています。

6.　グループホーム（認知症対応型共同生活介護）

こんな内容です

　地域の一戸建て住宅やアパート、マンションなどで、認知症の状態にある人たちが職員の援助を受けながら、少人数のグループをつくり、家庭的な雰囲気の中で共同生活を営む施設です。

　認知症の状態にあっても、地域社会の中でごく普通に暮らすことで、生活の質を高め、認知症状の進行をゆるやかにする効果があるといわれています。

　認知症対応型共同生活介護は地域密着型サービスなので、原則として当該市町の住民しか入居できません。

利用できる人

　認知症状のある人（基本的に医師の診断が必要）で、要支援2、要介護1〜5の人。認知症状が急性状態にある場合対象となりません。

利用料

　介護保険費用分の1割（一定以上の所得がある人は2割または3割）＋居室代＋食費＋管理費等月額10万〜20万円程度と施設によってかなり幅があります。

手続き

　事業者と直接契約します。

　（県内のグループホームは284ページ参照）

　利用には介護保険被保険者証が必要です。その他必要な確認書類は各自業者に確認してください。

7. 軽費老人ホーム、ケアハウス

こんな内容です

　老人福祉法に規定された老人福祉施設です。60歳以上（夫婦の場合は、どちらかが60歳以上であればよい）で一定の所得があり、家庭環境や住居の事情により、自宅での生活が困難な人が比較的低額な料金で入居できる施設です。

　軽費老人ホームには、A型、B型、ケアハウス「一般型（自立型）」の3分類と、介護保険サービスを提供する「介護型（特定施設）」としてのケアハウスとがあります。いずれのホームも入居は直接契約です。

　また、地価の高い都市部では居室面積などの基準を緩和し、利用料の低廉化が図られた「都市型軽費老人ホーム」が広がりを見せています。

利用できる人

A型：
　基本利用料の2倍程度（月収34万円まで）以下の収入のある健康な状態の人で、身寄りがないか家庭の事情等で自宅での生活が困難な人
B型：
　自炊ができる程度の健康状態であり、家庭・住居等の事情により自宅での生活が困難な人
ケアハウス（自立型）：
　自炊できない程度の心身の機能低下があり、家族等による援助を受けることが困難な人

※A型、B型、ケアハウス（特定施設を除く）のいずれも、介護保険上では在宅の扱いとなっていますので、介護が必要になった場合は訪問介護などの在宅サービスを利用できます。ただ「身のまわりのことが自分でできる」というのが入居条件なので、要介護度が高くなった場合は退去しなければなりません。
※ケアハウス「介護型（特定施設）」は、要介護1以上の65歳以上の人が対象です。特定施設入居者生活介護サービスである入浴や排泄、機能訓練などの介助も受けられます。

利用料

A型：
　生活費（食費、光熱費）＋事務費（人件費、管理費等）＋その他雑費
　おおむね6〜17万円＋★
B型：
　管理費＋その他雑費
　おおむね3〜4万円＋★（食費を含む生活費はすべて実費）
ケアハウス（特定施設以外）：
　・居住費（家賃）＋生活費（食費、光熱費）＋事務費（人件費、管理費等）＋その他雑費
　　おおむね6〜17万円＋★
　・入居一時金が必要です（金額は施設によって異なります）。

★介護保険による在宅サービスを利用した場合、そのサービス費の1割（一定以上の所得がある人は2割または3割）が必要となります。

　ケアハウスの特定施設に入居した場合には、介護度に応じて、特定施設入居者生活介護費の1割が利用料として必要になります。

手続き

　直接、施設にて申し込みを行います。
（県内の軽費老人ホーム、ケアハウスは278〜279ページ参照）

第3章　高齢者の福祉・医療

8. 有料老人ホーム

こんな内容です

有料老人ホームは、「健康型」「住宅型」「介護付（一般型特定施設／外部サービス利用型特定施設／地域密着型特定施設）」の3つのタイプに分かれ、①食事の提供、②入浴、排泄または食事の介護、③洗濯、掃除等の家事、④健康管理のうち、いずれかのサービス提供を行う施設です。介護付きとうたうことができるのは、介護保険法に基づく「特定施設」と認められた施設のみとなります。

終身介護をキャッチフレーズにしている施設もありますが、施設職員の配置によるサービス提供の限界もあるため、特に医療の提供が頻回に必要になった場合や、認知症の悪化により共同生活を営むことが困難になった場合には、入居の継続が困難になる場合もあります。また、有料老人ホームによって、入居できる要件を設定していたり、提供されるサービス内容も異なるため、各施設にサービス内容を確認することが大切です。

種類	介護付（特定施設）		住宅型	健康型
	一般型・地域密着型	外部サービス利用型		
食事サービス等の日常生活サービス	○	○	○	○
介護サービス	○ 施設のスタッフがサービスを提供します	△ 施設が契約した外部の事業所がサービスを提供します	△ 個人の契約で外部の事業所がサービスを提供します	× 健康な人や自立している人が対象となります
特徴	常駐している介護スタッフのサービスを受けることができますが、居宅サービスの利用はできません。介護状態によって、部屋の移動もあります。	入居者が個別に契約するのではなく、施設が契約した外部の事業所のサービスを受けることになります。	自宅での生活と同じように、外部サービスを利用するため、サービス内容に不満がある場合は、サービスの変更を行うこともできます。	介護が必要となった場合、退去を求められることがあります。
施設・サービス提供体系	介護付有料老人ホーム 特定施設サービス計画／介護サービス／食事サービス等	介護付有料老人ホーム 特定施設サービス計画／食事サービス等 ↑外部事業所（併設も含む）介護サービス	介護付有料老人ホーム 食事サービス等 ↑外部事業所（併設も含む）居宅サービス計画／介護サービス	介護付有料老人ホーム 食事サービス等

利用できる人

おおむね60歳以上の人が対象となります。

施設によっては、入居時に要介護状態にあることを要件にしていることもあります。

利用料

料金は、生活費と施設の運営費、職員の人件費のほか建物の償還費も含めて施設ごとに異なります。

入居一時金の支払いや、月額利用料、食費のほか、居室にかかる水道光熱費や交際費、医療費などの自己負担金があります。

また、介護が必要になった場合にかかる介護サービス費の支払いも発生します。

なお、特定施設入居者生活介護費の利用者負担は1割（一定以上の所得がある人は2割または3割）です。

手続き

直接、施設にて申し込みを行います。
（県内の有料老人ホームは279ページ参照）

コメント

住宅やマンションを購入する場合と同じように、有料老人ホームについてもいくつかの権利形態や利用料の支払方法があります。重要事項説明書に表示されていますので、契約を締結する前には、居住の

権利形態や支払方法について、十分に理解しておくことをおすすめします。

居住の権利形態

建物賃貸借方式	一般の賃貸住宅と同じように、毎月、家賃や管理費、水道光熱費などを支払う方式です。支払いが続く限り、利用する権利は続きます。
終身建物賃貸借方式	賃貸方式を取り、入居者が生きている限り利用が続けられます。配偶者などの同居人は、借りている人が死亡しても、継続して住むことができます。都道府県知事等から終身建物賃貸借事業の認可を受けている場合にのみ、表示が可能となります。
利用権方式	入居一時金を支払うことで、生涯に渡って自分専用の居室や共有スペースを利用できる権利です。あくまでも利用できる権利であり、所有権ではないため相続もできません。入居一時金は一定の期間で償却されます。

利用料の支払い方法

一時金方式	家賃相当額等の全部または一部を前払い金として一括して支払う方式
月払い方式	前払い金を支払わず、家賃相当額等を月払いする方式
選択方式	入居者の希望により、一時金方式と月払い方式のいずれかを選択できる方式

9. サービス付き高齢者向け住宅

こんな内容です

サービス付き高齢者向け住宅（以下、サ高住）は、住宅施策として国土交通省（高齢者住まい法）が、高齢者福祉として厚生労働省（老人福祉法）がともに連携しながら整備してきた、高齢の単身者や夫婦世帯が安心して居住できる賃貸住宅です。

建物はバリアフリー構造で、「一般型」と「介護型」の2つのタイプがあります。両者ともに「見守り（安否確認）サービス」と「生活相談サービス」があり、日中は一定の要件を満たすケアの専門家（ヘルパー2級以上の有資格者等）が常駐していますが、

常駐しない時間帯は緊急通報システムにより対応します（夜間は警備員の配備でよいとされています）。

利用できる人

・60歳以上の人または要介護認定を受けた60歳未満の人
・認知症状がなく自分で身の回りのことを行える人（一般型）
※施設によっては、以下のいずれかに該当する人との同居を認めている場合もあります。
　・入居者の配偶者（事実婚も含む）

・60歳以上の親族、要支援・要介護認定を受けている親族

・特別な理由により同居させる必要があると知事が認める人

種類		一般型	介護型（特定施設）	
			一般型	外部サービス利用型
確認 安否 相談 生活		○	○	○
生活支援	（食事提供・掃除・洗濯など）	△ 個別契約で外部事業所が対応します	○ 施設のスタッフが対応します	△ 施設が契約した外部事業所が対応します
身体介護		× or △ ×健康な人や自立している人が対象となります。△必要な部分だけ個別に契約し、外部の事業所が対応します。	○ 施設のスタッフが対応します。	△ 施設が契約した外部の事業所が対応します。
特徴		概ね自立した人が対象のため、介護が必要となったり、認知症状が進んだ場合、退去を求められることがあります。	常駐している、施設介護スタッフのサービスを受けることができます。	施設に併設する介護サービス事業所を契約し、サービスを受けることが多いです。
住宅・サービス提供体系		サ高住／安否確認、見守り／生活相談／※食事の提供や生活支援は有料のオプションのサービス	サ高住／特定施設サービス計画／介護サービス／食事提供、生活支援／安否確認、見守り／生活相談	サ高住／特定施設サービス計画／安否確認、見守り／生活相談／↑外部事業所（併設も含む）／介護サービス／食事提供、生活支援　サ高住／安否確認、見守り／生活相談／↑外部事業所（併設も含む）／居宅サービス計画／介護サービス／食事提供、生活支援

利用料

　サ高住は、一般のマンションと同様「賃貸借契約」が中心です。入居一時金という名目の費用はなく、その代わりに敷金・礼金（家賃の2ヵ月分にあたる金額）が必要となります。その他、家賃・管理費・食費・水道光熱費等一般型では月額10〜25万円程度、介護型では15〜40万円程度の費用がかかります。家賃については所得に応じて助成制度が用意されているので、各自治体の窓口に問い合わせてください。

　なお、「特定施設入居者生活介護」の指定を受けていないサ高住（一般型）に入居している人が、介護が必要になった場合は、外部の介護サービスを利用しなければなりません。その際の介護保険料は、自宅で訪問介護サービスやデイサービスを利用する時と同様利用者負担は1割（一定以上の所得がある人は2割または3割）です。

問合せ

石川県土木部建築住宅課　　　　電話：076-225-1777
（財）県建築住宅総合センター　電話：076-262-6543

10. 養護老人ホーム

こんな内容です

　老人福祉法に基づく老人福祉施設で、入居の決定権は市町にあります（措置入所）。

　身体上、精神上、環境上そして経済上の理由により、自宅で生活することが困難な人が入居し、食事、入浴など日常生活に必要なサービスや健康管理などが受けられます。介護サービスを受けることが目的ではなく、自立した生活を送れるよう社会復帰をめざす施設です。万が一介護が必要になった時は、介護保険の1割自己負担はありますが、外部の介護保険サービス（例えば通所介護サービスや訪問介護サービス等）を利用することができます。

利用できる人

　おおむね65歳以上で、身の回りのことは自立している人

　経済状況等について、次のいずれかに該当する人
　①高齢者のいる世帯が生活保護世帯であること、②世帯の生計中心者の住民税が非課税か均等割のみの課税になること、③災害などのため、その世帯の収入が減少し、①や②の状態にあること、④精神の状況（認知症など精神障害の問題行動が軽度であって日常生活に支障がある）、環境上（虐待、ホームレス、賃貸住宅からの立ち退き等）において困難のある人

利用料

養護老人ホーム入居者本人の費用徴収基準

　入居費用は応能負担となっており、前年度の収入によって決定されます。本人および扶養義務者の負担能力に応じた費用徴収となり、差額はすべて措置費となります。

手続き

　市町の高齢者福祉担当課の窓口にて相談します（県内の養護老人ホームは278ページ参照）。

---

11. その他の高齢者の住まい

①生活支援ハウス（高齢者生活福祉センター）

こんな内容です

　高齢などを理由に居宅で生活することが不安な高齢者に対して、住居を提供するとともに、各種の相談や緊急時の対応、そして地域との交流の場を提供することによって、高齢者が安心して健康で明るい生活を送ることができるように支援するための住まいです。恒久的に居住できる場所ではなく、自治体によっては、短期間に限定している場合もあります。

　10名〜20名程度の定員に対し、夜間の体制も含めた生活援助員の配置が位置づけられており、居住部門の利用料については、所得に応じた金額設定となっています。

利用できる人

　原則として60歳以上の高齢者単身世帯や夫婦世帯が対象です。また、家族による援助を受けることが困難で、高齢などのためひとりでの生活に不安を抱える人を対象としています。

手続き

　各市町の高齢者福祉担当課の窓口、または生活支援ハウスの窓口に問い合わせてください。

②シルバーハウジング

こんな内容です

　高齢者や障害のある人に配慮したバリアフリー化された住宅と、緊急時における対応や安否確認など生活援助員（ライフサポートアドバイザー：LSA）による生活支援サービスの提供を併せ持つ高齢者等世帯向けの公営賃貸住宅です。

　シルバーハウジングに入居した場合、家賃のほかに生活援助員の派遣に要する費用がかかります。

利用できる人

・高齢者単身世帯（60歳以上）または高齢者（60歳以上）のみからなる世帯
・高齢者夫婦世帯（夫婦のいずれか一方が60歳以上であれば可）

　ただし、事業主体の長が住宅事情を鑑み、特に必要と認めるときは、障害のある単身世帯等も入居できる場合があります。事業主体により異なりますので申込の際に確認してください。

手続き

　県営住宅管理センター、市町公営住宅課に問い合わせてください。
石川県県営住宅管理センター
　平 和 町 店：076-241-5370
　金 沢 駅 西 店：076-232-5140
　野々市駅前店：076-246-1320

第5節　認知症の人たちへの支援

認知症の人たちを支えるための社会資源

認知症医療…① (98ページ)
・かかりつけ医等を対象にした認知症対応力向上研修
・認知症サポート医
・認知症初期集中支援チーム
・認知症疾患医療センター
・認知症専門医

住まう
自分らしく暮らせる場
・自宅
・認知症対応型共同生活介護（グループホーム）(90ページ)
・特別養護老人ホーム (88ページ)
・有料老人ホーム (92ページ)

くらす　つどう…④
介護サービスの認知症ケアの質の向上
・デイサービス (80ページ)
・デイケア (80ページ)
・ホームヘルプ (77ページ)
・訪問看護 (79ページ)
・ショートステイ (82ページ)
・地域密着型サービス (82ページ)
　小規模多機能型居宅介護
　認知症高齢者専用デイサービス
　定期巡回随時対応型訪問介護・看護
・配食サービスによる見守り (87ページ)
・日常生活防火安全用具の支給 (87ページ)
・認知症カフェ (101ページ)

認知症の予防
《脳の活性化・生きがい》…②
・介護予防教室等
・地域の自主活動の促進
・地域ボランティア（傾聴・生活支援・介護予防・聞き書き等）の育成

経済支援
・障害者控除 (59ページ)
・生活保護 (40ページ)
・法人減免 (73ページ)
・介護慰労金 (83ページ)
・就労支援
・生活困窮者 (45ページ)

認知症になっても安心して住み続けられる地域へ…③
認知症の理解の促進
《地域住民、企業、学校等への働きかけ》
・キャラバン・メイトの養成と活動 (100ページ)
・認知症サポーター養成講座の開催 (100ページ)

見守り、支え合いの地域づくり
●認知症を隠さないで暮らせる地域へ／安心して出かけられる地域へ
・認知症高齢者行方不明者捜索ネットワーク (100ページ)
・日常的な地域の見守り体制づくり

相談支援…⑤
●地域包括支援センター (74ページ)、ケアマネジャー (76ページ)
●医療と介護の連携・コーディネーターの配置
●認知症初期集中支援チームの設置 (98ページ)
●認知症地域支援推進員の配置 (101ページ)
・資源マップの作成
●当事者・介護者支援活動
・認知症の人と家族の会 (102ページ)
・若年性認知症の人と家族の会 (102ページ)
・介護者教室や認知症カフェ等の開催など

権利擁護
●判断能力が低下したときの代弁者
●成年後見制度の活用 (181ページ)
・日常生活自立支援事業 (184ページ)
●高齢者虐待の防止／対応 (172ページ)
●消費者被害防止／対応 (185ページ)
●その他
・エンディングノートの作成支援
・遺言書作成支援
・死後事務委任契約
・遺品整理

①認知症医療

　高齢化の進展に伴い、認知症のある人は2018年には500万人を超え（65歳以上の約7人に1人）、2025年には730万人（同約5人に1人）になると推計されています。

　国が2015年に出した「認知症施策推進総合戦略（新オレンジプラン）」の基本的な考え方は「認知症の人の意思が尊重され、できる限り住み慣れた地域のよい環境で自分らしく暮らし続けることができる社会の実現を目指す」でした。その後、それをさらに発展させたものとして2019年に「認知症施策推進大綱」が取りまとめられました。こちらの基本的な考え方は『認知症の発症を遅らせ、認知症になっても希望を持って日常生活を過ごせる社会を目指し認知症の人や家族の視点を重視しながら「共生」と「予防」を車の両輪として施策を推進』となっており、具体的には次の5つの柱が提示されています。

---

①普及啓発・本人発信支援
　→認知症サポーターの養成等
②予防
　→認知症予防に資する可能性のある活動の
　　推進等
③医療・ケア・介護サービス・介護者への支援
　→早期の発見・対応、医療体制の整備
④認知症バリアフリーの推進・若年性認知症
　の人への支援・社会参加支援
　→バリアフリーのまちづくりの推進等
⑤研究開発・産業促進・国際発展
　→認知症の予防法やケアに関する技術・
　　サービス・機器等の検証、評価指標の確立

ア　かかりつけ医等を対象にした認知症対応力向上研修

　かかりつけ医とは、高血圧、糖尿病などの慢性疾患で通院されているか、風邪などの急性疾患でもかかる医療機関の主治医のことです。高血圧や糖尿病などの生活習慣病は認知症を引き起こすリスクでもあるのできちんとコントロールすることが必要です。

　このかかりつけ医を対象に認知症対応力向上研修が2006年からスタートしています。（http://www.pref.ishikawa.lg.jp/iryou/nintisyo/kakaritukei.html）その目的は主治医等が、適切な認知症診療を行うための知識や技術を習得し、また、認知症のある方やその家族からの相談を受け、適切なアドバイスができるようになることを主な目的としています。医師以外の職種も同様の研修を受けています。

イ　認知症サポート医

　認知症サポート医は、①かかりつけ医を対象とした認知症対応力の向上を図るための研修の企画立案をしたり、②かかりつけ医の認知症診断等に関する相談役・アドバイザーとなるなどの役割があります。2022年4月21日時点で県内に222名います。http://www.pref.ishikawa.lg.jp/iryou/support/nintisyou/documents/h300315.pdf

　2018年度の診療報酬改定で一定の役割を担っているサポート医との連携が評価されました。

ウ　認知症初期集中支援チーム

　認知症初期支援チームとは、家族の訴え等により認知症が疑われる人や、認知症の人およびその家族を訪問し、アセスメント、家族支援などの初期の支援を、専門医療機関やかかりつけ医と連携しながら、包括的、集中的に行うチームです。初期というのは病気の初期という意味と、ファーストコンタクトという意味があります。

■認知症初期集中支援チームの動き

http://www.pref.ishikawa.lg.jp/ansin/documents/team_image.pdf

エ　認知症疾患医療センター

　都道府県および指定都市が認知症専門医療の提供と介護サービス事業者との連携を担う機関として指定した医療機関のことです。石川県では以下の2カ所です。

石川県立こころの病院

　　かほく市高松ヤ36番地　　　電話：076-281-1125

加賀こころの病院

　　加賀市小菅波町121番地1　　電話：0761-72-0880

オ　認知症専門医

　「もの忘れ外来」「認知症外来」などを実施している医療機関があります。

カ　かかりつけ医に認知症のことを相談するコツ

　本人が普通に通院している場合、診察の場面だけでは認知症に気付かないことが多いです。認知症自己チェックで、自分自身・家族の人をチェックし、かかりつけ医に相談しましょう。受診は本人と家族で行きましょう。かかりつけ医が認知症診療をしていない場合はもの忘れ外来などを紹介してもらいましょう。

認知症自己チェック

〈自己チェックリスト〉

□ 毎日1回以上、置き忘れがある

□ その日の朝食の内容（おかず）を思い出せないことがある

□ よく知っている道で迷ったことがある

□ 野菜の名前を10個以上言えない

□ 火の不始末がある

□ 現在の総理大臣の名前が思い出せない

（群馬県こころの健康センター宮永和夫所長作成）

1項目でも当てはまれば、「認知症の初期症状の疑い」がありますので、早期に医療機関にて調べてもらうことをおすすめします。

②認知症の予防　地域の介護予防で活躍するボランティア等

　介護予防・日常生活支援総合事業の実施にむけ、また、ボランティア活動そのものが介護予防活動になっているとの考えから自治体ごとにボランティアの養成やボランティア活用のための体制整備が行われています。

各種地域ボランティア
○傾聴ボランティア

　傾聴を通じて孤立感やストレスの解消を図り、精神的な健康を保持できるよう支援します。

　石川県では「傾聴ボランティア派遣事業」を実施しており、毎年、市町、地域包括支援センター、社会福祉協議会などが実施主体となって養成研修を行い、修了した人たちを個人宅や施設等へ派遣しています。なお、派遣の仕組みや登録ボランティア数は自治体ごとに異なりますので、詳細は最寄りの市町担当課か社会福祉協議会へ問い合わせてください。

　★金沢市内を中心に活動している団体
　　＜金沢傾聴ボランティアの会＞
　　〒920-0935　金沢市石引1-9-8
　　TEL 076-229-2558　　FAX 076-229-2558

○生活支援ボランティア（生活支援サポーター）

　各自治体で実施している養成講座などを受けた生活支援サポーターと呼ばれるボランティアが、日常生活において困りごとのある住民に対して、家具の移動、庭の手入れ、大掃除、衣替え、大型ゴミの処理、蛍光灯の取り替え、買い物や通院等のお手伝いなどを行います。なお、実施主体は、自治体、市町社協、地区社協、シルバー人材センターなど自治体ごとに異なり、対象についても高齢者に限定しているところや障害のある人、子育て世代などに広げているところなど自治体によって異なります。

○介護予防ボランティア（介護予防サポーター）

　地域の高齢者サロン活動や認知症予防グループの活動をサポートするボランティアです。

　自治体ごとに養成や活動の仕方は異なります。

○聞き書きボランティア

　「聞き書き」とは、語り手のお話を聞き、それをその方の「話し言葉」で書いて、一冊の本にして後世にのこすことです。医療・看護・福祉分野にも聞き書きが広まり、2年に一度、日本聞き書き学校が開催されています。がん患者さんや高齢者だけでなく、被災地の方々の聞き書き等、活動が広がっています。認知症の方にとっては、語ることは回想にもつながります。語り手の人生を共有することで、とても生き生きとしてきます。県内では2007年にはじめて聞き書き講習会が開かれてから数多くの聞き書きボランティアが誕生しました。施設や病院やコミュニティスペースを拠点に活動するボランティアグループも複数存在します。

　★NPO法人いのちにやさしいまちづくりぽぽぽねっと
　　〒923-0945　石川県小松市末広町88番地
　　TEL 0761-23-7307　　FAX 0761-48-4988

③認知症になっても安心して住み続けられる地域づくり

○認知症の理解を促進するボランティア　キャラバン・メイトと認知症サポーターの養成

　認知症サポーターとは、地域で暮らす認知症の人やその家族を応援する人で、キャラバン・メイトとは、認知症サポーター養成講座の講師役です。

　キャラバン・メイトの養成講座は、都道府県・市町等自治体や全国的な職域組織・企業等の団体が実施主体となり開催されています。2022年3月31日現在、全国にキャラバン・メイトが17万1,380人（石川県は1,855人）、認知症サポーターが1,280万5,277人（石川県は12万9,237人）います。事務局は各自治体にあり、各市町ごとに特色ある活動を行っています。

　本部＝全国キャラバン・メイト連絡協議会
　　　　東京都新宿区市谷田町2-7-15
　　　　近代科学社ビル4階
　　　　TEL 03-3266-0551　　FAX 03-3266-1670

○認知症行方不明高齢者捜索ネットワーク

　認知症やその疑いのある高齢者等が行方不明になった時に早期に発見するため、自治体ごとに捜索のマニュアル作成や、捜索訓練等を実施するなど関係機関、地域の連携体制を構築しています（「徘徊・身守りSOSネットワーク事業」等と称している）。

　さらに、ケースによっては市町圏域、県圏域を越える場合もあり、それに備えて各関係機関による広域的連携、情報共有ルールを確立させておく必要もあります。

石川県では、県内市町等との連携を強化する目的で「石川県認知症高齢者SOSネットワーク連絡調整マニュアル」を作成し、マニュアルの手順に沿った広域連携模擬訓練などを定期的に実施しています。

このような取り組みを重ねていくことで、認知症への理解が深まり、地域の身守り、支え合いの活動を促進する効果なども期待できます。

④くらす　つどう

認知症の人のくらしを支えるGPSなど機器の活用も工夫されています。

○使える電化製品さまざま

最近では電化製品が高齢者介護分野にも普及するようになりました。独居の人や認知症の人にもその利用が広がってきています。

・緊急通報装置…体調急変時に通報ボタンを押すとコールセンターにつながり看護師や公的機関に連絡できます。

・見守り機能付き携帯電話…GPS機能による居場所の確認・見守りができます。

・ドアセンサー…居室のドアやベッド下、冷蔵庫のドアなどに取り付けたセンサーが離床やドアの開閉を感知し、電話回線を経由してサーバーに情報を蓄積。「昼まで起きてこない」など普段と違う生活パターンが現れた場合に家族にメールを送信するシステムです。

・上記のほか電気ポットやガスの使用状況をメールで家族に知らせるサービスもあります。

〈利用に際して〉

・ほとんどの自治体が企業と契約し、住民向けに緊急通報装置などを無償または安価で貸与しています。今後、さらなる普及のためには誰にとっても使いやすく、かつ安価または無償であることなど負担減免制度の拡充が必要です。むろんプライバシー保護も重要な点であることはいうまでもありません。

○気軽にみんなが立ち寄れる認知症カフェ等

2015年1月、厚労省は「認知症施策推進総合戦略～認知症高齢者等にやさしい地域づくりに向けて～（新オレンジプラン）」を策定しました。

「認知症の人の意思が尊重され、できる限り住み慣れた地域で自分らしく暮らし続けることができる社会の実現をめざす」というのがこのプランの基本的な考え方です。

この新オレンジプランの一施策として、「認知症カフェ」の設置を挙げています。認知症カフェとは、「認知症の人と家族、地域住民、専門職等の誰もが参加でき、集う場」と定義されています。

カフェの名称や開催場所、開催頻度、実施主体は地域によってさまざまです。また集う人についても特に認知症の人とその家族に限らず、子育てママの交流や障害のある人の仕事の場（コミュニティカフェともいう）として、地域独自のかたちを築いているようです。

⑤相談支援

○認知症初期集中支援チームの設置

複数の専門職が家族の訴え等により認知症が疑われる人や認知症の人およびその家族を訪問し、アセスメント、家族支援等の初期の支援を包括的・集中的（おおむね6カ月）に行い、自立生活のサポートを行うチームです。

【設置場所】地域包括支援センター、市町の本庁、診療所、病院、認知症疾患医療センターなどで自治体ごとに異なります。

【チームメンバー】認知症サポート医、歯科医師、薬剤師、保健師、看護師、作業療法士、精神保健福祉士、社会福祉士、介護福祉士等医療と介護の連携チームになっています。

【対象者】40歳以上で、在宅で生活しており、かつ認知症が疑われる人または認知症の人で、認知症疾患の臨床診断を受けていない人、継続的な医療サービスを受けていない人、適切な介護保険サービスに結び付いていない人、診断されたが介護サービスが中断している人などいずれかに該当する人。また、医療・介護サービスを受けているが認知症の行動・心理症状が顕著なため、対応に苦慮している人。

○認知症地域支援推進員の配置

認知症になっても住み慣れた地域で生活を継続するため、医療・介護等の支援ネットワーク構築にむけ関係機関の連携体制構築、市町等との協力による認知症ケアパス作成・普及、認知症対応力向上のための支援事業（個別困難事例検討、効果的な在宅介護方法等専門的相談支援、認知症カフェ等の開催、多職種協働研修など）の企画・調整、本人や家族等への相談支援、「認知症初期集中支援チーム」との連携等による必要なサービス調整など相談支援体制の

構築を行います。推進員には、認知症の医療・介護の専門的知識及び経験を有する医師、保健師、看護師、理学療法士、歯科衛生士、精神保健福祉士、社会福祉士、介護福祉士、認知症の医療や介護の専門的知識および経験を有すると市町が認めた者がなることができます。

○認知症ケアパス（状態に応じた適切なサービスの連携）の構築

自治体や地域包括支援センター、NPO などが認知症の人と家族等が利用できる地域資源の情報を収集・整理し、認知症の予防から早期発見、段階に応じた対応策をまとめたものをパンフレットやホームページで知らせています。また、作成のプロセスを通じて資源間のネットワークを構築し、地域づくりにもつなげています。

○当事者・介護者活動

・公益財団法人認知症の人と家族の会　石川県支部

認知症の人と家族の会は、1983年に「呆け老人をかかえる家族の会・石川県支部」として誕生しました。当時は、認知症に対する偏見・差別が根深く、認知症であることを打ち明けることすら容易ではありませんでした。しかし、介護者家族を中心に、医療・福祉・行政関係者、研究者などが一丸となり地道な活動を続けたことにより、認知症に対する理解や意識が随分変化しました。2006年から「認知症の人と家族の会」と名称をリニューアルし、「たとえ認知症になっても安心して暮らせる社会を」を合い言葉にさらに取り組みを強化しています。主な活動は次のとおりです。

★認知症に関する相談先

電話相談　火・水・木　13時〜17時

TEL 070-5146-1025（飯田芳枝）

FAX 076-238-5762

ホームページ　https://alzheimer-ishikawa.com/

★認知症カフェ（月1回）、支部つどい（2カ月に1回）、講演会、総会（各年1回）

会報「ふぇるまぁた」発行（偶数月）、ふぇるまぁた文庫の設置（金沢市内にある喫茶店内）

・若年性認知症の人と家族の会　てるてる

2009年7月、石川県では初の「若年性認知症の人と家族の会」が立ち上がりました。会の名前は「てるてる」といいます。名前は「外に向かって光り輝く」「いつでもTELして（相談して）」の2つの意味

を込めて付けられました。

★若年性認知症に関する相談先

中村利徳（TEL 090-6814-0483）、木越トヨ子（TEL 076-288-5396）

★てるてるかふぇ　第1水曜日13時半〜15時半（1、5月休み）

河北郡津幡町南中条ト14-1　となり家

・若年性認知症の人と家族と寄り添いつむぐ会

若年性認知症の人と家族の生活を一緒に考えていく仲間でありたいと願う有志が集まった会です。本人が仕事や生活について感じていることを声に出せる仲間となりたいと願っています。また配偶者や子ども、それぞれの思いを安心して話せ、尊重し合い自分たちに何が必要なのかを一緒に考える、そんな仲間です。

★金沢市若年性認知症カフェ「ものわすれがきになるみんなのHaunt（たまり場）」

おおよそ月1回開催　開催スケジュールはつむぐ会のHPに掲載

HP：http://tsumugukai.wixsite.com/mysite-3

★ご相談・問い合わせ先　平日9時から16時

TEL 080-8698-5774

第6節　高齢者にかかわる医療費助成制度

高齢者医療費助成制度

こんな内容です

　70歳以上の人の医療費は1〜3割負担ですが、市町によっては、住民福祉・医療の充実のために高齢者の医療費の一部負担を助成しているところがあります。（医療費の自己負担については14ページ参照）

対象となる人

　石川県は2003年度に32年間続けてきた老人医療費助成制度を廃止しましたが、いくつかの市町では自治体単独事業として高齢者医療費の助成を続けてきました。しかし、年々高齢者医療費の助成制度を持つ自治体が減少し、現在この制度が利用できるのは、県内では川北町のみです。川北町に引きつづき3年以上住んでおり、石川県後期高齢者被保険者証を所持している、75歳以上の人を対象としています。

　詳しい手続きなどは町の窓口でご確認ください。（川北町福祉相談窓口340ページ参照）

第 4 章

障害のある人の福祉

第1節　日本における障害のある人への支援の動向

2021年度障害福祉サービス
報酬改定と近年の動向……………………106

第2節　手帳の交付

1. 身体障害者手帳の交付 ………………108
2. 療育手帳の交付 ………………………109
3. 精神障害者保健福祉手帳の交付 ……114

第3節　障害者総合支援法に基づく福祉サービス

1. 全般的事項 ……………………………114
2. 介護給付の対象サービス ……………117
3. 訓練等給付の対象サービス …………120
4. 相談支援 ………………………………122
5. 補装具費の支給 ………………………123
6. 地域生活支援事業 ……………………123
7. 日々の生活と活動の場 ………………125
8. 各種減免措置 …………………………126

第4節　障害のある児童への支援制度

1. 児童福祉法について …………………128
2. 障害のある児童への福祉サービス …128
3. 障害のある児童への各種手当………130
4. 医療的ケア児への支援体制の
　 現状と法整備 …………………………130

第5節　難病等の人への支援制度

難病等の人への障害福祉サービス………131

第6節　障害のある人(児)の医療費助成制度

1. 心身障害者医療費助成制度 …………134
2. 自立支援医療（更生医療）制度 ……135
3. 自立支援医療（育成医療）制度 ……136
4. 自立支援医療（精神通院）制度 ……137

第7節　その他の制度

1. 障害年金 ………………………………138
2. 各種手当制度 …………………………140
3. 就労支援に関する制度 ………………141
4. 福祉有償運送事業 ……………………143
5. 自動車にかかる諸税の免税 …………144

2021年度障害福祉サービス報酬改定と近年の動向

○2021年度障害福祉サービス報酬改定の特徴

　2021年（令和3年）度の障害福祉サービス改定では、大きく分けて以下の6項目の見直しが行われました。

① 障害者の重度化・高齢化を踏まえた地域移行・地域生活の支援、質の高い相談支援を提供するための報酬体系の見直し等

② 効果的な就労支援や障害児者のニーズを踏まえたきめ細かな対応

③ 医療的ケア児への支援などの障害児支援の推進

④ 精神障害にも対応した地域包括ケアシステムの推進

⑤ 感染症や災害への対応力の強化

⑥ 障害福祉サービス等の持続可能性の確保と適切なサービス提供を行うための報酬等の見直し

　詳細は省略しますが、主な特徴としては、高齢者介護分野等では重要視されてきた相談支援について、評価を充実する方針になったことや、障害のある人の就労支援等のほか、近年頻発している災害や、新型コロナウイルス感染症の感染拡大を受けた、緊急時の対応力の強化が挙げられます。

　また、直接的な報酬等以外の項目としては、虐待防止委員会の設置、身体拘束等の適正化のための指針の整備が掲げられるなど、虐待防止のための仕組みについても整備が進んでいることや、医療的ケア児（詳細は右段に記載）や障害のある児童への支援拡充のための各種サービスの評価見直しが行われました。

○障害者差別解消法の改正

　上記のほか、大きな法整備の流れとしては、2021年5月に障害者差別解消法が改正されたことにより、事業主に義務付けられている「合理的配慮」が「努力義務」から「法的義務」に改められました。従来も、国や自治体には法的義務として規定されていましたが、企業等にも拡大され、生活のあらゆる場面において、障害の有無によって不当な差別的取り扱いが行われないための法整備の一環と言えます。

○石川県内の動向

　県内の支援策の動向として、2020年には、65歳以上の障害のある人の医療費助成について、償還払い（患者がいったん医療費一部負担を行った後に払い戻す方式）から現物給付（患者が医療費一部負担を払わず助成分が直接医療機関に給付される方式）に改善されたことに加えて、精神に障害のある人のうち精神障害者保健福祉手帳1級の人が助成対象に加えられるなど、大きく前進しました。

　上記の改善は当事者団体をはじめとした多くの医療福祉関連団体にとって悲願が実現したと言えますが、精神障害のある人の対象範囲を1級以外の人にも県全域で拡大させる（一部自治体では助成あり。220ページ参照）ことなど、課題は残っています。

○医療的ケア児支援のための法整備

　近年の特徴的な動向の一つとして、「医療的ケア児」に関するものがあります。医療的ケア児とは、NICU等に長期入院した後に、人工呼吸器や胃ろう等を使用した医療的ケアを日常的に必要とする子ども（18歳以上の高校生等も含みます）のことです。

　しかし、地域で生活する上では、各種施設等の受入体制が不十分であること等から生活への制約、家族の介護離職等が大きな問題となっています。その解決に向けて、2016年6月には児童福祉法の改正が行われ、さらに2021年9月18日に「医療的ケア児及びその家族に対する支援に関する法律（医療的ケア児支援法）」が施行されました。

　石川県でも徐々に地域の中で医療的ケア児が生活するための整備が進められ、「いしかわ医療的ケア児支援センター」の設置、特別支援学校での医療的ケア児の受け入れ拡大などが行われています。一方で、学校等における看護師配置や、在宅診療を担うことができる専門の医師不足など、地域で生活し続けるための体制整備にはまだまだ課題が山積しています。

○国連障害者権利委員会の勧告と改正総合支援法

　日本も批准している障害者権利条約ですが、その条約に基づいた政策が実行されているのか、国連の障害者権利委員会による総括所見・改善勧告が2022年9月9日に公表されました。

　アクセシビリティの基準整備や民間企業への合理的配慮の義務付けなどの政策が一定評価された一方で、障害児・者が地域で暮らす権利が保障されていない現状から「脱施設化」の指摘や、精神科病院の強制入院を「差別である」として現法令の廃止、また教育においても、特別支援教育の在り方をめぐって「インクルーシブ教育」と向き合うことなどが指摘されています。この勧告には法的拘束力はありませんが、政府は重く受けとめる必要があります。

　上記の勧告も出されている中、2022年10月14日に、障害者総合支援法の改正法案が閣議決定されました。今回の改正の主な柱として、以下の5点が挙げられています。

①障害者等の地域生活の支援体制の充実
②障害者の多様な就労ニーズに対する支援及び障害者雇用の質の向上の推進
③精神障害者の希望やニーズに応じた支援体制の整備
④難病患者及び小児慢性特定疾病児童等に対する適切な医療の充実及び療養生活支援の強化
⑤障害福祉サービス等、指定難病及び小児慢性特定疾病についてのデータベースに関する規定の整備

　施行は一部を除いて2024年4月1日からの予定です。詳細は今後も継続して議論されていく見込みですが、具体的には、精神保健福祉法第1条に「精神障害者の権利の擁護を図る」と明記するなど権利擁護の視点からの強制入院の在り方等の見直し、難病患者の「登録者証」の発行と医療費助成開始日の変更、グループホームの定義変更、「就労選択支援」の創設などが予定されています。このような施策の充実によって、当事者が希望する場・地域で生活していく上で必要な体制の実現が掲げられています。

　上記のように障害のある人の福祉をめぐって、様々な法整備が行われていますが、相次ぐ虐待事件の報道など、障害のある人の生命権・人権を踏みにじる事例の発生、18歳、65歳といった年齢による制度のはざまによる問題が頻出しています。「障害の有無にかかわらず国民が分け隔てられることのない社会」の実現に向けて、「障害者の権利に関する条約」の批准国として、新たな総合的福祉法制の確立と、国民一人ひとりの人権意識を高める施策も求められています。

第2節　手帳の交付

1. 身体障害者手帳の交付

こんな内容です

　身体障害者手帳は、身体障害者福祉法に定める程度の障害のある人に、申請に基づいて交付されます。

　この手帳は、身体に障害のあることを証明するもので、法律で定められた援助、支援、各種の福祉サービスを利用する場合に必要となります。身体に障害のあるときは、できるだけ交付を受けるようおすすめします。

　また、手帳の等級によって利用できるサービスが異なりますので、障害の程度に変化があったときは、所定の手続きで再認定を受けるとよいでしょう。

申請できる人

　申請できる人は、次のような部位に、110 ページの《別表》の身体障害者障害程度等級表の障害のある人です。

　(1) 上肢、下肢、体幹機能の障害　(2) 乳児期以前の非進行性の脳病変による運動機能障害　(3) 視覚の障害　(4) 聴覚または平衡機能の障害　(5) 音声機能、言語機能またはそしゃく機能の障害　(6) 心臓機能の障害　(7) じん臓機能の障害　(8) 呼吸器機能の障害　(9) ぼうこうもしくは直腸または小腸機能の障害　(10) HIV（ヒト免疫不全ウィルス）感染者　(11) 肝臓機能の障害

手続き

申請に必要なものは次のとおりです。
新規に申請する場合
　(1) 交付申請書　(2) 県知事（金沢市の場合は市長）の指定する医師の診断書　(3) 顔写真2枚（タテ4cm×ヨコ3cm、金沢市は1枚でよい）　(4) 個人番号カード
障害程度の変更による再交付申請の場合
　(1) 再交付申請書　(2) 県知事（金沢市の場合は市長）の指定する医師の診断書　(3) 顔写真1枚（タテ4cm×ヨコ3cm）

※住所・氏名を変更したとき、本人が死亡した場合も手続きが必要です。

問合せおよび申請窓口

　市町障害福祉担当課、保健福祉センター

○二つ以上の障害の重複

　二つ以上の障害が重複する場合の障害等級は、重複する障害の合計指数に応じて、次により認定します。

合計指数	認定等級
18以上	1級
11〜17	2 〃
7〜10	3 〃
4〜6	4 〃
2〜3	5 〃
1	6 〃

　合計指数は、次の等級別指数表より、各々の障害の該当する等級の指数を合計したものです。

障害等級	指数
1級	18
2 〃	11
3 〃	7
4 〃	4
5 〃	2
6 〃	1
7 〃	0.5

ご存じですか?

身体障害者福祉法の指定医になるには

　身体障害者手帳の交付に必要な診断書を作成できる石川県の指定医になるには、専門とする診療科で3年以上の経験が必要となります。申請は、金沢市内の医療機関は金沢市長あてに、金沢市内を除く石川県内の医療機関は石川県知事あてに行います。

　　石川県障害保健福祉課　　TEL 076-225-1426
　　金沢市障害福祉課　　　　TEL 076-220-2289

---

2. 療育手帳の交付

こんな内容です

　療育手帳は、知的障害のある人に、申請に基づいて交付される手帳です。

　この手帳は、知的障害のある人に一貫した指導・相談を行うとともに、法律で定められた援助や措置はもちろん、各種の福祉サービスを利用しやすくするために交付されるものです。

　障害の程度によって利用できるサービスは異なりますが、サービスの利用を希望する人は、交付を受けるようおすすめします。

申請できる人

　申請できる人は、下表のような知的機能の障害がおおむね18歳までにあらわれた人です。

等級	障害の程度
A	(1) 知能指数がおおむね35以下の児童であって、次のいずれかに該当する者 　ア．食事、着脱衣、排便および洗面等日常生活の介助を必要とし、社会生活への適応が著しく困難であること 　イ．頻繁なてんかん様発作または失禁、異食、興奮、寡動、その他の問題行為を有し、監護を必要とする者であること (2) 盲（強度の弱視を含む）もしくはろうあ（強度の難聴を含む）または肢体不自由を有する児童であって知能指数がおおむね50以下の者
B	上記に該当する者以外の程度の人

手続き

申請に必要なものは次のとおりです。

新規に申請する場合

　(1) 交付申請書　(2) 生活現状調査票　(3) 顔写真1枚（タテ4cm×ヨコ3cm）

紛失・破損等による再交付申請の場合

　(1) 再交付申請書　(2) 顔写真1枚（タテ4cm×ヨコ3cm）

再判定の場合

　(1) 再交付申請書　(2) 生活現状調査票　(3) 既に交付されている療育手帳　(4) 顔写真1枚（タテ4cm×ヨコ3cm）

※住所・氏名を変更したとき、本人が死亡した場合も手続きが必要です。

問合せおよび申請窓口

市町障害福祉担当課、保健福祉センター

《別表》身体障害者障害程度等級表（身体障害者福祉法施行規則別表第5号）

級別	視覚障害	聴覚又は平衡機能の障害		音声機能、言語機能又はそしゃく機能の障害	肢体不自由		
		聴覚障害	平衡機能障害		上肢	下肢	体幹
1級	両眼の視力（万国式試視力表によって測ったものをいい、屈折異常のある者については、きょう正視力について測ったものをいう。以下同じ。）の和が0.01以下のもの				1 両上肢の機能を全廃したもの 2 両上肢を手関節以上で欠くもの	1 両下肢の機能を全廃したもの 2 両下肢を大腿の2分の1以上で欠くもの	体幹の機能障害により坐っていることができないもの
2級	1 両眼の視力の和が0.02以上0.04以下のもの 2 両眼の視野がそれぞれ10度以内でかつ両眼による視野について視能率による損失率が95パーセント以上のもの	両耳の聴力レベルがそれぞれ100デシベル以上のもの（両耳全ろう）			1 両上肢の機能の著しい障害 2 両上肢のすべての指を欠くもの 3 一上肢を上腕の2分の1以上で欠くもの 4 一上肢の機能を全廃したもの	1 両下肢の機能の著しい障害 2 両下肢を下腿の2分の1以上で欠くもの	1 体幹の機能障害により坐位又は起立位を保つことが困難なもの 2 体幹の機能障害により立ち上がることが困難なもの
3級	1 両眼の視力の和が0.05以上0.08以下のもの 2 両眼の視野がそれぞれ10度以内でかつ両眼による視野について視能率による損失率が90パーセント以上のもの	両耳の聴力レベルが90デシベル以上のもの（耳介に接しなければ大声語を理解し得ないもの）	平衡機能の極めて著しい障害	音声機能、言語機能又はそしゃく機能の喪失	1 両上肢のおや指及びひとさし指を欠くもの 2 両上肢のおや指及びひとさし指の機能を全廃したもの 3 一上肢の機能の著しい障害 4 一上肢のすべての指を欠くもの 5 一上肢のすべての指の機能を全廃したもの	1 両下肢をシヨパー関節以上で欠くもの 2 一下肢を大腿の2分の1以上で欠くもの 3 一下肢の機能を全廃したもの	体幹の機能障害により歩行が困難なもの
4級	1 両眼の視力の和が0.09以上0.12以下のもの 2 両眼の視野がそれぞれ10度以内のもの	1 両耳の聴力レベルがそれぞれ80デシベル以上のもの（耳介に接しなければ話声語を理解し得ないもの） 2 両耳による普通話声の最良の語音明瞭度が50パーセント以下のもの		音声機能、言語機能又はそしゃく機能の著しい障害	1 両上肢のおや指を欠くもの 2 両上肢のおや指の機能を全廃したもの 3 一上肢の肩関節、肘関節又は手関節のうち、いずれか一関節の機能を全廃したもの 4 一上肢のおや指及びひとさし指を欠くもの 5 一上肢のおや指及びひとさし指の機能を全廃したもの 6 おや指又はひとさし指を含めて一上肢の三指を欠くもの 7 おや指又はひとさし指を含めて一上肢の三指の機能を全廃したもの 8 おや指又はひとさし指を含めて一上肢の四指の機能の著しい障害	1 両下肢のすべての指を欠くもの 2 両下肢のすべての指の機能を全廃したもの 3 一下肢を下腿の2分の1以上で欠くもの 4 一下肢の機能の著しい障害 5 一下肢の股関節又は膝関節の機能を全廃したもの 6 一下肢が健側に比して10センチメートル以上又は健側の長さの10分の1以上短いもの	

| 乳幼児期以前の非進行性の脳病変による運動機能障害 | | 心臓、じん臓若しくは呼吸器又はぼうこう若しくは直腸、小腸、ヒト免疫不全ウイルスによる免疫若しくは肝臓の機能の障害 | | | | | | |
上肢機能	移動機能	心臓機能障害	じん臓機能障害	呼吸器機能障害	ぼうこう又は直腸の機能障害	小腸機能障害	ヒト免疫不全ウイルスによる免疫機能障害	肝臓機能障害
不随意運動・失調等により上肢を使用する日常生活動作がほとんど不可能なもの	不随意運動・失調等により歩行が不可能なもの	心臓の機能の障害により自己の身辺の日常生活活動が極度に制限されるもの	じん臓の機能の障害により自己の身辺の日常生活活動が極度に制限されるもの	呼吸器の機能の障害により自己の身辺の日常生活活動が極度に制限されるもの	ぼうこう又は直腸の機能の障害により自己の身辺の日常生活活動が極度に制限されるもの	小腸の機能の障害により自己の身辺の日常生活がほとんど不可能なもの	ヒト免疫不全ウイルスによる免疫の機能の障害により日常生活がほとんど不可能なもの	肝臓の機能の障害により日常生活活動がほとんど不可能なもの
不随意運動・失調等により上肢を使用する日常生活動作が極度に制限されるもの	不随意運動・失調等により歩行が極度に制限されるもの						ヒト免疫不全ウイルスによる免疫の機能の障害により日常生活が極度に制限されるもの	肝臓の機能の障害により日常生活活動が極度に制限されるもの
不随意運動・失調等により上肢を使用する日常生活動作が著しく制限されるもの	不随意運動・失調等により歩行が家庭内での日常生活活動に制限されるもの	心臓の機能の障害により家庭内での日常生活活動が著しく制限されるもの	じん臓の機能の障害により家庭内での日常生活活動が著しく制限されるもの	呼吸器の機能の障害により家庭内での日常生活活動が著しく制限されるもの	ぼうこう又は直腸の機能の障害により家庭内での日常生活活動が著しく制限されるもの	小腸の機能の障害により家庭内での日常生活活動が著しく制限されるもの	ヒト免疫不全ウイルスによる免疫の機能の障害により日常生活が著しく制限されるもの（社会での日常生活活動が著しく制限されるものを除く。）	肝臓の機能の障害により日常生活活動が著しく制限されるもの（社会での日常生活活動が著しく制限されるものを除く。）
不随意運動・失調等による上肢の機能障害により社会での日常生活活動が著しく制限されるもの	不随意運動・失調等により社会での日常生活活動が著しく制限されるもの	心臓の機能の障害により社会での日常生活活動が著しく制限されるもの	じん臓の機能の障害により社会での日常生活活動が著しく制限されるもの	呼吸器の機能の障害により社会での日常生活活動が著しく制限されるもの	ぼうこう又は直腸の機能の障害により社会での日常生活活動が著しく制限されるもの	小腸の機能の障害により社会での日常生活活動が著しく制限されるもの	ヒト免疫不全ウイルスによる免疫の機能の障害により社会での日常生活活動が著しく制限されるもの	肝臓の機能の障害により社会での日常生活活動が著しく制限されるもの

第4章　障害のある人の福祉

級別	視覚障害	聴覚又は平衡機能の障害		音声機能、言語機能又はそしゃく機能の障害	肢体不自由		
		聴覚障害	平衡機能障害		上肢	下肢	体幹
5級	1 両眼の視力の和が0.13以上0.2以下のもの 2 両眼による視野の2分の1以上が欠けているもの		平衡機能の著しい障害		1 両上肢のおや指の機能の著しい障害 2 一上肢の肩関節、肘関節又は手関節のうち、いずれか一関節の機能の著しい障害 3 一上肢のおや指を欠くもの 4 一上肢のおや指の機能を全廃したもの 5 一上肢のおや指及びひとさし指の機能の著しい障害 6. おや指又はひとさし指を含めて一上肢の三指の機能の著しい障害	1 一下肢の股関節又は膝関節の機能の著しい障害 2 一下肢の足関節の機能を全廃したもの 3 一下肢が健側に比して5センチメートル以上又は健側の長さの15分の1以上短いもの	体幹の機能の著しい障害
6級	一眼の視力が0.02以下、他眼の視力が0.6以下のもので,両眼の視力の和が0.2を超えるもの	1 両耳の聴力レベルが70デシベル以上のもの(40センチメートル以上の距離で発声された会話語を理解し得ないもの) 2 一側耳の聴力レベルが90デシベル以上、他側耳の聴力レベルが50デシベル以上のもの			1 一上肢のおや指の機能の著しい障害 2 ひとさし指を含めて一上肢の二指を欠くもの 3 ひとさし指を含めて一上肢の二指の機能を全廃したもの	1 一下肢をリスフラン関節以上で欠くもの 2 一下肢の足関節の機能の著しい障害	
7級					1 一上肢の機能の軽度の障害 2 一上肢の肩関節、肘関節又は手関節のうち、いずれか一関節の機能の軽度の障害 3 一上肢の手指の機能の軽度の障害 4 ひとさし指を含めて一上肢の二指の機能の著しい障害 5 一上肢のなか指、くすり指及び小指を欠くもの 6 一上肢のなか指、くすり指及び小指の機能を全廃したもの	1 両下肢のすべての指の機能の著しい障害 2 一下肢の機能の軽度の障害 3 一下肢の股関節、膝関節又は足関節のうち、いずれか一関節の機能の軽度の障害 4 一下肢のすべての指を欠くもの 5 一下肢のすべての指の機能を全廃したもの 6 一下肢が健側に比して3センチメートル以上又は健側の長さの20分の1以上短いもの	

備考
1　同一の等級について二つの重複する障害がある場合は、一級上の級とする。ただし、二つの重複する障害が特に本表中に指定せられているものは、該当等級とする。
2　肢体不自由においては、7級に該当する障害が2以上重複する場合は、6級とする。
3　異なる等級について二つ以上の重複する障害がある場合については、障害の程度を勘案して当該等級より上位の等級とすることができる。
4　「指を欠くもの」とは、おや指については指骨間関節、その他の指については第一指骨間関節以上を欠くものをいう。
5　「指の機能障害」とは、中手指節関節以下の障害をいい、おや指については、対抗運動障害をも含むものとする。
6　上肢又は下肢欠損の断端の長さは、実用調（上腕においては腋窩より、大腿においては坐骨結節の高さより計測したもの）をもって計測したものをいう。
7　下肢の長さは、前腸骨棘より内くるぶし下端までを計測したものをいう。

乳幼児期以前の非進行性の脳病変による運動機能障害		心臓、じん臓若しくは呼吸器又はぼうこう若しくは直腸、小腸、ヒト免疫不全ウイルスによる免疫若しくは肝臓の機能の障害						
上肢機能	移動機能	心臓機能障害	じん臓機能障害	呼吸器機能障害	ぼうこう又は直腸の機能障害	小腸機能障害	ヒト免疫不全ウイルスによる免疫機能障害	肝臓機能障害
不随意運動・失調等による上肢の機能障害により社会での日常生活活動に支障のあるもの	不随意運動・失調等により社会での日常生活活動に支障のあるもの							
不随意運動・失調等による上肢の機能の劣るもの	不随意運動・失調等により移動機能の劣るもの							
上肢に不随意運動・失調等を有するもの	下肢に不随意運動・失調等を有するもの							

第4章　障害のある人の福祉

113

3. 精神障害者保健福祉手帳の交付

こんな内容です

　精神障害のある人の社会復帰の促進、自立と社会参加の促進を図ることを目的とします。この手帳により税法上の各種控除や各種の福祉サービスを利用できます。

　手帳の有効期限は、交付の決定した日から2年後の日の属する月の末日までとなります。

対象となる人

　精神障害のある人（ただし知的障害は除く）が対象となります。

手続き

申請に必要なものは次のとおりです。
障害年金を受けている人
　(1) 申請書　(2) 年金証書等の写し　(3) 直近の年金振込通知書、または年金支払通知書の写し　(4) 同意書　(5) 写真1枚（タテ4cm×ヨコ3cm）　(6) 個人番号カード
障害年金を受けていない人
　(1) 申請書　(2) 診断書　(3) 写真1枚（タテ4cm×ヨコ3cm）　(4) 個人番号カード

問合せおよび申請窓口

市町障害者福祉担当課、保健福祉センター

第3節　障害者総合支援法に基づく福祉サービス

1. 全般的事項

①給付の全体像

　障害者総合支援法に基づく給付は、「自立支援給付」と「地域生活支援事業」に大別されます。

　自立支援給付は障害のある人の個々人の障害支援区分等に基づいて個別に給付されるものです。このうち「介護給付」については117ページから、「訓練等給付」については120ページから、「相談支援」は122ページから、それぞれ個別の制度ごとに概要をまとめています。また「補装具費」は123ページに、「自立支援医療」については135ページからまとめています。

　地域生活支援事業は、都道府県や市町の実情に応じて柔軟に実施されるもので、法律で定めた必須事業と自治体が任意に選んで実施する任意事業からなります。123ページ以降で概要をまとめています。

　なお、従来の「施設入所」サービスについては、昼のサービス（日中活動）と夜間のサービス（居住支援）を組み合わせた選択ができるように移行しています。125ページ以降を参照してください。

②利用の手続き（支給決定までの流れ）

ア　利用申請
　(1) 市町の窓口に支給申請書を提出　※障害児施設入所の利用は、都道府県の窓口に申請
　(2) 市町は申請書を受理し、医師意見書の記載を医師（医療機関）に依頼。
　※医師意見書は、本人が普段受診している本人の状況が分かる医師（主治医）のものであれば、特に診療科は問われません。

イ　障害支援区分認定
　(1) 認定調査員による調査
　　調査内容：「概況調査」、「基本調査」、「特記事項」
　　調査対象：介護給付の希望者およびグループホーム入居に際し一定の介護を希望する者
　　※18歳未満の人は、障害福祉サービス利用の申請があったときに、5領域11項目の調査を行います。

＼ワンポイントアドバイス／

認定調査の意味

　訓練等給付希望者は、障害支援区分認定されませんが、介護給付と訓練等給付の両方を受けるときは、障害支援区分が認定されます。地域生活支援事業の移動支援、日常生活用具の給付・貸与、盲ろう者通訳・介助員派遣のサービスのみを利用しようとする人については、国は特に認定調査を義務付けていませんが、全国的には障害福祉サービスとの併用を想定して認定調査を実施している自治体もあります。

＼ワンポイントアドバイス／

重度の非定型例と市町審査会

　審査会は、障害支援区分の二次判定以外に、市町が作成した支給決定案が当該市町の定める支給基準と乖離するような場合（特に重度の非定型例のサービス内容について）、意見を述べることができます。また、意見を述べるにあたり、必要に応じて、関係機関や障害のある人、その家族、医師等の意見を聴くことができます。

（2）障害支援区分認定

　一次判定：認定調査項目（80項目）と医師意見書（24項目）についてコンピューターによる判定

　二次判定：一次判定結果、特記事項および医師の意見書の内容を総合的に勘案した審査判定

　　　※障害支援区分は、区分1から6の全6区分（区分6の方が必要とされる支援の度合いが高い）

　　　※障害支援区分認定の有効期間は、原則として3カ月以上3年未満です。

ウ　支給決定

　市町は、障害支援区分の認定結果を申請者に通知し、申請者の介護給付に対するサービス利用意向を聴取し、9項目の勘案事項を参考に、支給決定を行います。

　介護給付の支給決定の有効期間は基本的に3年です。また、障害支援の必要度に変動をきたした場合には、必要なサービスの変更に伴い、区分の見直しを申請することができます。

　訓練等給付については、一部に暫定支給決定がなされるものがあります。暫定支給決定期間に、利用者の意思、支援効果の見込み、達成目標等を確認した上で、個々の利用者ごとに個別支援計画を立て、訓練効果の検証ののち、最終支給決定が行われます。また、利用期間が定められているサービスもあります。標準期間の範囲で更新が可能ですが、これを超える場合には、市町審査会の個別審査による判定が必要です。

エ　サービスの利用

（1）利用料：応能負担（所得に応じた負担割合）

（2）上限管理

　所得区分認定に基づいて月の利用料に負担上限額があります（126ページの①参照）

（3）世帯の所得階層別負担上限月額（126ページの①参照）

　1人の人が介護給付と訓練等給付の両方を受ける場合、利用料の合算額に、世帯の所得階層別負担上限月額が適用されます。

　同一世帯に、2人以上サービス（介護保険サービスも含む）を受けている場合も、世帯の所得階層別負担上限月額が適用されます。ただし、個人単位でいったん利用者負担を事業者に払った後、世帯上限額を超えた部分を償還払いの「高額障害福祉サービス費」または「高額介護サービス費」として市町に給付請求することになります。

（4）新高額障害福祉サービス等給付費

　元々、障害福祉サービスを利用していた人が、65歳になる（介護保険サービスに移行）と利用者負担が増加してしまう事態を解消するため、2018年4月より導入された利用者負担を軽減する仕組みです。次の1～4の要件をすべて満たす人が対象となります。

1. 65歳に達する日前5年間にわたり、介護保険サービスに相当する障害福祉サービスの支給決定を受けていたこと。

2. 65歳に達する日の前日において「低所得」または「生活保護」に該当し、65歳以降に利用者負担の軽減の申請をする際にも「低所得」または「生活保護」に該当すること。

3. 65歳に達する日の前日において障害支援区分2以上であったこと。

4. 65歳まで介護保険サービスを利用してこなかったこと。

〈障害福祉サービスの支給決定までの流れ〉

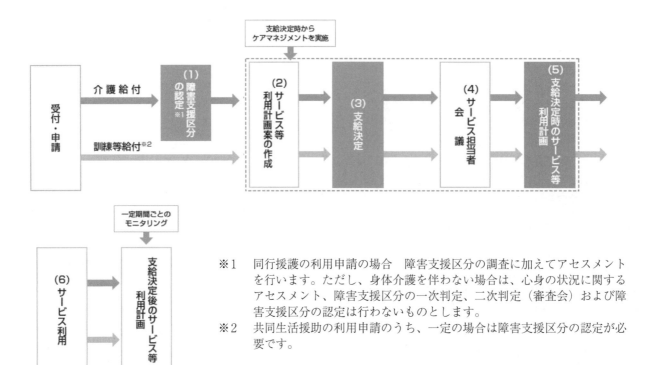

※1　同行援護の利用申請の場合　障害支援区分の調査に加えてアセスメントを行います。ただし、身体介護を伴わない場合は、心身の状況に関するアセスメント、障害支援区分の一次判定、二次判定（審査会）および障害支援区分の認定は行わないものとします。

※2　共同生活援助の利用申請のうち、一定の場合は障害支援区分の認定が必要です。

コラム　眼鏡を作るときは、まず眼科へ

　眼鏡を作ろうと思ったとき、まず、どこへ行きますか？種々の調査によると、眼科医が発行した眼鏡処方箋を持って、眼鏡店で眼鏡を作る人の割合は 15 〜 25 ％とも言われています。つまり、多くの人は直接眼鏡店で視力検査と屈折検査を受けて、眼鏡を処方してもらっているということですが、それで正確な眼鏡が処方されているのでしょうか？

　裸眼視力が落ちて眼鏡を作ろうと思う人の中には、単なる屈折異常だけではなく、目の疾患により裸眼視力が落ちている危険性があります。また、疾患がなくても、正確な屈折値を測定しにくいこともあります。特に、子どもは調節力が強いので、屈折値を測定する器械の値は、実際の近視の度数より強く出ることがあります。仮にその値を信用してよく見える眼鏡を処方してしまうと過矯正になり、眼精疲労が生じます。また、弱視や心因性視力障害などの子どもでは、矯正しても視力が出ないので、ついつい強い度数を入れて、過矯正になってしまうこともあります。少なくとも子どもの眼鏡処方に関しては、眼科で検査を受け、眼鏡処方箋をもらって眼鏡店へ行くことをおすすめします。

　また、40歳以上の20人に1人が緑内障に罹患すると言われており、見えにくい原因が緑内障という可能性もあります。さらに、高齢者の場合、多くが白内障に罹患しており、その程度に応じて屈折値が近視化することがあります。その場合、眼鏡を作った時はよく見えていても、後日、度数が変動して見にくくなることもあるのです。

　もちろん、直接眼鏡店で眼鏡を作っても、多くの人は特に問題なく眼鏡をかけているでしょうし、それを否定するものではありません。しかしながら、眼疾患が見逃されたり、目に合わない度数の眼鏡が作られたりする懸念があります。眼鏡を合わせるときは、まず眼科を受診して、眼鏡処方箋をもらってから眼鏡を作ることが重要です。

（眼科開業医）

2. 介護給付の対象サービス

①居宅介護（ホームヘルプ）

こんな内容です

自宅で入浴、排泄、食事の介護等を行います。
内容
ア　身体介護・・・入浴、排泄、食事等の介助
イ　家事援助・・・調理、洗濯、掃除、生活必需
　　　　　　　　品の買い物など
ウ　その他　・・・生活等に関する相談や助言、
　　　　　　　　その他生活全般にわたる援助

利用できる人

障害支援区分１以上（児童の場合はこれに相当する心身の状態）の人。

ただし、通院等介助（身体介護を伴う）が必要な場合は、以下の（1）（2）のいずれにも該当することが要件となります。
(1) 障害支援区分が２以上
(2) 障害支援区分の認定調査項目のうち、次の表に示す状態のいずれか一つ以上に認定されている

	介護サービス利用者の状態
歩行	「全面的な支援が必要」
移乗／移動	「見守り等の支援が必要」、「部分的な支援が必要」または「全面的な支援が必要」
排尿／排便	「部分的な支援が必要」または「全面的な支援が必要」

②重度訪問介護

こんな内容です

日常生活支援と移動支援を利用者のニーズに沿って一体的に提供するもので、居宅における入浴、排泄、食事等の身体介護、調理、洗濯、掃除等の家事援助ならびに生活等に関する相談および助言その他の生活全般にわたる援助、加えて外出時における移動支援などを総合的に行います。

利用できる人

重度の肢体不自由、または重度の知的障害もしくは精神障害によって行動上著しい困難を有する障害のある人であって常時介護を必要とする人（障害支援区分４以上）で、かつ下記の（1）（2）のいずれかに該当する人。
(1) 以下の（一）および（二）のいずれにも該当する
　（一）二肢以上に麻痺等がある
　（二）障害支援区分の認定調査項目のうち、「歩行」「移乗」「排尿」「排便」のいずれも「支援が不要」以外に認定されている
(2) 障害支援区分の認定調査項目のうち行動関連項目等（12項目）の合計点数が10点以上

117

③同行援護

こんな内容です

　視覚障害のある人の外出時の様々な支援を行います。
ア　外出時における移動の際、および外出先で必要な視覚的情報の支援（代筆・代読含む）
イ　外出時における移動の際、および外出先で必要な移動の援護
ウ　外出時における排泄・食事等の介護、その他外出する際に必要となる援助

利用できる人

　視覚障害により、移動に著しい困難を有する障害のある人等であって、同行援護アセスメント票において、「移動障害」の項目が1点以上であり、かつ「移動障害」以外の項目（「視力障害」「視野障害」および「夜盲」）のいずれかが1点以上である人。

　ただし、身体介護が必要な場合は、以下の（1）（2）のいずれにも該当することが要件となります。

（1）障害支援区分が2以上
（2）障害支援区分の認定調査項目のうち、次の表に示す状態のいずれか一つ以上に認定されている

	介護サービス利用者の状態
歩行	「全面的な支援が必要」
移乗／移動	「見守り等の支援が必要」、「部分的な支援が必要」または「全面的な支援が必要」
排尿／排便	「部分的な支援が必要」または「全面的な支援が必要」

④行動援護

こんな内容です

　行動に著しい困難を有する障害のある人が行動する際に生じ得る危険を回避するために必要な援護、外出時における移動中の介護、排泄および食事等の介護およびその他行動する際に必要な援助を行います。

利用できる人

　知的障害または精神障害により行動上著しい困難を有する障害のある人であって常時介護を有する人で、障害支援区分が3以上で、障害支援区分の認定調査項目のうち行動関連項目等（12項目）の合計点数が10点以上（児童の場合はこれに相当する心身の状態）の人。

⑤重度障害者等包括支援

こんな内容です

　重度の障害のある人に対して、さまざまな福祉サービス（居宅介護、重度訪問介護、同行援護、行動援護、生活介護、短期入所、自立訓練、就労移行支援、就労継続支援、共同生活援助）を組み合わせて包括的に提供します。

利用できる人

　障害支援区分が区分6（児童の場合はこれに相当する心身の状態）に該当し、かつ意思疎通に著しい困難を有する人で、下記のいずれかに該当する人。

類　　型		状態像
重度訪問介護の対象であって、四肢すべてに麻痺等があり、寝たきり状態にある障害者のうち、右のいずれかに該当する人	人工呼吸による呼吸管理を行っている身体障害者（Ⅰ類型）	・筋ジストロフィー ・脊椎損傷 ・ALS（筋萎縮性側索硬化症） ・遷延性意識障害
	最重度知的障害者（Ⅱ類型）	重症心身障害者等
障害支援区分の認定調査項目のうち行動関連項目（12項目）等の合計点数が10点以上である人（Ⅲ類型）		強度行動障害等

⑥短期入所（ショートステイ）

こんな内容です

　自宅で介護する人が病気の場合などに、短期間、夜間も含め施設等で入浴、排泄、食事および日常生活の世話を行います。「福祉型」と「医療型」の2種類があります。

利用できる人

ア　福祉型（障害者支援施設等）

(1) 障害支援区分が1以上である人

(2) 障害児に必要とされる支援の度合いに応じて厚生労働大臣が定める区分における区分1以上に該当する児童

イ　医療型（病院、診療所、介護老人保健施設）

遷延性意識障害児（者）、筋萎縮性側索硬化症（ALS）等の運動ニューロン疾患の分類に属する疾患を有する者および重症心身障害児（者）等

⑦療養介護

こんな内容です

病院等の医療機関に入院している人に対して、機能訓練、療養上の管理、看護、医学的管理の下における介護および日常生活上の世話を行います。また、療養介護のうち医療に係るものを「療養介護医療」として提供します。

利用できる人

病院等への長期の入院による医療的ケアに加え、常時介護の必要があり、以下のいずれかに該当する人。

(1) 筋萎縮性側索硬化症（ALS）患者等気管切開を伴う人工呼吸器による呼吸管理を行っている人で、障害支援区分が6の人

(2) 筋ジストロフィー症患者または重症心身障害のある人で、障害支援区分が5以上の人

⑧生活介護

こんな内容です

主に昼間において、食事、入浴および排泄等の介護、生産活動や創作的活動の機会の提供、調理、洗濯、掃除等の家事ならびに生活等に関する相談および助言、その他日常生活上の支援や身体機能・生活能力向上のために必要な援助を行います。

利用できる人

地域や入所施設において、安定した生活を営むため、常時介護等の支援が必要な人で、下記のいずれかに該当する人

(1) 障害支援区分が3（障害者支援施設に入所する場合は区分4）以上である人

(2) 年齢が50歳以上で、障害支援区分が2（障害者支援施設に入所する場合は3）以上である人

(3) 障害支援施設に入所する人であって障害支援区分が4（50歳以上の場合は区分3）より低い人のうち、指定特定相談支援事業者によるサービス等利用計画案の作成手続きを経た上で、市町によって利用の組み合わせの必要性を認められた人

⑨障害者支援施設での夜間ケア等（施設入所支援）

こんな内容です

夜間や休日に、入浴、排泄、食事の介助等を行います。

利用できる人

ア　生活介護を受けている人であって障害支援区分が4以上（50歳以上の場合は区分3以上）である人

イ　自立訓練または就労移行支援（以下「訓練等」という）を受けている人であって、入所しながら訓練等を実施することが必要かつ効果的であると認められる人、または地域における障害福祉サービスの提供体制の状況その他やむを得ない事情により、通所によって訓練等を受けることが困難な人

ウ　生活介護を受けている人であって障害支援区分4（50歳以上の場合は区分3）より低い人のうち、指定特定相談支援事業者によるサービス等利用計画案の作成手続きを経た上で、市町が利用の組み合わせの必要性を認めた人

エ　就労継続支援B型を受けている人のうち、指定特定相談支援事業者によるサービス等利用計画案の作成の手続きを経た上で、市町が利用の組み合わせの必要性を認めた人

3. 訓練等給付の対象サービス

①自立訓練（機能訓練、生活訓練）

こんな内容です

　自立した日常生活または社会生活が送れるよう、一定期間、身体機能または生活能力向上のために必要な訓練を行うもので、「機能訓練」と「生活訓練」に大別されます。

機能訓練

　身体に障害のある人または難病を患っている人などに対し、地域生活を営むことができるよう、理学療法士等による身体的リハビリテーション、日常生活に係る訓練等の支援を実施します。視覚障害のある人の歩行訓練を行う場合には、理学療法士に代えて視覚障害生活訓練等指導者等が実施できることになっています。

生活訓練

　知的障害のある人、精神障害のある人に対し、地域生活を営むことができるよう、日常生活能力の向上を図り、生活等に関する相談・助言その他必要な支援を実施します。

利用できる人

機能訓練：地域生活を営む上で、身体機能・生活能力の維持、向上のため、一定の支援が必要な身体障害のある人。具体的には下記のような例が挙げられます。

(1) 入所施設・病院を退所・退院した人であって、地域生活への移行等を図る上で、身体的リハビリテーションの継続や身体機能の維持・回復などの支援が必要な人

(2) 特別支援学校を卒業した人であって、地域生活を営む上で、身体機能の維持・回復などの支援を必要とする人

生活訓練：地域生活を営む上で、生活能力の維持、向上等のため、一定の支援が必要な知的障害・精神障害のある人。具体的には下記のような例が挙げられます。

(1) 入所施設・病院を退所・退院した人であって、地域生活への移行を図る上で、生活能力の維持、向上などの支援が必要な人

(2) 特別支援学校を卒業した人、継続した通院によ

り症状が安定している人であって、地域生活を営む上で、生活能力の維持、向上などの支援が必要な人

②就労移行支援

こんな内容です

　生産活動、職場体験その他の活動の機会の提供、その他の就労に必要な知識および能力の向上のために必要な訓練、その他の必要な支援を行います。

　利用期間は2年（個別審査で必要性が認められた場合、最大1年間の更新が可能）です。

利用できる人

　就労を希望する65歳未満の障害のある人で、通常の事業所に雇用されることが可能と見込まれる人。

③就労継続支援A型（雇用型）

こんな内容です

　雇用契約に基づく就労の機会を提供するとともに、生産活動の機会の提供、その他一般就労に必要な知識・能力の向上を図る支援を実施します。雇用契約を結ぶことで、最低賃金制や労働協約が適用されます。利用期間の制限はありません。

利用できる人

　企業等に就労することが困難な人であって、雇用契約に基づいて継続的に就労することが可能な65歳未満の人（利用開始時）。具体的には下記のような例が挙げられます。

(1) 就労移行支援事業を利用したが、企業等の雇用に結びつかなかった人

(2) 盲・ろう・特別支援学校を卒業して就職活動を行ったが、企業等の雇用に結びつかなかった人

(3) 企業等を離職した人等、就労経験のある人で、現に雇用関係の状態にない人

④就労継続支援Ｂ型（非雇用型）

こんな内容です

　生産活動の機会の提供、その他一般就労に必要な知識・能力の向上を図る支援を実施します。Ａ型と同様に、利用期間の制限はありません。利用者には、授産施設と同等の工賃が支払われます。2015年4月以降、就労面におけるアセスメントを就労移行支援事業所等が行うことが必須となっています。2015年3月31日までにＢ型事業の利用を開始した人の場合は、あらためてアセスメントを受ける必要はありません（支給決定の更新時でも同様です）。
※地域状況や、利用者の事情等により、就労移行支援事業所によるアセスメントが困難な場合は、例外的ですが、障害者就業・生活支援センターがアセスメントを行うことも可能です。

利用できる人

　就労移行支援事業等を利用したが一般企業等の雇用に結びつかない人や、一定年齢に達している人などであって、就労の機会等を通じて、生産活動に係る知識および能力の向上や維持が期待される人。具体的には下記のような例が挙げられます。
(1) 就労経験がある人であって、年齢や体力の面で一般企業に雇用されることが困難となった人
(2) 就労移行支援事業を利用した結果、本事業の利用が適当と判断された人
(3) (1)、(2) に該当しない人で、50歳に達している人、または障害基礎年金1級受給者

⑤就労定着支援

こんな内容です

　障害のある人が雇用されている事業所での就労継続において、就労に伴う生活課題に関する相談支援や、企業・関係機関等との連絡調整などの必要な支援を行います。

利用できる人

　以下の (1) および (2) のいずれにも該当する人
(1) 生活介護、自立訓練、就労移行支援、就労継続支援（Ａ型またはＢ型）のいずれかを利用した

のち、企業などに一般就労していること
(2) 就労に伴う環境変化により生活面の課題が生じていること

⑥共同生活援助（グループホーム）

こんな内容です

　障害のある人の地域移行、住まいの場の確保の促進を目的としたもので、主に夜間や休日において、共同生活を行う住居で相談や日常生活上の援助を行います。「介護サービス包括型」、「外部サービス利用型」、「日中サービス支援型」の3種類があります。
　また、共同生活よりも単身での生活を希望する人のニーズに対応するための「サテライト住居」を創設しているグループホームもあります。グループホームの種類と特徴、サテライト型住居の詳細については125ページを参考にしてください。

利用できる人

　障害のある人（身体障害のある人の場合は、65歳未満または65歳に達する日の前日までに障害福祉サービスもしくは、それに準ずるものを利用したことがある人に限ります）。

⑦自立生活援助

こんな内容です

　一定期間、定期的に利用者の居宅を訪問し、生活環境についての確認と必要な助言や医療機関等との連絡調整を行います。利用者からの要請があった際には、随時対応も行います。

利用できる人

　障害者支援施設やグループホーム等を利用していた人で一人暮らしを希望する人。具体的には、以下のいずれかに該当し、上記の内容の支援を必要とすることが条件。
(1) 障害者支援施設、のぞみの園、指定宿泊型自立訓練を行う自立訓練（生活訓練）事業所、児童福祉施設または療養介護を行う病院に入所していた障害者
※児童福祉施設に入所していた18歳以上の者、

　　　　障害者支援施設等に入所していた15歳以上
　　　の障害者みなしの者も対象
(2)　共同生活援助を行う住居または福祉ホームに入
　　　居していた障害者
(3)　精神科病院に入院していた精神障害者（精神科
　　　病院以外の病院で精神病床が設けられているも
　　　のを含む）
(4)　救護施設または更生施設に入所していた障害者
(5)　刑事施設（刑務所、少年刑務所、拘置所）、少年
　　　院に収容されていた障害者
(6)　更生保護施設に入所していた障害者または自立
　　　更生促進センター、就業支援センターもしくは
　　　自立準備ホームに宿泊していた障害者

(7)　保護観察所に設置もしくは併設された宿泊施設
　　　等に宿泊していた障害者または更生保護法の規
　　　定による委託を受けた者が当該委託に係る応急
　　　救護もしくは更生緊急保護として利用される宿
　　　泊施設に宿泊していた障害者
(8)　現に地域において一人暮らしをしている障害者
　　　または同居する家族が障害、疾病等により当該
　　　家族による支援が見込めないため実質的に一人
　　　暮らしと同等の状況にある障害者であって、当
　　　該障害者を取り巻く人間関係、生活環境または
　　　心身の状態等の変化により自立した地域生活を
　　　継続することが困難と認められる者

4．相談支援

　2012年4月の支給決定プロセスの見直しから、計画相談支援の対象が拡大されています。また、近年、相談支援の重要性が見直されており、当事者、事業所にとって適切なサービスの利用に欠かせない制度となっています。

①計画相談支援

こんな内容です

　福祉サービスの利用希望者に対して、希望者の意向をもとに、サービス等利用計画を作成します。サービス事業者等との調整も行います。計画作成後は、支給決定されたサービスの利用状況や利用者に新たな課題等がないかを確認するために、モニタリングを実施します。

②地域移行支援

こんな内容です

　地域生活に向けた準備のための地域移行支援計画の作成や、外出への同行支援、住居の確保等の支援を行います。

利用できる人

　障害者支援施設、精神科病院、保護施設、矯正施設等を退所する障害のある人、児童福祉施設を利用する18歳以上の人

③地域定着支援

こんな内容です

　24時間常時連絡可能な体制を確保し、緊急時に必要な支援を行うことで地域生活への定着を支援します。

利用できる人

　居宅において、単身で生活している障害のある人等

5. 補装具費の支給

こんな内容です

　身体の欠損または損なわれた身体機能を補完・代替するため、障害個別に対応して設計・加工された補装具（義肢・装具、座位保持装置、電動車いす等）について、購入または修理に要した費用（基準額）から所得に応じた自己負担額を差し引いた金額を支給する制度です。

　2018年4月1日から、購入よりも適切と考えられる場合に限り、「貸与」も補装具費の支給対象となりました。

利用できる人

　補装具を必要とする障害のある人・児童、難病患者等

　障害支援区分の結果は問わない

費用負担

※利用者世帯の中に、市町民税所得割額46万円以上の人がいる場合は、全額自己負担となり、補装具費支給対象外となります。

ご存じですか？

オリジナルの座位保持装置・車いす〜チェアラボ金沢

　補装具の支給については、主に既製品をレンタルするケースが多いですが、個人にあわせてオーダーメイドの座位保持装置や車いすを製作してもらったものを使用することで、既製品よりも補装具を利用した成果が上がることがあります。業者数は全国でも少数ですが、石川県にも「チェアラボ金沢」など熱心に取り組まれている業者がありますので、座位保持装置や車いすが必要な場合は、オリジナルの装置製作検討をおすすめします。

【株式会社Arangeチェアラボ金沢】
〒921-8151
石川県金沢市窪6丁目257-1
かがやき在宅診療所内
電話　080-3740-5255
メール　chairlab.kanazawa@gmail.com

---

6. 地域生活支援事業

　障害のある人等が、個人の尊厳を保障され、能力や適性を発揮し、自立した日常生活や社会生活を営むことができるよう、都道府県や市町の実情に応じて柔軟な事業形態で実施するのが地域生活支援事業です。

　地域生活支援事業には、市町が実施するものと都道府県が実施するものがあり、それぞれ法律で定めた「必須事業」と市町および都道府県の判断により、自立した日常生活または社会生活を営むために必要とされる「任意事業」があります。各事業の具体的な内容と利用者の負担金額は実施主体の判断によって決められているので、利用の際には、該当の自治体に確認した上で利用することが大切になります。

①市町村地域生活支援事業

ア　必須事業

(1) 理解促進研修・啓発事業

　障害のある人等が、日常生活および社会生活を営む上で生じる「社会的障壁」を除去するため、障害のある人等への理解を深めるために地域住民への研修・啓発活動を行います。

(2) 自発的活動支援事業

　障害のある人等が、自立した日常生活および社会生活を営むことができるよう、障害のある人等、その家族、地域住民等による地域における自発的な取り組みを支援することにより、共生社会の実現を図ります。

(3) 相談支援事業

　障害のある人等、障害のある児童の保護者または

障害のある人等の介護を行う人などからの相談に応じ、情報提供や権利擁護のために必要な援助を行うことで、障害のある人等が自立した生活を営むことができるよう支援を行います。

(4) 成年後見制度利用支援事業

障害福祉サービス利用の観点から、成年後見制度を利用することが有用であると認められる知的障害、または精神障害のある人に対して、権利擁護を図るために成年後見制度利用の支援を行います。

(5) 成年後見制度法人後見支援事業

成年後見制度における後見等の業務を行う法人の確保体制の整備、市民後見人の活用も含めた法人後見の活動支援を行います。

(6) 意思疎通支援事業

聴覚、言語機能、音声機能、視覚その他の障害のため、意思疎通に支障がある障害のある人等に、手話通訳、要約筆記等の方法により、意思疎通を支援する者の派遣等を行い、意思疎通の円滑化を図ることを目的としています。

(7) 日常生活用具給付等事業

障害のある人等に対して、自立生活支援用具等の日常生活用具を給付または貸与すること等により、日常生活の便宜向上を目的としています。

(8) 手話奉仕員養成研修事業

手話で日常会話を行うのに必要な手話の語彙および手話表現技術を習得した人を養成し、意思疎通に支障がある障害のある人の自立生活を支援するために行われます。

(9) 移動支援事業

屋外での移動が困難な障害のある人等について、外出のための支援を行うことで地域における自立生活および社会参加を促すことを目的としています。

(10) 地域活動支援センター機能強化事業

地域活動支援センター（地域の実情に応じ、創作的活動または生産活動の機会の提供、社会との交流の促進等の便宜を供与するための場）の機能を充実強化・類型化し、障害のある人等の地域生活支援の促進を図ることを目的としています。

イ　任意事業

市町の判断により、自立した日常生活や社会生活を営むために必要とされる事業です。大きく分けて、以下のような種類に分類されています。実施するかどうかは自治体の任意となっていますので、実施状況および各事業の詳細については各市町に問い合わせてください。

(1) 日常生活支援
(2) 社会参加支援
(3) 権利擁護支援
(4) 就業・就労支援

②都道府県地域生活支援事業

都道府県地域生活支援事業では、主に専門性の高い支援に関する業務や、市町の枠を超えた広域的な支援を行うことを目的として実施されており、以下のような種類に分類されています。事業の実施状況および各事業の詳細については、石川県に問い合わせてください。

ア　必須事業

(1) 専門性の高い相談支援事業
(2) 専門性の高い意思疎通支援を行う者の養成研修事業
(3) 専門性の高い意思疎通支援を行う者の派遣事業
(4) 意思疎通支援を行う者の派遣に係る市町村相互間の連絡調整事業
(5) 広域的な支援事業
(6) サービス・相談支援者・指導者育成事業

イ　任意事業

都道府県の判断により、自立した日常生活や社会生活を営むために必要とされる事業です。大きく分けて、以下のような種類に分類されています。実施するかどうかは自治体の任意となっていますので、実施状況および各事業の詳細については石川県に問い合わせてください。

(1) 日常生活支援
(2) 社会参加支援
(3) 権利擁護支援
(4) 就業・就労支援
(5) 重度障害者に係る市町村特別支援

7. 日々の生活と活動の場

①日々の生活と活動の場の体系

障害のある人の希望（ニーズ）に合ったサービスを提供することを目的としており、日中活動と居住に係るサービスの分離により、複数のサービスを組み合わせることができます。これによって、障害のある人個人の選択に基づいた、多様なライフスタイルの選択ができるようになっています。

②グループホーム（居住支援サービス）

グループホームには、一戸建てで集団生活をする「戸建て型」、一般的なアパート同様に独立した施設で生活する「アパート型」、その中間に位置する「サテライト型」があります。

	介護サービス包括型	外部サービス利用型	日中サービス支援型
利用人数	原則上限10人		
世話人の配置	6人につき1人以上		5人につき一人以上
サービス管理責任者	全体の利用者30人につき1人以上		
生活支援員	配置義務あり	不要	
居室と共有部門	原則個室、居間、便所、洗面設備等		
報酬単価	日額制（入院時・帰省時・旅行時は給付対象から除外）		
費用負担	利用者所得に応じた自己負担＋家賃（所得減免・個別減免あり）		

※外部サービス利用型の場合、世話人の配置基準を当分の間、「10人につき1人以上」とする経過措置が設けられています。

③グループホームにおける介護サービス提供について

グループホームで提供される支援は「基本サービス（日常生活の援助等）」と「利用者の個々のニーズに対応した介護サービス」に分かれています。サービスの提供形態については、①介護サービス包括型（グループホームが自ら行う）、②外部サービス利用型（グループホーム事業者はアレンジメント（手配）のみを行い、外部の居宅介護事業所に委託する）、③日中サービス支援型（2018年4月に新設。日中もサービスを受けられるため比較的に障害の重い人にも対応可能。指定短期入所も併設されている）のいずれかの形態を事業者が選択できるしくみとなっています。

④サテライト型住居

地域生活への移行を目指す上で、共同生活よりも単身生活を希望する人のニーズに応えるために2014年4月に創設されています。サテライト型住居単独での創設は認められておらず、本体住居（サテライト型住居以外の、2人以上が入居するグループホームであって、サテライト型住居への支援機能を有する）が必要であって、また原則として、毎日本体住居の職員が定期巡回を行う必要があります。サテライト型住居の概要は以下の表のとおりです。

	本体住居	サテライト型住居
共同生活住居の入居定員	原則2人以上10人以下	1人
ユニット（居室を除く）の設備	居間、食堂等の利用者が相互に交流を図ることができる設備	本体住居の設備を利用
設備	日常生活を営む上で必要な設備 サテライト型住居の利用者から適切に通報を受けることができる通信機器（携帯電話可）	
居室の面積	収納設備を除き 7.43 ㎡	

※上記のほか、本体住居との連携を確保するための具体的要件がいくつか設けられています。

⑤地域移行支援の対象拡大について

2014年4月から、「地域移行支援」の対象範囲について、現行の障害者支援施設等に入所している障害のある人または精神科病院に入院している精神障害のある人に加えて、その他の地域における生活に移行するために重点的な支援を必要とする者であって厚生労働省令で定めるものが追加されました。

・新たに地域移行支援の対象となった範囲

①入所期間の長期化や高齢化が進んでいる保護施設に入所している障害のある人。

「身体上または精神上の理由」が入所の要件となっている「救護施設」および「更生施設」に入所している障害のある人。

②退所後の住居を確保し、円滑に福祉サービス等につなげることで再犯防止が期待される矯正施設等

に入所している障害のある人。

矯正施設から退所するまでの間に、地域相談支援事業者が実施する障害福祉サービスの体験利用や体験宿泊など、矯正施設外で行う支援の提供が可能であると見込まれる障害のある人が中心。

※対象とする矯正施設の種類は、刑事施設（刑務所、少年刑務所および拘置所）および少年院です。

---

8. 各種減免措置

①障害者の福祉サービス利用負担

利用者は、次の所得階層に区分され、それぞれ月単位の負担上限額が定められます。

この負担上限額を超えた部分は、全額公費で支給されます。

区　分	世帯の収入状況	負担上限月額
生活保護	生活保護受給世帯	0円
低所得	市町民税非課税世帯	0円
一般1	市町民税課税世帯（所得割16万未満）	9,300円
一般2	上記以外	37,200円

※20歳未満の入所施設利用者は、負担上限月額9,300円

②障害児の福祉サービス利用負担

月額負担上限額の軽減措置が行われます（成人の入所施設には適用されません）。

区　分	月額負担上限額	
生活保護	0円	
市町民税非課税世帯	0円	
市町民税課税世帯 住民税の所得割28万円未満、おおむね年収890万円未満	通所施設、ホームヘルプ利用	4,600円
	入所施設利用	9,300円
市町民税課税世帯 上記以外	37,200円（減免措置なし）	

③通所施設の食費の減免措置

食費は実費負担が原則ですが、低所得、一般世帯1（グループホーム・ケアホーム利用者で所得割16万円未満を含む）の場合、食材料費に相当する3分の1の負担となっています（月22日利用の場合、5,100円）。特に、申請は不要で、所得区分認定の結果が適用されます。

④グループホーム利用者の家賃助成

1万円。家賃が1万円より低い場合は、その額

⑤特定入所者特別給付費に関する認定（補足給付）

原則自己負担の食費（基準額5.4万円）と、光熱水費（基準額1万円）について、所得に応じて次の給付が得られます（グループホーム等には適用されません）。

区　分	給　付　額	生活費として手元に残る額
生活保護受給者	64,000円	25,000円
低所得1	17,000円	25,000円
低所得2	11,500円	28,000円

⑥生活保護への移行予防措置に関する認定

「本来、適用されるべき上限額を適用すれば生活保護を必要とするが、より低い上限額を適用すれば生活保護を必要としない状態になる人」については、定率負担および施設入所者の食費・光熱水費の実費負担等の本来適用されるべき上限額より低い負担上限を適用します。ただし、貯蓄のある人は、対

象外です。預貯金が無くなるまでは自己負担額を払い、無くなったとき減免対象となります（自立支援医療にも同様の減免措置があります）。

　この認定については、生活保護の収入、支出と同様の仕組みとすることになっていますので、資産調査が必要となりますが、当初からこの「境界層減免」を目的とすることが明らかな場合は、親族調査の一部が省略されます。

　その手順は、次のとおりです。
①生活保護への移行予防措置（定率負担減免措置、特例補足給付）に関する認定の申請
②生活保護法における保護申請（必要な資産調査を受ける）
③生活保護受給却下通知を福祉事務所から受け取った後、これを市町に提出
④住民票に記載された世帯ではなく、申請者のみまたは申請者およびその配偶者のみの世帯とすること（世帯範囲の特例）の申請

ご存じですか？

「世帯」の範囲

1. 障害者総合支援法における「障害福祉サービス」の利用者負担の上限決定にあたり、所得を判断する際の世帯の範囲とは、次のとおりです。

　（1）18歳以上の障害のある人
　　　　－　障害のある人とその配偶者
　　　（施設に入所する18、19歳を除く）
　（2）障害のある子ども
　　　　－　保護者の属する住民基本台帳での世帯

2. 「自立支援医療」の利用料負担決定にあたっての世帯の範囲は、原則、「同じ医療保険に加入している家族」を同一世帯とします。ただし、同じ医療保険に加入している場合であっても、配偶者以外であれば、税制と医療保険のいずれにおいても障害のある人を扶養しないことにした場合は、別世帯とみなすことが可能となる場合もあり、住民基本台帳上の家族ではありません。

　（1）三人家族・Dさんの場合　〈同居、世帯主は夫のみ〉
　　夫・障害のある人本人（世帯主）：子の健康保険の被扶養者、子の税制上の扶養家族
　　妻：健康保険本人
　　子：健康保険本人
　　　　　　　　↓
　　障害のある人本人である夫の利用者負担は、「夫（本人）・子の収入状況」によって決定されるので、世帯としては「中間所得層か一定所得以上」で扱われます。

　（2）二人家族・Eさんの場合　〈同居、父（本人）と子の二人が世帯主（つまり世帯分離）〉
　　父・障害のある人本人（世帯主）：国民健康保険
　　子（世帯主）：国民健康保険（父と違う記号番号）、父を税制上の扶養家族としていない
　　　　　　　　↓
　　障害のある人本人である父の利用者負担は、「父（本人）の収入状況」によって決定されるので、市町民税の課税状況によっては「一定所得以下」として扱われる場合があります。

第4章　障害のある人の福祉

第4節　障害のある児童への支援制度

1. 児童福祉法について

　2012年4月に施行された改正児童福祉法等により、それまでの児童デイサービスなどの通所による支援は市町が管轄する「障害児通所支援」に、入所による支援は都道府県が管轄する「障害児入所支援」に再編され、障害種別ごとに分かれている施設の一元化が行われました。障害のある児童については、障害者総合支援法の規定とは異なり、児童福祉法による規定が多々ありますので、サービス利用時には注意が必要です。利用できるサービス・内容については各自治体窓口に問い合わせてください。

〈児童福祉法の理念〉
・国民は、児童が心身ともに健やかに生まれ、かつ育成されるよう努める。
・児童は、等しくその生活を保護され、愛護されなければならない。

2. 障害のある児童への福祉サービス

①障害児通所支援

ア　児童発達支援／医療型児童発達支援

こんな内容です

　大きく分けて、「児童発達支援センター」と「児童発達支援事業」の2類型になっています。

(1) 児童発達支援センター／医療型児童発達支援センター

　通所支援や、身近な地域の障害のある児童支援の拠点として、地域で生活する障害児や家族への支援や、地域の障害児を預かる施設に対する支援を行うもので、児童福祉施設として位置づけられています。

(2) 児童発達支援事業

　日常生活における基本的な動作の指導、知識技能の付与、集団生活への適応訓練などを行います。

利用できる人

　以下のいずれかに該当する人（児）で、概ね未就学児を対象とする。手帳の有無は問わない
(1) 身体に障害のある児童、知的障害のある児童または精神に障害のある児童（発達障害児を含む）
(2) 医療型については、上肢、下肢または体幹機能に障害のある児童
(3) 児童相談所、市町保健センター、医師等により療育の必要性が認められた児童

イ　放課後等デイサービス

こんな内容です

　学校に就学している障害のある児童に対して、放課後や長期休暇中（夏休み等）に、生活能力向上のために訓練等の継続的な提供を行います。
※具体的には、自立した日常生活を営むために必要な訓練、創作的活動、作業活動、地域交流の機会の提供、余暇の提供などさまざまです。

利用できる人

　小学校、中学校、高等学校に就学している障害のある児童

②障害児相談支援

　障害児通所支援の利用を希望する際は、「障害児支援利用計画」を作成する必要があります。作成は指定障害児相談支援事業所が行います（場合によってはセルフプランもあります）。

　障害児・障害者・高齢者
制度の線引きはあるけれど…

　障害のある方の福祉サービスは、18歳までは「障害児」のサービス利用、18歳以降は「障害者」のサービス利用が基本です。加えて65歳になったら障害福祉サービスよりも介護保険制度が優先というルールもあります。

　お話しするのは「児」⇒「者」に変わるときの出来事です。

　「児」のサービスである放課後等デイサービスは、通常18歳で卒業の年度末までの利用ですが、実は「引き続き、放課後等デイサービスを受けなければその福祉を損なうおそれがあると認めるときは満20歳に達するまで利用することができる」となっています。

　実際に20歳までの支給となった例では、卒業に際し「者」のサービスを探したものの、障害特性の個別性（例：強度行動障害や医療的ケア）、資源立地（事業所が遠く通えない）、事業所の定員に空きがない等で見つかりませんでした。「何とか20歳までに」という本人・家族の思いに応えて、かかわりのある事業所がサービスを拡充！　無事「者」のサービスの利用につながった例もあります。

　制度にはどこかに線引きがあります。その切り替わり目や狭間で苦労し、不安になっている方に時々出会います。複合的な課題をお持ちの方・家族もいらっしゃいます。

　支援者として、「制度だからしょうがない」と言うにとどまらず、ご本人の話に耳を傾け、今よりは一歩前進を目指して一緒に考える姿勢を持ち続けたいと思っています。　　　　　　　　　　　（相談支援専門員）

ウ　保育所等訪問支援

こんな内容です

　障害のある児童が、他の児童との集団生活に適応することができるよう身体および精神の状況や環境に応じて、適切かつ効果的な支援を行うものです。支援には訪問支援員があたります。また、障害のある児童本人だけでなく、訪問先施設のスタッフに対する支援も行います。

利用できる人

　保育所、幼稚園、小学校などに在籍している障害のある児童

③障害児入所支援

　障害児入所支援とは、入所により保護、日常生活の指導および自立生活に必要な知識や技能の付与を行う施設です。福祉サービスを行う「福祉型障害児入所施設」と、福祉サービスとあわせて治療を行う「医療型障害児入所施設」があります。利用の際には、まず児童相談所へご相談ください。

こんな内容です

①福祉型障害児入所施設
ア　食事、排せつ、入浴等の介護
イ　日常生活上の相談支援、助言
ウ　身体能力、日常生活能力の維持・向上のための訓練
エ　レクリエーション活動等の社会参加活動支援
オ　コミュニケーション支援
②医療型障害児入所施設
ア　疾病の治療
イ　看護
ウ　医学的管理の下における食事、排せつ、入浴等の介護
エ　日常生活上の相談支援、助言
オ　身体能力、日常生活能力の維持・向上のための訓練
カ　レクリエーション活動等の社会参加活動支援
キ　コミュニケーション支援

利用できる人

　以下のいずれかに該当する人（児）。手帳の有無は問わない
（1）身体に障害のある児童、知的障害のある児童または精神に障害のある児童（発達障害児を含む）
（2）医療型については、知的障害児（自閉症児）、肢体不自由児、重症心身障害児
（3）児童相談所、市町保健センター、医師等により療育の必要性が認められた児童

3. 障害のある児童への各種手当

①特別児童扶養手当

　精神または身体に障害のある児童に対して手当てを支給することにより、これからの児童の福祉の増進を図ることを目的としています。制度の詳細については、140ページおよび160ページにまとめています。

②障害児福祉手当

　重度障害のある児童に対して、その障害のため必要となる精神的、物質的な負担の軽減の一助として手当を支給することにより、特別障害児の福祉の向上を図ることを目的としています。制度の詳細については、140ページおよび160ページにまとめています。

4. 医療的ケア児への支援体制の現状と法整備

①医療的ケア児とは

　医療的ケア児とは、近年の医学の進歩を背景として、NICU（新生児特定集中治療室）等に長期入院した後、引き続き人工呼吸器や胃ろう等を使用し、たんの吸引等の医療的ケアが日常的に必要な子ども（18歳以上の高校生等を含む）を指す言葉です。

　医療的ケア児の健やかな成長や、家族の介護離職の防止等を目的に、「医療的ケア児及びその家族に対する支援に関する法律」（以下「医療的ケア児支援法」）が2021年9月18日に施行されました。

②医療的ケア児支援法の概要と環境整備

　医療的ケア児支援法では、国および地方公共団体の責務として、医療的ケア児が在籍する保育所や学校等における支援、医療的ケア児および家族の日常生活における支援、相談体制・情報共有・啓発活動の促進が責務化されるとともに、「医療的ケア児支援センター」の設置が可能となりました。

　また、2016年6月に児童福祉法が改正されたことにより、関係機関（保健、医療、障害福祉、保育、教育等）による協議の場を設置すること、医療的ケア児等コーディネーターの養成と配置が努力義務化されています。

○石川県では、2022年度より、「いしかわ医療的ケア児支援センター」を開設しています。

いしかわ医療的ケア児支援センター
委託先：独立行政法人　国立病院機構　医王病院
住　所：石川県金沢市岩出町ニ73-1
連絡先：076-203-6090
メール：303-icare.ishikawa@mail.hosp.go.jp

コラム　小児外科の病気

　小児外科は、新生児から思春期までの外科の病気を専門に担当しています。具体的には、鼠径ヘルニア（脱腸）、臍ヘルニア（いわゆる出べそ）、停留精巣、急性虫垂炎、腸重積症、乳児肥厚性幽門狭窄症や漏斗胸などの一般的な病気から、新生児の先天異常（食道閉鎖症、鎖肛、巨大結腸症など）、小児がん、胆道拡張症や胆道閉鎖症などの肝胆道系の病気まで幅広く治療しています。小児外科で診る病気の多くは手術を必要としますが、必ずしも手術だけで治療するわけではありません。例えば、臍ヘルニアに対しては圧迫療法を行います。腸重積症の80〜90％は高圧注腸によって整復可能で、乳児肥厚性幽門狭窄症はアトロピン療法で治ることもあります。急性虫垂炎も抗菌剤などを用いた保存的治療が行われることもあり、漏斗胸にはバキュームベル療法が有効です。

　現在、高度な技術を要する低侵襲外科（腹腔鏡下手術・胸腔鏡下手術）が積極的に行われており、ロボット手術も導入されようとしています。低侵襲外科が本当に子どもにやさしい方法なのか、今一度子どもの立場に立って考えることも必要です。一方、小児外科医にはこのような病気の原因を突き止める責務もあります。

（小児外科医）

第5節　難病等の人への支援制度

難病等の人への障害福祉サービス

①障害者総合支援法における難病等の人への支援の範囲

2013年4月から、難病等のある人が障害者総合支援法のサービスの対象となりました。難病等の定義としては「治療方法が確立していない疾病その他の特殊の疾病であって政令で定めるものによる障害の程度が厚生労働大臣が定める程度である者」とされています。

対象疾病の範囲については、当初は「難病患者等居宅生活支援事業制度（2012年度末に廃止）」の対象疾病の範囲（130疾病）と同じ範囲となっていました。その後、「難病の患者に対する医療等に関する法律および児童福祉法の一部改正法（2015年1月1日施行）」が成立したことに伴い、指定難病および小児慢性特定疾病の対象疾病の検討を踏まえて、障害者総合支援法の対象範囲を検討する「障害者総合支援法対象疾病検討会」が2014年8月27日に設置されました。

これまで5回の対象疾病拡大が行われ、2021年11月現在、361疾病が対象になっています（132ページ参照）。

②対象外となった疾病について

①2015年1月以降に対象外になった疾病

疾病名
劇症肝炎
重症急性膵炎

②2015年7月以降に対象外になった疾病

疾病名	
肝外門脈閉塞症	肝内結石症
偽性低アルドステロン症	ギラン・バレ症候群
グルチココルチコイド抵抗症	原発性アルドステロン症
硬化性萎縮性苔癬	好酸球性筋膜炎
視神経症	神経性過食症
神経性食欲不振症	先天性QT延長症候群
TSH受容体異常症	特発性血栓症
フィッシャー症候群	メニエール病

③2019年7月1日以降に対象外になった疾病

疾病名
正常圧水頭症

これらの疾病については、障害者総合支援法の対象外となりましたが、すでに障害福祉サービス等の支給決定等を受けたことがある人は引き続き利用することが可能となっています。

第4章　障害のある人の福祉

2021年11月現在の障害者総合支援法の対象疾病一覧（366疾病）

● 新たに対象となる疾病（6疾病）

○ 障害者総合支援法独自の対象疾病（29疾病）

番号	疾病名		番号	疾病名		番号	疾病名	
1	アイカルディ症候群		65	偽性副甲状腺機能低下症		129	再生不良性貧血	
2	アイザックス症候群		66	ギャロウェイ・モワト症候群		130	サイトメガロウィルス角膜内皮炎	○
3	IgA腎症		67	急性壊死性脳症	○	131	再発性多発軟骨炎	
4	IgG4関連疾患		68	急性網膜壊死	○	132	左心低形成症候群	
5	亜急性硬化性全脳炎		69	球脊髄性筋萎縮症		133	サルコイドーシス	
6	アジソン病		70	急速進行性糸球体腎炎		134	三尖弁閉鎖症	
7	アッシャー症候群		71	強直性脊椎炎		135	三頭酵素欠損症	
8	アトピー性脊髄炎		72	巨細胞性動脈炎		136	CFC症候群	
9	アペール症候群		73	巨大静脈奇形（頚部口腔咽頭びまん性病変）		137	シェーグレン症候群	
10	アミロイドーシス		74	巨大動静脈奇形（頚部顔面又は四肢病変）		138	色素性乾皮症	
11	アラジール症候群		75	巨大膀胱短小結腸腸管蠕動不全症		139	自己貪食空胞性ミオパチー	
12	アルポート症候群		76	巨大リンパ管奇形（頚部顔面病変）		140	自己免疫性肝炎	
13	アレキサンダー病		77	筋萎縮性側索硬化症		141	自己免疫性後天性凝固因子欠乏症（※）	●
14	アンジェルマン症候群		78	筋型糖原病		142	自己免疫性溶血性貧血	
15	アントレー・ビクスラー症候群		79	筋ジストロフィー		143	四肢形成不全	○
16	イソ吉草酸血症		80	クッシング病		144	シトステロール血症	
17	一次性ネフローゼ症候群		81	クリオピリン関連周期熱症候群		145	シトリン欠損症	
18	一次性膜性増殖性糸球体腎炎		82	クリッペル・トレノネー・ウェーバー症候群		146	紫斑病性腎炎	
19	1p36欠失症候群		83	クルーゾン症候群		147	脂肪萎縮症	
20	遺伝性自己炎症疾患		84	グルコーストランスポーター1欠損症		148	若年性特発性関節炎	
21	遺伝性ジストニア		85	グルタル酸血症1型		149	若年性肺気腫	
22	遺伝性周期性四肢麻痺		86	グルタル酸血症2型		150	シャルコー・マリー・トゥース病	
23	遺伝性膵炎		87	クロウ・深瀬症候群		151	重症筋無力症	
24	遺伝性鉄芽球性貧血		88	クローン病		152	修正大血管転位症	
25	ウィーバー症候群		89	クロンカイト・カナダ症候群		153	ジュベール症候群関連疾患	
26	ウィリアムズ症候群		90	痙攣重積型（二相性）急性脳症		154	シュワルツ・ヤンペル症候群	
27	ウィルソン病		91	結節性硬化症		155	徐波睡眠期持続性棘徐波を示すてんかん性脳症	
28	ウエスト症候群		92	結節性多発動脈炎		156	神経細胞移動異常症	
29	ウェルナー症候群		93	血栓性血小板減少性紫斑病		157	神経軸索スフェロイド形成を伴う遺伝性びまん性白質脳症	
30	ウォルフラム症候群		94	限局性皮膚異形成		158	神経線維腫症	
31	ウルリッヒ病		95	原発性局所多汗症	○	159	神経フェリチン症	
32	HTLV-1関連脊髄症		96	原発性硬化性胆管炎		160	神経有棘赤血球症	
33	ATR-X症候群		97	原発性高脂血症		161	進行性核上性麻痺	
34	ADH分泌異常症		98	原発性側索硬化症		162	進行性家族性肝内胆汁うっ滞症	●
35	エーラス・ダンロス症候群		99	原発性胆汁性胆管炎		163	進行性骨化性線維異形成症	
36	エプスタイン症候群		100	原発性免疫不全症候群		164	進行性多巣性白質脳症	
37	エプスタイン病		101	顕微鏡的大腸炎	○	165	進行性白質脳症	
38	エマヌエル症候群		102	顕微鏡的多発血管炎		166	進行性ミオクローヌスてんかん	
39	遠位型ミオパチー		103	高IgD症候群		167	心室中隔欠損を伴う肺動脈閉鎖症	
40	円錐角膜	○	104	好酸球性消化管疾患		168	心室中隔欠損を伴わない肺動脈閉鎖症	
41	黄色靱帯骨化症		105	好酸球性多発血管炎性肉芽腫症		169	スタージ・ウェーバー症候群	
42	黄斑ジストロフィー		106	好酸球性副鼻腔炎		170	スティーヴンス・ジョンソン症候群	
43	大田原症候群		107	抗糸球体基底膜腎炎		171	スミス・マギニス症候群	
44	オクシピタル・ホーン症候群		108	後縦靱帯骨化症		172	スモン	○
45	オスラー病		109	甲状腺ホルモン不応症		173	脆弱X症候群	
46	カーニー複合		110	拘束型心筋症		174	脆弱X症候群関連疾患	
47	海馬硬化を伴う内側側頭葉てんかん		111	高チロシン血症1型		175	成人スチル病	
48	潰瘍性大腸炎		112	高チロシン血症2型		176	成長ホルモン分泌亢進症	
49	下垂体前葉機能低下症		113	高チロシン血症3型		177	脊髄空洞症	
50	家族性地中海熱		114	後天性赤芽球癆		178	脊髄小脳変性症（多系統萎縮症を除く。）	
51	家族性低βリポタンパク血症1（ホモ接合体）	●	115	広範脊柱管狭窄症		179	脊髄髄膜瘤	
52	家族性良性慢性天疱瘡		116	膠様滴状角膜ジストロフィー		180	脊髄性筋萎縮症	
53	カナバン病		117	抗リン脂質抗体症候群		181	セピアプテリン還元酵素（SR）欠損症	
54	化膿性無菌性関節炎・壊疽性膿皮症・アクネ症候群		118	コケイン症候群		182	前眼部形成異常	
55	歌舞伎症候群		119	コステロ症候群		183	全身性エリテマトーデス	
56	ガラクトース-1-リン酸ウリジルトランスフェラーゼ欠損症		120	骨形成不全症		184	全身性強皮症	
57	カルニチン回路異常症		121	骨髄異形成症候群	○	185	先天異常症候群	
58	加齢黄斑変性	○	122	骨髄線維症	○	186	先天性横隔膜ヘルニア	
59	肝型糖原病		123	ゴナドトロピン分泌亢進症		187	先天性核上性球麻痺	
60	間質性膀胱炎（ハンナ型）		124	5p欠失症候群		188	先天性気管狭窄症／先天性声門下狭窄症	
61	環状20番染色体症候群		125	コフィン・シリス症候群		189	先天性魚鱗癬	
62	関節リウマチ		126	コフィン・ローリー症候群		190	先天性筋無力症候群	
63	完全大血管転位症		127	混合性結合組織病		191	先天性グリコシルホスファチジルイノシトール（GPI）欠損症	
64	眼皮膚白皮症		128	鰓耳腎症候群		192	先天性三尖弁狭窄症	

番号	疾病名	
193	先天性腎性尿崩症	
194	先天性赤血球形成異常性貧血	
195	先天性僧帽弁狭窄症	
196	先天性大脳白質形成不全症	
197	先天性肺静脈狭窄症	
198	先天性風疹症候群	○
199	先天性副腎低形成症	
200	先天性副腎皮質酵素欠損症	
201	先天性ミオパチー	
202	先天性無痛無汗症	
203	先天性葉酸吸収不全	
204	前頭側頭葉変性症	
205	早期ミオクロニー脳症	
206	総動脈幹遺残症	
207	総排泄腔遺残	
208	総排泄腔外反症	
209	ソトス症候群	
210	ダイアモンド・ブラックファン貧血	
211	第14番染色体父親性ダイソミー症候群	
212	大脳皮質基底核変性症	
213	大理石骨病	
214	ダウン症候群	○
215	高安動脈炎	
216	多系統萎縮症	
217	タナトフォリック骨異形成症	
218	多発血管炎性肉芽腫症	
219	多発性硬化症／視神経脊髄炎	
220	多発性軟骨性外骨腫症	○
221	多発性嚢胞腎	
222	多脾症候群	
223	タンジール病	
224	単心室症	
225	弾性線維性仮性黄色腫	
226	短腸症候群	○
227	胆道閉鎖症	
228	遅発性内リンパ水腫	
229	チャージ症候群	
230	中隔視神経形成異常症／ドモルシア症候群	
231	中毒性表皮壊死症	
232	腸管神経節細胞僅少症	
233	TSH分泌亢進症	
234	TNF受容体関連周期性症候群	
235	低ホスファターゼ症	
236	天疱瘡	
237	禿頭と変形性脊椎症を伴う常染色体劣性白質脳症	
238	特発性拡張型心筋症	
239	特発性間質性肺炎	
240	特発性基底核石灰化症	
241	特発性血小板減少性紫斑病	
242	特発性血栓症(遺伝性血栓性素因によるものに限る。)	
243	特発性後天性全身性無汗症	
244	特発性大腿骨頭壊死症	
245	特発性多中心性キャッスルマン病	
246	特発性門脈圧亢進症	
247	特発性両側性感音難聴	
248	突発性難聴	○
249	ドラベ症候群	
250	中條・西村症候群	
251	那須・ハコラ病	

番号	疾病名	
252	軟骨無形成症	
253	難治頻回部分発作重積型急性脳炎	
254	22q11.2欠失症候群	
255	乳幼児肝巨大血管腫	
256	尿素サイクル異常症	
257	ヌーナン症候群	
258	ネイルパテラ症候群(爪膝蓋骨症候群)／LMX1B関連腎症	
259	ネフロン癆	●
260	脳クレアチン欠乏症候群	●
261	脳腱黄色腫症	
262	脳表ヘモジデリン沈着症	
263	膿疱性乾癬	
264	嚢胞性線維症	
265	パーキンソン病	
266	バージャー病	
267	肺静脈閉塞症／肺毛細血管腫症	
268	肺動脈性肺高血圧症	
269	肺胞蛋白症(自己免疫性又は先天性)	
270	肺胞低換気症候群	
271	ハッチンソン・ギルフォード症候群	
272	バッド・キアリ症候群	
273	ハンチントン病	
274	汎発性特発性骨増殖症	○
275	PCDH19関連症候群	
276	非ケトーシス型高グリシン血症	
277	肥厚性皮膚骨膜症	
278	非ジストロフィー性ミオトニー症候群	
279	皮質下梗塞と白質脳症を伴う常染色体優性脳動脈症	
280	肥大型心筋症	
281	左肺動脈右肺動脈起始症	
282	ビタミンD依存性くる病／骨軟化症	
283	ビタミンD抵抗性くる病／骨軟化症	
284	ビッカースタッフ脳幹脳炎	
285	非典型溶血性尿毒症症候群	
286	非特異性多発性小腸潰瘍症	
287	皮膚筋炎／多発性筋炎	
288	びまん性汎細気管支炎	○
289	肥満低換気症候群	○
290	表皮水疱症	
291	ヒルシュスプルング病(全結腸型又は小腸型)	
292	VATER症候群	
293	ファイファー症候群	
294	ファロー四徴症	
295	ファンコニ貧血	
296	封入体筋炎	
297	フェニルケトン尿症	
298	フォンタン術後症候群	○
299	複合カルボキシラーゼ欠損症	
300	副甲状腺機能低下症	
301	副腎白質ジストロフィー	
302	副腎皮質刺激ホルモン不応症	
303	ブラウ症候群	
304	プラダー・ウィリ症候群	
305	プリオン病	
306	プロピオン酸血症	
307	PRL分泌亢進症(高プロラクチン血症)	
308	閉塞性細気管支炎	
309	β-ケトチオラーゼ欠損症	
310	ベーチェット病	

番号	疾病名	
311	ベスレムミオパチー	
312	ヘパリン起因性血小板減少症	○
313	ヘモクロマトーシス	○
314	ペリー症候群	
315	ペルーシド角膜辺縁変性症	○
316	ペルオキシソーム病(副腎白質ジストロフィーを除く。)	
317	片側巨脳症	
318	片側痙攣・片麻痺・てんかん症候群	
319	芳香族L-アミノ酸脱炭酸酵素欠損症	
320	発作性夜間ヘモグロビン尿症	
321	ホモシスチン尿症	●
322	ポルフィリン症	
323	マリネスコ・シェーグレン症候群	
324	マルファン症候群	
325	慢性炎症性脱髄性多発神経炎／多巣性運動ニューロパチー	
326	慢性血栓塞栓性肺高血圧症	
327	慢性再発性多発性骨髄炎	
328	慢性膵炎	○
329	慢性特発性偽性腸閉塞症	
330	ミオクロニー欠神てんかん	
331	ミオクロニー脱力発作を伴うてんかん	
332	ミトコンドリア病	
333	無虹彩症	
334	無脾症候群	
335	無βリポタンパク血症	
336	メープルシロップ尿症	
337	メチルグルタコン酸尿症	
338	メチルマロン酸血症	
339	メビウス症候群	
340	メンケス病	
341	網膜色素変性症	
342	もやもや病	
343	モワット・ウイルソン症候群	
344	薬剤性過敏症症候群	○
345	ヤング・シンプソン症候群	
346	優性遺伝形式をとる遺伝性難聴	○
347	遊走性焦点発作を伴う乳児てんかん	
348	4p欠失症候群	
349	ライソゾーム病	
350	ラスムッセン脳炎	
351	ランゲルハンス細胞組織球症	
352	ランドウ・クレフナー症候群	
353	リジン尿性蛋白不耐症	
354	両側性小耳症・外耳道閉鎖症	
355	両大血管右室起始症	
356	リンパ管腫症／ゴーハム病	
357	リンパ脈管筋腫症	
358	類天疱瘡(後天性表皮水疱症を含む。)	
359	ルビンシュタイン・テイビ症候群	
360	レーベル遺伝性視神経症	
361	レシチンコレステロールアシルトランスフェラーゼ欠損症	
362	劣性遺伝形式をとる遺伝性難聴	○
363	レット症候群	
364	レノックス・ガストー症候群	
365	ロスムンド・トムソン症候群	
366	肋骨異常を伴う先天性側弯症	

（※）新たに対象となる自己免疫性後天性凝固第X因子欠乏症は、対象疾病番号141（自己免疫性後天性凝固因子欠乏症）に統合
（注）疾病名の表記が変更になる可能性がある

（厚生労働省資料より）

第6節　障害のある人（児）の医療費助成制度

1. 心身障害者医療費助成制度

こんな内容です

身体障害のある人（児）および知的障害のある人に対する医療費の自己負担分を県と市町で2分の1ずつ助成している制度です。

利用できる人

(1) 1級または2級の身体障害者手帳を持っている人。

(2) 知的障害の程度が重度で療育手帳「A1」「A2」「B1」を持っている人。

「B1」（IQ35以下の人）の場合は、入院費のみ助成対象となります。

(3) 1級の精神障害者保健福祉手帳を持っている人。

石川県単独事業では所得制限がありますが、市町によっては所得制限をなくしたり、身体障害者手帳の3級や4級、療育手帳「B2」、精神障害者保健福祉手帳2級の所持者まで対象を広げているところもあります。

詳しくは220ページの医療費助成制度一覧を参照してください。

対象となる医療費

1	医療費の一部負担	○
2	入院給食費の一部負担	×
3	保険外負担	×
4	介護保険の一部負担	×

手続き

市町障害福祉担当課に申請して「受給者証」をもらいます。

医療機関の窓口で、「受給者証」と健康保険証を提示すると医療費の自己負担がなくなります。

ご存じですか？

65歳〜75歳で障害のある人は

心身障害者医療費助成制度の石川県の基準では、65歳〜74歳の人で一定程度の障害がある人については後期高齢者医療制度の対象となるため、後期高齢者医療制度に加入しない65歳〜74歳の人については自己負担分である1割分のみを助成対象としています。

市町によっては県の基準に準じて国保や協会けんぽの人で自己負担が3割の人に対しても1割分しか助成していない市町もありますので、健康保険の切り替えをするときには注意が必要です。県内市町の助成内容については221ページを参照してください。

2. 自立支援医療（更生医療）制度

こんな内容です

　手術等の治療によって、身体上の障害を軽くしたり、取り除いたりできる場合に適用される医療給付制度です。

利用できる人

　身体障害者手帳を持っている18歳以上の人で、次にあげる障害がある人

（1）肢体不自由　（2）視覚障害　（3）聴覚平衡機能障害　（4）音声言語そしゃく機能障害　（5）内部障害（心臓・腎臓・肝臓・小腸等）　（6）免疫機能障害（HIV感染症）

対象となる医療費

1	医療費の一部負担	○
2	入院給食費の一部負担	×
3	保険外負担	×
4	介護保険の一部負担	○
訪問看護、訪問リハビリテーション、通所リハビリテーション、介護療養型医療施設		

自己負担

　原則1割負担です。ただし、所得と疾病に応じた自己負担限度額が設けられています。

更生医療の自己負担限度額（月額）

生活保護世帯	0円		
市町民税非課税かつ本人収入80万円以下	2,500円		
市町民税非課税かつ本人収入80万円超	5,000円		
市町民税（所得割）3万3,000円未満	上限なし（医療保険の自己負担限度額）	重度かつ継続の場合	5,000円
市町民税（所得割）23万5,000円未満			10,000円
市町民税（所得割）23万5,000円以上	公費負担の対象外（医療保険の負担割合・負担限度額）		20,000円※

※重度かつ継続の範囲は、
① 医療保険の高額療養費の多数該当の人
② 腎臓機能・小腸機能・免疫機能障害・心臓機能障害（心移植後の抗免疫療法に限る）、肝機能障害（肝移植後の抗免疫療法に限る）

※「世帯」については、住民票の世帯による区分ではなく、加入している医療保険の種類により区分されます。したがって、異なる医療保険に加入している家族は別「世帯」として取り扱われます。

※市町民税（所得割）が23万5,000円以上で「重度かつ継続」の人は自己負担額が20,000円となっていますが、2021年3月31日までの経過措置が、2024年3月31日まで延長となりました。

手続き

　次の書類を添えて、市町担当課に申請すると、「受給者証」が交付されます。

①申請書　②指定医療機関の意見書　③身体障害者手帳の写し　④医療保険証　⑤所得等が確認できる資料　⑥個人番号カード

　医療機関の窓口で「受給者証」と保険証を提示すると、医療費の自己負担が軽減されます。

＼ワンポイント アドバイス／

再認定・変更手続について

　人工透析療法や抗HIV療法などで治療期間が長期間に及ぶ場合は、毎年再認定の申請が必要となります。また、自立支援医療を受診している人が指定医療機関（薬局、訪問看護も含む）や、氏名、住所、医療保険などの変更があった場合には変更の申請手続きが必要となります。

第4章　障害のある人の福祉

3. 自立支援医療（育成医療）制度

こんな内容です

　身体に障害のある児童に対して、早期に手術等の治療を行い、その障害を軽くしたり、取り除いたりするための医療給付制度です。

利用できる人

　次にあげる身体上の障害をもっている、または今もっている病気で将来障害を残すと認められた18歳未満の児童

　（1）肢体不自由　（2）視覚障害　（3）聴覚平衡機能障害　（4）音声言語そしゃく機能障害　（5）内部障害（心臓・腎臓・肝臓・小腸等）　（6）免疫機能障害（HIV感染症）

対象となる医療費

1	医療費の一部負担	○
2	入院給食費の一部負担	×
3	保険外負担	×

自己負担

　原則1割負担です。ただし、所得と疾病に応じた自己負担限度額が設けられています。

育成医療の自己負担限度額（月額）

生活保護世帯	0円		
市町民税非課税かつ本人収入80万円以下	2,500円		
市町民税非課税かつ本人収入80万円超	5,000円		
市町民税（所得割）3万3,000円未満	1,000円※	重度かつ継続の場合	5,000円
市町民税（所得割）23万5,000円未満	10,000円※		10,000円
市町民税（所得割）23万5,000円以上	公費負担の対象外（医療保険の負担割合・負担限度額）		20,000円※

※重度かつ継続の範囲は、
① 医療保険の高額療養費の多数該当の人
② 腎臓機能・小腸機能・免疫機能障害・心臓機能障害（心

臓移植後の抗免疫療法に限る）、肝機能障害（肝移植後の抗免疫療法に限る）
※市町民税（所得割）が23万5,000円以上で「重度かつ継続」の人は自己負担額が20,000円および市町民税（所得割）3万3,000円未満の人の自己負担が5,000円、市町民税（所得割）23万5,000円未満の人の自己負担が1,000円となっていますが、2021年3月31日までの経過措置が、2024年3月31日まで延長となりました。
※「世帯」については、住民票の世帯による区分ではなく、加入している医療保険の種類により区分されます。したがって、異なる医療保険に加入している家族は別「世帯」として取り扱われます。

手続き

　次の書類を添えて、保健福祉センターに申請すると、「受給者証」が交付されます。
①申請書　②指定医療機関の意見書　③医療保険証④所得等が確認できる資料　⑤個人番号カード
　医療機関の窓口で「受給者証」と保険証を提示すると、医療費の自己負担が軽減されます。

コラム　右上の歯が痛いんです！

　このように患者さんから言われると、我々歯科医は、どの歯かを特定するために口の中をミラー（歯鏡）で見ながら、虫歯や治療の有無を見つけ、シリンジで少し強いエアーを吹きかけたり、ミラーの柄で打診を繰り返す。そうして当たりをつけてからXray（レントゲン）で確認するのだ。

　冷たいものに痛い、噛んだ時痛い、何もしなくても痛い。これらは比較的容易に問題の歯牙を特定できる。そんな中、打診でわかるのは、歯の根の先に痛みの原因となった炎症があるかないか？なのだった。

　しかしながら、冷たいものに痛くない、噛んでもさほど痛くはないが、何もしなくてもなぜか痛い。虫歯はない。Xrayでも確認し、考え込む。打診の反応はどの歯もわずかだ。Xrayを再度眺める。歯の根の先の画像に少し映り込んだ上顎洞（副鼻腔の一つ）に炎症像がかすかに見える。風邪をひきませんでした？そういえば先週少し…。

　上顎洞炎について、耳鼻科の先生の中には、左右とも痛い場合は鼻炎で自分たちの領域だが、左右の内一方だけなら歯性のものだろう。という先生もいるのかもしれないが、左右の自然孔（鼻腔との通路）の大きさが全く同じというわけであるはずもなく、春先や風邪の季節、意外と片側だけのものを臨床上よく目にする。

（歯科医師）

4. 自立支援医療（精神通院）制度

こんな内容です

精神疾患を理由として通院医療を受ける場合に、その医療に必要な費用の一部を補助する制度です。

利用できる人

精神疾患により、継続的な通院による精神療法や薬物療法の治療を受けている人

対象となる医療費

精神障害および当該精神障害の治療に関連して生じた病態や、当該精神障害の症状に起因して生じた病態に対する通院医療が対象になります。

1	医療費の一部負担	○
2	入院給食費の一部負担	○
3	保険外負担	×
4	介護保険の一部負担（訪問看護）	○

自己負担

原則1割負担です。ただし、所得と疾病に応じた自己負担限度額が設けられています。

精神通院医療の自己負担限度額（月額）

生活保護世帯	0円		
市町民税非課税かつ本人収入80万円以下	2,500円		
市町民税非課税かつ本人収入80万円超	5,000円		
市町民税（所得割）3万3,000円未満	上限なし（医療保険の自己負担限度額）	重度かつ継続の場合	5,000円
市町民税（所得割）23万5,000円未満			10,000円
市町民税（所得割）23万5,000円以上	公費負担の対象外（医療保険の負担割合・負担限度額）		20,000円※

※重度かつ継続の範囲は
① 医療保険の高額療養費の多数該当の人
② 症状性を含む器質性精神障害、精神作用物質使用による精神及び行動の障害、統合失調症・統合失調症型障害および妄想性障害、気分障害、てんかん
③ 3年以上の精神医療の経験を有する医師により、「情動及び行動の障害」または「不安及び不穏状態」の症状を示す精神障害のため計画的集中的な通院医療（状態の維持、悪化予防のための医療を含む）を継続的に要すると診断された者として認定を受けた人
※市町民税（所得割）が23万5,000円以上で「重度かつ継続」の人は自己負担額が20,000円となっていますが、2021年3月31日までの経過措置が、2024年3月31日まで延長となりました。
※「世帯」については、住民票の世帯による区分ではなく、加入している医療保険の種類により区分されます。したがって、異なる医療保険に加入している家族は別「世帯」として取り扱われます。

手続き

次の書類を添えて保健福祉センターに申請すると、「受給者証」が給付されます。
①申請書　②指定医療機関の診断書　③医療保険証　④所得等が確認できる資料

医療機関の窓口で「受給者証」と保険証を提示すると、医療費の自己負担が軽減されます。

＼ワンポイント アドバイス／

自立支援医療申請の注意点

精神障害者保健福祉手帳を所持している人が自立支援医療を新規申請する場合、診断書は必要なく手帳の写しで申請することができます。ただし「重複かつ継続」として申請する場合は、別途意見書の添付が必要です。なお更新申請の手続きにおいては診断書の提出が必要となります。

精神障害者保健福祉手帳と同時に申請する場合は、手帳用の診断書1枚で申請することができます。

コメント

石川県にも通院精神医療費助成制度の創設を

精神障害のある人には、生涯病気に悩まされ、再発を繰り返したり、病識が少ないため通院を中断することが多く、通院精神医療の1割自己負担への助成は、通院治療の継続には必要不可欠なものです。県内では市町によっては独自に助成制度を設けていますが石川県の補助事業ではありません（219ページ参照）。県単独事業として、通院精神医療費助成制度の創設が望まれています。

第7節　その他の制度

1. 障害年金

こんな制度です

公的年金制度としての「障害年金」制度とは、障害基礎年金、障害厚生年金の2つを総称したものです。

2つのうち、どちらの年金を受給できるかは、「初診日において、どの制度に加入していたのか」で決まります。そのため、初診日がいつなのか、そのときにどの年金制度に加入していたのか、ということは非常に重要な意味を持っています。

以前は上記の2つに加えて、主に公務員が対象となる「障害共済年金」も存在していたのですが、2015年10月に被用者年金制度が一元化された際に、障害厚生年金に統一され現在の形となりました。

障害基礎年金

国民年金（20歳以上のすべての国民が加入する制度）に加入していたときに初診日がある場合で、病気やケガで一定の障害が残ったときに、障害基礎年金が支給されます。障害基礎年金には、1級と2級があります。

なお、20歳未満に初診日がある場合でも、20歳以降、障害基礎年金が支給されます（所得制限あり）。

障害厚生年金

労働者と、その扶養家族が加入する厚生年金制度に加入していた時に初診日がある場合で、病気やケガが残ったときに、障害厚生年金が支給されます。障害厚生年金は1級から3級まで分かれています。

また、1級と2級に該当した場合は、障害基礎年金も併せて支給されます。

利用できる人

障害年金を受給するためには、加入要件・保険料納付要件・障害状態要件の3つの要件を満たしていることが必要です。

	障害基礎年金	障害厚生年金
加入要件	初診日において国民年金の被保険者であること。または、初診日に、20歳未満であるか、60歳以上65歳未満で日本国内に住んでいたこと。	初診日において、厚生保険年金の被保険者であること。
保険料納付要件	傷病の初診月の前々月までに被保険者期間の3分の1以上の滞納がないこと。ただし、3分の1以上の滞納があっても初診月の前々月までの直近の1年間に保険料の滞納がなければよい。	同左
障害状態要件	障害認定日における障害の程度が1級・2級であること。この他に事後重症があります。	障害認定日における障害の程度が1〜3級であること。※初診日から5年以内に治り、障害手当金の障害の状態になったときは、障害手当金（一時金）が受けられます。この他に事後重症があります。

保険料納付要件

初診日の前日において、保険料がどれだけ納付されているのかを見るという意味の要件なので、初診日以後に払っても「初診日の前日」以前に払ったものではないので、保険料納付要件には反映されません。

初診日

障害の原因となった傷病について、初めて医師または歯科医師の診療を受けた日をいいます。

障害認定日

【原則】
・初診日から起算して1年6カ月を経過した日
・初診日から起算して1年6カ月の期間内に治ったときはその治った日（その症状が固定し治療の効果が期待できない状態に至った日を含む）

【特例】
初診日から1年6カ月以内でも認められるもの
・四肢または指を欠く人についてはそれを切断した日等
・人工骨頭または人工関節を挿入置換した日
・脳血管障害で医師が症状固定とした日（ただし6カ月以内は症状固定とはみなされない）
・心臓ペースメーカー、人工弁を装着した日
・人工肛門、新膀胱を造設した日、尿路変更術を施術した日
・人工透析を開始した日から3カ月を経過した日
・喉頭全摘出の場合は、全摘出した日
・在宅酸素療法を行っている場合は、在宅酸素療法を開始した日

障害等級

障害の程度を認定する場合の基準となる障害等級は、国民年金法施行令別表、厚生年金保険法施行令別表第1および別表第2に規定されていますが、その障害の認定は次のとおりです。なお、障害年金の基準は身体障害者手帳の基準とは異なります。

（1）1級

身体の機能の障害または長期にわたる安静を必要とする病状が、日常生活の用を弁ずることを不能ならしめる程度のものをいいます。

例えば、身のまわりのことはかろうじてできるが、それ以上の活動はできないもの、すなわち、病院内の生活の場合は、活動の範囲がおおむねベッド周辺に限られるものであり、家庭内の生活の場合は、活動の範囲がおおむね病室内に限られる程度のものです。

（2）2級

身体の機能の障害または長期にわたる安静を必要とする病状が、日常生活が著しい制限を受けるかまたは日常生活に著しい制限を加えることを必要とする程度のものをいいます。

例えば、家庭内の極めて温和な活動はできるが、それ以上の活動はできないもの、すなわち、病院内の生活の場合は、活動の範囲がおおむね病棟内に限られるものであり、家庭内の生活の場合は、活動の範囲がおおむね家屋内に限られる程度のものです。

（3）3級

労働が著しい制限を受けるかまたは労働に著しい制限を加えることを必要とする程度のものをいいます。

（4）障害手当金の支給対象

初診日から5年以内に傷病が治ったものであって、労働が制限を受けるかまたは労働に制限を加えることを必要とする程度のものをいいます。

事後重症制度

初診日から1年6カ月を経過した障害認定日においては障害等級に該当する障害の状態になかった人が、同日後65歳の誕生日の前々日までの間において、その傷病により障害等級に該当する障害の状態に至ったときは、その期間内（65歳の誕生日の前々日まで）に障害年金を請求することができます。

この事後重症制度による障害年金は、請求したときに初めて年金を受ける権利が発生します。

支給決定がなされれば、請求月の翌月から支給されます。つまり、事後重症として請求できる状態のときは、早めに請求することが大切です。

ただし、老齢基礎年金を60歳から65歳までに繰り上げ請求した人は、事後重症による障害年金を請求することはできません。

傷病の併合により2級以上に該当する場合

2級以上に満たない程度の障害の状態にあった人が、新たな傷病（基準傷病）にかかり、65歳になるまでの間に、基準傷病による障害と前の障害を併せるとはじめて2級以上の障害に該当したときは、本人の請求により障害基礎年金等を受けられます。

ただし、この場合は基準傷病の初診日において本来の障害基礎年金等の支給を受けるための要件を満たしていることが必要となります。

障害年金の併給選択

障害年金の併給には以下のようなものがあります。
（1）障害基礎年金＋老齢厚生年金
（2）障害基礎年金＋遺族厚生年金（経過的寡婦加算は支給停止）
（3）障害基礎年金＋老齢厚生年金×1/2＋遺族厚生年金（経過的寡婦加算を除く）×1/3
（4）障害基礎年金＋障害厚生年金
注意点
※障害基礎年金に子の加算がついている場合、老齢厚生年金の子の加給年金額は支給停止になります。

※65歳以降障害基礎年金と遺族厚生年金の併給が可能となりましたが、遺族厚生年金に経過的寡婦加算が加算されている場合、障害基礎年金を選択受給する場合には、経過的寡婦加算は支給停止になります。

2. 各種手当制度

　障害のある人の生活の経済的保障として、次のような手当、共済制度があります（2022年度）。

制度名	内　　　　容	手続き	問合せ
障害児福祉手当	在宅で、日常生活において常時介護を必要とする20歳未満の重度の障害（身体障害者手帳1級、2級の一部、療育手帳Aの一部）のある人、同等の精神障害のある人に支給されます。特別児童扶養手当受給者の内、特に障害の重い子どもにプラスされるものといえます。施設入所者は受給できません。所得制限あり。 　支給額（月額）14,850円	・認定請求書 ・診断書 ・預金通帳等	市町障害福祉担当課
特別障害者手当	在宅で、日常生活において常時介護を必要とする20歳以上の重度の障害（おおむね2つ以上の重度の障害を重複）のある人、同等の精神に障害のある人に支給されます。所得制限あり。 　支給額（月額）27,300円	・認定請求書 ・診断書 ・預金通帳等	市町障害福祉担当課
特別児童扶養手当	在宅で身体または精神に中程度（おおむね身体障害者手帳1～3級、療育手帳AおよびBの一部）以上の障害があるため、日常生活おいて介護を要する20歳未満の子どもを養育している人に支給されます。精神に障害のある人の場合、利用数は非常に少ないようです。所得制限あり。 　支給額（月額）1級　52,400円　2級　34,900円	・認定請求書 ・戸籍、住民票謄本 ・預金通帳等	市町障害福祉担当課
心身障害者扶養共済	将来独立自活が困難と認められた身体障害（1～3級に該当）・知的障害・精神に障害のある人の保護者が掛金を納付し、死亡、重度の障害を負ったとき、障害のある人本人に終身、年金が支給される制度です。掛金は、加入時の年齢によって異なり、2口まで加入することができます。掛金の減免や助成も行っています。 　年金額（月額）1口につき20,000円	・申込書 ・住民票謄本 ・療育手帳または身体障害者手帳精神保健福祉手帳（持っている人のみ）	市町障害福祉担当課
児童扶養手当	いくつか支給要件があります。例えば、父または母が一定程度の障害の状態にある児童を監護・養育する者にも支払われます。児童の人数に応じて支給金額が異なります。世帯の所得金額によっては減額（一部支給）のみとなる場合もあります。 　児童：1人・・・43,070円 　　　　2人・・・10,170円加算 　　　　3人以上・・・1人につき6,100円加算	・認定請求書 ・診断書 ・預金通帳等	市町障害福祉担当課

3. 就労支援に関する制度

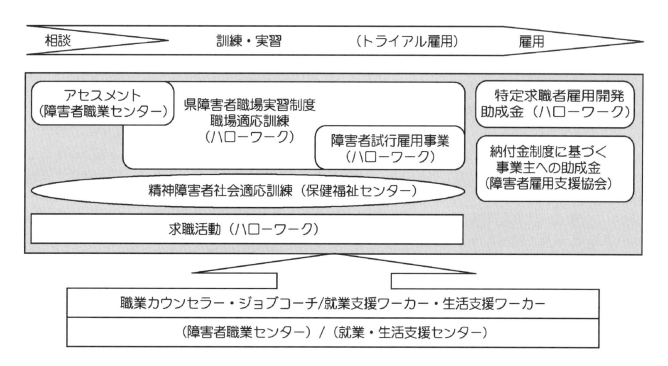

①相談・支援機関

石川障害者職業センター

　就職のための相談・助言・支援、就職後のフォローアップまで一連の職業リハビリテーションサービスを行っています。職業評価、職業準備支援（石川ワークトレーニング社）、ジョブコーチ支援などのメニューがあります。ジョブコーチには、障害者職業センターに所属するジョブコーチ（配置型ジョブコーチ）と社会福祉法人等の協力機関に所属するジョブコーチ（第1号職場適応援助者）があります。

　連絡先：〒920-0901
　　　　　金沢市彦三町1丁目2番1号
　　　　　アソルティ金沢彦三2階
　　　　　TEL 076-225-5011
　　　　　FAX 076-225-5017

ご存じですか？

職業準備支援事業に「自立支援コース」

　精神に障害のある人を対象に対人技能訓練などによって基本的な労働習慣の体得や対人技能などを習得するコースがあります。

障害者就業・生活支援センター

　就労に向けた支援や職場探し、職場での支援、長期のフォローアップ、事業主への支援等を障害者職業センター等関係機関と連携して行います。あわせて就労に伴う生活の支援も行います。

〈金沢障害者就業・生活支援センター〉
　支援対象地域：金沢市・白山市・野々市市・
　　　　　　　　かほく市・津幡町・内灘町
　連絡先：〒920-0864
　　　　　金沢市高岡町7-25 金沢市松ヶ枝福祉館2階
　　　　　TEL 076-231-3571
　　　　　FAX 076-231-3560
〈こまつ障害者就業・生活支援センター〉
　支援対象地域：小松市・加賀市・能美市・川北町
　連絡先：〒923-0942　小松市桜木町96-2
　　　　　TEL 0761-21-8553
　　　　　FAX 0761-21-8559

ハローワーク

　障害のある人のための職業紹介、就業指導等を行っています。専門の職員、相談員を配置し、ケースワーク方式で求職申し込みから就職後のアフターケアまで行っています。また、障害のある人を対象とした就職面接会を実施しています。

　連絡先：348ページ参照

②訓練・実習制度

石川県障害者職場実習

　1カ月（〜2カ月）間、実際の職場で職務経験をし、就業への自信をつけるための制度で、事業主側にとっては障害のある人への理解を深めるための職場実習制度です。事業所には委託費18,000円、訓練生には実習手当日額4,630円と通所手当日額500円までが支給されます。

　問い合わせ先：ハローワーク（348ページ参照）

職場適応訓練

　6カ月（中小企業または重度障害のある人は1年以内）の実施訓練で、職場の環境に適応しやすくし、訓練終了後は事業所に引き続き雇用してもらう制度です。事業主に委託費月額24,000円（重度の場合25,000円）、訓練生に基本手当日額3,930円（2級地：金沢市・小松市）、3,530円（3級地：その他）と受講手当日額700円、通所手当実費相当（最高月額42,500円）が支給されます。

　問い合わせ先：ハローワーク（348ページ参照）

雇用移行推進事業による障害者職場実習

　企業において、障害のある人が仕事体験することを通じて、働くために必要な能力等を理解し、将来的な雇い入れに向けた、受け入れ環境の醸成や業務範囲の明確化のために実施されています。なお、実習期間は5〜10日・1日3時間程度から設定されます。雇用を約束するものではありません。

　窓口：ハローワーク（348ページ参照）

③トライアル雇用

障害者試行雇用事業

　一定期間（3カ月以内）試行雇用し、適性や業務遂行の可能性を見極め、求職者と求人者の相互理解を促進すること等を通じて、早期就職の実現や雇用機会の創出を図る制度です。事業主に奨励金1人月額40,000円が支給されます。

　問い合わせ先：ハローワーク（348ページ参照）

④事業主に対する助成金

　さまざまな助成金がありますが、ここでは6つの助成金を紹介します。

特定求職者雇用開発助成金

　事業主がハローワークの紹介で障害のある人を雇用した時、雇用後1年間（重度の場合1年6カ月）、企業の規模や所定労働時間等により、総額30万円から240万円まで支給されます。

　窓口：ハローワーク（348ページ参照）

重度障害者等通勤対策助成金

　重度の身体・知的障害のある人、精神に障害のある人等を雇用する事業主が、通勤を容易にするための措置を行う場合、その費用の一部を助成する制度です。住宅の新築、住宅の貸借、指導員の配置、通勤用バスの購入、バス運転手・通勤援助者の委嘱、駐車場の貸借、通勤用自動車の購入などに対して助成金が支給されます。

　窓口：石川障害者職業センター（348ページ参照）

障害者作業施設設置等助成金

　障害のある人の作業を容易にするための施設、または障害を克服するために改造された設備の設置・整備を行う場合、その費用の一部を助成する制度です。助成率は2/3（支給限度額は1人450万円、賃借の場合は1人月13万円）。

　窓口：石川障害者職業センター（348ページ参照）

職場適応援助者助成金

　障害のある人に対して職場適応援助者（第2職場適応援助者）を配置し援助を実施する場合に、その費用の一部を助成する制度です。「訪問型職場適応援助者助成金」と「企業在籍型職場適応援助者助成金」の2種類があります。

　問い合わせ先：独立行政法人高齢・障害・非職者
　　　　　　　　雇用支援機構石川支部
　　　　　　　　（348ページ参照）

ご存じですか？

うつ病の人に…職場復帰支援（リワーク支援）

　障害者職業センターでは、うつ病等の精神障害により休職している人の職場復帰を支援しています。

　休職期間に復帰のためのウォーミングアップを行い、円滑な復帰をめざします。

　実施にあたっては主治医や企業（職場）の同意が必要です。

4. 福祉有償運送事業

こんな内容です

　障害などのために、ひとりでは移動することが困難な人を支援するための交通手段として実施されるサービスの一つです。道路運送法における登録を受けた営利を目的としない社会福祉法人やNPO法人などによって行われる、ドアツードアの外出支援サービスといえます。どんな状態でも、移動の権利を保障することが目的です。

利用できる人

　次にあげる人のうち、他の人の介助なしに移動することが困難であり、一般の公共交通機関を利用することが難しい人と、そのつきそいの人が対象です。各事業所での会員登録が必要となります。

・身体障害者手帳をもっている人
・介護保険で、要介護認定を受けている人
・その他、肢体不自由、内部障害、知的障害、精神障害その他の障害のある人

問合せ

　各市町相談窓口および各事業所へ問い合わせてください。

ご存じですか？

金沢市のメルシーキャブ

　金沢市で行っている移動支援サービス（メルシーキャブ）について紹介します。このサービスは、利用する人とボランティアとして運転に携わる人との相互の関係で成り立っています。

・利用会員…日常車いすを使用し、バスやタクシーの利用が困難な、金沢市内に住んでいる人
・利用目的…買物、行楽、通院等
・利用時間…毎日午前8時〜午後9時（12月29日〜1月3日までを除く）
・利用方法…利用希望日の2カ月前から3日前までの予約制
・利用地域…金沢市内、県内隣接市町および小松空港
・利用料……30分300円および燃料費（1kmにつき20円）、実費（有料道路、駐車料金など。キャンセルは1回300円）
・年会費……1,500円
・申し込み・問い合わせ先…金沢市社会福祉協議会
　　　　　　　　　　　　　TEL 076-231-3571

5. 自動車にかかる諸税の免税

こんな内容です

　身体障害者手帳等（身体障害者手帳・戦傷病者手帳・療育手帳・精神障害者保健福祉手帳）を持っている人が、日常生活に必要な生活手段として使用する自動車について、一定の要件を満たす場合は、自動車税や自動車取得税が全額減免されます。

　ただし、自動車取得税の減免については、登録時の申告と同時に減免申請を行わないと、後から減免を受けることはできないので、必ず申告の際に同時に手続きをする必要があります。

利用できる人

（1）障害のある人が自ら運転する場合
（2）障害のある人の通学、通院、通所または生業のために、生計を一にする家族が運転する場合（原則として同居の親族が対象となります）
（3）障害のある人の通学、通院、通所または生業のために、常時介護者が運転する場合（事前に常時介護者としての自治体からの証明を受ける必要があります）
　　※通学、通院、通所または生業目的の場合、それぞれの証明書（特に決められた様式は無）が必要となります。
　　※通院については、通院回数や病状を記した医師の証明が必要となり、入院中は原則免除対象となりません。
（4）対象となる自動車は、障害のある人1人につき1台です。

手続き

自動車税については
　　県税事務所　TEL 076-263-8831
　　県税務課　　TEL 076-225-1273
自動車取得税については
　　県税務課グループ分室　TEL 076-291-0585
軽自動車税については
　　各市町税務課窓口

コラム　NASVA（独立行政法人自動車事故対策機構）との出会い

　出会いは遡ること20数年前、車での交通事故の自賠責保障がきっかけとなる。当初、私は加害者であり自賠責保険対象者ではないと錯覚しており、被害者のことを一番に考え自身のことに関して考えが及ばず、その後過失割合が10：0以外（ちなみに私の過失割合は9：1でした）は請求できると判明しました。今になって考えると、当時は医療関係者、加入していた保険の代理店などNASVAについて認識が薄く、そのことで私自身支援を受けられるようになったのは退院後数年が過ぎてからでした。NASVAには様々な各種支援が存在していて基本、自賠責保険加入者対象となって自動車事故による重度の後遺障害が残り、在宅で介護を受けている自動車事故被害者とそのご家族に対し、介護料の支給をはじめとする各種の支援を行っています。万が一のときには、ぜひNASVAの活用をおすすめします。最後に、NASVA（独立行政法人自動車事故対策機構）のパンフレットの一部をご紹介いたします。　　　　　　　　　　　（事業所職員）

【ご存じですか？　自動車事故でお困りの方へ（ナスバの介護料支給について）】
　NASVA（独立行政法人自動車事故対策機構）では、自動車事故により脳や脊髄などを損傷して介護を要する後遺障害を負われた方に介護料を支給するととともに、訪問して介護相談を行うなど在宅介護への支援を実施しております。是非ご活用下さい。詳しくは、石川支所 076-239-3207　新潟主管支所 025-283-1141までお問い合わせ下さい。注意：以下のような方は支給対象外または支給が停止されます【支給制限】①次のような方は支給対象者となりません・介護保険法、労災保険法など他の法令に基づく介護料相当の給付を受けている方・ナスバの療護施設へ入院している方・他の法令に基づく施設に入所している方など ②次のような方は支給が停止されます（所得制限）・主たる生計維持者の合計所得金額が年間1,000万円を超えている方。この他詳しい手続きやその他の支給できない条件などは、最寄りの支所までお問い合わせ下さい。

第 5 章

出産・子育て支援の制度

第1節　妊産婦に関する制度
1. 妊産婦健康診査 ……………………146
2. 不妊・不育治療に関する制度 ………147
3. 出産に関する制度 …………………148

第2節　子育てに関する制度
1. 相談窓口 ……………………………151
2. 保育所・幼稚園・認定こども園 ……152
3. 地域型保育事業 ……………………153
4. 保育所・認定こども園などで
　 行っているサービス ………………154
5. ファミリーサポートセンター ………154
6. 産前・産後ママヘルパー ……………155
7. 子育てサービス ……………………156
8. 乳幼児健康診査 ……………………157
9. 子ども医療費助成制度 ………………158
10. 小児慢性特定疾病医療費助成制度…158
11. 児童手当 ……………………………159

第3節　ひとり親家庭に関する制度
1. 児童扶養手当 ………………………160
2. 母子父子寡婦福祉資金 ………………161
3. ひとり親家庭医療費助成制度 ………163
4. 家庭生活支援員の派遣 ………………163
5. 就労支援 ……………………………164

第4節　学校生活に関する制度
1. 就学援助制度 ………………………165
2. 子どもの学習支援 …………………166
3. 放課後児童クラブ …………………166

第1節　妊産婦に関する制度

1. 妊産婦健康診査

こんな内容です

石川県内にある医療機関および助産所で、下表の健康診査が自己負担なしで受けられます。また、2018年4月より予定日を超えて15回以降の健康診査を受けた場合に助成が受けられることになりました。助成回数等は市町によって異なります。各市町の助成状況については258ページを参照してください。

手続き

市町の母子健康手帳交付窓口へ、妊娠証明書（予定日が確認できるもの）を持っていきます。

母子健康手帳と合わせて「受診票」が発行されます。

診査の区分		受診票番号	受診の時期	健診項目	受診の場所	
					医療機関	助産所
妊婦一般健康診査	初回	①	妊娠届出後初回受診時	基本的な健診項目※、貧血、血糖、血液型、梅毒、風しん、HTLV-1、超音波、HbA1c検査、B型肝炎、C型肝炎、HIV不規則抗体、性器クラミジア、子宮頸がん検診（細胞診）	○	
	2回目	②	12〜15週頃	基本的な健診項目※	○	○
	3回目	③	16〜19週頃		○	○
	4回目	④	20〜23週頃	基本的な健診項目※、超音波	○	
	5回目	⑤	24〜25週頃	基本的な健診項目※	○	○
	6回目	⑥	26〜27週頃		○	○
	7回目	⑦	28〜29週頃		○	○
	8回目	⑧	30〜31週頃	基本的な健診項目※、超音波、貧血、血糖	○	
	9回目	⑨	32〜33週頃	基本的な健診項目※	○	○
	10回目	⑩	34〜35週頃	基本的な健診項目※、B群溶連菌検査	○	
	11回目	⑪	36週頃	基本的な健診項目※、超音波	○	
	12回目	⑫	37週頃	基本的な健診項目※、貧血	○	○
	13回目	⑬	38週頃	基本的な健診項目※	○	○
	14回目	⑭	39週以降	基本的な健診項目※	○	○
	15回目以降		出産予定日以降	基本的な健診項目※	○	○
産婦一般健康診査		⑯	産後50日以内	診察、血圧、体重測定、尿検査、貧血	○	
乳児一般健康診査	1回目	⑰	生後3カ月まで	診察、身体計測、尿検査、貧血	小児科、内科の病院または診療所	
	2回目	⑱	生後9〜11カ月まで			

※　基本的な健診項目：診察、血圧、体重測定（身長）、尿検査、子宮底長、腹囲

ご存じですか？ 産後うつ病のスクリーニング　EPDS検査

　産後はストレスのかかりやすい時期です。身体的には分娩によるホルモン変化で、妊娠前の状態に回復するのに時間がかかり、心の面では母になった喜びと同時に、育児の戸惑いや漠然とした不安をもってしまいます。

　出産直後におこるマタニティ・ブルーズ（涙もろくなる・不安・焦燥感・頭痛など）は一時的に現れてすぐ消えてしまう、誰にでも起こりうる軽い気分の変化です。

　しかし、人によっては、出産によるさまざまな生活の変化が大きなストレスになり、「産後うつ病」にかかる場合があります。症状が進むと、家事や育児をすることに支障が生じるようになり、お母さん自身も産後うつ病になっていることが自覚できず、自分の努力不足だと思ったり、周囲も怠けているのではないかと考えてしまいます。早くに気がつき、ゆっくり休養することが大切ですが、症状が重ければ受診も必要になります。

　市町の保健センターでは、産後の母子訪問で、赤ちゃんの健康状態を確認するだけでなく、お母さんの心の支援もしています。訪問の時に「EPDS産後うつ病のスクリーニング検査」を行っていますが、「心理テスト」のように、質問に答えるだけの簡単なもので、今の自分の心の状態を振り返ることができ、意識していなかった不安に気づき、助産師や保健師に相談することができます。また、産後1カ月健診のとき、産婦人科外来でも同じ検査をしています。

2. 不妊・不育治療に関する制度

①不妊治療費助成

こんな内容です

　2022年4月に不妊治療が保険適用となりました。それに伴い、従来の不妊治療費助成制度は2023年3月31日までとされました。

　新たな制度として、保険診療で受けた不妊治療の自己負担分や、先進医療として実施した治療の自己負担分を助成する市町もあります。詳しくは224ページを参照してください。

②不育治療費助成

こんな内容です

　不育症とは、妊娠は可能だが流産や死産を繰り返し、子どもを得ることができない病態のことをいいます。不育治療は保険適用となっておらず、一部の市町で医療費助成を行っています（230ページ参照）。詳しくは市町に問い合わせてください。

ご存じですか？

不妊治療の保険適用

　2022年4月に不妊治療が保険適用となりました。一般不妊治療と生殖補助医療（特定不妊治療）が対象です。

　通常の保険診療と同じように医療費の自己負担分を負担します。また、医療費が高額になった場合は高額療養費制度が利用できます（19ページ参照）。保険適用となる範囲は下記の通りです。保険適用とならない治療のうち、保険外併用療養費（先進医療）として保険診療と組み合わせて実施できるものもあります。

保険適用となる人

　不妊症と診断された人とそのパートナーが対象です。法律婚のほか、事実婚の人も対象となります。

　生殖補助医療は女性の治療開始時点において43歳未満の人が対象です。また治療回数の上限は、治療開始時点で40歳未満の場合は1子につき6回まで、40歳以上43歳未満の人は、1子につき3回までです。

保険適用となる治療
一般不妊治療…タイミング法、人工授精
生殖補助医療…採卵・採精、体外受精、顕微授精、受精卵・胚培養、胚凍結保存、胚移植

相談先
　不妊治療助成制度で指定されていた医療機関で行われるほか、産婦人科や泌尿器科の医療機関でも行われていることがあります。医療機関にご相談ください。

③不育症検査費用助成

こんな内容です

　不育症検査の費用が助成されます。流産検体の染色体検査について1回の検査につき5万円が助成されます。

対象となる人

・2回以上の流産、死産の既往歴があること。
・石川県内（金沢市を除く）に住所を有すること。
・検査の結果について、不育症検査結果個票を国に提出することに同意すること。

手続き

　金沢市以外に住んでいる人は県健康福祉センターへ、金沢市に住んでいる人は金沢市健康政策課に問い合わせてください。

ご存じですか？

石川県不妊相談センター

　「石川県不妊相談センター」では、不妊に関する悩みや相談を匿名で受け付けています。また、男性の不妊に関して泌尿器科医師による面接相談（年4回）も行っています。

　所 在 地：〒920-8201　金沢市鞍月東2丁目48番
　　　　　　石川県医師会・日赤共同ビル1階
　相談方法：電話相談／専用電話（076）237-1871
　　　　　　面接相談／事前に電話予約してください。
　　　　　　メール相談／funin@pref.ishikawa.lg.jp
　相談日時：月～土曜日　9：30～12：30
　　　　　　火曜日　　　18：00～21：00
　　　　　　（日曜日・祝日・年末年始は休み）
　相 談 員：不妊相談の研修を受けた助産師

---

3. 出産に関する制度

①出産育児一時金・家族出産育児一時金

こんな内容です

　正常なお産は医療保険の対象にはなりませんが、出産費用は一般的に高額になるため健康保険の被保険者が申請すると、1児につき42万円が支給されます（産科医療補償制度に加入していない医療機関などで出産した場合は40万8,000円）。なお、2023年4月より出産育児一時金の額は50万円（産科医療補償制度に加入していない医療機関などで出産した場合は48万8,000円）に引き上げられる予定です。多胎児出産の場合は、出産した胎児の人数分支給されます。支給対象となる出産とは、妊娠85日以後の早産、死産、人工妊娠中絶を含みます。

　国民健康保険の出産育児一時金の支給額については、236ページを参照してください。

対象となる人

・健康保険の被保険者本人
・被扶養者（被保険者の妻や娘など）
・健康保険の被保険者期間が継続して1年以上ある人が退職し、その後6カ月以内に出産した場合であれば被保険者資格喪失後も対象となります。

手続き

　出産を予定している医療機関などで出産育児一時金直接支払制度の利用に合意する文書に同意すると、直接健康保険の保険者から医療機関などへ一時金が支払われることになりますので、出産費用を支払う必要がなくなります。

　出産にかかった費用が出産育児一時金より高額になった場合は、差額を支払うことが必要になります。逆に、出産育児一時金の支給額を下回った場合は、健康保険の保険者に差額を請求します。

②出産手当金

こんな内容です

健康保険の被保険者が出産のため会社を休み、給与を受けられないときに支給されます。出産日以前42日（多胎妊娠の場合は98日）から出産日の翌日以後56日までの期間で、実際に休業した期間分が支給されます。出産が予定日より遅れた場合であっても、その遅れた日数分が上乗せして支給されます。

支給額は、①支給開始日以前12カ月の各月の標準報酬月額を合算して平均額を算出します。ただし、支給開始日以前の期間が12カ月に満たない場合は、勤務期間の各月の標準報酬月額の平均額と30万円を比較して少ない方の額を使用します。②平均額を30で割って、3分の2をかけたものが支給される日額になります。

国民健康保険の場合、出産手当金制度は任意給付となっているため、実施している市町はありません。

対象となる人

・健康保険の被保険者本人（被扶養者は対象になりません）
・出産時にはすでに会社を退職している人であっても、以下の条件をすべて満たす場合は支給されます。
　①退職日までに継続して1年以上の被保険者期間がある。
　②資格喪失時に出産手当金を受けているか、受ける条件を満たしている。
　③退職日に出勤していない。

手続き

出産手当金支給申請書に事業主の証明および医師または助産師の意見を記載して、健康保険の保険者に提出します。

③育児休業給付金

こんな内容です

雇用保険の一般被保険者が育児休業をするとき、開始から180日目までは給与の67％が支給され、181日目から子どもの1歳の誕生日の前々日までは、給与の50％が支給される制度です（場合によっては2歳まで延長される）。

被保険者が女性の場合、産後56日間は健康保険の保険者より出産手当金が支給されるため、育児休業給付金は産後57日目からが支給対象期間となり、男性の場合は出産日からとなります。

2022年10月から制度改正により、2回の分割取得ができるようになります。

また、「産後パパ育休（出生時育児休業）」も始まります。産後パパ育休は子の出生後8週間以内に4週間まで取得することができます。通常の育児休業は事業主への申し出は1カ月前までに行わなければなりませんが、原則2週間前までに申し出ればよいこととされています。また、産後パパ育休も2回の分割取得が可能です。

対象となる人

以下①②のいずれかの要件を満たす雇用保険被保険者であれば、男女を問いません。
①育児休業開始前2年間に賃金支払基礎日数（1カ月の勤務日数）が11日以上ある月が12カ月以上ある。
②産前休業開始日前2年間に賃金支払基礎日数（1カ月の勤務日数）が11日以上ある月が12か月以上ある。

手続き

基本的には2カ月ごとに支給申請をします。事業所によって申請月が決まっていますので、詳しくは勤務先事業所や事業所を管轄するハローワークで相談してください。

ご存じですか？　出産は大変！　産後の健康保険や公的年金などの手続き

　出産を機に会社を辞める人、あるいは産前産後休業後に育児休業を取る人は、産後にどのような手続きをする必要があるかご存じですか。産後はいろいろと忙しいので、あらかじめ必要な手続きと窓口を知っておくと慌てずに済みます。

　ただし、例示する手当金などの制度については受給する条件が決められており、すべての人が該当するとは限りませんので、事前に会社の担当者や手続窓口に相談するなどの注意が必要です。

　また、国民年金第1号被保険者の人は、出産予定日または出産日が属する月の前月から4カ月間（多胎妊娠の場合は3カ月前から6カ月間）の国民年金保険料が免除になります。

手続き 市町の国民年金担当課

【例1】産前休業まで会社に勤務して退職する場合（①収入源の変化にともない、加入する②医療や③年金も変化します）

　　　　　　　会社員　　→　　退職　　→　　出産　　→

①収入源	給　料	出産手当金・出産育児一時金 [協会けんぽ（健保組合）]	無収入	失業手当 [ハローワーク]	無収入
②医　療	健康保険本人	任意継続か国民健康保険 [協会けんぽ（健保組合）か市町]	夫の扶養家族 [夫の会社]	国保 [市町]	夫の扶養家族 [夫の会社]
③年　金	厚生年金保険	国民年金（1号） [市町]	国年（3号） [夫の会社]	国年（1号） [市町]	国年（3号） [夫の会社]

A．産前産後期間に出産手当金を受給する場合は、収入ありとみなされ、夫の扶養には入れません。したがって、自分で任意継続健康保険に加入するか国民健康保険（以下、国保）に加入し、保険料を自分で納める必要があります。

B．手当金などの収入がない期間は夫の扶養に入れます。国民年金も第3号被保険者となり、この間保険料はかかりません。

C．失業手当（雇用保険の基本手当）を受給できる期間は夫の扶養に入れません。この間は自ら保険料を負担します。

D．Bの期間と同様です。再就職して年収が130万円以上（従業員数101人以上の勤務先は106万円）になると扶養家族から外れます。

【例2】出産後に育児休業をとって勤務を続ける場合

　　　　　　　会社員　　→　　出産　　→　　育児休業　　→　　職場復帰　　→
　　　　　　　　　　　　　　　　　　　　　▼ 1歳の誕生日の前日まで ▼

①収入源	給　料	出産手当金・出産育児一時金 [協会けんぽ（健保組合）]	育児休業給付金 [ハローワーク]	給　料
②医　療	健康保険本人	健康保険の保険料免除	健康保険の保険料免除 [勤務先]	保険料が下がる 場合もある
③年　金	厚生年金保険	厚生年金保険の保険料免除	厚生年金保険の保険料免除 [勤務先]	保険料が下がる 場合もある

ご存じですか？　育児休業「等」の活用

　女性の場合、産後休業（56日間）後の休業がいわゆる育児休業です。男性の場合は出産日後から育児休業として取得することができます。この分野は近年、男性の「産後パパ育休制度」の創設などの法改正が進み、制度利用を促す方向です。

　育児の対象となる「子」も実子、養子だけでなく、特別養子縁組の監護期間中の子や養子縁組里親に委託されている子なども対象となります。

　休業の手続きは、勤務している会社の担当者に申し出ることによります。会社によっては法律の定めより細かく規定している部分があったり、取得できる従業員の範囲が定められています。また、申し出には期限があるので、出産前に会社の就業規則をきちんと確認し、上司、同僚とコミュニケーションをとっておくことが大切です。

　また、育児に関しては休業のみならず、復帰してから育児と仕事の両立のために利用できる制度もあります。「子の看護休暇」「所定外労働時間の制限」「深夜業の制限」「育児時短」などがそれにあたりますが、休業の場合と同様に申出書を書いて期限までに会社の担当者に提出します。

　従業員数が10人未満の会社などで「うちにはそんな規則はないから（制度利用は）無理」という発言を聞くこともありますが、それは間違いです。そのようなときは、厚生労働省のホームページなどでよく制度内容を確認し、利用が可能なことを告げましょう。

第2節　子育てに関する制度

1．相談窓口

こんな内容です

　子育てや妊娠・出産について困ったとき、さまざまなサービスを受けたいときの相談窓口として、以下の機関があります。

①子育て世代包括支援センター

　妊娠・出産・子育てについてのワンストップ相談窓口です。出産や育児の不安や困りごとを総合的に受け付けています。専門的な知識をもった保健師・管理栄養士等が相談支援を行っています。

・妊産婦・乳幼児の実情把握
・妊娠・出産・子育てに関する各種相談に応じ、必要な情報提供・保健指導を行う
・支援プランの策定
・保健医療または福祉の関係機関との連絡調整

②利用者支援事業

　育児の悩みや疑問について相談に応じたり、地域の子育てを支援する事業が円滑に利用できるように、個々のニーズに応じて情報の提供、相談・助言、関係機関等との連絡調整を行っています。

③家庭児童相談室、子ども家庭総合支援拠点、要保護児童対策地域協議会事務局

　家庭の悩みや子どもの養育等の相談に応じ、情報の提供、相談・助言、関係機関等との連絡調整を行う。虐待の通告先にもなっています。

④児童相談所

　専門の相談員や児童心理司などが子どもに関するさまざまな悩みや困りごとに、相談に応じています。児童虐待の対応・一時保護等も行っています。

問合せ

　市町によって設置している窓口の種類が異なります。詳しくは居住している市町に問い合わせてください（利用者支援事業は267ページ、児童相談所は343ページ参照）。

ご存じですか？

妊娠110番

　もしも、あなたが「望まない妊娠で困っている！」「未婚のままで出産を考えているが不安…」と、妊娠を巡る悩みを抱えているならば一度電話相談することをおすすめします。電話相談先は、その名も「妊娠110番」（実施機関　石川県）です。一件一件の電話相談に対し、助産師がプライバシーを守り、秘密厳守のうえ丁寧に応じてくれます。もちろん、電話相談料は無料であり、電話口で身分などを尋ねられることもありません。思いがけない妊娠に対し一人胸を痛め悩んでいる人、一つの命に対し真っすぐに向き合えず困っている人には、気軽に相談することをおすすめします。あなたが、ほんの少し相談することによって、答えを導き出す糸口が見つかるかもしれません。

　TEL 076-238-8827
　相談日時：月曜日から土曜日　9：30〜12：30
　　　　　　火曜日のみ　　　　18：00〜21：00

コラム　子どもの食物アレルギーが増えている

　子どもが初めて食べた食物にアレルギー反応を起こし、全身のじんま疹、嘔吐や咳・喘鳴、血圧が下がって顔色不良となり、時には死亡するアナフィラキシーという病気が増えています。毎日の食卓に必ず顔を出す鶏卵。焼いたりゆでたり生で食べたりしますが、時にはこぼれて乾燥し、ハウスダストの成分になり、ハイハイする赤ちゃんの皮膚にくっついて吸収され、知らないうちに卵アレルギーになるそうです。赤ちゃんの肌は、常にきれいに保ちましょう。　　　（小児科医）

第5章　出産・子育て支援の制度

2. 保育所・幼稚園・認定こども園

子どもに教育を受けさせたい場合や、保育が必要な場合は、保育所、幼稚園、認定子ども園などを利用することができます。

く、直接その幼稚園に申し込みます。希望する幼稚園が新制度に移行しているかどうか、確認する必要があります。

手続き

希望する保育所、幼稚園、認定子ども園を通じて支給認定申請をします。

①支給認定

保育所、幼稚園、認定こども園、地域型保育事業を利用したい場合、市町の支給認定が必要です。

ただし、幼稚園の中には新制度に移行していない園もあります。新制度に移行していない幼稚園を利用したい場合は、市町の支給認定を受ける必要はな

②認定区分

「子どもの年齢」と「教育と保育のどちらを受けたいか」によって、認定区分が変わります（下表参照）。さらに、保育を必要とする2号認定子ども・3号認定子どもは、保育を必要とする事由と状況により、主にフルタイム勤務を想定した「保育標準時間（最長利用可能時間11時間）」と、主にパートタイムなどの短時間勤務を想定した「保育短時間（最長利用可能時間8時間）」に分けられ、受けられる保育時間が異なります。

＜支給認定の区分＞

	子どもの年齢	認定区分	給付の内容	利用できる施設・事業
1号認定子ども	満3歳以上	幼稚園等での教育を受けたい場合	教育標準時間（原則4時間）	幼稚園 認定こども園
2号認定子ども	満3歳以上	保護者の労働または疾病などにより（※1）保育が必要な場合	保育標準時間（※2）／保育短時間（※2）	保育所 認定こども園
3号認定子ども	満3歳未満	保護者の労働または疾病などにより（※1）保育が必要な場合	保育標準時間（※2）／保育短時間（※2）	保育所 認定こども園 地域型保育事業

※1　保育の必要な場合には、次のいずれかに該当する必要があります。
　①就労（月48時間以上）　②妊娠、出産　③保護者の疾病、傷害　④同居または長期入院等の家族の介護・看護　⑤災害復旧　⑥求職活動（起業準備を含む）　⑦就学（職業訓練校等における職業訓練を含む）　⑧虐待やDVのおそれがあること　⑨育児休業取得中に、すでに保育を利用している子どもがいて継続利用が必要であると認められる場合　⑩その他、上記に類する状態として市町が認める場合
※2　保育標準時間（最長11時間利用可能）：主にフルタイム勤務を想定。原則、月120時間以上の就労。
　保育短時間（最長8時間利用可能）：主にパートタイムなど短時間勤務を想定。原則、月48時間以上120時間未満の就労。

利用できる施設

	幼稚園	保育所	認定こども園
対象児	1号認定子ども	2号認定子ども 3号認定子ども	1号認定子ども 2号認定子ども 3号認定子ども
特徴	幼児期の教育を行う学校	保育の必要な子どもに保育を提供する	教育と保育を一体的に受けられる
管轄	文部科学省	厚生労働省	文部科学省・厚生労働省

利用者負担

利用者負担は、世帯の市町民税額に応じて定められます。金額は市町がそれぞれ決めていますので、居住する市町担当課へ問い合わせてください。

ただし、新制度に移行していない幼稚園は各園で設定しています。直接、幼稚園へ問い合わせてください。

3. 地域型保育事業

```
┌─────────────────────────┐
│      こんな内容です      │
└─────────────────────────┘
```

　地域型保育は、19人以下の少人数保育で、3号認定子ども（保育を必要とする0～2歳児）が対象です。石川県内では、小規模保育が8カ所で行われています（2022年4月1日現在）。地域型保育を実施しているかどうかは居住する市町担当課へ問い合わせてください。

名　　称	小規模保育	家庭的保育	居宅訪問型保育	事業所内保育	
内　　容	少人数を対象に保育を行う		障害・病気などで個別のケアが必要な場合などに保護者の自宅で保育を行う	会社の事業所の保育施設などで、従業員の子どもと地域の子どもを保育する	
定　　員	6～19人	1～5人	基本1対1	1～19人	20人以上
保育者	保育士または家庭的保育者（注）		必要な研修を修了し、保育士と同等以上の知識および経験を有すると市町村長が認める者	保育士および市町長等が行う研修を終了した者	保育士

※家庭的保育者とは、市町長が行う研修を修了した保育士や、保育士と同等以上の知識および経験を有すると市町長が認める者のこと。

```
┌─────────────────────────┐
│         手続き          │
└─────────────────────────┘
```

　希望する保育事業者を通して、市町へ支給認定申請と利用希望の申し込みをします。

```
┌─────────────────────────┐
│       利用者負担        │
└─────────────────────────┘
```

　利用者負担は保育所などと同様に、家庭の市町民税額に応じて定められます。金額は市町がそれぞれ決めていますので、居住する市町担当課へ問い合わせてください。

コラム　歯科医師からのメッセージ　お口の機能を育てましょう

　3歳になると乳歯は全て生えそろっています。しかし、噛む力は大人の3分の1くらいです。離乳食から幼児食へ移行していますが、大人と同じではありません。小学校へ入るまでは咀嚼機能は未熟であり、早い時期から硬い食品を食べさせることはせず、ゆっくり食べさせて咀嚼の持続力を養うことが肝要です。口唇を閉じて、左右の奥歯でしっかりと噛んで食べる習慣を身に付けるため、頬に手をあてて、咬筋がよく動くことを確かめてみましょう。

　前歯で噛み切ったり、奥歯ですりつぶしたりする必要のある食べ物も与えましょう。調理の際、食材を小さく切りすぎてしまうと、舌がしっかり持ち上げられずお口の機能が育まれません。食事の際に飲み物を用意すると、食物を流し込みながら摂取してしまい、唇や舌の食べる働きが育ちません。かかとを床にしっかりつけ、正しい姿勢で食べさせることも大切です。

　また、脳と朝ごはんには密接な相互関係があります。脳を働かせるには、ブドウ糖とアミノ酸を朝食で摂ることが必要です。また、朝ご飯を食べるためには脳を働かせることが必要です。「お腹が空いた」という情報が脳に届くにはセロトニンが欠かせません。このセロトニンを分泌させる一番の条件が早寝早起きです。眠る時間帯が重要で、夜10時～朝8時の10時間より、夜8時～朝6時のほうがセロトニンをきちんと取り込めます。脳は身体の機能などの働きを司る「古い脳」が出来てから、記憶や思考を司る「新しい脳」が発達し、最後に適切なコミュニケーションに欠かせない「前頭葉」が育つという順番があります。夜更かししたりして古い脳が育っていないままでは、新しい脳は育ちません。

　最後に、家族の団らんで食事の楽しさ、多くの食物のおいしさを経験させましょう。心の安定や積極性、思いやる心や自制心を育むことも大切です。

（歯科医師）

4. 保育所・認定こども園などで行っているサービス

施設によって行っているサービスが異なるので、入所希望の保育所・認定こども園で確認してください。

また、保育所・認定こども園以外の施設でサービスを行っている場合がありますので、各市町の保育担当課へ問い合わせてください（市町ごとの保育に関するサービスについては261ページ参照）。

＜通常保育に含まれるサービス＞

○乳児保育

産後休暇明けから受け入れてもらえます。

○休日保育

日曜・祝日も出勤する場合に利用できます。

○体調不良児保育

急に体調が悪くなった場合にも預かってもらえます。

○統合保育

心身の発達の遅れが中～軽度の通所できる子どもが、必要な個別的配慮を受けつつ、他の子どもとともに集団で保育を受けられます。

＜別途、利用料がかかるサービス＞

○延長保育

開所時間（7～18時）を超えて1時間程度の延長を利用できます。保育短時間認定の人が利用可能時間を超えて利用する場合も、延長保育となります。

○一時預かり

保護者が病気や冠婚葬祭などで一時的に子どもの世話ができない場合や、リフレッシュしたいときに預かってもらえます。未就園児が対象です。

○病児・病後児保育

子どもが病気のときや、病気の回復が長引いたとき、保護者が仕事などで世話ができない場合に、医療機関や保育所で預かってもらえます。

○児童ショートステイ（短期宿泊）

保護者が病気や出産、出張で、一時的に子どもの世話ができない場合に、7日以内の短期間の宿泊を含めて預かってもらえます。

○児童トワイライトステイ（夜間預かり）

看護師など夜間勤務している保護者を対象に預かってもらえます。

○年末保育

年末も働いている保護者のために、12月29日、30日の両日預かってもらえます。

---

5. ファミリーサポートセンター

仕事と子育て・介護の両立のために相互援助を行う会員組織です。運営は市町が行っています。

こんな内容です

・育児の援助
・保育所への子どもの送迎
・預かる（保育所の開始前や終了後・学校の放課後や学童保育終了後・夏休み・保護者などの病気や急用などの場合・冠婚葬祭や他の子どもの学校行事の際・買い物など外出の際）
※介護の援助もあります。

対象となる人

援助を受けたい人（依頼会員）、援助をしたい人（援助会員）、両方を希望する人。

手続き

各市町のファミリーサポートセンター（334ページ参照）に会員登録してください。

6. 産前・産後ママヘルパー

こんな内容です

　育児や家事などを手伝ってくれる人がいない産前または出産・退院後のお母さんに、育児・家事の支援をするヘルパーの派遣が行われています。

　実家が遠方であったり、お母さんの体調が良くない場合に利用できる心強いサポートです。

対象となる人

　金沢市の場合は、産前（母子手帳交付以降）20回まで、出産・退院後は2カ月以内20回まで利用できます（多胎児及び多子世帯は期間や回数に優遇あり）。期間や回数、利用料金は各市町によって異なります。

手続き

　各市町の子育て支援課、または保健福祉センター（343ページ参照）に問い合わせてください。

ご存じですか？
里親・特別養子縁組制度

　里親制度とは、さまざまな事情により、家庭で生活することができなくなったお子さんを自らの家庭に迎えて愛情と真心をこめて育てる制度です。里親になるために要件は特別の資格はいりませんが、養育里親研修を修了したこと、子どもの養育について理解と熱意と愛情を持っていること、特定の欠格事由に該当しないこと、経済的に困窮していないこと等が人的要件となっています。特別養子縁組と違って里親や子どもの年齢制限はありません（養育可能な年齢であるかどうかを判断）。

　また、特別養子縁組とは、養子となるお子さんの実親（生みの親）との法的な親子関係を解消し、実の子と同じ親子関係を結ぶ制度です。特別養子縁組は、養親になることを望むご夫婦の請求に対し、一定の要件を満たす場合に、家庭裁判所の決定を受けることで成立します。

　実親の経済的な困窮や病気になったとき、親の代わりに一定期間子どもを預かり育ててあげる里親や、どうしても育てられない事情のある場合に実親に代わって大切に育ててくれる特別養子縁組は、子どもの最善の利益を守る"子どものため"の大事な制度です。

（問合せ）市町の各児童相談所（343ページ参照）
石川県少子化対策監室　子育て支援課

ご存じですか？　ホームスタート

　ホームスタートは、1973年にイギリスで始まった地域のボランティアによるピアサポート（同じような立場の人によるサポート）で、"友人のように寄り添うフレンドシップ精神"をポリシーとし、世界22カ国に広がる"家庭訪問型の子育て支援"です。核家族が当たり前の現代、子育て家庭の孤立や不安感の早期解消を図るために、保健師等の地域の専門家と協働しながら、安心安全な仕組みのもと、多様な親のニーズに応える高い効果を挙げています。

　訪問型と聞くと、家事を代行し、ベビーシッター的な役割を果たしてくれるサービスと思う人も多いかもしれませんが、それとはまったく異なります。具体的には、研修を受けた地域の子育て経験者が、妊婦さんや6歳以下の子どもがいる家庭を週に一度、約2時間程度、おおむね2〜3カ月間訪問し、滞在中は友人のように寄り添いながら「傾聴」（気持ちを受け止めながら話を聴く）や「協働」（育児家事や外出を一緒にする）等の活動をします。時には一緒に公園や子育てひろばに外出するなど、地域の子育て支援や人々とつながるきっかけづくりも応援します。寄り添う支援に焦点をあて、親子と共に過ごすことで子育て中の親の心を支えます。また、子育て経験のある地域住民がホームビジターとなることで、訪問支援のすそ野が広がり、地域の子育て力を底上げします。

　地域全体で子どもの育ちと子育てを支え合える未来志向につながる活動ですが、導入には個々の家庭に向けて支援内容の紹介や運営資金面など行政の理解とサポートが必要です。石川県内では行政と連携した形で実施しているのはまだ2自治体のみです。どの市町にも「ホームスタート」が子育て家庭に寄り添えるように積極的な後押しを望みます。活動実施団体の詳細は「ホームスタートジャパン」のホームページ（http://www.homestartjapan.org/）でご確認ください。

7．子育てサービス

〈プレミアム・パスポート〉

こんな内容です

協賛店から各種割引や特典が受けられます。

対象となる人

満18歳未満の子どもが2人いる（妊娠中も含む）家庭が対象となります。

手続き

市役所・町役場や県庁、いしかわ子育て支援財団窓口にある申請書に所定事項を記入し、住民票を同封し郵送または窓口へ提出してください。

〈その他のサービス〉

市町により下記のようなサービスを受けられます。詳しくは各市町へ問い合わせてください（263ページ参照）。

○出産祝い金
　…子どもの誕生を祝って商品券や祝い金が支給されます。
○チャイルドシート購入補助金
　…チャイルドシート購入費の一部が助成されます。

ご存じですか？
乳児家庭全戸訪問事業

市町では、生後4カ月までの乳児のいるすべての家庭を保健師・助産師などが訪問し、さまざまな不安や悩みを聞き、子育てに関する情報を伝えたり、親子の心身の状況や養育環境等の確認と助言を行います。

特に近年は、核家族化や少子化がすすみ、育児への不安を訴える保護者が増えつつあります。育児書だけではわからない細やかな悩みを聞き、安心して子育てができるようお手伝いします。

ご存じですか？　生活困窮家庭を支えるさまざまな取り組み
こども食堂・家庭訪問支援

こども食堂は、子どものたまり場や居場所になっていて、貧困の子どもばかりでなく、地域の高齢者や住民も集う場所になっているところもあります。

みんなで一緒にワイワイとごはんを食べることは、孤食を強いられたり、貧困で食べることが困難な子どもたちにとって、心を安定させるためにもとても大切です。

食堂のほとんどがボランティアで運営されていますが、社会福祉協議会で行っているところもあります。形態もさまざまで、月1回開催のところもあれば週1回のところもあり、それぞれが創意工夫をしながら地域の課題に気づき、ニーズに応えようと頑張っています。

また最近では自治体によっては、生活困窮家庭を対象とした訪問型の支援がスタートしており、市民団体が定期的に食材や食品、生活用品等を携え訪問し、寄り添った支援をしています。

これらの活動が担うこれからの役割は、学校、行政、民生委員、社会福祉協議会、企業、フードバンク*などさまざまな社会資源とつながり、地域でネットワークを作ること。そして、子どもの抱える困難な課題に対して地域社会でかかわりをもって子どもを包括的に支援していくことになるでしょう。

問合せ 各市町の社会福祉協議会（345ページ）参照
子育て支援課（336ページ）

※フードバンクとは、安全に食べられるのに包装の破損や過剰在庫、印字ミスなどの理由で、流通に出すことができない食品を企業などから寄贈してもらい、必要としている施設や団体、困窮世帯に無償で提供する活動です。石川県では民間団体が活動をしていますが、市町の社会福祉協議会が担っている県もあります。また金沢市ではフードドライブ（家庭で余っている食品を集める）が登場し、登録すれば食品の提供を受けることができるようになりました。最近では、スーパーやコンビニといった民間企業などが主催するものも増えてきました。

8. 乳幼児健康診査

こんな内容です

　乳幼児健診（健康診査）の目的は、子どもが身体面と精神面で健全な発育を遂げているかを確認して、病気や発達の遅れなどを早期発見することです。

対象者

　1カ月、3カ月、6カ月、9〜11カ月、1歳半、3歳児健診などがありますが、市町によって健康診査の対象時期は若干異なります。

　法律で必ず受けるように決められているのは、3〜4カ月健診と1歳6カ月健診、3歳児健診です。
・3〜4カ月健診では、首すわりや目や音に対する反応チェックなどを行います。
・1歳6カ月健診では、運動機能の発達だけでなく言語（言葉）の発達度合いも確認します。
・3歳児健診では、運動能力や言語能力だけでなく、社会性を含む精神と体の両方の発達度合いをチェックしたり、歯科検診や視力、聴力の確認もします。

問合せ

　住民票のある市町の母子保健担当課または保健センターに問い合わせてください。

〈その他の保健サービス〉

　赤ちゃん訪問、子育て相談、育児教室など各種子育て支援事業が各市町で行われています。乳幼児の心身の発達や健康のことで気になることや心配なことに対して、保健師や栄養士などが助言をします。

問合せ

　住んでいる市町の保健センターもしくは母子保健担当課へ問い合わせてください。

ご存じですか？ 健康診査は受けなければいけない？

　乳幼児の健康診査は、単に身体計測と内科診察をするだけではありません。言語・運動・精神面などその成長時期にあった発育・発達をしているかを医師や保健師らが確認するとともに、必要と思われる乳幼児には医療機関や療育機関への紹介をすすめる大切な場となっています。育児と仕事との両立で忙しいお母さんも増えていますが、子どもの健康状態を確認できるのはもちろん、お母さんが日ごろ気になっていることを相談できる機会でもあります。法律で定められている健診だけは必ず受けておいてください。

コラム 一度だけのキスに…

　当歯科医院の診療台に座るなり、「この間、1歳2カ月のわが子にキスをしてしまった。多分その時、ムシ歯菌を感染させてしまったのではないかと思います。一度だけなのに…」とお母さんが深刻な顔をして言いました。確かに、唾液中にもムシ歯菌はいますから、その可能性はあります。しかし、私は、「一度のキス」という言葉から、お母さんと子どものこれまでの日常を、本当に意味ある奮闘だったのかも含めて、いろいろと想像してしまいました。ムシ歯菌はいつかどこかで、誰かから必ずうつります。通常はお母さんからが多いですが、他の家族や保育園の子どもたちからでもうつります。それは避けることができない宿命です。
　私なんかは、どうせうつるのならお母さんの方がいいのではないかと言ってしまいます。加えて、人は一生のうちにいろいろな感染にさらされます。知らないうちに、腸内細菌だっていっぱい棲みつきますし、ムシ歯菌くらいの感染（菌の定着）に悩む必要はありませんよ。考えてみてください。ムシ歯菌に感染しなかった大人はいませんが、ムシ歯がゼロの大人は大勢いますよ。それは、ムシ歯菌の有無だけでなく、食べ物や生活習慣等の環境要素の方が大きく影響するからです。キスは取り返しのつかないミスではないのです。
　もちろん、虫歯の発生予防には幼少期からフッ化物の洗口等を続けていることがさらによいと思いますが…等と付け加えます。

（歯科医師）

9. 子ども医療費助成制度

こんな内容です

　子どもが病気等で、通院や入院をしたときにかかった医療費を助成する制度です。2021年4月に七尾市と志賀町が支給方法を現物給付方式に変更し、石川県全市町で現物給付方式となりました。医療機関で支払った自己負担分のうち助成される金額は市町によって異なります。詳しくは216ページの医療費助成制度一覧を参照してください。

対象となる人

　市町によって対象となる子どもの年齢が異なります。また、通院・入院の区別によって対象年齢が違う場合があるので注意が必要です。

対象となる医療費

1	医療費の一部負担	○
2	入院給食費の一部負担	×
3	保険外負担	×

手続き

　受給資格者証を市町に申請し、交付してもらいます。かかった医療機関の窓口で健康保険証とともに、子ども医療費等受給資格者証を提示することにより、受給資格者証に記載された自己負担額のみの支払い（または無料）で医療機関にかかることができます（現物給付方式）。

　子ども医療証を忘れて自己負担分を支払った場合などは、後日市町の窓口で申請して助成を受けます。

ご存じですか？

夜間の急病時に「金沢広域急病センター」

　金沢広域急病センターは夜間に急に具合が悪くなったときに受診できます。

○診療科　　　小児科・内科
○診療日　　　毎日（年中無休）
○診療時間　　19:30〜23:00
○場所　　　　金沢市駅西福祉健康センター内
　　　　　　　（金沢市西念3-4-25）
○運営　　　　石川中央こども初期救急医療協議会
　　　　　　　（金沢市、白山市、かほく市、野々市市、
　　　　　　　津幡町、内灘町の4市2町で構成）

＜持っていくもの＞
・健康保険証
・各種受給者証（子ども医療証など）
・現在飲んでいる薬がある人はその薬とお薬手帳

10. 小児慢性特定疾病医療費助成制度

こんな内容です

　子どもの慢性疾患のうち、特定の疾患については治療期間が長く、医療費負担が高額となります。この負担軽減のため、医療費の自己負担分の補助を受けられます。

　この制度の医療費助成対象となるのは、指定医療機関を受診した際の医療費で、それ以外の医療機関を受診した際は原則、制度の助成対象とはなりません。

対象となる人

　18歳未満の児童が対象です（20歳まで延長可能）。
〈対象疾患群：16疾患群845疾病〉
①悪性新生物　②慢性腎疾患　③慢性呼吸器疾患④慢性心疾患　⑤内分泌疾患　⑥膠原病　⑦糖尿病⑧先天性代謝異常　⑨血液疾患　⑩免疫疾患　⑪神経・筋疾患　⑫慢性消化器疾患　⑬染色体または遺伝子に変化を伴う症候群　⑭皮膚疾患群　⑮骨系統疾患　⑯脈管系疾患

※対象疾病については「小児慢性特定疾病情報センター（https://www.shouman.jp/）」を確認してください。

（円）

階層区分	階層区分の基準		一般	高額かつ長期	人工呼吸器等装着者
生活保護	生活保護		0		
低所得I	市町村民税非課税	本人年収～80万円		1,250	
低所得II		本人年収80万円超		2,500	
一般所得I		市町村民税7.1万円未満	5,000	2,500	500
一般所得II		市町村民税7.1万円以上25.1万円未満	10,000	5,000	
上位所得		市町村民税25.1万円以上	15,000	10,000	
入院時の食費			1/2自己負担		

自己負担

・自己負担割合が3割の人は2割に引き下げられます。
・外来、入院の区別を設定せず、世帯の所得に応じた月額の自己負担上限額が設定されます。
・自己負担上限額は複数の医療機関や薬局、訪問看護ステーションも合算して適用されます。
・月額の自己負担上限額は、同じ医療保険に加入する人で構成する世帯の保険料算定対象者の住民税（所得割）により決まります。健康保険では被保険者の所得に基づき、また国民健康保険や後期高齢者医療制度では住民票上の世帯内の被保険者全員の所得に基づき決まります。
・月額の医療費総額が5万円を超える月が年間6回以上の人は、「高額かつ長期」の対象として負担額が軽減されます。
・自己負担限度額は複数の医療機関の合算額となりますので、医療機関において「自己負担限度額管理表」に患者が支払った医療費の金額を記入して管理することになります。

手続き

　下記のものをそろえて居住地を管轄する保健所・保健福祉センターに申請します。交付される「医療受給者証」の有効期限は1年間ですので、毎年更新の手続きが必要となります。
(1) 小児慢性特定疾病医療費支給認定申請書
(2) 小児慢性特定疾病医療意見書（小児慢性特定疾病指定医が作成したもの）
(3) 住民票
(4) 市町村民税額証明書類
(5) 健康保険証
(6) 医療意見書の研究利用についての同意書　など

11. 児童手当

こんな内容です

　子どもを育てるのには何かとお金がかかり、費用負担が重くなっています。その負担軽減のため、中学校修了までの児童を養育している人には児童手当が支給されます。

対象となる人

　中学校修了までの、国内に住所を有する児童を養育している人です。ただし、2022年10月支給分より、年収1,200万円程度の世帯は児童手当の支給対象となりません。

支給額

0〜3歳未満　　月額15,000円
3歳〜中学生　　月額10,000円（3歳〜小学生までの第3子以降は月額15,000円）
※ただし、所得制限があり年収960万円以上の世帯は一律に月額5,000円となる。

問合せおよび申請窓口

各市町の児童福祉担当課へ申請してください（公務員の場合は各職場へ）。

ご存じですか？

自立援助ホーム

児童養護施設や児童自立支援施設の退所年齢は原則18歳です。退所を余儀なくされたり、何らかの事情で家に帰れなくなった原則15〜20歳の子どもたちが、社会に出て働き、生活していくための準備をするために、家庭に近い環境で暮らせる場所が「自立援助ホーム」です。

自立援助ホームは全国に193カ所（2019年10月現在）ありますが、石川県で初となる女の子の自立援助ホーム「シェきらり」が2018年2月に開所されました。

NPO法人　シェきらり事務局
住所　　石川県金沢市兼六元町11番5号　ラフィーネ兼六1階（あおぞら共同法律事務所内）
電話　　090-1390-8195（事務局専用）
FAX　　076-234-7311

第3節　ひとり親家庭に関する制度

1. 児童扶養手当

こんな内容です

父母の離婚などにより、父または母と生計を同じくしていない児童の養育者に支給される手当です。さまざまな取り組みにより、少しずつ内容が拡充してきています。

2010年8月　父子家庭も支給対象となる
2012年8月　一部支給対象児童が拡大
2014年12月　養育者や児童の公的年金額（遺族・老齢・障害・労災など）が手当額より低い場合は、その差額分の受給が可能に
2021年3月　児童扶養手当の額が障害年金の子の加算部分の額を上回る場合、その差額分の受給が可能に

対象となる人

次の条件にあてはまる児童（18歳未満）を扶養している父または母、あるいは児童と同居し代わって児童を扶養している人（養育者）が対象となります。
・父母が婚姻を解消した児童　・父または母が死亡した児童

・父または母が1年以上生死不明である児童
・父または母から1年以上遺棄されている児童
・父または母が1年以上拘禁されている児童
・父または母が重度の障害を有する児童
・母が婚姻によらないで出産した児童
・父または母が裁判所からのDV保護命令を受けた児童

支給額

手当額　　　　　　　　　　　　　　（2022年4月現在）

区　　分	全部支給	一部支給
児童1人	月　額 43,070円	月　額 10,160〜43,060円
児童2人	加算額 10,170円	加算額 5,090〜10,160円
児童3人 以上	加算額 6,100円	加算額 3,050〜6,090円

※受給資格が認定されてから5年、または支給要件に該当してから7年のどちらか早いときから、手当の2分の1が支給停止となります。「就業している」「身体または精神上の障害がある」「負傷・疾病等により就業することが困難」「受給者が介護の必要があるため、就業が困難」などの理由がある場合は、申請により支給が継続されます。

所得制限

手当を受ける人の前年の所得が次の限度額以上ある場合は、その年度（8月から翌年の7月まで）は手当の全部または一部が支給停止されます。また、同居している扶養義務者の所得についても限度額以上ある場合は支給停止になります。

扶養親族 などの数	受給者所得		配偶者および 扶養義務者 所得
	全部支給	一部支給	
0人	490,000 円	1,920,000 円	2,360,000 円
1人	870,000 円	2,300,000 円	2,740,000 円

扶養親族 などの数	受給者所得		配偶者および 扶養義務者 所得
	全部支給	一部支給	
1人増に つき	380,000 円加算		380,000 円 加算

※上記の限度額は、収入から所定の控除を差し引いた後のものです。

手続き

各市町によって必要な書類が異なります。居住する市町の担当課に相談してください。

2. 母子父子寡婦福祉資金

こんな内容です

ひとり親家庭や寡婦の人が経済的自立と生活意欲の向上をはかるために、必要な資金を低利または無利子で借りることができる制度です。2014年10月より、父子家庭も対象となりました。

資金には12種類あり、用途に応じて貸付が行われます。

利用できる人

母子父子福祉資金
(1) ひとり親家庭
(2) 父母のない児童またはこれに準ずる児童
(3) 母子・父子福祉団体

寡婦福祉資金
(1) 寡婦（配偶者のない女子であって、かつて母子家庭の母であったもの）
(2) 40歳以上の配偶者のない女子であって母子家庭の母および寡婦以外のもの
(3) 母子福祉団体

貸付の対象となる範囲

1. 事業開始資金：事業を開始するために必要な設備、什器機械等の購入資金
2. 事業継続資金：現在継続中の事業に必要な商品、材料等を購入する運転資金
3. 修学資金：子どもが高校・大学等に修学するために必要な資金
4. 技能習得資金：技能や資格を得るために必要な授業料、材料費等の資金
5. 修業資金：子どもが事業開始・就職のための知識技能の習得に必要な資金
6. 就職支度資金：就職に必要な被服、靴等および通勤用自動車を購入する資金
7. 医療介護資金：医療および介護を受けるために必要な資金
8. 生活資金：技能習得期間中、医療介護資金を借り受けている期間、失業期間中、またはひとり親家庭となって7年未満の者の生活費補給資金
9. 住宅資金：住宅の増改築、補修保全および建て替え、購入に必要な資金
10. 転宅資金：住居の移転に際し、住居の賃借、家財運搬等に必要な資金
11. 就学支度資金：子どもが就学、修業するために必要な被服等の購入に必要な資金
12. 結婚資金：子どもが結婚するために必要な経費、および家具、什器等を購入する資金

手続き

申込みに必要な書類は市町により異なります。また、借り入れようとする資金ごとに提出する書類が決められていますので、相談するときに尋ねてください。

問合せおよび申請窓口

市町担当課および福祉事務所、相談員に問い合わせてください。

母子父子寡婦福祉資金貸付金一覧　　　　　　　　　　　　　　　　　　　　　　　　　　（2022年4月1日現在）

資金名	貸付限度額	利子（保証人の有無）	償還期間
事業開始資金	3,140,000円	有　無利子／無　年1.0%	7年以内
事業継続資金	1,570,000円	有　無利子／無　年1.0%	7年以内
修学資金	高　　校　月額 18,000円〜 35,000円 大　　学　月額 45,000円〜 64,000円 大学院　　月額132,000円〜183,000円	無利子（保証人必須）	20年以内 専修学校（一般課程）5年以内
技能習得資金	月額68,000円 （一括払いの場合　816,000円） 自動車運転免許取得　460,000円	有　無利子／無　年1.0%	20年以内
修業資金	月額68,000円 自動車運転免許取得　460,000円	無利子（保証人必須）	20年以内
就職支度資金	100,000円 自動車購入　330,000円	（親の就職） 有　無利子／無　年1.0% （子の就職） 無利子（保証人必須）	6年以内
医療介護資金	340,000円 特に必要と認めた場合 　480,000円 介護サービスの場合 　500,000円	有　無利子／無　年1.0%	5年以内
生活資金	月額105,000円 技能取得の場合　141,000円 母・父が生計中心者でない場合 　月額70,000円	有　無利子／無　年1.0%	技能　20年以内 医療介護・失業　5年以内 配偶者のない親となって7年 未満　8年以内
住宅資金	1,500,000円 全面改築の場合 　2,000,000円	有　無利子／無　年1.0%	6年以内 全面改築　7年以内
転宅資金	260,000円	有　無利子／無　年1.0%	3年以内
就学支度資金	高　　校　150,000円〜420,000円 大　　学　272,000円〜590,000円 大学院　　380,000円〜590,000円	無利子（保証人必須）	20年以内 専修学校（一般課程） 修業施設　5年以内
結婚資金	300,000円	有　無利子／無　年1.0%	5年以内

＼ワンポイントアドバイス／

ひとり親家庭の就学支援

＜高等学校授業料減免制度＞

　授業料の納付が困難な場合、免除または減額されます。国公立・私立高等学校に通う生徒が対象です。

　窓口：在学している高等学校

＜交通災害等遺児すこやか資金＞

　交通、労働、地震などの災害により父または母が亡くなった義務教育終了前の遺児の扶養義務者に対し、一時金が支給されます。

　支給額：1人あたり　50,000円

　申請期限：遺児となった日から1年以内

　窓口：県保健福祉センター

3. ひとり親家庭医療費助成制度

こんな内容です

　ひとり親家庭の親とその児童、父母のいない児童の医療費を助成する制度です。医療機関で支払った窓口負担分のうち助成される金額や、対象となる人・手続きについては市町によって異なります。詳しくは218ページの医療費助成制度一覧を参照してください。また、助成方法は、石川県の全市町において子どもは現物給付としています。親については償還払いですが、金沢市は事前に登録した口座に振り込まれる自動償還払いなど、市町によって異なります。

対象となる人

・ひとり親家庭の母または父、およびその児童
・父母のいない児童
※市町によって所得制限がある場合があります。

対象となる医療費

1	医療費の一部負担	○
2	入院給食費の一部負担	×
3	保険外負担	×
4	介護保険の一部負担	×

手続き

現物給付方式

　受給資格者証を市町に申請し、交付してもらいます。かかった医療機関の窓口で提示することにより、受給資格者証に記載された自己負担額のみの支払い（または無料）で医療機関にかかることができます。

償還払い方式

　医療機関の窓口で自己負担分を支払った後、市町から返してもらいます。医療機関の窓口で領収書をもらい、下記のものを持って市町担当課に申請します。
(1) 健康保険証
(2) 印鑑
(3) 医療費領収書
(4) 保護者名義の銀行通帳
(5) 高額療養費支給決定通知書（高額療養費に該当する場合は、先に健康保険の保険者に高額療養費の支給申請を行うことが必要）

4. 家庭生活支援員の派遣

こんな内容です

　ひとり親家庭などにおいて、病気や就職活動などのため一時的に家事・育児ができなくなった場合などに、ニーズ・時間帯に応じて利用者の家、家庭生活支援員の家、講習会等職業訓練を受講している場所などで保育を行います。
　生活援助：家事、介護その他（1時間を単位とする）
　子育て支援：保育サービス、その他（2時間を基本単位とし、以後1時間を単位とする）

問合せ

　実施していない市町や、所得に応じて利用者負担のある市町もあります。
　居住している市町に問い合わせてください（詳しくは260ページ参照）。

児童訪問援助員（ホームフレンド）の派遣

　ひとり親家庭で暮らす児童を対象に、ホームフレンド（大学生など）を派遣し、お姉さんやお兄さんの立場で相談にのったり、学習指導や簡単な家事指導などをします。金沢市は無料で行っていますが、実施していない市町もありますので、居住している市町に問い合わせてください。

母子生活支援施設

　母子家庭の母と児童（20歳未満）の福祉を図るため、入所、保護を行う児童福祉施設です。金沢市内には1施設（MCハイツ平和）あり、県内在住者であれば利用は可能です。しかし、数に限りがあるため、なかなか空きが出ないようです。市に居住している人は、住んでいる市の母子福祉担当課へ。町に居住している人は、県保健福祉センターへ相談してください。

5. 就労支援

①自立支援給付金事業

(1) 自立支援教育訓練給付金制度

こんな内容です

　雇用保険の教育訓練講座や指定する教育訓練講座を受講したひとり親家庭の父母に対して、講座修了後に受講料の一部が支給されます。

対象となる人

　次の要件をすべて満たす人が対象です。
①児童扶養手当を受給、または同様の所得水準である
②就業経験・技能・資格の取得状況などから判断して、教育訓練を受けることが必要であると認められる

支給額

　教育訓練経費の6割相当額
①一般教育訓練または一般特定教育訓練
　12,000円以上で上限は200,000円
②専門実践教育訓練
　上限は修業年数×400,000円（12,000円以上で1,600,000円まで）
※雇用保険の教育訓練給付金の支給を受けている場合は、差額分のみ支給されます。

問合せ

　受講申込前に、母子・父子自立支援員への事前相談が必要です。

住んでいる市町の担当課、県保健福祉センターへ問い合わせてください。

(2) 高等職業訓練促進給付金制度

こんな内容です

　介護福祉士・看護師・保育士・理学療法士・作業療法士などの、経済的自立に効果的な資格の取得をめざすひとり親家庭の父母に対し、給付金が支給されます。

対象となる人

　次の要件をすべて満たす人が対象です。
①児童扶養手当を受給、または同様の所得水準にある
②養成機関において6カ月以上の課程を修業し、資格取得が見込まれる
③就業または育児と、修業の両立が困難である

支給期間

　修業の全期間が対象となります（上限4年）。

支給額

　月額　100,000円（住民税非課税世帯）
　　　　70,500円（住民税課税世帯）
　　　　※修業期間最後の12カ月の支給月額は、40,000円増額される。

問合せ

受講申込前に、母子・父子自立支援員への事前相談が必要です。

市に居住している人は各市へ、それ以外の人は県保健福祉センターへ問い合わせてください。

②母子家庭等就業・自立支援事業

こんな内容です

専門の就業支援員が就業相談から情報提供まで、一貫した就業支援を行っています。職業紹介、就業支援講習会のほか、生活相談なども行っています。

問合せ

石川県母子寡婦福祉連合会、県保健福祉センター、各市福祉事務所に問い合わせてください。

第4節　学校生活に関する制度

1. 就学援助制度

こんな内容です

子どもの小・中学校就学に関して、経済的な理由で費用負担が困難な人に、就学に必要な費用の一部を援助しています。

支給内容

・学用品費等（定額）
・新入学用品費（4月認定の1年生のみ）
・校外活動費
・修学旅行費
・体育実技用具費
・学校給食費
・医療費
・通学費
・通学用品費など
・クラブ活動費
・PTA会費
・生徒会費

援助の内容は市町により異なるので、居住する市町へ確認してください。

利用できる人

生活保護を受けている人（援助内容は修学旅行費のみ）と、市町がそれぞれの基準で対象者としている人が利用できます。

基準には以下のようなものがありますが、市町によって異なるので居住する学校教育担当課に確認してください。

・世帯全員の昨年の総所得額が、市町の定めた金額以下の人
・生活保護が停止（廃止）された人
・市町民税や個人事業税、固定資産税を減免された人
・国民年金保険料を免除された人
・国民健康保険料を減免された人
・児童扶養手当を受給している人　など

手続き

通学している学校で「就学援助制度のお知らせ」が配布されます。お知らせについている「就学援助申請書」に必要事項を記入し、必要書類を添付して通学している学校（または教育委員会）へ提出します。原則として、申請を受け付けた翌月分から支給対象となります。

援助費の支給方法

・医療費：治療を受ける際は、治療開始前に学校へ申し出て「医療券」の交付を受ける必要があります。支払いは、教育委員会から医療機関へ行われます。
・医療費以外の援助費：毎年8月末、10月末、1月末および3月末に支給されます。
（原則として申請保護者の口座へ振り込み）

問合せ

各市町学校教育担当課に相談してください。

2.　子どもの学習支援

こんな内容です

（1）自治体
社会福祉協議会などが中心となり、生活保護受給世帯を対象としています。
①学習支援教室
中学生を対象に高校進学に向けた学習支援などを行います。社会福祉協議会内での教室では大学生などのボランティアがそれぞれの子どもに合わせた勉強を教えます。
②学習支援ボランティアの派遣
父子家庭や母子家庭等の中学生を対象に、大学生などのボランティアを派遣し、学習支援や学習に関する相談支援を行います。金沢市は無料で行っています。

（2）民間の学習支援
地域の学習支援ボランティアなどが、生活困窮家庭における貧困の連鎖を断ち切るために、こども食堂や学校、公民館、自宅等を開放して実施しています。

利用料

金沢市では無料で行われ、教室に通う交通費は支給されます。
詳しくは各社会福祉協議会へ問い合わせください。

問合せ

各市町の子ども支援課や社会福祉協議会に問い合わせてください（345ページ）。

3.　放課後児童クラブ

こんな内容です

共働き家庭など保護者が就労などで昼間家庭にいない小学校1年生〜6年生に対し、授業の終了した放課後や夏・冬・春休み・土曜日などの学校休業日に、家庭に代わる生活の場を確保し、適切な遊びや指導を行います。

運営

・運営主体：市町、社会福祉法人、NPO、保護者会など。
・利用時間：授業の終了した放課後とは、おおむね下校時〜18時です。各クラブにより異なるので確認が必要です。

利用料

利用料は、保育料・おやつ代・活動費など、各市町・各クラブにより設定されています。
また、ひとり親家庭に対し、利用料の減免を行っている市町もあります。詳しくは266ページを参照してください。

問合せ

各放課後児童クラブに直接申し込んでください。

第6章

権利擁護

第1節　権利擁護と意思決定支援
1. 権利擁護の考え方 …………………………168
2. 意思決定支援について ……………………168
3. 遺言 …………………………………………170
4. 人生の最終段階における医療・
   ケアの考え方 ……………………………171

第2節　虐待・DV等
1. 虐待とは ……………………………………172
2. 高齢者虐待 …………………………………172
3. 障害者虐待 …………………………………174
4. 児童虐待 ……………………………………176
5. DV関連 ……………………………………177

第3節　権利を守る制度
1. 成年後見制度 ………………………………181
2. 福祉サービス利用支援事業
   （日常生活自立支援事業）……………184
3. 詐欺や悪質商法の被害に遭ったら …185

第4節　不服の解決制度と法的な救済措置
1. 行政の決定に不服があるとき
   （不服審査請求について）…………187
2. 福祉サービスを適切に
   利用するために …………………………189
3. 医療に対する苦情、権利擁護に
   関するその他の相談機関 ……………190
4. 日本司法支援センター
   （法テラス）の活用……………………192
5. 民事法律扶助 ………………………………193

第5節　福祉と司法の連携による支援
1. 検察庁における社会復帰・
   再犯防止のための支援 ………………194
2. 更生保護と福祉 …………………………195
3. 地域生活定着支援センター …………197
4. アディクション（依存症）の
   ある人への支援 …………………………198

第1節　権利擁護と意思決定支援

1. 権利擁護の考え方

　「住み慣れた地域で尊厳ある生活と人生を送ること」は、すべての人の願いであり、当たり前の権利です。しかしながら、権利侵害行為に関するニュースが世間を騒がせて絶えないことも事実です。

　そもそも権利擁護とは、「人権を総称とする権利を保障すること」と言い換えることができます。なんらかの理由から、自らの権利主張や権利行使が難しくなっている状況にある人に対して、権利侵害の予防や対応、権利行使の支援を専門的に行っていく必要があります。なお、権利擁護には以下の二つの支援があります。

①適切な権利行使のための支援（意思表出や自己決定への支援）

②権利侵害からの救済、権利侵害防止のための支援

　この章では、権利擁護に関する二つの支援の側面から、さまざまな虐待に対応する法制度のこと、成年後見制度等の権利擁護にまつわる法制度のこと、苦情相談や不服申立といった相談の機関や流れのことなど、個々の人々の実際の生活に密着した権利擁護の考え方や仕組みについて紹介をしていくとともに、社会復帰、更生保護、地域生活への定着支援など、福祉と司法が連携することで成り立っている制度や枠組みについて、記載します。

2. 意思決定支援について

　福祉マップで紹介しているさまざまな制度やサービスを活用する際にも、だれがどのように、それを決めるのかということが大事になってきます。

　もちろん、自分の生活や人生にかかわることなのだから、自分のことは自分で決めるというのが当たり前です。しかしながら、現実としては、すべての人に同じようにその権利が保証されているとは言い難い状況があります。

　ここでは、意思決定支援をめぐる考え方や動向を紹介していきたいと思います。

○意思決定支援の考え方

　"Nothing about us without us"（私たちのことを私たち抜きで決めないで）という言葉をご存じでしょうか。これは、障害のある人たちも市民社会の一員として扱われるべきであるということを背景にした有名なスローガンです。この言葉には、意思決定支援の基本の考え方が入っています。

　意思決定支援とは、障害があったり、認知症により判断能力の低下がみられたり、あるいは周囲への遠慮がある状況があったりと、なんらかの事情によって、自分の思いや考えを、他の人に伝えることができず、日常（社会）生活において不利な立場に置かれる人たちを支援することです。

○意思決定支援をめぐる動向

　今、意思決定をめぐる状況でパラダイム転換が行われています。

　これまで、代行決定や代弁活動（本人に代わってモノゴトを決定する、本人に代わって主張する）ということが中心となっていたものが、最近では、どんなに重い認知症の人であっても、支援さえ受ければ、その人なりの決定ができる。本人の能力の有無が問題ではなく、どのような支援ができえるのかが問題となる。その支援とは、具体的には、本人が言いにくいのであれば、言いやすいような環境を整える、本人の意思がなにかをあらゆる面からあらゆる人（多職種含む）と追求するといったものです。

　また、意思決定は結果ではなくプロセスだという考え方が打ち出されてきています。ある時に、あるコトを決定したという事実を確認した（イベントモデル）ではなく、試行錯誤のうえで本人をめぐる人たちとの関係性のなかで決めていく（プロセスモデル）ことを大事にするようになってきました。その際、本人がまだ決めたくないなら、決定しないという自由も留保されます。さらに、結果がうまくいかなくても再度、再検討・再決定を繰り返すことになります。「支援なき自己責任」とはしません。

○国からだされた意思決定支援のガイドライン

このような動向を踏まえて、2018年までに厚生労働省からだされた意思決定に関するガイドラインは全部で三つありました。

一つ目は、もともと医療分野で話題となっていた終末期のガイドラインです。2007年に「終末期医療の決定プロセスに関するガイドライン」として発表されたものが、2018年に「人生の最終段階における医療・ケアの決定プロセスに関するガイドライン」となって改定されました。

二つ目は、障害分野からです。国連の障害者権利条約が採択された流れの中で、各種法整備を行い、2007年3月に「障害福祉サービス等の提供に係る意思決定支援ガイドライン」が制定されています。

三つ目は、認知症の人を対象としたものです。2016年に制定された成年後見利用促進法、それに基づく基本計画においても意思決定支援が重視され、2018年に「認知症の人の日常生活・社会生活における意思決定支援ガイドライン」を制定しています。以下に、当ガイドライン中に示された日常生活・社会生活等における意思決定支援のプロセスの図を掲載しました。意思決定は、①意思形成支援、②意思表明支援、③意思実現支援のそれぞれのプロセスごとへの支援とされています。

（「認知症の人の日常生活・社会生活における意思決定支援ガイドライン」厚生労働省　2018年6月　より）

第6章　権利擁護

○新たに策定された二つの意思決定のガイドライン

上記の三つのガイドラインに加えて、2019年以降、新たに二つのガイドラインが制定されました。

その一つ目は「身寄りがない人の入院及び医療に係る意思決定が困難な人への支援に関するガイドライン」です。単身世帯が増加する中で、自身の判断能力、家族関係がどのような状態であったとしても、一人の個人として、その意思は尊重されなければなりません。従来、医療機関等では判断能力が不十分な人が手術を受ける場合などに家族等に同意書へのアサインを求めるなど、いわゆる「身元保証・身元引受等」が求められてきました。

その煩雑な対応について、民間の各種サービス事業も展開されてきましたが、指導監督も明確ではなく利用者トラブルも絶えませんでした。そのような状況を鑑み、"身寄りのないことを前提にした"医療機関等の対応方法等について、2019年6月にガイドラインとして制定されています。

そして二つ目に、2020年10月に制定された「意思決定支援を踏まえた後見事務のガイドライン」が挙げられます。

元々、成年後見制度利用促進基本計画においては、意思決定支援の在り方についての指針策定に向けた検討を行うことが明記されていました。その具体化のため、最高裁判所、厚生労働省及び専門職団体をメンバーとするワーキング・グループが立ち上げられ、本人の視点をふまえた指針の策定を重要視し、利用者がメリットを実感できるような成年後見制度とすることを目的に策定されました。

なお、意思決定支援の形は人それぞれであり、各種ガイドラインを元に、その人なりの意思決定が支援されること、専門職には適切に意思決定を支えることが大切になります。

3. 遺言

こんな内容です

死後の財産や身分上のことについて、あらかじめ自分の意思を明記し、その実行に法律の力を与えようという制度（要式行為）です。任意後見制度等とともに、身辺を整理しておくことは、残された親族間の紛争を防ぐことにつながり、また自らの意思が尊重されていくことの保障となります。

資　格

・満15歳以上（被保佐人や被補助人も可能）
・成年被後見人（後見開始の審判を受けた人）は、医師2人以上の立会いのもとで正常な判断力回復が確認された場合

方　式

主な作成方式としては、次の2種類があります。費用、保管、秘密性、紛失・変造の可能性など、それぞれ異なります。メリット、デメリットを十分検討し自分にとってどれがよい方法か選択することが大切です。

自筆証書遺言	自分で書いて自分で管理する方法です。全文を自筆で書きます（用紙、筆記用具、書き方は自由）。日付を入れます（年月日まで）。署名、押印して、封筒に入れ、とじた上からさらに押印します。
公正証書遺言	遺言内容を公証人に確認してもらい、公正証書にする方法です。遺言の作成自体に専門の公証人が関与します。また、遺言書の原本も公証人役場で保管されるため、執行時の検認も不要、1番確実な方法です。証人2名の立会いと手数料が必要となります。手数料の額は、財産に応じて変わります。

> **コラム　前向きに生きるために**
>
> 　私は難病とともに生きています。病名は筋ジストロフィーデュシェンヌ型です。重篤化すると日常的に医療管理が必要です。かなり病状が進んでしまい、心機能が低下してしまっているため、いつ死に至る除脈を起こしても不思議ではありません。常に頭の片隅で「死」を意識しています。そんな私は、37年間もの長きにわたり入院生活を送ってきましたが、このままで人生を終わりたくないという思いから、退院し介護制度を利用し地域で暮らすことを決意しました。現在は、アパートで独り暮らしをしています。
>
> 　多くの支援者に支えられ目的を達した現在も支援者たちに支えられています。目の前にある懸念として、除脈による急変となれば身寄りのない私は身元引受人もなく、私を支える人たちは右往左往することでしょう。そうならないためにも私は遺言をパソコンで入力しました。葬儀、墓、遺品はどうするかなど。ただ遺言は自筆のものだけが有効ですので、危急時遺言の方法を取りました。体調を崩した2018年8月、入院先の病室で公証人役場の人が立ち会い、入力した遺言を読み上げ、証人となる支援者と私とで内容を確認し法的に遺言は有効となり、正直安堵しました。死後のことで煩わされることなく心置きなく生きるための、私にとっては尊厳が守られるためのお守りのようなものかもしれません。
>
> ※入院中（入居中）であっても、公証人役場の職員は病院や施設に出向いてくださいます。
>
> 　　　（当事者）
>
> 　本コラムは、難病とともに生きる当事者である古込和宏さんに、『福祉マップ』第10版にお寄せいただいた文章を再掲したものです。
> 　古込さんは闘病叶わず2019年4月24日に逝去（享年47）されましたが、最期まで「自分らしく」地域で暮らすことを選択された古込さんの思いを読者のみなさまにお届けできれば幸いです。

4.　人生の最終段階における医療・ケアの考え方

　国（厚生労働省）は、2018年3月に「人生の最終段階における医療・ケアの決定プロセスに関するガイドライン（改訂）」を示しています。過去（2007年）には「終末期医療の決定プロセスに関するガイドライン」と称していましたが、このときは用語の変更および医療だけでなくケアという文言も追加されました。

　その背景には、2008年3月に富山県射水市で起きた「人工呼吸器取り外し事件」の存在がありました。病院における延命治療への対応のために同意書を取り付けておくといった自己保身的な話ではなく、「最期まで自分らしく、自らの尊厳を持ちながら生きるというあり方を大事にした医療」を目指すということに重きをおいた改訂になっています。

　主な改訂のポイントは以下のとおりです。
（詳細は厚労省ホームページを参照ください。https://www.mhlw.go.jp/stf/houdou/0000197665.html）

1　病院における延命治療への対応を想定した内容だけでなく、在宅医療・介護の現場で活用できるよう、次の見直しを実施
　・「人生の最終段階における医療・ケアの決定プロセスに関するガイドライン」に名称を変更
　・医療・ケアチームの対象に介護従事者が含まれることを明確化
2　心身の状態の変化等に応じて、本人の意思は変更しうるものであり、医療・ケアの方針や、どの生き方を望むか等を、日頃から繰り返し話し合うこと（＝ACPの取組）の重要性を強調
3　本人が自らの意思を伝えられない状態になる前に、本人の意思を推定する者について、家族等の信頼できる者を前もって定めておくことの重要性を記載
4　今後、単身世帯が増えることを踏まえ「3」の信頼できる者の対象を、家族から家族等（親しい友人等）に拡大
5　繰り返し話し合った内容をその都度文書にまとめておき、本人、家族等と医療・ケアチームで共有することの重要性について記載

1. 虐待とは

各論に入る前に、そもそも「虐待」とはどのようなことを意味しているのか、また、私たちがこの言葉に向かうときに、どのように捉えていけばいいのかについて整理をしておきたいと思います。

私たちは、だれでもどんなときでも人として尊重され、社会の中で自分らしく生きることを保障されたいという望みを持っています。それは、子どもである、高齢者である、障害があるといったことを超えて、人として持つ共通のニーズであり、権利でもあります。このように、一見すると当たり前のことのように思える状態が侵されてしまうことを「虐待」と表します。人としての尊厳が傷つけられる、あってはならない権利侵害を意味します。

虐待等を防止するための取り組みとして、わが国では児童虐待防止法、DV防止法、高齢者虐待防止法、障害者虐待防止法等の法制化運動が1970年代初頭から現在に至るまで活発に展開されてきました。ただ、厳密に言うと、DVは「虐待」とは定義されてはいません。しかし権利が侵害された状態には間違いないので、同等に取り扱っています。

このように、分類や定義付けを試み、一定の整理はできつつありますが、虐待防止への社会的認知や取り組みは、決して十分とはいえません。既存の枠に当てはまらないからといって見過ごさず、虐待問題は、権利侵害であるという重い現実を受け止めていきたいものです。私たち自身が虐待について知り、気付き、つなげていくことが必要となります。

2. 高齢者虐待

①高齢者虐待とは

「高齢者虐待の防止、高齢者の養護者に対する支援等に関する法律（2006年4月1日施行）」では、高齢者の尊厳の保持のためには、権利利益の擁護、高齢者に対する虐待を防止することが極めて重要として、高齢者虐待の防止等に関する国等の責務、高齢者虐待を受けた高齢者に対する保護のための措置、養護者の負担の軽減を図ること等の養護者に対する支援のための措置等を定めています。

ア 高齢者の定義

この法律における高齢者とは、「65歳以上の者」と定義されています。また、65歳未満の者に対する虐待についても、法に準じた対応をすることとされています。

イ 高齢者虐待の立場による分類

高齢者虐待は、虐待行為を行う者の立場によって、2つに分類されています。
(1)「養護者による」高齢者虐待
養護者とは、「高齢者を現に養護するものであって養介護施設従事者等以外のものをいう」と定義

（同法第2条2項）されており、当該高齢者の日常生活において何らかの世話をする人（例えば、金銭の管理、食事や介護などの世話、自宅や自室の鍵の管理など、高齢者の生活に必要な行為を管理、提供している人）のことを言います。必ずしも当該高齢者と同居していなければならないわけではなく、近所に住みながら世話をしている親族や知人なども養護者と考えられます。
(2)「養介護施設従事者等による」高齢者虐待
養介護施設従事者等とは、以下の施設・事業に従事する者（立場や職種を問いません）をいいます。

根拠法	要介護施設	要介護事業
老人福祉法	老人福祉施設 有料老人ホーム	老人居宅生活支援事業
介護保険法	介護老人福祉施設 介護老人保健施設 介護療養型医療施設 地域密着型介護老人福祉施設 地域包括支援センター	居宅サービス事業 地域密着型サービス事業 介護予防サービス事業 地域密着型介護予防サービス事業 介護予防支援事業

ウ 高齢者虐待の定義と類型

高齢者虐待とは、「高齢者が他者からの不適切な

扱いにより権利利益を侵害される状態や生命、健康、生活が損なわれるような状態に置かれること」（厚生労働省「市町村・都道府県における高齢者虐待への対応と養護者支援について」2018年3月改訂版）とされており、具体的に以下の5種類に分類されています。

(1) 身体的虐待（身体拘束を含む）

　身体に外傷が生じ、または生じるおそれのある暴行を加えること

(2) 介護・世話の放棄・放任

衰弱させるような著しい減食または長時間の放置等、養護を著しく怠ること

(3) 心理的虐待

　著しい暴言や拒絶的な対応、その他の心理的外傷を与える言動を行うこと

(4) 性的虐待

　わいせつな行為をすること、またはさせること

(5) 経済的虐待

　財産を不当に処分すること、その他高齢者から不当に財産上の利益を得ること

コラム　身体拘束は身体的虐待に分類される

　身体拘束は、緊急やむを得ない場合を除いて、原則すべて虐待に該当します。緊急やむを得ない場合とは、切迫性（利用者本人又は他の利用者等の生命又は身体が危険にさらされる可能性が著しく高いこと）、非代替性（他に代替する介護方法がないこと）、一時性（一時的な制限であること）この3つの要件をすべて満たすことが必要です。家族が「縛ってください」と言ったことをもって、身体拘束を行うことはできません。

　また、要件を満たす場合は、施設・事業所（身体拘束廃止委員会等）で判断し、各要件についての説明、拘束の内容、目的、理由、拘束時間、拘束期間等について記録する、これらのことについて本人・家族にできる限り詳しく説明し理解・同意を得る、状況をよく観察・評価し、速やかに身体拘束を解除するという手順を踏むことが必要です。

※身体拘束に該当する具体的な行為の例

・徘徊しないように、車いすやいす、ベッドに体幹や四肢をひも等で縛る
・自分で降りられないように、ベッドを柵（サイドレール）で囲む
・脱衣やおむつはずしを制限するために、介護衣（つなぎ服）を着せる
・他人への迷惑行為を防ぐために、ベッドなどに体幹や四肢をひも等で縛る
・自分の意思で開けることのできない居室等に隔離する

出典：『身体拘束ゼロへの手引き』　厚生労働省「身体拘束ゼロ作戦推進会議」2001年

※高齢者虐待防止法では、明文化されていませんが、身体的虐待に当たると解釈されており、障害者虐待防止法では、「正当な理由なく障害者の身体を拘束すること」と明文化されています。（同法2条7項1号）　　　　　　（社会福祉士）

---

②高齢者虐待かもしれないと気づいた時は？

　虐待かどうかは行政が判断します。あなたがどのような立場であれ、「虐待されている状態かもしれない」、「権利侵害の状態にあるかもしれない」と気づいたら通報相談窓口に連絡しましょう。高齢者本人や養護者、施設従事者等の虐待に対する自覚の有無は問いません。※通報者の秘密は守られます。

○養護者による虐待の場合

　・市町村の高齢者福祉担当課（335ページ）
　・地域包括支援センター（295ページ）

○要介護施設従事者等による虐待の場合

　・市町村の高齢者虐待担当課（335ページ）
　・都道府県の高齢者虐待担当部署（335ページ）

＼ワンポイント アドバイス／

通報の仕方

　医療機関や介護事業所で虐待かもしれないと気づいた職員は、単独で通報することもできます。不安であれば職場内で情報共有し、管理者からの通報としてもよいでしょう。

---

③通報後の市町村（行政担当部署と委託地域包括支援センター）の対応

　通報の受付後は、市町村の責任での「事実確認」に基づき、「虐待の有無」、「緊急性」、「行政権限の行使」を判断し、虐待対応計画を立て、「高齢者本人の

生命と生活の安全確保」、「虐待の再発防止のための環境整備」等を行います。

ア　養護者による虐待の場合

虐待行為は養護者が発するSOSです。虐待の要因となっている養護者側の課題（孤立、介護疲れ、経済的困窮、病気や障害等）について、高齢者本人への対応とは分けて、養護者支援を進めます。

イ　養介護施設従事者等による虐待の場合

市町村や県は、虐待を行った従事者個人の問題に矮小化せず、例えば人手不足、介護の知識や技術不足等、虐待が発生した施設・事業所の管理運営上の課題を整理し、改善計画の提出、実行、評価を繰り返し、計画が達成できるまで見届け、再発を防止します。

3. 障害者虐待

①障害のある人への虐待とは

「障害者虐待の防止、障害者の養護者に対する支援等に関する法律（2012年10月1日施行）」には、第1章第3条で「何人も、障害者に対し、虐待をしてはならない」と、すべての人に対して、障害のある人への虐待を禁止するという強いメッセージが込められています。同法では、障害のある人への虐待は、絶対に起こってはならない重大な人権侵害であり、これを防止することが障害のある人の自立および社会参加にとって極めて重要であるとして「虐待の禁止」、「予防、早期発見、国等の責務」、「虐待を受けた障害のある人の保護及び自立のための支援の措置」、「養護者支援」を定めています。

虐待の対応は、障害のある人本人の自己決定を最大限尊重し、権利を行使できるよう支援するものですが、重大な権利侵害によって生命や暮らしの危機が迫っている場合は、法制度を活用し、いったん障害のある人の生命や身体、財産を保護するという行政による介入が行われます。特に、対象となる障害のある人は、虐待を虐待と明確に認識し、言葉で適切に訴えることが難しい人が少なくありません。重要なことは、背景にかかわらず、障害のある人の利益は守らなければならないということです。

ア　障害者の定義

この法律における障害者とは、障害者基本法第2条第1号に規定する障害者※のことをいい、障害者手帳を取得していない場合も含みます。

※身体障害、知的障害、精神障害（発達障害を含む。）その他の心身の機能の障害（以下「障害」と総称する。）がある者であって、障害及び社会的障壁により継続的に日常生活又は社会生活に相当な制限を受ける状態にあるもの

イ　障害者虐待の立場による分類

障害者虐待は、虐待行為を行う者の立場によって、3つに分類されています。

(1)「養護者による」障害者虐待（家庭）

養護者とは、障害のある人を現に養護するものであって、障害者福祉施設従事者等および使用者以外のものをいいます。身辺の世話や身体介助、金銭の管理等を行っている障害のある人の家族、親族、同居人等、また、同居していなくても、現に身辺の世話をしている親族・知人等も養護者に該当します。

(2)「障害者福祉施設従事者等による」障害者虐待
　　（施設・事業所）

障害者福祉施設従事者等とは、次の施設・事業所に従事する人で職種は問いません。

○障害者支援施設

○独立行政法人国立重度知的障害者総合施設のぞみの園（障害者福祉施設）

○障害福祉サービス事業

○一般相談支援事業もしくは特定相談支援事業

○移動支援事業・地域活動支援センター・福祉ホーム

(3)「使用者による」障害者虐待（職場）

使用者とは、障害者を雇用する事業主または事業の経営担当者その他その事業の労働者に関する事項について事業主のために行為をするものをいいます。

なお、同法では、学校、保育所、病院等で起こる障害のある人への虐待については、各機関の長または管理者に対して研修の実施、普及啓発、相談体制の整備等虐待防止のための措置を講ずると規定されるにとどまっています。

ウ　障害者虐待の類型

(1) 身体的虐待（身体拘束を含む）

身体に外傷が生じ、または生じるおそれのある暴行を加えること、または正当な理由なく身体を拘束

すること

(2) 介護放棄・放任

衰弱させるような著しい減食、または長時間の放置等、養護を怠ること

(3) 心理的虐待

著しい暴言や拒絶的な対応、その他の心理的外傷を与える言動を行うこと

(4) 性的虐待

わいせつな行為をすること、またはさせること

(5) 経済的虐待

財産を不当に処分すること、その他障害のある人から不当に財産上の利益を得ること

コラム　虐待は、刑事罰の対象になる場合があります

虐待は、その内容に応じて、刑事罰の対象になる場合があります。具体的には、身体的虐待の場合、殺人罪、傷害罪、暴行罪、逮捕監禁罪。放棄・放置の場合は、保護責任者遺棄罪。心理的虐待の場合は、脅迫罪、強要罪、名誉棄損罪、侮辱罪。性的虐待の場合は、強制わいせつ罪、強制性交等罪、準強制わいせつ罪、準強制性交等罪。経済的虐待の場合は、窃盗罪、詐欺罪、恐喝罪、横領罪が挙げられます。

※ただし、刑法第244条、第255条の親族相盗例（親族間で発生した一部の犯罪行為・未遂罪が免除または親告罪になる規定）に注意が必要です。市町村、都道府県が事実関係を確認した段階やその後調査を進める中で警察への被害の届け出、告発の要否を適正、迅速に判断し必要に応じ被害者による被害届の支援や行政として告発を行うことが求められます。

---

②虐待かもしれないと気づいた時は、相談・通報・届出をしましょう

ア　虐待を発見しやすい立場にある人

障害者福祉施設従事者等、学校の教職員、医療機関の職員、保健師、弁護士、民生児童委員、地域の住民は虐待を発見しやすい立場にあります。また、発見した人には通報の義務が法で定められており、刑法の秘密漏示罪、その他の守秘義務法規は適用されません。通報者の秘密は守られますので安心して通報してください。

イ　通報者は虐待かどうかの判断をする必要はありません。

虐待の判断は事実確認をもとに行政が行います。

あなたがどのような立場であれ、「虐待されている状態かもしれない」、「権利侵害の状態にあるかもしれない」と気づいたら通報相談窓口に届けましょう。障害のある人本人や養護者、施設従事者等、使用者自身の虐待に対する自覚の有無は問いません。

○養護者による虐待の場合の通報先
・市町村／障害者虐待防止センター

○障害者福祉施設従事者等による虐待の場合の通報先
・市町村／障害者虐待防止センター
・都道府県／障害者権利擁護センター

○使用者による障害者虐待の場合の通報先
・市町村／障害者虐待防止センター
→事業所所在地都道府県
・都道府県／障害者権利擁護センター
→都道府県労働局
・都道府県労働局

ご存じですか？

通報者を守る仕組み

施設や職場における虐待において、通報者が不利益を被らないよう「内部通報者に対する雇用上の不利益扱いを禁止」（法16条2項）、「通報者を特定しうる情報を漏らしてはならない」（法25条）という規定があります。

---

③通報後の対応

ア　養護者による虐待の場合

市町村の責任で「事実確認」に基づき、「虐待の有無」、「緊急性」、「行政権限の行使」の判断をし、虐待対応計画を立て「障害者本人の生命と生活の安全確保」、「虐待の再発防止のための環境整備」等を行います。

また、多くの事案では、養護者の背景に経済的困窮、疾患、障害、介護疲労、家族関係の悪化など様々な虐待が起こった要因がみられることから、虐待を解消するため、虐待の要因を取り除く対応の一環として養護者支援を行います。

イ　障害者福祉施設従事者等による虐待の場合

市町村は、福祉サービスの種類や市町村のもつ権限の違いにより、事実確認の手法が異なることを踏まえ、事案に応じた事実確認や安全確認を行います。同時に都道府県への報告をおこない、状況によっては連携して対応します。

　また、虐待を行った従事者個人の問題に矮小化せず、例えば人手不足、障害理解の知識やケア技術の未熟等、虐待が発生した施設・事業所の管理運営上の課題を整理し、改善計画の提出、実行、評価を繰り返し、計画が達成できるまで見届けます。

ウ　使用者への対応

　市町村は、通報を受けた後、任意の調査で虐待の事実確認を行い、会議で虐待の有無とその内容を認定し、虐待の有無にかかわらず、都道府県に通知します。また、都道府県は、都道府県労働局へ報告し、都道府県労働局は、労働基準監督署、公共職業安定所等と連携し、虐待の事実確認や本人の安全確認を行ったうえで、労働基準法、障害者雇用促進法など関係法令の規定による権限を行使し「事業所における障害者の適正な労働条件および雇用管理を確保すること」による虐待対応を行います。

4. 児童虐待

①児童虐待とは

　「児童虐待の防止等に関する法律（2000年11月20日施行）」では、児童虐待が児童の人権を著しく侵害し、その心身の成長および人格の形成に重大な影響を与えることから、児童に対する虐待の禁止、児童虐待の予防および早期発見その他の児童虐待の防止に関する国及び地方公共団体の責務、児童虐待を受けた児童の保護および自立の支援のための措置等を定めています。

　また、2020年4月1日に施行された「児童虐待防止対策の強化を図るための児童福祉法等の一部を改正する法律」では、児童のしつけに際して、体罰を禁止する旨が明文化されました。

ア　児童の定義

　この法律における児童とは、「18歳未満の者」と定義されています。

イ　児童虐待の定義と類型

　児童虐待とは、児童に対して、その保護者（親権を行う者、未成年後見人その他の者で、児童を現に監護するもの）によって行われる行為であって、具体的に以下の4種類に分類されています。

（1）身体的虐待

　殴る、蹴る、叩く、投げ落とす、激しく揺さぶる、やけどを負わせる、溺れさせる、首を絞める、縄などにより一室に拘束する、しつけと称して暴力をふるう（体罰）

（2）性的虐待

　子どもへの性的行為、性的行為を見せる、性器を触るまたは触らせる、ポルノグラフィの被写体にする

（3）ネグレクト

　家に閉じ込める、食事を与えない、ひどく不潔にする、自動車の中に放置する、重い病気になっても病院に連れて行かない

（4）心理的虐待

　言葉による脅し、無視、きょうだい間での差別的扱い、子どもの目の前で家族に対して暴力をふるう（ドメスティック・バイオレンス：DV）、きょうだいに虐待行為を行う

②児童虐待かもしれないと気づいた時は？

　虐待かどうかは児童相談所が判断します。あなたがどのような立場であれ、「虐待されている状態かもしれない」、「権利侵害の状態にあるかもしれない」と気づいたら通報相談窓口に連絡しましょう。児童本人や保護者の虐待に対する自覚の有無は問いません。

　※通報者の秘密は守られます。

　・市町村の児童福祉担当課（335ページ）
　・児童相談所（343ページ）

＼ワンポイント アドバイス／

通報先の目安

　児童相談所には、子どもの命を守るために保護する権限があります。虐待の程度が深刻であると疑われる場合には児童相談所へ、児童相談所に直接連絡するのをためらうケース、地域資源によるサポートが適切と思われる場合は市町に連絡されるとよいでしょう。

---

③通報後の市町村等（行政担当部署と児童相談所）の対応

通報の受付後は、安全確認（子どもを直接目視することを基本として、原則、通告受理後48時間以内に実施）、情報収集を行い、必要に応じて一時保護、在宅支援、施設入所等の対応が行われます。

ア　緊急時の支援
○一時保護

児童相談所長が必要と認めた場合に、子どもを児童相談所の一時保護所に入所させること（または乳児院、病院、障害児施設などの施設や機関に一時保護を委託すること）ができます。

一時保護は、保護者の同意を得ることを原則としていますが、子どもをそのままの状況に置いておくことが子どもの福祉を害すると認められる場合は、児童相談所長の判断で一時保護を行います。

イ　児童相談所の法的対応
○出頭要求・再出頭要求

一定の手続きを経て、児童の保護者に対し、児童と一緒に児童相談所に出頭させて、必要な調査または質問をします。この出頭要求を拒否し、立入調査も拒否したり、妨げたりした場合は、再出頭要求を行い、改めて必要な調査または質問をします。

○立入調査

一定の手続きを経て、児童の居所に立ち入り、必要な調査または質問をします。

○臨検・捜索

立入調査や出頭要求などを拒否した場合、裁判所の許可状により児童の居所に臨検したり、児童の捜索をすることができます。

○親権喪失・親権停止の申立

虐待行為などの新権の濫用があった場合に、家庭裁判所に新権の喪失や停止の申立てができます。

---

5. DV関連

①DVとは

2001年10月に「配偶者からの暴力の防止及び被害者の保護に関する法律（いわゆるDV防止法）」が施行され、配偶者からの暴力の防止および被害者の保護を図ることを目的に、通報、相談、保護、自立支援等の体制が整備されました。

「配偶者からの暴力（DV）」とは、配偶者や元配偶者、事実婚相手から受ける暴力のことで、以下のように分類されます。

（1）身体的暴力

殴る、蹴る、押す、つねる、物を投げつけるといった身体に対する直接的な暴力です。軽度のものから重度のものまでさまざまで、エスカレートした場合は、命の危険もありえます。

（2）精神的暴力

差別的、暴力的、侮蔑的な言動で相手を傷つけたり、無視することによって精神的苦痛を与える行為、生活費を渡さないなどの経済的な暴力、外出を制限するなど孤立させる行為などが含まれます。

（3）性的暴力

脅しや暴力で相手の意思に反した性行為を強要する、避妊に協力しないなどです。

②DVを発見したら

「DVかもしれない」と思ったら、配偶者暴力相談支援センターまたは警察に通報してください。

○被害者を発見した人は、配偶者暴力相談支援センターまたは警察に通報するよう努めることとなっています。

○医師その他の医療関係者が、配偶者からの暴力によるケガなどを発見したときは、配偶者暴力相談支援センターまたは警察に通報できることとなっています（ただし、被害者本人の意思は尊重されます）。

③相談への対応

○配偶者暴力相談支援センター

被害者への相談やカウンセリング、自立支援のための情報提供等を行います。

○警察

配偶者への指導警告や被害者の保護等を行います。

④緊急時の支援

○一時保護

　配偶者からの暴力を避けるため、被害者を緊急に保護することです。

⑤法的対応

○保護命令

　配偶者からの「身体に対する暴力」または「生命等に対する脅迫」を受けた被害者が、配偶者から身体への暴力を受けることで、その生命または身体に重大な危害を受けるおそれが大きいときに、裁判所が被害者からの申立てにより発するものです。

　保護命令には、（1）被害者への接近禁止命令（被害者の子または親族等への接近禁止命令、電話等の禁止命令も含む）（2）退去命令（3）被害者の子または親族等への接近禁止命令（4）電話等禁止命令があります。

⑥相談窓口

　配偶者等からの暴力の被害者についての相談窓口は、配偶者暴力相談支援センターや警察、人権擁護機関等です（180ページ参照）。

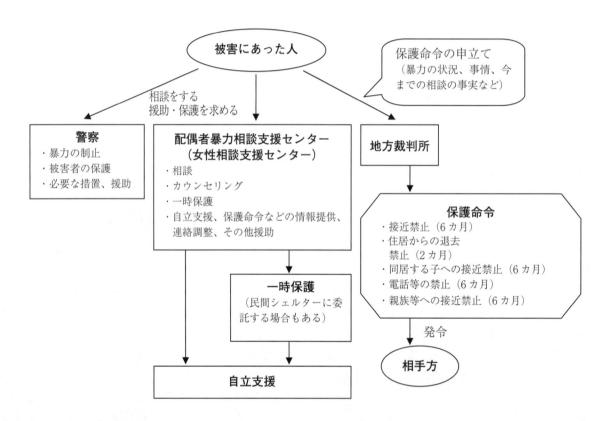

⑦虚偽DVによる配偶者ならびに　子どもへの権利侵害

○連れ去り・引き離しと虚偽DV・DVえん罪

　離婚や国際結婚の増加に伴い、離婚紛争時の子どもをめぐるトラブルが社会問題化していますが、その一つに「子どもの連れ去り・引き離し」があります。

　離婚紛争の状況下において、片方の親が子供を連れて突然姿を消し、子どもと会えない状態にしてしまう行為を「連れ去り・引き離し」といいます。もちろん、生命・身体の安全に関わるようなDV・虐待のために、子どもと親を引き離さざるを得ないケースもあります。しかし。中にはDV法を逆手に、虚偽や些細なことをDVと主張し、離婚を有利に運ぼうとする申立てもあり、子どもを連れ去られた人たちの間では、「虚偽DV」、「DVえん罪」と称され、問題となっています。

○日本の法整備の課題

　日本では両親が離婚すると、子どもの親権はどちらか一方の親のみに決められる「単独親権制度」を取っていること、また、家庭裁判所は子どもの療育環境を変えないことを良しとする「監護の継続性の原則」を重視していることから、離婚時に、先に子どもを手元に置くことで親権者として有利になるとの判断から、連れ去りのような行為に及ぶ人が増えていると指摘されています。

また、虚偽のDVを理由に、先に子どもを連れ去った方の親は罪に問われることはありませんが、もう一方の親がその子どもを連れ戻そうとした場合、「未成年者略取罪」として逮捕されるといった矛盾も発生しています。

国際間の不法な子どもの連れ去りについては、日本も2014年にハーグ条約（国際的な子どもの奪取についての民事上の側面に関する条約）の加盟国となっていることから、国境を越えて連れ去られた子どもとの面会交流が可能となる事例も増えています。なお、国内においては法整備が進んでおらず、国際社会からも批判されています。

コラム　虚偽DVとは

たとえ、実際にはDVがなかったとしても、子どもを連れ去り生活を始めてしまえば、監護の現状をできるだけ維持する「継続性の原則」などが重視され、連れ去られた側が不利となる事例が多くなっています。

こうしたなか、2018年4月、名古屋地裁で虚偽DVを訴えた妻とその話をうのみにした警察が不当に夫をDV加害者と認定したことは違法として、妻と愛知県に賠償を命じる判決を出しました（妻側は控訴中）。判決では①DV被害者の支援制度が、子どもと相手親を引き離す手段として悪用されている、②加害者とされる側の権利を守る手続きがなく、虚偽DVの温床となっていると指摘し、「より良い制度に向けた検討が期待される」と制度見直しを求めました。

（社会福祉士）

コラム　「尊厳死にだまされるな」

最近よく、尊厳死の意思表明をしたいのだと相談を受ける。リビングウィルの登録をしたいと言うのだが、意地悪な私は「禅問答」を吹っ掛ける。曰く、「交通事故に遭っても文句を言わないのですね」「治る肺炎でも治療はしないのですね」。実は、尊厳死を希望する人には、自分は大切にされていないと感じていたり、若い家族に迷惑をかけたくないと言ったような厭世的な気分がきっかけになっている人が少なくないと感じている。本来、リビングウィルは治る見込みのない病気や、自分の意識がなくなり自己決定が出来なくなる場合を想定しているのに、「治る病気でも治療しない」といった自己否定として表明している場合がある。だから、意地悪な問いかけをした上で、「尊厳死とは、最期の最期まで私のことを大事に、尊厳をもって扱ってください」というメッセージなのですよ、とお伝えすると、大概の皆さんは目を真っ赤にうるませて私の目をみる。そうです。尊厳死とは、尊厳のために死ぬことではない。戦前の自決や、武士の切腹とは違うんだとお伝えしたいわけです。

（内科開業医）

○相談、問い合わせ先
・金沢家庭裁判所（350ページ参照）
・親子の面会交流を実現する全国ネットワーク（親子ネット、352ページ参照）
・共同親権運動ネットワーク（Kネット、352ページ参照）
・共同養育支援法全国連絡会（352ページ参照）

ご存じですか？
連れ去り・引き離し問題の最新情報

この問題について、超党派の共同養育支援議員連盟（以下、議連）と法務省、警察庁、最高裁判所、内閣府、厚生労働省、総務省、文部科学省、外務省の担当者が2022年2月に非公開の総会を開催しました。総会では「正当な理由のない限り未成年者略取罪に当たる」と警察庁が明言し、それを現場に徹底するとの新たな動きが報告されています。

DV防止法の改正に伴い、議連は「精神的DVの要件を明確にする必要があること」、「加害者とされた者（子どもを連れ去られた側の親）の手続きの保障の必要性」等について確認しています。これを受けて、親子の面会交流を実現する全国ネットワーク（親子ネット）は、子どもを連れ去り、長期に及んで子どもと引き離す行為も「精神的DV」と定義することを要望しました。
※参考：ニュースサイト「SAKISHIRU」

相談窓口

相談窓口	相談の内容	電話番号	開設日・時間等
石川県女性相談支援センター（配偶者暴力相談支援センター）	DV、家庭不和、夫婦問題、男女問題	076-223-8655	月～金　　　　　　　8:30～17:15
金沢市女性相談支援室（配偶者暴力相談支援センター）	女性の悩み全般	076-220-2554	月～金　　　　　　　9:00～17:00 特別相談（弁護士・臨床心理士等）は予約制
DVホットライン		076-221-8740	月～金　　　　　　　9:00～21:00 土・日・祝　　　　　9:00～17:00
パープルサポートいしかわ（いしかわ性暴力被害者支援センター）	性暴力	076-223-8955	月～金　　　　　　　8:30～17:15
女性なんでも相談室（石川県女性センター）	女性の悩み全般	076-231-7331	○一般相談／月～金　9:00～17:00 ○特別相談（弁護士、臨床心理士、社会福祉士）は予約制
石川県こころの健康センター	DVおよび心の悩み全般	076-238-5761	月～金　　　　　　　8:30～17:15 男性のためのDV抑止相談
こころの相談ダイヤル（石川県こころの健康センター）		076-237-2700	月～金　　　　　　　9:00～12:00 13:00～16:00
レディース110番（石川県警察本部）	性犯罪DV、ストーカー等の被害	076-225-0281	月～金　　　　　　　9:00～17:45
警察安全相談（石川県警察本部）	警察業務全般	＃9110 076-225-9110	電話24時間対応 ○面接相談　月～金　9:00～17:00
女性なんでも相談（七尾市）	女性の悩み全般	0767-52-7830	毎月第1～4火曜日、金曜日 13:00～17:00
羽咋市女性支援ダイヤル	DV	0767-22-7830	○電話相談　月～金　9:00～17:00 ○面接相談　月～金　9:00～17:00 （要予約）
女性の人権ホットライン（金沢地方法務局）	女性の人権	0570-070-810	月～金　　　　　　　8:30～17:15
女性の権利110番（金沢弁護士会）	女性の権利	076-221-0242	毎週水曜日　　　　　12:30～14:30
公益社団法人石川被害者サポートセンター	犯罪等による被害	076-226-7830	火～土　　　　　　　13:30～16:30
公益社団法人金沢こころの電話	心の悩み	076-222-7556	月～金　　　　　　　18:00～23:00 土　　　　　　　　　15:00～23:00 日・祝・振替休　　　9:00～23:00
女性なんでも相談（白山市）	女性の悩み全般	076-274-9530	月～金　　　　　　　9:00～12:00 13:00～17:00
DVホットライン白山	DV		
DV・性暴力相談（小松市）	DV性暴力	0761-24-8178	月～金　　　　　　　9:00～17:00
法テラス石川	DVストーカー	050-3383-5477	月～金　　　　　　　9:00～17:00

第3節　権利を守る制度

1. 成年後見制度

　認知症や知的障害、精神障害などによって判断に支障をきたしている人々の権利を守るための制度です。成年後見人（保佐人、補助人）は、本人に代わって財産管理や契約などの法律行為を行ったり、安心・安全に毎日の生活を送れるように日常的に本人を保護、支援します。なお、成年後見制度には、法定後見と任意後見の2つがあります。

①法定後見制度

こんな内容です

　申立てを受けて、家庭裁判所が、本人の判断能力の度合いに応じて支援する人を選任します。法定後見には三つの類型（後見人、保佐人、補助人）があります。

手続きの流れ

①支援をする本人の住民票上の住所地を管轄する家庭裁判所への申立て・面談
②家庭裁判所による調査・家事審判官による審問
③本人の精神能力鑑定（後見、保佐の申立ての場合）
　※明らかに後見相当と認められる場合には省略されます。
　※申立ての際医師の診断書は全ての類型において必要です。
④審判開始（成年後見人等の選任と後見内容の決定など。ただし補助開始の審判は、本人による申立てと本人の同意が必要）
⑤審判確定（審判結果の通知、東京法務局への登記）
⑥後見開始（申立てから1～2カ月かかります）

類　型	後　見	保　佐	補　助
対象となる人の状態	ほとんど判断できない状態（・日常の買い物も一人では難しい　・家族の名前もわからない）	判断能力が著しく不十分な状態（・日常の買い物は一人で可能　・重要な財産の管理は一人では難しい）	判断能力が不十分な状態（・財産管理を一人でできるかもしれないが不安がある）
申立てをができる人	本人・配偶者・四親等内の親族・検察官・市町長など（※1）		
申立て時の本人の同意	不要		必要
本人の精神能力鑑定	原則として必要		原則として不要
成年後見人等に与えられる同意権（※2）	対象外	民法13条1項所定の行為　借金、訴訟行為、相続の承認・放棄、遺産の分割、新築・改築・増築などの行為（日常生活に関する行為は除きます）	申立ての範囲内で家庭裁判所が審判で定める特定の法律行為（※4）（日常生活に関する行為は除きます）
成年後見人等に与えられる取消権（※2）	日常生活に関する行為以外の行為	同上	同上　＊本人の同意が必要
成年後見人等に与えられる代理権（※3）	財産に関するすべての法律行為	申立ての範囲内で家庭裁判所が審判で定める特定の法律行為（※4）＊本人の同意が必要	

※1　本人以外の申立てにより保佐人に代理権を与える審判をする場合、本人の同意が必要です。補助開始の審判や補助人に同意権・代理権を与える審判をする場合も同じです。
※2　同意権／取消権とは、本人の行為について後見人等が同意するまたは取り消す権限をいいます。後見人等の同意を得ないで行った契約等については、後見人等がその行為を後で取り消すことができます。
※3　代理権とは、後見人等が本人に代わって契約等の行為を行う権限をいいます。後見人等がした行為は、本人がした行為として扱われます。
※4　特定の法律行為については、抽象的な法律行為や具体的な取引行為を申立て時に選択することができます。

必要となる書類

(1) 申立書（家庭裁判所 HP からダウンロード、窓口、郵送などで取り寄せる）

(2) 申立人の戸籍謄本 1 通（本人以外が申立てる場合）

(3) 本人の戸籍謄本 1 通

(4) 住民票または戸籍附票各 1 通（本人分、後見人等候補者分）

(5) 本人について成年後見等の登記がされていないことの証明書（東京法務局の発行するもの）

(6) 診断書

(7) 本人情報シート（福祉関係者等が記入）

(8) 本人の健康状態や財産等がわかる資料

費　用

① 申立てにかかる主な費用：
申立手数料（収入印紙）800 円、登記手数料 2,600 円、診断書代約 3,000 円～3 万円（医療機関により異なる）、必要時鑑定費用 5 万～10 万円、連絡用の郵便切手代等

② 後見人等への報酬（家庭裁判所が本人の財産から相当な報酬を決める。なお遺産分割協議や不動産の処分、特別困難な後見業務を行った場合は付加報酬が追加されることもある）

③ 被後見人等への後見等事務を行うための必要な費用（ガソリン代等の実費分）

問合せ

○成年後見制度の申立てに関すること
　金沢家庭裁判所　〒920-0937 金沢市丸の内 7-1
　　TEL 076-221-3114
　　（小松支部・後見人係）　0761-22-8978
　　（七尾支部）　　　　　　0767-52-3135
　　（輪島支部）　　　　　　0768-22-0054
　　（珠洲出張所）　　　　　0768-82-0218
○登記事項証明書の交付申請に関すること
　金沢地方法務局
　〒921-8505
　金沢市新神田 4-3-10　金沢新神田合同庁舎
　TEL 076-292-7810

②任意後見制度

こんな内容です

　将来、判断能力が低下した場合に備えて、本人が元気なうちにどうしてもらいたいかをあらかじめ契約で定めておく制度です。財産管理や契約行為などを自分が選んだ代理人とその内容（療養看護や財産管理に関する事務についての代理権）を決めて公正証書を作成しておきます。

　本人の判断能力が十分でなくなった時、家庭裁判所で本人の任意後見監督人が選任されて初めて任意後見契約の効力が生じます。

　任意後見契約を結んでいる場合、通常は法定後見より任意後見が優先されます。しかし、本人の利益のために特に必要があると認められれば、法定後見に移行することができます。

〈移行の理由〉

・本人保護のために取消権が必要になったとき

・本人が任意後見人に与えた代理権の範囲より、多くの代理権が必要となったとき

・本人と任意後見人との関係が著しく損なわれたとき　など

手続きの流れ

① 任意後見人受任者の決定（家族、親戚、友人、弁護士等専門家）

② 契約内容の決定（将来の入居施設や日常生活に関する具体的なこと等）

③ 公正証書の締結

④ 本人の判断能力低下が見られたら任意後見監督人の選任申立て

⑤ 任意後見監督人の審判が確定したら後見開始

費　用

　任意後見契約書・公正証書作成手数料 11,000 円、登記嘱託手数料 1,400 円、印紙代 2,600 円、その他、本人らに交付する正本等の証書代、切手代など

問合せ

○任意後見契約公正証書、遺言に関すること
　公証人役場
　　（金沢合同）　TEL 076-263-4355

FAX 076-231-7030
（小松）　TEL 0761-22-0831
　　　　　FAX 0761-22-0831
（七尾）　TEL 0767-52-6508
　　　　　FAX 0767-52-6505

③成年後見制度に関連する制度・サービス

○後見制度支援信託

成年被後見人または未成年被後見人の財産のうち、本人が日常生活で使用する金銭を預貯金等として後見人が管理し、それ以外の通常使用しない金銭を信託銀行等に信託する仕組みのことを言います。

これにより、信託財産を払い戻したり、信託契約を解約したりするにはあらかじめ家庭裁判所が発行する指示書が必要となり、親族後見人の横領等の不正行為が減少するというメリットが期待されています。

利用対象は後見類型のみであり、保佐、補助任意後見は利用できません。また、信託することのできる財産は、不動産や動産は想定されていません。

現在では、被後見人の預貯金等の流動資産が1000万円以上の場合に、後見制度支援信託を利用することが予定されており、このような事案の場合には、家庭裁判所より信託を設定するよう要請されることが多いです。

○後見制度支援預金

後見制度支援信託（以下　後見信託）に加え2018年6月から始まった制度です。目的やしくみは基本的には後見信託と同じですが、被後見人の財産について、信託銀行等に信託するのではなく、信用金庫や信用組合、地方銀行等に預金をして管理をするという違いがあります。

通常の預金とは異なり、口座の開設や解約、お金の出し入れをするには、あらかじめ家庭裁判所が発行する「指示書」が必要となります。

後見信託の手続きは弁護士や司法書士が行いますが、後見預金は親族後見人のみで手続きが開始されることもあります。なお、後見預金の場合は最低預入の制限がないので、誰でも利用しやすい点がメリットです。

○成年後見人市町長申立て（市町担当課）

成年後見等の開始の審判が必要であるにもかかわらず、本人、親族ともに申立てを行うことが難しい場合など、特に必要がある時には、市町長が申立てを行うことができます。

○成年後見制度利用支援事業（市町担当課）

成年後見制度等の申立ての経費（登記手数料、鑑定費用等）、後見人等の報酬の全部または一部を市町が助成します。

○法律扶助制度の利用

経済的な余裕がないために弁護士に依頼できない場合に利用できる制度として「法律扶助制度」があります（詳細は193ページ参照）。

相談窓口

成年後見制度に関する相談・支援機関は次のとおりです。

○石川県司法書士会
　公益社団法人成年後見センター・リーガルサポート石川県支部
　　〒921-8013
　　金沢市新神田4-10-18 石川県司法書士会館内
　　TEL 076-291-7070

○一般社団法人石川県社会福祉士会
　成年後見センターぱあとなあ石川
　　〒920-8557
　　金沢市本多町3-1-10 石川県社会福祉会館2階
　　TEL 090-4329-2255（平日10時から16時まで）

○金沢弁護士会　高齢者・障害者支援センター
　　〒920-0937　金沢市丸の内7-36
　　TEL 076-221-0242

○石川県行政書士会
　一般社団法人コスモス成年後見サポートセンター石川県支部
　　〒920-8203　金沢市鞍月2-2 石川県繊維会館3F
　　TEL 076-268-9555

○北陸税理士会　金沢支部
　　〒920-0022　金沢市北安江3-4-6
　　TEL 076-223-1841

○社会保険労務士会
　　一般社団法人社労士成年後見センター石川
　　〒921-8002
　　金沢市玉鉾2-502　エーブル金沢ビル2階
　　TEL 076-291-5411

2. 福祉サービス利用支援事業（日常生活自立支援事業）

こんな内容です

　判断能力が十分でない人の権利を擁護することを目的とし、住み慣れた地域で自立した生活が送れるよう支援する制度です。各市町社会福祉協議会の専門員や生活支援員が支援を行います。

日常生活自立支援事業の内容

福祉サービスの利用支援	申し込み手続きの同伴・代行・契約の締結（入所除く）
	サービス利用費用の支払い
	苦情申し立ての手続きなど
日常的金銭管理の支援	毎日の生活に必要なお金の出し入れ
	公共料金・家賃・地代・税金・医療費などの支払い
	年金や福祉手当の受け取り
日常生活に必要な手続きの支援	住民票の届け出、印鑑登録など行政手続き
	住宅改造や住居の賃貸に関する契約手続き
	商品購入に関する苦情処理制度の利用手続き
書類等の預かり	年金証書、不動産権利書、保険証書など
	預金通帳、実印など

利用できる人

　もの忘れのある高齢者（認知症高齢者）、知的障害のある人、精神障害のある人。

　在宅の人に限らず、病院や施設に入っている人も利用できます。

利用料

相談から契約まで	無料
福祉サービスの利用支援 日常的金銭管理サービス	【生活保護世帯以外】 　1時間　1,350円 　（1時間を超える場合は30分ごとに325円加算） 【生活保護世帯】　無料
書類等の預かり（金融機関の貸金庫に保管）	一律　月額250円

手続き

①相談受付　②訪問・相談
③支援計画作成　④契約
⑤サービス開始

相談窓口

石川県福祉サービス利用支援センター
　TEL 076-234-2556　FAX 076-234-2558
　市町の社会福祉協議会（345ページ参照）

3. 詐欺や悪質商法の被害に遭ったら

現在、私たちのまわりでは、振り込め詐欺や架空請求、マルチ取引、インターネットの料金トラブルなど、新手の詐欺や悪質商法が次々と現れ、私たちはいつ被害者になってもおかしくない状況にあります。

被害に遭わないためには、きっぱり断ることや相手の手口を知っていることが肝心です。消費生活センターや自治体、警察から出される注意喚起情報を日ごろから心に留めておきましょう。また被害に遭ったり不安に思ったら、すぐに相談窓口に相談してください。

①クーリング・オフ制度

こんな内容です

いくら注意をしていても不意に自宅を訪問されたり、電話で強引に商品やサービスをすすめられると、断りきれずに購入してしまったり、申し込んでしまう場合があります。そんなときに役立つのが「クーリング・オフ制度」です。

クーリング・オフとは、「頭を冷やして考え直す」という意味です。契約内容を十分に理解し考え直すための一定の期間内（クーリング・オフ期間）であれば、消費者の方から一方的に契約をなかったことにできます。

対象となる取引と期間

クーリング・オフできるのは、特定商取引法に定められた取引等に限られています（すべての契約をクーリング・オフできるわけではありません）。また、クーリング・オフ期間は通常、契約書類を受け取った日を入れて8日間ですが、マルチ商法や内職商法などは20日間です。

クーリング・オフ期間が過ぎてしまった場合でも、契約書などに不備があればクーリング・オフ期間は進行しません。申込書や契約書面等が法定書面の条件（契約内容の明示やクーリング・オフ権利の告知）を整えているか確認してください。

クーリング・オフ一覧表（主なもの）

取引内容	クーリング・オフ期間
訪問販売	8日間
電話勧誘販売	8日間
エステ、学習塾、家庭教師、結婚相手紹介サービスなど（特定継続的役務提供契約）	8日間
貴金属や着物の買取りサービスなど（訪問購入）	8日間
生命・損害保険契約　※店舗外での契約期間1年を超える契約	8日間
マルチ商法（連鎖販売取引）	20日間
内職商法（業務提供誘引販売取引）	20日間

例　外

次の場合は、クーリング・オフできないので注意してください（一例です）。

・3,000円未満の商品で、代金を全額支払った場合
・乗用車などの適用除外商品

※なお、適用除外に該当するか否かの判断は、難しい場合もありますので、まずは、消費生活センター（347ページ）や専門家に相談しましょう。

注意点

①クーリング・オフは書面で行ってください。
②配達証明付き内容証明郵便で発送するのがベストです。なお、ハガキでもできますが、必ずハガキの両面をコピーして控えを残してください。
③書面には、契約日、商品名、販売会社名、支払い金額、自分の住所と氏名、発送する日付、クーリング・オフする旨を記載してください。
④その書面をクーリング・オフ期間内に発送してください。

〈書面の見本（ハガキの裏面）〉

```
              契約解除通知

  下記の契約を解除します。
  つきましては、すでに支払った金○○○円
を現金書留で返金し、商品を引き取ってくだ
さい。
        契約日        ○年○月○日
        商品名        ○○○○○
        販売会社名     ○○○○○○
        代金額        金○○○円
                      ○○年○月○日

      住所　○○○○○○○○○○○○○
            氏名　○○○○○
```

②クレジットカードで購入した場合

　クレジットカードで商品を購入した場合には、販売業者へのクーリング・オフに加えて、信販会社に支払停止を求めてください。

③相談窓口

相談機関	連絡先
石川県消費生活支援センター	TEL 076-255-2120
各市町の消費生活相談窓口	335ページ
石川県警察本部警察安全相談室	TEL 076-225-9110、＃9110（全国共通、有料）
法テラス石川	TEL 050-3383-5477
金沢弁護士会	TEL 076-221-0242

コラム マイナンバーカード普及のための保険証原則廃止〜エストニアとの対比で考える

　河野デジタル担当大臣は2024年秋ごろに保険証を原則廃止すると発表したが、マイナンバーカードの普及を加速させる目的なのは明白だ。デジタル技術や通信ネットワークを利活用することについては、患者の同意のもとにオンライン資格確認で他医療機関の薬剤情報や健診情報が得られる点は歓迎すべきことだ。しかし、全国で繋がるこうしたネットワークを果たして100%安心できると言えるのだろうか。2021年10月に徳島県の中小規模の病院で起こったサイバー攻撃は、安全と言われていたVPN（Virtual Private Network）装置から侵入したが、2カ月間もの間、通常診療ができなかった。IT先進国の代表と言われるエストニアでは、2020年12月に政府機関から大量の個人情報が流出した。同国では、2007年4月に大規模なサイバー攻撃があり、国家の機能が完全にマヒしたと言われている。エストニアは1991年のソ連崩壊後に独立したが、資源や産業もない中でITに活路を見出そうとし、また、隣国ロシアに攻め込まれた時にオンライン上にデータとして保護しておくことでいつでも政府として再出発ができるようにするという考え方が根底にあった。そのため、全ての国民がICカードを持つことに対して違和感はなかったのではないだろうか。日本は何十年もかけて保険証一枚で安心して医療が受けられる社会を構築してきた。任意であるマイナンバーカード（ICカード）を普及させるために保険証を廃止することに関して、国民の理解が得られているとは言い難い。保険証の廃止は白紙に戻すべきだ。　　　　　（医師）

1．行政の決定に不服があるとき（不服審査請求について）

○まず、十分に説明してもらいましょう

申請が却下された時（制度やサービスの申請をしたのに使えなかったとき）には、どこに問題があったのか、担当の窓口で十分な説明を受けてください。

○ソーシャルワーカーなどの専門家に相談を

説明を受けてもよく分からないときや担当者がなかなか教えてくれないようなときは、医療ソーシャルワーカー、社会福祉士、保健師などその分野の専門の人に相談するとうまくいくこともあります。改めて問い合わせしてもらったり、窓口に一緒に行ってもらう方法もあります。

○だれにでもできる不服審査請求

しかし、それでもうまくいかず、担当者の説明に納得できないときは、法律で認められた正規の手続きにしたがって意見をいうことができます。それが行政不服審査（異議申立て・審査請求）の申し立てです。だれに対して申し立てを行うか分からない場合には、担当窓口に直接郵送で提出すればそこから適切なところに回してくれることになっています。不服と思う決定を知ってから3カ月以内に行わなければなりません。

書類の書き方は次ページの様式を参考にしてください。この内容のことが書いてあればどんな様式でも構いません。正副2通必要です。審査請求を審理する担当者は、定められた期間内に決定を出すことになっています。この決定にも不服があるときは再審査請求ができます。これは決定があってから1カ月以内で、国に対して行うことになります。

○審査請求を支援してくれる弁護士等がいます

誰にでもできるとはいえ一人で行うのはやはり大変です。弁護士を代理人にすると訴える内容がより法律的に深まり、根拠や説得力が違います。また、必要があるときには裁判にもつながりやすくなります。弁護士や司法書士のほか、審査請求を支援してくれる団体もありますので、まずはご相談されることをおすすめします（下の表参照）。

○最後の手段は、裁判

制度によっては審査請求の方法がなく、最初から裁判というものもあれば、審査請求、再審査請求をしてからでないと訴訟を起こせないものもあります。どちらにしても法律の専門家の支援が必要ですので、弁護士への相談が必要です。

審査請求の支援をしてくれる団体

グループ名	相談内容	連絡先
金沢生活と健康を守る会	生活保護や税金のことについて相談にのっています	TEL 076-251-6112
石川県社会保障推進協議会	社会保障全般について改善運動をしています	TEL 076-253-1636

第6章　権利擁護

年　　月　　日

審査請求書

石川県知事（○○市町長等）　殿

審査請求人　○○　○○　㊞

次の通り審査請求をします。

1．　審査請求人の氏名及び年齢又は名称並びに住所
　　　例）氏名（名称）：　○○　○○　　　年齢：○○歳
　　　　　住所：石川県○○市・・・

2．　審査請求に係る処分
　　　例）○○市長の令和○○年○○月○○日付けの審査請求人に対する行政
　　　処分（○○○第○○○号）

3．　審査請求に係る処分があったことを知った年月日
　　　例）令和○○年○○月○○日

4．　審査請求の趣旨
　　　例）「記載の処分を取り消す。」との裁決（決定）を求める。

5．　審査請求の理由
　　　例）決定された処分には、事実が反映されていないため。

6．　教示の有無及びその内容
　　　例）「この処分に不服がある場合は、行政不服審査法第2条に規定により、この決定
　　　があったことを知った翌日から起算して3カ月以内に、石川県知事（○○市町長）に
　　　対して審査請求をすることができます。」との教示があった。

7．　その他
　　　例）私は、以下の者を代理人とし、この審査請求に関する一切の行為を委任します。
　　　　氏名：　○○　○○　　　　㊞
　　　　住所：　○○県○○市・・・

2. 福祉サービスを適切に利用するために

①介護サービス情報の公表制度

こんな内容です

　利用者が介護サービス事業所を選択する際に、必要な情報を得られるよう定期的に情報を公表するしくみのことです。公表される情報は、①基本情報（事業所の所在地や職員体制、利用料金など）、②調査情報（サービス提供内容の記録管理の有無、身体拘束を廃止する取組の有無など）があります。

問合せ

石川県健康福祉部長寿社会課（335ページ参照）

②福祉サービス第三者評価

こんな内容です

　福祉サービス事業者の提供するサービスについて、公正・中立な第三者評価機関が専門的かつ客観的な立場から評価するものです。

　福祉サービス第三者評価の対象となる事業者は、原則として社会福祉法および介護保険法に規定するすべての福祉サービスです。現在、認知症の高齢者が利用するグループホームは年1回の受審が義務づけられていますが、そのほかの施設に関する受審は、任意となっています。石川県では、「福祉サービス第三者評価」を受審すると、「介護サービス情報の公表」についても調査を受けたことになります。「介護サービス情報の公表」よりも、サービス内容に関する具体的評価などを行っていますので、より詳細な評価結果を確認することができます。

問合せ

石川県健康福祉部厚生政策課（335ページ参照）

③介護保険制度における苦情相談・解決の制度

○要介護認定・保険料等に不満

　まず市町に相談し、納得がいかない場合は介護保険審査会に不服申立てができます。それでも不服がある場合は、再審査請求はできませんので裁判になります。

○サービス内容への不満

　介護サービスに関する苦情は、サービス提供事業者、介護施設の苦情相談窓口、ケアマネジャー、市町の介護保険担当課、国保連合会などに相談することができます。また、施設や自宅に訪問し、サービス利用者から苦情や不満を聞き、事業者と解決策を見つける介護相談員派遣制度を実施している市町があります。

相談機関	連絡先	電　話	FAX／メール
石川県介護保険審査会	石川県長寿社会課	076-225-1417	076-225-1418 kaigo@pref.ishikawa.lg.jp
石川県長寿社会課（事業者指定）		076-225-1417	
介護サービス苦情110番	国保連合会	076-231-1110	076-231-1601
金沢市苦情等専門部会	金沢市介護保険課	076-220-2264	076-220-2559
介護相談員派遣事業	各市町担当課	336〜361ページ参照	

④福祉サービス全般の苦情相談窓口

こんな内容です

　高齢者、障害のある人、子ども等の各種福祉サービスを利用する中で、困りごとが生じたり、悩んだりしたときに相談できる窓口です。例えば「職員の対応や言葉づかいに傷ついた」「サービスの内容や料金が契約と違う」「暴力や虐待を受けた」等が考えられます。

　相談の内容によっては、弁護士、医師、大学教授などの専門家の助言を受けることもあります。相談

者の個人情報は守られているので安心して相談できます。匿名による相談も可能です。

　なお、相談、あっせん等はすべて無料です。電話、ファクス、メールでも受け付けています。

┌─────────────────────────┐
│　　　　　　　問合せ　　　　　　　│
└─────────────────────────┘

石川県福祉サービス運営適正化委員会（社会福祉法人石川県社会福祉協議会内）
　TEL 076-234-2556　FAX 076-234-2558
　E-mail: sou@isk-shakyo.or.jp

3.　医療に対する苦情、権利擁護に関するその他の相談機関

　医療現場でのトラブルは、利用者の皆さんにとってどう対応すればよいのか迷う場合も多いかもしれません。しかし、医療機関側は決して対立したいと思っているわけではありませんので、当該医療機関との十分な話し合いで解決する方法も大切です。近年、病院などの各医療機関には、医療相談窓口を設置して医療に詳しい職員を配置し、利用者の皆さんのどのような相談にも応じる体制を整えています。当該病院をまったく利用していなくても相談に乗ってくれると思います。治療方針の疑問については、「セカンドオピニオン」という制度を利用する方法もあります。違う病院の専門家の意見を聞くことができますので、各医療機関の医療相談窓口に問い合わせてください。

①医療事故

　医療現場で起こったトラブルで、医療事故かどうかの判断は利用者の皆さんには大変難しい問題だと思います。2015年10月から医療事故調査制度がわが国で開始されました。これは、医療に起因する死亡事例のみが対象で、その要因・調査を行うことを主眼としていますが、当該地域の支援センター（石川県の場合、石川県医師会に設置）に相談できるのは医療機関側となっています。ただし、そこで出された結論に納得のいかない場合は、遺族側が国の設置する支援センターに相談することができます。死亡事例以外で納得のいかない場合は、全国的に組織している相談機関に相談してみる方法もあります。

各種相談機関

相談機関名	相談の内容	連絡先
医療事故情報センター	患者の立場からの医療過誤訴訟支援 各地の相談窓口や弁護士を紹介する	TEL 052-951-1731　FAX 052-951-1732 Eメール　mmic001@mint.ocn.ne.jp
ささえあい医療人権センターCOML	医療者ではない相談スタッフによる電話医療相談 月～金 9:00～12:00、13:00～16:00 土 9:00～12:00	TEL 06-6314-1652　FAX 06-6314-3696 Eメール　coml@coml.gr.jp
一般財団法人日本尊厳死協会	終末期医療相談	本部事務局　　TEL 03-3818-6563 北陸支部（山崎利男法律事務所内） TEL 076-232-0900　FAX 076-232-0932 Eメール　hokuriku@songenshi-kyokai.com
医療安全支援センター	地域における医療に関する患者・家族等の苦情・心配相談	石川県の相談窓口 県庁内　健康福祉部医療対策課　医療指導グループ TEL 076-225-1433　FAX 076-225-1434 Eメール　e150900a@pref.ishikawa.jp

自殺防止センター

相談窓口	電話番号	受付時間
東京自殺防止センター	03-5286-9090	【年中無休】20:00〜5:30 【毎週　火】17:00〜2:30 【毎週　木】20:00〜2:30
大阪自殺防止センター	06-6260-4343	【毎週】金曜13:00〜日曜22:00
宮崎自殺防止センター	0985-77-9090	【毎週　日・月・水・金】20:00〜23:00
岩手自殺防止センター	019-621-9090	【毎週　土】20:00〜24:00
あいち自殺防止センター	052-870-9090	【毎週　金】20:00〜23:00

こころの健康やこころの悩みに関する相談

相談窓口		電話番号	受付時間
石川県こころの健康センター		076-238-5761	月〜金曜日　　8:30〜17:15（祝日等除く）
こころの相談ダイヤル石川県		076-237-2700	月〜金曜日　　9:00〜16:00（祝日等除く）
メンタルヘルス対策支援センター （石川産業保健総合支援センター内）		076-265-3888	月〜金曜日　13:30〜16:30（祝日等除く）
金沢こころの電話	一般	076-222-7556	月〜金曜日　18:00〜23:00　土曜日　15:00〜23:00
	高齢者	076-260-7272	日曜日・祝日・休日　9:00〜23:00
石川県南加賀保健福祉センター		0761-22-0796	第3水曜日　14:00〜17:00
〃　　　　　加賀地域センター		0761-76-4300	第4木曜日　13:00〜14:30
石川県石川中央保健福祉センター		076-275-2250	毎月第1〜4水曜日　14:00〜16:00
〃　　　　　河北地域センター		076-289-2177	毎月第4火曜日　14:00〜16:00
石川県能登中部保健福祉センター		0767-53-2482	月〜金曜日　　8:30〜17:15（祝日等除く）
〃　　　　　羽咋地域センター		0767-22-1170	
石川県能登北部保健福祉センター		0768-22-2011	第2・3金曜日　14:00〜16:00
〃　　　　　珠洲地域センター		0768-84-1511	第3火曜日　14:30〜16:00
金沢市泉野福祉健康センター		076-242-1131	
金沢市元町福祉健康センター		076-251-0200	
金沢市駅西福祉健康センター		076-234-5103	

②権利擁護に関するその他の相談機関

相談機関	相談の内容	連絡先
法テラス石川	民事・刑事を問わず、法律による紛争の解決に必要な情報やサービスの提供	TEL 050-3383-5477
金沢地方法務局	人権問題、家庭内や隣近所のもめごとなど日常生活全般にわたる紛争や法律問題など	TEL 0570-003-110
金沢弁護士会	犯罪被害者支援法律相談	TEL 076-221-0242
石川県交通事故相談 （石川県警察）	交通事故に関する相談	TEL 076-225-1690
警察安全相談室 （石川県警察）	交通、暴力問題、少年非行、ストーカー、男女間暴力、不動産や金銭に関する犯罪、防犯など警察に関係のある相談	#9110 TEL 076-225-9110
金沢市社会福祉協議会 　民事・家事に関する法律相談	要予約 相続や離婚、個人間のトラブルなどの法律上の手続	TEL 076-231-3571

相談機関	相談の内容	連絡先
石川県社会保障推進協議会	日本の社会保障制度の改善をめざして、労働組合、医療、福祉関連の諸団体、女性団体などが共同して運動をすすめる組織です。医療・福祉・介護119番などの集中相談も行います。	TEL 076-253-1636
生活保護裁判連絡会　社会保障相談室	メールによる相談：弁護士・研究者・福祉の専門家が10日〜2週間で回答します。無料。	Eメール jinken@eagle.ocn.ne.jp
金沢こころの電話	【月〜金】18：00〜23：00　【土】15：00〜23：00　【日・祝・振休】9：00〜23：00	TEL 076-222-7556
24時間いじめ相談テレホン　石川県教員総合研修センター	いじめ問題に関しての相談	TEL 076-298-1699
子どもの人権110番（全国共通）	いじめ、体罰、児童虐待など、子どもの人権に関する相談	TEL 0120-007-110

4. 日本司法支援センター（法テラス）の活用

こんな内容です

　総合法律支援法は民事・刑事を問わず、全国どこでも法的トラブルの解決に必要な情報やサービスの提供が受けられる社会の実現をめざして作られました。この法律に基づき、総合法律支援の運営主体の中核をになうべく、公的な法人として設立されたのが日本司法支援センター（通称：法テラス）です。法テラスは国民の法的トラブル解決のための「総合案内所」です。全国の都道府県にある地方事務所が窓口になっています。

　法テラスは関連団体とネットワークを構築しながら、主に以下の業務を行っています。

①情報提供

　問い合わせ内容に応じて、解決に役立つ制度や相談機関等の情報を電話、メール、面談により無料で提供しています。

②民事法律扶助

　経済的に余裕がない人等が法的トラブルにあったときに、無料で法律相談を行い、必要な場合には弁護士や司法書士費用等の立替えを行います。詳しくは193ページを参照してください。

③犯罪被害者支援

　殺人、傷害、性被害、配偶者からの暴力（DV）などの犯罪の被害にあった人やその家族の状況に応じて様々な支援情報を提供するほか、一定の要件に該当する人には弁護士費用の援助制度を紹介するなど、犯罪被害者を多角的にサポートします。

　DV、ストーカー、児童虐待を現に受けている人（疑いのある人も含む）に対しては、被害の防止に必要な法律相談援助を行います（民事手続、刑事手続、行政手続）。資力に関係なく相談できますが、資力のある人は相談料を負担します。

　DVについては177ページ、児童虐待については176ページも参照してください。

④国選弁護

　国選弁護制度は刑事事件で勾留された人（被疑者）や起訴された人（被告人）が貧困等の理由により自分で弁護人を選任できない場合に、本人の請求または裁判官（裁判所）の職権により弁護人を選任する制度です（刑事事件、少年事件）。

　法テラスでは、国選弁護人・付添人候補の指名、国選弁護人・付添人に対する報酬・費用の支払いなどを行います。

問合せおよび相談窓口

法テラス石川

〒920-0937

金沢市丸の内7-36　金沢弁護士会館内

TEL 0570-078374（サポートダイヤル）または

050-3383-5477（法テラス石川）

犯罪被害者支援ダイヤル　0570-079714

ホームページ　https://www.houterasu.or.jp/

5. 民事法律扶助

こんな内容です

　経済的に余裕のない人、認知機能が十分でない高齢者や障害のある人、大規模災害被災者が法的トラブル等にあったときに、法テラスが法律相談援助を行い、必要な場合は弁護士や司法書士の費用等の立替えを行う制度です。主な内容は以下の通りです。

利用できる人

(1) 資力が一定額以下の人

　例えば単身者の場合は月収が182,000円以下・保有資産が180万円以下であること、2人家族の場合は月収が251,000円以下・保有資産が250万円以下であること等が条件となります（住居費、医療費、教育費等の出費がある場合は相当額が控除されます）。
　利用できる援助は次の通りです。
　①法律相談援助
　　弁護士・司法書士による無料法律相談
　②代理援助
　　民事裁判等の手続きに関する弁護士費用等の立替え
　③書類作成援助
　　裁判所に提出する書類の作成等における弁護士費用等の立替え

(2) 認知機能が十分でない高齢者や障害のある人（特定援助対象者）

　認知機能が十分でない人で、法的に問題を抱えていて自分で法律相談を受けるための行動が難しい場合は、福祉機関等の支援者から法テラスに連絡することで、次のような支援を受けることができます。
　①法律相談援助
　・近隣に居住する親族がいないこと等の理由により、弁護士等のサービスの提供を自発的に求めることが期待できない人が対象です。
　・資力に関係なく相談できますが、資力のある人は相談料を負担します。
　・自宅や福祉施設等で相談を受けることもできます（出張相談）。
　②代理援助、③書類作成援助
　・資力が一定額以下の人が対象です（上記（1）を参照してください）。

　・民事裁判等に加え、一定の行政不服申立（生活保護法や介護保険法に基づく審査請求等）も対象となります。

(3) 大規模災害被災者

　○法律相談援助
　・指定された震災等の被災者が対象です。
　・生活再建に必要な法律相談は、資力に関係なく、無料で利用できます（刑事事件は対象外）。

※法律相談援助は民事法律扶助の趣旨に適すること、代理援助および書類作成援助は左記に加えて勝訴の見込みがないとはいえないことも利用の条件となります。
※代理援助および書類作成援助の立替費用は原則として毎月分割（口座引落）で支払います。生活保護を受給している場合は立替費用の支払いが免除されます（事件の相手方等から経済的利益を得た場合を除く）。

必要となる書類

①資力を証明する書類
②住民票
③事件関連書類など

問合せおよび相談窓口

法テラス石川（192ページ）

第5節　福祉と司法の連携による支援

1. 検察庁における社会復帰・再犯防止のための支援

日本の刑事司法手続きにおいては、警察官などが事件を捜査すると、原則的にすべての事件が検察庁の検察官に送致されます。検察官は事件を捜査した上で、少年事件を除いて、被疑者を起訴するか、不起訴にするかを決定します。

不起訴処分には、犯罪を立証する証拠がなかったり、証拠が不十分な場合もありますが、証拠が十分でも犯人の性格や年齢、境遇、犯罪の軽重や情状などを考慮して起訴を必要としないと判断した場合の「起訴猶予」などがあります。また、被告人が裁判で有罪になったときでも、刑の軽重や情状などによって刑の執行を猶予されたり、罰金刑となって刑務所に入らない場合もあります。

このような場合は、社会内で更生して立ち直ることが期待されていますが、中には高齢・貧困・障害による困りごとを抱えていたり、安心して住める家がなかったり、支えてくれる人がいなかったりして、犯罪を繰り返してしまう人もいます。

こういった人たちが再び犯罪を犯さないようにするため、全国の検察庁では、保護観察所や自治体・民間の福祉機関等と連携するなどして、住居の確保、就労の支援、福祉サービスの利用への橋渡しなどに取り組んでいます。法律用語ではありませんが、こういった支援を「入口支援」と呼んでいます。また、刑務所を出所したり少年院を退院した際の住居や就労先の確保等のための支援を「出口支援」と呼びます。どちらも、「犯罪を犯す⇒社会で孤立する⇒再び犯罪を犯す」という悪循環を断ち切ろうとするものです。

金沢地方検察庁においては「社会福祉アドバイザー」として社会福祉士による被疑者・被告人との面談を実施し、更生のために必要な福祉サービスなどについて検察官に助言してもらう取り組みも行っています。また犯罪を犯した人の社会復帰支援のほか、犯罪被害者の保護・支援の電話相談も行われています。(被害者ホットライン　電話番号 076-221-3573)

〈刑事事件の流れ（少年事件を除く）〉

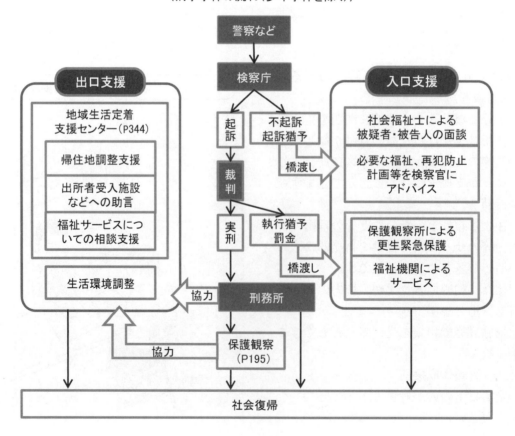

2. 更生保護と福祉

更生保護は、犯罪をした人や非行のある少年を社会の中で適切に処遇することにより、再犯を防ぎ、非行をなくし、その人たちの自立・改善更生を助け、個人と公共の福祉を増進させる活動です（更生保護法）。

更生保護は刑事司法領域に位置づけられますが、近年高齢・障害をもった人たちの犯罪がクローズアップされ、就労の問題をはじめ、出所後の福祉サービス等の支援のあり方について見直しが行われました。国の施策として、厚労省と法務省が連携し新たな取り組みを始めています。ここでは、保護観察官・保護司の役割、社会復帰調整官等の紹介をします。

〈保護観察の流れ〉

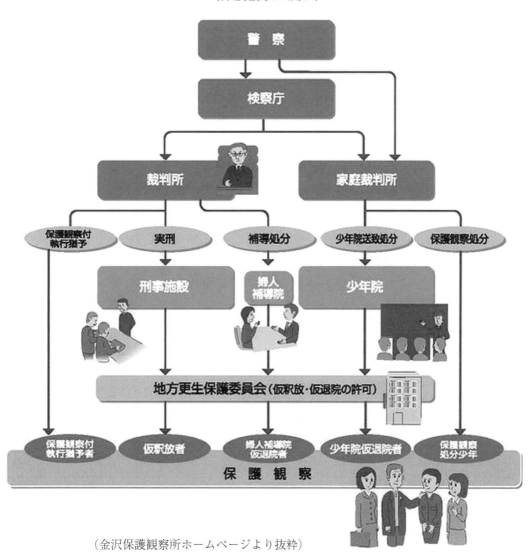

（金沢保護観察所ホームページより抜粋）

①保護観察官と保護司

保護観察は、通常一人の保護観察対象者について、国家公務員である保護観察官とボランティアである保護司が協力して実施します。これは、わが国の保護観察制度の特徴でもあります。

保護観察官は、保護観察の開始にあたり面接やさまざまな記録に基づいて保護観察の実施計画を立てます。保護司は、この計画に沿って保護観察の対象者やその家族と面接し、指導・援助を行っています。この経過は、保護司から保護観察所に報告され、これを受けた保護観察官は必要に応じて直接、保護観察対象者や家族・関係者と面接し、状況の変化に応じた処遇上の措置を講じています。

第6章　権利擁護

②医療観察制度と社会復帰調整官

　保護観察以外の更生保護の仕事には、大きく二つがあります。一つは犯罪被害者の人たちへの対応です。これについては、2007年12月から更生保護分野における新たな仕事として加わりました。詳細は、犯罪被害者基本法（2005年4月1日施行）を参照してください。

　そしてもう一つは、「医療観察制度」です。これは2005年7月に施行された「心神喪失等の状態で重大な他害行為を行った者の医療及び観察に関する法律」（医療観察法）によってスタートしました。適切な医療をきちんと確保して、他害行為の再発の防止および社会復帰に取り組む制度です。

　具体的には、裁判所の決定により国が定めた医療機関での治療や、保護観察所による見守り（「精神保健観察」といいます）を受けながら、障害者総合支援法や生活保護法等の各種サービスを利用し、同様の他害行為を防ぎ対象者の社会復帰をめざしていきます。

　この職務を担当するのは、精神障害のある人の保健福祉に関する専門的知識を有する者ということになっており、保護観察官ではなく「社会復帰調整官」が携わります。金沢保護観察所には、社会福祉士や精神保健福祉士の資格を持つ2名の社会復帰調整官が配置されています。

　この制度は司法が関与し、対象者が守るべき義務が課せられますが、刑事処分ではありません。医療の提供や生活援助は、医療機関、県や市町等の自治体、障害福祉サービス事業所と協力しながら進めていくということや、社会復帰を目的としているという点では、精神障害のある人たちへの日常的な支援と重なる面が多いといえます。

3. 地域生活定着支援センター

こんな内容です

　高齢または障害があることで、自立が困難な矯正施設（刑務所、少年刑務所、拘置所、少年院）入所者の社会復帰を支援するセンターです。具体的には、保護観察所からの協力依頼を受け、出所後の受入れ先施設等の調整や福祉サービス利用の手続をとる等の支援を行います。

問合せ

石川県地域生活定着支援センター
　〒920-0353
　石川県金沢市赤土町ニ13番地6（社会福祉法人恩賜財団済生会石川県済生会金沢病院内）
　TEL 076-266-2922

支援の流れ

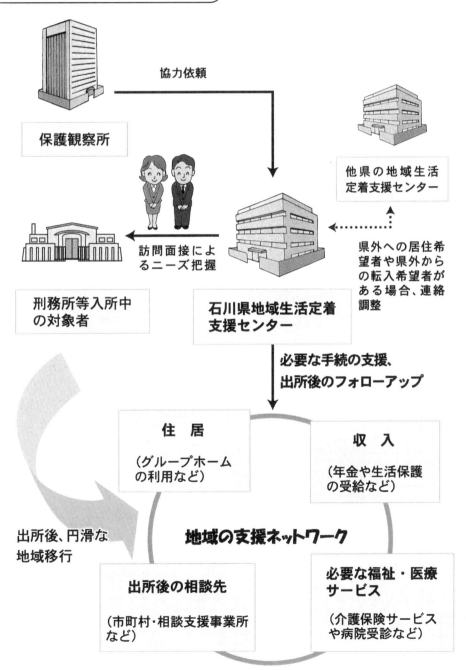

（石川県地域生活定着支援センターリーフレットより）

4. アディクション（依存症）のある人への支援

①アディクションとは

　アディクション（addiction）は日本語では「嗜癖（しへき）」と訳され、特定の物質や行動へのコントロールが効かなくなり、身体的・精神的・社会的に様々な問題が起こっているにもかかわらず、やめることができなくなっている状態、と説明されます。アディクションの対象は大きく3つ、①物質（アルコール、市販薬・処方薬、ニコチン、違法薬物、その他の物質）②プロセス・行為（ギャンブル、スマホ・ゲーム・インターネット、買い物・浪費、窃盗、過食・嘔吐、自傷行為、性行動など）③人間関係（互いに傷つけ合いながらも離れられない関係、不適切な相手との親密な関係など）に分けられます。中には違法なものもありますが、多くは日々の生活の中で誰もが経験したり、たしなんでいたりするものです。アディクションは誰にとっても、決して無縁なものではありません。

②地域で取り組むアディクション支援

　従来、アディクションに対する支援者の忌避感情、苦手意識は根強く、ごく少数の専門家にしか担えない領域と考えられてきました。そのため長い間、アディクションを抱える本人・家族、そして支援者自身の孤立が深刻な課題としてありました。

　近年、アルコール健康障害対策基本法、ギャンブル等依存症対策基本法が相次いで制定されました。特にアルコール健康障害、薬物依存症、ギャンブル等依存症、ゲーム依存症等については、国からの通知（「依存症対策全国拠点機関の設置」「依存症専門医療機関・治療拠点機関の設置」「地域での総合的な依存症対策の推進」）を受け、都道府県等による包括的な対策が始まっています（『依存症対策全国センター』https://www.ncasa-japan.jp）。少数の専門家だけでなく、地域の様々な立場の人がアディクションに関心と理解を持ってかかわり、誰もが孤立することなく安心して暮らせることが重視されるようになってきました。

③アディクション支援の特徴

ア　家族への支援

　アディクションにおいては、多くの場合、本人以外（家族など本人の身近にいる人）が、長い間悩み抜いた末、相談の場に現れます。この人たちを「ファースト・クライエント」と捉え、丁寧に話を聞きます。無理に本人を登場させる必要はありません。いつ頃から誰の何に困り、どんな対応をしてきたのか、どこかに相談や受診はしていないか、他にも困りごとはないか？一度ですべてを聞き出そうとしたり、解決を焦ったりする必要もありません。ともに考え続ける姿勢を示し、互いの合意が得られる頻度と手段（対面、電話、メール・SNS、オンライン会議システム等）でつながり続けます。個別の相談と並行し、家族教室（医療・福祉・行政等が主催、専門職スタッフが参加）や家族会（家族により運営）についても情報提供し、参加を後押しします。知識の習得や理解、同じ悩みを抱える人たちとの情緒的わかちあい、といったそれぞれの意義や雰囲気を伝えるためには、支援にたずさわる人自身が実際に参加してみることも大切です。家族自身が抱える苦悩の軽減、態度や言動の変化が、現状に変化をもたらす大きなきっかけとなります。

イ　本人への支援

　アディクションを抱えている人たちは、しばしば「困った人」と捉えられます。無理にその行動をやめさせようとしても、大抵はうまくいきません。なぜならアディクションの背景にはその人なりの「事情」、多くの場合は「生きづらさ」があるからです。「困った人」を「困っている人」と捉え直し、その語りにじっくり耳を傾けます。かかわりに行き詰まった時には、精神保健福祉センターや依存症専門医療機関や治療拠点機関、そしてアディクションの回復施設・団体のスタッフなどに相談してみましょう。問題解決ではなく本人の理解を深めることを目的とする事例検討会を開催し、支援にたずさわる人自身が孤立しないことも大切です。「やめさせること」ではなく、その人を理解しようとする姿勢を大切に、小さな変化をともに喜び合えるような関係を、本人はもとより、支援者同士とも紡いでいきましょう。

コラム　問題解決しない事例検討会

　私は医師なのですが、なんのご縁だか事例提供者として「問題解決しない事例検討会」に参加しました。事例検討会なのに問題解決しないと言い切ってしまうなんて大胆ですよね。

　元々は、ギャンブル等の依存症の方を対象にした事例検討会として始まり、全国で広まっているとのことです。今回、石川県で初めて開催された事例検討会では、依存症ではないのですが、私が訪問診療している事例を検討いただきました。

　現地会場とオンラインとのハイブリッド開催で20名程度が参加。精神科医師、看護師、社会福祉士、ケアマネジャー、子育て支援者、会場となったカフェの常連客などさまざまな方が参加されていました。

　困った人は、困っている人であるとのスローガンで、議論がなされます。母と息子の二人暮らしで、寝たきりの高齢の母を、息子さんは熱心に介護されています。医療介護関係者は、今後起こりうる出来事を息子さんにお話しするのですが、どのようなケアの方向性をご希望されるか決めきれずにいます。

　今後のケアの方向性が決まらず、困った方と捉えがちですが、「問題解決しない事例検討会」では違います。たぶん困っていると思われる息子さんは、どんな人なんだろう、どんな話し方するんだろう、どんな服装なの、とか容姿も含めてさまざまな質問が寄せられ、答えていきます。検討会が進んでいくと、会場に息子さんが本当に登場しているかのようでした。実際に息子さんに会ってみたいよねぇ、とおっしゃられる参加者さんもいらっしゃいました。質問を矢継ぎ早に受けている自分も、責められている感じはせず、みんなでいっしょに問題を共有してもらい気持ちが徐々に軽くなっていく感じがしました。

　最後にみなさんからご意見をいただきました。お一人の先生が、実は息子さんは困っていないのじゃないか、この状態が一番幸せと思っているのではないかと発言があり、自分の視点がガラッと変わり、気持ちが楽になった思いがしました。

　医療介護者は、問題があると、意識的にも無意識的にも解決したくなる気持ちになりがちですが、問題解決しないと決めてしまえば、より自由な意見が出て、さまざまな捉え方を選択できるようになり、結果として問題解決に近づく可能性があるんじゃないのかなとも思えました。これからも「問題解決しない事例検討会」が開催される予定とのことですので、気軽にご参加、悩んでいる事例提供してみてはいかがでしょうか。

（医師）

④新しい生き方を探して

　アディクションのある人たちは、医療が積極的に依存症治療に取り組むようになる前から、当事者同士による自助グループでのわかちあいを通して、アディクションと孤立から解放された新しい生き方を見出してきました。ともすると「依存症」は「病気」だから病院で治してもらえる、と誤解されがちですが、新しい生き方の探求は、治療だけで完結するものではありません。アディクションの対語はコネクションと言われます。アディクションのある人もない人も、誰もが孤立することなく生きられる地域社会において、私たちひとりひとりが、誰かとつながり続ける存在としての大きな役割を担っています。

参考文献『やってみたくなるアディクション診療・支援ガイド』（文光堂）2021

問題解決しない事例検討会ホームページ

https://saigata.hosp.go.jp/academic_activities/index.html

（さいがた医療センターホームページ内）

【石川県内の相談窓口・自助グループ】
依存症相談拠点（家族・本人向けプログラムあり）

窓口	対象	連絡先
石川県こころの健康センター	アルコール・薬物・ギャンブル	076-238-5761

相談窓口（依存症一般）

窓口	地域	連絡先
南加賀保健福祉センター	小松市、加賀市、能美市、川北町	0761-22-0796
石川中央保健福祉センター	かほく市、白山市、野々市市、津幡町、内灘町	076-275-2250
能登中部保健福祉センター	七尾市、羽咋市、志賀町、宝達志水町、中能登町	0767-53-2482
能登北部保健福祉センター	輪島市、珠洲市、穴水町、中能登町	0768-22-2012
泉野福祉健康センター	金沢市	076-242-1131
元町福祉健康センター	〃	076-251-0200
駅西福祉健康センター	〃	076-234-5103

第6章　権利擁護

依存症治療拠点機関及び依存症専門医療機関

窓口	対象	連絡先
（拠）（専）石川県立こころの病院	アルコール・薬物・ギャンブル	076-281-1125
（拠）（専）松原病院	アルコール・薬物・ギャンブル	076-231-4138
（専）粟津神経サナトリウム	アルコール	0761-44-2545
（専）加賀こころの病院	アルコール	0761-72-0880
（専）青和病院	アルコール	076-238-3636

※　（拠）…拠点機関、（専）…専門医療機関

家族教室

窓口	対象	連絡先
石川県こころの健康センター	アルコール・薬物・ギャンブル	076-238-5761
HARP	アディクション全般	080-6368-1863 harp2020kanazawa@gmail.com

家族会

窓口	対象	連絡先
金沢家族会	アルコール・薬物・ギャンブル	090-4327-7170 076-407-5777（富山ダルク）

自助グループ

https://www.pref.ishikawa.lg.jp/fukusi/kokoro-home/kokoro/shiryou.html
（石川県ホームページ内　社会資源情報一覧）

【全国の相談窓口・自助グループ】

相談窓口・医療機関

https://www.ncasa-japan.jp/you-do/treatment/treatment-map/
（依存症対策全国センターホームページ内）

自助グループ

https://www.ask.or.jp/article/6521
（NPO法人ASKホームページ内）

コラム　まさか！の自然災害で困ったら〜支援制度はいろいろあります

　地震や水害などの自然災害に被災すると、被災の程度にもよりますが、住宅の修理、再建だけでなく、子どもの教育、税金・保険料、住宅ローンの支払いなど、生活の復旧・復興に向けた課題は多岐に及びます。被災者の生活復旧・復興を支援する制度には、たとえばお金の支援制度として、被災者生活再建支援法による給付（最大300万円）、災害弔慰金（遺族に最大500万円）、災害障害見舞金（重い後遺障害に最大250万円）、貸付制度として災害援護資金制度（負傷・住宅被害最大350万円）、生活福祉資金貸付制度としての災害援護資金（150万円・無利子〜1.5％）などがあります。また、住宅の修理や再建に向けては被災者生活再建支援法による基礎支援金（全壊等100万円）や加算支援金、災害救助法による応急修理補助、生活福祉賃金貸付制度による住宅補修貸付（250万円以内、無利子〜1.5％）、半壊以上の被害で住宅を建設・購入する際の災害復興住宅融資制度などがあります。その他入園料・保育量の減免・猶予や小中学生の就学援助措置、高等学校授業料等減免措置といった子どもの支援や住宅ローン、自動車ローン、教育ローンなど各種債務の弁済が困難となった個人が利用できる被災ローン減免制度などがあります。災害に伴う支援制度という性格から、各種制度の存在が浸透していないことに加え、都道府県・市町村、社会福祉協議会、住宅金融支援機構など制度ごとに手続き窓口が異なっていることも、利用する側にとってわかりにくいものとなっています。被災直後は目の前の対応に忙殺され、制度を調べるゆとりがないのも現状です。使える制度があるにも関わらず知らずに見逃すことがないよう、被災者支援に係る各種制度情報を一元化するなど、情報の提供を工夫する必要があります。

（大学教員）

第 7 章

働く人の制度

第1節　働く人の権利と制度

1．労働者を守る基本的なルール………202

2．会社を休むとき…………………………202

3．会社を辞めるとき……………………203

第2節　労働災害

1．労働者災害補償保険制度……………204

2．石綿（アスベスト）健康被害救済制度…206

「働く人」とひと口に言っても、会社に雇われている人や公務員、正規、非正規、パートタイマー、アルバイト、自営業者、フリーランス（業務委託）など、就業形態はさまざまです。この章では主に労働者としての権利を基礎として、どのように権利が保障されているかを確認し、活用できる制度について紹介します。

「労働者」とは、労働基準法に「職業の種類を問わず、事業又は事務所に使用される者で、賃金を支払われる者をいう」と定義されています。したがって、どこかに勤めて賃金を受け取る人であれば、呼び名が何であれ、同法をはじめとする労働法に守られていることになります。反対に、自営業者やフリーランスなど、独立して働いている人は、労働法による

保護が及びません（ただし、一部の業種で要件を満たせば労災保険に特別加入できる場合もあります）。

第1節で取り上げている「制度」は、他の章と比べて異なる点があります。公的な制度は、そのサービスを受ける要件に合致すれば、自らその申請窓口に出向くなどして、手続きすることが可能です。しかし、会社の中で起こること（賃金、休暇、退職等）は、まずは法律や会社のルールに基づいて、労働者と会社側とが話し合い、納得して解決していくことが求められます。どちらか一方の押し付けであってはうまくいかず、時間を要することが多くあります。ここでは、その話し合いをする際に労働者だけでなく、会社側にも知っておいてほしい内容を少しだけ紹介します。

1．労働者を守る基本的なルール

○自分の労働条件を知る

どのような場所で働くにしても、「労働条件通知書」をもらい、内容をきちんと確認しましょう。それが給与明細書に反映されているかどうかも重要です。払われるべき手当が払われているかだけでなく、給与から何がいくら引かれているかも重要です。なぜなら、給与明細書には契約内容が反映されるからです。これらの書類は保管しておき、「契約内容と違う」と感じた時に会社側と話し合う材料にしてください。

○会社のきまりを知る

入社したら「就業規則」を確認しましょう（従業員が10人未満の会社では作成義務はありませんが、作成が望まれるとされています）。就業規則は会社の大事なルールブックであり、会社がどのように考

えているかが表れています。困ったときに初めて読んでも遅いことがあります。病気・出産・育児・介護のために休みを取りたいとき、退職したいとき、不当に解雇させられそうなとき、どのようなルールがあるのかをあらかじめ知っておくことは、労働者としての権利を守る大事な一歩です。

○働くなかで疑問がわいたら

「労働基準法」を確認しましょう。同法は会社が守るべき最低基準が書かれているものなので、法律違反の労働条件なら、「うちの会社はこうだから」と言われても無効です。厚生労働省作成『知って役立つ労働法〜働くときに必要な基礎知識〜』に分かりやすく解説されているので一読をお勧めします（厚生労働省のホームページからダウンロード可能）。

2．会社を休むとき

どういう理由で休むのか、どのくらいの期間休むのかの見通しを立て、休むときの手続きや、休んだ期間の給与はどうなるのかを理解し、納得することが大切です。

○「休む」と「休まされる」とは違う

賃金の基本は「ノーワーク・ノーペイ」なので、休んだらその分の給料をカットされるのが大原則です。しかし、会社側から「休んでほしい」と言われた場合は、「使用者は、休業期間中当該労働者に、そ

の平均賃金の百分の六十以上の手当を支払わなければならない」となっており、休業手当という名目で支給される可能性があります（労働基準法第26条）。ただし、「使用者の責に帰すべき事由による休業の場合においては」という条件がついているため、しばしば争いが起こることも事実です。

○休む理由が不問なもの

　年次有給休暇は、労働者の勤続年数や勤務日数によって付与される日数が異なります。会社側は、年に10日以上有給休暇が付与されている労働者には必ず5日以上の休暇を取得させる義務があります。一部の人に偏らないよう、計画的に取得させる方法もあります。

○休む理由が明確なもの

　明確な理由で休まざるを得ない場合、「ノーワー

ク・ノーペイ」では生活に支障をきたす場合があります。そういうときに以下のような制度があります。

・産 前 産 後 休 業　→　出産手当金　149ページ
・育 児 休 業　→　育児休業給付金　149ページ
・介 護 休 業　→　介護休業給付　204ページ
・労 働 者 災 害　→　労働者災害補償保険制度
　　　　　　　　　　　　204ページ
・特 別 休 暇　→　会社独自の休暇で、就業規則に定められています。全くない会社もあります。休暇制度があっても、無給か有給かは会社の就業規則次第です。慶弔に関する休暇が多いですが、感染症などで休まざるを得ない場合に規定している会社もあります。

3. 会社を辞めるとき

　会社を辞める（辞めさせる）ときにもルールがあります。突然辞められても、辞めさせられても困ることが生じるからです。自己都合か会社都合かで、退職後の求職者給付にも影響します（56ページ）。

○「辞める」と「辞めさせられる」とは違う

　会社都合で辞めさせられる場合、その理由や退職時期、手続き等に納得できないときは話し合いを重ねることが大切です。会社が従業員を解雇する場合は、会社側は解雇となる日の30日以上前に予告するか、解雇予告手当を支払わなければいけません（労働基準法第20条）。

　自己都合で辞める場合は、自分で退職日を決め退職願が会社に受理されれば、雇用契約を解約することができます。気を付けたいのが、病気休暇からそのまま退職する場合です。退職後の健康保険はどうなるのか、傷病手当金は継続して受給可能なのかなど、課題を整理してから退職日を決めることをお勧めします（28、30ページ）。

○未払賃金立替払制度

　会社の倒産や事業停止などで賃金や退職金が支払われない場合は、未払賃金立替払制度が活用できます。この制度は会社・労働者双方に利用するための条件があります。利用額の上限や申請期限も定めら

れているので注意が必要です。

相談窓口		
実施主体	住所	電話番号
石川労働局総合労働相談コーナー	金沢市西念3丁目4番1号 金沢駅西合同庁舎6階	076-265-4432
石川県職業能力開発プラザ総合労働相談	金沢市芳斉1丁目15番15号	076-261-1400

上記のほか、最寄りの労働基準監督署（347ページ）等も相談に応じています。

ご存じですか？

雇用保険の介護休業給付

　育児休業に比べて、介護休業って分かりにくいですよね。自分は介護休業を取ってもよいのか？、介護が必要な家族とはどんな状態のだれか？、休業する期間はいつからいつまでにしたらよいのか？と、育児休業より複雑な状況下にあるからです。

　そもそも制度を利用する以前に、介護というものに期限が定まっていないために、家族間でだれがどんな介護をするのかという分担を決める作業に時間を要しますし、時間とともにそれも変化します。加えて、会社内で介護休業を取ったことがある人がほとんどおらず、会社も手続きに不慣れな場合が多いです。

　しかし、介護のために会社を退職する労働者を減らし、雇用継続を図ることを目的としているのが雇用保険の介護休業給付です。介護休業中の給料が支払われなくても、ハローワークから月収の3分の2程度、同一の対象家族について約3カ月間（上限93日分で3回に分けてもよい）給付される制度です。介護される家族は常時介護を必要とする状態であることが必要ですが、実際に要介護認定を受けていなくても対象になります。

　利用しにくいかもしれませんが、「介護をするには会社を辞めなければ…」と思ったら、まずは、会社に相談してみてはいかがでしょうか。

コラム　社会保険労務士の役割

　「社会保険労務士（以下、社労士）さんってさあ、どうせ会社の味方だもんねえ。」親しくしているAさんから突如言われたひと言です。なるほど、そんなふうに思われていたのか。

　社労士といっても年金相談を専門として、障害年金などの申請代行をしている人もいれば、会社の顧問になって社会保険や労災、助成金などの相談や申請代行をする人などさまざまです。就業規則を作るお手伝いをすることもあります。就業規則を作るには単に法律違反にならないようにというだけでなく、その会社の事情を汲み取り、どんな会社にしたいかという理想像を描いていくことが重要だと考えています。

　時に、会社と労働者とは相反する主張をすることがあるため、「どうせ社労士は労働者の味方にはならない」とAさんは言いたかったのでしょう。そこで、私はこう答えました。「会社のために尽力すれば、そこで働く労働者のためになると思ってやっています」と。理想論でしょうか…。　　　　　（社会保険労務士）

第2節　労働災害

1.　労働者災害補償保険制度

こんな内容です

　労働者災害補償保険（以下、労災保険）は、労働者の業務上や通勤途上の負傷、疾病、障害、死亡等に対して必要な保険給付を行うとともに、被災労働者の社会復帰の促進、被災労働者や遺族の援護などの事業（社会復帰促進等事業）を行っています。

　なお、脳・心臓疾患や精神障害については、業務がその発症にあたって相対的に有力な原因であると認められれば、労災保険の対象になります。

　業務上または通勤以外の事由による負傷、疾病に関しては、健康保険を利用することになります。

　労災保険制度（業務災害）には以下のものがあります（通勤災害の場合は業務災害とは若干内容が異なります）。

○療養（補償）給付

　業務災害による負傷で療養を必要とする場合、労災指定病院では無料で治療を受けられる「療養の給付」を、それ以外の病院で療養した場合には、その費用をいったん全額支払った上でその相当額の支給を受ける「療養の費用の支給」を受けられます。

○休業（補償）給付

　以下の条件のすべてを満たしている場合、休業4日目から休業補償給付を受けられます（休業日は断続的であっても4日目から可能です）。

　①業務災害により、療養していること
　②その療養のために労働することができないこと
　③労働することができないために、賃金を受けていないこと

○傷病（補償）年金

　療養補償給付を受ける労働者の傷病が、療養の開

始後1年6カ月を経過しても治らず、その傷病による障害の程度が厚生労働省令で定める傷病等級に該当する場合に、傷病補償年金を障害の程度に応じて受給できます。

○障害（補償）給付

業務上の負傷または疾病が治ゆしたとき、身体に一定の障害が残った場合には、障害補償給付を受給できます。障害補償給付には、障害補償年金と障害補償一時金とがあります。障害補償年金は障害等級第1級から第7級までに該当する障害、障害補償一時金は第8級から第14級の障害が対象となります。

○遺族（補償）給付

労働者が業務上の事由で死亡した場合には、遺族補償給付を受けられます。遺族補償給付には、遺族補償年金と遺族補償一時金とがあり、労働者の死亡当時の生計維持関係、死亡労働者との続柄、遺族の年齢等によっていずれかを受給することになります。

○葬祭料

労働者が業務上の事由で死亡した場合に、葬祭を行う遺族等は、315,000円に給付基礎日額の30日分を加えた額または給付基礎日額の60日分の額のいずれか高い方の額を受給できます。

○介護（補償）給付

障害補償年金または傷病補償年金の第1級の人または第2級の人（精神神経および胸腹部臓器の障害に限る）であって、常時または随時介護を要する人に支給されます。

○二次健康診断等給付

労働安全衛生法に基づく定期健康診断または雇入れ時健康診断等のうち直近のものにおいて、「過労死」等の原因である脳血管疾患および心臓疾患（以下「脳・心臓疾患」）に関連する一定の項目について異常の所見が認められる場合、脳血管および心臓の状態を把握するための二次健康診断および脳・心臓疾患の発生を予防するための特定保健指導を受けることができます。

利用できる人

農林水産業の一部を除き、正社員、パート、アルバイトなど雇用形態、国籍を問わず、労働者であれば、事業主が労災保険の加入手続きをしなければなりません。したがって、すべての労働者が、原則として労災保険の対象者になります。また、中小企業主や一人親方など労働者以外の人でも、一定の要件を満たせば「特別加入制度」により任意加入が可能です。

利用料

上記の給付を受けるための利用料は不要です。また、保険料も事業主だけが負担し、労働者には負担はありません。

手続きおよび問合せ

事業所を管轄している労働基準監督署（347ページ）

ご存じですか？

ダブルワークの場合の労災補償

2020年9月1日より前に労災事故に遭った場合には、その事故のあった会社での給与を基に補償額が計算され、たとえ副業の方を休んでもその分は補償されませんでした。

しかし、近年、副業する人が増え、そのような補償の仕方では実態に合わない（A社とB社両方の給与で生活していたのに、A社の給与を基にした補償しかないケース）という意見が反映された結果、副業の分の給与も合算して補償額を決めることになりました。

また、補償額だけでなく、身体に係る負荷（労働時間やストレス等）についてもA社、B社合わせて総合的に評価して労災になるかどうかの判断がされるようになりました。

労災事故が起きないよう注意するのが会社の責任ですが、ダブルワークの場合は、もう一方の会社での労働時間や働き方が見えにくいのも事実です。できるだけA社、B社両方にダブルワークの実態を伝え、自身でも労働時間等を把握しておく必要があります。

第7章　働く人の制度

コラム　労災認定の線引きって難しい

　「労災かくしは犯罪です」と厚生労働省は訴えていますが、身近なところでは「隠す」というより何が労災かよく分からず、被災労働者本人が健康保険で受診してしまうケースが少なくありません。病院に行ったらまず保険証を出すことが習慣になっていることに加え、問診で「仕事中にケガをした」と伝えていないことが原因かと思われます。しかし、いったん健康保険で一部負担金を支払うと、その後の手続きが大変煩雑になります。一方、業務中の負傷なのか、業務が原因で負傷したのか迷う場合もあります。また、もともと持病があった場合や、業務中なのか終業後なのかが不明確な場合、本人に重大な過失があるのか、あるいは会社の対応や設備が不十分なのかなど、線引きが難しいこともあるので、注意が必要です。厚生労働省の「職場のあんぜんサイト」では具体的な事例を検索できます。（社会保険労務士）

2. 石綿（アスベスト）健康被害救済制度

こんな内容です

　石綿にさらされたことにより健康被害にあった場合、次の二つの支援制度があります。一つは労災保険制度（204ページ）等による補償、もう一つは、これらの制度による補償を受けられない場合の石綿健康被害救済制度です。石綿健康被害救済制度には、救済給付として①医療費、②療養手当、③葬祭料、④救済給付調整金、⑤特別遺族弔慰金、⑥特別葬祭料、ならびに特別遺族給付金があります。

給付対象

＜救済給付＞
・指定疾病（※）に起因して現在療養している人
・指定疾病（※）に起因して死亡した人の遺族
・石綿にさらされる業務に従事していたかは問われません（石綿取扱工場の近隣住民等も対象）
※石綿にさらされたことにより発症した、中皮腫、肺がん、著しい呼吸機能障害を伴う石綿肺、著しい呼吸機能障害を伴うびまん性胸膜肥厚

＜特別遺族給付金＞
・指定疾病（※）で死亡した人の遺族で、時効（5年）により労災保険の遺族補償給付を受ける権利がなくなった人（労災時効救済）
※石綿にさらされる業務に従事していたことにより発症した、中皮腫、肺がん、石綿肺、びまん性胸膜肥厚、良性石綿胸水

給付内容

＜救済給付＞
①医療費（指定疾病に関する医療費の自己負担分）

②療養手当：103,870円／月（治療に伴う医療費以外の費用負担に対する給付）
③葬祭料：199,000円
④救済給付調整金（医療費と療養手当の合計が280万円に満たない場合、その差額を遺族に支給）
⑤特別遺族弔慰金：280万円（本人が救済制度施行前または認定申請前に死亡した場合）
⑥特別葬祭料：199,000円（本人が救済制度施行前または認定申請前に死亡した場合）

＜特別遺族給付金＞
・特別遺族年金：原則240万円／年
・特別遺族一時金：1,200万円

問合せおよび相談窓口

＜救済給付＞
（独）環境再生保全機構
TEL（無料）0120-389-931

＜特別遺族給付金＞
労働局または労働基準監督署（347ページ）

ご存じですか？

建設アスベスト給付金制度

　建設現場で石綿にさらされたことにより健康被害を受けた人とその遺族に対する給付金制度が、2022年1月に創設されました。国の責任を認めた2021年5月の最高裁判決を受けて、被害者に対し損害の迅速な賠償を図ることを目的としています。対象は1972年10月から1975年9月までに石綿の吹付け作業に従事、1975年10月から2004年9月までに屋内での建設作業に従事することにより、石綿関連疾病にかかった人とその遺族です。給付金額は病状等に応じて550万円から1300万円、請求期限は関連疾病に係る医師の診断や被害者の死亡等から20年以内となっています。
厚生労働省の相談窓口：電話0570-006031（平日8:30〜17:15）

第 8 章

包括的相談支援
～「生きる」を支えるために～

1. 包括的相談支援のあゆみ
　① 「町に出る」相談支援の誕生 …………208
　② 地域に住む人々の生活課題と
　　　社会資源の発見…………………………208

2. 包括的相談支援のあり方
　① 包括的理解をもとに ………………209
　② 相談支援のアプローチ ……………210
　③ 地域づくりと支援ネットワークの形成 …211

3. 新たな「重層的支援体制整備事業」という
　仕組み
　① 法整備・財政的裏付けと課題 ………212
　② 改正社会福祉法の問題点 ……………213

4. 人権保障としての「包括的支援」……213

第1章から第7章までは各分野の制度やサービスなどの社会資源を利用する人の立場に立って紹介してきましたが、この章は、制度・サービスと利用する人をつなぐ役割を担う専門家や支援者とともに、「相談支援のあり方」について考えていく内容になっています。

「地域包括ケア」という言葉は、高齢者分野を中心に随分と広まってきたように思います。しかし、近年人々のライフスタイルや家族・地域のあり方の変容によって複雑・多様化した生活課題を前に、高齢者だけでなく、子どもや障害のある人などあらゆる分野を横断的に整備する仕組みが必要だとして、厚生労働省は新たな包括的支援体制を打ち出しました。それは、「必要な支援を包括的に提供する」とい

う高齢者分野における地域包括ケアの理念を他分野にも広げた体制を指すとされています。

地域包括ケアにせよ、新たな包括的支援体制にせよ、いわゆる「包括的な支援」とは、実際のところ、何のための、誰のためのもので、どのような支援のあり方を言うのでしょうか。またどのような分野を包括し、どのような仕組みで実現していくものなのでしょうか。おそらく、それぞれの専門職・支援者のなかで抱くイメージは十人十色で、いまだ共有イメージを見つけられていない段階にあると思います。

そこでこの章では、包括的な支援とそれを実現するための体制について、特に相談支援の分野に焦点を当てて整理し、めざすべき包括的支援の具体像を提起したいと思います。

1. 包括的相談支援のあゆみ

①「町に出る」相談支援の誕生

地域包括ケアの歴史を紐解くと、「在宅介護支援センター」の創設にまで遡ります。戦後、日本の福祉制度は社会の要請に応じるように「要介護者」「障害のある人」「認知症やその他の病気を持つ人」「経済的に困窮している人」「子育て世代」「子ども」などに分かれて、分野別縦割りに整備されてきました。それは各分野が専門化されてきたという特徴をもつ反面、地域で暮らす住民のニーズを既存の制度に当てはめ、当てはまらないニーズについては放置され、家族や親族、地域で支えなければならないという状況を生み出すものでした。しかし、時代の流れとともに雇用形態、家族の形、地域の状況は急激に変化し、こういった制度の狭間にあるニーズを放置できないという声が高まってきました。そして来たる高齢社会に備え、在宅で暮らす高齢者やその家族の相談支援、地域の実態把握、関係機関とのネットワークづくりなど様々な役割を期待されて、1990年に「在宅介護支援センター」がスタートしました。

それまでは生活や介護のことで困りごとがあっても、行政の窓口に行かないと相談に応じてもらえませんでしたが、在宅介護支援センターの誕生により、自分の住んでいる身近な地域のあちこちに相談窓口ができました。そして、社会福祉士や介護福祉士、保健師、看護師など複数の異なる専門職がチームを組んで町に飛び出していくというスタイルが生

まれました。これは今では当たり前の光景ですが、当時は画期的なことでした。その後、「地域包括支援センター」にその役割のほとんどを移行して現在に至っていますが、分野別縦割りでしか支援する術を持ち合わせていなかった日本の福祉制度や相談支援のあり方の大きな転機になったのが、このような相談スタイルの画期的変化にあったと言えます。

②地域に住む人々の生活課題と社会資源の発見

こうして地域包括支援センターは、「誰もが住み慣れた地域で継続して生活できるように支援する機関」として専門職が町に出るスタイルを実践してきましたが、そうすることで、今まで見えてこなかった地域や個人の様々な課題をキャッチすることになりました。それは、既存の制度に当てはまらないケースや、高齢者と独身の子の世帯にみられる「子のひきこもり、子の無職無収入」（8050問題）、晩婚化による「働く世代のダブルケア」（親の介護と子育ての両立）、「ひとり親家庭の貧困と子育ての困難さ」、「障害のある子の親の高齢化」（親なき後の子どもの生活）、「障害のある人の就労の困難さと低収入」など、複数の生活困難を抱えているようなケースです。

一方この実践は、市民が草の根で作り上げてきた社会資源を見つけることにもつながりました。いつの時代にも先駆的な取り組みを行う人たちの存在が

ありますが、宅老所や共同作業所、学童保育所などの歴史がその典型です。今でこそ各分野の制度・政策の下に運営されていますが、その前身は、個々人が抱える問題を何とか自分たちの手で解決していかなければならないとの強い思いで立ち上がった、市民の努力によるものが大きかったのです。その取り組みが社会的に支持され、国や行政が普遍的な課題であると認め、法の整備や財源的な保障がなされてきました。また、様々な当事者団体の存在も重要な役割を担ってきました。同じ悩みをもつ人同士が互いを励まし、無いものは制度化し、足りないものは拡充する要求運動は、立法や政策決定過程に大きな影響を与えてきたのです。このような市民のたゆまぬ草の根の取り組みは、地域に見合った形で無数に点在していることでしょう。

このように地域の課題や社会資源を発見したことによって、地域包括支援センターでは当事者を真ん中にして行政、事業者、地域住民の協働で、必要な支援を包括的に提供するための手法が実践されるようになりました。これが「地域包括ケア」です。

地域包括支援センターは高齢者分野で試行錯誤しながら数々の実践を積み重ね、地域のワンストップ相談窓口として定着してきました。それに倣い、障害分野では「障害者相談支援事業所」が、子ども分野では「子育て世代包括支援センター」が順に創設されてきました。身近な地域のあちこちで住民の声や活動をキャッチするフィールドが整備されてきた今、ここからが本当の意味での「包括的な支援体制づくり」のはじまりと言えるのではないでしょうか。

2. 包括的相談支援のあり方

① 包括的理解をもとに

冒頭にも述べた通り、厚生労働省は高齢者分野のみならず幅広い分野を統合して支援する仕組みとして、新たな包括的支援体制を提起しています。

その特徴は、これまで「要介護者」「障害のある人」「認知症やその他の病気を持つ人」「経済的に困窮している人」「住まいを失った人」「子育て世代」「子ども」など縦割りで区分されてきた人たちが、「地域で暮らす住民」という一つの括りの中で語られることです。人の生活は本来多面的であり、家族、職場の仲間や友人、近所の人など多くの人との関係性の中で、親や子、夫や妻、上司や部下など様々な役割を担い、いろいろな顔をもちながら生きています。したがって、人を理解するためには、多面的・多角的に、そしてその人の置かれている環境や歴史を踏まえて総合的に理解すること、つまり「包括的理解」が必要になってきます。

コラム 問題解決型支援から本人理解型支援へ

今、目の前で起きている事象（問題）を表面的に捉え、使える制度を当てはめることが本当の解決なのでしょうか。緊急な場合はそれも必要な支援の一つではありますが、長期的に見る場合、その事象（問題）の根底には何があるのだろうかと、精一杯その当事者に興味、関心を持って、徹底して本人理解に努めることが肝要ではないかと思います。最終的に問題を解決していくのは誰でもない当事者本人であり、支援者ができることはそれを見守り、寄り添い続けることに尽きるのではないでしょうか。

「問題解決型の支援」から「本人理解型の支援」にシフトしていけば、自ずとその支援の中心には当事者がいるはずです。さらに、本人理解を深めていくと、支援者が困った人だと思っている当事者は「困った人」ではなく「困っている人」、いやもしかしたら本人自身は困っていなくて、困っているのは支援者の方だったなんて笑い話もしばしば起こります。支援する側・される側という関係を全く無いものにはできませんが、問題を解決することを目的にした支援ではなく、当事者の人生にどれだけ興味を持って関わることができるかが、これからの「包括的支援」には欠かせない視点ではないかと思います。　　（社会福祉士）

〈参考〉コラム「問題解決しない事例検討会」199ページ

②相談支援のアプローチ

すべての人に相談支援が必要なわけではなく、上手に自分で、または時に必要な制度やサービスを利用しながら、自身の生活をマネジメントしている人もたくさんいます。

一方で、一人ではうまく対処できない時は、誰かに助けを求めることになります。その相談相手となる誰かとは、福祉事業者、保育所、幼稚園、学校、放課後児童クラブのスタッフや相談支援機関の専門職という場合もあれば、家族、地域の人、職場の人、居場所（たまり場）の仲間といった身近な人たちの場合もあります。身近な気づきは重篤化する前に対処できるので、予防・防止の効果が大きいのです。このような場合には、本人の同意のもと、相談窓口につないでいくことも包括支援の特徴とされています。

窓口につながれた後で肝心なことは、どの相談機関が入口になっても、相談者の世代や属性にかかわらず全ての領域で、寄せられた相談をたらいまわしにすることなく、いったん受け止めるということです。「受け止める」とは、問題だけに着目するのではなく、相談者を個人として尊重し、どのような人間関係や環境の中で暮らしてきた人なのか、今はどんな暮らしを営んでいるのかなど、生活に焦点を当てて聴き、相談者に寄り添うことです。このようなアセスメントを通して相手への理解を深め、これまで送ってきた人生の価値や本人が持っている力（ストレングス）を尊重しながら、今困っている問題と向き合えるように支えていくという相談支援スタイルを取ることが求められます。

相談者の内なる声

まず私の話を聴いてください。私がうまく話せない時には、根気よく聴いて欲しいのです。そして私の思いを受け止めてください。ちゃんと私自身に向きあって欲しいのです。

私のこんがらがった糸を解きほぐす手伝いをしてください。

私には、私自身が作ってきた生活のスタイルや価値観、大切なもの、大切な人、いくつもの生活の課題を乗り越えてきた私の力、家族の力があります。

時には気持ちが揺れます。決められない時もあります。そんな時には待って欲しいのです。そして、大丈夫だよと背中を押して欲しいのです。

これからの私の人生や生活について、そして今解決したいと思っている課題についても私が納得できるように決めることを手伝って欲しいのです。

困っていることや客観的に見て問題だと思われることだけで私を評価しないで欲しいのです。

私が思いを叶えるために必要な選択ができる、いくつかの情報を教えてください。

私のチャレンジを支持してください。失敗した時には非難せず、再チャレンジを手伝ってください。

私の願いを叶えるために必要な社会資源がない場合は、一緒に探したり改善したり、作ったりしてください。

私のもつ固有のニーズ（希望）をサービスに当てはめるのではなく、ニーズを叶えるには何が必要かを一緒に考えてください。

私は、確かに何かに困ったことを抱えています。けれども、私は毎日を生きています。今までも生きてきました。そしてこれからも生きていくのです。そこには日々の暮らしの営みがあります。困っていることが私の全てではありません。

アセスメントを行う際には、相談者自身のことだけでなく、他の家族の課題が複雑に絡まり相互に影響しあっていることもあるため、家族が抱える課題の全体像を捉える視点が重要です。そのうえで、課題の内容に合う適切な相談機関に紹介する際には、単に紹介するだけにとどまらず、適切な相談先につながるまでしっかりと見届け、必要ならばその後も連携していきます。

このような支援を行うにあたっては、そもそも住んでいる地域に、どの分野の相談も丁寧に話を聴くことができるワンストップの相談機関がたくさんあることが不可欠です。そして、それぞれの相談機関で相談者その人への理解を深めるための適切なアセスメントが行われること、そして生活課題を整理し、どの課題にどのように取り組むかのプランを立てること、その際に課題を解決するために必要な手立てがない場合は新たに作り出すことも必要となります。（包括的相談支援事業）

家族課題の全体像を捉えるイメージ

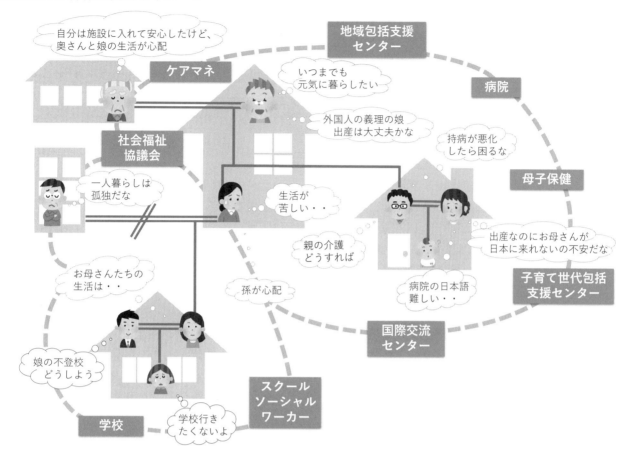

③地域づくりと支援ネットワークの形成

　支援の中心となる地域の拠点では、介護・障害・子ども・生活困窮の4分野に加え、医療・雇用・住宅・地域づくりなどの連携が自由に、そしてごちゃ混ぜに展開できる恒常的な地域のネットワーク形成が求められています。困りごとによっては、別の相談機関につなぎ、家族全体が抱える複数の問題を連携して解決できるよう、相談機関同士をコーディネートする「支援者支援」の仕組みも重要です。

　また、地域の中には自ら助けを求める力を失ってしまった人や、強い信念で助けを求めたくないと思っている人、孤立気味で情報が入らず助けを求める手立てを持たない人たちなど、困っているのに相談機関にはつながりにくい人たちもいます。そういった人たちの困りごとに気づける、「見張る」ではなく「見守る」地域づくり、そのための福祉教育も必要とされています。（地域づくり事業）

　以上が今、厚生労働省が推進している包括的支援体制の具体化であり、以下に述べる「重層的支援体制整備事業」の一部となります。

巻頭カラーマップより

3. 新たな「重層的支援体制整備事業」という仕組み

①法整備・財政的裏付けと課題

これまで厚生労働省は、「地域包括ケアシステムの構築」として包括的支援が必要と言いながらも、その体制と財政の裏付けは分野別縦割りになっており、対象者は縦割りの範囲に限定されていました。その縦割り体制と縦割り財源の仕組みを変える試みとして、2020年に社会福祉法が改正されました。

「縦割り体制」を変える試みとして、同法第4条の3には、地域住民等は地域福祉の推進にあたって、住民とその家族が抱える福祉、介護、保健医療、住まい、就労および教育、社会的孤立、その他あらゆる分野の活動に参加する機会の確保という視点で地域生活課題を把握し、その解決に向けて支援関係機関と連携して解決を図る、という内容が加えられました。そして第6条には、国および地方公共団体は包括的な福祉サービスの提供体制を整備するという責務が明記されました。さらに第106条の2では、複合化・複雑化した課題を抱える個人や家族に適切な支援を行うため、地域子育て支援拠点や地域包括支援センター、障害者相談支援事業所など各分野の相談支援事業者は適切な機関につなぐことが努力義務とされました。このような包括的支援体制を整備するために、自治体では地域福祉計画が策定されています。

そして、「縦割り財源」の仕組みを変える試みとして位置づけられたのが、第106条の4の重層的支援体制整備事業です。この事業は先に述べた「包括的相談支援事業」と縦割りを超えた「地域づくり事業」を、横糸を通すように「参加支援事業」でつなぐ形で構成されています。参加支援事業の大きな意味は、まさに「縦割りの財源」を、「横糸を通した地域づくりに使える交付金」にしたことにあります。自治体においては、この交付金を再縦割りで地域に分配するのではなく、住民自身の地域づくりの活動に生かせるような、部署の垣根を越えた分配をできるかどうかが課題となっています。

重層的支援体制整備事業の県内実施状況

自治体名	窓　　　口	電話番号
小　松　市	分野ごとの相談拠点の機能を維持しつつ、各支援関係機関の連携を図る「基本型事業・拠点」類型をとっている。	
輪　島　市	福祉総合相談室（2021年4月設置） 〒928-8525　輪島市二ツ屋町2字29番地（輪島市役所内）	0768-23-1161
加　賀　市	相談支援課（2021年4月設置） 〒922-8622　加賀市大聖寺南町ニ41番地	0761-72-8751
白　山　市	設置予定（時期未定）	
能　美　市	2023年4月設置予定	
志　賀　町	総合窓口（2021年4月設置） 〒925-0198　志賀町末吉千古1番地1	0767-32-9131
中　能　登　町	重層的支援体制整備事業の窓口は設置していないが、関係各課と横断的に対応をしている。	

※金沢市、七尾市、珠洲市、羽咋市、かほく市、川北町、野々市市、津幡町、内灘町、宝達志水町、穴水町、能登町は設置予定なしです。
※設置していない自治体でも、関連する課と連携をとりながら対応している場合もあります。

②改正社会福祉法の問題点

このように改正社会福祉法は、分野横断的な包括支援体制の整備を推進する上で重要な役割を担っています。一方で、地域福祉の推進に「地域住民の役割」を大きく位置づけた点で、それがどのような意味をもつのか、厳しく検討されなければなりません。つまり、今回の改正は、厚生労働省が推進する「地域共生社会」の具体化として実施されたものですが、そもそも「地域共生社会」は、労働力不足や社会保険料減収問題等から労働力創出のため、「支えられる側も支え手へ」とまわる「一億総活躍社会」の実現、給付削減と自己負担増をめざす一連の「社会保障制度改革」のなかに位置付けられています。このような点から改正社会福祉法を読むと、国・自治体の責務より前に、地域福祉推進のための地域住民等の努力義務が明記され（第4条の2）、国・自治体の責務（第6条）については「体制整備」が強調されている点で、地域の支えあい強化と引き換えに公的責任が後退しかねないとの懸念が生じます。

ここであえて確認しておきたいのは、「地域」は社会資源として補助的性格を持つものの、生活課題を解決する「セーフティーネット」ではないということ、豊かなセーフティーネットとしての社会保障・社会福祉を提供する第一義的責任は、憲法25条2項（社会福祉、社会保障、公衆衛生の向上・増進義務）が規定するように、国にあるということです。そのことを土台として、地域福祉サービスの提供を考えていかなければなりません。

4. 人権保障としての「包括的支援」

これまで見てきたように、相談支援の現場では近年、個人のライフスタイルや家族・地域のあり方の変化によって、個々の問題解決では事足らず、その人の全人的な理解と取り巻く状況を踏まえた上で支援をしないと真の解決には至らないケースが増えています。個人や家族、地域社会が抱える課題が多様化・複雑化しているのですから、支援のあり方も必然的に包括的・多様性に富んだものに変化していかざるを得ません。

今後、包括的な支援を実施していく上で専門職に求められていることは、その多様化・複雑化した生活課題に対応するために、既存の制度のみならず、地域の多様な活動と連携して社会資源を活用していくこと、必要なのに不足している資源は開発し、必要なネットワークを形成していくこと、そして普遍的な課題に対しては国・自治体への政策提言・要求運動を通して社会福祉制度・サービスの拡充へとつなげていくことです。専門職が多様なニーズから生まれた市民活動とつながったとき、課題を抱える個人や家族にとって真に豊かな個別的支援に広がる可能性が生まれます。また、個別のニーズ・生活実態からボトムアップ式に政策提言が行われて政策が実現することは、翻って個別の支援も豊かになるという循環が生まれるでしょう。まさにこれは、憲法第12条（不断の努力）と同25条2項の具体化そのものと言えます。

以上を振り返ると、「『包括的な支援』とは、何のための、誰のためのものなのか」という冒頭の問いの答えが自ずと明らかになってきます。それは、全ての人々が自分が選択した場所で、安心・安全に、自分らしく暮らし続けるため、即ち、憲法第13条の「個人の尊厳」（自己決定と選択の自由）を理念として、同14条の「法の下の平等」を具体化し、同25条を根拠とする人権を保障することにほかなりません。そして、社会福祉の分野で働く行政や専門職は人権保障のにない手として、一人ひとりの命、生活、生きることそのものを支える視点で包括的な支援を行っていくことが、今求められています。

「地域共生社会」の問題点

　1990年代半ばから本格化した構造改革は、社会保障の分野では社会保障構造改革そして社会福祉基礎構造改革を進めてきた。これらの構造改革は社会保障制度の理念、法制度を大きく変化させ、人々に「自助」と「自己責任」を要請した。また、社会保障構造改革の第一歩として登場した介護保険制度は、社会保障・社会福祉の分野に「市場化」を持ち込み、同時に公的責任を大幅に後退させ、日本国憲法第25条1項2項の生存権規定と国の保障義務を形骸化させる役割を果たした。

　構造改革の次の段階として国は「地方創生」を打ち出し、社会保障の分野では政府主導で「地域共生社会」が進められている。地域共生社会とは、「制度・分野ごとの『縦割り』や『支え手』『受け手』という関係を超えて、地域住民や地域の多様な主体が『我が事』として参画し、人と人、人と資源が世代や分野を超えて『丸ごと』につながることで、住民一人ひとりの暮らしと生きがい、地域をともに創っていく社会を目指すもの」である。同時期には「地域包括ケアシステムの強化のための介護保険法の一部を改正する法律」が成立し、2018年には社会福祉法第4条1項に地域住民の地域福祉推進の努力義務が明記された。

　今後は「地域」そして「地域住民」が社会保障の「担い手」として「利用」「活用」されていくこととなる。したがって、地域住民はさまざまな地域課題に責任をもって「担い手」として参加しなければならないということになる。また「地域共生社会」は「地方創生」の投資を軸とした地域間競争とともに繰り広げられることから、「地域共生社会」の下での社会保障には地域格差が生じることが指摘されており、「ナショナル・ミニマム」を解体させる機能も持ち得ている。

　財政難を理由に、国は社会保障の給付の抑制・自己負担増を強硬に推し進めてきたが、近年は給付の抑制・自己負担増に加えて地域に責任を押しつけ、公的責任を放棄した。

　「地域共生社会」は、地域住民はもちろん社会福祉関係専門職、研究者を巻き込んで展開されている。地域住民の役割の強要や地域を創る担い手への強制は、さらに国・地方自治体の責任を排除していく一手段であることを認識し、地域住民、専門職、研究者は一度立ち止まって精査していく必要があると考える。生存権と国の保障義務を理念とした社会保障は、その理念を遂行するにふさわしい形でなければならない。すなわち「地域共生社会」は、社会保障の真の理念とは真逆であることを認識すべきである。

（社会保障政策研究者）

県内市町の
医療費助成制度・
福祉制度

1. 医療費助成制度一覧
　① 子ども医療費助成 ………………………216
　② ひとり親家庭等医療費助成 …………218
　③ 通院精神医療費助成 …………………219
　④ 心身障害者医療費助成 ………………220
　⑤ 小児慢性特定疾病医療費助成 ………223
　⑥ 特定不妊治療費助成 …………………224
　⑦ 一般不妊治療費助成 …………………227
　⑧ 不育治療費助成 ………………………230
　⑨ 国民健康保険 …………………………232
　⑩ 任意予防接種助成 ……………………238
　⑪ 中軽度難聴児の補聴器購入助成制度…240

2. 生活困窮者自立支援制度一覧 …………242

3. 介護保険関連制度一覧
　① 介護保険関連制度 ……………………243
　② 在宅寝たきり高齢者等介護慰労金 …245
　③ 地域支援事業・その他 ………………246
　④ 所得税・住民税の障害者控除認定 …249
　⑤ 介護予防・日常生活支援総合事業 …251

4. 障害のある人のための制度一覧
　地域生活支援事業……………………………252

5. 子育て支援のための制度一覧
　① 妊産婦健康診査 ………………………258
　② 訪問指導等 ……………………………260
　③ 保育に関するサービス等 ……………261
　④ 放課後児童クラブ ……………………266
　⑤ 地域子ども・子育て支援事業－利用者
　　支援事業 ………………………………267

6. 公営住宅の戸数一覧 ……………………270

＊ここに掲載している施策内容は、2022年5～6月に行った自治体アンケート調査結果等を簡略にまとめたものです。

1. 医療費助成制度一覧

①子ども医療費助成（対象）

	自治体名	0歳～3歳児		4歳児～小学校就学前		小学校卒業まで		中学校卒業まで		中学校卒業以降	
		入院	通院	入院	通院	入院	通院	入院	通院	入院	通院
	石　川　県	○	○	○							
1	金　沢　市	○	○	○	○	○	○	○	○		
2	七　尾　市	○	○	○	○	○	○	○	○	○ 18歳年度末まで	○ 18歳年度末まで
3	小　松　市	○	○	○	○	○	○	○	○	○ 18歳年度末まで	○ 18歳年度末まで
4	輪　島　市	○	○	○	○	○	○	○	○	○ 18歳年度末まで	○ 18歳年度末まで
5	珠　洲　市	○	○	○	○	○	○	○	○	○ 18歳年度末まで	○ 18歳年度末まで
6	加　賀　市	○	○	○	○	○	○	○	○	○ 18歳年度末まで	○ 18歳年度末まで
7	羽　咋　市	○	○	○	○	○	○	○	○	○ 18歳年度末まで	○ 18歳年度末まで
8	か ほ く 市	○	○	○	○	○	○	○	○	○ 18歳年度末まで	○ 18歳年度末まで
9	白　山　市	○	○	○	○	○	○	○	○	○ 18歳年度末まで	○ 18歳年度末まで
10	能　美　市	○	○	○	○	○	○	○	○	○ 18歳年度末まで	○ 18歳年度末まで
11	野 々 市 市	○	○	○	○	○	○	○	○	○ 18歳年度末まで	○ 18歳年度末まで
12	川　北　町	○	○	○	○	○	○	○	○	○ 18歳年度末まで	○ 18歳年度末まで
13	津　幡　町	○	○	○	○	○	○	○	○	○ 18歳年度末まで	○ 18歳年度末まで
14	内　灘　町	○	○	○	○	○	○	○	○	○ 18歳年度末まで	○ 18歳年度末まで
15	志　賀　町	○	○	○	○	○	○	○	○	○ 18歳年度末まで	○ 18歳年度末まで
16	宝 達 志 水 町	○	○	○	○	○	○	○	○	○ 18歳年度末まで	○ 18歳年度末まで
17	中 能 登 町	○	○	○	○	○	○	○	○	○ 18歳年度末まで	○ 18歳年度末まで
18	穴　水　町	○	○	○	○	○	○	○	○	○ 18歳年度末まで	○ 18歳年度末まで
19	能　登　町	○	○	○	○	○	○	○	○	○ 18歳年度末まで	○ 18歳年度末まで
		20	20	20	19	19	19	19	19	18	18

①子ども医療費助成（助成方法）

	自治体名	自己負担 （月額）	所得制限	助成方法	備　考
	石　川　県	1,000円	児童手当法 準用 （注）	現物給付	
1	金　沢　市	1,000円 (1回につき500円)	なし	★	
2	七　尾　市	なし	なし	★	
3	小　松　市	なし	なし	★	
4	輪　島　市	なし	なし	★	現物給付は県内の医療機関に限る
5	珠　洲　市	なし	なし	★	
6	加　賀　市	なし	なし	★	
7	羽　咋　市	なし	なし	★	現物給付は県内の医療機関に限る
8	か ほ く 市	なし	なし	★	
9	白　山　市	なし	なし	★	
10	能　美　市	なし	なし	★	現物給付は県内の医療機関に限る
11	野 々 市 市	1,000円 (1回につき500円)	なし	★	
12	川　北　町	なし	なし	★	
13	津　幡　町	入院： 1,000円／月 通院： 500円／日 調剤： 支払不要	なし	★	現物給付は県内の医療機関に限る
14	内　灘　町	なし	なし	★	現物給付は県内の医療機関に限る
15	志　賀　町	なし	なし	★	現物給付は県内の医療機関に限る
16	宝 達 志 水 町	なし	なし	★	現物給付は県内の医療機関に限る
17	中 能 登 町	なし	なし	★	現物給付は県内の医療機関に限る
18	穴　水　町	なし	なし	★	現物給付は県内の医療機関に限る
19	能　登　町	なし	なし	★	

※県に準ずる場合には、★マークをつけています。

（注）　石川県：県の制度には所得制限がありますが、すべての市町が所得制限をなくしているので、所得制限は事実上ありません。

制度一覧

②ひとり親家庭等医療費助成

	自治体名	助成対象年齢	障害のある児童の 助成対象年齢	所得制限	自己負担（注） （月額）
	石　川　県	18歳年度末	20歳未満	児童扶養手当法準用	1,000 円
1	金　沢　市	★	★	★	★
2	七　尾　市	★	★	★	★ （児童分の自己負担なし）
3	小　松　市	★	★	★	500 円
4	輪　島　市	★	★	★	★ （児童分の自己負担なし）
5	珠　洲　市	★	★	★	★ （児童分の自己負担なし）
6	加　賀　市	★	★	★	★ （児童分の自己負担なし）
7	羽　咋　市	★	★	通院：児童扶養手当 　　　法準用 入院：なし	★ （児童分の自己負担なし）
8	か ほ く 市	★	★	なし	なし
9	白　山　市	★	★	★	★ （児童分の自己負担なし）
10	能　美　市	★	★	なし	なし
11	野 々 市 市	★	★	★	★
12	川　北　町	★	★	なし	なし
13	津　幡　町	★	★	なし	★
14	内　灘　町	★	★	なし	★ （児童分の自己負担なし）
15	志　賀　町	★	★	★	★ （児童分の自己負担なし）
16	宝 達 志 水 町	★	★	★	★ （児童分の自己負担なし）
17	中 能 登 町	★	★	★	なし
18	穴　水　町	★	★	★	★ （児童分の自己負担なし）
19	能　登　町	★	★	★	★ （児童分の自己負担なし）

※県に準ずる場合には、★マークをつけています。
（注）子ども医療費助成の自己負担額については217ページを参照してください。

③通院精神医療費助成

	自治体名	助成内容	助成方法
	石　川　県		
1	金　沢　市		
2	七　尾　市	自立支援医療（精神通院）を受けている人に対し、自立支援医療費の自己負担分を助成（七尾市国保加入者）	現物給付
3	小　松　市	精神障害者保健福祉手帳1級の交付を受け、医療保険に加入している人に対し、自己負担分を助成（所得制限あり）	現物給付
4	輪　島　市	国保加入者に対し、自己負担分を助成	現物給付
5	珠　洲　市		
6	加　賀　市		
7	羽　咋　市		
8	か ほ く 市	精神障害者保健福祉手帳1級の交付を受け、自立支援医療（精神通院）を受けている人に対し、自立支援医療の自己負担分を助成	現物給付
9	白　山　市	精神障害者保健福祉手帳の交付を受け、自立支援医療（精神通院）を受けている人に対し、自立支援医療の自己負担分を助成	償還払い
10	能　美　市	自立支援医療（精神通院）を受けている人に対し、自立支援医療費の自己負担分を助成	国保加入者は現物給付。社保加入者と後期高齢者医療制度加入者は償還払い
11	野 々 市 市	精神障害者保健福祉手帳の交付を受け、自立支援医療（精神通院）を受けている住民税非課税世帯の人に対し、自立支援医療費自己負担分の半分を助成	償還払い
12	川　北　町	自立支援医療（精神通院）を受けている人に対し、自立支援医療費の自己負担分を助成	償還払い
13	津　幡　町		
14	内　灘　町		
15	志　賀　町		
16	宝 達 志 水 町	精神障害者保健福祉手帳1級の交付を受けている人の医療費自己負担分を助成	現物給付
17	中 能 登 町	自立支援医療（精神通院）を受けている人に対し、自立支援医療費の自己負担分を助成	償還払い
18	穴　水　町		
19	能　登　町		

制度一覧

④心身障害者医療費助成（対象）

	自治体名	身体障害者手帳				療育手帳					精神保健福祉手帳		
		1級	2級	3級	4級	A	BⅠ入院	BⅠ通院	BⅡ入院	BⅡ通院	1級	2級入院	2級通院
	石 川 県	○	○			○	○				○		
1	金 沢 市	○	○	○	○ (注1)	○	○		○		○		
2	七 尾 市	○	○	○		○	○	○	○	○	○		
3	小 松 市	○	○	○		○	○	○	○	○	○		
4	輪 島 市	○	○	○		○	○	○	○	○	○		
5	珠 洲 市	○	○	○		○	○	○	○	○	○		
6	加 賀 市	○	○	○		○	○	○	○	○	○		
7	羽 咋 市	○	○	○		○	○	○	○	○	○		
8	か ほ く 市	○	○	○		○	○	○	○	○	○		
9	白 山 市	○	○	○		○	○	○	○	○	○		
10	能 美 市	○	○	○		○	○	○	○	○	○	○	○
11	野 々 市 市	○	○	○	○ (注2)	○	○	○	○	○	○		
12	川 北 町	○	○	○		○	○	○	○	○	○	○	
13	津 幡 町	○	○	○		○	○	○	○	○	○		
14	内 灘 町	○	○	○		○	○	○	○	○	○		
15	志 賀 町	○	○	○		○	○	○	○	○	○		
16	宝 達 志 水 町	○	○	○		○	○	○	○	○	○		
17	中 能 登 町	○	○	○		○	○	○	○	○	○		
18	穴 水 町	○	○	○		○	○	○	○	○	○		
19	能 登 町	○	○	○		○	○	○	○	○	○		
		20	20	19	2	20	20	18	19	18	20	2	1

（注1）金沢市：4級の対象範囲は、65歳以上で下記の人に限られます。
　　　　（1）音声・言語機能に著しい障害のある人、（2）両下肢のすべての指を欠く人、（3）一下肢の機能に著しい障害のある人、（4）一下肢の下腿の2分の1以上を欠く人
（注2）野々市市：4級の対象範囲は、世帯全員が住民税非課税の人に限られます。

④心身障害者医療費助成（助成方法）

	自治体名	自治体単独助成分の助成方法		助成額		所得制限
		65歳未満	65歳以上	原則、一部負担全額 例外は以下の通り	後期高齢者医療制度に 加入しない65〜74歳の 受給者ついて	
	石　川　県	現物給付	現物給付		総医療費の1〜2割 相当	老齢福祉年金の所 得制限を準用（注1）
1	金　沢　市	★	★	療育手帳Bの場合は 入院分のみ助成	一部負担全額	特別障害者手当の所得 制限限度額を準用（注1）
2	七　尾　市	★	★		★	65歳未満県と同じ／ 65歳以上の新規身 体障害者3級取得者 は非課税世帯のみ助 成対象
3	小　松　市	★	★		一部負担全額	特別障害者手当の所得 制限限度額を準用（注1）
4	輪　島　市	★	★		一部負担全額	★
5	珠　洲　市	★	★		一部負担全額	★
6	加　賀　市	★	★		★	★
7	羽　咋　市	★	★		★	★
8	か ほ く 市	★	★		一部負担全額	なし
9	白　山　市	★	★		一部負担全額	なし
10	能　美　市	★	★		一部負担全額	精神障害者保健福 祉手帳2級は所得制 限有り。金額は石川 県の所得制限基準 額を準用（注2）
11	野 々 市 市	★	★		一部負担全額	なし。ただし身体障 害者手帳4級の取得 者は、住民税非課税 世帯のみ助成対象
12	川　北　町	★	★		一部負担全額	なし
13	津　幡　町	★	★		一部負担全額	なし
14	内　灘　町	★	★		一部負担全額	なし
15	志　賀　町	★	★		一部負担全額	★
16	宝 達 志 水 町	★	★		一部負担全額	★
17	中 能 登 町	★	★		★	なし
18	穴　水　町	★	★		★	★
19	能　登　町	★	★		一部負担全額	★

※県に準ずる場合には、★マークをつけています。
（注1）石川県、金沢市、小松市の所得制限基準額は、次ページの通りです。
（注2）令和4年8月診療分より、身体障害者手帳3級、療育手帳B2も所得制限あり。金額は石川県の所得制限基準額を準用します。

制度一覧

221

〈石川県の所得制限基準額〉

受給者本人の所得制限限度額（円）

区　分		扶養親族の数					
		0人	1人	2人	3人	4人	5人
老人扶養親族等の数	0人	1,695,000	2,075,000	2,455,000	2,835,000	3,215,000	3,595,000
	1人		2,175,000	2,555,000	2,935,000	3,315,000	3,695,000
	2人			2,655,000	3,035,000	3,415,000	3,795,000
	3人				3,135,000	3,515,000	3,895,000
	4人					3,615,000	3,995,000
	5人						4,095,000

配偶者または扶養義務者の所得制限限度額（円）

区　分		扶養親族の数					
		0人	1人	2人	3人	4人	5人
老人扶養親族等の数	0人	6,387,000	6,636,000	6,849,000	7,062,000	7,275,000	7,488,000
	1人		6,636,000	6,909,000	7,122,000	7,335,000	7,548,000
	2人			6,909,000	7,182,000	7,395,000	7,608,000
	3人				7,182,000	7,455,000	7,668,000
	4人					7,455,000	7,728,000
	5人						7,728,000

（注1）「扶養親族の数」は、所得税法に規定する控除対象配偶者（老人控除対象配偶者を含む）および扶養親族（老人扶養親族を含む）の合計数です。
（注2）「老人扶養親族等の数」は、老人控除対象配偶者、老人扶養親族、特定扶養親族および控除対象扶養親族（19歳未満）の合計数です。
（注3）「老人控除対象配偶者」とは、所得税法に規定する控除対象配偶者のうち、年齢が70歳以上の人を指します。
（注4）「老人扶養親族」とは、所得税法に規定する扶養親族のうち、年齢が70歳以上の人を指します。
（注5）「特定扶養親族」とは、所得税法に規定する控除対象扶養親族のうち、年齢が19歳以上23歳未満の人を指します。
（注6）「控除対象扶養親族（19歳未満）」とは、所得税法に規定する控除対象扶養親族のうち、年齢が16歳以上19歳未満の人を指します。
（注7）特定扶養親族および控除対象扶養親族（19歳未満）を有する場合、それらの者1人につき15万円を加算します。
（注8）配偶者または扶養義務者に係る所得制限限度額について、老人扶養親族がある場合の加算は、扶養親族等のすべてが老人扶養親族である場合は、当該老人扶養親族のうち1人を除いた老人扶養親族について行われます。

〈金沢市・小松市の所得制限基準額〉

受給者本人の所得制限限度額（円）

区　分		扶養親族の数					
		0人	1人	2人	3人	4人	5人
老人扶養親族等の数	0人	3,604,000	3,984,000	4,364,000	4,744,000	5,124,000	5,504,000
	1人		4,084,000	4,464,000	4,844,000	5,224,000	5,604,000
	2人			4,564,000	4,944,000	5,324,000	5,704,000
	3人				5,044,000	5,424,000	5,804,000
	4人					5,524,000	5,904,000
	5人						6,004,000

配偶者または扶養義務者の所得制限限度額（円）

区　分		扶養親族の数					
		0人	1人	2人	3人	4人	5人
老人扶養親族の数	0人	6,287,000	6,536,000	6,749,000	6,962,000	7,175,000	7,388,000
	1人		6,536,000	6,809,000	7,022,000	7,235,000	7,448,000
	2人			6,809,000	7,082,000	7,295,000	7,508,000
	3人				7,082,000	7,355,000	7,568,000
	4人					7,355,000	7,628,000
	5人						7,628,000

⑤小児慢性特定疾病医療費助成

	自治体名	助成内容
	石 川 県	(1) 厚生労働大臣が定める認定基準を満たした18歳未満の児童（20歳未満まで延長可能）等の対象疾病に対する入院および外来の医療保険制度上の自己負担額から所得税額に応じた一部自己負担を差し引いた額 (2) (1) の基準を満たさない、就学後から18歳未満の児童（20歳未満まで延長可能）ただし、気管支喘息等については、入院のみ対象
1	金 沢 市	(1) ★ (2) (1) の基準を満たさない、高校生から18歳未満の児童（20歳未満まで延長可能）ただし、気管支喘息等については、入院のみ対象
2	七 尾 市	★
3	小 松 市	★
4	輪 島 市	★
5	珠 洲 市	★
6	加 賀 市	★
7	羽 咋 市	★
8	か ほ く 市	★
9	白 山 市	★
10	能 美 市	★
11	野 々 市 市	★
12	川 北 町	★
13	津 幡 町	★
14	内 灘 町	★
15	志 賀 町	★
16	宝 達 志 水 町	★
17	中 能 登 町	★
18	穴 水 町	★
19	能 登 町	★

※県に準ずる場合には、★マークをつけています。（ただし金沢市以外は県で実施）

制度一覧

⑥特定不妊治療費助成

	自治体名	助成内容
	石　川　県	対象治療：体外受精、顕微授精 助成対象：県内に住所を有する夫婦（事実婚含む） 助 成 額：1回の治療につき最大30万円（男性不妊治療を行った場合追加で最大30万円） 助成回数：治療期間の初日が令和4年3月31日以前であり、令和4年4月1日から令和5年3月31日までの間に終了する治療について、1回に限り助成（凍結胚移植については、治療開始が令和4年度以降であっても令和4年3月31日以前に行った体外受精、または顕微授精により作られた授精胚による凍結胚移植の場合は助成対象）
1	金　沢　市	対象治療：★ 助成対象：市内に住所を有する夫婦（事実婚含む） 助 成 額：1回の治療につき最大30万円。男性不妊治療を行った場合追加で最大30万円（初回の場合最大40万円）。 助成回数：★ 備　　　考：経過措置のため申請期限は令和5年3月31日までとなります。
2	七　尾　市	助成対象：県の助成が決定された、治療日に七尾市に住所を有する戸籍上の夫婦 助 成 額：県の助成額を除いた額の7割（上限20万円／年度）7割（上限額15万円または7万5千円） 助成回数：★ 備　　　考：申請は令和5年3月31日まで（ただし県の助成が決定された日から起算して1年以内に申請）。また現行の助成制度は令和4年度で終了します。新たな助成制度については市ホームページ等でご確認ください。
3	小　松　市	【令和4年3月31日までに治療を開始したもの】 助成対象：県の助成が決定された、夫婦（事実婚含む）の両方またはどちらかが治療開始日から申請日まで引き続き小松市内に住所を有している方 助 成 額：県の助成額を除いた額について、1回10万円まで 所得制限：なし（令和3年1月1日以降に治療が終了した分から所得制限撤廃） 助成回数：★ 【令和4年4月1日以降に治療を開始したもの】 対象治療：令和4年4月1日以降に開始した体外受精・顕微授精とそれに併せて行われた検査や治療、男性不妊治療 助成対象：以下の条件をすべて満たす方 　①対象治療の開始日の1年以上前から申請日まで夫婦（事実婚含む）の両方またはどちらか一方が小松市内に住所を有している方 　②医療保険に加入されている方 助 成 額：生殖補助医療等にかかった費用について、自己負担額の3分の2（上限40万円）。生殖補助医療と併せて行われた男性不妊治療を行った場合、生殖補助医療とは別に自己負担額の3分の2（上限40万円） 助成回数：妻の年齢が40歳未満の方　1子出産につき6回、男性不妊治療6回。妻の年齢が40歳以上の方　1子出産につき3回、男性不妊治療6回
4	輪　島　市	助成対象：市内に住所を有する戸籍上の夫婦（事実婚を含む）。 助 成 額：保険適用分は5割。保険適用外分は7割（上限1回の治療につき15万円） 【令和4年4月より】 対象治療：一般不妊治療、生殖補助医療（精子を採取する手術を含む男性不妊治療、保管料も含む） 助成対象：①戸籍上の夫婦（事実婚を含む）で申請時に両者又は一方が市内に住所を有する。 　②医療保険に加入していること。 　③世帯において市税等の滞納がないこと。 所得制限：なし 助 成 額：保険適用分は自己負担額の1/2。保険適用外分は対象外。

	自治体名	助成内容
5	珠 洲 市	助成対象：市内に1年以上住所を有する夫婦（事実上婚姻関係と同様の事情にある者を含む） 助成額：保険適用分の治療費全額。保険適用外分の治療については、1年度あたり30万円を上限に助成。
6	加 賀 市	助成対象：県の助成が決定された、市内に住所を有する戸籍上の夫婦（ただし、令和3年1月1日以降に治療が終了したものについては事実上の婚姻関係と同様の事情にある者も含む） 助成額：県の助成額と同額を限度とする 助成回数：★ 備考：【令和4年4月1日以降の助成制度】 見直し中のため決まり次第、市ホームページ等でお知らせします
7	羽 咋 市	助成対象：夫婦の両者または一方が治療期間中に羽咋市に住所を有し、県の助成を受けた夫婦 助成額：1回の治療費のうち3割を自己負担とし、残りの7割のうち県の助成を除いた額。ただし、1回の治療につき上限25万円。 備考：申請期限は令和5年3月31日までとなります。新たな助成制度については市ホームページ等でご確認ください
8	か ほ く 市	助成対象：治療日の1年以上前から継続して市内に住所を有する夫婦（事実婚を含む） 助成額：1回の治療につき、保険診療の自己負担分の金額と先進医療費の金額
9	白 山 市	助成対象：県の助成が決定された、市内に住所を有する戸籍上の夫婦 助成額：1回の治療につき5万円を限度（初回治療の助成のみ10万円まで） 助成回数：★ 備考：経過措置のため申請期限は令和5年3月31日までとなります。
10	能 美 市	助成対象：治療日及び申請日に市内に住所を有する戸籍上の夫婦（ただし、事実上婚姻関係と同様の事情にあるものを含む） 助成額：①保険適用となる生殖補助医療と併せて行われる先進医療に要した費用…自己負担額に7/10を乗じて得た額と15万円を比較し、いずれか低い額。 ②①以外に要した費用…自己負担額に2/3を乗じて得た額。 ①、②を合算して上限100万円／年度 助成期間：治療を終了した日の属する年度内
11	野 々 市 市	対象治療：保険診療で受けた不妊治療（ただし、体外受精顕微授精については、保険適用の年齢制限および回数制限によって保険診療とならなかった場合も対象となる） 助成対象：医療保険に加入し、治療開始日及び申請日現在において、夫婦（事実婚を含む）の両方またはどちらかが市民の方 助成額：不妊治療に要した費用の自己負担分の1/2とし、1年間あたり5万円を限度（1月あたり2万5千円を限度） 助成期間：1出産につき連続する2年間 備考：・不妊治療助成について、特定、一般の区別を廃止しています。 ・先進不妊治療費助成（令和4年4月からの治療費が対象は、治療対象が体外受精・顕微授精に併せて行われる先進治療で、助成額は先進治療に要した費用の7割（上限15万円）です。
12	川 北 町	対象治療：治療日に町内に住所を有する戸籍上の夫婦（令和3年度治療分、経過措置分） 助成対象：年間治療費（基準額100万円）の7割相当（70万円を限度）、県優先
13	津 幡 町	対象治療：夫婦の両方または一方が申請日において引き続き1年以上、町内に住所を有する者 助成対象：県の助成額を除いた額について、1回の治療につき5万円を限度（男性不妊治療分も上乗せ5万円限度） 助成期間：★

制度一覧

	自治体名	助成内容
14	内　灘　町	対象治療：夫婦（事実婚含む）以下、全てに該当する者 　　　　　①石川県の支給決定を受けた夫婦　※県の決定通知書が令和3年4月1日以降のものに限る 　　　　　②夫婦または一方が申請日の1年以上前から本町に住民票を有するもの 　　　　　③各種医療保険等に加入している 　　　　　④夫婦の住所地が異なる場合は、他の市町村との重複申請をしていないもの 助 成 額：石川県の支給決定を受けた治療費を除いた治療費の負担額 助成期間：経過措置（令和4年度のみ）のため令和5年3月31日まで 備　　考：令和4年4月1日以降に開始した治療については、ホームページ参照してください
15	志　賀　町	対象治療：★ 助成対象：申請日の1年以上前から住所を有する戸籍上の夫婦、妻の年齢が45歳未満 助 成 額：不妊治療に関する治療費の7割相当（上限70万円／年度）
16	宝達志水町	対象治療：保険適用となる生殖補助医療と併せて行われた先進医療 助成対象：先進医療に要した額の7割（上限15万円／回） 備　　考：町独自事業 　　　　　助成対象：保険適用となる生殖補助医療 　　　　　助 成 額：1回の治療につき2万5千円（1年度における上限5万円）
17	中 能 登 町	【令和4年3月31日までに治療を開始したもの】 対象治療：①夫婦の両方または一方が町内に住所を有し、助成申請をした日まで1年以上居住しており②県の不妊治療を受けた③法律上婚姻している夫婦 助成対象：県の助成額を除いた額の7割（上限20万円／年度） 備　　考：上記は令和3年に開始した治療についてです。 【令和4年4月1日以降に治療を開始したもの】 健康保健課子育て支援室にお問い合わせ、またはホームページでご確認ください。
18	穴　水　町	対象治療：県の助成が決定された、町内に住所を有する戸籍上の夫婦 助成対象：県の助成額を除いた額の1/2。1回の治療につき15万円まで。上限20万円／年度
19	能　登　町	対象治療：治療日の1年以上前から継続して町内に住所を有し、町税の滞納がない世帯に属する戸籍上の夫婦、妻の治療開始年齢が40歳未満 助成対象：1回の治療につき県の助成に上乗せで上限15万円 所得制限：夫婦の前年度所得合計が730万円未満 助成期間：治療を受けた日の属する年度内 助成回数：通算2回

※県に準ずる場合には、★マークをつけています。
※令和4年4月から不妊治療が保険適用となることに合わせて、多くの自治体で助成の見直しが行われます。最新の情報は各自治体の窓口に問合せるか（自治体窓口335～342ページ）、ホームページ等で確認してください。

⑦一般不妊治療費助成

	自治体名	・助成内容
	石 川 県	備　　考：令和4年からの保険適用に伴い、県制度廃止
1	金 沢 市	対象治療：タイミング療法、薬物療法、手術療法、人工授精等の不妊治療のうち、令和4年3月末までに受けた治療（制度終了に伴う経過措置） 助成対象：治療開始の1年以上前から県内に住所を有し、治療日時点で市内に住所を有する戸籍上の夫婦 助 成 額：年5万円を限度。ただし、自己負担の1/2 所得制限：あり（夫婦合算の年間所得が730万円未満） 助成期間：連続する2年間
2	七 尾 市	対象治療：タイミング療法、薬物療法、手術療法、人工授精など 助成対象：県内に1年以上住所を有し、不妊治療を行っている戸籍上の夫婦、医療保険に加入している人 助 成 額：年5万円を限度。ただし、自己負担の1/2 所得制限：あり（夫婦合算の年間所得が730万円未満） 助成期間：連続する2年間 備　　考：上記助成内容は令和4年度で終了します。
3	小 松 市	対象治療：タイミング療法、薬物療法、手術療法、人工受精など、これらに付随する検査 助成対象：以下の要件を全て満たす夫婦 　　　　　①治療開始日に夫婦（事実婚含む）であること 　　　　　②夫婦の両方またはどちらかが、助成を申請している診療日の初日より1年以上前から申請日まで引き続き小松市内に住所を有している方 　　　　　③国民健康保険やその他の公的医療保険に加入している 助 成 額：年5万円を限度。ただし、自己負担の1/2 助成期間：連続する2年間
4	輪 島 市	助成対象：申請日に市内に住所を有する戸籍上の夫婦（事実婚含む） 助 成 額：保険適用分の治療費の1/2 【令和4年4月より】 対象治療：一般不妊治療、生殖補助医療（精子を採取する手術を含む男性不妊治療、保管料も含む） 助成対象：①戸籍上の夫婦（事実婚を含む）で申請時に両者又は一方が市内に住所を有する。 　　　　　②医療保険に加入していること。 　　　　　③世帯において市税等の滞納がないこと。 所得制限：なし 助 成 額：保険適用分は自己負担額の1/2。保険適用外分は対象外。
5	珠 洲 市	助成対象：市内に1年以上住所を有する夫婦（事実上婚姻関係と同様の事情にある者を含む） 助 成 額：保険適用分の治療費全額。保険適用外分の治療については、1年度あたり30万円を上限に助成
6	加 賀 市	対象治療：タイミング療法、薬物療法、手術療法、人工授精など 助成対象：県内に1年以上住所を有し、不妊治療を行っている戸籍上の夫婦、医療保険に加入している人 助 成 額：年5万円を限度。ただし、自己負担の1/2 所得制限：あり（夫婦合算の年間所得が730万円未満） 助成期間：連続する2年間 備　　考：上記助成内容は令和4年3月31日までの治療。令和4年4月1日以降の治療費に関する助成は見直し中のため決まり次第、市ホームページ等でお知らせします。

制度一覧

	自治体名	・助成内容
7	羽咋市	対象治療：タイミング療法、薬物療法、手術療法、人工授精など 助成対象：県内に1年以上住所を有し、不妊治療を行っている戸籍上の夫婦、医療保険に加入している人 助 成 額：年5万円を限度。ただし、自己負担の1/2 助成期間：連続する2年間 備　　考：申請期限は令和5年3月31日まで。新たな助成制度については市ホームページ等でご確認ください。
8	かほく市	助成対象：市内に治療日の1年前から住所を有する夫婦（事実婚を含む） 助 成 額：治療費の自己負担額全額 所得制限：なし 助成期間：連続する2年間
9	白山市	対象治療：タイミング療法、薬物療法、手術療法、人工授精など 助成対象：県内に1年以上住所を有し、申請日に夫婦の両者または一方が白山市に居住する戸籍上の夫婦 助 成 額：年5万円を限度。ただし、自己負担の1/2 所得制限：あり（夫婦合算の年間所得が730万円未満） 助成期間：連続する2年間 備　　考：経過措置のため、上記制度申請の期限は令和5年3月31日までとなります
10	能美市	助成対象：治療日及び申請日に市内に住所を有する戸籍上の夫婦（ただし、事実上婚姻関係と同様の事情にあるものを含む） 助 成 額：治療費の1/2（上限7万円／年）
11	野々市市	対象治療：保険診療で受けた不妊治療（ただし、体外受精・顕微授精については、保険適用の年齢制限および回数制限によって保険診療とならなかった場合も対象となる） 助成対象：医療保険に加入し、治療開始日及び申請日現在において、夫婦（事実婚を含む）の両方またはどちらかが市民の方 助 成 額：不妊治療に要した費用の自己負担分の1/2とし、1年間あたり5万円を限度（1月あたり2万5千円を限度） 助成期間：1出産につき連続する2年間 備　　考：・不妊治療助成について、特定、一般の区別を廃止しています。 ・先進不妊治療費助成（令和4年4月からの治療費が対象は、治療対象が体外受精・顕微授精に併せて行われる先進治療で、助成額は先進治療に要した費用の7割（上限15万円）です
12	川北町	助成対象：治療日に町内に住所を有する戸籍上の夫婦 助 成 額：保険適用外の年間治療費（100万円）の7割相当（70万円を限度）
13	津幡町	助成対象：夫婦（法律上の婚姻届出をしていないが、事実上婚姻関係にあるものを含む）の両者または一方が津幡町に住所を有する者のうち、治療を開始した日において津幡町に引き続き1年以上住所を有する者 助 成 額：自己負担額の1/2以内の額。出産1回あたり5万円限度 所得制限：なし 備　　考：体外受精や顕微授精に関しては、治療開始時の妻の年齢が40歳未満は6回まで、40歳以上43歳未満は3回まで

	自治体名	・助成内容
14	内 灘 町	助成対象：夫婦（事実婚含む）以下、全てに該当する者 ①夫婦または一方が対象治療を開始した日の1年以上前から引き続き石川県内に住所を有し、治療日において本町に住民を有するもの※令和2年4月1日以降の治療分に限る。 ②医療保険各法の被保険者もしくは組合員またはそれらの者の扶養者 ③夫婦の前年の所得の合算が730万円未満であるもの ④夫婦の住所地が異なる場合は、他の市町村との重複申請をしていないもの 助 成 額：治療費の自己負担分 助成期間：経過措置（令和4年度のみ）のため令和5年3月31日まで 備　　考：令和4年4月1日以降に開始した治療については、ホームページ参照してください。
15	志 賀 町	助成対象：申請日の1年以上前から住所を有する戸籍上の夫婦、妻の年齢が45歳未満 助 成 額：不妊治療に要した費用の自己負担分の1/2とし、1年間あたり7万円を限度 所得制限：あり（夫婦合算の年間所得が730万円未満） 助成期間：連続する2年間
16	宝 達 志 水 町	備　　考：令和4年4月から不妊治療が保険適用されたことに伴い、助成制度廃止
17	中 能 登 町	備　　考：令和4年4月1日以降に開始された一般不妊治療について、保険適用の治療費から高額医療費などを控除した自己負担額の3分の2を助成
18	穴 水 町	備　　考：令和4年からの保険適用に伴い、町の制度廃止
19	能 登 町	助成対象：治療の1年以上前から継続して町内に住所を有し、町税の滞納がない世帯に属する戸籍上の夫婦 助 成 額：治療に係る自己負担分の合計で1年度上限15万円 所得制限：あり（夫婦の前年度所得合算が730万円未満） 助成期間：通算5年間（年度に1回、通算5回）

※県に準ずる場合には、★マークをつけています。
※令和4年4月から不妊治療が保険適用となることに合わせて、多くの自治体で助成の見直しが行われます。最新の情報は各自治体の窓口に問合せるか（自治体窓口335～342ページ）、ホームページ等で確認してください。

制度一覧

⑧不育治療費助成

	自治体名	助成	助成内容
	石　川　県		
1	金　沢　市	○	助成対象：医療機関に不育症と診断され、医療保険に加入しており、治療時において両者またはどちらか一方が金沢市に住民登録がある戸籍上の夫婦 所得制限：なし 助　成　額：保険診療分に対し、1年度あたり15万円を上限とする。 助成期間：通算5年間
2	七　尾　市	○	助成対象：不育症と診断された法律上の婚姻関係にある夫婦。ただし、治療を受けている者が、医療保険に加入しており、治療開始日の1年以上前から市内に住所を有していること 助成制限：あり（夫婦合算の年間所得が730万円未満） 助　成　額：医療費自己負担の7割以内（1年度15万円を限度） 助成期間：通算5年以内
3	小　松　市	○	助成対象：助成を申請する治療開始日の1年以上前から申請時まで継続して小松市内に住所を有する戸籍上の夫婦で、医療機関で不育症と診断された医療保険に加入している夫婦 所得制限：なし 助　成　額：1年度30万円を限度（医療保険適用外の不育治療と、その治療に付随する検査にかかった費用） 助成期間：通算5年間を限度
4	輪　島　市	○	助成対象：申請日に市内に住所を有する戸籍上の夫婦（事実婚を含む） 所得制限：なし 助　成　額：保険適用分治療費の1/2 助成期間：制限なし
5	珠　洲　市	○	助成対象：1年以上珠洲市に住所を有する夫婦（事実上婚姻関係と同様の事情にある者を含む） 所得制限：なし 助　成　額：1年度30万円を限度（保険診療適用、保険診療適用外のすべての治療費） 助成期間：通算5年間
6	加　賀　市	○	助成対象：不育症と診断された法律上の婚姻関係にある夫婦の両者または一方が、申請日において1年以上継続して市内に住所を有し、医療保険に加入している人 所得制限：あり（夫婦合算の年間所得が730万円未満） 助　成　額：1治療期間ごとの治療費とし1年度あたり30万円を限度とする 助成期間：通算5年以内
7	羽　咋　市	○	助成対象：市内に1年以上住所を有する戸籍上の夫婦で医療保険に加入している者 所得制限：なし 助　成　額：1年間に不育症治療にかかった費用の7割の額。ただし、1年間に5万円を限度
8	か　ほ　く　市	○	助成対象：市内に治療日から継続して住所を有する戸籍上の夫婦 　　　　　不育症と診断され、医療保険に加入している人 所得制限：あり（夫婦合算の年間所得が730万円未満） 助　成　額：1回の妊娠につき30万円を限度
9	白　山　市	○	助成対象：法律上婚姻関係にある夫婦で、当該夫婦の両者または一方が第6条に規定する申請書の申請日において1年以上継続して市内に住所を有するもの 所得制限：あり（夫婦合算の前年所得が730万円未満） 助　成　額：1治療期間に助成対象となる費用の1/2に相当する額以内とし、1年度30万円を限度

	自治体名	助成	助成内容
10	能　美　市	○	助成対象：市内に1年以上住所を有し居住している戸籍上の夫婦。不育症と診断され、治療を受けた夫婦 助成額：1年度30万円を限度（医療保険適用外の不育治療費と、保険診療の検査にかかった費用） 所得制限：なし 助成期間：制限なし
11	野々市市	○	助成対象：不育症と診断された戸籍上の夫婦。ただし、夫婦ともに医療保険に加入しており、治療開始日の1年以上前から申請日までにおいて野々市市に住民票を有すること 所得制限：あり（夫婦合算の年間所得が730万円未満） 助成額：保険診療分に対し、1年間あたり15万円を上限とする 助成期間：通算5年間
12	川　北　町	○	助成対象：治療日に町内に住所を有する戸籍上の夫婦 助成額：1年度70万円を限度（医療保険適用外の不育治療費）
13	津　幡　町	○	助成対象：夫婦の両者または一方が申請日（不育症治療の終了）において、町内に引き続き1年以上住所を有する人 助成額：1年度30万円を限度（医療費自己負担分）
14	内　灘　町	○	助成対象：不育症と診断された法律上の婚姻関係にある夫婦の両方または一方が助成の申請日において、1年以上継続して町内に住所を有し、医療保険に加入している人 所得制限：あり（夫婦合算の前年度所得が730万円未満） 助成額：1治療期間ごとの治療費とし、1年度あたり30万円を限度とする 助成期間：通算5年間
15	志　賀　町	○	助成対象：町内に住所を有する夫婦、妻の年齢が45歳未満 助成額：1年度30万円を限度（医療保険適用外の不育治療費、その治療に付随する検査にかかった費用）
16	宝達志水町	○	助成対象：法律上の夫婦であり、夫婦の両方または一方が申請日において町に引き続き1年以上住所を有する人で、夫婦の両者とも医療保険に加入している人 助成額：1年度30万円を限度（医療保険適用外の不育治療と、その治療に付随する検査にかかった費用
17	中能登町	○	助成対象：①法律上の婚姻関係にある夫婦で、②不育症治療を受けており③夫婦の両方または一方が、助成申請をした日まで1年以上継続して住所を有する人、④夫婦とも医療保険に加入している人、⑤助成を受けようとしている治療費について他の地方公共団体から同様の助成を受けてない人 所得制限：あり（夫婦合算の前年所得が730万円未満） 助成額：1回の妊娠につき30万円を限度（医療費自己負担分）
18	穴　水　町	○	助成対象：夫婦の両者が、対象治療を開始した日の1年以上前から引き続き穴水町内に住所を有しかつ、生活実態のある者で、今後とも町内に住所を有する人 所得制限：なし 助成額：不育治療の助成額は、対象経費の合計額とし、1回の妊娠につき30万円を上限とする。助成の期間は、通算5年以内とする
19	能　登　町	○	助成対象：治療日の1年以上前から継続して町内に住所を有し、町税の滞納がない世帯に属する戸籍上の夫婦 所得制限：夫婦の前年度所得合算が730万円未満 助成額：治療に係る自己負担分の合計で1年度上限15万円 助成期間：通算5年間
		19	

制度一覧

⑨国民健康保険（保険料（税）減免の対象）

	自治体名	減免対象
1	金　沢　市	次のいずれかに該当し、かつ市長が適当と認める場合 ①被保険者が災害により障害のある人となった ②災害により納付義務者等の住宅等に損害を受けた ③納付義務者等の失業・廃業・疾病・死亡等または事業の休廃業等により所得が著しく減少した ④生活保護受給者と同程度の実情である ⑤国民健康保険法第59条の規定による保険給付の制限を受けた ⑥その他、特別の事情がある場合
2	七　尾　市	次のいずれかに該当し、かつ必要と認められる場合 ①災害により、住宅等に重大な損害を受けた ②失業、疾病等により収入が著しく減少した ③生活保護法の規定による扶助を受けることとなった ④保険給付の制限を受けた場合（刑務所等に入所中）
3	小　松　市	次のいずれかに該当し、かつ必要と認められる場合 ①災害により、住宅等に重大な損害を受けた ②失業、疾病等により収入が著しく減少した ③生活保護法の規定による扶助を受けることとなった ④国民健康保険法第59条の規定による保険給付の制限を受けた
4	輪　島　市	次のいずれかに該当し、かつ必要と認められる人 ①災害により、住居等に著しい被害を受けた ②失業、廃業、疾病、死亡等により、著しく所得が減少し、生活に困窮している ③国民健康保険法第59条の規定による保険給付の制限を受けた ④上記の他、特別の事情がある人
5	珠　洲　市	①災害により、住居等に著しい被害を受けた場合 ②疾病等で失業または事業の休廃止により失職し、著しく所得が減少した場合 ③生計維持者の所在不明等により、納付が困難となった場合 ④盗難等により納付が困難となった場合 ⑤その他減免が必要な場合 ⑥生活保護世帯となった場合 ⑦旧被扶養者
6	加　賀　市	①災害により、資産に重大な損害を受けたとき ②生活保護法の規定による保護を受けることとなったとき ③失業、疾病等により収入が著しく減少し生活が困難であると認められるとき ④国民健康保険法第59条に該当する者 ⑤旧被扶養者 ⑥当該年度に18歳未満である者 ⑦その他、市長が特に必要と認めるとき
7	羽　咋　市	次のいずれかに該当する場合 ①地震、火災、風水雪害等その他の災害により被災を受けた ②傷病等による失業または事業の休廃止により失職し、著しく所得が減少した ③生活保護法の規定による扶助を受ける者と同程度の実情であると認められる ④国民健康保険法第59条の規定による保険給付の制限を受けた ⑤その他、必要と認める場合
8	か ほ く 市	次のいずれかに該当し、かつ、必要と認められる場合 ①災害その他特別の事情で納税が困難となった者 ②当該年度において所得が皆無となり、生活が著しく困難となった、またはこれに準ずると認められる者
9	白　山　市	次のいずれかに該当し、かつ、納税が著しく困難と認められる場合 ①震災、風水害、火災等その他の災害により資産に被害を受けた ②非自発的失業者と同様の理由であるが、雇用保険の給付を受けられない ③②の理由の他、倒産、廃業、失業、疾病等により所得が著しく減少すると認められ、かつ失業の給付、預金等の資金がない ④世帯の収入が生活保護基準以下（雇用保険の受給、預金等の資産がない場合） ⑤保険給付の制限を受けた場合（刑務所等に入所中）

	自治体名	減免対象
10	能 美 市	納税義務者またはその世帯に属する被保険者が次のいずれかに該当し、かつ納税が著しく困難と認められる場合 ①災害により資産に被害を受けた ②納税義務者の失職、廃業等による生活困窮、納税義務者や同居親族の疾病等により収入が著しく減少し生活困窮の状態にあると認められる ③生活保護受給者と同程度の実情である ④国民健康保険法第59条の規定による保険給付の制限を受けた
11	野 々 市 市	納税義務者およびその世帯に属する被保険者が、次のいずれかに該当し、かつ納税が著しく困難な場合 ①災害により住宅等に被害を受けた ②倒産、廃業、失業（自己都合および定年によるものを除く）、疾病等により、所得が著しく減少すると認められる ③生活保護受給者と同程度の状態である ④国民健康保険法第59条の規定による保険給付の制限を受けた ⑤その他特別な事情があると認められる
12	川 北 町	次のいずれかに該当する場合 ①災害により資産に甚大なる被害を被った ②疾病、失業等により、所得が著しく減少し、生活が困窮の状態となった ③旧被扶養者 ④その他、特別な事情があると認められる
13	津 幡 町	次のいずれかに該当する場合 ①災害等により生活が著しく困難となった者又はこれに準ずると認められる者 ②特別の理由がある者 ③国民健康保険法第59条の規定による保険給付の制限を受けた者 ④新型コロナウイルス感染症の影響により 　(1) 主たる生計維持者が死亡し、又は重篤な傷病を負った世帯の方。 　(2) 主たる生計維持者の収入減少が見込まれる世帯の方。
14	内 灘 町	災害等により生活が困難になった人、または、これに準ずる人のうち、必要と認められる人
15	志 賀 町	次のいずれかに該当する場合 ①生活困窮のため慈善団体等から私的な扶助を受けている ②震災、風水害、火災等で甚大な損失を被り、国民健康保険税の納付が著しく困難になった ③自然災害等で甚大な損害を受け、納付が著しく困難になった ④刑務所その他これらに準じる施設に収容・拘禁されている ⑤世帯主または加入者が死亡、疾病、負傷、倒産等により、その年中の所得見込額が皆無または著しく減少した
16	宝 達 志 水 町	次のいずれかに該当し、かつ、必要があると認められる人 ①災害等により生活が著しく困難になった人 ②傷病、廃業、失業等により、申請のあった年の所得見込額が前年所得額と比較して著しく減少した人 ③非自発的離職者 ④特別の理由があると町長が認める場合
17	中 能 登 町	次のいずれかに該当する場合 ①納付義務者およびその世帯に属する被保険者が、天災その他の災害により、所有かつ居住している家屋または家財について損害を受けた ②納付義務者が、失業または事業の休廃止による失職の理由により、当該年の見込合計所得金額に比し、減少すると認められる ③納付義務者等が、死亡、疾病または負傷により生活が著しく困難となった ④町長が特に必要があると認める場合
18	穴 水 町	次のいずれかに該当する場合 ①震災、風水害、落雷、火災その他これらに類する災害により被災を受けた ②傷病、廃業、失業等により、申請のあった年の所得見込額が前年所得額と比較して著しく減少した ③その他、町長が特に必要と認める場合
19	能 登 町	災害その他の特別な事情により、著しく納税の能力を欠き、または失った人のうち、特に必要と認める場合

制度一覧

233

⑨国民健康保険（一部負担金減免の対象）

	自治体名	減免対象
1	金　沢　市	一部負担金支払い義務者または被保険者が、次のいずれかに該当したことにより生活が困難となった場合で、必要があると認める場合 ①災害により死亡、心身に障害ある人となり、または資産に重大な損害を受けた ②干ばつ等により農作物の不作、不漁等で減収となった ③事業または業務の休廃止、失業等により、著しい減収となった
2	七　尾　市	一部負担金支払い義務者または被保険者が、次のいずれかに該当し、かつ資産、能力等の活用を図ったが生活の困窮により一部負担金の支払いが困難と認められる場合 ①震災、風水害、火災その他これらに類する災害により死亡もしくは心身障害者となり、または資産に重大な損害を受けた ②干ばつ等による農作物の不作、不漁等で減収となった ③事業または業務の休廃止、失業等により、収入が著しく減少した
3	小　松　市	一部負担金支払い義務者または被保険者が、次のいずれかに該当し、かつ資産、能力その他あらゆるものの活用を図ったが、一部負担金の支払いが困難と認められる場合 ①災害により死亡、障害のある人となった、または資産に重大な損害を受けた ②干ばつ等による農作物の不作、不漁等で減収となった ③事業または業務の休廃止、失業等により、著しい減収となった
4	輪　島　市	一部負担金支払い義務者または被保険者が、次のいずれかに該当し、かつ資産、能力その他あらゆるものの活用を図ったにもかかわらず、一時的に一部負担金の支払いが困難と認められる場合 ①災害により死亡し、心身障害者となり、または資産に重大な損害を受けた ②干ばつ等による農作物の不作、不漁等で減収となった ③事業または業務の休廃止、失業等により、著しい減収となった
5	珠　洲　市	一部負担金の支払い義務を負う世帯主または被保険者が、次のいずれかに該当したことにより生活が著しく困窮し、利用しうる資産および能力の活用を図ったにもかかわらず、一時的に一部負担金の支払いが困難と認められる場合 ①災害により死亡し、もしくは心身障害者となり、または資産に重大な損害を受けた ②干ばつ等による農作物の不作、不漁等で収入が著しく減少した ③事業または業務の休廃止、失業等により、著しい減収となった
6	加　賀　市	一部負担金の支払いまたは納付の義務を負う世帯主またはその世帯に属する被保険者が次のいずれかに該当したことにより、当該世帯の生活が著しく困難となった場合 ①災害により死亡若しくは障害者となり、または資産に重大な損害を受けたとき ②干ばつ等による農作物の不作不漁等により収入が減少したとき ③事業または業務の休廃止、失業等により、収入が減少したとき ④疾病または負傷により収入が著しく減少したとき ⑤上記の①～④に類する理由があったとき
7	羽　咋　市	一部負担金支払い義務者または被保険者が、次のいずれかに該当したことにより生活が困難となった場合で、必要があると認める場合 ①災害により死亡、心身に障害ある人となり、または資産に重大な損害を受けた ②干ばつ等により農作物の不作、不漁等で減収となった ③事業または業務の休廃止、失業等により、著しい減収となった ④上記①～③に類する事由があったとき
8	かほく市	一部負担金支払い義務者または被保険者が、次のいずれかに該当したことにより生活が困難となった場合で、必要があると認める場合 ①災害により死亡、心身に障害ある人となり、または資産に重大な損害を受けた ②干ばつ等により農作物の不作、不漁等で減収となった ③事業または業務の休廃止、失業等により、著しい減収となった
9	白　山　市	一部負担金支払い義務者が、次のいずれかに該当し、資産および能力の活用を図ったが、一時的に生活が困難となった場合で、必要と認める場合 ①災害により死亡、もしくは障害のある人となった、または資産に重大な損害を受けた ②干ばつ、冷害等による農作物の不作、不漁等で、著しい減収となった ③事業または業務の休廃止、失業等により、著しい減収となった

	自治体名	減免対象
10	能 美 市	一部負担金支払い義務者または被保険者が、次のいずれかに該当し、かつ、資産、能力その他あらゆるものの活用を図ったにもかかわらず、生活の困窮により、一部負担金の支払いが困難と認められる場合 ①災害により死亡し、心身障害者となり、または資産に重大な損害を受けた ②干ばつ等による農作物の不作、不漁等で、著しい減収となった ③事業または業務の休廃止、失業等により、著しい減収となった
11	野 々 市 市	一部負担金支払い義務者または被保険者が、次のいずれかに該当する場合において、必要があると認める場合 ①災害により死亡、心身に重大な障害を受けたとき、または資産に重大な損害を受けた ②干ばつ等による農作物の不作、不漁等で、著しい減収となった ③事業または業務の休廃止、失業等により、著しい減収となった
12	川 北 町	一部負担金支払い義務者または被保険者が、次のいずれかに該当する場合において、必要があると認める場合 ①災害により死亡、心身に重大な障害を受けたとき、または資産に重大な損害を受けた ②干ばつ害等による農作物の不作、不漁等で、著しい減収となった ③事業または業務の休廃止、失業等により、著しい減収となった
13	津 幡 町	一部負担金支払い義務者または被保険者が、次のいずれかに該当し、資産および能力の活用を図ったが、生活の困窮により一部負担金の支払いが困難と認められる場合 ①災害により死亡、心身に障害ある人となり、または資産に重大な損害を受けた ②干ばつ等により農作物の不作、不漁等で減収となった ③事業または業務の休廃止、失業等により、著しい減収となった
14	内 灘 町	一部負担金支払い義務者または被保険者が、次のいずれかに該当し、資産および能力の活用を図ったが、一部負担金の支払いが困難と認められる場合 ①災害により死亡、心身に障害ある人となり、または資産に重大な損害を受けたとき ②干ばつ等による農作物の不作、不漁等により収入が著しく減少したとき ③事業または業務の休廃止、失業等により、収入が著しく減少したとき
15	志 賀 町	一部負担金支払い義務者または被保険者が、次のいずれかに該当したことにより生活が困難となった場合で、必要があると認める場合 ①災害により死亡、心身に障害ある人となり、または資産に重大な損害を受けた ②干ばつ等により農作物の不作、不漁等で減収となった ③事業または業務の休廃止、失業等により、著しい減収となった
16	宝 達 志 水 町	一部負担金支払い義務者または被保険者が、次のいずれかに該当したことにより生活が困難となった場合で、必要があると認める場合 ①災害により死亡、心身に障害ある人となり、または資産に重大な損害を受けた ②干ばつ等により農作物の不作、不漁等で減収となった ③事業または業務の休廃止、失業等により、著しい減収となった
17	中 能 登 町	一部負担金支払い義務者または被保険者が、次のいずれかに該当し、生活の困窮により一部負担金の支払いが困難と認められる場合 ①災害により死亡し、もしくは心身障害者となり、または資産に重大な損害を受けた ②干ばつ等による農作物の不作、その他これらに類する理由により、著しい減収となった ③事業または業務の休廃止、失業等により、著しい減収となった ④③に類する事由があった
18	穴 水 町	一部負担金支払い義務者または被保険者が、次のいずれかに該当し、資産および能力の活用を図ったが、一部負担金の支払いが困難と認められる場合 ①災害により死亡し、もしくは心身障害者となり、または資産に重大な損害を受けた ②干ばつ等による農作物の不作、不漁等により収入が著しく減少した ③事業または業務の休廃止、失業等により、収入が著しく減少した
19	能 登 町	被保険者が属する世帯で次のいずれかに該当したことにより著しく困窮し、資産、能力その他あらゆるものの活用を図ったが、一部負担金の支払いが困難と認められる場合 ①災害により死亡し、もしくは心身障害者となり、または資産に重大な損害を受けた ②干ばつ等により農作物の不作、不漁等により収入が著しく減少した ③事業または業務の休廃止、失業等により収入が著しく減少した ④①〜③に類する事由があったとき

制度一覧

⑨国民健康保険（高額療養費受領委任払等）

	自治体名	資格証明書発行数 （世帯）	短期被保険者証発行数 （世帯）	高額療養費 受領委任払制度	高額療養費貸付制度
1	金 沢 市	609	1,907	○	
2	七 尾 市	19	433	○	
3	小 松 市	38	317		○
4	輪 島 市	0	245		
5	珠 洲 市	0	24	○	
6	加 賀 市	2	568		
7	羽 咋 市	1	50	○	
8	か ほ く 市	0	72	○	
9	白 山 市	29	277	○	
10	能 美 市	0	91		○
11	野 々 市 市	14	39	○	
12	川 北 町	0	0	○	
13	津 幡 町	0	73		
14	内 灘 町	16	104	○	
15	志 賀 町	0	67	○	○
16	宝 達 志 水 町	0	31	○	○
17	中 能 登 町	6	47	○	
18	穴 水 町	0	18		
19	能 登 町	0	86	○	

※白山市、かほく市の資格証明発行数と短期被保険者証発行数は2021年8月31日現在のものです。

⑨国民健康保険（出産育児一時金・葬祭費）

	自治体名	出産育児一時金支給額	葬祭費
1	金 沢 市	42万円	5万円
2	七 尾 市	42万円	5万円
3	小 松 市	42万円	5万円
4	輪 島 市	42万円	5万円
5	珠 洲 市	42万円	5万円
6	加 賀 市	42万円	5万円
7	羽 咋 市	42万円	5万円
8	か ほ く 市	42万円	5万円
9	白 山 市	42万円	5万円
10	能 美 市	42万円	5万円
11	野 々 市 市	42万円	5万円
12	川 北 町	42万円	6万円
13	津 幡 町	42万円	5万円
14	内 灘 町	42万円	5万円
15	志 賀 町	42万円	5万円
16	宝 達 志 水 町	42万円	5万円
17	中 能 登 町	42万円	5万円
18	穴 水 町	42万円	5万円
19	能 登 町	42万円	5万円

※産科医療補償制度に加入していない医療機関で出産した場合、出産育児一時金支給額は40.8万円となります

⑨国民健康保険（保険料平均額）

	自治体名	1世帯あたりの平均保険料（月額）			1人あたりの平均保険料（月額）		
		医療分	支援分	介護分	医療分	支援分	介護分
1	金 沢 市	8,449円	3,045円	2,773円	5,829円	2,101円	2,448円
2	七 尾 市	7,713円	2,587円	2,265円	5,127円	1,720円	1,953円
3	小 松 市	9,285円	2,783円	2,440円	6,087円	1,824円	2,087円
4	輪 島 市	6,980円	2,889円	2,853円	4,455円	1,844円	2,337円
5	珠 洲 市	5,735円	2,700円	2,396円	3,745円	1,764円	2,055円
6	加 賀 市	8,487円	2,604円	2,296円	5,747円	1,763円	1,974円
7	羽 咋 市	7,560円	2,874円	2,334円	5,024円	1,910円	2,040円
8	かほく市	8,185円	2,656円	2,626円	5,245円	1,702円	2,234円
9	白 山 市	9,840円	2,204円	2,279円	6,302円	1,411円	1,947円
10	能 美 市	9,425円	2,983円	2,915円	6,170円	1,953円	2,476円
11	野 々 市 市	9,806円	3,222円	3,131円	6,488円	2,132円	2,720円
12	川 北 町	10,427円	3,111円	2,633円	6,388円	1,906円	2,235円
13	津 幡 町	9,152円	3,044円	2,554円	5,905円	1,964円	2,174円
14	内 灘 町	9,900円	3,080円	2,721円	6,451円	2,007円	2,328円
15	志 賀 町	7,934円	2,809円	2,056円	5,406円	1,914円	1,788円
16	宝達志水町	7,284円	2,231円	1,681円	5,203円	1,484円	1,482円
17	中 能 登 町	7,681円	2,620円	1,954円	5,053円	1,693円	1,697円
18	穴 水 町	7,910円	2,021円	1,511円	5,181円	1,323円	1,282円
19	能 登 町	8,335円	2,874円	2,521円	5,709円	1,968円	2,207円
	平 均	8,426円	2,755円	2,418円	5,553円	1,810円	2,077円

制度一覧

⑩任意予防接種助成

	自治体名	おたふくかぜ			インフルエンザ		
		助成対象	自己負担	助成回数	助成対象	自己負担	助成回数
1	金 沢 市	1～6歳	○	2回／年度	0～6歳	○	2回／年度
2	七 尾 市				6カ月～中3	○	1～12歳：2回 13歳以上の 中学生：1回
3	小 松 市	1歳～高3	○	1回／年度	6カ月～高3	○	生後6カ月～ 小6：2回 中1～高3： 1回
4	輪 島 市	1歳～就学前	○	1回	1歳～中3	○	1歳～小6：2回 中学生：1回
5	珠 洲 市	1歳～就学前	○	2回	1～18歳未満	○	1～2回
6	加 賀 市	0歳～ 就学前の児	○	選択 1回／年度	0歳～ 就学前の児	○	選択 1回／年度
7	羽 咋 市	1歳、年長児	○	1歳：1回 年長児：1回	6カ月～高3	○	1～2回
8	か ほ く 市	1歳～就学前	○	1回	6カ月～高3	○	1～12歳：2回 13歳～高3：1回
9	白 山 市	1歳～中3	○	1回／年度	6カ月～中3	○	1回／年度
10	能 美 市	1歳～就学前	○	1回	6カ月～高3 相当	○	1回／年度
11	野 々 市 市	0歳～中3	○	1回／年度	0歳～中3	○	1回／年度
12	川 北 町				1～64歳	1～18歳：なし 19～64歳：○	1～18歳：2回 19～64歳：1回
13	津 幡 町	1歳～就学前	○	1回 (1,000円上限)	1歳～中3	○	1回／年度 (1,000円上限)
14	内 灘 町	1歳～就学前	○	1回	1歳～中3	○	1回／年度
15	志 賀 町	1歳～就学前	○	1回	1歳～年度内 に満18歳に 至る者	○	1～12歳：2回 13歳～18歳 相当：1回
16	宝 達 志 水 町	1歳～就学前	○	2回 (2回目は年長児)	1歳～中3	○	1歳～小学生： 2回 中学生：1回
17	中 能 登 町	1歳～就学前	○	1回	6カ月～高3	○	6カ月～12歳： 2回 13歳～高3：1回
18	穴 水 町	就学前まで	○	2回	6カ月～高3	○	6カ月～12歳： 2回 13歳～17歳：1回
19	能 登 町	就学前まで	○	選択 就学までに3回	1歳～高3	○	1～12歳：2回 13歳～高3：1回

	自治体名	B型肝炎			備考
		助成対象	自己負担	助成回数	
1	金 沢 市	1〜6歳（2016.3.31以前に生まれた方のみ対象）	○	2回／年度	おたふくかぜ、インフルエンザ、B型肝炎から選択（こども1人につき1年度に2回助成。1回あたりの助成限度額1,000円）。B型肝炎は定期対象者を除く。
2	七 尾 市				
3	小 松 市	生後6カ月〜高3	○	選択1回／年度	おたふくかぜは1回6,500円、インフルエンザは1回3,500円を助成。任意予防接種（おたふくかぜ、インフルエンザを除く）や、法律で定められた期間に受けられなかった定期予防接種については年度内1回3,000円を助成。また病気の治療のために免疫を失った定期予防接種を再接種する場合には1つの予防接種につき3,000円を助成。
4	輪 島 市				1回接種あたり2,000円助成。
5	珠 洲 市				おたふくかぜは1回接種あたり3,000円助成。
6	加 賀 市	（注）0歳〜就学前の児	○	選択1回／年度	接種費用から3,000円を引いた額。任意予防接種（おたふくかぜ、インフルエンザなど）及び法律で定められた期間に受けられなかった定期予防接種から選択（年度内1回）。また加賀市に住民登録のある児等で加賀市が指定する要件を満たす者で、小児がん等の治療により予防接種の抗体を喪失した者が抗体再取得のために実施する予防接種費用を、申請により助成する（予防接種種別ごとに限度額あり、助成回数1回）。
7	羽 咋 市				子育て応援券（500×40枚）は使用可能。
8	か ほ く 市	生後2カ月〜就学前（定期対象者を除く）	○	3回	18歳未満で①小児がん治療などにより、治療前に接種した定期予防接種の予防効果が期待できないため、医師が再接種が必要と認める人②治療のため定期予防接種の機会を逃した人のうち、定期予防接種実施要領に規定された期間内で定期予防接種を終えることができなかった場合で医師が当該接種を必要と認める人、については、抗体検査に要した費用、対象予防接種に要した費用、意見書等に係る文章料（1/2）の助成あり。
9	白 山 市	2016.3.31以前生まれ〜中3	○	1回／年度	接種費用から2,000円を引いた額。他の予防接種（おたふくかぜ、インフルエンザ、B型肝炎）のうちから選択制。B型肝炎は定期対象者を除く。
10	能 美 市				
11	野 々 市 市				接種費用から1,000円を引いた額。他の予防接種（おたふくかぜ、インフルエンザ、A型肝炎、定期の予防接種を自費で接種した場合）のうちから選択制。
12	川 北 町				
13	津 幡 町				
14	内 灘 町				
15	志 賀 町				
16	宝達志水町				おたふくかぜは1回接種あたり2,000円
17	中 能 登 町				
18	穴 水 町				
19	能 登 町	就学前まで	○	選択就学までに3回	接種費用から3,000円を引いた額。他の任意予防接種（インフルエンザ以外）から選択（小学校就学までに3回）

制度一覧

239

⑪中軽度難聴児の補聴器購入助成制度

	自治体	対象	所得制限	助成内容
1	金沢市	①市内に住所を有する18歳未満の者 ②両耳の聴力が原則30dB以上70dB未満で身体障害者手帳の交付対象とならない者 ③医師が補聴器の装用を必要と認めた者 ④世帯の市町村民税の所得割額が46万円未満の者 ⑤市税を完納している者	あり	補聴器を購入または修理した場合、片耳につき46,500円を限度として助成ただし、市町村民税課税世帯の場合、上記の額の90%（41,800円）。
2	七尾市	①市内に住所を有する者 ②申請日において18歳未満である者 ③両耳の聴力レベルが原則として30db以上70db未満で、身体障害者手帳の交付対象とならない者 ④補聴器の装用により、言語の習得等に一定の効果が期待できると医師が判断した者 ⑤世帯全員の市町村民税の所得割額が46万円未満の者	あり	別に定める補聴器の種類に応じ、基準額の2/3を助成。 ただし、購入費用が基準額に満たない時は、当該費用の2/3を助成。
3	小松市	①市内に住所を有する18歳未満の者 ②両耳の聴力が原則30dB以上70dB未満で身体障害者手帳の交付対象とならない者 ③医師が補聴器の装用を必要と認めた者 ④世帯の市町村民税の所得割額が46万円未満の者	あり	補聴器購入費または指定基準額（1台あたり）の2/3の額を助成。
4	輪島市	①本市に住所を有する者 ②申請日において18歳未満である者 ③両耳の聴力レベルが原則として30dB以上70dB未満の者で、身体障害者手帳の交付とならない者 ④身体障害者福祉法第15条第1項に規定する医師により、補聴器の装用が必要であると診断されている者 ⑤対象者と同一の世帯に属する世帯員に市税等の滞納がないこと	あり	別に定める補聴器の種類の区部に応じ、1台あたりの基準額に2/3を乗じた額。ただし両耳の場合は左右それぞれの算定した額の合計に2/3を乗じた額。
5	珠洲市	①本市に住所を有する難聴児 ②両耳の聴力レベルが30dB以上70dB未満であること。ただし、医師が補聴器の装用の必要性を認めた場合はこの限りでない ③補聴器の装用により、言語の習得等一定の効果が期待できると医師が判断していること ④対象者と同一の世帯に属する世帯員に市税の滞納がないこと	あり	補聴器本体1個につき43,900円の90/100に相当する額。
6	加賀市	①本市に住所を有する18歳未満の者 ②両耳の聴力レベルが原則として30dB以上70dB未満の者で、身体障害者手帳の交付とならない者 ③補聴器の装用により、言語・コミュニケーション能力の発達ついて一定の効果が期待できると医師が判断した者	あり	補聴器購入費等と別に定める基準額の106/100に相当する額のいずれか低い額に2/3を乗じて得た額。ただし両耳の場合は左右それぞれの耳について算定した額を合算した額。
7	羽咋市	18歳以下、両耳とも聴力レベル30dB以上70dB未満で身体障害者手帳の交付対象とならないこと	あり	助成1台（一式）あたり40,000円に9/10を乗じた額。ただし現に補聴器の購入に要した費用の額が40,000円に満たないときは、当該費用に9/10を乗じた額とする。
8	かほく市	両耳の聴力レベルが原則として80db未満で身体障害者手帳の交付対象とならない18歳未満のもの	あり	かほく市軽度・中度難聴児補聴器購入費助成事業実施要綱※石川県で同様の要綱あり。
9	白山市	①市内に住所を有する18歳未満の者 ②両耳の聴力レベルが30dB以上であるもの又は両耳の聴力レベルが30dB未満であって医師に補聴器の装用が必要であると認められたもの ③補聴器を装用することにより、言語の習得に一定の効果が期待できると医師に認められたもの	あり	原則90％助成。
10	能美市	①市内に住所を有する18歳未満の者 ②両耳の聴力レベルが原則として30dB以上70dB未満の者で、身体障害者手帳の交付とならない者 ③補装具費支給意見書（聴覚障害者用）を作成できる医師から、補聴器の装用により言語の習得等一定の効果が期待できると判断された者	あり	県の軽度・中度難聴児補聴器購入費等助成事業実施要領に定める補助基準額に2/3を乗じた額。但し購入費用が県の定める助成限度額に満たないときは当該費用に2/3を乗じた額とする。

	自治体	対象	所得制限	助成内容
11	川北町	次の各号にあげる要件をすべて満たす対象児の保護者 ①川北町内に住所を有する者 ②給付申請の時点において18歳未満である者 ③両耳の聴力レベルが原則として30dB以上70dB未満で、身体障害者手帳の交付対象とならない者 ④補装具費支給意見書（聴覚障害者用）を作成できる医師から、補聴器の装用が必要であると判断された者	あり	意見書の処方に基づき補聴器販売業者が作成した見積額と別に規定する補助基準額とを比較して少ない方の額を選定する。利用者負担は原則1割、世帯の所得に応じ、負担上限月額を設定する。
12	野々市市	①野々市市内に住所を有している人 ②両耳の聴力が30dB以上70dB未満の18歳未満の難聴児で、補装具費支給の対象にならない人 ③身体障害者福祉法第15条第1項の規定に基づく医師が、補聴器の装用により、言語の習得、生活及び学習への適応促進に一定の効果が期待できると判断された人	あり	対象となる補聴器によって基準額が定められている。基準額を上限とし、費用のうち2/3を助成。
13	津幡町	①次の要件を全て満たす児童の保護者 ②町内に住所を有する方 ③申請日において18歳未満の方 ④両耳の聴力レベルが原則として30dB以上70dB未満で、身体障害者手帳の交付対象とならない方 ⑤補聴器の装用により、言語の習得等一定の効果が期待できると医師が判断している方	あり	別に定める基準額に助成率を乗じた額。ただし、補聴器購入の額が別に定める基準額に満たないときは、当該費用の額に助成率を乗じた額とする。
14	内灘町	①町内に住所を有する方 ②申請日において18歳未満の方 ③両耳とも聴力レベルが30dB以上70dB未満の難聴児で、身体障害者手帳の交付対象とならない方 ④補聴器の装用により、言語の習得等一定の効果が期待できると医師が判断している方	あり	対象となる補聴器によって基準額が定められている。
15	志賀町	①保護者が志賀町内に住所を有していること ②0歳から18歳に達する日以降の最初の3月31日までの間にあること ③両耳とも聴力レベルが30dB以上70dB未満で、身体障害者手帳の交付対象とならないこと ④補聴器の装用により、言語の習得等一定の効果が期待できると医師が判断していること	あり	町民税課税世帯は補聴器の種類に応じ定められた限度額の90％を助成。
16	宝達志水町	①町内に住所を有する方 ②申請の日において、0歳から18歳に達する日以降の最初の3月31日までの間にあるもの ③両耳の聴力レベルが30dB以上70dB未満で、身体障害者手帳の交付対象とならないもの ④補聴器の装用により、言語の習得等一定の効果が期待できると医師が判断しているもの	あり	助成額は世帯の課税状況により決定する。
17	中能登町	①次の要件の全てに該当する18歳未満の者 ②中能登町内に住所を有していること ③原則として、両耳の聴力レベルが30dB以上70dB未満であること ④聴覚障害に関し、身体障害者手帳の交付対象外であること ⑤その他、身体障害者法第15条1項に規定する医師の意見により補聴器の装用が必要と認められる場合	あり	補聴器購入費と基準額のいずれかの低い額の90/100に相当する額。
18	穴水町	①次の各号にあげる要件をすべて満たす対象児の保護者 ②給付申請の時点において18歳未満である者 ③穴水町内に住所を有する者 ④両耳の聴力レベルが原則として30dB以上70dB未満で、身体障碍者手帳の交付対象とならない者 ⑤補装具費支給意見書（聴覚障害者用）を作成できる医師から、補聴器の装用が必要であると判断された者	あり	補聴器等給付として、町長が認めた額の1/3に相当する額。
19	能登町	①以下の要件をすべて満たす18歳未満の児童 ②能登町内に住所を有する者 ③両耳の聴力レベルが原則として30dB以上70dB未満で、身体障碍者手帳の交付対象とならない者 ④補装具費支給意見書（聴覚障害者用）を作成できる医師から、補聴器の装用が必要であると判断された者	あり	補聴器購入費等の総額又は別表に定める基準額のいずれか少ない額の2/3に相当する額。

制度一覧

2. 生活困窮者自立支援制度一覧

	自治体名		就労準備支援事業	家計改善支援事業	一時生活支援事業	子どもの学習・生活支援事業
						対象者
1	金　沢　市		○			○	①生活保護受給世帯、②金沢自立サポートセンターで相談を行う世帯。いずれも原則中学生が対象で、継続して高校生も可
2	七　尾　市					○	①生活保護受給世帯、②就学援助受給世帯、③ひとり親家庭の児童扶養手当受給世帯。いずれも中学生が対象
3	小　松　市		○			○	①生活保護受給世帯、②就学援助受給世帯、③ひとり親家庭。いずれも原則中学生が対象
4	輪　島　市		○	○		○	①生活保護受給世帯、②就学援助受給世帯、③ひとり親家庭。いずれも原則中学生が対象
5	珠　洲　市		○	○		○	①生活保護受給世帯、②就学援助受給世帯、③ひとり親家庭
6	加　賀　市		○	○		○	①生活保護受給世帯、②生活困窮世帯、③それに準ずる世帯。いずれも小学校生が対象
7	羽　咋　市					○	①生活保護受給世帯、②就学援助受給世帯、③ひとり親家庭。いずれも中学3年生が対象
8	か ほ く 市		○	○		○	①生活保護受給世帯、②就学援助受給世帯、③ひとり親家庭の児童扶養手当受給世帯。いずれも中学生が対象
9	白　山　市		○	○		○	生活保護受給世帯の小中高生
10	能　美　市		○	○		○	①生活保護受給世帯、②就学援助受給世帯、③ひとり親家庭。いずれも小学3〜6年生と中学生が対象
11	野 々 市 市		○	○		○	生活保護受給世帯
12	川 北 町	（石川中央保健福祉センター福祉相談部地域支援課）	○			○	①生活保護受給世帯の中学生、②就学援助受給世帯の中学生
13	津 幡 町		○			○	
14	内 灘 町		○			○	
15	志 賀 町	（能登中部保健福祉センター地域支援課）	○	○	○	○	①生活保護受給世帯の小中高生、②就学援助受給世帯の小中学生、③教育費負担軽減奨学金受給世帯の高校生
16	宝達志水町		○			○	
17	中 能 登 町		○			○	
18	穴 水 町	（能登北部保健福祉センター地域支援課）	○			○	
19	能 登 町		○			※	補充学習サポーターを小学校に配置。公営塾を利用する児童・生徒に対し、利用料の減免制度を設定。
			17	8	1	18	

○上記項目以外の任意事業として認定就労訓練事業（中間的就労）があります。石川県内の就労訓練事業認定事業者数は、2022年12月現在、8件です（石川県知事認定7件、金沢市長認定1件）。
※能登町では生活困窮者自立支援制度における子どもの学習・生活支援事業ではなく、別事業として実施しています。

3. 介護保険関連制度一覧

①介護保険関連制度（保険料・保険料減免の対象）

	自治体名	保険料月額 （基準額）	減免対象
1	金　沢　市	6,590 円	★ その他必要と認めるとき
2	七　尾　市	6,400 円	★ その他必要と認めるとき
3	小　松　市	6,300 円	★ その他必要と認めるとき
4	輪　島　市	6,250 円	★ その他必要と認めるとき
5	珠　洲　市	6,400 円	★ その他必要と認めるとき
6	加　賀　市	6,400 円	★ その他必要と認めるとき
7	羽　咋　市	5,900 円	★ その他必要と認めるとき
8	か ほ く 市	5,900 円	★ その他必要と認めるとき
9	白　山　市	6,220 円	★ その他必要と認めるとき
10	能　美　市	6,600 円	★ その他特に必要と認めるとき
11	野 々 市 市	6,100 円	★ その他特別の事情があること
12	川　北　町	5,800 円	★
13	津　幡　町	5,700 円	★ 新型コロナウイルス感染症の影響により ①主たる生計維持者が死亡し、又は重篤な傷病を負った人 ②主たる生計維持者の事業収入等の減少が見込まれる人 　その他必要と認めるとき
14	内　灘　町	5,800 円	★
15	志　賀　町	6,000 円	★
16	宝 達 志 水 町	6,400 円	★ その他、町長が特別に理由があると認めたとき
17	中 能 登 町	6,400 円	★ その他必要と認めるとき
18	穴　水　町	6,400 円	★
19	能　登　町	5,800 円	★ その他必要と認めるとき

※厚生労働省が各自治体に示している「介護保険条例参考例について」（2000年1月26日事務連絡）に準ずる場合は★マークをつけ、「その他市町村長が特に必要があると認めたとき」等を条例に盛りこんでいる場合には、その旨記載しています。介護保険条例参考例について（保険料の減免）は下記のとおりです（一部簡略化して記載）。

★：次のいずれかに該当し、かつ必要と認められる人
　①第1号被保険者または主生計維持者が災害により住宅等に著しい損害を受けた
　②主生計維持者が死亡、または心身に重大な障害を受け、もしくは長期入院等により著しい減収となった
　③主生計維持者の収入が、事業等の休廃止、失業等により、著しく減少した
　④主生計維持者の収入が、干ばつ、冷害等による農作物の不作、不漁等により著しく減少した

制度一覧

①介護保険関連制度（利用者負担独自減免制度）

	自治体名	減免内容
1	金　沢　市	①自己負担を支払うことにより、被保険者本人およびその家族の収入が生活保護基準の1.2倍以下になり、生活が困窮している場合（生活保護受給者を除く）に、自己負担分の一部を減額する ②次のすべてに該当する要介護3以上の人の在宅サービス利用料が、区分支給限度額を超えた場合は、申請により超えた額の1/2を助成（上限23,200円） ・世帯全員が市民税非課税であること ・市民税課税者と同居していないこと ・ショートステイ等の利用日数が、月の半数を超えていないこと ・介護保険料の滞納がないこと
2	七　尾　市	
3	小　松　市	
4	輪　島　市	
5	珠　洲　市	
6	加　賀　市	
7	羽　咋　市	次のすべてに該当する場合に居宅サービスの自己負担分の一部を減額する ①前年の合計所得金額と年金収入額の合計が世帯員1人の場合は120万円以下、2人の場合は160万円以下（世帯の人数が1人増につき50万円を超えた額とする） ②その属する世帯のすべての世帯員の預貯金等の額の合計が、世帯の人数が1人の場合は120万円以下、2人の場合は160万円以下（世帯の人数が1人増につき50万円を超えた額とする） ③親族等に扶養されていない ④世帯のすべての世帯員が、居住用以外に土地または家屋を所有していない ⑤市税、介護保険料等を滞納していない。ただし、納付見込があると市長が特に認めた人については、この限りではない
8	か ほ く 市	
9	白　山　市	①在宅サービス（短期入所生活介護・短期入所療養介護を除く。）を利用する市民税非課税世帯の人に対して、自己負担分の30％を助成する ②市民税が本人非課税の第2号被保険者で在宅サービスの利用限度額を超えた人に対し、超えた部分の自己負担額の1/3を助成する。なお、助成額は月10万円を限度とする
10	能　美　市	①市民税非課税世帯の人が訪問介護サービスを利用した場合、自己負担額の30％を助成する ②短期入所サービスを限度額まで利用しても在宅介護が困難な場合、超過分の7～9割を助成する（年14日以内）
11	野 々 市 市	居宅サービスを対象として、市民税非課税世帯の人に助成する。障害1級・2級の人は半額（年間上限3万円）、それ以外の人は1/4（年間上限2万円）助成
12	川　北　町	訪問介護、訪問入浴サービスの利用者に対し、利用者負担分について助成する
13	津　幡　町	次のいずれかに該当する介護保険サービスに必要な費用を負担することが困難であると認められる人に助成する ①破産宣告を受けた、または事業破産等による負債を返済している ②要保護者と同程度に生活が困窮している、または介護保険サービスの利用に係る負担額を支払うことにより要保護者と同程度に生活が困窮している
14	内　灘　町	居宅サービス（短期入所、居宅療養管理指導以外）を対象として、町民税非課税世帯の人に10％助成する
15	志　賀　町	
16	宝 達 志 水 町	
17	中 能 登 町	
18	穴　水　町	
19	能　登　町	

※各市町の介護保険条例に基づく減免については73ページを参照してください。上記には市町の独自減免（助成）制度を記載しています。

②在宅寝たきり高齢者等介護慰労金

	自治体名	支給対象	支給金額（月額）	支給方法
1	金　沢　市	65歳以上の要介護4または5（重度の認知症の場合は3でも支給する場合があります）の人を在宅で3カ月を経過して引き続き常時介護している配偶者または3親等以内の親族	5,000円	民生委員が訪問して支給
2	七　尾　市			
3	小　松　市			
4	輪　島　市			
5	珠　洲　市			
6	加　賀　市			
7	羽　咋　市			
8	か　ほ　く　市			
9	白　山　市	在宅で生活している要介護3、4、5の方で、介護サービス利用日数が年10日以内の場合	5,000円	口座振替
10	能　美　市	要介護3〜5の人を月に20日以上在宅で介護している介護者（所得制限あり）	13,000円	口座振替
11	野　々　市　市			
12	川　北　町	65歳以上で身体上次のいずれかに該当する人、および精神上著しい障害のある寝たきりの高齢者等を、3カ月以上自宅で介護している介護者（①介助および寝たままでなければ食事が取れない人、②介助がなければ便所にいけない人、③介助がなければ入浴ができない人、④その他特に町長が必要と認めた人）	5万円	口座振替
13	津　幡　町			
14	内　灘　町	要介護4または5と認定された人を在宅で月15日以上介護している介護者で要介護者と同一生計で、在宅で介護している配偶者または三親等内の親族	3,000円	口座振替
15	志　賀　町			
16	宝達志水町	要介護3（要介護2かつ認知症日常生活自立度Ⅱ以上を含む）以上の要介護者と同居し、3カ月以上介護をしている者、かつ1年間において、福祉用具貸与、特定福祉用具購入または住宅改修のみを利用または介護サービスの利用日数の合計が10日以内の要介護者	4,000円	口座振替
17	中　能　登　町	次の要件に該当する要介護者と3カ月以上同居して、在宅で介護している者 ① 要介護4または5と認定された人 ② 障害高齢者の日常生活自立度Cまたは認知症高齢者の日常生活自立度Ⅲ以上の人 ③ 65歳未満の在宅障害者で、上記①または②の状態で日常生活において常時介護を必要とする人 ④ 上記①②③のうち、ショートステイや入院等で在宅でない期間が月の半数を超えない人	2万円	口座振替
18	穴　水　町			
19	能　登　町			

制度一覧

③地域支援事業・その他（高齢者の福祉サービス）

	自治体名	家事援助等のヘルパー	配食サービス	紙おむつ等支給・購入助成	寝具の乾燥、消毒	日常生活用具の貸与・給付	福祉用具の貸与・助成	移送、外出支援	住宅改修支援	緊急通報装置の貸与・給付	安否確認の訪問サービス	福祉タクシー	ゴミ出し援助
1	金沢市		○	○	○	○			○	○			
2	七尾市		○		○			○	○	○	○(注)		
3	小松市	○	○	○	○	○	○	○	○	○	○(注)		○
4	輪島市	○	○	○ 助成券	○	○	○	○	○	○	○		
5	珠洲市	○	○	○					○	○	○		
6	加賀市	○	○	○	○	○	○	○	○	○	○(注)		※
7	羽咋市		○	○ クーポン券	○ クーポン券			○	○	○	○(注)	○	
8	かほく市	○	○	○	○				○	○	○(注)	○	
9	白山市		○	○	○	○※	○	○	○	○	○		
10	能美市	○	○	○	○	○	○	○	○	○	○(注)	○	
11	野々市市		○	○	○	○	○	○	○	○	○(注)	○	
12	川北町		○	○	○	○			○	○	○(注)		
13	津幡町		○	○	○	○	○	※	○	○	○(注)	※	
14	内灘町	○	○	○	○				○	○	○(注)	○	
15	志賀町	○	○	○	○	○	○	○	○	○	○(注)	○	○
16	宝達志水町	○	○	○			○		○	○	○(注)		
17	中能登町	○	○	○	○			○	○	○	○(注)		
18	穴水町	○	○	○		○	○		○	○	○(注)		
19	能登町	○	○	○ クーポン券			○			○	○		
		12	19	18	15	11	11	11	18	18	18	6	2

（注）七尾市：配食サービスと一緒に提供　　野々市市：配食サービスと一緒に提供　　津幡町：配食サービスと一緒に提供
　　　小松市：配食サービスと一緒に提供　　川北町：配食サービスと一緒に提供　　宝達志水町：配食サービスと一緒に提供
　　　加賀市：配食サービスと一緒に提供　　志賀町：配食サービスと一緒に提供
　　　羽咋市：配食サービスと一緒に提供　　かほく市：配食サービスと一緒に提供
　　　中能登町：配食サービスと一緒に提供　能美市：配食サービスと一緒に提供
　　　穴水町：配食サービスと一緒に提供　　内灘町：配食サービスと一緒に提供
※津幡町：タクシー券（福祉タクシーではなく通常のタクシー）助成
※加賀市：家事援助等のヘルパーの一部として提供
※白山市：シルバー用具

③地域支援事業・その他（高齢者の福祉サービス）

	自治体名	巡回バス・福祉バス	高齢者たまり場事業助成	成年後見制度利用支援事業	高齢者虐待対応マニュアルの作成
1	金　沢　市		○ 月上限7万円、62地区	○	○
2	七　尾　市	○ 1回100円	○ （介護予防）年1万5千〜20万円、20カ所 （よりあいの場） 立ち上げ時のみ 2万円	○	○
3	小　松　市	○ 循環バス パスポート1カ月2,000円〜 6カ月8,800円 長寿バス無料	○ 年30万円、6カ所 66万円、1カ所 80万円、1カ所	○	○
4	輪　島　市	○ 1回100円	○ 地域住民グループ活動事業 年6万円、28カ所	○	簡単な対応流れ図あり
5	珠　洲　市	○ 無料		○	○
6	加　賀　市		（介護予防型）8万5千円、 45カ所 （サロン）初年度5万5千円、 2年目以降4万5千円、24カ所	○	○
7	羽　咋　市	○ 1回100円	○ 月1万5千円 （利用者15人以下）、7カ所 月1万7千円 （利用者16人以上）、10カ所	○	○
8	か ほ く 市	○ 無料	（プラチナ体操）年1万円、 27カ所	○	○
9	白　山　市	○ 循環バス1回100円（70歳以上は、事前申請により無料） 福祉バス無料	○ 町会内単位で月1回開催、 116カ所 身近な通いの場 週1回以上 開催、5カ所	○	○
10	能　美　市	○ 1回100円	○ 年1万5千円〜12万円、77カ所	○	簡単な対応流れ図あり
11	野 々 市 市	○ 1回100円	専門職等の派遣にて支援	○	簡単な対応流れ図あり
12	川　北　町	○ 無料		○	

制度一覧

	自治体名	巡回バス・福祉バス	高齢者たまり場事業助成	成年後見制度利用支援事業	高齢者虐待対応マニュアルの作成
13	津幡町	○ 無料	○ 立上げ時のみ2万円、62カ所	○	○
14	内灘町	○ 1回100円	○ （空き家利用月上限　8千円）	○	簡単な対応流れ図あり
15	志賀町	○ コミュニティバス 1回100円 のりあい交通 片道200円 （要予約） （障害者手帳をお持ちの方とその介助者は無料）	○ 45カ所 （月1回　5千円〜）	○	○
16	宝達志水町	○ 無料	○ 初年度　上限5万円 次年度　上限3万円	○	○
17	中能登町	○ 1回100円	○ （62カ所） 専門職等の派遣支援、活動費の助成	○	○
18	穴水町	○ 1回200円	○ 介護予防　半年間3千円〜 （町） 13カ所 サロン　上限10万円（社協） 20カ所	○	簡単な対応流れ図あり
19	能登町		○ 年間　3万5千円	○	○
		16	17	19	18

④所得税・住民税の障害者控除認定

	自治体名	障害者控除		特別障害者控除		認定の判断基準
		身体障害 日常生活自立度	認知症 日常生活自立度	身体障害 日常生活自立度	認知症 日常生活自立度	
1	金 沢 市	A	Ⅱ	B・C	Ⅲ・Ⅳ・M	認定調査票
2	七 尾 市	A	Ⅱ	B・C	Ⅲ・Ⅳ・M	主治医意見書
3	小 松 市	A	Ⅱ	B・C	Ⅲ・Ⅳ・M	主治医意見書
4	輪 島 市	A	Ⅱ	B・C	Ⅲ・Ⅳ・M	主治医意見書・認定調査票
5	珠 洲 市	A	Ⅱ	B・C	Ⅲ・Ⅳ・M	主治医意見書
6	加 賀 市	A （Jの一部）	Ⅱ （Ⅰの一部）	B・C	Ⅲ・Ⅳ・M	主治医意見書・認定調査票 のうち、より重度の方
7	羽 咋 市	A	Ⅱ	B・C	Ⅲ・Ⅳ・M	主治医意見書
8	か ほ く 市	A	Ⅱ	B・C	Ⅲ・Ⅳ・M	認定調査票
9	白 山 市	A	Ⅱ	B・C	Ⅲ・Ⅳ・M	主治医意見書・認定調査票 のうち、より重度の方
10	能 美 市	A	Ⅱ	B・C	Ⅲ・Ⅳ・M	認定調査票
11	野 々 市 市	A	Ⅱ	B・C	Ⅲ・Ⅳ・M	主治医意見書
12	川 北 町	A	Ⅱ	B・C	Ⅲ・Ⅳ・M	主治医意見書
13	津 幡 町	A	Ⅱ	B・C	Ⅲ・Ⅳ・M	主治医意見書・認定調査票 のうち、より重度の方
14	内 灘 町	A	Ⅱ	B・C	Ⅲ・Ⅳ・M	認定調査票
15	志 賀 町	A	Ⅱ	B・C	Ⅲ・Ⅳ・M	主治医意見書
16	宝 達 志 水 町	A	Ⅱ	B・C	Ⅲ・Ⅳ・M	認定調査票（2次判定結果）
17	中 能 登 町	A	Ⅱ	B・C	Ⅲ・Ⅳ・M	主治医意見書
18	穴 水 町	A	Ⅱ	B・C	Ⅲ・Ⅳ・M	主治医意見書
19	能 登 町	A	Ⅱ	B・C	Ⅲ・Ⅳ・M	認定調査票

制度一覧

＜障害高齢者の日常生活自立度＞

生活自立	ランクJ	何らかの障害等を有するが、日常生活はほぼ自立しており独力で外出する 1．交通機関等を利用して外出する 2．隣近所へなら外出する
準寝たきり	ランクA	屋内での生活は概ね自立しているが、介助なしには外出しない 1．介助により外出し、日中はほとんどベッドから離れて生活する 2．外出の頻度が少なく、日中も寝たり起きたりの生活をしている
寝たきり	ランクB	屋内での生活は何らかの介助を要し、日中もベッド上での生活が主体であるが、座位を保つ 1．車いすに移乗し、食事、排泄はベッドから離れて行う 2．介助により車いすに移乗する
	ランクC	1日中ベッド上で過ごし、排泄、食事、着替えにおいて介助を要する 1．自力で寝返りをうつ 2．自力では寝返りもうてない

※補装具や自助具等の器具を使用した状態でも可。

＜認知症高齢者の日常生活自立度＞

ランク	判断基準	見られる症状・行動の例
Ⅰ	何らかの認知症を有するが、日常生活は家庭内および社会的にほぼ自立している	
Ⅱ	日常生活に支障を来たすような症状・行動や意思疎通の困難さが多少見られても、誰かが注意していれば自立できる	
Ⅱa	家庭外で上記Ⅱの状態が見られる	たびたび道に迷うとか、買物や事務、金銭管理などそれまでできたことにミスが目立つ等
Ⅱb	家庭内でも上記Ⅱの状態が見られる	服薬管理ができない、電話の応対や訪問者との対応など一人で留守番ができない等
Ⅲ	日常生活に支障を来たすような症状・行動や意思疎通の困難さが見られ、介護を必要とする	
Ⅲa	日中を中心として上記Ⅲの状態が見られる	着替え、食事、排便、排尿が上手にできない、時間がかかる やたらに物を口に入れる、物を拾い集める、徘徊、失禁、大声・奇声をあげる、火の不始末、不潔行為、性的異常行為等
Ⅲb	夜間を中心として上記Ⅲの状態が見られる	ランクⅢaに同じ
Ⅳ	日常生活に支障を来たすような症状・行動や意思疎通の困難さが頻繁に見られ、常に介護を必要とする	ランクⅢに同じ
M	著しい精神症状や問題行動あるいは重篤な身体疾患が見られ、専門医療を必要とする	せん妄、妄想、興奮、自傷・他害等の精神症状や精神症状に起因する問題行動が継続する状態等

⑤介護予防・日常生活支援総合事業

	自治体名	種別	利用者実人数	介護予防サービス利用者数	サービスA（基準緩和）	サービスB（住民主体）	サービスC（短期集中予防）	サービスD（移動支援）
1	金 沢 市	訪問介護	1,296	542	754			
		通所介護	3,655	1,605	2,028		22	
2	七 尾 市	訪問介護	127	124	3			
		通所介護	243	179	64			
3	小 松 市	訪問介護	134	32	41	47	14	
		通所介護	563	116	368	15	14	
4	輪 島 市	訪問介護	69	69				
		通所介護	317	115	183		19	
5	珠 洲 市	訪問介護	53	41	12			
		通所介護	135	86	49			
6	加 賀 市	訪問介護	294	187		94	13	
		通所介護	520	402	118		13	
7	羽 咋 市	訪問介護	24	19	5			
		通所介護	658	65	1	592		
8	か ほ く 市	訪問介護	47	46		1		
		通所介護	157	142	15			
9	白 山 市	訪問介護	232	84	148			
		通所介護	857	404	453			
10	能 美 市	訪問介護	102	26	29	3	44	
		通所介護	267	89	104	20	54	
11	野 々 市 市	訪問介護	79	53	26			
		通所介護	144	88	47		7	
12	川 北 町	訪問介護	2		2			
		通所介護	9		9			
13	津 幡 町	訪問介護	29	29				13
		通所介護	91	91		22	13	
14	内 灘 町	訪問介護	69	69				
		通所介護	123	118	4		1	
15	志 賀 町	訪問介護	48	22	14	12		
		通所介護	193	54	97	33	9	
16	宝達志水町	訪問介護	29	26	3			
		通所介護	65	65				
17	中 能 登 町	訪問介護	24	24				
		通所介護	88	88				
18	穴 水 町	訪問介護	34	32	2			
		通所介護	67	67				
19	能 登 町	訪問介護	83	53	30			
		通所介護	595	182	413			

制度一覧

4. 障害のある人のための制度一覧

地域生活支援事業（相談支援事業）

	自治体名	居住サポート	利用者負担	成年後見制度利用支援	利用者負担	相 談 支 援	利用者負担
1	金 沢 市			○	なし	○	なし
2	七 尾 市			○	助成額を超えた分	○	なし
3	小 松 市			○	なし	○	なし
4	輪 島 市			○	なし	○	なし
5	珠 洲 市			○	なし	○	なし
6	加 賀 市			○	なし	○	なし
7	羽 咋 市			○	なし	○	なし
8	か ほ く 市	○	なし	○	なし	○	なし
9	白 山 市			○	なし	○	なし
10	能 美 市			○	なし	○	なし
11	野 々 市 市			○	助成額を超えた分	○	なし
12	川 北 町			○	なし	○	なし
13	津 幡 町			○	なし	○	なし
14	内 灘 町			○	なし	○	なし
15	志 賀 町			○	助成額を超えた分	○	なし
16	宝 達 志 水 町			○	助成額を超えた分	○	なし
17	中 能 登 町			○	助成額を超えた分	○	なし
18	穴 水 町			○	なし	○	なし
19	能 登 町			○	なし	○	なし
		1		19		19	

地域生活支援事業（意思疎通支援事業）

	自治体名	手話通訳者派遣	利用者負担	要約筆記者派遣	利用者負担	点訳支援	利用者負担	音声訳支援	利用者負担
1	金沢市	○	なし	○	なし				
2	七尾市	○	なし	○	なし				
3	小松市	○	なし	○	なし				
4	輪島市	○	なし	○	なし				
5	珠洲市	○	なし	○	なし				
6	加賀市	○	なし	○	なし				
7	羽咋市	○	なし	○	なし	○	なし	○	なし
8	かほく市	○	なし	○	なし				
9	白山市	○	なし	○	なし				
10	能美市	○	なし	○	なし				
11	野々市市	○	なし	○	なし				
12	川北町	○	なし	○	なし				
13	津幡町	○	なし	○	なし				
14	内灘町	○	なし	○	なし				
15	志賀町	○	なし	○	なし				
16	宝達志水町	○	なし	○	なし				
17	中能登町	○	なし	○	なし				
18	穴水町	○	なし	○	なし				
19	能登町	○	なし	○	なし				
		19		19		1		1	

※「点訳支援」・「音声訳支援」が空欄の自治体でも、ボランティア団体が実施している場合があります。詳しくは各自治体に問い合わせてください。

制度一覧

地域生活支援事業（日常生活用具給付等事業）

	自治体名	介護訓練用具	利用者負担	自立生活支援用具	利用者負担	在宅療養等支援用具	利用者負担	情報・意思疎通支援用具	利用者負担	排泄管理支援用具	利用者負担	居宅生活動作補助用具	利用者負担
1	金 沢 市	○	原則1割（注）	○	原則1割（注）	○	原則1割（注）	○	原則1割（注）	○	原則1割（注）	○	原則1割（注）
2	七 尾 市	○	原則1割（注）	○	原則1割（注）	○	原則1割（注）	○	原則1割（注）	○	原則1割（注）	○	原則1割（注）
3	小 松 市	○	原則1割（注）	○	原則1割（注）	○	原則1割（注）	○	原則1割（注）	○	原則1割（注）	○	原則1割（注）
4	輪 島 市	○	（注）	○	（注）	○	（注）	○	（注）	○	（注）	○	（注）
5	珠 洲 市	○	（注）	○	（注）	○	（注）	○	（注）	○	（注）	○	（注）
6	加 賀 市	○	原則1割（注）	○	原則1割（注）	○	原則1割（注）	○	原則1割（注）	○	原則1割（注）	○	原則1割（注）
7	羽 咋 市	○	原則1割（注）	○	原則1割（注）	○	原則1割（注）	○	原則1割（注）	○	世帯の前年の所得税額にて決定	○	原則1割（注）
8	か ほ く 市	○	原則1割（注）	○	原則1割（注）	○	原則1割（注）	○	原則1割（注）	○	原則1割（注）	○	原則1割（注）
9	白 山 市	○	（注）	○	（注）	○	（注）	○	（注）	○	（注）	○	（注）
10	能 美 市	○	原則1割（注）	○	原則1割（注）	○	原則1割（注）	○	原則1割（注）	○	原則1割（注）	○	原則1割（注）
11	野 々 市 市	○	原則1割（注）	○	原則1割（注）	○	原則1割（注）	○	原則1割（注）	○	原則1割（注）	○	原則1割（注）
12	川 北 町	○	1割	○	1割	○	1割	○	1割	○	1割	○	1割
13	津 幡 町	○	原則1割（注）	○	原則1割（注）	○	原則1割（注）	○	原則1割（注）	○	原則1割（注）	○	原則1割（注）
14	内 灘 町	○	3%	○	3%	○	3%	○	3%	○	3%	○	3%
15	志 賀 町	○	1割	○	1割	○	1割	○	1割	○	世帯の前年の所得税額にて決定	○	1割
16	宝 達 志 水 町	○	基準額の1割（注）	○	基準額の1割（注）	○	基準額の1割（注）	○	基準額の1割（注）	○	世帯の前年の所得税額にて決定	○	原則1割（注）
17	中 能 登 町	○	基準額の1割（注）	○	基準額の1割（注）	○	基準額の1割（注）	○	基準額の1割（注）	○	基準額の1割（注）	○	原則1割（注）
18	穴 水 町	○	（注）	○	（注）	○	（注）	○	（注）	○	（注）	○	（注）
19	能 登 町	○	（注）	○	（注）	○	（注）	○	（注）	○	（注）	○	（注）
		19		19		19		19		19		19	

※（注）は下記と255・257ページを参照してください。

（注）金沢市：日常生活用具給付等事業、移動支援の個別支援型・グループ支援型、訪問入浴サービス事業、日中一時支援事業の利用者負担について、重度障害のある人（身体1・2級、療育A、精神1級）および低所得世帯（市民税非課税世帯）の人は無料、その他の人は月額負担上限額があります。

七尾市：日常生活用具給付等事業、移動支援事業、訪問入浴サービス事業、日中一時支援事業、生活サポート事業について、市民税課税世帯は1割負担、ただし負担上限の適用が別にあります。生活保護受給者と市民税非課税世帯は無料です。

小松市・能美市：日常生活用具給付等事業とその他の事業の利用者負担について、市民税課税世帯は1割負担、ただし負担上限の適用が別にあります。市民税非課税世帯は負担がありません。

地域生活支援事業（移動支援事業）

	自治体名		個別支援型		グループ支援型		車両移送型 （福祉巡回バス等）	
			利用者負担	利用対象		利用者負担		利用者負担
1	金 沢 市	○	原則1割 (注)	自宅以外に、グループホーム、福祉ホーム入居者も可	○	原則1割 (注)	○	なし
2	七 尾 市	○	原則1割 (注)	★				
3	小 松 市	○	原則1割 (注)	★	○	原則1割 (注)	○	年会費1,200円 片道300円
4	輪 島 市	○	1割 (注)	★				
5	珠 洲 市	○	原則1割 (注)	★				
6	加 賀 市	○	原則1割 (注)	★	○	原則1割 (注)		
7	羽 咋 市	○	原則1割 (注)	★	○	原則1割 (注)		
8	か ほ く 市	○	原則1割 (注)	★	○	原則1割 (注)		
9	白 山 市	○	なし (注)	★	○	なし (注)		
10	能 美 市	○	原則1割 (注)	★	○	原則1割 (注)		
11	野 々 市 市	○	原則1割 (注)	★	○	原則1割 (注)		
12	川 北 町	○	原則1割 (注)	★	○	原則1割 (注)		
13	津 幡 町	○	原則1割 (注)	★	○	原則1割 (注)		
14	内 灘 町	○	3%	★				
15	志 賀 町	○	原則1割 (注)	★	○	原則1割 (注)		
16	宝達志水町	○	1割 (注)	★	○	1割		
17	中 能 登 町	○	原則1割 (注)	★				
18	穴 水 町	○	1割	★				
19	能 登 町	○	1割	★				
		19			12		2	

※（注）は下記と254・257ページを参照してください。
※金沢市と同じ場合には、★マークをつけています。

(注) 輪島市：日常生活用具給付等事業および訪問入浴サービス事業の利用者負担については、所得税額等に応じて設定されます。移動支援、日中一時支援の利用者負担について重度障害無料。その他障害のある人は月額負担上限額があります。

珠洲市：日常生活用具給付等事業および訪問入浴サービス事業の利用者負担については、所得税額等に応じて設定されます。移動支援、日中一時支援の利用者負担について重度障害無料。その他障害のある人は月額負担上限額があります。

加賀市：日常生活用具給付等事業とその他の事業の利用者負担について、市民税課税世帯は1割負担、ただし負担上限の適用が別にあります。生活保護受給者と市民税非課税世帯は負担がありません。

羽咋市：日常生活用具給付等事業、移動支援事業、日中一時支援事業について、市民税課税世帯は1割負担、生活保護受給者と市民税非課税世帯は無料です。

かほく市：日常生活用具給付等事業、移動支援事業、訪問入浴サービス、日中一時支援事業の利用者負担について、生活保護受給者と市民税非課税世帯は無料です。市民税課税世帯は負担上限の適用が別にあります。

白山市：日常生活用具給付等事業とその他の事業の利用者負担について、市民税課税世帯は1割負担、ただし負担上限の適用が別にあります。市民税非課税世帯は負担がありません。移動支援事業の利用者負担について、基本的に負担はありません。ただし、身体3級以下、または療育Bの人で市民税課税世帯の一部の人は1割負担で、負担上限の適用が別にあります。

野々市市：日常生活用具給付事業の利用者負担については、補装具費と合算して月額負担上限があります。移動支援事業、日中一時支援事業、訪問入浴サービス事業の利用者負担についても個々に月額負担上限があります。生活保護受給者と市民税非課税世帯の利用者負担額は無料です。日中一時支援事業については、送迎（児童を除く）、食事、教材費等が実費負担となります。

川北町：日常生活用具給付等事業、移動支援事業、日中一時支援事業、地域活動支援センター事業の利用者負担について、生活保護受給者世帯と町民税非課税世帯は無料です。

津幡町：日常生活用具給付等事業、移動支援事業、訪問入浴サービス事業、日中一時支援事業について、生活保護受給者と町民税非課税世帯等の利用者負担額は無料です。

志賀町：町民税非課税世帯は無料です。

宝達志水町：町民税非課税世帯の利用者負担額は無料です。声の広報等の発行はボランティアで対応しています。

中能登町：日常生活用具給付等事業、移動支援事業、訪問入浴サービス事業、日中一時支援事業、生活サポート事業について町民税課税世帯は1割負担、ただし負担上限月額の適用が別にあります。生活保護受給者と町民税非課税世帯は無料です。日常生活用具給付等事業のうち居宅生活動作補助用具については限度額20万円を超えた分、それ以外はそれぞれの基準額を超えた分は利用者負担となります。

地域生活支援事業（その他の事業）

自治体名	訪問入浴サービス	利用者負担	日中一時支援	利用者負担	生活サポート	利用者負担	点字・声の広報等発行	利用者負担	自動車運転免許の取得・改造助成	利用者負担
1　金沢市	○	原則1割（注）	○	原則1割（注）			○	なし	○	免許は対象経費の1/3（10万円を超えた分）改造は10万円を超えた分（本人分）
2　七尾市	○	原則1割（注）	○	原則1割（注）	○	原則1割（注）	○	なし	○	免許は対象経費の1/3（10万円を超えた分）改造は10万円を超えた分
3　小松市	○	原則1割（注）	○	原則1割（注）	○	原則1割（注）	○	なし	○	免許は対象経費の2/3（10万円を超えた分）改造は10万円を超えた分（本人分）
4　輪島市	○	（注）	○	1割（注）					○	免許は対象経費の2/3（10万円を限度）、改造（本人）は10万円を限度、改造（介護用）は対象経費の1/2（30万円を限度）
5　珠洲市	○	（注）	○	原則1割（注）					○	免許は対象経費の2/3を上限（10万円を限度）改造は10万円を限度
6　加賀市	○	原則1割（注）	○	原則1割（注）	○	原則1割（注）	○	なし	○	免許は対象経費の2/3（10万円を超えた分）改造は10万円を超えた分（本人分）介助用は対象経費の1/2以内（改造部分によって限度額が異なる）
7　羽咋市	○	1割	○	原則1割（注）	○	1割	○	なし	○	助成額を超えた分
8　かほく市	○	原則1割（注）	○	原則1割（注）	○	1割			○	免許は対象経費の2/3以内（10万円を限度）改造は10万円を限度（本人）、介助用は対象経費の1/2以内（25万円を限度）
9　白山市	○	原則1割（注）	○	原則1割（注）			○	なし	○	助成額を超えた分
10　能美市	○	原則1割	○	原則1割		原則1割	○	なし	○	免許は対象経費の2/3以内（10万円を限度）改造は10万円を限度（本人）、介助用は対象経費の1/2以内（25万円を限度）
11　野々市市	○	原則1割（注）	○	原則1割（注）	○	1割			○	免許は対象経費の1/3（10万円を超えた分）改造は10万円を超えた分介助用は対象経費の1/2と限度額を超えた分（改造部分によって限度額が異なる）

	自治体名	訪問入浴サービス	利用者負担	日中一時支援	利用者負担	生活サポート	利用者負担	点字・声の広報等発行	利用者負担	自動車運転免許の取得・改造助成	利用者負担
12	川 北 町			○	原則1割（注）					○	助成額を超えた分
13	津 幡 町	○	原則1割（注）	○	原則1割（注）	○	1割			○	助成額を超えた分
14	内 灘 町	○	3%	○	3%			○	なし	○	免許は対象経費の2/3以内（10万円を限度）改造は10万円を限度（本人）、介助用は対象経費の1/2以内（25万円を限度）
15	志 賀 町	○	1割	○	1割	○	1割			○	免許は対象経費の2/3以内（10万円を限度）改造は10万円を限度（本人）、介助用は対象経費の1/2以内（25万円を限度）
16	宝達志水町			○	1割			○	なし	○	助成額を超えた分
17	中 能 登 町	○	1割（注）	○	1割（注）	○	1割（注）			○	免許は対象経費の1/3（10万円を超えた分）改造は10万円を超えた分
18	穴 水 町			○	1割					○	
19	能 登 町	○	（注）	○	1割					○	助成額を超えた分
		16		19		9		9		19	

※（注）は下記と254・255ページを参照してください。
（注）川北町：日常生活用具給付事業、移動支援事業、日中一時支援事業、地域活動支援センター事業の利用者負担について、生活保護受給世帯と低所得（町民税非課税）世帯は無料です。
　　　穴水町：日常生活用具給付等事業の利用者負担については、世帯階層区分によります。移動支援、日中一時支援の利用者負担について重度障害者無料。その他の障害のある人は月額負担上限額があります。
　　　能登町：日常生活用具給付等事業、訪問入浴サービス事業の利用者負担については、所得税額に応じた負担になります。

制度一覧

5. 子育て支援のための制度一覧

①妊産婦健康診査

	自治体名	助成回数				県外受診の助成	備考
		産前	超音波	産後	妊婦歯科		
1	金沢市	14回	4回	1回	1回	○	出産予定日超過分については1回まで。多胎妊娠については5回まで上限金額を限度として助成
2	七尾市	14回※1	4回	1回	1回※2	○	※1 出産予定日超過分は無制限、多胎妊婦は規定の受診間隔以外5回まで、上限金額を限度として助成 ※2 指定歯科医療機関にて個別健診（自己負担なし）
3	小松市	14回※1	4回	1回	1回※2	○	※1 出産予定日超過分は3回まで上限金額を限度として助成。多胎妊娠については6回まで、上限金額を限度として助成 ※2 妊婦歯科健診は個別健診
4	輪島市	14回	3回	2回	1回	○	※出産予定日超過分については3回まで上限金額を限度として助成
5	珠洲市	14回+2回※1	4回	2回	1回※2	○	※1 妊娠健康検査を14回分以外に受けたとき、追加2回分まで上限金額を限度として助成 ※2 妊婦歯科健診は個別健診
6	加賀市	無制限※1	4回	1回	1回※2	○	※1 15回以降の妊婦健康診査（産前）は上限金額を限度に申請により助成 ※2 妊婦歯科健診は個別健診（自己負担なし）
7	羽咋市	17回（最高）	4回	1回	1回	○	※妊婦歯科健診は個別検診
8	かほく市	17回※1	4回	1回	1回※2	○	※1 出産予定日超過分は3回まで上限金額を限度として助成 ※2 妊婦歯科健診は個別健診
9	白山市	14回+2回※1	4回	1回	1回※2	○	※1 妊娠健康検査を14回分以外に受けたとき追加2回分まで、多胎の場合追加5回分まで上限金額を限度として助成 ※2 妊婦歯科健診は個別健診

	自治体名	助成回数				県外受診の助成	備考
		産前	超音波	産後	妊婦歯科		
10	能 美 市	17回 ※1、2	3回	1回	1回※3	○	※1 出産予定日超過分については3回まで上限金額を限度として助成 ※2 多胎妊婦の妊婦健診については6回分まで上限金額を限度として助成 ※3 妊婦歯科健診は個別健診（自己負担なし）
11	野 々 市 市	14回	3回	1回	1回※	○	※妊婦歯科健診は個別健診
12	川 北 町	14回※	3回	1回	1回	○	※出産予定日超過分は、上限金額を限度として助成
13	津 幡 町	14回＋3回 ※1	4回	1回	1回※2	○	※1 15回以降の予定超過分については、上限金額を限度に申請により助成 ※2 妊婦歯科健診は個別健診（自己負担なし）
14	内 灘 町	14回※1	4回	1回	1回※2	○	※1 出産予定日超過分については3回まで上限金額を限度として助成 ※2 妊婦歯科健診は個別健診
15	志 賀 町	14回	4回	1回	1回	○	※出産予定日超過や多胎妊娠については無制限で上限金額を限度として助成
16	宝 達 志 水 町	14回※1	4回	1回	1回※2	○	※1 出産予定日超過分については、上限金額を限度として助成 ※2 妊婦歯科検診は個別健診（町内歯科医療機関）
17	中 能 登 町	14回	4回	1回	1回	○	出産予定日を過ぎた妊婦検診は、3回まで上限金額を限度として助成 多胎妊娠のために追加された妊婦健診は、5回まで上限金額を限度として助成
18	穴 水 町	14回＋3回 ※1	4回	1回	1回※2	○	※1 出産予定日を過ぎた妊婦検診について3回まで上限金額を限度として助成 ※2 妊婦歯科健診は個別健診（町内歯科医療機関）
19	能 登 町	17回 （最高）	4回	1回	1回	○	出産予定日を過ぎた妊婦健診について3回まで上限金額を限度として助成 妊産婦歯科検診は個別健診（町内歯科医療機関）
						19	

制度一覧

259

②訪問指導等

	自治体名	訪問指導			乳児家庭全戸訪問事業			家庭生活支援員派遣事業
		未熟児	新生児	訪問スタッフ		対象とする乳児の月齢	訪問スタッフ	
1	金　沢　市	（注1）	（注1）		○	3カ月まで	保健師、助産師	（注）
2	七　尾　市	1回	1回	保健師	○	4カ月まで	保健師	（注）
3	小　松　市	（注1）	（注1）	保健師、助産師	○	4カ月まで	保健師、助産師	（注）
4	輪　島　市	1回	1回	保健師、助産師	○	4カ月まで	保健師	（注）
5	珠　洲　市	1回	1回	保健師	○	4カ月まで	保健師、保育士（子どもセンター内）	（注）
6	加　賀　市	（注1）	（注1）	保健師、助産師	○	4カ月まで	保健師、助産師	（注）
7	羽　咋　市	1回	1回	保健師、助産師	○	4カ月まで	保健師、助産師	
8	か　ほ　く　市	1回	1回	保健師、助産師	○	4カ月まで	保健師、助産師	
9	白　山　市	1回	1回	保健師、助産師	○	4カ月まで	保健師、助産師	（注）
10	能　美　市	1回	1回	保健師、助産師	○	2カ月頃	保健師、助産師	（注）
11	野　々　市　市	1回	1回	保健師、助産師	○	4カ月まで	保健師、助産師	（注）
12	川　北　町	1回		保健師	○	4カ月まで	保健師、助産師	
13	津　幡　町	1回（注1）	1回（注1）	保健師、助産師	○	4カ月まで	保健師、助産師	（注）
14	内　灘　町	1回	1回	保健師、助産師	○	4カ月まで	保健師、助産師	（注）
15	志　賀　町	1回	1回	保健師	○	4カ月まで	保健師	
16	宝　達　志　水　町	1回	1回	保健師	○	2カ月頃	保健師	
17	中　能　登　町	（注1）	（注1）	保健師、助産師	○	4カ月まで	保健師、助産師	（注）
18	穴　水　町	1回	1回	保健師	○	4カ月まで	保健師	
19	能　登　町	1回	1回	保健師	○	2カ月頃	保健師	（注）
					19			

※訪問指導については、ほとんどの自治体で回数制限にかぎらず必要・希望に応じて継続訪問しています。
(注1)　乳児家庭全戸訪問事業と一体的に実施しています。
(注)　　金沢市：産前・産後ママヘルパーで実施しています。
　　　　七尾市：産後ヘルパー派遣事業を実施しています。
　　　　小松市：産前産後サポートで実施しています。
　　　　輪島市：産前産後ヘルパー派遣事業を実施しています。
　　　　珠洲市：産後ヘルパー派遣事業を実施しています。
　　　　加賀市：産前産後家庭支援ヘルパー派遣事業を実施しています。
　　　　白山市：ひとり親家庭等家庭生活支援事業で実施しています。ひとり親家庭以外には、産後安心ヘルパー派遣事業で
　　　　　　　　実施しています。
　　　　能美市：産前産後子育て応援ヘルパー派遣事業を実施しています。
　　　　野々市市：産後安心ヘルパーで実施しています。
　　　　津幡町：産前産後ヘルパー派遣事業を実施しています。
　　　　内灘町：産前産後安心ヘルパー派遣事業を実施しています。
　　　　中能登町：産後ヘルパー派遣事業を実施しています。
　　　　能登町：子育て応援ヘルパー事業を実施しています。

③保育に関するサービス等

	自治体名	ショートステイ	トワイライトステイ	産後ママヘルパー	病児保育	病後児保育	3人以上生まれた家庭への独自支援
1	金 沢 市	○	○	○（産前も派遣対象）	8カ所（病後児保育と同一施設で）	19カ所（注）	第3子以降の保育料は無料、第2子半額（所得、年齢制限なし）
2	七 尾 市	○	○	○※	1カ所	13カ所（注）	18歳に達する日以後、最初の3月31日までの児童が3人以上いる世帯は、第3子以降の保育料が無料、第2子半額（所得、年齢制限なし）
3	小 松 市	○	○	○※	2カ所	5カ所	18歳以下の第3子以降の幼稚園就園奨励費補助金を増額。18歳以下の第3子以降保育料無料
4	輪 島 市				1カ所	1カ所	第3子以降の保育料は無料、第2子半額
5	珠 洲 市			○	1カ所	1カ所（総合病院）	18歳に達する日以後の最初の3月31日までの児童が3人以上いる世帯において、第3子以降の児童の保育料は無料（所得制限あり）
6	加 賀 市	○	○	○（産前も派遣対象）	1カ所	1カ所	第3子以降の保育料は無料、第2子半額、同時入所の第2子は無料（所得、年齢制限なし）3～5歳の副食費無料（所得制限なし）、
7	羽 咋 市	○	○			1カ所	第3子以降の保育料は無料（所得制限・年齢制限なし）
8	か ほ く 市	○		○	2カ所（内、1カ所は医科大と連携）	3カ所	第3子以降の保育料は無料、第2子半額、3歳～5歳の副食費無償（所得・年齢制限なし）
9	白 山 市	○	○	○	3カ所	22カ所（注）	第3子以降の保育料は無料、第2子半額（所得制限なし）
10	能 美 市	○		○（産前も派遣対象）	2カ所（内、1カ所は法人施設）	3カ所	18歳到達月度の末日までの児童が2人以上いる世帯において第2子半額、第3子以降無料
11	野 々 市 市	○	○	○	1カ所	12カ所（注）	18歳に達する日以後、最初の3月31日までの児童が3人以上いる世帯は、第3子以降の保育料が無料（所得制限あり）
12	川 北 町			○（産前も派遣対象）		1カ所（注）	18歳に達する日以後の最初の3月31日までの児童が3人以上いる世帯において、第3子以降の児童の保育料は無料
13	津 幡 町	○		○	医科大と連携（1カ所）	3カ所	18歳到達年度の末日までの児童が2人以上いる世帯において第2子半額、第3子以降無料
14	内 灘 町	○		○（産前も派遣対象）	1カ所	7カ所（注）	18歳到達年度の児童が3人以上いる世帯で、第2子入所の場合半額（所得制限あり）、第3子は無料 18歳到達年度の児童が4人以上いる世帯では、所得制限なしで第4子以降が入所の場合半額（ただし、他のきょうだい減免を受けている場合を除く）
15	志 賀 町	○	○				第3子以降の子を出産した際に祝金（15万円分の商品券）を交付。第3子以降の子が小・中・高等学校に入学した際に祝金（10万円分の商品券）を交付。18歳未満の第3子以降の保育料は無料

制度一覧

	自治体名	ショートステイ	トワイライトステイ	産後ママヘルパー	病児保育	病後児保育	3人以上生まれた家庭への独自支援
16	宝達志水町	○	○			1カ所	保育所等で同時入所している場合で、2人目以降について保育料無料。18歳未満の児童を3人以上養育している世帯の第3子以降の保育料無料（所得制限あり）
17	中能登町	○	○	○※		2カ所（注）	第3子以降の保育料は完全無料（所得、年齢制限なし）。第2子の保育料は無料（年齢制限なし、所得制限あり）
18	穴水町	○	○	○※	1カ所（病後児保育と同一施設で）	1カ所	18歳になった年度末までの児で、数えて3人目以降の保育料無料。保育所等で、同時入所している場合、2人目以降について保育料無料
19	能登町			○	1カ所※	1カ所※	第3子以降の保育料を無料（所得、年齢制限なし）。第2子半額（所得により無料）
		15	11	15	26カ所	97カ所	

（注）　金沢市：体調不良児対応型を5カ所含みます。　　　　野々市市：体調不良児対応型を9カ所含みます。
　　　　白山市：体調不良児対応型を21カ所含みます。　　　内灘町：体調不良児対応型が6カ所です。
　　　　中能登町：体調不良児対応型を1カ所含みます。　　　七尾市：体調不良児対応型が12カ所です。
　　　※七尾市ファミリーサポートセンター　　　　　　　　※こまつファミリーサポートセンター（カブッキーランド内）
　　　※穴水町ファミリーサポートセンター　　　　　　　　※中能登町2018年〜産後ヘルパー派遣事業あり
　　　　（子育て包括支援センター）　　　　　　　　　　　　（母子保健事業）
　　　※川北町ファミリーサポートセンター　　　　　　　　※能登町ファミリーサポートセンター

③保育に関するサービス等

	自治体名		出産祝金	チャイルドシートの購入補助
			支給内容	助成内容
1	金　沢　市	○	・支給対象：市内に住所を有する未就学児の保護者 ・支給内容：「かなざわ子育てすまいるクーポン」の交付 ①文教・スポーツ施設で使用できる「お出かけクーポン」70枚 ②ファミリーサポートセンター、産後ママヘルパー、保育所等の一時預かり、病児一時保育で使用できる「おためしクーポン」35枚 ③指定するリストにある絵本と交換できる「絵本交換クーポン」1枚	
2	七　尾　市	○	・支給対象：市内に住所を有する人またはその配偶者が出産し出生児を市に住民登録した人で、出生児とともに引き続き市内に住所を有する意思のある人 ・支　給　額：出生児1子につき2万円分の商品券及び現金10万円、一時保育等に利用できるサービス券（500円×20枚）	・サービス券については、転入した就学児前児童を養育する者にも支給（500円×20枚）
3	小　松　市			
4	輪　島　市	○	・支給対象：2020年10月1日以降に出生した児童の父または母のうち、対象児童の出生日に輪島市に住所を有しており、かつ対象児童と同一世帯のもの。 ・支　給　額：対象児童1人につき子育て応援商品券（10万円分）	○ ・助成対象：2020年9月30日までに出生し、市内に住所を有する6歳未満の子どもを養育しており、同一世帯内に市税等の滞納者がいない人 ・助　成　額：購入費の1/2で、上限1万円（子ども1人につき1台まで）
5	珠　洲　市	○	(1) 出産支援金 ・支給対象：妊娠の届出をした本市に住民登録している妊婦 ・支給額：妊婦1人に5万円 (2) 子育て支援金 ・支給対象：出生の届出をした方で、本市に住民登録している出生時の父または母 ・支　給　額：出生児1人につき5万円。多胎の場合、その2人目から1人につき10万円	

制度一覧

	自治体名	出産祝金		チャイルドシートの購入補助	
			支給内容		助成内容
6	加賀市	○	第3子出産祝金 ・支給対象：対象児童（※）の出生日から起算して1年以上前から継続して加賀市に住所を有する保護者。住所を有する期間が1年未満の場合は、継続して1年以上経過した後に対象となる。 ・支給額：対象児童につき30万円 （※）対象児童とは、多子世帯の児童（18歳に達する日以後の最初の3月31日までにある子ども）のうち、年長者から数えて3人目以降となる児童で、出生日から加賀市の住所を有し、令和2年4月2日以降に生まれた児童	○	・助成対象：購入時および申請時において、市内に住所を有し、乳児（1歳未満）と同一世帯に属する保護者 ・助成額：購入費の1/2で上限1万円（乳児1人につき1台まで）
7	羽咋市	○	・支給対象：2018年4月1日以降に出生し、初めて住民登録する市町が羽咋市となる児。 ・支給額：第1子10万円、第2子20万円、第3子30万円、第4子40万円、第5子以降50万円 （内容）①子育て応援券2万円、②地域商品券	○	・子育て応援券の利用範囲にチャイルドシート購入助成が含まれる
8	かほく市	○	・支給対象：両親のいずれか一方または養育者が市内に住所を有し、出生の届出時において市に住民登録した新生児がいる人 ・支給額：新生児1人つき第1子、2子は3万円分、第3子は5万円分、第4子以降は10万円分の商品券	○	・助成対象：市内に住所を有し、シートを購入した保護者 ・助成額：購入費の1/3で、上限1万円（子ども1人につき2回まで）
9	白山市				
10	能美市				
11	野々市市		・支給対象：出生により市内に住民登録をした新生児の父または母 ・支給額：6,000円分の助成券 （その他、誕生祝品の贈呈）		
12	川北町	○	・支給対象：町内に住所を有する出生児の養育者 ・支給額：第1子5万円、第2子10万円、第3子20万円、第4子以降30万円	○	・助成対象：町内に住所を有し、6歳未満の子どもがいる人 ・助成額：シート1台の購入に対し上限2万円（子ども1人につき1台まで）
13	津幡町	○	・支給対象：町内に住所を有し、新生児を出産した人 ・支給額：新生児1人につき2万円分の商品券	○	・助成対象：町内に住所を有し、6歳未満の子どもがいる人で、町内の店舗から安全基準マークがついたシートを購入した人 ・助成額：購入費の1/2相当額、上限10,000円（子ども1人につき1台まで）

	自治体名		出産祝金	チャイルドシートの購入補助	
			支給内容		助成内容
14	内 灘 町	○	・支給対象：町内に住所を有し、世帯全員に町税等の滞納がなく、第3子以上を出産した人 ・支 給 額：第3子以上1人につき10万円（現金5万円、商品券5万円）		
15	志 賀 町	○	・支給対象：町内に1年以上住所を有する人 ・支 給 額：第1子5万円、第2子10万円、第3子以降15万円分の商品券		
16	宝達志水町	○	・支給対象：出産前1年以上町内に住所を有し（転入後1年未満の人は出産後1年間町内に住所を有し）、出産した人 ・支 給 額：一律15万円（商品券5万円＋現金10万円）		
17	中 能 登 町	○	・支給対象：出産前1年以上町内に住所を有する人または出産日以降1年間町内に住所を有した人で、町に住民登録している人 ・支 給 額：第1子10万円、第2子20万円、第3子30万円、第4子40万円、第5子以降50万円	○	・助成対象：町内に住所を有し、町内に住所を有する6歳未満の子どもを養育している人で、同一世帯内に町税等の滞納者がいない人 ・助 成 額：上限1万円（子ども1人につき2台まで）
18	穴 水 町	○	・支給対象：町内に住所を有し、出生児を町に住民登録した父または母。引き続き出生児とともに町内に住所を有する意思のある者で町税等の滞納がない者 ・支 給 額：第1子10万円、第2子20万円、第3子30万円、第4子以降50万円（それぞれ1人につき）		
19	能 登 町	○	・支給対象：町内に住所を有し、親権者に町税等の滞納がない人 ・支 給 額：第1子10万円、第2子20万円、第3子以降30万円（5万円までは商品券それを超える分は現金支給）		
		15		7	

制度一覧

265

④放課後児童クラブ

	自治体名	利用料			利用料の助成	
		月額	利用料の設定			助成対象
1	金 沢 市	9,000円	各クラブ	○		ひとり親家庭（所得制限あり：児童扶養手当受給者）
2	七 尾 市	（注）4,500円	自治体の規定による	○		ひとり親家庭、18歳以下第2子以降（ともに所得制限あり）
3	小 松 市	（注）6,000円	各クラブ	○		ひとり親家庭
4	輪 島 市	（注）6,000円	各クラブ	○		ひとり親家庭、第2子以降（2人以上同時利用の場合） 生活保護受給世帯
5	珠 洲 市	（注）無料				
6	加 賀 市	8,000～15,000円	各クラブ	○		ひとり親家庭、多子世帯（第2子の4～6年生は所得制限あり）
7	羽 咋 市	（注）5,000円	自治体の規定による	○		ひとり親家庭、第2子以降（ともに所得制限あり）
8	か ほ く 市	（注）6,000円	自治体の規定による	○		ひとり親家庭（所得制限あり）、多子世帯助成2種あり（同時入所、所得制限）
9	白 山 市	6,000円	各クラブ	○		ひとり親家庭、多子世帯
10	能 美 市	（注）5,000円	自治体の規定による	○		ひとり親家庭、第2子以降（2人以上同時利用の場合）
11	野 々 市 市	10,000円	各クラブ	○		ひとり親家庭、18歳以下第2子以降（ともに所得制限あり）
12	川 北 町	5,000円	自治体の規定による	○		ひとり親家庭、第2子以降（所得制限あり）
13	津 幡 町	（注）9,300円	各クラブ	○		18歳年度末までの児童を2人以上養育している世帯の第2子以降（所得制限あり）
14	内 灘 町	（注）7,000円	自治体の規定による	○		ひとり親家庭、第2子以降（所得制限あり）
15	志 賀 町	（注）6,000円	自治体の規定による	○		ひとり親家庭、第2子以降（所得制限あり）、生活保護受給世帯
16	宝 達 志 水 町	7,000円	自治体の規定による	○		ひとり親家庭（所得制限あり）、多子世帯
17	中 能 登 町	3,000円	自治体の規定による	○		多子世帯
18	穴 水 町	（注）8,000円	各クラブ	○		ひとり親家庭（児童扶養手当、ひとり親家庭医療費助成制度の該当者）
19	能 登 町	7,000～8,000円	自治体の規定及び各クラブによる	○		ひとり親家庭（所得制限あり：児童扶養手当、ひとり親家庭医療費助成制度の該当者）
				18		

※利用料の設定が「各クラブ」の場合、平均月額利用料（概算）を記載しています。
（注）七尾市：保育料4,500円（2人目以降は3,500円）、12日以下の利用は2,250円
　　　小松市：長期休暇の場合は9,000円となります（平均月額利用料）。
　　　羽咋市：8月は8,000円となります。
　　　かほく市：8月は9,000円となります。延長利用は別途1,000円かかります。長期休暇のみの場合、別利用料金設定。
　　　能美市：賄費を含む。長期休暇の場合には別利用料金設定。
　　　津幡町：8月は14,300円となります（おやつ代2,000円含む）。
　　　内灘町：8月は10,000円となります。
　　　志賀町：おやつ代月額2,000円、保険料（年額）800円が別途かかります。
　　　穴水町：8月は10,000円（給食ありの施設は15,000円）となります。延長は100円／30分です。
　　　輪島市：8月は8,000円となります。
　　　珠洲市：放課後子ども教室として運営。保険料800円が別途かかります。長期休暇一日児童クラブの利用は別途料金設定。

⑤地域子ども・子育て支援事業－利用者支援事業

	自治体名	基本型	特定型	母子保健型	専門職配置など具体的な内容
1	金 沢 市	2		4	○基本型 ・専門職配置：専任職員各1名 ・事業内容：教育プラザ富樫、城北児童会館において、子育て支援コーディネーターとして、育児支援やサービス、保育所等に係る相談、助言、情報提供を実施 ○母子保健型 ・専門職配置：保健師 ・事業内容：妊娠期から子育て期までの相談支援を他機関と連携を図りながら実施
2	七 尾 市			1	○母子保健型 ・専門職配置：母子保健コーディネーター（保健師）1名 ・事業内容：①妊産婦及び乳幼児の実情把握、支援台帳を作成、②妊娠、出産、育児に関する各種相談に応じ、助言、保健指導を実施、③支援プランの作成、④保健医療または福祉関係者との連絡調整
3	小 松 市	1		1	○基本型 ・専門職配置：専任職員1名 ・事業内容：すくすくルーム、つどいの広場、カブッキーランドなど身近な場所における当事者目線の寄り添い型の支援や遊びの教室、4カ月健康相談といった出張相談支援を実施 ○母子保健型 ・専門職配置：看護師（母子保健コーディネーター）1名 ・保健師や母子保健コーディネーターを中心に妊娠期から子育て期に渡るまでの様々なニーズに対して総合的相談支援を提供
4	輪 島 市	1		1	○基本型 ・専門職配置：保育士2名 ・事業内容：市内保育所との連携や他機関とのコーディネートを実施 ○母子保健型 ・専門職配置：保健師2名 ・事業内容：①妊娠期から育児期まで支援プランを作成し支援、②関係機関との連携会議、③産後ケア事業の実施
5	珠 洲 市			1	○母子保健型 ・専門職配置：保健師、管理栄養士 ・事業内容：相談支援（妊娠期から子育て期にわたる母子保健に関する相談支援を切れ目なく提供する。相談者のニーズにあわせて、必要なサービスが適切に利用できるよう情報を提供し、関係機関との連携を行う）
6	加 賀 市	1 (注1)		1 (注1)	○基本型 ・専門職配置：保育士、社会福祉士、保健師、家庭相談員（母子保健型と同一施設内） ・事業内容：親子スマイリーネット事業（絵本の読み聞かせ推奨）や子育て情報の発信や提供、関係機関との連携や協働をしながら共に切れ目のない継続的な相談支援を実施 ○母子保健型 ・専門職配置：保健師、助産師 ・事業内容：妊娠期からのプラン作成や産前産後家庭支援ヘルパー派遣事業、産後ケア事業等 ○補足 妊娠期から子育て期（おおむね0歳～18歳まで）の妊婦、子ども及びその保護者等のワンストップ相談窓口として、「加賀市子育て応援ステーションかがっこネット」が子育て全般の相談、母子保健サービス、障がい児相談などの相談支援を一体的に提供

（注1）加賀市：基本型、母子保健型合わせて1カ所

制度一覧

	自治体名	基本型	特定型	母子保健型	専門職配置など具体的な内容
7	羽　咋　市	1		1	○基本型 ・専門職配置：会計年度任用職員1名。今後、専門職を配置予定 ・事業内容：育児支援やサービスを実施 ○母子保健型 ・専門職配置：保健師 ・事業内容：保健師を中心に、妊娠期から子育て期にわたり、相談・支援事業を実施
8	か ほ く 市	1			○基本型 ・専門職配置：保育士、社会福祉士 ・事業内容：児童（18歳未満）に関する相談、育児支援事業、親子サークル支援事業、ファミリーサポートセンター事業、こども園等入園相談・情報提供 ○母子保健型 ・専門職配置：保健師 ・事業内容：①妊産婦及び乳幼児の実情把握、支援台帳を作成②妊娠、出産、育児に関する各種相談に応じ、助言、保健指導を実施　③支援プランの作成、相談支援事業を実施
9	白　山　市	2		2	○基本型 ・専門職配置：保育士 ・事業内容：母子保健型と連携して、妊娠期から子育て期の相談支援事業を実施 ○母子保健型 ・専門職配置：保健師、看護師 ・事業内容：基本型と連携して、妊娠期から子育て期の相談支援事業を実施 ○補足 　各機関合同連携会議を開催の他、適宜にケース会議を実施し、他機関と連携を図っている
10	能　美　市	1		1	○基本型 ・専門職配置：保育士 ・事業内容：育児相談・育児講座・年齢別あそびの広場、お母さんのゆとりと学びの時間を提供する ○母子保健型 ・専門職配置：保健師、助産師 ・事業内容：妊娠届が提供された時、出産子育て応援プランを作成し、妊婦一人ひとりの状況に応じて各種サービスを提案する
11	野 々 市 市	1	1	1	○基本型 ・専門職配置：保育士（子育て支援センター内） ・事業内容：母子保健型と連携して、妊娠期から子育て期の相談支援事業を実施 ○特定型 ・専門職配置：保育士（子育て支援センター内） ・事業内容：保育施設の案内、保育サービスの紹介等、それぞれのニーズや家庭の状況に合ったサービスの提案 ○母子保健型 ・専門職配置：保健師（保健センター内） ・事業内容：基本型と連携して妊娠期から子育て期の相談支援事業を実施 ○補足 　2カ月に一度、各機関合同連携会議を開催の他、適宜にケース会議を実施し、他機関との連携を図っている
12	川　北　町				

	自治体名	基本型	特定型	母子保健型	専門職配置など具体的な内容
13	津　幡　町	1		1	○基本型 ・専門職配置：利用者支援専門員（保育士） ・事業内容：教育、保育、保健その他子育て支援の情報提供、相談、助言、関係機関との連絡調整 ○母子保健型 ・専門職配置：保健師 ・事業内容：①全ての妊産婦、乳幼児の実情を継続的に把握、②母子保健や育児に関する相談、助言、情報提供、保健指導、③支援プランの策定、④関係機関とのネットワークの構築
14	内　灘　町	1		1	○基本型 ・専門職配置：保育士（利用者支援専門員）（子育て支援センター内） ・事業内容：母子保健型と連携して、妊娠期から子育て期の相談支援事業を実施 ○母子保健型 ・専門職配置：保健師（保健センター内） ・事業内容：相談支援（妊娠期から子育て期にわたる母子保健に関する相談支援を切れ目なく提供する。相談者のニーズにあわせて、必要なサービスが適切に利用できるよう情報を提供し、関係機関との連携を行う。）
15	志　賀　町			1	○母子保健型 ・専門職配置：保健師 ・事業内容：妊娠期から子育て期までの様々なニーズに対して総合的な相談支援を実施
16	宝達志水町			1	○母子保健型 ・専門職配置：保健師 ・事業内容：妊娠期から子育て期まで、母子保健に関する相談に対し、切れ目なく支援する
17	中　能　登　町			1	○母子保健型 ・専門職配置：保健師、助産師 ・事業内容：妊娠期からのプラン作成、産後ケア事業、産後ヘルパー事業 ○補足 母子保健と児童福祉（子育て支援）を同一課が管轄し、不妊カウンセラーの資格を有する助産師や保健師、管理栄養士、保育士が妊娠期の方、子育て期（おおむね0歳〜18歳まで）の子ども及びその保護者等が利用できるような相談窓口「kotona（コトナ）」を開設。赤ちゃんの遊び場「alku（アルク）」、発達相談「にじいろ」、不登校など思春期の相談「tunagu（つなぐ）」を実施中
18	穴　水　町	1		1	○基本型 ・専門職配置：利用者支援専門員（保育士） ・事業内容：子育て支援にかかわる様々な相談に応じ、関係機関と連携を取りながら、ここに寄り添った子育てをサポート ○母子保健型 ・専門職配置：保健師 ・事業内容：基本型と連携して、妊娠期から子育て期にわたる母子保健に関する相談支援を実施 ○補足 同一フロアにおいて利用者支援事業（基本型）と地域子育て支援拠点ならびに子ども家庭総合支援拠点を実施することにより、相談・交流・遊び・情報の場を一体的に提供できる。また同一施設内にある母子保健型とも連携し、妊娠期から子育て期にわたり、切れ目のない相談支援を実施

制度一覧

	自治体名	基本型	特定型	母子保健型	専門職配置など具体的な内容
19	能登町	1		1	○基本型 ・専門職配置：保育士 ・事業内容：同一施設において母子保健型と連携して、妊娠期から子育て期にわたる、総合的相談や支援を実施 ○母子保健型 ・専門職配置：保健師 ・事業内容：妊娠期から子育て期にわたるまでの切れ目ない支援を実施。妊娠期・子育て期それぞれに支援プランを作成し、必要に応じた支援に結び付ける

6.　公営住宅の戸数一覧

	自治体名	公営住宅	シルバーハウジング	車いす住戸
	石川県	5,181	30	78
1	金沢市	3,379	73	31
2	七尾市	235	16	
3	小松市	621		3
4	輪島市	384	36	シルバーハウジングのうち 4
5	珠洲市	52		
6	加賀市	422		
7	羽咋市	29		
8	かほく市	103		
9	白山市	586		13
10	能美市	277		
11	野々市市	30		4
12	川北町	32		
13	津幡町	54		
14	内灘町	22		
15	志賀町	110		2
16	宝達志水町	100		
17	中能登町	94		
18	穴水町	164		
19	能登町	220		2
		12,095	155	137

第 ③ 部

資料編

1. 高齢者の施設
介護老人福祉施設（特別養護老人ホーム）……273
地域密着型介護老人福祉施設（特別養護老人ホーム）…275
介護老人保健施設……………………………276
介護医療院……………………………………277
介護療養型医療施設…………………………278
養護老人ホーム………………………………278
軽費老人ホーム・A型………………………278
ケアハウス……………………………………278
有料老人ホーム………………………………279
認知症高齢者グループホーム
（地域密着型サービス（認知症対応型共同生活介護））…284
生活支援ハウス（高齢者生活福祉センター）…291
小規模多機能型居宅介護事業所…………291
看護小規模多機能型居宅介護事業所………294
定期巡回・随時対応型訪問介護看護事業所…295
地域包括支援センター………………………295
認知症疾患センター…………………………299

2. 障害のある人の施設
障害者支援施設………………………………300
障害福祉サービス事業所
（訪問系サービス、短期入所、グループホームを除く）……301
障害福祉サービス事業所（短期入所）………310
障害福祉サービス事業所（グループホーム）…313
地域活動支援センター………………………321
福祉ホーム（身体）…………………………322
福祉ホーム（知的）…………………………322
視覚障害者情報提供施設……………………322
聴覚障害者情報提供施設……………………322
身体障害者福祉センターB型………………322
相談支援事業所………………………………323

3. 子どもの施設
児童養護施設…………………………………328
乳児院…………………………………………328
児童自立支援施設……………………………328
母子生活支援施設……………………………328
障害児入所施設（児者一貫含む）…………328
障害児通所支援事業所（児者一貫含む）……329
児童発達支援センター………………………333
重症心身障害児病棟（指定医療機関／児者一貫含む）…334
進行性筋萎縮症病棟（指定医療機関／児者一貫含む）…334
ファミリーサポートセンター………………334

4. 生活保護関連施設
救護施設………………………………………335

5. 行政・相談窓口
石川県各自治体の医療・福祉担当課……335
保健福祉センター／保健所…………………343
児童相談所……………………………………343
こころの健康センター………………………343
発達障害支援センター／障害者更生相談所…344
難病相談・支援センター……………………344
リハビリテーションセンター………………344
高次脳機能障害相談・支援センター……344
口腔保健医療センター………………………344
女性相談支援センター／母子・父子福祉センター…344
地域生活定着支援センター…………………344
年金事務所……………………………………344
地方厚生局……………………………………345
福祉事務所……………………………………345
社会福祉協議会………………………………345
生活困窮者自立相談支援機関………………346
労働局／労働基準監督署……………………347
国税局／税務署等……………………………347
消費生活相談窓口……………………………347
就労支援のための相談・支援機関………348
ハローワーク（公共職業安定所）…………348
石川県立産業技術専門校／
　障害者職業能力開発校……………………349
夜間救急／休日当番医………………………349
教育相談先……………………………………350
子どもの悩みごと電話相談先………………350
外国人のための相談窓口……………………350
法律相談／裁判所……………………………350
行政評価事務所………………………………351
当事者団体／家族会等………………………351
医療・福祉関係団体…………………………353

6. 運賃、料金等の割引・免除…………355

凡　　例

1.　第3部資料編は、2022年4月1日現在で把握可能な施設について掲載しています。

2.　原則として、各項目ごとに市町（自治体コード）順で掲載しています。

3.　運営主体欄の略称は下記のとおりです。
　　（福）………社会福祉法人
　　（医）………医療法人
　　（医社）……医療法人社団
　　（医財）……医療法人財団
　　（社医財）…社会医療法人財団
　　（特医）……特定医療法人
　　（独行）……独立行政法人
　　（特非）……特定非営利活動法人
　　（社）………社団法人
　　（一社）……一般社団法人
　　（公益社）…公益社団法人
　　（公益財）…公益財団法人
　　（財）………財団法人
　　（株）………株式会社
　　（有）………有限会社
　　（学）………学校法人
　　（合同）……合同会社
　　（合資）……合資会社

4.　障害者支援施設、障害者福祉サービス事業所（訪問系サービス、短期入所事業、グループホームを除く）については、実施事業ごとに定員を掲載しています。実施事業の略称は下記の通りです。
　　　就労移行……就労移行支援
　　　就労継続A…就労継続支援A型
　　　就労継続B…就労継続支援B型

1. 高齢者の施設

○介護老人福祉施設（特別養護老人ホーム）（71カ所）

施設名	郵便番号	所在地	電話番号	FAX	運営主体	定員
あかつき	921-8105	金沢市平和町1丁目2-28	076-242-2378	076-242-0153	（福）石川整肢学園	100
石川県八田ホーム	920-3104	金沢市八田町東912	076-257-2333	076-257-2348	（福）石川県社会福祉事業団	82
いずみ園	921-8025	金沢市増泉4-4-28	076-245-5500	076-245-5536	（福）いずみ福祉会	100
金澤五番丁	920-0993	金沢市下本多町五番丁14	076-262-1165	076-262-1159	（福）眉丈会	50
金沢朱鷺の苑	920-0102	金沢市岸川町ほ5	076-257-7100	076-257-7200	（福）北伸福祉会	106
さくらセンター	920-0211	金沢市湊2-169	076-237-5313	076-237-2481	（福）西鳳会	50
寿晃園	920-8201	金沢市鞍月東1-19	076-237-8300	076-237-0318	（福）中央福祉会	50
千木園	920-0001	金沢市千木町ホ3-1	076-257-0950	076-257-0951	（福）千木福祉会	104
第三万陽苑	920-1346	金沢市三小牛町24-3-1	076-280-6781	076-280-0061	（福）陽風園	150
第二金沢朱鷺の苑	920-1304	金沢市上辰巳町拾字211-1	076-229-8181	076-229-8080	（福）北伸福祉会	134
第2千木園	920-3112	金沢市観法寺町へ74-1	076-258-6900	076-258-6960	（福）千木福祉会	88
第二万陽苑	921-8046	金沢市大桑町中ノ大平18-25	076-243-0101	076-243-6703	（福）陽風園	150
中央金沢朱鷺の苑	920-0031	金沢市広岡2-1-7	076-234-7878	076-234-7722	（福）北伸福祉会	104
戸室和楽ホーム	920-1108	金沢市俵町コ1-1	076-232-6511	076-232-6513	（福）眉丈会	100
なんぶやすらぎホーム	921-8036	金沢市弥生3丁目2-1	076-241-9600	076-241-9601	（福）やすらぎ福祉会	40
萬生苑	920-0101	金沢市利屋町は64-1	076-257-8111	076-257-8110	（福）久楽会	100
万陽苑	920-0944	金沢市三口新町1-8-1	076-263-7692	076-260-0635	（福）陽風園	190
やすはら苑	920-0371	金沢市下安原町東1458番地1	076-240-6611	076-240-6670	（福）金沢西福祉会	50
やすらぎホーム	921-8065	金沢市上荒屋1-39	076-269-0808	076-269-2004	（福）やすらぎ福祉会	104
あっとほーむ若葉	926-0014	七尾市矢田町22号七株田12番地5	0767-53-8701	0767-53-8715	（福）能登福祉会	100
エレガンテなぎの浦	926-0853	七尾市津向町ト107-4	0767-52-0223	0767-52-0076	（福）徳充会	92
秀楽苑	929-2217	七尾市中島町鹿島台は17-3	0767-66-1600	0767-66-6763	（福）鹿北福祉会	80
千寿苑	926-0033	七尾市千野町に部15	0767-57-8801	0767-57-8802	（福）緑会	98
ななみの里	926-0171	七尾市石崎町泉台1-1	0767-62-0070	0767-60-0080	（福）けやき福祉会	50
のとじま悠々ホーム	926-0223	七尾市能登島半浦町5-6-2	0767-85-2571	0767-85-2667	（福）石龍会	57
愛らんど萌寿	923-0182	小松市波佐谷町東64番地	0761-46-1112	0761-46-1531	（福）篤豊会	80
あたかの郷	923-0003	小松市安宅町ル1-28	0761-24-8800	0761-24-8803	（福）あさひ会	100
自生園	923-0331	小松市上荒屋町ソ4-10	0761-65-1800	0761-65-1837	（福）自生園	100
松寿園	923-0961	小松市向本折町ホ31	0761-22-2217	0761-23-1933	（福）松寿園	100
第二松寿園	923-0972	小松市月津町ヲ95	0761-43-2771	0761-44-2518	（福）松寿園	100
みゆきの郷	923-0982	小松市松崎町赤場1-1	0761-43-1123	0761-43-4123	（福）天宣会	80
明峰の里	923-0011	小松市蛭川町西103-1	0761-20-1788	0761-20-1796	（福）明峰会	100
めぐみの里	923-0036	小松市平面町へ133番1	0761-22-0111	0761-22-0126	（福）恵愛会	90
あかかみ	927-2345	輪島市門前町赤神10-1	0768-45-1249	0768-45-1240	（福）門前町福祉会	85
あての木園	929-2378	輪島市三井町小泉上野2	0768-26-1661	0768-26-1751	（福）輪島市福祉会	100
みやび	928-0202	輪島市町野町寺地1027番地	0768-32-0006	0768-32-0200	（福）寿福祉会	60
ゆきわりそう	927-2153	輪島市門前町深田22-42	0768-42-3333	0768-42-0892	（福）白字会	80
長寿園	927-1221	珠洲市宝立町春日野4-117	0768-84-2252	0768-84-2052	（福）長寿会	100
加賀中央慈妙院	922-0431	加賀市山田町蛇谷1-16	0761-72-7111	0761-72-7112	（福）篤豊会	100

資料編

施設名	郵便番号	所在地	電話番号	FAX	運営主体	定員
片山津温泉日日好日院	922-0412	加賀市片山津温泉ア96番1	0761-74-7231	0761-74-7232	（福）篤豊会	100
サンライフたきの里	922-0133	加賀市山中温泉滝町リ1-1	0761-78-0666	0761-78-0653	（福）長久福祉会	30
慈妙院加賀	922-0816	加賀市大聖寺東1-30	0761-73-3317	0761-73-3318	（福）篤豊会	42
藤華苑	922-0816	加賀市大聖寺東町1-26-3	0761-75-7332	0761-72-2255	（福）篤豊会	60
はくいの郷	925-0051	羽咋市島出町上1-3	0767-22-8811	0767-22-8866	（福）こうけん会	50
眉丈園	925-0036	羽咋市的場町稲荷山出口26-2	0767-22-5616	0767-22-5685	（福）眉丈会	120
あかしあ荘	929-1177	かほく市白尾タ220	076-283-5075	076-283-5076	（福）相生会	100
ことぶき園	929-1210	かほく市学園台5丁目19-1	076-282-5670	076-282-5607	（福）芙蓉会	80
あじさいの郷	920-2132	白山市明島町春130番地	076-273-0123	076-273-3939	（福）鶴来会	70
キラッと篤寿苑	929-0204	白山市平加町ヌ110番地1	076-278-2555	076-278-2240	（福）篤豊会	60
松美苑	924-0063	白山市笠間町1738	076-274-6776	076-274-6525	（福）福寿会	80
大門園	920-2322	白山市佐良ロ123	076-255-5221	076-255-5137	（福）手取会	100
つるべ荘	924-0005	白山市一塚町1351	076-276-2020	076-276-2335	（福）福志会松任	70
福寿園	924-0836	白山市山島台4-100	076-276-3545	076-276-3759	（福）福寿会	100
美杉の郷	920-2502	白山市桑島4-87-5	076-259-2117	076-259-2160	（福）はくさん会	70
湯寿園	923-1104	能美市湯谷町乙88	0761-58-6555	0761-58-6553	（福）湯寿会	100
ボニュール根上苑	929-0115	能美市下ノ江町イ201番地1	0761-56-0081	0761-56-0091	（福）喜峰会	80
かんじん川北	923-1267	能美郡川北町壱ツ屋225-1	076-277-1100	076-277-1135	（福）洋和会	60
かんじん	921-8824	野々市市新庄2-45	076-248-7767	076-248-7737	（福）洋和会	70
富樫苑	921-8834	野々市市中林4-62	076-248-8765	076-248-8766	（福）富樫福祉会	70
あがたの里	929-0319	河北郡津幡町字能瀬イ1-1	076-288-8915	076-288-8990	（福）津幡町福祉会	100
ふぃらーじゅ	929-0441	河北郡津幡町字東荒屋413	076-288-1765	076-288-1488	（福）能登福祉会	90
夕陽ケ丘苑	920-0265	河北郡内灘町大学1-5-1	076-286-9911	076-286-9920	（福）内灘町福祉会	97
はまなす園	925-0161	羽咋郡志賀町赤住ハ4-1	0767-32-3888	0767-32-3889	（福）はまなす会	100
ますほの里	925-0564	羽咋郡志賀町酒見韮山205	0767-42-2343	0767-42-2263	（福）ますほ会	60
ちどり園	929-1341	羽咋郡宝達志水町宿五号10-2	0767-28-5511	0767-28-5512	（福）渚会	65
宝達苑	929-1332	羽咋郡宝達志水町字北川尻二部55	0767-28-5710	0767-28-5720	（福）こうけん会	90
鹿寿苑	929-1601	鹿島郡中能登町西馬場エ56	0767-72-2600	0767-72-3032	（福）鹿南福祉会	90
能登穴水聖頌園	927-0007	鳳珠郡穴水町岩車6字27-2	0768-56-1520	0768-56-1078	（福）牧羊福祉会	61
石川県鳳寿荘	927-0441	鳳珠郡能登町藤波井48-2	0768-62-1241	0768-62-1244	（福）石川県社会福祉事業団	100
こすもす	928-0395	鳳珠郡能登町字五郎左エ門分藤17	0768-76-2002	0768-76-2102	（福）清祥会	80
第二長寿園	927-0603	鳳珠郡能登町字布浦ノ字10-3	0768-72-8888	0768-72-1233	（福）長寿会	80

○地域密着型介護老人福祉施設（特別養護老人ホーム）（46カ所）

施設名	郵便番号	所在地	電話番号	FAX	運営主体	定員
アルカンシェル木曳野	920-0334	金沢市木曳野3丁目286	076-268-5777	076-268-5772	(福)康久会	29
礎	920-0952	金沢市錦町2の27番地1	076-254-5500	076-254-5559	(福)千授福祉会	29
輝	920-3116	金沢市南森本町ワ53番地1	076-257-7800	076-257-3222	(福)千授福祉会	29
金澤備中	920-0921	金沢市材木町21番21号	076-231-3939	076-231-3936	(福)さくら福祉会	29
けんろく苑　笠舞	920-0965	金沢市笠舞2丁目12-11	076-222-5320	076-222-5321	(福)兼六福祉会	29
けんろく苑　田上	920-1155	金沢市田上本町2丁目159	076-222-7700	076-222-7710	(福)兼六福祉会	29
こころ　のだの里	921-8104	金沢市野田2丁目261番地	076-255-7556	076-255-7557	(福)こころ	29
さくらセンター湊	920-0211	金沢市湊2丁目171番地	076-254-5312	076-237-4360	(福)西鳳会	29
第三千木園ひきだ	920-0003	金沢市疋田3丁目58	076-253-1616	076-253-1618	(福)千木福祉会	29
第2やすはら苑	920-0371	金沢市下安原町東1457番地1	076-240-6611	076-240-6670	(福)金沢西福祉会	29
たつき苑	920-0813	金沢市御所町2丁目302	076-253-3661	076-253-3667	(福)達樹会	29
朱鷺の苑西インター	921-8061	金沢市森戸2-20	076-249-3331	076-249-3332	(福)北伸福祉会	27
花小町もろえ	920-0016	金沢市諸江町中丁154番地1	076-256-1245	076-256-1246	(福)花木蓮	29
彦三きらく園	920-0901	金沢市彦三町1-8-8	076-223-6611	076-223-6638	(福)希清軒傳六会	25
瓢箪町きらく園	920-0901	金沢市彦三町2丁目9番9号	076-223-6630	076-223-6632	(福)希清軒傳六会	29
福増苑	920-0376	金沢市福増町南1221番地	076-269-0035	076-269-0036	(福)先学会	29
ボニュール泉が丘苑	921-8035	金沢市泉が丘1丁目3番86号	076-247-0023	076-247-0027	(福)喜峰会	29
真園	920-0024	金沢市西念3丁目8番20号	076-223-1088	076-223-1077	(福)鶴恩真会	29
まほろば四十万	921-8135	金沢市四十万3丁目288番地	076-296-0301	076-296-0302	(福)まほろば	29
みらい	920-8201	金沢市鞍月東1丁目12番地	076-237-8300	076-237-0318	(福)中央福祉会	29
みんまのさと	921-8162	金沢市三馬1丁目207番地	076-225-3375	076-225-3070	(福)三馬福祉会	29
ゆうけあ相河	921-8043	金沢市西泉6丁目136	076-245-1150	076-245-1151	(福)中央会	29
和の郷上荒屋	920-8215	金沢市上荒屋1丁目305番地	076-259-0920	076-259-0925	(福)Flower	29
和の郷鞍月	920-8215	金沢市直江西1丁目94番地	076-254-0710	076-254-0720	(福)Flower	29
エレガンテたつるはま	926-2121	七尾市田鶴浜町リ部11-1	0767-68-6391	0767-68-6392	(福)徳充会	25
みゆきの郷	923-0982	小松市松崎町赤場1-1	0761-43-1123	0761-43-4123	(福)天宣会	20
第2ゆきわりそう	927-2153	輪島市門前町深田ろ6	0768-42-3333	0768-42-0892	(福)白字会	29
福祉の杜	928-0024	輪島市山岸町い26-2	0768-22-0008	0768-23-0008	(福)寿福祉会	29
輪島荘	928-0067	輪島市光浦町49-21	0768-23-0172	0768-23-0161	(福)健悠福祉会	29
第三長寿園	927-1222	珠洲市宝立町鵜飼子字36-4	0768-84-2232	0768-84-2223	(福)長寿会	20
動橋慈妙院	922-0331	加賀市動橋町カ4-2	0761-75-3031	0761-75-3032	(福)篤豊会	29

施設名	郵便番号	所在地	電話番号	FAX	運営主体	定員
サンライフたきの里	922-0133	加賀市山中温泉滝町リ1-1	0761-78-0666	0761-78-0653	(福)長久福祉会	20
ちょくし	922-0313	加賀市勅使町ル75-1	0761-77-3911	0761-77-3912	(福)長久福祉会	15
つかたに	922-0111	加賀市山中温泉塚谷町2-132-1	0761-78-5701	0761-78-5703	(福)長久福祉会	15
山代温泉慈妙院	922-0254	加賀市山代温泉温泉通73	0761-77-6623	0761-77-6626	(福)篤豊会	29
サテライトあいおい	929-1177	かほく市宇気イ51	076-208-6825	076-283-2230	(福)相生会	29
サテライト芙蓉	929-1210	かほく市学園台5丁目29	076-282-5557	076-282-5574	(福)芙蓉会	27
おかりや	924-8588	白山市倉光三丁目8番地	076-274-2000	076-274-2151	白山石川医療企業団	29
キラッと美川	929-0231	白山市美川和波町ワ76-2	076-227-9021	076-278-7010	(福)篤豊会	29
鶴来ふくまるハウス	920-2121	白山市鶴来本町4丁目リ33番地3	076-273-6001	076-273-6003	(福)福寿会	29
白山ぬくもりホーム	924-0882	白山市八ツ矢町124番地1	076-275-8575	076-275-8576	(福)久楽会	29
アイリス	925-0457	羽咋郡志賀町給分ニ27番1	0767-42-2600	0767-42-2655	(福)麗心会	29
第二宝達苑	929-1343	羽咋郡宝達志水町小川ハ250	0767-28-5688	0767-28-5665	(福)こうけん会	29
ちどり園	929-1341	羽咋郡宝達志水町宿五号10-2	0767-28-5511	0767-28-5512	(福)渚会	20
第二鹿寿園	929-1601	鹿島郡中能登町西馬場エ64	0767-72-3303	0767-72-3302	(福)鹿南福祉会	29
ユニットケア能登穴水聖頌園	927-0007	鳳珠郡穴水町岩車6字27-2	0768-56-1520	0768-56-1078	(福)牧羊福祉会	29

○介護老人保健施設（42カ所）

施設名	郵便番号	所在地	電話番号	FAX	運営主体	定員
あっぷる	921-8114	金沢市長坂町チ部15	076-280-5454	076-280-5464	(医)積仁会	100
あんやと	920-3115	金沢市弥勒町ニ1-1	076-257-0888	076-257-1010	(医社)三恵会	29
金沢春日ケアセンター	920-0036	金沢市元菊町20番1号	076-262-3300	076-262-3313	(医社)仁智会	240
金沢病院附属介護老人保健施設	920-0013	金沢市沖町ハ15	076-253-5088	076-253-5089	(独行)地域医療機能推進機構	100
千木町ケア・センター	920-0001	金沢市千木町ヘ3-1	076-257-3122	076-257-3585	(医社)千木福久会	150
田中町温泉ケア・センター	920-0007	金沢市田中町は16	076-253-2282	076-253-2283	(医社)浅ノ川	140
なでしこの丘	921-8141	金沢市馬替2-142	076-296-3111	076-296-3118	(医社)扇寿会	100
ピカソ	920-1185	金沢市田上本町カ45-1	076-231-6225	076-231-6567	(医)十全会	100
福久ケアセンター	920-3122	金沢市福久町ワ1-1	076-257-7333	076-257-7727	(医社)千木福久会	150
みらいのさと太陽	920-8201	金沢市鞍月東1-17	076-237-2821	076-237-2832	(医社)映寿会	100
ろうけん桜並木	920-1151	金沢市田上さくら二丁目72番地	076-208-3973	076-208-3974	(社医財)松原愛育会	120
老健ホームいしかわ	920-3102	金沢市忠縄町144-1	076-257-7101	076-257-7102	(福)石川県社会福祉事業団	100
えんやま	926-0033	七尾市千野町に部10	0767-57-0177	0767-57-0179	(医社)生生会	29
鶴友苑	929-2121	七尾市田鶴浜町リ部11-1	0767-68-6221	0767-68-6201	(社医財)董仙会	50
寿老園	929-2217	七尾市中島町鹿島台は14-1	0767-66-0300	0767-66-1211	(医社)豊玉会	100

施設名	郵便番号	所在地	電話番号	FAX	運営主体	定員
和光苑	926-0853	七尾市津向町ト107	0767-52-3665	0767-52-3668	(社医財)董仙会	150
グリーン・ポート小松	923-0073	小松市岩渕町46-2	0761-47-2900	0761-47-2905	(医社)田谷会	100
さくら園	923-0801	小松市園町ホ35	0761-21-7261	0761-21-7262	(医社)さくら会	50
まだら園	923-0851	小松市北浅井町リ125-1	0761-21-8624	0761-21-8634	(医社)丹生会	113
レイクサイド木場	923-0844	小松市三谷町そ80	0761-23-1800	0761-23-7280	(医社)田谷会	100
百寿苑	928-0023	輪島市気勝平町1-28	0768-22-9922	0768-22-9975	(医社)寿福祉会	104
美笑苑	927-1462	珠洲市三崎町小泊ト部3-1	0768-88-8080	0768-88-2150	(福)弘生福祉会	100
葵の園・丘の上	922-0421	加賀市冨塚町中尾126-2	0761-74-0129	0761-74-2119	(医社)修和会	100
加賀中央メディケアホーム	922-0431	加賀市山田町蛇谷1-19	0761-73-1116	0761-73-1165	(福)篤豊会	100
加賀のぞみ園	922-0821	加賀市南郷町3乙4	0761-72-5211	0761-72-5095	(医社)長久会	100
太陽の丘	922-0566	加賀市深田町ロ2-1	0761-75-2100	0761-75-2258	(医社)萌和会	70
山中温泉しらさぎ苑	922-0103	加賀市山中温泉長谷田町チ17-1	0761-78-0211	0761-78-0882	(福)篤豊会	55
白鳥苑	925-0623	羽咋市本江町へ15	0767-26-0901	0767-26-0903	(医社)佳樹会	100
千代野苑	924-0075	白山市米永町303-5	076-275-7700	076-275-8858	(医社)白山会	137
なごみ苑	924-0075	白山市米永町300-2	076-276-5100	076-276-7539	(医社)白山会	100
はまなすの丘	929-0122	能美市大浜町ム52-18	0761-55-8855	0761-55-8860	能美市	74
手取の里	923-1121	能美市寺井町ウ84	0761-58-6616	0761-58-6617	(公益社)石川勤労者医療協会	50
陽翠の里	923-1226	能美市緑が丘11-77	0761-51-7777	0761-51-7778	(福)陽翠水	54
あんじん川北	923-1267	能美郡川北町壱ツ屋195番地	076-277-8853	076-277-8856	(医社)洋和会	29
あんじん	921-8824	野々市市新庄2-30	076-248-4165	076-248-4176	(医社)洋和会	100
おしのの里	921-8802	野々市市押野6-160	076-246-1411	076-246-3280	(医社)押野新生会	19
金沢南ケアセンター	921-8847	野々市市蓮花寺町1-1	076-294-3737	076-294-3797	(医社)仁智会	100
ふぃらーじゅ	929-0441	河北郡津幡町字東荒屋354番地	076-288-1465	076-288-1477	(福)能登福祉会	50
内灘温泉保養館	920-0269	河北郡内灘町白帆台1丁目88番地1	076-286-5218	076-286-5471	(医社)友愛病院会	100
有縁の荘	925-0205	羽咋郡志賀町仏木ク15-20	0767-37-1122	0767-37-1288	(医社)同朋会	50
なごみの里鹿島	929-1816	鹿島郡中能登町浅井ろ部106	0767-76-2270	0767-76-2271	(医社)英寿会	100
あゆみの里	927-0027	鳳珠郡穴水町川島タ38	0768-52-3310	0768-52-3312	穴水町	56

○介護医療院（16カ所）

施設名	郵便番号	所在地	電話番号	FAX	運営主体	定員
大手町病院　介護医療院	920-0931	金沢市大手町5番32号	076-221-1863	076-221-6591	(医社)和宏会	70
敬愛病院　介護医療院	920-0931	金沢市兼六元町14番21号	076-222-1301	076-222-1880	(医社)和宏会	60
小池病院 介護医療院	920-0912	金沢市大手町8番20号	076-263-5521	076-263-5523	(医社)博仁会	30
千木病院 介護医療院	920-0001	金沢市千木町へ33番地1	076-257-8600	076-257-5466	(医社)浅ノ川	100
林病院 介護医療院	920-0853	金沢市本町1丁目2番27号	076-261-8181	076-263-6000	(医社)白銀会	40
北村病院 介護医療院	926-0811	七尾市御祓町ホ部26-5	0767-52-1173	0767-54-0616	(医)豊明会	17

施設名	郵便番号	所在地	電話番号	FAX	運営主体	定員
浜野介護医療院	926-0853	七尾市津向町野中20番1	0767-52-3262	0767-52-0330	(医財)愛生会	96
介護医療院 まごころ	922-0024	加賀市大聖寺永町イ17番地	0761-73-3312	0761-73-3458	(医)慈豊会	29
加賀温泉ケアセンター	922-0825	加賀市直下町ヲ91番地	0761-73-3315	0761-73-2088	(医)慈豊会	96
二ツ屋病院 介護医療院	929-1211	かほく市二ツ屋ソ72	076-281-0172	076-281-0161	(医)芙蓉会	48
芳珠記念病院 介護医療院 陽だまり	923-1226	能美市緑が丘11丁目71番地	0761-51-5551	0761-51-5557	(医)和楽仁	60
介護医療院 笑福	925-0141	羽咋郡志賀町高浜町へ1-1	0767-32-1251	0767-32-0995	(医)秀峰会	22
介護医療院 悠悠	925-0447	羽咋郡志賀町富来領家町ハの30番地	0767-42-1151	0767-42-2493	(医)平成会	72
町立介護医療院 夕なぎ	925-0446	羽咋郡志賀町富来地頭町7の110番地1	0767-42-1122	0767-42-0197	志賀町	34
恵寿鳩ヶ丘	927-0023	鳳珠郡穴水町麦ヶ浦15.39番8	0768-52-3335	0768-52-3325	(社医財)董仙会	135
柳田温泉病院 介護医療院	928-0393	鳳珠郡能登町字上町8字393番地	0768-76-1223	0768-76-1224	(医)持木会	144

○介護療養型医療施設（1カ所）

施設名	郵便番号	所在地	電話番号	FAX	設置者	定員
中田内科病院	929-1126	かほく市内日角6-35-1	076-283-1121	076-283-1245	(医)中田内科病院	20

○養護老人ホーム（9カ所）

施設名	郵便番号	所在地	電話番号	FAX	運営主体	定員
向陽苑崎浦	920-0944	金沢市三口新町1-8-1	076-263-7101	076-260-0635	(福)陽風園	120
向陽苑木曳野	920-0334	金沢市槻野4-114	076-268-6541	076-268-6551	(福)陽風園	120
あっとほーむ若葉	926-0014	七尾市矢田町22号七株田12番地5	0767-53-8702	0767-53-8716	(福)能登福祉会	80
自生園	923-0331	小松市上荒屋ソ4-10	0761-65-1800	0761-65-1837	(福)自生園	50
松寿園	923-0961	小松市向本折町ホ31	0761-22-0786	0761-21-9851	(福)松寿園	80
第二松寿園	923-0972	小松市月津町ヲ95	0761-43-2771	0761-44-2518	(福)松寿園	50
ふるさと能登	928-0023	輪島市気勝平町1-270	0768-23-0001	0768-23-0031	(福)寿福祉会	50
朱鷺の苑	927-0035	鳳珠郡穴水町志ケ浦15字1-3	0768-52-1230	0768-52-3020	(福)北伸福祉会	80
石川県鳳寿荘	927-0441	鳳珠郡能登町藤波井48-1	0768-62-1241	0768-62-1244	(福)石川県社会福祉事業団	70

○軽費老人ホーム・A型（1カ所）

施設名	郵便番号	所在地	電話番号	FAX	運営主体	定員
石川県百々鶴荘	921-8835	野々市市上林1-179	076-248-4775	076-248-4702	(福)石川県社会福祉事業団	100

○ケアハウス（29カ所）

（注）特定施設入居者生活介護の指定を受けている施設に「特定」と記載しています。

施設名	郵便番号	所在地	電話番号	FAX	運営主体	定員	（注）
あいびす	920-0367	金沢市北塚町西440	076-240-3366	076-240-3377	(福)北伸福祉会	150	特定

施設名	郵便番号	所在地	電話番号	FAX	運営主体	定員	(注)
金沢春日ケアハウス	920-0036	金沢市元菊町20番1号	076-262-3385	076-262-3313	(福)仁智会	110	特定
シニアマインド21	921-8174	金沢市山科町午40-1	076-241-1177	076-241-1178	(福)洋裕会	85	特定
千木の里	920-0001	金沢市千木町ホ4-1	076-257-9300	076-257-7588	(福)千木福祉会	150	特定
朱鷺の苑かがやき	921-8044	金沢市米泉町10丁目1番159号	076-249-0008	076-249-0031	(福)北伸福祉会	50	
朱鷺の苑やわらぎ	920-0853	金沢市本町1丁目6番1号	076-223-1121	076-223-1141	(福)北伸福祉会	50	
ファミリーケア城南	920-0966	金沢市城南1丁目21-21	076-232-8221	076-232-8220	(福)久楽会	72	特定
ゆりの里	920-0339	金沢市木曳野3-292	076-266-1234	076-266-1239	(福)美羽福祉会	80	特定
アンジェリィなぎの浦	926-0853	七尾市津向町ト107-4	0767-52-0223	0767-52-0076	(福)徳充会	30	
ビハーラの里	926-0223	七尾市能登島半浦町6部11-1	0767-85-2557	0767-85-2570	(福)石龍会	50	
ローレルハイツ恵寿	926-0866	七尾市富岡町95番地	0767-52-6014	0767-54-0411	(福)徳充会	50	特定
ファミール	923-0003	小松市安宅町ル1-8	0761-24-8700	0761-24-8703	(福)あさひ会	50	
みどりが丘	923-0073	小松市岩渕町46-1	0761-47-4747	0761-47-4744	(福)かすかみ会	30	
加賀中央ヴィラ松が丘	922-0431	加賀市山田町蛇谷1-9	0761-72-8266	0761-72-8268	(福)篤豊会	60	
慈妙院加賀	922-0816	加賀市大聖寺東町1-30	0761-73-3317	0761-73-3318	(福)篤豊会	29	
山代温泉ヴィラ	922-0322	加賀市上野町ケ245	0761-77-7733	0761-77-5152	(福)篤豊会	80	特定
和（やわらぎ）	922-0414	加賀市片山津町ム30	0761-75-3500	0761-75-3507	(福)加賀福祉会	78	特定
ケアハウス海青	929-1175	かほく市秋浜へ20番地3	076-283-5610	076-283-5633	(福)眉丈会	50	特定
キラッと白山	929-0231	白山市美川和波町カ1-3	076-227-9486	076-278-7011	(福)篤豊会	50	特定
ケアハウス剣崎	924-0842	白山市剣崎町1488番地	076-275-6688	076-275-6936	(福)福寿会	50	特定
ケアハウス鳥越	920-2376	白山市若原町甲86	076-254-2882	076-254-2880	(福)鳥越福祉会	50	特定
ケアハウスまっとう	924-0836	白山市山島台4-110	076-275-6111	076-275-8200	(福)福寿会	50	
メゾンウルーズ	924-0022	白山市松任駅北相木第2土地区画整理事業施行地区19街区1番	076-255-7677	076-255-7678	(福)喜峰会	50	特定
メゾンスワニエ	929-0115	能美市下ノ江町イ207	0761-56-0011	0761-56-0090	(福)喜峰会	30	特定
金沢南ケアハウス	921-8847	野々市市蓮花寺町79番1	076-227-5866	076-227-5867	(医社)仁智会	50	特定
ケアハウス白帆台	928-0269	河北郡内灘町白帆台1丁目1番5	076-286-0177	076-286-0131	(福)健悠福祉会	40	特定
あやめケアセンター	925-0457	羽咋郡志賀町給分ホ3-1	0767-42-8800	0767-42-0150	(福)麗心会	30	
ケアハウス聖頌園	927-0054	鳳珠郡穴水町字上野壱字1	0768-52-3370	0768-52-3255	(福)牧羊福祉会	29	特定
ケアハウス縄文	927-0435	鳳珠郡能登町字宇出津新港2丁目23番地1	0768-62-3470	0768-62-2170	(福)奥能登福祉会	40	特定

○有料老人ホーム（135カ所）

（注）特定施設入居者生活介護の指定を受けている施設に「特定」と記載しています。

施設名	郵便番号	所在地	電話番号	FAX	運営主体	定員	(注)
愛の風	921-8001	金沢市高畠1丁目368	076-292-0881	076-292-0886	(株)メディカルケア	24	
あおぞら	921-8133	金沢市四十万町北ヲ21番地1	076-244-5090	076-244-6480	(株)ゴルフ情報センター	73	
医王山	920-1157	金沢市田上さくら1丁目36	076-262-6688	076-262-6116	(株)清泉の宿	90	
憩の家	921-8141	金沢市馬替2丁目8番1	076-296-1211	076-296-1201	(株)シェーネアルト	52	特定
itosie	920-3124	金沢市荒屋1丁目75-1	076-257-7000	076-257-3330	(株)GRAN	26	
うちくる金沢円光寺	921-8173	金沢市円光寺3丁目15番41号	076-259-5510	076-259-5560	(株)うちくる	32	

資料編

施設名	郵便番号	所在地	電話番号	FAX	運営主体	定員	(注)
うちくる金沢大友	920-8222	金沢市大友町2丁目71	076-239-0117	076-239-0130	(株)うちくる	44	
うちくる金沢玉鉾	921-8002	金沢市玉鉾2丁目45番地	076-291-1801	076-291-1802	(株)うちくる	32	
うちくる金沢福久	920-3126	金沢市福久1丁目106番地	076-258-5796	076-258-5790	(株)うちくる	20	
うららか	920-1302	金沢市末町拾九字87番1	076-255-6000	076-255-6033	(株)ティーズクルー	20	
えがおらいふ	920-0001	金沢市千木町リ105番地	076-255-0637	076-255-0638	(株)北陸環境開発	20	
えがおらいふリンクス	920-0001	金沢市千木町ル34番2	076-257-7020	076-257-7021	(株)北陸環境開発	18	
金沢西彩庵	920-0335	金沢市金石東1丁目4番11号	076-267-7752	076-267-7753	(株)メディカワークス	45	
金沢の里	921-8148	金沢市大額3丁目160番地	076-298-6788	076-298-6787	(株)清泉の宿	30	
金澤の宿　かいてき	921-8006	金沢市進和町54	076-287-5193	076-282-7338	(株)くつろぎ	25	
かなで	921-8043	金沢市西泉1丁目149番地2	076-242-8050	076-242-8033	(医社)KaNaDe	8	
ケアシス金沢南	921-8154	金沢市高尾南1丁目90	076-255-7271	076-255-7273	(株)アース	27	
ケアホーム四季の里・神宮寺	920-0806	金沢市神宮寺1丁目18-18	076-251-2456	076-254-6144	(株)アンユウ	14	
ケアホームゆとりの園入江	921-8011	金沢市入江1丁目219番地	076-292-2800	076-292-2801	(株)ゆとりの園	17	
ケアホームゆとりの園西金沢	921-8044	金沢市米泉町7丁目59番地	076-242-3900	076-242-3902	(株)ゆとりの園	24	
ささ百合	920-0813	金沢市御所町2丁目306番	076-253-3661	076-253-3667	(福)達樹会	9	
さくら庵もとまち	920-0842	金沢市元町2丁目6番6号	076-256-5564	076-256-5584	ダイヤコーサン(株)	9	
サンケア赤土	920-0353	金沢市赤土町カ1-24	076-266-8800	076-266-8808	(株)昴	51	
サンケア戸板	920-0068	金沢市戸板1丁目26番地	076-254-1010	076-254-1202	サンケア杜の里(株)	49	
サンケア杜の里	920-1167	金沢市もりの里2丁目138	076-255-7800	076-232-8600	サンケア杜の里(株)	46	
四季の里　横川	921-8163	金沢市横川4丁目88番地	076-218-4808	076-218-4805	(株)アンユウ	23	
シティモンド金沢	920-0911	金沢市橋場町2-10	076-260-3300	076-260-3301	(株)はなみずき	211	特定
シニアハウス香林苑　泉野	921-8034	金沢市泉野町4丁目20-2	076-245-0707	076-245-0708	(有)香林会	33	
シニアハウス香林苑　杜の里	920-1155	金沢市田上本町2丁目83番地1	076-255-2221	076-263-0361	(有)香林会	36	
シニアホームみらい鞍月	920-8201	金沢市鞍月東1丁目6番地	076-237-8561	076-237-8562	(医社)映寿会	42	特定
しらさぎ苑　問屋	920-0062	金沢市割出町186番地	076-238-0520	076-238-0521	(株)しらさぎ苑	33	
しらさぎ苑　割出	920-0062	金沢市割出町138	076-237-1508	076-237-1520	(株)しらさぎ苑	72	
スプリングライフ金沢	920-0226	金沢市粟崎町4丁目80-2	076-238-8000	076-237-2323	スプリングライフ金沢(株)	150	特定
静港庵	920-0338	金沢市金石北1丁目19-40	076-268-2830	076-254-1860	(株)メディカワークス	40	
清泉の宿　泉本町あんず館	921-8042	金沢市泉本町1丁目107-1	076-245-7788	076-245-0168	(株)清泉の宿	70	
太陽のプリズム戸板	920-0068	金沢市戸板1丁目92番	076-256-1215	076-256-1216	(株)サンウェルズ	60	
太陽のプリズム藤江	920-0346	金沢市藤江南1丁目103-1	076-256-5420	076-256-5421	(株)サンウェルズ	44	
ちきいろ	921-8112	金沢市長坂3丁目16番11号	076-207-7452	076-205-6598	(株)ちき	25	

施設名	郵便番号	所在地	電話番号	FAX	運営主体	定員	(注)
といやまち	920-0061	金沢市問屋町1丁目48番地	076-225-7584	076-225-7454	(株)ケア・サンエス	9	
ドミトリ粟崎	920-0226	金沢市粟崎町1丁目41番地1	076-237-2311	076-237-3842	(株)ほがらか	26	
ドミトリ高尾台	921-8155	金沢市高尾台1丁目449番地	076-298-5233	076-298-5237	(株)ほがらか	10	
ハート・ながえ	920-0822	金沢市東長江町へ29番地1	076-255-2296	076-255-2297	ハートライフ(株)	30	
白寿園 金沢西	920-0362	金沢市古府3丁目99	076-249-6161	076-249-6171	(株)中央白寿会	42	
白寿園 兼六	920-0927	金沢市扇町1丁目8番39号	076-221-6033	076-221-6035	(株)中央白寿会	50	
白寿園 四十万	921-8135	金沢市四十万3丁目102	076-296-2070	076-296-2071	(株)中央白寿会	72	
白寿園 城北	920-0841	金沢市浅野本町ニ122-1	076-251-1004	076-251-1005	(株)中央白寿会	34	
白寿園 城北第二	920-0841	金沢市浅野本町ニ124-1	076-252-0180	076-252-0190	(株)中央白寿会	42	
白寿園 中央	920-8203	金沢市鞍月4丁目143	076-267-0533	076-267-0563	(株)中央白寿会	42	
白寿園 平和町	921-8105	金沢市平和町2丁目24番12号	076-245-2051	076-245-2052	(株)中央白寿会	61	
白寿園 芳斉	920-0862	金沢市芳斉1丁目14番15号	076-260-0765	076-260-0766	(株)中央白寿会	63	
白寿園 弥生	921-8036	金沢市弥生1丁目24番5号	076-259-0170	076-259-0177	(株)中央白寿会	52	
白寿の里	920-0003	金沢市疋田2丁目94	076-204-8910	076-257-7755	金沢福祉(株)	30	
ひだまり	921-8065	金沢市上荒屋1丁目79番地4	076-249-6931	076-249-6822	(公益社)石川勤労者医療協会	58	
PDハウス小坂	920-0811	金沢市小坂町北123-1	076-254-5825	076-254-5826	(株)サンウェルズ	62	
ひなげしの家	920-3132	金沢市法光寺町214番地	076-258-3080	076-257-2612	(有)テラネッツ	6	
ひなた駅西	920-0022	金沢市北安江3丁目3番1号	076-293-3350	076-260-7180	スプリングライフ(株)	60	特定
ひまり	921-8148	金沢市額新保2丁目200番地	076-296-1822	076-296-1823	(株)朋慈会	32	
ひゃくまん星 増泉	921-8025	金沢市増泉1丁目16-41	076-280-1518	076-280-1519	(株)コンフォート	26	
ふくわらい	921-8163	金沢市横川5丁目21番地	076-259-1123	076-272-8029	(株)博倉会	52	
ベストライフ金沢	921-8013	金沢市新神田4丁目13-23	076-292-1310	076-292-1320	(株)ベストライフ埼玉	76	
宝寿	921-8107	金沢市野田4丁目86番地	076-241-5511	076-241-5512	(株)イデアーテ	39	
ほがらか	921-8012	金沢市本江町12番10号	076-291-2901	076-291-1120	(医社)安田内科病院	32	
ボヌール	920-1158	金沢市朝霧台2丁目166番地	076-256-0995	076-256-0994	(株)アルシェ	19	
ほのか	921-8134	金沢市南四十万1丁目222	076-259-1515	076-259-1555	(株)朋慈会	30	
マザーシップ 浅野本町	920-0841	金沢市浅野本町ニ172-1	076-254-0738	076-251-0737	(株)セルトナカモリ	84	特定
マナの家 木曳野	920-0339	金沢市木曳野2丁目150番地	076-255-6006	076-266-1330	(株)イワクラ	30	
マナの家 松島	920-0364	金沢市松島2丁目23番地	076-259-5553	076-260-5787	(株)イワクラ	39	
味噌蔵	920-0931	金沢市兼六元町15番33号	076-231-3070	076-231-3071	(株)あんしんケアーズ・リハビリステーション24	28	

施設名	郵便番号	所在地	電話番号	FAX	運営主体	定員	(注)
みなみ	921-8141	金沢市馬替2丁目136番地	076-296-1211	76-296-1201	(株)シェーネアルト	40	
めぐみ	921-8155	金沢市高尾台2丁目242番地	076-296-1517	076-296-1017	(株)恵	30	
悠悠泉本町	921-8042	金沢市泉本町4丁目20番地1	076-242-3355	076-242-3393	(福)寿福祉会	67	
有料老人ホーム神宮寺	920-0806	金沢市神宮寺1丁目15-27	076-253-2335	076-253-2368	(株)はなみずき	98	特定
リビングさい	920-0364	金沢市松島3丁目207番地	076-287-6331	076-287-6335	(株)コロネットいちろ	36	特定
りんくほーむ	921-8148	金沢市額新保1丁目180番地	076-298-0351	076-214-6311	(株)フィールケア	8	
ルナ・メディカルホーム	921-8011	金沢市入江3丁目160番地1	076-259-1708	076-287-3700	メディカル・スタッフ・サービス(株)	22	
れんげの郷	920-0942	金沢市小立野3丁目24番13号	076-256-0878	076-256-0826	(福)鳥越福祉会	10	
ロマン	920-3124	金沢市荒屋1丁目32	076-257-7888	076-257-6777	(株)清泉の宿	76	
グランド・ケア・クラシック能登	926-0223	七尾市半浦町参2番地1	0767-85-2111	0767-85-2112	能登健康福祉(株)	63	特定
あうとかむホーム	923-0835	小松市吉竹町3丁目211番地	0761-48-4266	──	(有)陽だまり	19	
アリシス上小松	923-0802	小松市上小松町丙41-1	0761-22-0015	0761-22-2116	長寿メディカル(株)	55	
ウェリナ	923-0833	小松市八幡ロ41番地6	0761-47-7215	0761-47-7216	(株)FRaT	38	
ウエルネスかねの	923-0153	小松市金平町ラ100-1	0761-41-1555	0761-41-1571	ニシ・ウエルネス(株)	50	特定
ウエルネスふらま	923-0041	小松市千代町と100番1	0761-47-5022	0761-47-5048	ニシ・ウエルネス(株)	47	特定
き楽な里	923-0966	小松市串茶屋町上野87番地1	0761-43-2713	0761-43-2728	(株)エム・アシスト	32	
シティライフこまつ	923-0861	小松市沖町480番地	0761-46-6524	0761-46-6574	ニシ・ウエルネス(株)	40	
長寿の別荘　いまえ	923-0964	小松市今江町2丁目414番地、415番地3	0761-23-5010	0761-23-5010	長寿メディカル(株)	27	
長寿の別荘　そのまち	923-0801	小松市園町ホ172-1	0761-21-3356	0761-21-3357	長寿メディカル(株)	27	
NOA	923-0833	小松市八幡ロ42番地9	0761-46-5633	0761-46-5634	(株)FRaT	45	
陽だまりハウス	923-0835	小松市吉竹町4丁目403	0761-23-6508	0761-23-6509	(有)陽だまり	10	
まんだら	923-0865	小松市福乃宮町二丁目95番地	0761-21-8624	0761-21-8634	(医社)丹生会	67	
福祉の杜	928-0024	輪島市山岸町い26-2	0768-22-0008	0768-23-0008	(福)寿福祉会	37	
わじま悠悠	928-0023	輪島市気勝平町52-78	0768-23-1211	0768-22-9975	(福)寿福祉会	18	
宅老所のほほん	927-1215	珠洲市上戸町北方は16番地1	0768-82-0200	0768-82-0200	(有)なかたに	12	
鶴の恩返し・珠洲	927-1233	珠洲市若山町出田10部38番地1	0768-82-6761	0768-82-1106	(株)鶴の恩返し	8	
太陽のプリズム河原	922-0314	加賀市河原町ホ36番地	0761-77-0361	0761-77-0367	(株)サンウェルズ	40	
ドミトリ山代	922-0257	加賀市山代温泉桔梗丘3-24-3	0761-76-1515	0761-76-1061	(株)ほがらか	24	
ひまわりの郷	922-0436	加賀市松が丘1丁目17番12、13	0761-75-7333	0761-73-4226	(有)シブヤ	19	
仁泉ケアセンター	925-0051	羽咋市島出町フ95-1	0767-23-4665	0767-22-5205	(有)長岡	19	特定
能登和楽の里	925-0003	羽咋市寺家町セ2番1	0767-22-7739	0767-22-7738	悠和ウエルネス(株)	36	

施設名	郵便番号	所在地	電話番号	FAX	運営主体	定員	(注)
能登和楽の里　東川原	925-0032	羽咋市東川原町砂田11番1	0767-22-7735	0767-22-7734	悠和ウエルネス(株)	31	
鶴の恩返し・かほく	929-1171	かほく市木津ハ10番地7	076-254-1003	076-254-1005	(株)鶴の恩返し	9	
なぎさのまち	929-1177	かほく市白尾タ18番地1	076-283-1057	076-283-1084	(有)東プロジェクト	30	
ひゃくまん星　高松	929-1215	かほく市高松甲16番地	076-281-1008	076-281-1012	(株)コロンブス	30	
うちくる白山運動公園前	924-0032	白山市村井町153番1	0120-222-530	―	(株)うちくる	32	
しおん	920-2132	白山市明島町西115番地1	076-272-8858	076-273-2377	(有)ニシタ	30	
シニアハウス香林苑　白山	920-2144	白山市大竹町ロ17番地1	076-272-2244	076-272-3663	(有)香林会	37	
太陽のプリズム白山	924-0039	白山市北安田西2丁目14番地	076-214-6840	076-214-6841	(株)サンウェルズ	43	
太陽のプリズム博労	924-0863	白山市博労3丁目14-1	076-259-0440	076-259-0441	(株)サンウェルズ	30	
てらす辰巳町	924-0875	白山市辰巳町26番地	076-275-4166	076-275-4167	(株)ケア・トラスト	22	
てらす鶴来	920-2134	白山市鶴来水戸町3丁目130番地	076-259-0237	076-259-0238	(株)ケア・トラスト	30	
PDハウス白山	924-0039	白山市北安田西2丁目17番地	076-276-3500	076-276-3510	(株)サンウェルズ	70	
ココファン辰口	923-1243	能美市三ツ屋町35番地1	03-6431-1860	03-6431-1864	(株)学研ココファン	40	
長寿の別荘　九谷	923-1224	能美市和気町ヤ39-1	0761-51-0090	0761-51-0660	長寿メディカル(株)	28	
長寿の別荘こながの	923-1116	能美市小長野町ホ39番地1	0761-57-3130	0761-57-3130	長寿メディカル(株)	27	
杜の郷　九谷	923-1121	能美市寺井町ニ28番地1	0761-58-5624	0761-58-5254	(株)グッドステーション	6	
笑楽部ん家	923-1124	能美市三道山町ト11番地1	0761-57-4431	0761-57-4432	(有)陽だまり	7	
押野の家	921-8802	野々市市押野6丁目145番地	076-246-5505	076-246-5366	(医社)押野新生会	27	
かめはうす	921-8806	野々市市三日市町49街区1	076-259-5428	076-259-5425	(株)かめはうす	54	
ケアシス野々市	921-8801	野々市市御経塚1丁目510番地	076-259-5310	076-259-5315	(株)アース	35	
小春日和	921-8817	野々市市横宮町16番9号	076-248-7179	076-248-7183	(株)Cure Smile	18	
サンケア押野	921-8802	野々市市押野5丁目39番地	076-287-6800	076-294-1200	サンケア(株)	52	
スーパーびゅー蓮花寺	921-8847	野々市市蓮花寺町25番	076-246-1222	076-246-1655	(株)はなみずき	150	特定
白寿の里　御経塚	921-8801	野々市市御経塚3丁目79番地	076-240-7400	076-240-6400	(株)白寿	32	
ひなの家	921-8822	野々市市矢作3丁目10番地	076-272-8317	076-272-8327	(株)スパーテル	31	
ひなの家　彩	921-8841	野々市市郷一丁目131番地	076-214-6688	076-214-6699	(株)スパーテル	50	
FLOS－familia－	921-8832	野々市市藤平田1丁目290番地	076-256-2255	076-256-2259	(株)Radix	31	
名峰白山	921-8823	野々市市粟田3丁目6番1	076-246-7888	076-246-7177	(株)清泉の宿	60	

資料編

施設名	郵便番号	所在地	電話番号	FAX	運営主体	定員	(注)
悠の風野々市	921-8817	野々市市横宮町16番地9	076-248-7179	076-248-7183	(株)フォルクレーベン	62	特定
レインボー1	921-8811	野々市市高橋町2番12号	076-246-5740	076-246-5741	(株)北陸福祉医療開発	27	
みずほガーデン	929-0346	河北郡津幡町字潟端344-1	076-288-6210	076-288-6205	(医社)瑞穂会	60	
うちくる内灘ハマナス	920-0269	河北郡内灘町白帆台2丁目527番地	076-286-8787	076-286-8788	(株)うちくる	20	
FLOS－Lien－	920-0271	河北郡内灘町字鶴ケ丘2丁目597番地	076-254-0313	076-254-0216	(株)Solis	11	
みどり	920-0276	河北郡内灘町緑台1丁目5番地	076-255-1670	076-255-1663	(医社)紺井医院	18	
ささゆりの丘	927-0053	鳳珠郡穴水町字此木1の120番地	0768-52-1210	0768-52-1020	(株)まごころ	32	
能登　清水の里穴水	927-0205	鳳珠郡穴水町字宇加川イ142番地	0768-57-1688	0768-57-1772	(株)トパーズ	63	

○認知症高齢者グループホーム（地域密着型サービス（認知症対応型共同生活介護））（182カ所）

施設名	郵便番号	所在地	電話番号	FAX	運営主体	定員
イエローガーデン	921-8065	金沢市上荒屋1丁目275番地	076-269-4500	076-269-4529	共和(株)	27
イエローガーデン有松	921-8161	金沢市有松2丁目4番10号	076-245-3050	076-245-3051	エフピィ・ウェルフェアワーク(株)	27
itosie グループホーム	920-0226	金沢市粟崎町ニ3番地1	076-254-5544	076-254-5622	(株)itosie.	18
大桑の家	921-8045	金沢市大桑2丁目339番地	076-255-7331	076-255-7332	(株)大桑の家	18
おんまの里	921-8045	金沢市大桑1丁目169番地	076-281-6478	076-281-6836	(株)大桑の家	18
グループホーム暁	920-0801	金沢市神谷内町チ162-1	076-253-8800	076-253-7701	(株)メディカルケア	18
グループホームあさぎり台	920-1155	金沢市田上本町テ55番地5	076-229-1115	076-229-1877	(福)松原愛育会	18
グループホームあさひ	920-0052	金沢市薬師堂町ロ8番地	076-213-8900	076-262-9990	アサヒ(株)	18
グループホーム有松	921-8161	金沢市有松2丁目4番32号	076-245-5601	076-241-3561	(株)ふれあいタウン	9
グループホームあんのん山科	921-8151	金沢市窪6丁目141-1	076-241-6868	076-241-6871	(福)洋和会	18
グループホーム駅西	920-0027	金沢市駅西新町2丁目12番1号	076-232-4567	076-232-4568	(医社)仁智会	18
グループホーム大桑	921-8045	金沢市大桑2-250	076-208-4165	076-208-4166	(有)ドリーム二十一	18
グループホームおんぼら～と	920-0841	金沢市浅野本町2丁目23番21号	076-253-1045	076-253-1010	(公益社)石川勤労者医療協会	27
ぐる～ぷほ～む笠市	920-0851	金沢市笠市町11番19号	076-221-4165	076-221-4865	(株)ケア・トラスト	18
グループホームかないわ	920-0338	金沢市金石北1-19-16	076-255-6635	076-266-2131	(医社)博友会	18
group－Home五番丁	920-0994	金沢市茨木町64番地	076-223-0058	076-223-0085	(福)眉丈会	18
グループホーム桜丘	920-0815	金沢市鳴和台318番地	076-253-1661	076-253-1687	(有)ドリーム二十一	18
グループホーム神宮寺	920-0806	金沢市神宮寺2丁目12-12	076-252-1540	076-252-1546	(医社)仁智会	18
グループホーム新保家	920-0901	金沢市彦三町1丁目12番3号	076-221-6699	076-221-6698	(株)にし村	18
グループホーム西南縁	921-8062	金沢市新保本2丁目484番地	076-227-8634	076-227-8654	(株)グッドリレイト	18

施設名	郵便番号	所在地	電話番号	FAX	運営主体	定員
グループホーム 太陽のプリズム窪	921-8151	金沢市窪6丁目16番地	076-201-3737	076-201-3738	(株)サンウェルズ	18
グループホーム 田上さくらの里	920-1157	金沢市田上さくら1丁目123番地	076-254-6868	076-254-6888	(株)イデアーテ	18
グループホーム なでしこの丘	921-8141	金沢市馬替2丁目7番地1	076-296-3117	076-296-3127	(医社)扇寿会	27
グループホーム 菜の花・金沢	920-0367	金沢市北塚町西446番地	076-240-0069	076-240-0069	(特非)菜の花	9
グループホーム 花小町もろえ	920-0016	金沢市諸江町中丁154番地1	076-214-7007	076-222-1440	(福)花木蓮	18
グループホーム 花園の里	920-0102	金沢市岸川町に20番地	076-257-7766	076-257-7701	(有)ドリーム二十一	27
グループホームひきだ	920-0003	金沢市疋田3丁目58番地	076-253-2670	076-253-1618	(福)千木福祉会	27
グループホーム ひまわり	921-8131	金沢市三十苅町丁148番地1	076-296-8808	076-296-8818	(有)わたなべ	9
グループホーム ぽ〜れぽ〜れ四十万	921-8135	金沢市四十万5丁目122番地	076-296-2121	076-296-2147	(株)ぽーれぽーれ	27
グループホーム ほたる寺地	921-8178	金沢市寺地1丁目22番12号	076-245-2555	076-245-2556	(株)エンジェル	18
グループホームみらい	920-8202	金沢市西都2丁目141番地	076-266-0255	076-266-0120	(医社)映寿会	18
グループホーム めぐみ彦三	920-0901	金沢市彦三町2-6-13 ロイヤルハイム1階	076-233-8828	076-233-2335	(株)恵	18
グループホーム めぐみ黒田	921-8051	金沢市黒田1-291	076-255-7220	076-249-8072	(株)恵	18
グループホーム元菊	920-0036	金沢市元菊町20番1号	076-262-3300	076-262-3313	(医社)仁智会	18
グループホーム 杜の郷本多	920-0964	金沢市本多町3丁目11番23号	076-231-5878	076-231-2600	(有)杜の郷	27
グループホーム ゆうけあ相河	921-8043	金沢市西泉6丁目134番地	076-245-1167	076-255-7866	(福)中央会	18
グループホーム ゆうけあ相河弐番館	921-8043	金沢市西泉6丁目135番地	076-255-7150	076-245-1210	(福)中央会	18
グループホーム 遊子苑ながた	920-0041	金沢市長田本町ホ14	076-255-2551	076-223-2553	(株)遊子苑	18
グループホーム ゆとりの園	921-8014	金沢市糸田1-142	076-292-3030	076-292-3031	(株)ゆとりの園	18
グループホーム よりそい	920-0002	金沢市千木1丁目36番地	076-251-1122	076-251-1390	金沢福祉(株)	27
グループホーム 「レインボー2」	921-8011	金沢市入江2丁目210番地	076-291-2745	076-291-2746	(株)北陸福祉医療開発	27
ケアネット千壽小立野	920-0942	金沢市小立野4丁目4番31号	076-221-1551	076-221-1559	(株)ケアネット千壽	27
コープいしかわ グループホーム戸板	920-0068	金沢市戸板2丁目73番地	076-222-6151	076-222-6152	生活協同組合コープいしかわ	18
古都の家	920-0921	金沢市材木町6-18-2	076-234-5101	076-234-5109	(福)久楽会	18
高齢者グループホーム愛蓮	921-8105	金沢市平和町3丁目14-8	076-280-5514	076-280-5541	(福)愛里巣福祉会	18
さくらガーデンもりやま	920-0843	金沢市森山2丁目19番13号	076-254-6221	076-254-6223	ダイヤコーサン(株)	18
サンケア東長江	920-0822	金沢市東長江町へ13番地1	076-255-0509	076-255-0409	(株)ふれあいの里	18

資料編

施設名	郵便番号	所在地	電話番号	FAX	運営主体	定員
新竪緑	920-0993	金沢市下本多町5番丁14番地	076-260-1411	076-260-1822	(福)眉丈会	12
想愛木越グループホーム	920-0203	金沢市木越町レ31番地1	076-237-6615	076-237-6614	(株)ふれあいの里	18
ハッピーホームわりだし	920-0062	金沢市割出町450番地1	076-238-5022	076-238-5023	(特非)ハッピーホーム	18
伏見台ふれあいの家	921-8177	金沢市伏見台1-14-30	076-226-0428	076-226-0417	(医社)よつば会	18
夢の里すみよし	920-0022	金沢市北安江1丁目11番38号	076-221-3115	076-236-2826	(有)夢の里	9
老人グループホームこころ	921-8021	金沢市御影町21番11号	076-226-6811	076-226-6855	(福)こころ	8
グループホームいがわの里	926-0826	七尾市飯川町45部35番地1	0767-57-3666	0767-57-3666	(有)志楽	18
グループほーむ楓の家	926-0032	七尾市南ケ丘町64番地	0767-53-7376	0767-53-7383	楓の家(株)	18
グループホーム熊木山荘	929-2241	七尾市中島町浜田ロ部11番地5	0767-66-0221	0767-66-1771	(有)熊木福祉会	18
グループホームこうさか	926-0044	七尾市相生町72番地	0767-53-0254	0767-53-0254	(医社)英寿会	18
グループほーむ沙羅の郷	926-0216	七尾市能登島曲町13番地9の甲	0767-84-0771	0767-84-0772	(株)ゆう	18
グループホーム菜の花・七尾	926-0014	七尾市矢田町参号184-2	0767-53-1211	0767-53-1211	(特非)菜の花	9
グループホームひかり	929-2121	七尾市田鶴浜町る88番1	0767-68-3800	0768-68-3800	(特非)ひかり	18
グループホームひと息	926-0843	七尾市赤浦町カ部34番地	0767-53-6336	0767-53-6336	(有)のざき	9
グループホームやくしの里	926-0381	七尾市黒崎町ヲ部109番地	0767-59-1801	0767-59-1802	(福)緑会	9
グループホーム夕なぎ	926-0841	七尾市松百町リ56番1	0767-53-7170	0767-53-7175	(特非)夕凪	9
秀楽苑グループホーム	929-2217	七尾市中島町鹿島台は部17-3	0767-66-1030	0767-66-2012	(福)鹿北福祉会	9
グループホームあたかの郷	923-0003	小松市安宅町ル1番地29	0761-24-1187	0761-24-2238	(福)あさひ会	18
グループホームいきいき長寿	923-0028	小松市梯町ト1-6	0761-23-7700	0761-23-7705	(医社)仁志会	18
グループホームさとやま	923-0825	小松市西軽海町1丁目48番地	0761-47-0225	0761-47-2118	(医社)向出医院	18
グループホーム自生園ひらんて	923-0036	小松市平面町ト26	0761-23-5667	0761-23-5637	(福)自生園	18
グループホームセラピィ粟津	923-0342	小松市矢田野町ホ132	0761-43-3434	0761-43-3422	(有)昌和商事	18
グループホームとも	923-0033	小松市野田町丙110番1	0761-23-3336	0761-23-3319	(株)豊春耕雄企画	18
グループホーム陽らら	923-0927	小松市西町134番地	0761-21-1839	0761-21-1839	(医社)和楽仁	18
グループホームまだら園	923-0865	小松市福乃宮町2丁目97番地	0761-21-8624	0761-21-8634	(医社)丹生会	18
グループホームやたの	923-0342	小松市矢田野町イ8番地	0761-44-5151	0761-44-1010	(福)共友会	18
グループホームわくわく長寿	923-0927	小松市符津町カ24-1	0761-43-0534	0761-43-0534	(株)長寿メディカル	18

施設名	郵便番号	所在地	電話番号	FAX	運営主体	定員
松寿園グループホームそよ風	923-0961	小松市向本折町ホ31	0761-22-0661	0761-22-0661	(福)松寿園	18
グループホームひなたぽっこ	928-0042	輪島市山本町矢本前17番2	0768-23-1188	0768-23-1133	(有)COM	18
グループホーム福祉の杜	928-0024	輪島市山岸町い26-2	0768-22-0008	0768-22-0008	(福)寿福祉会	18
グループほーむもんぜん楓の家	927-2164	輪島市門前町道下よ25番地	0768-42-2677	0768-42-2678	楓の家(株)	18
鶴の恩返しホーム輪島	928-0241	輪島市渋田町テ部16番地1	0768-34-1388	0768-34-1389	中嶋レース(株)	18
グループホームとうほうの里	927-1225	珠洲市宝立町宗玄24字2番地1	0768-84-2755	0768-84-2815	(有)東朋の里	18
グループホーム春風	927-1446	珠洲市折戸町ラの部26番地	0768-86-2306	0768-86-2322	(特非)春風	9
グループホームわきあい愛	927-1215	珠洲市上戸町北方五字175番地1	0768-82-5512	0768-82-0200	(有)なかたに	18
グループホーム倫	927-1462	珠洲市三崎町小泊ト部4番1	0768-88-8300	0768-88-2111	(福)弘生福祉会	18
加賀中央グループホーム	922-0431	加賀市山田町蛇谷1-16	0761-72-7111	0761-72-7112	(福)篤豊会	9
グループホーム葵の園・じざい	922-0421	加賀市冨塚町中尾1番地の23	0761-74-3385	0761-74-2119	(医社)修和会	9
グループホーム葵の園・東町	922-0816	加賀市大聖寺東町2丁目21	0761-72-3811	0761-72-3813	(医社)修和会	18
グループホームいろり	922-0831	加賀市幸町1丁目14番地	0761-72-6335	0761-72-6305	(福)長久福祉会	9
グループホーム片山津	922-0412	加賀市片山津温泉ア97番11	0761-74-8811	0761-74-8826	(福)篤豊会	27
グループホーム桜の園	922-0436	加賀市松が丘1丁目15番地15	0761-73-2588	0761-73-2588	(有)シブヤ	18
グループホームしゃくなげ	922-0133	加賀市山中温泉滝町リ1番地1	0761-78-4103	0761-78-0653	(福)長久福祉会	9
グループホームまどい	922-0825	加賀市直下町イ32-1	0761-72-5220	0761-72-5220	(医社)長久会	9
高齢者グループホームいこいの家	922-0242	加賀市山代温泉11の108番地2	0761-77-2270	0761-77-3640	(医社)長久会	15
しらさぎ苑グループホーム	922-0103	加賀市山中温泉長谷田町チ17-1	0761-78-0211	0761-78-0882	(福)篤豊会	18
篤寿苑グループホーム	922-0322	加賀市上野町ケ254	0761-77-7103	0761-77-7244	(福)篤豊会	9
ぬくもりの里	922-0414	加賀市片山津町北118番地	0761-74-3220	0761-74-3276	(有)ウェルライフ	18
グループホームさくらさくら	925-0032	羽咋市東川原町古川田23番地1	0767-22-0283	0767-22-0683	(株)さくらさくら	18
グループホームなが穂の里	925-0026	羽咋市石野町ト40番地	0767-22-6920	0767-22-6920	(公益社)石川勤労者医療協会	9
グループホーム菜の花・羽咋	925-0015	羽咋市大川町1丁目34-1	0767-22-7748	0767-22-7748	(特非)菜の花	9
グループホームはくい楓の家	925-0003	羽咋市寺家町テ48	0767-23-4851	0767-23-4852	(株)楓の家コーポレーション	18
ぐるーぷほーむ福の神	929-1573	羽咋市四柳町つ17	0767-26-8088	0767-26-8077	(福)弘和会	18
グループホームわたぼうし	925-0603	羽咋市福水町ろ33番1	0767-26-8200	0767-26-8211	(有)わたぼうし倶楽部	9

施設名	郵便番号	所在地	電話番号	FAX	運営主体	定員
仁泉グループホーム	925-0051	羽咋市島出町フ28番地3	0767-22-6571	0767-22-5205	(有)長岡	9
イエローガーデンかほく	929-1122	かほく市七窪へ15番地25	076-283-6444	076-283-6464	(株)イエローガーデンかほく	18
グループホームあいおい	929-1121	かほく市宇気イ51番地1	076-208-6825	076-283-2230	(福)相生会	18
グループホームおもしろ荘	929-1175	かほく市秋浜ロ11-1	076-283-5363	076-283-5363	(医社)中田内科病院	15
グループホーム学園台	929-1215	かほく市高松3街区2番	076-281-3511	076-281-3571	(特非)若葉	18
グループホーム一梅縁	929-1125	かほく市宇野気ロ21番地	076-283-3680	076-283-4155	(株)内邦福祉会	27
グループホームたかまつ	929-1212	かほく市中沼ル113番地1	076-282-5470	076-282-5471	(特非)若葉	18
グループホームたから	929-1177	かほく市白尾ナ44番1	076-283-5501	076-283-4149	(株)中村産業	27
グループホーム芙蓉	929-1211	かほく市二ツ屋ソ103番3	076-282-5766	076-282-5607	(福)芙蓉会	18
グループホームあいけむ	924-0061	白山市宮保町1160番4	076-275-9099	076-275-9044	ウェルトラスト(株)	18
グループホームあすか	920-2104	白山市月橋町405番地	076-273-5571	076-273-5781	(特非)飛鳥	15
グループホーム共永	920-2375	白山市上野東95番1	076-254-2070	076-254-2078	(特非)共永	18
グループホームキラッと篤寿苑	929-0204	白山市平加町ヌ110番地1	076-278-2555	076-278-2240	(福)篤豊会	18
グループホームくろゆり	920-2321	白山市吉野東2番地1	076-255-5202	076-255-5320	(有)くろゆり	18
ぐる～ぷほ～む源兵島	924-0052	白山市源兵島町967番地	076-220-7313	076-220-7314	(株)ケア・トラスト	18
ぐるーぷほーむ暖暖	924-0024	白山市北安田町5380番地	076-274-4865	076-274-4142	(医社)洋和会	18
グループホーム野の花	924-0827	白山市今平町111番1、140番1	076-214-6915	076-214-6916	(一社)ケア・クリエイト	18
グループホームほたる	924-0806	白山市石同新町155番地	076-277-6533	076-277-6533	(株)エンジェル	18
グループホームほたる横江	924-0011	白山市横江町48番地1	076-274-3565	076-274-3564	(株)エンジェル	18
グループホームぼたん	920-2132	白山市明島町西115番地3	076-272-4733	076-272-4733	(有)ニシタ	18
グループホーム遊子苑	924-0826	白山市乙丸町484番2	076-274-0101	076-274-0238	(株)遊子苑	9
太陽のプリズム徳光	924-0071	白山市徳光町2665番17	076-274-7612	076-276-7613	(株)サンウェルズ	18
白山ぬくもりホーム	924-0882	白山市八ツ矢町124番地1	076-275-8575	076-275-8576	(福)久楽会	18
ほほえみホーム	924-0075	白山市米永町303-5	076-275-5101	076-275-8858	(医社)白山会	9
グループホームあおぞら	923-1101	能美市粟生町ロ78	0761-58-6899	0761-58-6899	(特非)老人介護マトリックスとまり木	9
グループホーム金さん銀さん	929-0106	能美市西二口町丙27	0761-55-6611	0761-55-6677	(医社)きだ整形外科クリニック	9
グループホーム花しょうぶ	923-1223	能美市寺畠町153番	0761-51-6425	076151-6426	(有)花街道	9
ぐるうぷほうむ杜の郷てらい	923-1121	能美市寺井町ニ31番1	0761-57-2700	0761-57-2700	(株)グッドステーション	18
ぐるーぷほーむ杜の郷能美	923-1121	能美市寺井町ニ28番地1	0761-58-5100	0761-58-5254	(株)グッドステーション	9

施設名	郵便番号	所在地	電話番号	FAX	運営主体	定員
ぐるーぷほーむ 杜の郷能美つつじ	923-1121	能美市寺井町ニ28番地1	0761-58-5254	0761-58-5254	(株)グッドステーション	9
グループホーム ゆうゆう能美	929-0126	能美市山口町へ52番地3	0761-23-6200	0761-23-6203	(有)オレンジ・ケア	18
グループホームゆず	923-1242	能美市火釜町リ1-8	0761-58-0662	0761-58-1546	(株)優・優	9
ハッピーホーム	923-1225	能美市松が岡1丁目14番	0761-51-3123	0761-51-3122	(特非)ハッピーホーム	27
イエローガーデン 金沢白山	921-8848	野々市市柳町36番2	076-275-9771	076-275-9710	(株)天正	18
グループホーム あんのん	921-8824	野々市市新庄2丁目14番地	076-246-7700	076-246-7407	(医社)洋和会	36
グループホーム つばき・れんげ	921-8847	野々市市蓮花寺町1番1号	076-294-3737	076-294-3797	(医社)仁智会	15
グループホーム めいりんの里	921-8831	野々市市下林3丁目280番地	076-248-8200	076-248-9090	(株)イデアーテ	18
あすなろ	929-0316	河北郡津幡町御門ろ64番2	076-289-0877	076-289-2224	(有)松良福祉会	18
グループホーム愛の風	929-0455	河北郡津幡町字倉見カ199番地3	076-289-8801	076-289-8803	(有)北国福祉医療開発	18
グループホーム1・2・SUN	929-0345	河北郡津幡町字太田ろ128番地	076-289-0605	076-289-0604	(特非)おおにしやま	27
グループホームかえで	929-0341	河北郡津幡町横浜ほ14番2	076-289-0618	076-289-0617	(特非)楓	9
グループホーム「庄の里」	929-0327	河北郡津幡町庄ニ69番地	076-288-3456	076-288-7715	(有)ドリーム二十一	18
グループホームつつじ	929-0334	河北郡津幡町字川尻ッ101	076-289-0712	076-289-0713	(有)共永	18
グループホームつばた	929-0345	河北郡津幡町字太田ろ144番地2	076-289-0665	076-289-0675	(有)河北郡地域介護研究会	18
グループホーム かたばたの里	929-0346	河北郡津幡町潟端つ5番地8	076-289-0725	076-289-0726	加陽産業(有)	18
グループホーム 津幡福老園	929-0346	河北郡津幡町字潟端つ5番地8	076-289-0728	076-289-0726	(有)津幡福老園	18
イエローガーデン内灘	920-0277	河北郡内灘町千鳥台3丁目201番地18	076-237-8900	076-237-0118	エフピィ・ウェルフェアワーク(株)	18
グループホーム あかり	920-0277	河北郡内灘町千鳥台2丁目190番地	076-238-1152	076-238-1153	(有)キコウベネッセレ	18
グループホーム白帆台	920-0269	河北郡内灘町白帆台2-422	076-286-9008	076-286-9009	(株)遊子苑	18
グループホーム華	920-0266	河北郡内灘町大根布1丁目98番地	076-286-3987	076-239-2828	(株)エイトコンサルタント	18
グループホーム みんなの杜	920-0272	河北郡内灘町字向陽台2丁目267番地	076-239-3390	076-239-3390	(福)清湖の杜	18
グループホーム 遊子苑うちなだ	920-0266	河北郡内灘町大根布5丁目40番地	076-286-0345	076-286-0346	(株)遊子苑	18
グループホーム あじさい	925-0205	羽咋郡志賀町仏木ク15-20	0767-37-1233	0767-37-1288	(医社)同朋会	9
グループホーム あじさい高浜	925-0141	羽咋郡志賀町高浜町ク12番地14	0767-32-8155	0767-32-8133	(医社)同朋会	18
グループほーむ 楓の家リゾート	925-0165	羽咋郡志賀町安部屋戊18番4	0767-32-3055	0767-32-3057	(株)楓の家コーポレーション	9
グループホーム さくらがい	925-0457	羽咋郡志賀町給分ホの3番1	0767-42-8800	0767-42-0150	(福)麗心会	18

施設名	郵便番号	所在地	電話番号	FAX	運営主体	定員
グループホーム第二さくらがい	925-0457	羽咋郡志賀町給分ホの3番1	0767-42-8800	0767-42-0150	(福)麗心会	18
グループホーム志賀の里　すみよし	925-0141	羽咋郡志賀町高浜町マの16番地25	0767-32-3872	0767-32-3873	(有)グッドリビング	18
グループホームのぞみの里	925-0576	羽咋郡志賀町鹿頭井の137番地	0767-46-8335	0767-46-8336	(有)のぞみの里	18
グループホームはまなす園	925-0161	羽咋郡志賀町赤住ハの4番地1	0767-32-5255	0767-32-3889	(福)はまなす会	9
グループホームまごころの家すみよし	925-0447	羽咋郡志賀町富来領家町甲12	0767-42-2376	0767-42-2688	(有)グッドリビング	18
鶴の恩返しホーム志賀	925-0147	羽咋郡志賀町大島耕110番1・111番1・112番1	0767-32-5050	0767-32-5057	(株)鶴の恩返し	9
グループホーム押水	929-1344	羽咋郡宝達志水町今浜えびすが丘五九番地	0767-28-4477	0767-28-4486	(株)ウェル	18
グループホーム金谷の杜	929-1406	羽咋郡宝達志水町散田ツ144	0767-29-3170	0767-29-3190	(特非)ゆう和会	9
グループホーム志雄	929-1411	羽咋郡宝達志水町柳瀬レ105-1	0767-29-2966	0767-29-2956	(株)アイアス	18
グループホーム宝達の郷	929-1344	羽咋郡宝達志水町今浜ラ148番1	0767-28-4498	0767-28-4499	(株)ウェル	18
グループホーム虹の羽	929-1344	羽咋郡宝達志水町今浜カ10番地	0767-28-5515	0767-28-5519	(株)レインボースター	9
グループホームしあわせの里	929-1604	鹿島郡中能登町能登部下76部115番地	0767-72-3118	0767-72-3108	(有)しあわせの里	18
グループホームなごみの里鹿島	929-1816	鹿島郡中能登町浅井ろ部107番地	0767-76-1813	0767-76-1813	(医)英寿会	18
グループホーム鹿寿苑	929-1601	鹿島郡中能登町西馬場エ部56番地	0767-72-2600	0767-72-3032	(福)鹿南福祉会	9
一青の家	929-1715	鹿島郡中能登町一青な部2番地	0767-74-0428	0767-74-8688	(有)岡島	18
グループホームあなみずの里	927-0026	鳳珠郡穴水町大町ハの89番地	0768-52-0035	0768-52-0035	中嶋レース(株)	9
グループホーム聖頌園	927-0025	鳳珠郡穴水町内浦ホ55番地1	0768-52-3055	0768-52-3061	(福)牧羊福祉会	18
グループホーム朱鷺の苑穴水	927-0035	鳳珠郡穴水町字志ヶ浦15字1番地3	0768-52-1230	0768-52-3020	(福)北伸福祉会	8
グループホームいるか乃里	927-0563	鳳珠郡能登町姫12字95	0768-62-8125	0768-62-8126	(有)いるか乃里	9
グループホーム長寿の郷	927-0603	鳳珠郡能登町字布浦ノ字10番地3	0768-72-8822	0768-72-1388	(福)長寿会	27
グループホームなかよし	927-0311	鳳珠郡能登町瑞穂ツ字112番3	0768-67-1577	0768-67-1570	(福)礎会	18
グループホームぽかぽか	928-0312	鳳珠郡能登町上町ヘ部20番	0768-76-2037	0768-76-2038	(医社)持木会	18
グループホーム夕凪	927-0434	鳳珠郡能登町藤波21字7番地1	0768-62-8686	0768-62-8687	(福)能輝人	9
鶴の恩返しホーム	927-0553	鳳珠郡能登町字小木1丁目161番地2	0768-74-1570	0768-74-1571	(株)鶴の恩返し	9
鶴の恩返しホーム柳田	927-0306	鳳珠郡能登町石井ト部5-3	0768-76-2050	0768-76-2052	(株)鶴の恩返し	18

○生活支援ハウス（高齢者生活福祉センター）（7カ所）

施設名	郵便番号	所在地	電話番号	FAX	運営主体	定員
生活支援ハウス・ハウス21	921-8174	金沢市山科町午40番地1	076-241-1177	076-241-1178	(福)洋和会	5
七尾市生活支援ハウス白南風	929-2217	七尾市中島町鹿島台は部14-4	0767-66-2822	0767-66-2823	(福)浄行会	20
加賀中央高齢者生活福祉センター	922-0431	加賀市山田町蛇谷1-14	0761-72-7130	—	(福)篤豊会	20
山中高齢者生活福祉センター	922-0103	加賀市山中温泉長谷田町チ2	0761-78-2118	—	(福)篤豊会	20
能美市生活支援ハウス	923-1121	能美市寺井町中45番地	0761-58-5200	0761-58-5499	(株)ニチイ学館	20
門前町小規模ケア付老人住宅ふれあいの家	927-2345	輪島市赤神11-1	0768-45-1803	0768-45-1803	(福)門前町福祉会	8
能登町高齢者生活福祉センター	928-0331	鳳珠郡能登町字柳田信部6	0768-76-0980	0768-76-0985	(福)多花楽会	15

○小規模多機能型居宅介護事業所（82カ所）

施設名	郵便番号	所在地	電話番号	FAX	運営主体	介護予防
アルカンシェル木曳野	920-0339	金沢市木曳野3丁目286番地	076-268-5777	076-268-5772	(福)康久会	
itosie 小規模多機能ホーム	920-8217	金沢市近岡町849番地1	076-239-0382	076-239-4030	(株)itosie.	○
煌	920-3116	金沢市南森本町ヌ79番地1	076-257-0800	076-257-7737	(福)千授福祉会	○
ケアホーム大桑	921-8045	金沢市大桑2丁目339番地	076-255-7331	076-255-7332	(株)大桑の家	○
ケアホーム遊子苑ながた	920-0041	金沢市長田本町ホ14番	076-255-2551	076-223-2553	(株)遊子苑	○
小規模多機能型居宅介護 あんのん山科	921-8151	金沢市窪6丁目141番1	076-241-1177	076-241-1178	(福)洋和会	○
小規模多機能型居宅介護 いろは	920-0813	金沢市御所町2丁目302番	076-253-3661	076-253-3667	(福)達樹会	○
小規模多機能居宅介護かないわ	920-0338	金沢市金石北1丁目19番16号	076-255-6635	076-266-2131	(医社)博友会	○
小規模多機能型居宅介護事業所こころのだの里	921-8107	金沢市野田2丁目261番地	076-255-7556	076-255-7557	(福)こころ	○
小規模多機能型居宅介護事業所 想愛笠舞	920-0965	金沢市笠舞1丁目12番24号	076-282-9277	076-282-9287	(株)サンケア金沢	○
小規模多機能型居宅介護事業所 ゆうけあ相河	921-8043	金沢市西泉6丁目136番地	076-255-7516	076-255-7517	(福)中央会	○
小規模多機能型居宅介護事業所 ゆとりの園	921-8014	金沢市糸田1丁目142番地	076-292-3030	076-292-3031	(株)ゆとりの園	○
小規模多機能型居宅介護ほやね城北	920-0841	金沢市浅野本町2丁目18番26号	076-208-3160	076-253-5210	(一社)いしかわゆめ福祉会	○
小規模多機能ホームさくらや	920-0816	金沢市山の上町4番19号	076-254-6433	076-254-6434	ダイヤコーサン(株)	○
小規模多機能ホームといやまち	920-0061	金沢市問屋町1丁目48番地	076-225-7500	076-225-7454	(株)ケア・サンエス	○

施設名	郵便番号	所在地	電話番号	FAX	運営主体	介護予防
小規模多機能ホーム　梧	920-0801	金沢市神谷内町チ162番地1	076-253-7700	076-253-7701	(株)メディカルケア	○
小規模多機能ホーム天神町	920-0925	金沢市天神町1丁目14番33号	076-224-2116	076-224-2116	(合同)天神町	○
小規模多機能めぐみ　黒田	921-8051	金沢市黒田1丁目291番地	076-269-0882	076-249-8072	(株)恵	○
新竪縁	920-0993	金沢市下本多町五番丁14番地	076-260-1411	076-260-1822	(福)眉丈会	○
たきの〜ほ〜む笠市	920-0851	金沢市笠市町11番19号	076-221-4165	076-221-4865	(株)ケア・トラスト	○
トオの家二俣	920-1102	金沢市二俣町イ6-1番地	076-236-1110	076-236-1124	(特非)トオの家	○
朱鷺の苑西インター小規模多機能型居宅介護事業所	921-8061	金沢市森戸2丁目20番地	076-249-3331	076-249-3332	(福)北伸福祉会	○
まほろば　四十万	921-8135	金沢市四十万3丁目288番地	076-296-0301	076-296-0302	(福)まほろば	○
和の郷鞍月	920-8215	金沢市直江西1丁目94番地	076-254-0710	076-254-0720	(福)Flower	○
小規模多機能型居宅介護事業所　けいじゅ一本杉	926-0806	七尾市一本杉町37番地	0767-52-7181	0767-52-7181	(社医財)董仙会	○
小規模多機能型居宅介護施設　あっとほーむコモド	926-0381	七尾市黒崎町ヘ部32番地	0767-59-1290	0767-59-1291	(福)能登福祉会	○
小規模多機能型居宅介護施設　あっとほーむレガーレ	926-0014	七尾市矢田町壱号261	0767-53-0071	0767-53-0072	(福)能登福祉会	○
小規模多機能型居宅介護施設　たかしなの里	926-0831	七尾市池崎町ソ部77番地1	0767-57-1717	0767-57-1735	(福)緑会	○
小規模多機能型居宅介護施設　ゆうかりの郷　奥原	926-0174	七尾市奥原町上部250番地	0767-62-3311	0767-62-3312	(福)和倉温泉福祉会	○
なたうち　ニコニコホーム	929-2209	七尾市中島町西谷内口部1-5	0767-66-6362	0767-66-6367	(特非)なたうち福祉会	○
自生園　為楽庵	923-0326	小松市粟津町カ8番地5	0761-65-1445	0761-65-1441	(福)自生園	○
自生園　好楽庵	923-0303	小松市島町ヌ1番地1	0761-43-2878	0761-43-2875	(福)自生園	○
小規模多機能はまひるがお	923-0026	小松市下牧町ニ95番地1	0761-24-5080	0761-58-0886	(福)あさひ会	○
小規模多機能ホームやたの	923-0342	小松市矢田野町イ31番地1	0761-43-2377	0761-44-1010	(福)共友会	○
松寿園小規模多機能いまえの家	923-0964	小松市今江町6丁目495番地1	0761-58-2546	0761-58-2546	(福)松寿園	○
松寿園小規模多機能ひとつはりの家	923-0043	小松市一針町リ62番地24	0761-21-1006	0761-21-2113	(福)松寿園	○
松寿園小規模多機能もとおりの家	923-0957	小松市本折町119番地7	0761-24-6711	0761-24-6712	(福)松寿園	○
ケアホームみんなの詩	928-0062	輪島市堀町12字6番地	0768-22-9600	0768-22-9700	(福)弘和会	○
ケアほーむもんぜん楓の家	927-2164	輪島市門前町道下よ27番地	0768-42-2101	0768-42-2102	楓の家(株)	○
さくらの里	928-0062	輪島市堀町1字13番2	0768-23-8686	0768-23-8555	(公益社)石川勤労者医療協会	○

施設名	郵便番号	所在地	電話番号	FAX	運営主体	介護予防
小規模多機能ホーム 福祉の杜	928-0024	輪島市山岸町い26-2	0768-22-0008	0768-23-0008	(福)寿福祉会	
みんなの詩サテライト 笑ちゃけや	928-0001	輪島市河井町1部173番7	0768-22-3366	0768-22-4433	(福)弘和会	○
動橋ひまわりの家	922-0825	加賀市動橋町イ19-1	0761-74-1611	0761-74-1613	(福)篤豊会	○
小規模多機能ハウス さくみ	922-0423	加賀市作見町カ132番地1	0761-75-3315	0761-75-3316	(特非)コスモス加賀	○
小規模多機能ホーム いらっせ湖城	922-0413	加賀市湖城町3丁目125番地	0761-74-8122	0761-74-8123	(福)萌和会	○
小規模多機能ホーム いらっせ庄	922-0332	加賀市庄町ル167番地	0761-75-2100	0761-75-2258	(福)萌和会	○
小規模多機能ホーム いらっせ分校	922-0332	加賀市分校町リ338番地1	0761-74-1301	0761-74-1302	(福)萌和会	○
小規模多機能ホーム いらっせ松が丘	922-0436	加賀市松が丘1丁目17番地8	0761-72-2050	0761-72-2060	(福)萌和会	○
小規模多機能ホーム きょうまち	922-0055	加賀市大聖寺京町27番地	0761-73-2117	0761-73-2118	(医社)長久会	○
小規模多機能ホーム きんめい	922-0443	加賀市野田町夕8番地1	0761-74-7401	0761-74-7501	(福)共友会	○
小規模多機能ホーム なんごう　えがお	922-0013	加賀市上河崎町オ120	0761-75-7815	0761-75-7816	(株)加賀福祉サービス	○
小規模多機能ホーム はしたて	922-0554	加賀市橋立町イ乙54番地1	0761-75-7384	0761-75-7385	(福)共友会	○
大聖寺なでしこの家	922-0067	加賀市大聖寺番場町29番4	0761-75-7562	0761-75-7562	(医社)慈豊会	○
ニーズ対応型小規模多機能ホームききょうが丘	922-0257	加賀市山代温泉桔梗丘4丁目1番1	0761-76-3660	0761-76-3650	(福)長久福祉会	○
冨士見通りお茶の間 さろん	922-0116	加賀市山中温泉白山町ノ14番1	0761-78-2555	0761-78-2557	(福)長久福祉会	○
山代すみれの家	922-0242	加賀市山代温泉ハ74番地5	0761-77-1505	0761-77-1506	(福)篤豊会	○
ケアほーむ はくい楓の家	925-0003	羽咋市寺家町テ48番地	0767-23-4853	0767-23-4852	(株)楓の家コーポレーション	○
ケアホーム　みずほ	925-0022	羽咋市深江町ト107番地1	0767-22-8501	0767-22-8518	(有)わたぼうし倶楽部	○
ケアホーム わたぼうし	925-0603	羽咋市福水町ろ33番地	0767-26-8201	0767-26-8211	(有)わたぼうし倶楽部	○
小規模多機能 唐戸山ホーム	925-0053	羽咋市南中央町キ154番地13	0767-22-2828	0767-22-2228	(福)眉丈会	○
たきのーほーむ 福の神	929-1573	羽咋市四柳町つ17番地	0767-26-8022	0767-26-8033	(福)弘和会	○
たきのーほーむ 風和里	925-0054	羽咋市千里浜町ソ3番地3	0767-22-3366	0767-22-0048	(福)弘和会	○
かほくの郷	929-1174	かほく市浜北二2-7	076-283-9220	076-283-9222	(株)エムプロジェクト	○
小規模多機能型居宅介護事業所　敬愛	924-0861	白山市横町96番地1	076-275-6039	076-275-6059	(医社)白山会	○
小規模多機能型居宅介護　鶴来ふくまるハウス	920-2121	白山市鶴来本町4丁目リ33番地3	076-273-9800	076-273-9808	(福)福寿会	○
小規模多機能型ホーム 絆	924-0818	白山市中奥町172番地1	076-276-0035	076-276-0045	(福)寿福祉会	○
ケアサービス ふたくち屋	929-0106	能美市西二口町丙27番地	0761-55-6600	0761-55-6677	(医社)きだ整形外科クリニック	○

施設名	郵便番号	所在地	電話番号	FAX	運営主体	介護予防
ケアホーム杜の郷能美	923-1121	能美市寺井町ニ28番地1	0761-58-5100	0761-58-5254	(株)グッドステーション	○
コミニケア緑が丘	923-1226	能美市緑が丘11丁目111番地2	0761-68-0436	0761-68-0534	(福)陽翠水	○
小規模多機能型居宅介護事業所 Maison de Bois	929-0115	能美市下ノ江町申27番地3	0761-56-0092	0761-56-0031	(福)喜峰会	○
寺井の家	923-1121	能美市寺井町ソ168番地	0761-57-3039	0761-57-4066	(公益社)石川勤労者医療協会	○
小規模多機能ホームひなの家押野	921-8802	野々市市押野1丁目31番地	076-287-5810	076-287-5812	(株)スパーテル	○
みのり	921-8824	野々市市新庄3丁目140番地	076-248-7111	076-248-7120	(医社)洋和会	○
小規模多機能ホーム愛の風	929-0455	河北郡津幡町字倉見ヨ42番地1	076-288-5155	076-288-5145	(有)北国福祉医療開発	○
小規模多機能ホーム愛の風　サテライト吉倉	929-0466	河北郡津幡町吉倉41番地	076-287-1255	076-287-1277	(有)北国福祉医療開発	○
汐音うちなだ	920-0269	河北郡内灘町白帆台1丁目1番地5	076-286-0177	076-286-0131	(福)健悠福祉会	○
ケアほーむ　楓の家リゾート	925-0166	羽咋郡志賀町安部屋戊18番地14	0767-32-3056	0767-32-3057	(株)楓の家コーポレーション	○
多機能ホームJAたんぽぽ	929-1425	羽咋郡宝達志水町子浦そ16番地1	0767-29-2880	0767-29-2887	はくい農業協同組合	○
小規模多機能型居宅介護事業所　恵寿みおや	929-1635	鹿島郡中能登町高畠井部20番地	0767-74-1034	0767-77-2282	(社医財)董仙会	○
聖頌園住吉	927-0008	鳳珠郡穴水町川尻元中居南九、10番地7	0768-56-2360	0768-56-2370	(福)牧羊福祉会	○
ケアホームいるか乃里	927-0563	鳳珠郡能登町姫3丁目18番地	0768-62-1588	0768-62-8522	(有)いるか乃里	○
小規模多機能型居宅介護　朝凪	927-0434	鳳珠郡能登町藤波21字7番地1	0768-62-8686	0768-62-8687	(福)能輝人	○

○看護小規模多機能型居宅介護事業所（16カ所）

施設名	郵便番号	所在地	電話番号	FAX	運営主体
看護小規模多機能　憩の家	921-8141	金沢市馬替2丁目8番地1	076-296-1211	076-296-1201	(株)シェーネアルト
看護小規模多機能シェーネアルト	921-8141	金沢市馬替2丁目124番地1	076-296-2815	076-296-0450	(株)シェーネアルト
看護小規模多機能シェーネアルト　サテライト	921-8141	金沢市馬替2丁目120番地	076-296-2800	076-296-2800	(株)シェーネアルト
看護小規模多機能ホームさくら庵もとまち	920-0842	金沢市元町2丁目6番6号	076-256-5564	076-256-5584	ダイヤコーサン(株)
看護小規模多機能ホームルナ・ステーション上荒屋	921-8035	金沢市上荒屋1丁目305番地	076-259-0921	076-259-0925	(福)Flower
看護小規模多機能みなみ	921-8141	金沢市馬替2丁目136番地	076-214-6842	076-298-3234	(株)シェーネアルト
かんたき　かなで	921-8043	金沢市西泉1丁目149番地2	076-242-8070	076-242-8033	(医社)KaNaDe
看多機つつじの家	921-8103	金沢市つつじが丘53番地	076-287-3889	076-287-3890	(株)こすもす

施設名	郵便番号	所在地	電話番号	FAX	運営主体
こすもすの家	920-0017	金沢市諸江町下丁88番地1	076-208-2081	076-208-2082	(株)こすもす
ルナ・ステーション兼六	920-0926	金沢市暁町9番29号	076-213-5294	076-213-5296	(株)想愛
ルナ・ステーション戸板	920-0068	金沢市戸板1丁目20番地	076-254-1854	076-254-1843	サンケア杜の里(株)
看護小規模多機能型施設 いちえんそう	923-0851	小松市北浅井町ハ77番地	0761-22-0826	0761-23-3685	(医社)見郷会
看護小規模多機能ステーション ソフィアことぶき	923-0921	小松市土居原町297-1	0761-25-3501	0761-25-3502	(医社)愛康会
複合型施設　和	927-1214	珠洲市飯田町か部14番1	0768-82-3969	0768-82-6754	(株)和
看護小規模多機能 あわらんち	925-0043	羽咋市粟原町イ110番地	0767-22-0107	0767-22-0160	(合同)愛笑
看護小規模多機能型居宅介護事業所　やまぼうし	923-1242	能美市火釜町リ1番8	0761-58-0662	0761-58-1546	(株)優・優

○定期巡回・随時対応型訪問介護看護事業所（5カ所）

施設名	郵便番号	所在地	電話番号	FAX	運営主体
24時間定期巡回・随時対応型訪問介護看護事業所　ほがらかケア24	921-8012	金沢市本江町12番10号	076-291-2901	076-291-1120	(医社)安田内科病院
コールナウ　みんなの詩	928-0062	輪島市堀町12字6番地	0768-22-1313	0768-22-9700	(福)弘和会
いまケア24	922-0423	加賀市作見町り77	0761-75-2101	0761-72-3008	(福)萌和会
コールナウ　福の神	929-1573	羽咋市四柳町つ17番地	0767-26-8022	0767-26-8033	(福)弘和会
JA石川かほく　ほのぼのヘルプ	929-0334	河北郡津幡町字川尻タ48番地	076-289-3432	076-288-4305	石川かほく農業協同組合

○地域包括支援センター（95カ所）

施設名	郵便番号	所在地	電話番号	FAX	運営主体
金沢市地域包括支援センター「きしかわ」	920-0102	金沢市岸川町ほ5番地（金沢朱鷺の苑内）	076-257-7878	076-257-7200	(福)北伸福祉会
金沢市地域包括支援センター「ふくひさ」	920-0811	金沢市小坂町中83（浅ノ川総合病院内）	076-293-2913	076-293-1480	(医社)千木福久会
金沢市地域包括支援センター「かすが」	920-0804	金沢市山の上町1番26号ハイロードビル2階	076-253-4165	076-253-4170	(医社)仁智会
金沢市地域包括支援センター「おおてまち」	920-0912	金沢市大手町9番1号（小池病院デイケアセンター内）	076-263-5517	076-263-5721	(医社)博仁会
金沢市地域包括支援センター「さくらまち」	920-0923	金沢市桜町24番30号（宗広病院内）	076-222-5722	076-224-0189	(医社)金沢
金沢市地域包括支援センター「たがみ」	920-1155	金沢市田上本町カ45番地1（ピカソ内）	076-231-8025	076-231-8026	(医)十全会
ブランチ　第二金沢朱鷺の苑	920-1304	金沢市上辰巳町10字211番地1	076-229-3737	076-229-8080	(福)北伸福祉会
金沢市地域包括支援センター「もろえ」	920-0013	金沢市沖町ハ15（金沢病院内）	076-293-5084	076-293-5078	(独行)地域医療機能推進機構
金沢市地域包括支援センター「くらつき」	920-8201	金沢市鞍月東1丁目8番地2 武蔵商事ビル3階	076-237-8063	076-237-8186	(医社)映寿会
金沢市地域包括支援センター「えきにしほんまち」	920-0025	金沢市駅西本町6丁目15番41号（金沢西病院内）	076-233-1873	076-233-1874	(医社)博友会

施設名		郵便番号	所在地	電話番号	FAX	運営主体
金沢市地域包括支援センター「ひろおか」		920-0031	金沢市広岡2丁目1番7号（中央金沢朱鷺の苑内）	076-234-2129	076-234-7722	（福）北伸福祉会
金沢市地域包括支援センター「かみあらや」		921-8065	金沢市上荒屋1丁目39番地（やすらぎホーム内）	076-269-0850	076-269-0524	（福）やすらぎ福祉会
金沢市地域包括支援センター「きたづか」		920-0367	金沢市北塚町西440番地（ケアハウスあいびす内）	076-240-4604	076-240-3377	（福）北伸福祉会
金沢市地域包括支援センター「とびうめ」		920-0938	金沢市飛梅町2番1号	076-231-3377	076-231-3112	（社医財）松原愛育会
金沢市地域包括支援センター「みつくちしんまち」		920-0944	金沢市三口新町1丁目8番1号（陽風園内）	076-263-7163	076-263-7253	（福）陽風園
ブランチ	第三万陽苑	920-1346	金沢市三小牛町24字3番地1	076-280-6785	076-280-0061	（福）陽風園
金沢市地域包括支援センター「ながさか」		921-8116	金沢市泉野出町1丁目22番26号Belle-2（1F）	076-280-5111	076-280-5123	（医）積仁会
金沢市地域包括支援センター「いずみの」		921-8034	金沢市泉野町6丁目15番5号（泉野福祉健康センター内）	076-259-0522	076-242-1129	（公益財）金沢健康福祉財団
金沢市地域包括支援センター「ありまつ」		921-8161	金沢市有松5丁目2番24号	076-242-5510	076-242-9070	（医社）中央会
金沢市地域包括支援センター「やましな」		921-8174	金沢市山科町午40番地1（シニアマインド21内）	076-241-8165	076-241-1178	（福）洋和会
金沢市地域包括支援センター「まがえ」		921-8148	金沢市額新保1丁目351番地	076-298-6964	076-298-6984	（特医）扇翔会
七尾市地域包括支援センター		926-0811	七尾市御祓町1番地	0767-53-5789	0767-53-4100	（福）七尾市社会福祉協議会
ブランチ	在宅介護支援センターふれあい社協	926-0811	七尾市御祓町1番地	0767-52-2099	0767-53-4100	（福）七尾市社会福祉協議会
	在宅介護支援センターけいじゅ	926-8605	七尾市富岡町94	0767-54-0080	0767-52-3218	（社医財）董仙会
	在宅介護支援センターえんやま	926-0033	七尾市千野町に部10	0767-57-8605	0767-57-8603	（医社）生生会
	在宅介護支援センターあっとほーむ若葉	926-0014	七尾市矢田町22号七株田12-5	0767-53-8713	0767-53-8718	（福）能登福祉会
	在宅介護支援センターさはら	926-0173	七尾市石崎町タ部13-1	0767-62-3765	0767-62-3733	（医社）和泉会
	在宅介護支援センター寿老園	929-2217	七尾市中島町鹿島台は部14-1	0767-66-1255	0767-66-1211	（医社）豊玉会
	在宅介護支援センター田鶴浜	929-2121	七尾市田鶴浜町リ部11番地1	0767-68-6370	0767-68-6201	（社医財）董仙会
丸内・芦城高齢者総合相談センター		923-0921	小松市土居原町175（芦城クリニック1F）	0761-23-5225	0761-23-3641	（特医）勝木会
丸内・芦城第二高齢者総合相談センター		923-0801	小松市園町二155-1（サービス付き高齢者向け住宅おれんじハウス1F）	0761-22-5070	0761-22-5071	（医社）田谷会
安宅・板津高齢者総合相談センター		923-0003	小松市安宅町ル1-8（ケアハウスファミール1F）	0761-41-6055	0761-24-8703	（福）あさひ会
安宅・板津第二高齢者総合相談センター		923-0011	小松市蛭川町西103-1（明峰の里敷地内）	0761-46-6192	0761-46-6193	（福）明峰会
松陽・御幸高齢者総合相談センター		923-0961	小松市向本折町ホ31（松寿園1F）	0761-22-2280	0761-23-2055	（福）松寿園

施設名		郵便番号	所在地	電話番号	FAX	運営主体
松陽・御幸第二高齢者総合相談センター		923-0964	小松市今江町1-428（小屋ビル1F）	0761-46-6883	0761-46-6884	(医社)丹生会
国府・中海高齢者総合相談センター		923-0073	小松市岩渕町46-2（グリーン・ポート小松1F）	0761-47-2921	0761-47-2968	(医社)田谷会
松東高齢者総合相談センター		923-0181	小松市長谷町50-5（JAきらら前）	0761-46-8211	0761-46-8202	(福)ジェイエイ小松福祉会
南部高齢者総合相談センター		923-0331	小松市上荒屋町ソ4-10（自生園敷地内）	0761-65-3131	0761-65-1101	(福)自生園
南部第二高齢者総合相談センター		923-0342	小松市矢田野町ヲ98-1	0761-44-5750	0761-44-5270	(医社)澄鈴会
輪島市地域包括支援センター		928-8525	輪島市二ツ屋町2字29番地	0768-23-1174	0768-23-1196	輪島市
サブセンター	東部支所	928-0215	輪島市町野町粟蔵川原田22-1	0768-32-1838	0768-32-1231	輪島市
	門前支所	927-2151	輪島市門前町走出6-69	0768-42-9918	0768-42-3579	
珠洲市地域包括支援センター長寿園		927-1221	珠洲市宝立町春日野4字117番地	0768-84-2330	0768-84-2052	(福)長寿園
ブランチ	珠洲市地域包括ケア推進室	927-1295	珠洲市上戸町北方1字6番地の2	0768-82-7746	0768-82-8138	珠洲市
	珠洲市総合病院ブランチ	927-1213	珠洲市野々江町ユ部1番地1	0768-82-1181	0768-82-1191	珠洲市
	珠洲市社会福祉協議会ブランチ	927-1454	珠洲市飯田町5部9番地	0768-82-7753	0768-82-8280	(福)珠洲市社会福祉協議会
加賀市高齢者こころまちセンター		922-8622	加賀市大聖寺南町ニ41	0761-72-8186	0761-72-1665	加賀市
サブセンター	加賀市高齢者こころまちサブセンター	922-8522	加賀市作見町リ36番地（加賀市医療センター地域連携センターつむぎ内）	0761-76-5131	0761-76-5160	加賀市
ブランチ	大聖寺地区高齢者こころまちセンター 大聖寺なでしこの家	922-0067	加賀市大聖寺番場町29番地4	0761-72-1882	0761-72-1882	(医社)慈豊会
	大聖寺地区高齢者こころまちセンター 小規模多機能ホームきょうまち	922-0055	加賀市大聖寺京町27番地	0761-73-2117	0761-73-2118	(医社)長久会
	三木・三谷・塩屋地区高齢者こころまちセンター グループホーム まどい	922-0825	加賀市直下町イ32番地1	0761-72-5220	0761-72-5220	(医社)長久会
	山代地区高齢者こころまちセンター 山代すみれの家	922-0242	加賀市山代温泉ハ74番地5	0761-77-1505	0761-77-1506	(福)篤豊会
	山代地区高齢者こころまちセンター ニーズ対応型小規模多機能ホームききょうが丘	922-0257	加賀市山代温泉桔梗丘4丁目1番1	0761-76-3660	0761-76-3650	(福)長久福祉会
	庄地区高齢者こころまちセンター 小規模多機能ホームいらっせ庄	922-0332	加賀市庄町ル167番地	0761-74-5650	0761-74-5651	(福)萌和会

資料編

	施設名	郵便番号	所在地	電話番号	FAX	運営主体
ブランチ	片山津地区高齢者こころまちセンター 小規模多機能ホームいらっせ湖城	922-0413	加賀市湖城町3丁目125番地	0761-74-8122	0761-74-8123	(福)萌和会
	作見地区高齢者こころまちセンター 小規模多機能ホームいらっせ松が丘	922-0436	加賀市松が丘1丁目17番地8	0761-72-2050	0761-72-2060	(福)萌和会
	作見地区高齢者こころまちセンター 小規模多機能ハウスさくみ	922-0423	加賀市作見町カ132番地1	0761-75-3315	0761-75-3316	(特非)コスモス加賀
	金明地区高齢者こころまちセンター 小規模多機能ホームきんめい	922-0443	加賀市野田町タ8番地1	0761-74-7401	0761-74-7501	(福)共友会
	動橋地区高齢者こころまちセンター 動橋ひまわりの家	922-0331	加賀市動橋町イ19番地1	0761-74-1611	0761-74-1613	(福)篤豊会
	分校地区高齢者こころまちセンター 小規模多機能ホームいらっせ分校	922-0304	加賀市分校町リ338番1	0761-74-1301	0761-74-1301	(福)萌和会
	橋立地区高齢者こころまちセンター 小規模多機能ホームはしたて	922-0554	加賀市橋立町イ乙54番地1	0761-75-7384	0761-75-7385	(福)共友会
	南郷地区高齢者こころまちセンター 小規模多機能ホームなんごうえがお	922-0013	加賀市上河崎町オ120番地	0761-75-7815	0761-75-7816	(株)加賀福祉サービス
	山中地区高齢者こころまちセンター 冨士見通りお茶の間さろん	922-0116	加賀市山中温泉白山町ノ14番1	0761-78-2555	0761-78-2557	(福)長久福祉会
	勅使・東谷口地区高齢者こころまちセンター 小規模特別養護老人ホームちょくし	922-0313	加賀市勅使町ル75番地1	0761-77-3911	0761-77-3912	(福)長久福祉会
羽咋市地域包括支援センター		925-8501	羽咋市旭町ア200番地	0767-22-0202	0767-22-3995	羽咋市
かほく市高齢者支援センター		929-1195	かほく市宇野気ニ81番地	076-283-7150	076-283-3761	かほく市
ブランチ	かほく市高齢者支援センター 高松支所	929-1210	かほく市学園台5丁目19番地1	076-282-9320	076-282-5607	(福)芙蓉会
白山市地域包括支援センター松任中央		924-0805	白山市若宮2丁目34番地	076-272-5999	076-275-0014	(福)若宮福祉会
白山市地域包括支援センター光野		924-0013	白山市番匠町443番地	076-274-7718	076-274-7955	(福)福寿会
白山市地域包括支援センター千代野		924-0073	白山市千代野東5丁目1番地2	076-276-1011	076-276-3005	(医社)白山会
白山市地域包括支援センター笠間		924-0063	白山市笠間町1738番地	076-274-6771	076-274-6772	(福)福寿会
白山市地域包括支援センター美川		929-0204	白山市平加町ヌ119番地1	076-278-8585	076-278-8511	(福)白山市社会福祉協議会
白山市地域包括支援センター鶴来		920-2134	白山市鶴来水戸町ノ1番地	076-272-3950	076-272-4066	白山石川医療企業団
白山市地域包括支援センター大門園		920-2322	白山市佐良口123番地	076-255-5225	076-255-5228	(福)手取会

施設名		郵便番号	所在地	電話番号	FAX	運営主体
能美市根上あんしん相談センター		929-0122	能美市大浜町ノ85番地	0761-55-5626	0761-55-5627	能美市(国民健康保険能美市立病院)
能美市寺井あんしん相談センター		923-1121	能美市寺井町た8番地1	0761-58-6177	0761-58-6733	(福)能美市社会福祉協議会
能美市辰口あんしん相談センター		923-1226	能美市緑が丘11丁目49番地1	0761-51-7771	0761-51-7783	(福)陽翠水
川北町地域包括支援センター		923-1267	川北町字壱ツ屋196番地	076-277-8388	076-277-8355	川北町
野々市市本町地区地域包括支援センター		921-8814	野々市市菅原町1番13号	076-246-8005	076-246-8006	(特医)扇翔会
野々市市富奥地区地域包括支援センター		921-8824	野々市市新庄2丁目14番地	076-248-7676	076-248-7623	(医社)洋和会
野々市市郷・押野地区地域包括支援センター		921-8847	野々市市蓮花寺町1番地1	076-294-6547	076-294-6557	(医社)仁智会
津幡町地域包括支援センター		929-0393	津幡町字加賀爪ニ3番地	076-288-7952	076-288-5646	津幡町
内灘町地域包括支援センター		920-0271	内灘町字鶴ケ丘2丁目161番地1	076-286-6750	076-286-6103	内灘町
志賀町地域包括支援センター		925-0198	志賀町末吉千古1番地1	0767-32-9132	0767-32-0288	志賀町
サブセンター	社会福祉協議会富来	925-0447	志賀町富来領家町甲の10番地	0767-42-2545	0767-42-2305	(福)志賀町社会福祉協議会
ブランチ	はまなす園	925-0161	志賀町赤住ハ-4-1	0767-32-4688	0767-32-4689	(福)はまなす会
	有縁	925-0205	志賀町仏木ク15-20	0767-37-1122	0767-37-8110	(医社)同朋会
宝達志水町地域包括支援センター		929-1311	宝達志水町門前サ11番地	0767-28-8110	0767-28-5569	宝達志水町
中能登町高齢者支援センター		929-1692	中能登町能登部下91部23番地	0767-72-2697	0767-72-3794	中能登町
穴水町地域包括支援センター		927-0027	穴水町川島タ38番地	0768-52-3378	0768-52-3320	穴水町
能登町地域包括支援センター		927-0492	能登町字宇出津ト字50番地1	0768-62-8516	0768-62-8506	能登町
サブセンター	能都藤波支所	927-0441	能登町字藤波井字48番地1	0768-62-3666	0768-62-8977	
	能都崎山支所	927-0434	能登町字崎山1丁目1番地	0768-62-0602	0768-62-0601	
	柳田支所	928-0395	能登町字五郎左エ門分藤17	0768-76-2002	0768-76-2102	
	内浦支所	927-0602	能登町字松波13字75番地1	0768-72-2322	0768-72-2310	

○認知症疾患センター（3カ所）

施設名	郵便番号	所在地	電話番号
能登認知症疾患医療センター	926-0816	七尾市藤橋町ア部6番地4（公立能登総合病院内）	0767-54-0089
石川県認知症疾患医療センター	929-1293	かほく市高松ヤ36（石川県立こころの病院内）	076-281-2600
南加賀認知症疾患医療センター	922-0424	加賀市小管波町121番地1（加賀こころの病院内）	0761-72-7031

資料編

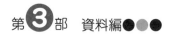

2. 障害のある人の施設

○障害者支援施設（25カ所）

事業所名称	郵便番号	所在地	電話番号	FAX番号	運営主体	施設入所	生活介護	就労移行	就労継続A	就労継続B	生活訓練	機能訓練
愛育学園	920-1135	金沢市北袋町イ101番地	076-235-8800	076-235-8801	(福)松原愛育会	80	80					
アカシヤの里	920-0226	金沢市粟崎町5丁目3番8号	076-237-0294	076-237-0295	(福)アカシヤの里	50	50					
希望が丘	920-0162	金沢市小池町九40番地	076-257-5211	076-257-2108	(福)希望が丘	68	80					
障害者支援施設　金沢湖南苑	920-3102	金沢市忠縄町380番地	076-258-6001	076-258-6522	(福)石川整肢学園	100	125					6
障害者支援施設　金沢ふくみ苑	920-0376	金沢市福増町南16番地	076-214-3700	076-214-3702	(福)石川整肢学園	50	75					15
ハビリポート若竹	920-1341	金沢市別所町ク10番	076-247-6787	076-247-6768	(福)陽風園	36	36					
ハビリポート若葉	920-1341	金沢市別所町ク10番	076-247-6787	076-247-6768	(福)陽風園	164	164					
ふじのき寮	920-1146	金沢市上中町ト18番地	076-229-1464	076-229-1479	(福)松原愛育会	80	80					
青山彩光苑ライフサポートセンター	926-0831	七尾市青山町ろ部15番1	0767-57-3309	0767-57-1531	(福)徳充会	80	80					
うめの木学園	923-0153	小松市金平町ヌ84番地	0761-41-1301	0761-41-1648	(福)うめの木学園	50	54					
小松陽光苑	923-0183	小松市瀬領町ヨ288番地	0761-46-1224	0761-46-1308	(福)石川整肢学園	96	96			10		
障がい者支援施設　夢兎明	923-0151	小松市正蓮寺町セイ谷10番地	0761-47-4111	0761-47-2847	(福)南陽園	40	40					
ふれあい工房あぎし	927-2353	輪島市門前町是清イの1番地	0768-43-1991	0768-43-1999	(福)門前町福祉会	50	50			10		
石川県立錦城学園	922-0562	加賀市高尾町ヌ1-甲	0761-72-0069	0761-72-6868	(福)松原愛育会	90	90					
カナンの園	922-0265	加賀市水田丸町ワ2番地2	0761-77-1500	0761-77-1531	(福)珠明会	50	44					
指定障害者支援施設　ほっと安らぎ	922-0411	加賀市潮津町ム69番地1	0761-74-7013	0761-74-7014	(福)南陽園	80	80					
指定障害者支援施設　夢ようよう	922-0411	加賀市潮津町ム59番地1	0761-74-4040	0761-74-6680	(福)南陽園	52	52					
青い鳥	920-2364	白山市杉森町へ1-1	076-254-8181	076-254-8188	(福)鳥越福祉会	30	38					
障害者支援施設　星が岡牧場	923-1224	能美市和気町ヤ4-5	0761-51-6553	0761-51-6156	(福)佛子園	30	60					
障害者支援(自閉症者療育)施設　はぎの郷	929-0443	河北郡津幡町別所への1	076-288-0339	076-288-0340	(福)つくしの会	40	40					
今浜苑	929-1345	羽咋郡宝達志水町今浜新耕128-1	0767-28-2900	0767-28-2928	(福)四恩会	30	30			20		
つばさ	929-1717	鹿島郡中能登町良川け部71-1	0767-74-2055	0767-74-2086	(福)つばさの会	60	40			40		
青山彩光苑穴水ライフサポートセンター	927-0023	鳳珠郡穴水町麦ヶ浦15-39-12	0768-52-2550	0768-52-2622	(福)徳充会	50	60					
石川県精育園	927-0027	鳳珠郡穴水町字七海6字50番地	0768-52-0284	0768-52-3349	(福)徳充会	130	130					
Healing Bay Area 日本海倶楽部	927-0605	鳳珠郡能登町字立壁92番地	0768-72-8180	0768-72-8282	(福)佛子園	50	40			20		

○障害福祉サービス事業所（訪問系サービス、短期入所、グループホームを除く）（257カ所）

事業所名称	郵便番号	所在地	電話番号	FAX番号	運営主体	定員 療養介護	生活介護	就労移行	就労継続A	就労継続B	就労定着	生活訓練	機能訓練
あい	921-8054	金沢市西金沢3丁目534番	076-259-1660	076-259-1661	(株)愛				20				
あけぼの作業所	920-0944	金沢市三口新町1丁目8番1号	076-263-7101	076-260-0635	(福)陽風園					40			
インテグラルワークス金沢中央	920-0051	金沢市二口町ハ6番地1	076-254-6623	076-259-5792	(株)インテグラルウェルフェア				20				
Vivaスタジオ	921-8153	金沢市高尾町ル13番地	076-256-3590	076-256-3591	(株)エポック					30			
ヴィストキャリア金沢駅前	920-0031	金沢市広岡1丁目2番地14号　コーワビル2階	076-254-6254	076-254-6253	ヴィスト(株)			20			○		
ヴィストキャリア武蔵ヶ辻	920-0854	金沢市安江町1番1号グランドパレス武蔵ヶ辻1階	076-213-5634	076-213-5635	ヴィスト(株)			20			○		
ヴィストジョブズ金沢入江	921-8011	金沢市入江2丁目82番地1エビアビル1階	076-256-2115	076-256-2116	ヴィスト(株)			20			○		
ヴィストジョブズ高尾台	921-8151	金沢市高尾台4丁目400番地	—	—	ヴィスト(株)			20					
ウェルビー金沢センター	920-0919	金沢市南町4番55号WAKITA金沢ビル3階	076-254-5845	076-254-5846	ウェルビー(株)			20			○		
うちくるアシスト	920-3126	金沢市福久1丁目106番地	076-429-8766	076-239-0130	(株)うちくる				40	20			
エイブルベランダBe	921-8162	金沢市三馬1丁目369番地	076-241-1200	076-241-7888	(福)佛子園					10			
エイブルベランダBe（むじん蔵）	921-8161	金沢市有松1丁目4-7	076-241-1166	076-241-1166	(福)佛子園					10			
えがお	920-0003	金沢市疋田3丁目41番地	076-253-0003	076-253-0009	(有)カーム					20			
えがお工房8クリーン	920-0027	金沢市駅西新町1丁目39番10号	076-225-8889	076-225-8733	(一社)えがお工房8					10			
えがお工房8クリーンアネックス	920-0043	金沢市長田2丁目26番6号	070-5062-4824	—	(一社)えがお工房8					10			
えがお工房8ジョイ駅西	920-0055	金沢市北町乙60番地1	076-208-5228	076-208-5228	(一社)えがお工房8					10			
えがお工房8たんと	921-8163	金沢市横川7丁目35番地1ルミエール横川・402号	076-256-3073	076-256-3072	(一社)えがお工房8					10			
エンデバーメイト	920-0352	金沢市観音堂町ロ63番地1	076-208-4145	076-208-4146	(合同)東					14			
金沢クリーンワークス	920-0864	金沢市磯部町ホ25番地1	076-261-7840	076-261-7830	(福)金沢手をつなぐ親の会					19			
キッズ・ベランダBe	921-8152	金沢市高尾1丁目27番地1	076-296-3663	076-296-3663	(福)佛子園					10			
希望ヶ丘カッコー	920-0162	金沢市小池町南30番地	076-257-4215	076-257-3181	(福)希望ヶ丘		20						
煌めき工房	920-0053	金沢市若宮町ホ31-1	076-223-4016	076-223-4026	スマイル・スマイル(株)					20			
クラフトファクトリー	920-0024	金沢市西念4丁目7番1号	076-225-7364	076-213-9490	(特非)さわらび					20			
グローブル千木	920-0001	金沢市千木町ワ42番地	076-255-6547	076-255-6548	(有)ラルゴ		25						
グローブルふくひさ	920-3122	金沢市福久町ホ13番1	076-257-2310	076-257-2310	(有)ラルゴ					40			
工房シティ	920-0226	金沢市粟崎町5丁目3番地1	076-238-2111	076-238-2112	(福)あおぞら福祉会		30			10			
コスモス	921-8105	金沢市平和町2丁目21番15号	076-241-0071	076-241-0081	(福)むつみ会		21						
サンサンクラブ「かがやき」	921-8011	金沢市東力1丁目153番地	076-291-1221	076-291-2237	(特非)WAC輝き		14						

資料編

事業所名称	郵便番号	所在地	電話番号	FAX番号	運営主体	定員							
						療養介護	生活介護	就労移行	就労継続A	就労継続B	就労定着	生活訓練	機能訓練
サンサンクラブ「かがやき」(分室)	921-8033	金沢市玉鉾2丁目337番地	076-291-1221	076-291-2237	(特非)WAC輝き		6						
Share金沢ワークセンター	920-1165	金沢市若松町セ104番地1	076-256-1010	076-256-1020	(福)佛子園			6	10	24			
七施の杜　かなざわ	920-0341	金沢市寺中町ホ2番地1	076-256-1172	076-256-1172	(株)A・S・K					20			
就労支援事業所ルーツ　金沢	920-0919	金沢市南町5番20号	076-282-9701	076-282-9701	(株)Class		20						
就労継続支援B型事業所　いずみの	921-8034	金沢市泉野町1丁目1番25号	076-280-5503	076-280-5503	(特非)いずみの					20			
就労継続支援B型事業所 仕事&交流ハウスあおぞら	920-0205	金沢市大浦町ヲ55-1	076-239-8010	076-239-8011	(医社)青樹会青和病院					20			
就労継続支援B型つぼみ	921-8033	金沢市寺町3丁目14番15号	076-256-3728	076-256-3729	(株)Givers					20			
就労継続支援(B型)ひまわり	920-3102	金沢市忠縄町380番地	076-258-6001	076-258-6522	(福)石川整肢学園					20			
就労支援センター「かがやき」	921-8005	金沢市間明町1丁目344	076-218-7816	076-218-7817	(特非)WAC輝き					20			
就労支援センターひなげし	921-8111	金沢市若草町12番7号	076-243-0326	076-243-0327	(福)ひろびろ福祉会				10	10			
障害者ビジネススクール　カラフル・金沢	920-0853	金沢市本町2丁目7番1号越田ビル7階	076-201-8270	076-201-8271	(一社)Be.カラフル			10			○	10	
障害福祉サービス事業所鳴和の里	920-0005	金沢市高柳町10字106-1	076-252-7344	076-256-0566	(福)すぎな福祉会					20			
自立就労支援センターいしびき	920-0935	金沢市石引1丁目1-1	076-216-5310	076-231-0807	(社医財)松原愛育会			9		31	○		
鈴見台虹の家	920-1161	金沢市鈴見台5-7-13	076-261-7870	076-261-7870	(福)金沢手をつなぐ親の会		20						
ステップ	921-8005	金沢市百坂町ニ38番地	076-257-2963	076-240-7567	(株)鏡心							20	
Smile金沢	921-8145	金沢市額谷3丁目49番地	076-225-5525	076-296-2014	オリジナルサポート(株)					20			
生活訓練　FIY high	920-0811	金沢市小坂町中99番地3	076-214-4548	076-214-4558	(株)リバイバルマネジメント							20	
生活支援センター　キャンワーク	921-8051	金沢市黒田1丁目95番地	076-240-7040	076-240-7040	(特非)KMC					10			
生活支援センター　キャンワーク(店舗事業ちゃおず)	921-8051	金沢市黒田1丁目59番地	076-240-7040	076-240-7040	(特非)KMC					10			
生活支援センター雪見橋　ワークス城南	920-0966	金沢市城南1丁目8番20号	076-262-2262	076-262-2291	(福)松原愛育会		6			20		6	
生活支援センター雪見橋　ワークス城南(生活介護分室　リバーサイド)	920-0966	金沢市城南1丁目15番40号	076-262-2262	076-262-2291	(福)松原愛育会		6						
聖ヨゼフ苑作業所	920-0377	金沢市打木町東155番地	076-240-6221	076-240-2001	(福)聖ヨゼフ苑		14			40			
self－A・Aid駅西	920-0025	金沢市駅西本町2丁目5番16号	076-282-9901	076-282-9234	(株)Aid					20			
self－Aオンステージ三口新町	920-0944	金沢市三口新町4丁目2-12	076-235-2010	076-235-2011	(株)オンステージ					20			
self－A・ハニービー泉が丘	921-8172	金沢市伏見新町278番1	076-256-3631	076-256-3632	(株)ハニービー					20			
self－Aハニービー駅西新町	920-0027	金沢市駅西新町1丁目38番6号	076-232-5511	076-232-5513	(株)ハニービー					20			
self－Aハニービー金沢駅東	920-0848	金沢市京町29番11号	076-251-1201	076-251-1202	(株)ハニービー					20			
self－A・ハニービー神田	921-8027	金沢市神田2丁目2-19	076-244-3667	076-244-3668	(株)ハニービー					20			
self－A・ハニービー額新保	921-8148	金沢市額新保3丁目257番地	076-246-3623	076-246-3633	(株)ハニービー				20				

事業所名称	郵便番号	所在地	電話番号	FAX番号	運営主体	定員 療養介護	生活介護	就労移行	就労継続A	就労継続B	就労定着	生活訓練	機能訓練
self－A・B2金沢	921-8132	金沢市しじま台2丁目28番地10 セントラフォーレ102号室	076-259-5404	076-259-5414	(株)A-rise				10	10			
創舎	920-0981	金沢市幸町2番2号幸町スカイハイツ1階	076-223-5250	076-254-0354	(一社)創舎会			10	10				
多機能型支援施設 ヒラソル　はった	920-3106	金沢市八田町東907番地	076-201-8231	076-201-8247	(株)アルバ		20						
多機能型事業所ながさか	921-8114	金沢市長坂町ヲ103番地	076-280-5600	076-280-5606	(医)積仁会							12	
多機能型事業所ますますくらぶ	920-0205	大浦町ホ25番地1	076-238-3355	076-238-1621	(医社)青樹会青和病院					20		6	
たけまた友愛の家	920-0131	金沢市東原町フ14番地2	076-257-7830	076-257-7840	(福)金沢手をつなぐ親の会		35						
ディーキャリア　金沢オフィス	920-0853	金沢市本町1丁目6番1号 やわらぎ金沢102号室	076-223-8651	076-223-8652	(株)ミナト環境サービス			20					
デイサービスセンター駅西苑	920-0024	金沢市西念3丁目4番25号	076-234-5145	076-234-5146	(公財)金沢健康福祉財団		18						
デイサービスセンターふれあい	921-8161	金沢市有松2丁目4番32号	076-245-5601	076-241-3561	(株)ふれあいタウン		25						
特定非営利活動法人　オープンハウス・クローバー	920-0942	金沢市小立野3-17-5	076-264-9272	076-264-9272	(特非)オープンハウスクローバー					10			
特定非営利活動法人　オープンハウス・クローバー（オリーブ）	920-0942	金沢市小立野3-21-20	076-223-7028	076-264-9272	(特非)オープンハウスクローバー					10			
特定非営利活動法人　金沢市視覚障害者地域活動支援センター	920-0862	金沢市芳斉1丁目15番26号	076-222-8782	076-222-1831	(特非)金沢市視覚障害者地域活動支援センター					20			
(独行)国立病院機構医王病院	920-0192	金沢市岩出町ニ73番地1	076-258-1180	076-258-6719	(独行)国立病院機構医王病院	60							
トロワ	920-0202	金沢市木越町ヨ117番地1	076-255-3954	076-255-3964	(株)トロワ					20			
なでしこ	920-0356	金沢市専光寺町レ4番5	076-254-6841	076-254-6843	(合資)ピース				20				
ねむねむの輪	920-0226	金沢市粟崎町3丁目3-2	076-255-2300	076-255-2342	(合同)イーゼル					20			
脳卒中・身体障害専門就労支援センター「リハス」金沢	920-0015	金沢市諸江町上丁307番地25　1F	076-225-8468	076-225-8478	金沢QOL支援センター(株)			20					
ハスネテラス	920-0203	金沢市木越町ツ18番地1	076-256-0525	076-256-0526	ケアパーク金沢(株)					40			
パッチワーク	920-0955	金沢市土清水3丁目242番地1	076-205-8311	076-205-8311	(福)ゆい		22						
ハッピータウンクオレ	921-8177	金沢市伏見台1丁目6番13号	076-244-8081	076-244-8081	(福)愛里巣福祉会			10		30			
Happy Market　さくら	920-0842	金沢市元町2丁目15番13号	076-282-9878	076-282-9868	(株)さくらCom					20			
ぱるむ	921-8036	金沢市弥生1丁目23番8号	076-201-1600	076-201-1611	(一社)PALM					20			
ぴあもーる	921-8147	金沢市大額1丁目352番地	076-213-5131	076-213-5132	ケアパーク金沢(株)		15			20			
彦三のぞみ苑	920-0901	金沢市彦三町2丁目12番12号	076-221-5800	076-221-5899	(福)金沢手をつなぐ親の会					38			
ひなげしウエスファクトリーなかお山	921-8046	金沢市大桑町中尾山22番地1	076-243-2330	076-243-2330	(福)ひろびろ福祉会					20			
ひまわり	920-0376	金沢市福増町南16番地	076-214-5550	076-214-3702	(福)石川整肢学園					20			
ひろびろ作業所	920-0946	金沢市大桑町タ1番地18	076-260-0806	076-260-0977	(福)ひろびろ福祉会		26			11			
VSサポート	920-0901	金沢市彦三町2丁目1番10号	076-221-1233	076-221-1233	(株)VSサポート					20			
富士リネン株式会社　金沢工場	921-8066	金沢市矢木2丁目29	076-214-6466	076-214-6422	富士リネン(株)				20				

資料編

事業所名称	郵便番号	所在地	電話番号	FAX番号	運営主体	定員 療養介護	生活介護	就労移行	就労継続A	就労継続B	就労定着	生活訓練	機能訓練
ふれあい工房たんと	920-0811	金沢市小坂中18番2	076-254-1489	076-254-1499	(特非)ふれあい工房たんと					20			
ふれあい工房たんと御所	920-0813	金沢市御所町イ21番地5	076-254-6751	076-254-6752	(特非)ふれあい工房たんと				20				
ぽっぽくらぶ	920-3114	金沢市吉原町ロ6-2	076-257-3311	076-257-3394	(福)石川整肢学園	10							
ぽれぽれ工房山の家	920-1346	金沢市三小牛町イ3-2	076-287-3414	076-287-3414	(特非)地域支援センターポレポレ		6			10			
ぽれぽれ工房山の家（それいけ仲間たちの家）	920-0927	金沢市扇町11-31	076-221-8595	076-221-8595	(特非)地域支援センターポレポレ		6						
マインド	921-8005	金沢市間明町1丁目231番地	076-254-5488	076-282-7726	(株)鏡心							20	
みらい	920-0853	金沢市本町1丁目8番18号-201	076-221-5531	076-221-5532	(株)Ties					20			
夢工房	920-0373	金沢市みどり3丁目130番地	076-269-0680	076-269-1707	(福)清風会					40			
夢未来	920-0372	金沢市豊穂町264番地	076-207-3966	076-269-1731	(福)清風会	20							
やくしん	920-3123	金沢市福久東1丁目88番地	076-255-2235	076-255-2236	(株)PROGRESS					20			
やちぐさ作業所	920-0827	金沢市牧町チ71番地	076-251-5139	076-251-7750	(福)やちぐさ会		14			24			
やよい	921-8036	金沢市弥生2丁目9番10号	076-243-0841	076-243-0843	(株)jaO					20			
リエゾン	920-0031	金沢市広岡1丁目1番35号 金沢第二ビル102号室	076-208-3015	076-208-3045	(特非)リエゾン		20						
リハスファームかなざわ	920-0024	金沢市西念2丁目31番地7	076-208-3822	076-208-3823	金沢QOL支援センター(株)					20			
リハビリ型就労スペース「リハス」	920-0015	金沢市諸江町上丁307番地25号	076-254-6497	076-254-6678	(株)クリエイターズ				20	20			
リワークスクール　カラフル・金沢	920-0996	金沢市油車41番地 新竪町ビル2・3・4階	076-224-0551	076-224-0552	(一社)Be.カラフル			6				20	
ワークショップオアシス	920-0373	金沢市みどり2丁目6番地5	076-249-0061	076-249-7030	(特非)世代間交流サロン・オアシス				10				
ワークショップひなげし	921-8111	金沢市若草町12番7号	076-243-0326	076-243-0327	(福)ひろびろ福祉会		20						
ワークショップひなげし	921-8111	金沢市若草町23番1号	076-243-0326	076-243-0327	(福)ひろびろ福祉会		10						
ワークショップひなげしリサイクル工場	920-0376	金沢市福増町北204-22	076-243-0326	076-243-0327	(福)ひろびろ福祉会					20			
ワークプラザますいずみ	921-8025	金沢市増泉1丁目19-23-1	076-243-1822	076-243-1822	(福)こころ				6	30			
若草福祉作業所	921-8106	金沢市十一屋町4番34号	076-244-7731	076-244-7754	(福)むつみ会		25			35			
ワンダーフレンズ金沢	920-0968	金沢市幸町23番1号 シナジービル2階	076-222-3855	076-222-3856	(株)ワンダーフレンズ					20			
青山彩光苑リハビリテーションセンター	926-0831	七尾市青山町ろ部22番	0767-57-3309	0767-57-1531	(福)徳充会			8					32
青山彩光苑ワークセンター田鶴浜	929-2116	七尾市吉田町昭部6-1	0767-68-3112	0767-68-3215	(福)徳充会					30			
青山彩光苑ワークセンター田鶴浜（配送センター）	929-2121	七尾市田鶴浜町り部57番地	0767-68-3255	0767-68-3215	(福)徳充会					10			
Support for job えもる	926-0054	七尾市川原町54	0767-57-5057	―	(一社)ともえ					20			
シフト	926-0021	七尾市本府中町ワ部36番地	0767-53-0211	0767-52-7650	(医)松原会					20			
障がい福祉サービス事業所ゆうの丘	926-0836	七尾市町屋町に部24番地	0767-58-3135	0767-58-3135	(特非)野の花福祉会					30			

事業所名称	郵便番号	所在地	電話番号	FAX番号	運営主体	定員							
						療養介護	生活介護	就労移行	就労継続A	就労継続B	就労定着	生活訓練	機能訓練
生活介護事業所にじ	926-0833	七尾市旭町イ部104番1	0767-57-3220	0767-57-3210	(株)サンフラワー		20						
ぱいんの家	926-0045	七尾市袖ヶ江町23番地2	0767-57-5544	0767-57-5549	(医)松原会					20			
みのり園	926-0821	七尾市国分町セ部18番地	0767-53-7266	0767-52-9028	(福)みのり会		11			29			
ワーク&ライフサポートピアハウス	926-0021	七尾市本府中町ル35-1	0767-52-2055	0767-52-2185	(医)松原会							10	
愛ラボキッチン	923-0964	小松市今江町7丁目416番地4	0761-58-0814	0761-58-0832	(一社)あんずの木					20			
いおり	923-0964	小松市今江町5丁目258番地1	0761-23-2201	0761-23-2202	(株)JOINUS				20				
心愛	923-0972	小松市月津町ヲ26-1	0761-43-4364	0761-43-4364	(医社)澄鈴会					20			
サービスセンターあしだ	923-0938	小松市芦田町2丁目7番地1	0761-24-5911	0761-24-2177	(福)こまつ育成会		20			20			
サービスセンターおおぞら	923-0066	小松市埴田町78番地1	0761-47-2214	0761-47-1530	(福)こまつ育成会		14						
サービスセンターおおぞら　さくら分場	923-0942	小松市桜木町96番地2	0761-47-2214	0761-47-1530	(福)こまつ育成会		6						
三草二木西圓寺	923-0033	小松市野田町丁68番	0761-48-7773	0761-21-2120	(福)佛子園		8			12			
三草二木西圓寺	923-0033	小松市野田町丁65番地	0761-24-1558	0761-24-1558	(福)佛子園			15					
就労支援センターつばさ	923-0851	小松市北浅井町リ123番地	0761-23-7232	0761-23-7284	(福)なごみの郷					20			
障がい者活動センターゆるり	923-0964	小松市今江町5丁目128番地	0761-58-1575	0761-58-1574	(特非)ゆるり					20			
障害福祉サービスセンターひかり	923-0183	小松市瀬領町ヨ288番地	0761-46-1411	0761-46-1410	(福)石川整肢学園		20						
小規模多機能ホームやたの	923-0342	小松市矢田野町イ31-1	0761-43-2377	0761-44-1010	(福)共友会		12						
松寿園　ドレミ	923-0961	小松市向本折町ニ32-2	0761-22-5120	0761-22-2332	(福)松寿園					30			
地域活動センターくろゆり	923-0863	小松市不動島町甲22番地	0761-24-5739	0761-41-5773	(福)なごみの郷		20						
兎夢創家	923-0854	小松市大領町ロ223番地	0761-46-6072	0761-46-6071	(福)南陽園				10	30			
ひまわり工房	923-0801	小松市園町ハ36番地1 小松織物会館	0761-24-3313	0761-21-3136	小松IT就労支援センター(株)				20		○		
まままんま工房	923-0037	小松市問屋町29番地	0761-23-3920	0761-24-2156	(株)sprout				20				
矢田野ファクトリー	923-0342	小松市矢田野町ミ30番地	0761-44-7115	0761-44-7484	(福)共友会				40	16			
やまとと　やまととプラス	923-0965	小松市串町35番地17	0761-58-1108	0761-58-1179	(株)make better			6	14				
らいふ	923-0183	小松市瀬領町丁1番地2	0761-46-1305	0761-46-1307	(福)石川整肢学園		7						20
ワークセンターうめの木	923-0153	小松市金平町リ148番地	0761-41-1301	0761-41-1648	(福)うめの木学園					32			
奥能登WORKSスタジオ	928-0246	輪島市里町1字6番地1	0768-34-1350	0768-34-1351	(株)奥能登元気プロジェクト			6		14			
障害福祉サービス事業所 あすなろふたばいんの会	928-0001	輪島市河井町14部13番地	0768-22-2950	0768-22-2950	(特非)あすなろふたばいんの会					20			
多機能型ライフサポート　一互一笑	928-0022	輪島市宅田町25字4番10	0768-22-4141	0768-22-4949	(福)弘和会		8			22			
B's Work輪島	928-0001	輪島市河井町弐部208	0768-23-4890	0768-23-4891	(福)佛子園		10		10	10			

資料編

事業所名称	郵便番号	所在地	電話番号	FAX番号	運営主体	定員							
						療養介護	生活介護	就労移行	就労継続A	就労継続B	就労定着	生活訓練	機能訓練
B's Work輪島	928-0032	輪島市河井町5部256番	0768-22-8002	0768-22-8003	(福)佛子園				20				
障害福祉サービス多機能型事業所さざなみ	927-1215	珠洲市上戸町北方参字141番地1号	0768-82-2660	0768-82-2661	(福)鳥越福祉会		10			10			
ワークショップすず	927-1214	珠洲市飯田町5-9	0768-82-3225	0768-82-7003	(特非)ワークショップすず		9			47			
株式会社ライフライン	922-0335	加賀市湖城町2丁目335番地	0761-75-7850	0761-75-7761	(株)ライフライン				20				
くらし・しごと応援センターはるかぜ	922-0832	加賀市百々町81番地1	0761-72-4545	0761-72-7030	(福)長久福祉会	6	6			22	○	6	
グリーンファームもぐ	922-0825	加賀市直下町イ23番地	0761-72-6312	0761-76-6116	(特非)かが育成会		12			26			
幸徳園	922-0331	加賀市動橋町リ-1	0761-74-1609	0761-74-1022	(福)幸徳園		20			38			
就労継続支援A型事業所　三つ星	922-0442	加賀市篠原町セ2番地8	0761-74-0028	0761-74-0029	(福)花友会				10				
寿々ワーク作業所	922-0274	加賀市別所町3丁目80番地2	0761-76-1991	0761-76-1991	(特非)福寿草の郷					20			
ジョブハウスひかり	922-0402	加賀市柴山町ち91番地	0761-74-4300	0761-74-4350	(福)泰耀					10			
すくすくハウス	922-0241	加賀市加茂町ハ420	0761-75-7511	0761-75-7511	すくすく加賀(合同)		10						
生活介護アイリス	920-0855	加賀市松が丘2丁目15番地2	0761-73-0436	0761-73-4226	(有)シブヤ		20						
多機能型事業所アグリ加賀	922-0271	加賀市尾俣町33番地	0761-77-2622	0761-76-3988	(福)花友会		6			30			
独立行政法人国立病院機構石川病院コスモス	922-0405	加賀市手塚町サ150番地	0761-74-0700	0761-74-7642	(独行)国立病院機構石川病院	20							
ハッピーワーク山中温泉	922-0139	加賀市山中温泉菅谷町イ10番地	0761-78-5109	0761-78-2743	コスモ計画(株)				20				
ピースきんじょう	922-0004	加賀市大聖寺上福田町ロ76番2	0761-73-2580	0761-73-2581	(福)松原愛育会		10						
夢うさぎ	922-0404	加賀市源平町84番地	0761-74-5300	0761-74-6969	(福)南陽園					20			
夢ファクトリーえん	922-0411	加賀市潮津町ム69番地1	0761-74-5511	0761-74-6680	(福)南陽園				10	30			
レイクサイド楽	922-0402	加賀市柴山町も21-1	0761-74-6632	0761-74-6232	(福)南陽園		20						
就労支援センター　あおぞら	925-0025	羽咋市釜屋町ヰ81-3	0767-22-2918	0767-22-9037	(福)はくい福祉会					35			
地域サポートハウス楽生	925-0025	羽咋市太田町い15	0767-26-0807	0767-26-0807	(一社)つながり		10			10			
地域サポートハウス楽生（夢生民）	925-0015	羽咋市大川町ク-9-11	0767-23-4137	0767-26-0807	(一社)つながり					10			
地域サポートハウス楽生（るるるん・ち）	925-0025	羽咋市太田町と80	0767-23-4138	0767-23-4138	(一社)つながり					10			
ライフサポート　村友	929-1572	羽咋市大町な29番地	0767-26-8080	0767-26-1717	(福)弘和会					20			
観舎	929-1215	かほく市高松エ168番地2	076-281-0380	076-281-0380	(一社)SANPO					30			
合同会社　LIBERTY「自由の翼」	929-1215	かほく市高松ミ2番1	076-255-2741	076-255-2742	(合同)LIBERTY					20			
七施の杜　たかまつ	929-1215	かほく市高松ヤ26番地7	076-281-0707	076-281-0194	(株)A・S・K		6			10			
七施の杜　たかまつ（2号館）	929-1215	かほく市高松ケ56番地1	076-281-0707	076-281-0194	(株)A・S・K					24			
就労支援事業所　創楽	929-1176	かほく市外日角ハ126番地2	076-254-0303	076-283-5353	(福)眉丈会					20			

事業所名称	郵便番号	所在地	電話番号	FAX番号	運営主体	療養介護	生活介護	就労移行	就労継続A	就労継続B	就労定着	生活訓練	機能訓練
就労自立支援センターラポールかほく	929-1213	かほく市遠塚イ41番地2	076-256-0326	—	(一社)あるもに				10	10			
障がい者支援事業所かのん	929-1112	かほく市多田と17番地	076-255-3731	076-255-3821	(株)華音					20			
self-A・151Aかほく	929-1126	かほく市内日角5丁目32	076-205-5115	076-209-0660	(株)151A				20				
ライフクリエートかほく	929-1122	かほく市七窪ハ7-1	076-283-7100	076-283-7103	(福)四恩会		20			40			
ライフサポートたかまつ	929-1214	かほく市内高松ウ85番地1	076-281-3003	076-281-3180	(福)白千鳥会		14					6	
青い鳥ワークセンター	920-2364	白山市杉森町へ1-1	076-254-8182	076-254-8189	(福)鳥越福祉会					20			
あかりとみのり	924-0051	白山市福留町2016番	076-214-6653	076-214-6663	(一社)えん					10			
あかりとみのり(相木分所)	924-0022	白山市相木町130番2	076-256-3514	076-256-3103	(一社)えん					10			
あじさい	920-2113	白山市八幡町247番地	076-272-2721	076-272-3790	(特非)あじさいの家		10			15			
あじさい(獅子吼ふれあい館内)	920-2113	白山市八幡町リ110	076-295-9052	076-295-9052	(特非)あじさいの家					10			
生きがいワークス白山	920-2121	白山市鶴来本町4丁目千目35番地	076-225-4362	076-225-4363	(株)生きがい工房					20			
ヴィストキャリア松任駅前	920-0871	白山市西新町1133 ポポロ松任	076-214-6802	076-214-6902	ヴィスト(株)			20			○		
えがお工房8ジョイ	924-0873	白山市八日市町17番地1 八日市ビル101号	076-274-1672	076-274-1673	(一社)えがお工房8					10			
サンケアワークス	924-0801	白山市田中町123番地10	076-275-7007	076-275-7030	(福)Flower				25	10			
就労支援事業所 懐	924-0878	白山市末広2丁目35番地	076-275-5055	076-214-7055	(特非)ブウプ					20			
就労支援隊あくと	924-0885	白山市殿町10番地1	076-276-0307	076-276-0308	(福)若宮福祉会				20	10			
障害福祉サービス事業所ほほえみ	924-0865	白山市倉光8丁目16-2	076-274-6209	076-274-6209	(福)あいの郷					20			
Smileはくさん	920-2134	白山市鶴来水戸町4丁目74番地	076-225-5525	076-296-2014	オリジナルサポート(株)					20			
生活介護事業所つむぎ	920-2165	白山市明光1丁目78番地	076-272-8297	076-272-8298	(特非)希づき		10						
セルプあさがお	924-0063	白山市笠間町156-1	076-274-9177	076-274-9178	(福)松の実福祉会		8			32			
self-A・A-rise白山事業所	921-8812	白山市徳丸町367番地1-2	076-207-4245	076-205-1251	(株)A-rise				20				
多機能型支援施設ヒラソル こうづ	924-0821	白山市木津町574番1	076-220-6740	076-220-6741	(株)アルバ		20	6		10			
多機能型支援施設ヒラソル みずほ	921-8813	白山市みずほ6丁目1番10	076-227-9353	076-227-9354	(株)アルバ		20						
だんろ	929-0201	白山市鹿島町ち111番地1	076-236-2356	076-236-2540	(株)JOINUS					20			
つながりの家	924-0024	白山市北安田町112-1	076-274-2230	076-274-0027	(福)ひびき		20			10			
つながりの家(すーぷる)	924-0806	白山市石同新町294-1	076-276-9432	076-201-8733	(福)ひびき		15						
B's Work	924-0024	白山市北安田町548番地2	076-275-0616	076-275-0689	(福)佛子園		37	6	40	16	○		
B's Work(睦Work)	924-0024	白山市北安田町992番地	076-275-0616	076-275-0689	(福)佛子園					14			
フォルムののシティ(SUNシティ)	924-0801	白山市田中町63番1	076-275-3410	076-275-3404	(福)あおぞら福祉会		12						

資料編

事業所名称	郵便番号	所在地	電話番号	FAX番号	運営主体	定員 療養介護	生活介護	就労移行	就労継続A	就労継続B	就労定着	生活訓練	機能訓練
松の実園	924-0804	白山市徳丸町625-1	076-276-6452	076-274-2360	(福)松の実福祉会		12			28			
美川あんずの家	929-0204	白山市平加町ヌ119番地1	076-278-7775	076-278-7475	(特非)美川あんずの家					10			
美川37Work	929-0224	白山市美川中町ロ221-1	076-278-7788	076-278-7770	(福)佛子園				10		○		
美川37Work（松任23Work）	924-0885	白山市殿町312	076-278-7788	076-278-7770	(福)佛子園				10				
ゆらく	924-0804	白山市徳丸町562-1	076-259-6407	076-259-6408	(株)癒楽					20			
リハスファームはくさん	924-0033	白山市宮丸町1133-1	076-259-1452	076-259-1453	金沢QOL支援センター(株)					20			
リハ本舗おおまち	924-0874	白山市四日市町5番地	076-275-8070	076-275-4167	(株)ケア・ファシリティ		24						
一歩	923-1205	能美市宮竹町イ180番地30	0761-48-4465	0761-48-4464	(特非)能美市作業所連合		24			30			
サフラン	923-1243	能美市三ツ屋町ロ26番1	0761-58-2353	0761-58-2353	(特非)シオン					20			
サンサポートさらだ	929-0113	能美市大成町ヌ160番地2	0761-55-6061	0761-55-6062	(福)泰耀		10			20			
ジョブサポートてらい	923-1121	能美市寺井町を52番地	0761-57-1755	0761-57-1754	(福)南陽園			20					
能美地域活動センターはまかぜ	929-0105	能美市中ノ江町と104-1	0761-58-0753	0761-58-0754	(福)なごみの郷					20			
能美地域活動センターはまかぜ 山口分場	929-0126	能美市山口町ホ17-1	0761-46-6160	0761-46-6102	(福)なごみの郷					20			
夢ファクトリーてらい	923-1121	能美市寺井町を55番地4	0761-57-1755	0761-57-1754	(福)南陽園					20			
レッツ	923-1121	能美市寺井町大長野リ50番1号	0761-58-1147	0761-58-0865	(株)黒川仏檀店					20			
ワークサポート道	923-1231	能美市開発町ハ63	0761-58-1509	0761-58-1508	(株)T.y.T				10	10			
ワークセンター星が岡	923-1224	能美市和気町ヤ4-5	0761-51-6553	0761-51-6156	(福)佛子園				10	10			
ワークセンター星が岡 根上	929-0121	能美市吉原釜屋町ロ60-1	0761-58-0064	0761-58-0072	(福)佛子園		6			14			
からこ舎	921-8801	野々市市御経塚2丁目260番地	076-256-2548	076-256-2548	(特非)あかりプロジェクト					10		10	
けやき野苑	921-8834	野々市市中林1-1-1	076-248-4871	076-248-4893	(福)富明会					40			
サニーメイト福祉工場	921-8836	野々市市末松2丁目239番地	076-248-0294	076-248-0966	(福)石川サニーメイト				15	15			
就労継続支援（B型）いろは	921-8801	野々市市御経塚3丁目78	076-249-1168	076-249-1681	(有)ヤクモ					20			
就労支援事業所かんじん	921-8824	野々市市新庄2丁目45番地	076-248-8760	076-248-7737	(福)洋和会					20			
生活介護事業所のどか	921-8845	野々市市太平寺2-258-3	076-205-2122	076-205-2122	(株)R&M		20						
セルプはくさん	921-8836	野々市市末松2丁目229番地	076-248-9300	076-248-3205	(福)石川サニーメイト		25			15			
多機能型事業所　椿	921-8812	野々市市扇が丘3番50号	076-248-7870	076-248-7871	(特非)あじさいの家		12			10			
トランジット	921-8812	野々市市扇が丘3番18号	076-246-6015	076-246-6016	コントレイル(株)					10			
バードアイ	921-8844	野々市市堀内五丁目204番地	070-1554-8114	―	(株)バードアイ					20			
髯鬚張魯肉飯金沢工大前店	921-8811	野々市市高橋町20-5	076-246-4611	076-246-4611	(福)佛子園				10	10			

事業所名称	郵便番号	所在地	電話番号	FAX番号	運営主体	定員 療養介護	生活介護	就労移行	就労継続A	就労継続B	就労定着	生活訓練	機能訓練
フォルムののシティ	921-8805	野々市市稲荷1丁目58番地	076-227-8950	076-227-8951	(福)あおぞら福祉会		18			15			
知的障がい者サポートセンター茄子のはな	923-1271	能美郡川北町田子島ほ17番4	076-277-0670	076-277-0671	(特非)藤乃会		20						
share home HUG	929-0345	河北郡津幡町字東荒屋432番地	076-288-0521	076-288-0522	(有)アップスタート		10						
指定就労継続支援B型事業所ひまわり	929-0325	河北郡津幡町加賀爪ハ120	076-289-5106	076-289-6365	(福)のぞみ					20			
就労支援事業所 米ライフ	929-0331	河北郡津幡町中橋ロ10-1	076-255-3251	076-255-3451	(株)愛昴					20			
ジョブスタジオ ノーム	929-0443	河北郡津幡町別所甲80番地	076-288-0318	076-288-1980	(福)つくしの会					20			
デイサービスセンター恵比寿	929-0331	河北郡津幡町中橋ロ10-1	076-255-3251	076-255-3451	(株)愛昴		35						
はばたき	929-0325	河北郡津幡町加賀爪ハ120	076-289-2277	076-289-2281	(福)やまびこ					40			
メルクマール	929-0325	河北郡津幡町加賀爪ハ122番1	076-289-2826	076-289-2820	(福)やまびこ		20						
ワンダーランド津幡	929-0346	河北郡津幡町字潟端453番地3	076-289-3737	076-289-3747	(株)ダイエードリームライツ			15					
うちなだ福祉作業所	920-0266	河北郡内灘町大根布と202番地5	076-286-6386	076-286-6387	(福)うちなだの里		6			34			
カノン	929-0269	河北郡内灘町白帆台2丁目1番地	076-205-6581	076-207-3995	(福)NGU福祉会		20						
グローバルシチズン内灘	920-0267	河北郡内灘町大清台36番地	076-213-9538	076-213-9491	グローバルシチズン(合同)					20			
ふれあい工房たんと内灘	920-0274	河北郡内灘町向粟崎1丁目408番地	076-256-5343	076-256-5342	(特非)ふれあい工房たんと					20			
インクルしか	925-0157	羽咋郡志賀町堀松辰58-2	0767-32-3510	0767-32-3513	(福)四恩会		22			10			
JOY WORKZ 志賀町	925-0122	羽咋郡志賀町倉垣か20	0767-36-1125	0767-36-1115	(株)FUCHA				20				
JOY WORKZ すみれ	925-0446	羽咋郡志賀町富来地頭町乙38番3	0767-42-1135	0767-42-1136	(株)FUCHA				20				
あらいぶ・みらい塾	929-1343	羽咋郡宝達志水町小川弐の部7-1	0767-28-8640	0767-28-8821	(福)四恩会		12	8					
キッチンクラブおしみず	929-1342	羽咋郡宝達志水町麦生ネ24番地	0767-28-8100	0767-28-5333	(福)四恩会					40			
七施の杜みおや	929-1635	鹿島郡中能登町高畠井部3番地	0767-77-2055	0767-77-2055	(株)A・S・K				20	30			
なにかとワーク	929-1721	鹿島郡中能登町井ロれ88番	0767-76-0150	0767-76-0155	(一社)ななお・なかのと就労支援センター					20			
夢ういんぐ	929-1604	鹿島郡中能登町能登部下93の21	0767-72-3012	0767-72-3012	(福)つばさの会		10						
特定非営利活動法人いきいき	927-0026	鳳珠郡穴水町大町ロの80番地	0768-52-4377	0768-52-4377	(特非)いきいき					20			
就労継続支援センターおおとり	927-0433	鳳珠郡能登町宇出津ウ字1010番地1	0768-62-3105	0768-62-3761	(福)おおとり会					35			
自立支援センターみずほ	927-0311	鳳珠郡能登町瑞穂119番2	0768-67-2226	0768-67-2286	(福)礎会					20			
日本海倶楽部・ザ・ファーム	927-0607	鳳珠郡能登町字白丸66-2	0768-72-1110	0768-72-1110	(福)佛子園					20	20		
能登就労支援事業所やなぎだハウス	928-0331	鳳珠郡能登町柳田梅104	0768-76-8001	0768-76-8002	(福)石川県聴覚障害者協会					19			

○障害福祉サービス事業所（短期入所）（97 カ所）

事業所名称	郵便番号	所在地	電話番号	FAX番号	運営主体	定員
愛育学園	920-1135	金沢市北袋町イ101番地	076-235-8800	076-235-8801	（福）松原愛育会	4
アカシヤの里	920-0226	金沢市粟崎町5丁目3番地8	076-237-0294	076-237-0295	（福）アカシヤの里	4
石川整肢学園	920-3114	金沢市吉原町ロ6番地2	076-257-3311	076-257-3394	（福）石川整肢学園	5
石川療育センター	920-1146	金沢市上中町イ67番地2	076-229-3033	076-229-3043	（福）松原愛育会	―
希望が丘	920-0162	金沢市小池町九40番地	076-257-5211	076-257-2108	（福）希望が丘	6
希望が丘　グループホーム	920-0163	金沢市小池町九40番地	076-256-0226	076-256-0346	（福）希望が丘	1
グループホームあさぎり	920-1155	金沢市田上本町テ55番5	076-229-1822	076-229-1877	（福）松原愛育会	4
グループホーム　クゥ	920-1151	金沢市田上町ヲ76番地15	076-224-1210	―	（福）佛子園	2
グループホームドッグアイ	921-8014	金沢市糸田1丁目75番地	076-236-2470	076-236-2471	（株）サポートライフキャッツアイ	―
ケアホーム　いちばんぼし	920-0946	金沢市大桑町タ1番地4	076-260-0807	076-260-0817	（福）ひろびろ福祉会	2
ケアホームおおくわばし	920-0945	金沢市大桑新町子30番地1	076-243-0326	076-243-0327	（福）ひろびろ福祉会	2
ケアホームもえぎ	920-0001	金沢市千木町イ2-1	076-257-4770	076-254-5395	（有）ラルゴ	1
工房シティ	920-0226	金沢市粟崎町5丁目3番地1	076-238-2111	076-238-2112	（福）あおぞら福祉会	3
ショートステイオレンジピット	920-0061	金沢市問屋町2丁目49番地	076-239-2400	076-239-4568	（株）アシストプラス	10
ショートステイ「かがやきの部屋」	921-8002	金沢市玉鉾2丁目337番地	076-256-2537	076-256-2538	（特非）WAC輝き	3
ショートステイ城南	920-0966	金沢市城南1丁目8番20号	076-262-2262	076-262-2291	（福）松原愛育会	3
ショートステイ　れんげ	920-0022	金沢市北安江4丁目15番33-3号	076-214-8492	076-214-8492	（株）アジアネットワーク石川	4
ショートステイWakuWaku	920-0867	金沢市長土塀2丁目2番1号	076-209-1213	076-209-1213	（特非）サポートステーションWakuWaku	3
障害者支援施設金沢湖南苑	920-3102	金沢市忠縄町380番地	076-258-6001	076-258-6522	（福）石川整肢学園	10
障害者支援施設金沢ふくみ苑	920-0376	金沢市福増町南16番地	076-214-3700	076-214-3702	（福）石川整肢学園	5
障害児入所施設Share金沢	920-1165	金沢市若松町セ104番地1	076-256-1010	076-256-1020	（福）佛子園	4
障害福祉サービス事業所「いそべ」	920-0012	金沢市磯部町ホ25番地1	076-225-8964	076-225-8974	（福）金沢手をつなぐ親の会	2
Sora あわがさき	920-0226	金沢市粟崎町3丁目303番地2	076-238-2111	076-238-2112	（福）あおぞら福祉会	1
独立行政法人国立病院機構医王病院	920-0192	金沢市岩出町ニ73番地	076-258-1180	076-258-6719	（独行）国立病院機構医王病院	―
ねむねむの季	920-0211	金沢市湊2丁目114番地6	076-255-2267	076-255-2167	（合同）イーゼル	10
ハートの家	921-8164	金沢市久安5丁目1番地4	076-241-0556	076-241-0556	（有）ヘルパーステーション愛	―
ハイツ北金沢	920-3112	金沢市観法寺町へ148番地	076-258-1454	076-258-5695	（医社）浅ノ川	―

事業所名称	郵便番号	所在地	電話番号	FAX番号	運営主体	定員
ハビリポート若竹	920-1341	金沢市別所町ク10番地	076-247-6787	076-247-6768	(福)陽風園	―
ハビリポート若葉短期入所サービス	920-1341	金沢市別所町ク10番地	076-247-6787	076-247-6768	(福)陽風園	4
ふじのき寮	920-1146	金沢市上中町ト7番地1	076-229-1464	076-229-1479	(福)松原愛育会	4
ふわふわらんど	921-8041	金沢市泉2丁目3番13号	076-259-1810	076-222-7034	(株)あまてらす	5
やちぐさ短期入所事業所	920-0812	金沢市南御所町309番地	076-225-7312	076-225-7314	(福)やちぐさ会	1
夢ホーム	920-0376	金沢市福増町北600番地2	076-240-3225	076-240-3215	(福)清風会	2
ワークショップひなげし	921-8111	金沢市若草町12番7号	076-243-0326	076-243-0327	(福)ひろびろ福祉会	2
青山彩光苑ライフサポートセンター	926-0831	七尾市青山町ろ部15番1	0767-57-3309	0767-57-1531	(福)徳充会	7
青山彩光苑リハビリテーションセンター	926-0831	七尾市青山町ろ部22番	0767-57-3309	0767-57-1531	(福)徳充会	―
ショートステイ事業所にじ	926-0833	七尾市旭町イ部104番1	0767-57-3220	0767-57-3210	(株)サンフラワー	2
そよかぜ	926-0021	七尾市本府中町カ部39番地	0767-52-2055	0767-52-2185	(医)松原会	4
独立行政法人国立病院機構七尾病院	926-8531	七尾市松百町8部3-1	0767-53-1890	0767-53-5771	(独行)国立病院機構七尾病院	―
ワーク&ライフサポートピアハウス	926-0021	七尾市本府中町ル35-1	0767-52-2055	0767-52-2185	(医)松原会	―
小松療育園	923-0183	小松市瀬領町丁1番地2号	0761-46-1306	0761-46-1307	(福)石川整肢学園	2
小松陽光苑	923-0183	小松市瀬領町ヨ288番地	0761-46-1224	0761-46-1308	(福)石川整肢学園	3
支援センターうめの木	923-0153	小松市金平町ヌ84番地	0761-41-1301	0761-41-1648	(福)うめの木学園	2
障がい者支援施設　夢兎明	923-0151	小松市正蓮寺町セイ谷10番地	0761-47-4111	0761-47-2847	(福)南陽園	2
小規模多機能ホームやたの	923-0342	小松市矢田野町イ31-1	0761-43-2377	0761-44-1010	(福)共友会	6
なんようえん短期入所事業	923-0854	小松市大領町ハ5番地7	0761-46-6073	0761-46-6071	(福)南陽園	3
ぴうぱ	923-0183	小松市瀬領町丁1番地2	0761-46-1305	0761-46-1307	(福)石川整肢学園	1
Vinaka	928-0001	輪島市河井町二部90-1	0768-23-4890	0768-23-4891	(福)佛子園	3
ショートステイ海と空	928-0064	輪島市釜屋谷町六字30番地4	0768-23-4545	0768-22-4949	(福)弘和会	2
ふれあい工房あぎし	927-2353	輪島市門前町是清イの1番地	0768-43-1991	0768-43-1999	(福)門前町福祉会	4
クオーレすず椿	927-1215	珠洲市上戸町北方い字64番地1	0768-82-3225	0768-82-7003	(特非)ワークショップすず	2
障害福祉サービス多機能型さざなみ	927-1215	珠洲市上戸町北方参字141番地1号	0768-82-2660	0768-82-2661	(福)鳥越福祉会	1
ラポールすず椿	927-1215	珠洲市上戸町北方い字64番地3	0768-82-3225	0768-82-7003	(特非)ワークショップすず	4
石川県立錦城学園	922-0562	加賀市高尾町ヌ1-甲	0761-72-0069	0761-72-6868	(福)松原愛育会	5
カナンの園	922-0265	加賀市水田丸町ワ2番地2	0761-77-1500	0761-77-1531	(福)珠明会	2

資料編

事業所名称	郵便番号	所在地	電話番号	FAX番号	運営主体	定員
グループホームあすなろ	922-0304	加賀市分校町る23番地	0761-75-7085	0761-75-7085	(特非)かが育成会	1
ケアホームフレンズ	922-0402	加賀市柴山町ち98番地	0761-74-2400	0761-74-2377	(福)泰耀	1
短期入所事業所　たんぽぽの家	922-0250	加賀市山代温泉桜町2丁目12番地	0761-77-7055	0761-76-3988	(福)花友会	2
長久会ショートステイ事業所	922-0831	加賀市幸町2丁目63番地	0761-72-0880	0761-72-0875	(医社)長久会	2
独立行政法人国立病院機構石川病院	922-0405	加賀市手塚町サ150	0761-74-0700	0761-74-7642	(独行)国立病院機構石川病院	―
ピースきんじょう	922-0004	加賀市大聖寺上福田町ロ76番2	0761-73-2580	0761-73-2581	(福)松原愛育会	2
ほっと安らぎ	922-0411	加賀市潮津町ム69番地1	0761-74-6613	0761-74-6680	(福)南陽園	4
夢ようよう短期入所事業	922-0411	加賀市潮津町ム59番地1	0761-74-4040	0761-74-6680	(福)南陽園	5
ホームAKB	925-0015	羽咋市大川町北新町128番地	0767-26-0807	0767-26-0807	(一社)つながり	1
ホームすまいる	925-0015	羽咋市大川町北新町31番地	0767-26-0807	0767-26-0807	(一社)つながり	1
ホーム　はれるや	925-0014	羽咋市釜屋町ヰ92-2	0767-22-5150	0767-22-9037	(福)はくい福祉会	2
ウイズ上田名	929-1104	かほく市笠島イ1番1	0767-28-2900	0767-28-2928	(福)四恩会	2
障がい者グループホーム夕美荘	929-1175	かほく市秋浜へ20番地1の3	0767-22-5616	0767-22-5685	(福)眉丈会	2
パラレル	929-1104	かほく市笠島イ1番1	0767-28-2900	0767-28-2928	(福)四恩会	1
ライフクリエートかほく	929-1122	かほく市七窪ハ7-1	076-283-7100	076-283-7103	(福)四恩会	6
青い鳥	920-2364	白山市杉森町へ1-1	076-254-8181	076-254-8188	(福)鳥越福祉会	2
かしの木	924-0804	白山市徳丸町589番地3	076-276-6452	076-274-2360	(福)松の実福祉会	1
グループホーム青い鳥	920-2376	白山市若原町甲77番地1	076-254-8181	076-254-8188	(福)鳥越福祉会	1
グループホームうぐいす	920-2376	白山市若原町甲78番地	076-254-8181	076-254-8188	(福)鳥越福祉会	1
三草二木行善寺	924-0024	白山市北安田町548番地2	076-275-0616	076-275-0689	(福)佛子園	5
生活介護事業所つむぎ	920-2165	白山市明光1丁目78番地	076-272-8297	076-272-8298	(特非)希づき	2
なないろ	924-0804	白山市徳丸町362-1	076-276-6452	076-274-2360	(福)松の実福祉会	1
一歩	923-1205	能美市宮竹町イ180番地30	0761-48-4465	0761-48-4465	(特非)能美市作業所連合	2
生活支援ネットBe星が岡ステーション	923-1224	能美市和気町ヤ4-5	0761-51-6553	0761-51-6156	(福)佛子園	4
太陽クラブ「夢」	923-1121	能美市寺井町ほ37番地3	0761-57-4073	0761-57-4073	(特非)太陽クラブ	3
結	923-1205	能美市岩内町イ164番地2	0761-48-4465	0761-48-4464	(特非)能美市作業所連合	2
グループホーム野々花苑	921-8836	野々市市末松2丁目229番地	076-248-9300	076-248-3205	(福)石川サニーメイト	―
多機能型事業所　椿	921-8812	野々市市扇が丘93番1	076-248-7870	076-248-7871	(特非)あじさいの家	1

事業所名称	郵便番号	所在地	電話番号	FAX番号	運営主体	定員
短期入所事業所　ひなか	921-8845	野々市市太平寺2-258-3	076-205-2122	076-205-2122	(株)R&M	4
知的障がい児・者サポートセンター第2茄子のはな	921-8845	野々市市太平寺1丁目172番地	076-246-2778	076-246-2778	(特非)藤乃会	6
なごみ	929-0327	河北郡津幡町字庄ウ17番7	076-289-6600	076-289-6611	(福)やまびこ	1
フラーリッシュ	929-0341	河北郡津幡町横浜に62-4	076-288-3884	076-288-5577	(株)ダイエードリームライツ	―
リリーフうちなだ	920-0267	河北郡内灘町大清台72番地	076-286-6386	076-286-6387	(福)うちなだの里	1
学び舎あい	925-0157	羽咋郡志賀町堀松辰73	0767-32-5300	0767-32-5304	(福)四恩会	2
今浜苑	929-1345	羽咋郡宝達志水町今浜新耕128-1	0767-28-2900	0767-28-2928	(福)四恩会	4
かがやき	929-1344	羽咋郡宝達志水町今浜チ37-4	0767-28-2900	0767-28-2928	(福)四恩会	1
こもれび	929-1344	羽咋郡宝達志水町今浜チ37-4	0767-28-2900	0767-28-2928	(福)四恩会	1
つばさ	929-1717	鹿島郡中能登町良川け部71-1	0767-74-2055	0767-74-2086	(福)つばさの会	4
青山彩光苑穴水ライフサポートセンター	927-0023	鳳珠郡穴水町麦ケ浦15-39-12	0768-52-2550	0768-52-2622	(福)徳充会	6
石川県精育園	927-0021	鳳珠郡穴水町字七海6字50番	0768-52-0284	0768-52-3349	(福)徳充会	4
自立ホーム穴水	927-0053	鳳珠郡穴水町字此木11の24番地	0768-52-2733	0768-52-2737	(福)徳充会	4
生活支援ネットBe日本海倶楽部ステーション	927-0605	鳳珠郡能登町字立壁92番地	0768-72-8180	0768-72-8282	(福)佛子園	2

○障害福祉サービス事業所（グループホーム）（290カ所）

代表事業所名称〈運営主体〉	共同生活住居名称	郵便番号	所在地	電話番号	介護包括型	外部利用型	日中支援型	定員
石川ハーフウェイケアハウス〈(特非)IHCCことじ〉	石川ハーフウェイケアハウス	920-1302	金沢市末町9-47-17	076-229-1520		○		7
いしびきホーム〈(社医財)松原愛育会〉	紅梅101	920-0938	金沢市飛梅町2番14号	076-231-3316	○			3
	紅梅102	920-0938	金沢市飛梅町2番14号					3
	紅梅201	920-0938	金沢市飛梅町2番14号					3
	紅梅202	920-0938	金沢市飛梅町2番14号					3
	紅梅301	920-0938	金沢市飛梅町2番14号					3
	紅梅302	920-0938	金沢市飛梅町2番14号					3
	紅梅401	920-0938	金沢市飛梅町2番14号					3
	紅梅402	920-0938	金沢市飛梅町2番14号					3
	ピノ	920-0944	金沢市三口新町4丁目13番地8号					8
	ライムハイツ	920-1302	金沢市末町12の49番地					5
うたつ園〈(福)久楽会〉	うたつ園	920-0921	金沢市材木町19番48号	076-234-5151	○			15
	たつみ園	920-0921	金沢市材木町6番18-2号					5
うちくるアシスト〈(株)うちくるアシスト〉	障害者グループホームうちくるアシスト	920-0275	金沢市直江西1丁目24番地1	076-258-5796	○			9

代表事業所名称〈運営主体〉	共同生活住居名称	郵便番号	所在地	電話番号	介護包括型	外部利用型	日中支援型	定員
希望が丘グループホーム〈(福)希望が丘〉	あゆむ	920-0811	金沢市小坂町北184番地1	076-252-2677	○			8
	さつき荘	920-3134	金沢市金市町ニ31-4	076-257-0163				4
	すみれ	920-0801	金沢市神谷内町ニ8番地	076-257-5211				7
	だいち	920-0164	金沢市堅田町甲43番地8	076-258-5811				4
共同生活援助事業所ふくみ〈(福)石川整肢学園〉	共同生活援助事業所ふくみ	920-0376	金沢市福増町南16番地	076-214-3700	○			7
共同生活介護事業所ながさか〈(医)積仁会〉	あっぷるハウス	921-8114	金沢市長坂町チ15番地	076-280-5858	○			15
	ヒルズ長坂	921-8114	金沢市長坂町ヲ103番地	076-280-5600				20
	みつば荘	921-8114	金沢市長坂町チ15番地	076-280-5858				6
	よつば荘	921-8114	金沢市長坂町チ15番地					6
グループホーム愛和〈(福)愛里巣福祉会〉	グループホーム愛和	921-8105	金沢市平和町3丁目14番15号	076-241-8702		○		18
	グループホームいちご	921-8175	金沢市山科1丁目26番17号	076-220-6630				6
グループホームアカシヤ寮〈(福)アカシヤの里〉	グループホームアカシヤ寮	920-0226	金沢市粟崎町ほ19番5号	076-238-7535	○			6
	グループホームさかえ寮	920-0226	金沢市粟崎町19番地1	076-239-3088				4
グループホームあさぎり〈(福)松原愛育会〉	グループホームあさぎり	920-1155	金沢市田上本町テ55番5	076-229-1822	○			4
グループホーム イーパーク〈(株)WelPark〉	イーパーク　パーク駅西	920-0025	金沢市駅西本町2丁目9番8号	076-253-1556	○			6
	グループホーム イーパーク	920-0811	金沢市小坂町西102番地					20
	パーク小坂	920-0811	金沢市小坂町西10番地16					3
グループホーム オレンジピット〈(株)アシストプラス〉	グループホーム オレンジピット	920-0061	金沢市問屋町2丁目49番地	076-239-2400	○			10
グループホーム城南〈(福)松原愛育会〉	かさまい	920-0966	金沢市城南1丁目8番3号	076-262-2262	○			4
	きくすい	920-0966	金沢市城南1丁目11-18					3
	グループホーム城南1番丁	920-0966	金沢市城南1丁目8番20号					10
	グループホーム城南2番丁	920-0966	金沢市城南1丁目8番20号					10
	グループホーム城南3番丁	920-0966	金沢市城南1丁目8番20号					10
	サークルアイ	920-0942	金沢市笠舞本町1丁目13-17					4
	さいせい	920-0966	金沢市城南1丁目9番1号					5
	さきうら	920-0942	金沢市小立野1丁目6番7号					4
	さくらまち	920-0923	金沢市桜町16番37号					4
	ストリームアイ	920-0966	金沢市城南1丁目21-1					4
	のまち	920-0966	金沢市城南1丁目21-1					5
	ひまわり	920-0947	金沢市笠舞本町2丁目28-5					4
	やすらぎ	920-0966	金沢市城南1丁目8番20号					12
	ゆずハウス	920-0942	金沢市小立野3丁目21-9					4
グループホームすずらん〈(株)すずらん〉	グループホームすずらん	920-0965	金沢市笠舞3丁目21番7号マジェスティ	076-208-3323		○		4
グループホームすもも〈(合同)ハーモニー〉	グループホームすもも1	920-0017	金沢市諸江町下丁398番地8	076-237-7180	○			4
	グループホームすもも2	920-3116	金沢市南森本町ワ128番地					4
	グループホームすもも3	920-0804	金沢市鳴和1丁目14番35号					4
グループホームつばさ〈(株)Next Door〉	グループホームつばさ	921-8164	金沢市久安1丁目329番地3	076-299-5973	○			4
グループホームドッグアイ〈(株)サポートライフキャッツアイ〉	グループホームドッグアイ	921-8014	金沢市糸田1丁目75番地	076-236-2470	○			7

代表事業所名称〈運営主体〉	共同生活住居名称	郵便番号	所在地	電話番号	介護包括型	外部利用型	日中支援型	定員
グループホームトモニ〈(株)インテグラルウェルフェア〉	グループホームトモニ 泉野町	921-8034	金沢市泉野町3丁目6番22号	076-292-7217	○			6
	グループホームトモニ 東力	921-8015	金沢市東力4丁目31番地					6
	グループホームトモニ 西金沢	921-8054	金沢市西金沢3丁目676番地					7
	グループホームトモニ 西金沢第2	921-8054	金沢市西金沢4丁目456番地					6
グループホームひより〈(株)ピーチスター〉	グループホームこより	921-8034	金沢市泉野町5丁目8番地14号	076-238-0463	○			4
	グループホームしおり	921-8163	金沢市横川5丁目11番6号					6
	グループホームひより	921-8034	金沢市泉野町5丁目11番地6号					4
グループホームめぞん玉鉾〈(株)ケア・ハンディ〉	グループホームめぞんizumi	921-8041	金沢市泉2丁目28番13号	076-256-3790	○			4
	グループホームめぞん入江	921-8011	金沢市入江3丁目99番地					5
	グループホームめぞん畝田	924-0342	金沢市畝田西1丁目88番地					6
	グループホームめぞん玉鉾	921-8002	金沢市玉鉾2丁目99番地					9
グループホーム れんげ〈(株)アジアネットワーク石川〉	グループホーム はる	920-0022	金沢市北安江2丁目26番8号	076-214-8492	○			4
	グループホーム れんげ	920-0022	金沢市北安江4丁目15番33-3号					4
ケアホームいちばんぼし〈(福)ひろびろ福祉会〉	ケアホームいちばんぼし	920-0946	金沢市大桑町タ1番4	076-260-0807			○	8
ケアホームおおくわばし〈(福)ひろびろ福祉会〉	こくりこ	920-0945	金沢市大桑新町子30番地1	076-243-0326	○			5
	ななつぼし	920-0945	金沢市大桑新町子30番地1					5
ケアホームもえぎ〈(有)ラルゴ〉	ケアホームもえぎ	920-0001	金沢市千木町イ2-1	076-257-2310	○			7
社会復帰施設みらい 共同生活援助事業所 ホームみらい／ホームいこい〈(医社)青樹会青和病院〉	ホームいこい①	920-0205	金沢市大浦町ホ25-1	076-238-3355	○			10
	ホームいこい②	920-0205	金沢市大浦町ホ25-1					10
	ホームみらい②	920-0205	金沢市大浦町ホ24-1					12
	ホームみらい③	920-0205	金沢市大浦町ホ24-1					12
	ホームみらい④	920-0205	金沢市大浦町ホ24-1					12
障がい福祉サービス事業所 あんず〈(合同)アイリス〉	障がい者グループホーム あんず	920-0014	金沢市諸江町4番8号	076-256-5640	○			4
障害福祉サービス事業所「いそべ」〈(福)金沢手をつなぐ親の会〉	いそべ・きずなの家	920-0012	金沢市磯部町ホ25番地1	076-225-8964	○			6
神宮寺ホーム〈(福)やちぐさ会〉	神宮寺ホーム	920-0806	金沢市神宮寺2丁目30番7-6号	076-251-2254				5
	南御所ホーム	920-0812	金沢市南御所町309番地	076-225-7312	○			8
	やちぐさホーム	920-0827	金沢市牧町ウ1番地1	076-252-8515				4
住まいるハウス 福増〈(株)オリジナルサポート〉	住まいるハウス 福増	920-0376	金沢市福増町南1187番地1	076-225-5525		○		7
Sora あわがさき〈(福)あおぞら福祉会〉	Sora あわがさき	920-0226	金沢市粟崎町3丁目303番地2	076-238-2111	○			5
gnu〈誠愛(株)〉	gnu金沢新保本	921-8062	金沢市新保本1丁目366番地1 ルミエール21	076-227-9997	○			7
	gnu金沢近岡町	920-8217	金沢市近岡町864番地5					4
	gnu野々市市二日市	921-8809	野々市市二日市3丁目127番地					4
ねむねむの季〈(合同)イーゼル〉	ねむねむの季S	920-0211	金沢市湊2丁目114番地6	076-255-2267	○			5
	ねむねむの季F	920-0211	金沢市湊2丁目114番地6					5
ハートの家〈(有)ヘルパーステーション愛〉	ハートの家	921-8164	金沢市久安5丁目1番地4	076-241-0556		○		10
ハイツ北金沢〈(医社)浅ノ川桜ヶ丘病院〉	ハイツ北金沢2	920-3112	金沢市観法寺町へ35番地1	076-258-2480	○			9
	ハイツ北金沢3	920-3112	金沢市観法寺町へ35番地1					9
	プリムラ	920-3112	金沢市観法寺町へ148					20

資料編

代表事業所名称〈運営主体〉	共同生活住居名称	郵便番号	所在地	電話番号	介護包括型	外部利用型	日中支援型	定員
ハビリポート若葉共同生活援助サービス〈(福)陽風園〉	あおば	920-0953	金沢市涌波3丁目2番1号	076-232-5243		○		7
	さくら	920-0944	金沢市三口新町1丁目3番25号	076-262-6553				7
	もみじ	920-0944	金沢市三口新町1丁目7番20号	076-223-8418				5
はまなすホーム〈(福)聖ヨゼフ苑〉	はまなすホーム	920-0371	金沢市下安原町208番地2	076-240-6221	○			11
	もくれんの家	920-0377	金沢市打木町東152番地	076-240-6223				4
ピア増泉〈(医社)岡部診療所〉	コア増泉	921-8025	金沢市増泉1丁目20-17	076-280-9147		○		10
	ピア増泉	921-8025	金沢市増泉2丁目8-2					3
プラスホームいしびき〈こどもプラス(株)〉	プラスホームいしびき	920-0935	金沢市石引1丁目16番3号	076-205-1509	○			4
ふわふわらんど〈(株)あまてらす〉	ふわふわらんど	921-8041	金沢市泉2丁目3番13号	076-259-1810	○			4
マカロニホウレン創〈(一社)創舎会〉	マカロニホウレン創	920-0964	金沢市本多町2丁目9番21号	076-223-5250		○		6
まほろば〈(株)まほろば企画〉	まほろばツウ	920-0025	金沢市駅西本町1丁目5番38号	076-223-2305	○			6
	まほろばワン	920-0024	金沢市観音堂町ロ155番地	076-267-7055				4
港の見える丘〈(医)明仁会〉	港の見える丘	920-0351	金沢市普正寺町9の6番地	076-267-0601		○		7
やすらぎハイツ〈(医財)医王会〉	カーサ・アルバ	920-0926	金沢市暁町1-1	076-262-6565		○		7
	カーサ・コリーナ	920-0942	金沢市小立野3丁目23番37号					7
	カーサ・セレッソ	920-0923	金沢市桜町14-24					7
夢ホーム〈(福)清風会〉	第二夢ホーム	920-0326	金沢市福増町北600番地1	076-240-3225	○			8
	夢ホーム	920-0376	金沢市福増町北600番地2	076-240-3225				10
リアン〈(福)佛子園〉	クゥ	920-1151	金沢市田上町ヲ76番地15	076-221-8266	○			10
	ラポール	920-1165	金沢市若松町セ104番地22	076-254-0081				5
	リアン	920-1156	金沢市田上の里2丁目207番地	076-221-8266				5
若草ホーム〈(福)むつみ会〉	若草ホーム	921-8106	金沢市十一屋町4番34号	076-244-7758	○			5
共同生活援助事業所　ともえ〈(一社)ともえ〉	共同生活援助事業所ともえ	926-0012	七尾市万行町11-3-11	0767-57-5099	○			4
	共同生活援助事業所ともえ・タウニィ	926-0052	七尾市山王町ソ部45-1					3
	共同生活援助事業所ともえ・メゾンド	926-0052	七尾市山王町ソ部45番地3					3
	共同生活援助事業所ともえ・リバーサイド	926-0014	七尾市矢田町1号36番地					2
スマイル〈(医)松原会〉	クローバーハウス	926-0016	七尾市大和町リ部6番地6	0767-52-2055	○			4
	スイレン	926-0014	七尾市矢田町壱号15番					10
	ひいらぎ	926-0016	七尾市大和町リ部6番地7					5
	フラワーハウス	926-0016	七尾市大和町リ部6番地6					4
	マリー	926-0016	七尾市大和町リ部6番地1					4
そよかぜ〈(医)松原会〉	そよかぜI	926-0021	七尾市本府中町カ部39	0767-52-2055			○	10
	そよかぜII	926-0021	七尾市本府中町カ部39-1					10
ひまわりホーム〈(福)みのり会〉	ひまわりホーム	926-0053	七尾市上府中町セ部10-3	0767-53-7266		○		5
やわたホーム〈(福)松原愛育会〉	本府中ホーム	926-0021	七尾市本府中町ヨ-29-6	076-229-3033		○		6
	やわたホーム	926-0031	七尾市古府町へ57番地					4
れんげそう〈(医)松原会〉	れんげそう	926-0021	七尾市本府中町ワ部34	0767-52-2055	○			12

代表事業所名称〈運営主体〉	共同生活住居名称	郵便番号	所在地	電話番号	介護包括型	外部利用型	日中支援型	定員
うめの木ホーム西軽海寮〈(福)うめの木学園〉	うめの木ホーム西軽海寮	923-0825	小松市西軽海町2丁目176-1	0761-41-1301		○		4
	うめの木ホーム八幡寮	923-0833	小松市八幡庚283					4
グループホーム桜木〈(福)こまつ育成会〉	グループホーム桜木	923-0942	小松市桜木町96番地2	0761-21-8553	○			5
グループホームなごみ〈(福)なごみの郷〉	グループホームしらさぎ	923-0851	小松市北浅井町123番地	0761-23-7232	○			6
	グループホームなごみ	923-0851	小松市北浅井町123番地					10
グループホーム錦〈(福)松寿園〉	グループホーム錦	923-0961	小松市向本折町ハ11	0761-22-5120		○		4
	グループホーム本折	923-0961	小松市本折町123番地					6
白江ハウス〈(公益社)石川県手をつなぐ育成会〉	白江ハウス	923-0811	小松市白江町ソ78番地5	0761-21-5884		○		4
なんようえんグループホーム事業小松〈(福)南陽園〉	三湖台ハイム	923-0854	小松市大領町ロ238番地2	0761-46-6073		○		14
	シェアハウス松陽	923-0854	小松市大領町ロ234番地					7
	シェアハウス大領	923-0854	小松市大領町ロ236番地					6
	苗代ハイム	923-0854	小松市大領町ロ237番地3					7
なんようえん包括型グループホーム事業〈(福)南陽園〉	ふれあい八汐　2号館	923-0854	小松市大領町ハ5番地7	0761-46-6073	○			10
ファミリィホーム〈(医社)澄鈴会〉	第二ファミリィホーム	923-0342	小松市矢田野町ホ131	0761-44-2545	○			5
	第三ファミリィホーム	923-0342	小松市矢田野町ヲ50					7
	ディアローグ春日	923-0342	小松市矢田野町ヲ50					7
	パークサイドハイツ	923-0342	小松市矢田野町ワ1-28					7
	ファミリィホーム	923-0342	小松市矢田野町ヲ50					4
Asante〈(福)佛子園〉	Asante	928-0001	輪島市河井町弐四部1番11	076-275-0616	○			5
	Vinaka	928-0001	輪島市河井町二部90－1					10
	Casa KABULET（Asanteサテライト）	928-0064	輪島市河井町弐部187-1					1
	加藤アパート（Asanteサテライト）	928-0064	輪島市釜屋谷町4字6番地18					1
	Kiitos	928-0001	輪島市河井町5部254番地					4
	ハピネス（Vinakaサテライト）	928-0022	輪島市宅田町九字16番地1					1
	Mahalo1	928-0061	輪島市新橋通七字95番1					10
	Mahalo2	928-0061	輪島市新橋通七字93番8					10
	ミルキーハウス（Vinakaサテライト）	928-0011	輪島市杉平町深見田23-3					1
グループホーム桜〈(福)門前町福祉会〉	グループホーム桜	927-2366	輪島市門前町中田1の5番地2	0768-45-1249	○			4
	グループホーム潮風	927-2354	輪島市門前町池田イ・3番地					4
グループホーム海と空〈(福)弘和会〉	グループホーム海と空	928-0064	輪島市釜屋谷町六字30番4	0768-22-4141			○	8
グループホーム海と空Ⅱ〈(福)弘和会〉	グループホーム海と空Ⅱ	928-0001	輪島市河井町4部5番地	0768-22-4141	○			6
ラポールすず椿〈(特非)ワークショップすず〉	クオーレすず椿	927-1215	珠洲市上戸町北方い字64番地1	0768-82-3225	○			10
	ラポールすず椿	927-1215	珠洲市上戸町北方い字64番地3					4

資料編

317

代表事業所名称 〈運営主体〉	共同生活住居名称	郵便番号	所在地	電話番号	介護包括型	外部利用型	日中支援型	定員
共同生活援助事業所ひだまり 〈(福)長久福祉会〉	共同生活援助事業所ひだまりⅠ	922-0831	加賀市幸町2丁目60番地	0761-72-0747		○		7
	共同生活援助事業所ひだまりⅡ	922-0831	加賀市幸町2丁目60番地					7
	共同生活援助事業所ひだまりⅢ	922-0831	加賀市幸町1丁目120番地1					4
	共同生活援助事業所ひだまりⅣ	922-0831	加賀市幸町1丁目120番地1					5
	共同生活援助事業所ひだまりⅤ	922-0831	加賀市幸町1丁目120番地1					5
グループホームあすなろ 〈(特非)かが育成会〉	グループホームあすなろ	922-0304	加賀市分校町る23番地	0761-72-6312	○			4
グループホームさくら荘 〈(福)花友会〉	グループホームさくら荘	922-0271	加賀市尾俣町イ20番地1	0761-77-5116		○		5
グループホームひまわり荘 〈(福)花友会〉	グループホームひまわり荘	922-0243	加賀市山代温泉北部1丁目126番地	0761-77-2622		○		7
グループホーム　ふくの杜 〈(福)松原愛育会〉	グループホーム　ふくの杜	922-0004	加賀市大聖寺上福田町ロ76-7	0761-73-2582	○			7
グループホームマイホーム 〈(福)花友会〉	グループホームマイホーム	922-0243	加賀市山代温泉北部1丁目83番地1	0761-77-2622		○		4
ケアホームフレンズ 〈(福)泰耀〉	ケアホームフレンズ	922-0402	加賀市柴山町ち98番地	0761-74-2400	○			7
たんぽぽの家 〈(福)花友会〉	たんぽぽの家	922-0250	加賀市山代温泉桜町2丁目12番地	0761-77-7055				5
長久会グループホーム事業所 〈(医社)長久会〉	ウエルムどど町Ⅰ	922-0832	加賀市百々町3-11-1	0761-73-4700	○			12
	ウエルムどど町Ⅱ	922-0832	加賀市百々町3-11-1					13
	フルールそそり町	922-0825	加賀市直下町イ32-1					5
長久会グループホーム事業所幸町 〈(医社)長久会〉	グループホーム幸町西館	922-0831	加賀市幸町2丁目64番地の1	0761-72-1065		○		7
	グループホーム幸町東館	922-0831	加賀市幸町2丁目65番地					7
なんようえんグループホーム事業加賀 〈(福)南陽園〉	シェアハウス希望	922-0431	加賀市山田町ワ23-6	0761-74-6613		○		5
	シェアハウス源平	922-0404	加賀市源平町90番地					6
	シェアハウス八汐	922-0411	加賀市潮津町ム69番地1					6
ハーモニー 〈(特非)福祉の会かが〉	ハーモニー	922-0331	加賀市動橋町ネ30番地	0761-74-8664		○		7
ユニゾン 〈(福)幸徳園〉	ユニゾン	922-0306	加賀市中島町イ40-18	0761-74-1609		○		4
ホームはっぴぃ 〈(一社)つながり〉	ホームAKB	925-0015	羽咋市大川町北新128番地	0767-26-0807	○			4
	ホームすまいる	925-0015	羽咋市大川町北新町31番地					7
	ホームはっぴぃ	925-0015	羽咋市大川町北新町78番地					6
ホーム　はれるや 〈(福)はくい福祉会〉	ホーム　はれるや	925-0014	羽咋市釜屋町ヰ92-2	0767-22-5150	○			5
障がい者グループホーム清眉荘 〈(福)眉丈会〉	障がい者グループホーム清眉荘	929-1175	かほく市秋浜へ20番地1	076-255-6633	○			10
障がい者グループホーム夕美荘 〈(福)眉丈会〉	障がい者グループホーム夕美荘	929-1175	かほく市秋浜へ20番地1の3	0767-22-5616	○			7
まつかぜハイツ 〈(福)白千鳥会〉	ふれあい荘Ⅰ	929-1214	かほく市内高松ク1番地	076-281-3003	○			6
	ふれあい荘Ⅱ	929-1214	かほく市内高松ク1番地					9
	まつかぜハイツ	929-1214	かほく市内高松ヤ36					20
	ゆいまーる	929-1213	かほく市長柄町ハ31番地					5
かしの木 〈(福)松の実福祉会〉	かしの木	924-0804	白山市徳丸町589番地3	076-276-6452	○			7
	たんぽぽ	924-0804	白山市徳丸町362-1					6
	なないろ	924-0804	白山市徳丸町362-1					7
	ハッピーハウスまつのみ	924-0806	白山市石同新町251-3					7
	友煎ホーム	924-0875	白山市倉光8-8					5

代表事業所名称〈運営主体〉	共同生活住居名称	郵便番号	所在地	電話番号	介護包括型	外部利用型	日中支援型	定員
グループホーム青い鳥〈(福)鳥越福祉会〉	グループホーム青い鳥	920-2376	白山市若原町甲77番地	076-254-8181	○			7
	グループホームうぐいす	920-2376	白山市若原町甲78番地					7
グループホームみらい〈(福)ひびき〉	グループホームひかり	924-0024	白山市千代野西二丁目10番地7	076-274-2230	○			5
	みらい	924-0024	白山市北安田町5202番地					5
グループホームめぞん茶屋町〈(株)ケア・ハンディ〉	グループホームめぞん成町	924-0029	白山市中成1丁目282番地	076-276-6970	○			7
	グループホームめぞん茶屋町	924-0867	白山市茶屋町1丁目15番地1					12
	グループホームめぞん八ツ矢	924-0867	白山市八ツ矢町608番2					6
B's homes〈(福)佛子園〉	アイレ	924-0023	白山市成町374-1	076-275-1711				5
	アミーゴ	924-0024	白山市北安田町550番地14	076-275-5750				5
	アミーゴ(サテライト)	924-0024	白山市北安田町480					1
	エビータ	924-0025	白山市蕪城1丁目8番地10					5
	エビータ(サテライト)	924-0025	白山市蕪城1丁目7番地9	076-276-0776				1
	エビータ(サテライト②)	924-0025	白山市蕪城1丁目7番地9					1
	カサ・デ・マーヤ	924-0888	白山市旭町51-6	076-275-4029				4
	グランコスタ21	924-0867	白山市茶屋2丁目97-6					5
	シエロ	924-0029	白山市中成町1丁目368	076-274-3789				5
	ティエラ	924-0214	白山市長屋町ホ28番地1	076-278-6667	○			6
	パシオン	924-0029	白山市中成1丁目317	076-274-0643				5
	フェリス	924-0029	白山市中成2丁目176番地1	076-259-6171				5
	プエルト	929-0234	白山市美川神幸町ヲ260番地	076-276-0776				10
	ラオラ	924-0023	白山市成町386-2	076-277-6447				5
	リサ	924-0024	白山市北安田町5195番地	076-276-0776				10
	リベルタ	924-0072	白山市千代野西5丁目4-2	076-274-1637				4
	リベルタ(サテライト)	924-0029	白山市中成1丁目179番地					1
	ルース	924-0029	白山市中成2丁目258	076-276-3885				5
	ルース(サテライト)	924-0029	白山市中成2丁目185					1
シェアハウス みかん〈(医社)きだ整形外科クリニック〉	シェアハウス みかん	929-0106	能美市西二口町丙37-1	0761-55-8811				6
	ひまわり	929-0113	能美市大成町2丁目48-1		○			2
	フォレスタ104	929-0113	能美市大成町2丁目14					2
太陽クラブグループホーム良閑〈(特非)太陽クラブ〉	太陽クラブ一休	923-1121	能美市寺井町ほ36番地	0761-57-4073		○		4
	太陽クラブグループホーム良閑	923-1121	能美市寺井町ほ37番地3					6
ビエント〈(福)佛子園〉	Ease	923-1226	能美市緑が丘1丁目120番地	0761-51-6898				5
	Ease(サテライト)	923-1112	能美市佐野町巳42番地 コーポ佐野					1
	Calm	923-1226	能美市緑が丘9丁目102番地	0761-52-0593				5
	Grace	923-0035	小松市あけぼの町12番地	0761-51-3090	○			9
	Stella	923-1226	能美市緑が丘8丁目135番地					5
	Nova	923-1226	能美市緑が丘9丁目55番地	0761-51-0155				5
	Beans	923-1226	能美市緑が丘7丁目35番地	0761-52-0593				4
	ビエント	923-1276	能美郡川北町橘ツ29-29					4
	Bloom	923-1226	能美市緑が丘2丁目36	0761-51-6676				4
結〈(特非)能美市作業所連合〉	結	923-1201	能美市岩内町イ164番地2	0761-48-4465			○	10
あわだほーむ〈(福)富明会〉	あわだほーむ	921-8823	野々市市粟田1丁目142番地	076-294-1730		○		6

代表事業所名称〈運営主体〉	共同生活住居名称	郵便番号	所在地	電話番号	介護包括型	外部利用型	日中支援型	定員
グループホーム野々花苑〈(福)石川サニーメイト〉	野々花1丁目	921-8836	野々市市末松2丁目239番地	076-248-9300	○			7
	野々花2丁目	921-8836	野々市市末松2丁目239番地					9
	野々花3丁目	921-8836	野々市市末松2丁目239番地					7
	野々花4丁目	921-8836	野々市市末松2丁目229番地					7
すまいる〈(福)金沢市民生協会〉	すまいる	921-8834	野々市市中林4丁目120番地	076-248-5221	○			20
	メゾン・ド・つばき	921-8834	野々市市中林4丁目123番地	076-248-6646				7
住まいるハウス〈(株)オリジナルサポート〉	住まいるハウス	921-8131	野々市市高橋町15-15	076-225-5525	○			7
	住まいるハウス泉	921-8041	金沢市泉2丁目15番地15					7
	住まいるハウス工大	921-8811	野々市市高橋町15番地23					4
	住まいるハウス四十万	921-8132	金沢市しじま台2丁目12-5					3
	住まいるハウスしじま台	921-8132	金沢市しじま台2丁目9番2号					7
	住まいるハウス新庄	921-8824	野々市市新庄1丁目70番地					20
	住まいるハウス久安	921-8163	金沢市横川4丁目163					7
	住まいるハウス広小路	921-8031	金沢市野町1丁目1番地22号					13
自然の氣〈心紅(株)〉	自然の氣	929-0325	河北郡津幡町字加賀爪ホ33番地6	076-255-3251	○			7
なごみ〈(福)やまびこ〉	きらら	929-0342	河北郡津幡町字清水ニ350番地4	076-289-0400	○			10
	なごみ	929-0327	河北郡津幡町字庄ウ17番7	076-289-6500				9
	響	929-0326	河北郡津幡町字清水ニ85番地	076-289-7080				7
フラーリッシュ〈(株)ダイエードリームライツ〉	フラーリッシュA	929-0341	河北郡津幡町字横浜に62-5	076-288-3884	○			10
	フラーリッシュB	929-0341	河北郡津幡町字横浜に62-4					10
ホームすぎな〈(福)つくしの会〉	ホームすぎな	929-0443	河北郡津幡町別所ロ28番1	076-288-0388	○			7
グループうちなだ〈(福)うちなだの里〉	サテライトフレッサ	920-0267	河北郡内灘町大清台283番地	076-286-6386	○			1
	サンサンホーム	920-0267	河北郡内灘町大清台72番地					10
どんぐりの杜〈(福)清湖の杜〉	どんぐりの杜	920-0272	河北郡内灘町字向陽台1丁目333番地	076-239-3390	○			10
リヴハピリィ〈(株)リヴハピリィ〉	リヴハピリィ	920-0274	河北郡内灘町向粟崎5丁目95番地	076-255-1672	○			10
	リヴハピリィⅡ	920-0277	河北郡内灘町千鳥台1丁目176番地1					10
学び舎あい〈(福)四恩会〉	学び舎あい	925-0157	羽咋郡志賀町堀松辰73	0767-32-5300	○			10
ふれんど〈(福)四恩会〉	ウイズ上田名	929-1104	かほく市笠島イ1番1	0767-28-2900	○			7
	ウイズ太田	929-0345	河北郡津幡町太田に35	0767-28-2900				6
	かがやき	929-1344	羽咋郡宝達志水町今浜チ37番4	0767-28-5082				7
	かりん	925-0615	羽咋市千代町は11番3	0767-28-2900				5
	グッドメン	929-1104	かほく市笠島イ1番1	0767-28-2900				7
	こもれび	929-1344	羽咋郡宝達志水町今浜チ37番4	0767-28-5082				7
	たいよう	929-1344	羽咋郡宝達志水町今浜チ37番4	0767-28-2900				7
	パラレル	929-1104	かほく市笠島イ1番1	0767-28-2900				6
	ふれんど	929-1344	羽咋郡宝達志水町今浜チ37番4	0767-28-5082				6
	ホープ	929-1344	羽咋郡宝達志水町今浜ム186番地5	0767-28-2900				5
	レインボー	929-1414	羽咋郡宝達志水町敷波12番地2	0767-28-2900				4

代表事業所名称〈運営主体〉	共同生活住居名称	郵便番号	所在地	電話番号	介護包括型	外部利用型	日中支援型	定員
わくわく〈(福)つばさの会〉	花はな	929-1717	鹿島郡中能登町良川り30番地	0767-74-2055		○		5
	第2わくわく	929-1602	鹿島郡中能登町能登部上マ7番地					4
	わくわく	929-1706	鹿島郡中能登町瀬戸カ部16番地					7
自立ホームけいじゅ〈(福)徳充会〉	銀河	927-0053	鳳珠郡穴水町此木11の24番地2	0768-52-2733	○			10
	ふきのとう	927-0053	鳳珠郡穴水町此木11の24番地1					10
スターハイツ1〈(医)松原会〉	スターハイツ1	927-0027	鳳珠郡穴水町川島ノ1-32	0767-52-0305	○			4
	スターハイツ2	927-0027	鳳珠郡穴水町川島ノ1-32					4
大峰開心ホーム〈(福)礎会〉	大峰開心ホーム	927-0311	鳳珠郡能登町瑞穂10字146番地	0768-67-1117	○			6
クローバー〈(福)佛子園〉	WISH	927-0434	鳳珠郡能登町字松浪10字33番地1	0768-72-2224	○			5
	クローバー	927-0602	鳳珠郡能登町松波へ9-3	0768-72-2113				4
	シーポート	927-0433	鳳珠郡能登町宇出津チ字1-11					5
	ハーベスト	927-0433	鳳珠郡能登町宇出津チ字1-17					5
	ライトハウス	927-0433	鳳珠郡能登町宇出津チ字1-13					5

○地域活動支援センター（24カ所）

事業所名称	郵便番号	所在地	電話番号	FAX	運営主体	定員
いずみの	921-8034	金沢市泉野町1-1-25	076-280-5503	076-280-5503	(特非)いずみの	23
泉の家	920-0966	金沢市城南2-43-18	076-224-4425	076-224-4425	(特非)泉の家	19
一般社団法人あじゅ	921-8105	金沢市平和町2-13-10	076-244-6372	076-244-6372	(一社)あじゅ	10
金沢市視覚障害者協会文化交流センター	920-0862	金沢市芳斉1-15-26	076-222-8782	076-222-1831	金沢市視覚障害者協会	20
金沢市社会福祉協議会	920-0864	金沢市高岡町7-25	076-231-3571	076-231-3560	(福)金沢市社会福祉協議会	60
クリエーションけやき	920-0345	金沢市藤江北1-425	076-266-1898	076-266-1891	(福)けやきの樹福祉会	19
ことじ作業所	920-1302	金沢市末町9-47-17	076-229-1520	076-229-3115	(特非)IHCCことじ	19
地域活動支援センターあるふぁ	921-8025	金沢市増泉1丁目20-17	076-280-9147	076-280-9148	(医社)岡部診療所	―
地域活動支援センターろうあハウス	921-8031	金沢市野町2-25-6	076-242-1105	076-242-1105	(福)石川県聴覚障害者協会	15
ピアサポートいしびき	920-0935	金沢市石引2-1-3稲葉ビル1階	076-231-3316	076-231-3374	(社医財)松原愛育会	30
さいこうえんの障害者生活支援センター	926-0045	七尾市袖ヶ江町14-1	0767-52-0517	0767-52-0515	(福)徳充会	22
ピアサポートのと	926-0021	七尾市本府中町ワ部34	0767-54-0808	0767-54-0052	(医)松原会	28
地域活動センターくろゆり	923-0863	小松市不動島町甲22	0761-24-5739	0761-41-5773	(福)なごみの郷	15
障がい者地域活動支援センターやまなか	922-0124	加賀市山中温泉湯の出町レ11番地	0761-78-1370	0761-78-2773	(福)加賀市社会福祉協議会	30
地域活動支援センターかが	922-0832	加賀市百々町81-1	0761-72-7779	0761-73-3544	(福)長久福祉会	20
地域活動支援センター楽	922-0411	加賀市潮津町ム69番地1	0761-74-6613	0761-74-6680	(福)南陽園	10

資料編

事業所名称	郵便番号	所在地	電話番号	FAX	運営主体	定員
なぎさ工房リヴ	925-0015	羽咋市大川町2-150-3	0767-22-7686	0767-22-7686	(特非)なぎさ工房リヴ	20
地域活動支援センターたかまつ	929-1214	かほく市内高松ヤ36番地	076-281-3003	076-281-3180	(福)白千鳥会	20
地域活動支援センターあさがおハウス	924-0863	白山市博労2丁目50番地	076-205-6025	076-205-6025	(福)石川県聴覚障害者協会	20
ピアサポートはくさん	924-0863	白山市博労1-54	076-272-8414	076-272-8416	(社医財)松原愛育会	20
地域活動支援センターはまかぜ	929-0105	能美市中ノ江町と104番地1	0761-58-0753	0761-58-0754	(福)なごみの郷	20
地域活動支援センターののいち	921-8834	野々市市中林4-120	076-248-6565	076-248-6567	(福)金沢市民生協会	50
地域活動支援センターあらいぶ	929-1343	羽咋郡宝達志水町小川弐7-1	0767-28-8820	0767-28-8821	(福)四恩会	45
ピアサポート北のと	927-0027	鳳珠郡穴水町字川島ヨ47-1	0768-52-0305	0768-52-2770	(医)松原会	20

○福祉ホーム（身体）（3カ所）

事業所名称	郵便番号	所在地	電話番号	FAX	運営主体	定員
あおぞら	920-0226	金沢市粟崎町5丁目3番地1	076-238-2111	076-238-2112	(福)あおぞら福祉会	5
福祉ホームたんぽぽ	920-0376	金沢市福増町南16番地	076-214-3700	076-214-3702	(福)石川整肢学園	10
バリアフリーホームセェレーナ青山	926-0831	七尾市青山町ろ部22番1	0767-57-3309	0767-57-1531	(福)徳充会	20

○福祉ホーム（知的）（1カ所）

事業所名称	郵便番号	所在地	電話番号	FAX	運営主体	定員
さんあいコーポラス	922-0265	加賀市水田丸町ワ2番地10	0761-77-6336	0761-77-1531	(福)珠明会	12

○視覚障害者情報提供施設（2カ所）

名称	郵便番号	所在地	電話番号	FAX	運営主体
視覚障害者情報文化センター（点字図書館）	920-0862	金沢市芳斉1-15-26	076-262-5855	076-222-1832	(福)石川県視覚障害者協会
視覚障害者情報文化センター（点字出版施設）	920-0862	金沢市芳斉1-15-26	076-222-8781	076-222-1821	(福)石川県視覚障害者協会

○聴覚障害者情報提供施設（1カ所）

名称	郵便番号	所在地	電話番号	FAX	運営主体
聴覚障害者センター	920-0964	金沢市本多町3-1-10 石川県社会福祉会館内	076-264-8615	076-261-3021	(福)石川県聴覚障害者協会

○身体障害者福祉センターB型（1カ所）

名称	郵便番号	所在地	電話番号	FAX	運営主体
白山市身体障害者福祉センターこがね荘	924-0863	白山市博労町2-50	076-276-3151	076-276-4535	(福)白山市社会福祉協議会

○相談支援事業所（114カ所）

事業所名称	郵便番号	所在地	電話番号	FAX	種別				運営主体
					一般相談	特定相談	障害児相談	自立生活援助	
アカシヤの里	920-0226	金沢市粟崎町5丁目3番地8	076-237-0294	076-237-0295	○	○			(福)アカシヤの里
いえる相談支援事業所	920-0043	金沢市長田2丁目14番4号	076-255-1009	076-255-1149	○	○	○		(合同)いえる
石川療育センター	920-1146	金沢市上中町イ67番2	076-229-3033	076-229-3043		○	○		(福)松原愛育会
S－veranda	920-1165	金沢市若松町セ104番地1	076-256-1010	076-256-1020		○	○		(福)佛子園
オープンセサミ城南	920-0966	金沢市城南1丁目8番20号	076-232-0100	076-262-2291	○	○			(福)松原愛育会
金沢健康福祉財団相談支援事業所	920-0912	金沢市大手町3番23号	076-222-0032	076-222-0076		○			(公財)金沢健康福祉財団
金沢ゆとり学園ことり教室	921-8116	金沢市泉野出町3丁目14番26-1号	076-256-3428	076-256-3428		○	○		(一社)金沢ゆとり学園
ギフト相談支援事業所	920-0226	金沢市粟崎町1丁目34番地	080-3741-0484	050-3488-4105		○	○		(株)衣食住の家
ケアサポート金沢相談支援事業所	920-0865	金沢市長町2丁目7番22号	076-221-4455	076-222-6515		○	○		(株)ケアサポート金沢
コープいしかわ相談支援事業所	920-0068	金沢市戸板2丁目73番地	076-222-6150	076-222-6152	○	○	○		(生協)コープいしかわ
サン	920-0902	金沢市尾張町1丁目11番2号 ファミール武蔵902号室	076-216-5282	076-261-9242	○	○	○		(一社)いちはらあきこ社会福祉士事務所
サンビレッジ	921-8005	金沢市間明町1丁目231番地	076-292-2963	076-292-2964	○	○			(株)鏡心
指定特定相談支援事業所鳴和の里	920-0005	金沢市高柳町10字106番地1	076-252-7344	076-256-0566		○			(福)すぎな福祉会
障害者相談支援センターわかば	920-1341	金沢市別所町ク10番地	076-247-6787	076-247-6768		○			(福)陽風園
すずらん相談支援	920-0051	金沢市二口町イ109番地	076-222-2275	076-222-1171	○	○			(株)すずらん
ソーシャルネットかがやき	921-8105	金沢市東力1丁目153番地	076-292-2044	076-292-2045		○	○		(特非)WAC輝き
相談支援事業所「きずな」	920-1161	金沢市鈴見台5丁目7番13号	076-261-7870	076-261-7870		○	○		(福)金沢手をつなぐ親の会
相談支援キャッツアイ	920-0356	金沢市専光寺町レ4番地5 シーガルⅢ101号室	076-236-2470	076-236-2471		○	○		(株)サポートライフキャッツアイ
相談支援事業　こなん	920-3102	金沢市忠縄町380番地	076-258-6001	076-258-6522		○	○		(福)石川整肢学園
相談支援事業所アヤカ	921-8047	金沢市大豆田本町ハ17番地2　犀川ＭＩビル601	076-292-0660	076-292-0661	○	○			(株)アヤカ
相談支援事業所あるふぁ	921-8025	金沢市増泉1丁目20-17	076-280-9147	076-280-9104	○	○			(医社)岡部診療所
相談支援事業所医王病院あすなろ	920-0192	金沢市岩出町二73番地1	076-258-1180	076-258-6719		○	○		(独行)国立病院機構医王病院
相談支援事業所エンデバー	920-0352	金沢市観音堂町ロ63番3号	090-9768-8540	076-208-4146		○	○		(合同)東
相談支援事業所おかべ	921-8114	金沢市長坂町チ15番地	076-243-1222	076-243-1345	○	○			(医)積仁会

事業所名称	郵便番号	所在地	電話番号	FAX	種別				運営主体
					一般相談	特定相談	障害児相談	自立生活援助	
相談支援事業所 おり～ぶ金沢	921-8002	金沢市玉鉾2丁目507番地	076-292-0502	076-292-0504		○	○		(福)若宮福祉会
相談支援事業所 かないわ	920-0351	金沢市普正寺町9の6番地	076-267-0601	076-267-0962	○	○			(医)明仁会
相談支援事業所 グローブル	920-0001	金沢市千木町イ2番1	076-257-4770	076-254-5395		○			(有)ラルゴ
相談支援事業所 しらかば	920-0334	金沢市桂町チ21番地2	090-9286-4184	076-255-3118		○	○		(株)メビウス
相談支援事業所 聖ヨゼフ苑	920-0377	金沢市打木町東155番地	076-240-6221	076-240-2001	○	○	○		(福)聖ヨゼフ苑
相談支援事業所 ちきちき	921-8155	金沢市高尾台2丁目102番地	076-207-3917	076-205-1457		○	○		(株)ちき
相談支援事業所 つばさ	921-8155	金沢市高尾台1丁目303番地 OneFACE102号	076-296-1230	076-296-1233		○	○		Japan Wings (合同)
相談支援事業所 ピアサポートいしびき	920-0935	金沢市石引1丁目1番3号 セゾン石引105	076-231-3371	076-216-7430	○	○		○	(社医財)松原愛育会
相談支援事業所 朗　粟崎	920-0226	金沢市粟崎町2丁目414番地	076-237-3847	076-237-3842	○	○	○		(株)新世紀ケアサービス
相談支援事業所 やちぐさ	920-0812	金沢市南御所町309番	076-251-5139	076-251-7750		○	○		(福)やちぐさ会
相談支援事業所　結	920-0901	金沢市彦三町2丁目1番10号　真和ビル2階	076-221-1233	076-221-1233		○	○		(株)VSサポート
相談支援事業 こなん	920-3102	金沢市忠縄町380番地	076-258-6001	076-258-6522		○	○		(福)石川整肢学園
相談支援事業 トラスト	920-0376	金沢市福増町南16番地	076-214-3700	076-214-3702		○	○		(福)石川整肢学園
相談支援事業 ハーモニー	921-8105	金沢市平和町1丁目2番28号	076-242-2378	076-256-2570		○			(福)石川整肢学園
相談支援センター ヴィストかなざわ	920-0031	金沢市広岡1丁目2番14号 コーワビル4階	076-254-6259	076-253-6253		○	○		(株)ヴィスト
相談支援センター 希望が丘	920-0811	金沢市小坂町北184番地1	076-256-0226	076-256-0346		○	○		(福)希望が丘
相談支援センター ひなげし	921-8111	金沢市若草町12番7号	076-243-0326	076-243-0327	○	○	○		(福)ひろびろ福祉会
相談支援センター 夢工房	920-0373	金沢市みどり3丁目130番地	076-269-0680	076-269-1707		○	○		(福)清風会
相談支援センター 若草福祉作業所	921-8106	金沢市十一屋町4番34号	076-244-7731	076-244-7754	○	○	○		(福)むつみ会
相談支援 パートナーズ	921-8151	金沢市高尾台1丁目100番地2	076-287-3058	076-287-3059		○	○		(株)さくらパートナーズ
相談支援・PorePore	920-1346	金沢市三小牛町イ3番地2	076-287-3414	076-287-3414	○	○	○		(特非)地域支援センターポレポレ
地域福祉ネット りーがる	920-8203	金沢市鞍月3丁目32番地	076-256-1334	076-236-2116	○	○	○		金沢税務法律事務所
特定非営利活動法人 金沢市視覚障害者地域生活支援センター	920-0862	金沢市芳斉1丁目15番26号	076-222-8782	076-222-1831		○			(特非)金沢市視覚障害者地域生活支援センター

事業所名称	郵便番号	所在地	電話番号	FAX	種別 一般相談	特定相談	障害児相談	自立生活援助	運営主体
特定非営利活動法人サポートステーションWakuWaku	920-0867	金沢市長土塀2丁目2番20号	076-262-9739	076-262-9739	○	○	○		(特非)サポートステーションWakuWaku
特定非営利活動法人ライフステージ	920-0201	金沢市みずき3-235	076-258-5681	076-258-5681	○	○	○		(特非)ライフステージ
とらいあんぐる	920-3114	金沢市吉原町ロ6番地2	076-255-6166	076-255-6233		○	○		(福)石川整肢学園
ピースマイルいおうが丘	920-1185	金沢市田上本町ヨ24番地5	076-262-6565	076-238-2380		○	○		(医社)医王会
やすらぎ相談支援センター	920-1185	金沢市田上本町カ45-1	076-231-5477	076-231-6806		○			(医)十全会
有限会社　ヘルパーステーション愛	920-0363	金沢市古府町南386番地2	076-249-0005	076-249-0110	○	○	○		(有)ヘルパーステーション愛
公立能登総合病院相談支援事業所	926-0816	七尾市藤橋町ア部6番地4	0767-52-8760	0767-52-8761		○	○		七尾市
さいこうえんの障害者生活支援センター	926-0831	七尾市青山町ろ部22番	0767-57-5161	0767-57-5178	○	○	○		(福)徳充会
相談支援事業所ほうぷ	926-0852	七尾市小島町イ1番地1	0767-52-0177	0767-52-0177		○	○		(特非)七尾鹿島手をつなぐ育成会
ピアサポートのと	926-0021	七尾市本府中町カ部36番地1	0767-54-0808	0767-54-0052	○	○	○	○	(医)松原会
え〜る	923-0801	小松市園町ハ36番地1　小松織物会館1階	0761-24-3313	0761-21-3136	○	○	○		小松IT就労支援センター(株)
支援センターうめの木	923-0153	小松市金平町ヌ84番地	0761-41-1301	0761-41-1648		○	○		(福)うめの木学園
相談支援事業所あぷりこっ兎	923-0854	小松市大領町ロ223番地	0761-46-6072	0761-46-6071		○	○		(福)南陽園
相談支援事業所こまつ	923-0942	小松市桜木町96番2	0761-48-5780	0761-21-8559	○	○	○		(福)こまつ育成会
相談支援事業所「チャレンジ」	923-0342	小松市矢田野町ヲ98-1	0761-43-4355	0761-43-4355	○	○	○		(医社)澄鈴会
相談支援事業所ロビン・フッド	923-0183	小松市瀬領町丁1番地2号	0761-46-1306	0761-46-1307	○	○	○		(福)石川整肢学園
相談支援センターなごみ	923-0851	小松市北浅井町り123番地	0761-23-7232	0761-23-7284	○	○	○		(福)なごみの郷
やたの生活支援センター	923-0342	小松市矢田野町ミ30番地	0761-44-5558	0761-44-7484	○	○	○	○	(福)共友会
相談支援　海と空	928-0064	輪島市釜屋谷町六字30番地4	0768-23-4848	0768-23-0063	○	○	○		(福)弘和会
ふれあい工房あぎし	927-2353	輪島市門前町是清イの1番地	0768-43-1991	0768-43-1999	○	○			(福)門前町福祉会
障害福祉サービス多機能型事業所　さざなみ	927-1215	珠洲市上戸町北方参字141番地1号	0768-82-2660	0768-82-2661		○	○		(福)鳥越福祉会
相談支援事業所すず	927-1214	珠洲市飯田町5-9	0768-82-3225	0768-82-7003		○	○		(特非)ワークショップすず
オープンセサミ錦城	922-0004	加賀市大聖寺上福田町ロ76番2	0761-73-2580	0761-73-2581	○	○			(福)松原愛育会
相談支援事業あいりす	922-0411	加賀市潮津町ム69番地1	0761-74-6613	0761-74-6680	○	○	○		(福)南陽園

事業所名称	郵便番号	所在地	電話番号	FAX	種別				運営主体
					一般相談	特定相談	障害児相談	自立生活援助	
相談支援事業所かが	922-0832	加賀市百々町81番地1	0761-72-7779	0761-73-3544	○	○	○	○	(福)長久福祉会
相談支援事業所やましろ	922-0257	加賀市山代温泉桔梗丘4丁目1番1	0761-77-5666	0761-76-3650	○	○	○		(福)長久福祉会
相談支援事業所やまなか	922-0133	加賀市山中温泉滝町リ1番地1	0761-78-0668	0761-78-0653	○	○	○		(福)長久福祉会
はしたて生活支援センター	922-0554	加賀市橋立町イ乙54番地1	0761-73-5250	0761-75-7385	○	○	○	○	(福)共友会
相談支援 村友	929-1572	羽咋市大町な29番地	0767-26-8080	0767-26-1717	○	○	○		(福)弘和会
ぽぷら　なぎさ相談支援事業所	925-0051	羽咋市島出町上1番16	0767-23-4800	0767-23-4803	○	○	○		(有)ぽぷら
相談支援事業所ルフレ	929-1175	かほく市秋浜へ20番地1の2	076-283-5881	076-283-5882	○	○	○		(福)眉丈会
地域活動支援センターたかまつ	929-1214	かほく市内高松ヤ36番地	076-281-3505	076-281-3180	○	○	○		(福)白千鳥会
ライフクリエートかほく	929-1122	かほく市七窪ハ7-1	076-283-7100	076-283-7103	○	○	○		(福)四恩会
サポートライフココネット	920-2113	白山市八幡町247番地	076-272-2721	076-272-3790	○	○	○		(特非)あじさいの家
障害者地域生活支援センターエポック	924-0805	白山市若宮3丁目72番1	076-276-6453	076-276-9292	○	○	○		(福)ひびき
Smileプランはくさん	920-2134	白山市鶴来水戸町4丁目74番地	076-220-6425	—		○			オリジナルサポート(株)
相談支援事業所あんず	929-0204	白山市平加町ヌ119番地1	076-278-7775	076-282-7475	○	○	○		(特非)美川あんずの家
相談支援事業所オアシス	924-0022	白山市相木町62	076-249-0061	076-249-7030			○		(特非)世代間交流サロン・オアシス
相談支援事業所おり～ぶ 白山	924-0867	白山市茶屋町1丁目15番地1	076-276-6970	076-276-6971		○	○		(福)若宮福祉会
相談支援事業所　煌	924-0878	白山市末広2丁目35番地	076-275-5055	076-214-7055		○	○		(特非)プウプ
相談支援事業所にじ	924-0804	白山市徳丸町589番地3	076-276-6452	076-274-2360	○	○	○		(福)松の実福祉会
相談支援事業所ピアサポートはくさん	924-0863	白山市博労1丁目54	076-272-8414	076-272-8416	○	○	○		(社医財)松原愛育会
白山市社協　障害福祉相談支援事業所	924-0865	白山市倉光8丁目16-1	076-276-3151	076-276-4535	○	○	○		(福)白山市社会福祉協議会
B's Support	924-0024	白山市北安田町548-2	076-275-0616	076-275-0686	○	○	○		(福)佛子園
生活支援ネットBe星が岡ステーション	923-1224	能美市和気町ヤ4-5	0761-51-6553	0761-51-6156	○	○	○	○	(福)佛子園
相談支援センターたいよう	929-0113	能美市大成町ヌ160番地2	0761-55-6060	0761-55-6062	○	○	○	○	(福)泰耀
相談支援センターはまかぜ	929-0126	能美市山口町ホ17-1	0761-48-7630	0761-46-6102	○	○	○	○	(福)なごみの郷
ソーシャルデザインコキア	921-8845	野々市市太平寺2丁目233番地1 ペルシェール105号室	090-1270-9522	—		○	○		(一社)ソーシャルデザインコキア

事業所名称	郵便番号	所在地	電話番号	FAX	一般相談	特定相談	障害児相談	自立生活援助	運営主体
相談支援事業 CoCoa	921-8813	野々市市住吉町3-30	076-294-3634	076-294-3635		○	○		(株)アルバ
相談支援事業所ののいち	921-8834	野々市市中林4丁目120番地	076-248-6565	076-248-6567	○	○	○		(福)金沢市民生協会
であい	921-8801	野々市市御経塚1丁目307番地	076-256-2155	076-236-2022	○	○	○		(合同)であい
野々市市社会福祉協議会 相談支援事業所	921-8822	野々市市矢作三丁目1番地2号	076-246-5570	076-246-6271	○	○	○		(福)野々市市社会福祉協議会
ライフサポートそれいゆ	921-8805	野々市市稲荷1丁目58番地	076-227-8950	076-227-8951	○	○	○		(福)あおぞら福祉会
相談支援事業所 My Life	929-0331	河北郡津幡町中橋ロ10-1	076-255-3251	076-225-3451	○	○			(株)愛昴
なごみ	929-0327	河北郡津幡町字庄ウ17番地7	076-289-6500	076-289-6502	○	○	○		(福)やまびこ
ケアセンター華 相談支援事業所	920-0277	河北郡内灘町千鳥台2丁目143番地	076-239-0887	076-239-2828		○	○		(株)エイトコンサルタント
相談支援おひさま	920-0274	河北郡内灘町向粟崎5-63-1	076-238-7580	076-238-7581		○	○		(株)おひさま
相談支援事業所エイルうちなだ	920-0265	河北郡内灘町字大根布と202番地7	076-286-6386	076-286-6387	○	○	○		(福)うちなだの里
地域相談支援センターコンパス 相談支援事業所	920-0267	河北郡内灘町字大清台135-1	076-255-3551	076-255-3551		○	○		(一社)はまなす福祉会
学び舎あい	925-0157	羽咋郡志賀町堀松辰73	0767-32-5300	0767-32-5304		○	○		(福)四恩会
サポートアメニティあらいぶ	929-1343	羽咋郡宝達志水町小川弐7-1	0767-28-8640	0767-28-8821	○	○	○		(福)四恩会
つばさ	929-1604	鹿島郡中能登町能登部下93-21	0767-74-2055	0767-74-2086	○	○	○		(福)つばさの会
なんでも	929-1721	鹿島郡中能登町井田れ88番	0767-76-0150	0767-76-0155	○	○			(一社)ななお・なかのと就労支援センター
相談支援キララ	927-0053	鳳珠郡穴水町字此木11の24番地	0768-52-2733	—	○	○	○		(福)徳充会
ピアサポート北のと	927-0027	鳳珠郡穴水町川島ヨ47-1	0768-52-0305	0768-52-2770	○	○	○		(医)松原会
生活支援ネットBe日本海倶楽部ステーション	927-0605	鳳珠郡能登町立壁92番地	0768-72-8180	0768-72-8282	○	○	○		(福)佛子園
能登町社会福祉協議会ヘルパーステーション	927-0434	鳳珠郡能登町崎山1丁目1番地	0768-62-0602	0768-62-0601		○	○		(福)能登町社会福祉協議会

資料編

3．子どもの施設

○児童養護施設（8カ所）

名称	郵便番号	所在地	電話番号	FAX	運営主体	定員
享誠塾	921-8105	金沢市平和町3-23-5	076-241-1514	076-241-3970	（福）享誠塾	50
聖霊愛児園	920-8551	金沢市長町1-5-30	076-261-9812	076-222-7589	（福）聖霊病院	65
梅光児童園	920-0935	金沢市石引4-6-1	076-231-3984	076-231-3986	（福）梅光会	30
林鐘園	920-0933	金沢市東兼六町18-7	076-262-3811	076-264-2982	（福）林鐘園	36
育松園	923-0977	小松市額見町ら2番4	0761-58-1923	0761-43-1433	（福）松寿園	30
伊奈美園	922-0412	加賀市片山津温泉井6	0761-74-5555	0761-74-1461	（福）伊奈美園	80
しお子どもの家	929-1423	羽咋郡宝達志水町菅原ヤ6-2	0767-29-2681	0767-29-3616	（福）聖ヨハネ会	35
あすなろ学園	927-0035	鳳珠郡穴水町志ヶ浦15字1-3	0768-52-3150	0768-52-4140	（福）北伸福祉会	42

○乳児院（2カ所）

名称	郵便番号	所在地	電話番号	FAX	運営主体	定員
聖霊乳児院	920-8551	金沢市長町1-5-30	076-223-2878	076-222-7589	（福）聖霊病院	20
ななお乳児院	926-0853	七尾市津向町ハ部35-5	0767-52-1411	0767-52-9081	（福）七尾市社会事業協会	9

○児童自立支援施設（1カ所）

名称	郵便番号	所在地	電話番号	FAX	運営主体	定員
石川県立児童生活指導センター	920-0266	河北郡内灘町大根布と543	076-286-3235	076-286-3432	石川県	60

○母子生活支援施設（2カ所）

名称	郵便番号	所在地	電話番号	FAX	運営主体	定員
MCハイツ平和	921-8105	金沢市平和町2-3-9	076-241-4900	076-241-4996	（公益財）石川県母子寡婦福祉連合会	20
林光母子ホーム	922-0277	加賀市河南町へ49-1	0761-76-0874	0761-76-0874	（福）林光園	14

○障害児入所施設（児者一貫含む）（7カ所）

事業所名称	郵便番号	所在地	電話番号	FAX	運営主体	定員（療養介護）	障害児入所（医療型）	障害児入所（福祉型）	施設入所	生活介護
石川整肢学園	920-3114	金沢市吉原町ロ6-2	076-257-3311	076-257-3394	（福）石川整肢学園		40			
石川療育センター	920-1146	金沢市上中町イ67-2	076-229-3033	076-229-3043	（福）松原愛育会	60				
金沢療育園	920-3114	金沢市吉原町ロ6-2	076-257-3311	076-257-3394	（福）石川整肢学園	60				
希望が丘	920-0162	金沢市小池町九40番地	076-257-5211	076-257-2108	（福）希望が丘			30		
障害児入所施設 Share金沢	920-1165	金沢市若松町セ104番地1	076-256-1010	076-256-1020	（福）佛子園			30		
小松療育園	923-0183	小松市瀬領町丁1-2	0761-46-1306	0761-46-1307	（福）石川整肢学園	50				
石川県立錦城学園	922-0562	加賀市高尾町ヌ1-甲	0761-72-0069	0761-72-6868	（福）松原愛育会			10		

○障害児通所支援事業所（児者一貫含む）（131カ所）

事業所名称	郵便番号	所在地	電話番号	FAX	運営主体	定員（生活介護）	児童発達支援	放課後デイ	保育所等訪問支援
いんくるわくわく	920-0867	金沢市長土塀2丁目2番1号	076-262-9739	076-282-9704	（特非）サポートステーション WakuWaku			10	
ヴィストカレッジ金沢駅前	920-0031	金沢市広岡1丁目17番20号ナカモトビル201号	076-254-6233	076-254-6253	ヴィスト（株）			10	
ヴィストカレッジ西金沢駅前	921-8054	金沢市西金沢1丁目72番地ハビタ2000テナント1階	076-287-6386	076-287-6387	ヴィスト（株）			10	
えーるくらぶ	920-0376	金沢市福増町南77番地	076-214-6900	076-214-6947	（福）石川整肢学園			10	
エイブルベランダBe	921-8162	金沢市三馬1丁目369番地	076-241-1200	076-241-7888	（福）佛子園		10		
親子DE発達凸凹86	921-8155	金沢市高尾台1丁目54番地	076-272-5833	076-298-0082	（株）MOYU		10		
金沢市障害児通園施設ひまわり教室	921-8106	金沢市十一屋町4番34号	076-243-6786	076-243-6786	金沢市		20		○
金沢ゆとり学園	921-8116	金沢市泉野出町3丁目14番地26-1号	076-256-3428	076-256-3428	（一社）金沢ゆとり学園		5		
金沢ゆとり学園ひばり教室	921-8151	金沢市窪3丁目179番地11号室	076-272-8910	076-272-8910	（一社）金沢ゆとり学園		5		
からだサポートげんき	920-3125	金沢市荒屋1丁目107	076-255-0027	076-255-0204	（株）ブルースカイ		10		
カラフルきっず	921-8036	金沢市弥生2丁目7番23号 Weskii金沢有松ビル101号	076-255-7558	076-255-7515	（福）瓢箪町保育園		10		
KEY'S	920-0352	金沢市観音堂町ロ221	076-208-4270	076-208-4271	（株）KEY		10		
KEY'S 3rd	920-0352	金沢市観音堂ロ122番地	076-208-4270	076-208-4271	（株）KEY			10	
KEY'S 5th	920-0351	金沢市普正寺町九字2番地7	076-208-4270	076-208-4271	（株）KEY			10	
きこえこども支援センターひなげし	921-8173	金沢市円光寺2丁目5番1号	076-244-1380	076-244-1381	（福）ひろびろ福祉会		20		
キッズサポートあゆみ	920-0016	金沢市諸江町中丁293番地3	076-237-2533	076-237-2532	（株）しあわせカンパニー		10		
キッズベランダBe	921-8152	金沢市高尾1丁目27番地1	076-296-3663	076-296-3668	（福）佛子園		10		
キッズルームオニオン	920-3104	金沢市八田町東907番地	076-201-8237	076-201-8247	（株）アルバ		10		
キッズルーム　パンプキン	920-3116	金沢市南森本町ヌ20	076-255-2332	076-255-2331	（株）アルバ		10		
キッズルーム　ポテト	920-3116	金沢市南森本町ヌ20番地1	076-213-7173	076-213-7174	（株）アルバ		10		
キッズルーム　ロータス	920-0811	金沢市小坂町西68番地1	076-256-5452	076-294-3635	（株）アルバ		10		
げんきステップ新保本	921-8062	金沢市新保本3丁目44番地	076-240-8831	076-240-8831	（株）NSY & Co.		10		
げんきステップ横川	921-8163	金沢市横川2丁目142番地3	076-299-5699	076-299-5699	（株）NSY & Co.		10		
こどもサポート教室「きらり」石川県庁前校	920-8202	金沢市西都2丁目163番地	076-213-5290	076-213-5290	（株）クラ・ゼミ		10		
こどもサポート教室「きらり」金沢ベイエリア校	920-8218	金沢市直江北1丁目253番地	076-254-5356	076-254-5356	（株）クラ・ゼミ		10		
こどもサポート教室「きらり」金沢横川校	921-8163	金沢市横川6丁目114番地	076-280-3160	076-280-3160	（株）クラ・ゼミ		10		
こどもプラスのまち教室	921-8031	金沢市野町3丁目1番10号	076-244-2112	076-244-2112	こどもプラスかなざわ（株）		10		
こどもプラスひきだ教室	920-0003	金沢市疋田1丁目219番地 eコート101号室	076-253-2388	076-253-2388	こどもプラスかなざわ（株）		10		
こどもプラスみなみ教室	921-8116	金沢市泉野出町3丁目11番3号	076-244-5880	076-244-5880	こどもプラスかなざわ（株）		10		
sakura colette	920-0809	金沢市三池栄町156番地	076-282-9878	076-282-9868	（株）さくらCom			10	

資料編

事業所名称	郵便番号	所在地	電話番号	FAX	運営主体	定員（生活介護）	児童発達支援	放課後デイ	保育所等訪問支援
児童デイサービス グロース	920-0152	金沢市鳴瀬元町イ247番地	076-255-3162	076-255-3163	(株)生きがい工房			10	
児童デイサービスわくわく	920-0041	金沢市長田本町チ20-3	076-262-0988	076-262-0988	(特非)サポートステーション WakuWaku			10	
児童デイサービスわくわくほたるの家	921-8011	金沢市入江3丁目22番	076-287-5662	076-287-5882	(特非)サポートステーション WakuWaku			10	
児童発達支援・放課後等デイサービスあおぞら館	920-0011	金沢市松寺町カ140番地1	076-255-3131	076-255-3131	(株)ブルースカイ			10	
児童発達支援・放課後等デイサービス　さくらエール	920-0842	金沢市元町2丁目6番10号	076-256-0375	076-254-1943	(株)ダイヤホールディングス			5	
児童発達支援・放課後等デイサービス　さくらきっずもとまち	920-0842	金沢市元町2丁目6番6号	076-256-0073	076-256-5584	ダイヤコーサン(株)			10	
児童発達支援・放課後等デイサービス　そうや	921-8135	金沢市四十万4丁目201番地2	076-259-0405	076-259-0406	(株)紅の華			10	
児童・放課後等デイサービス　アカホシテントウ	921-8148	金沢市額新保3丁目276番地1	076-296-3923	076-296-3925	(株)メビウス			10	
児童・放課後等デイサービス　てんとう虫	920-0334	金沢市桂町チ21番地2	076-255-3117	076-255-3118	(株)メビウス			10	
ジュニアサポートあさがお	920-0017	金沢市諸江町下丁215番地6	076-255-6831	076-255-6841	(合同)en			10	
ステラ	920-0061	金沢市問屋町2丁目49番地	076-239-2228	076-239-2880	(株)アシストプラス			10	
スポーツコミュニケーションスクール　カラフル・金沢	920-0996	金沢市油車41番地	076-255-1315	076-224-0552	(一社)障害者人材育成機構			10	
すまいるくらぶ	920-3102	金沢市忠縄町292番地	076-258-7600	076-258-7603	(福)石川整肢学園		10		
センチュリー児童デイサービスきよかわまち	921-8032	金沢市清川町3番7号吉田ビル	076-241-1145	076-241-1146	(有)ヒロコ・サプライ			10	
センチュリー児童デイサービスたかお	921-8154	金沢市高尾南3丁目23番地	076-256-3016	076-256-3017	(有)ヒロコ・サプライ			10	
とーときっずるーむ	920-1157	金沢市田上さくら1丁目126番	076-255-0199	076-255-0199	(合)THOTH			10	
(独行)国立病院機構医王病院	920-0171	金沢市岩出町ニ73番地	076-258-1180	076-258-6719	(独行)国立病院機構医王病院	8	8		
ともしびの家	920-0017	金沢市諸江町下丁215番2	076-204-6072	076-204-6072	(一社)LYHTY			10	
どれみくらぶ	921-8105	金沢市平和町1丁目2番28号	076-242-2378	076-256-2570	(福)石川整肢学園		10		
なないろの木　駅西	920-0025	金沢市駅西本町2丁目11番42号　MKビル103号	076-223-7088	076-223-7088	(株)絆			10	
にっこりバンビーノ	920-0806	金沢市神宮寺3丁目1番1号	076-207-4437	076-205-1088	(株)ALMO			10	
のびのびくらぶ	920-3114	金沢市吉原町ロ6-2	076-257-3311	076-257-3394	(福)石川整肢学園			10	
ハッピーハート松島	920-0264	金沢市松島2丁目157	076-259-1139	076-259-1135	(株)シーエスコーポレーション			5	
パトリ	921-8052	金沢市保古1丁目36番地	076-220-7900	020-4668-2482	(合同)パトリ			10	
放課後等デイサービスあんじゅ	920-0062	金沢市割出町76番地	076-254-5283	076-254-5284	(株)ひまわり			10	
放課後等デイサービス煌々	920-3126	金沢市福久2丁目3番地	076-282-9759	076-282-9769	(合)HOKUTO			10	

事業所名称	郵便番号	所在地	電話番号	FAX	運営主体	定員（生活介護）	児童発達支援	放課後デイ	保育所等訪問支援
放課後等デイサービスピース	921-8013	金沢市新神田1丁目10番44号	076-272-8541	076-272-8541	（株）TRZ		10		
放課後等デイサービスピース2	921-8013	金沢市割出町181番地4	076-255-1660	076-255-1646	（株）TRZ			10	
放課後等デイサービス日だまり	920-0364	金沢市松島2丁目231番地 クレマティースレジデンス松島101号室	080-3042-0404	―	（合同）キッズスペース			10	
放課後プラスいずみの教室	921-8034	金沢市泉野町1丁目4番地4　北川ビル1F	076-245-0322	076-245-0322	こどもプラスかなざわ（株）			10	
「ゆしゃ」	920-1155	金沢市田上本町ヨ20番地	076-208-5032	076-208-5034	（医）医王会		10		
ワークショップオアシス	920-0373	金沢市みどり2丁目6番地5	076-249-0061	076-249-7030	（特非）世代間交流サロン・オアシス			10	
ワークショップひなげし	921-8111	金沢市若草12番7号	076-243-0326	076-243-0327	（福）ひろびろ福祉会			10	
児童デイサービスぽぷら　かがやき	926-0038	七尾市八幡町い部6番地	0767-57-5670	0767-57-5679	（合同）ぽぷら			10	
放課後等デイサービスあおば	926-0178	七尾市石崎町（香島）1丁目106番地1	0767-57-5521	0767-57-5302	（株）エムアンドエム			10	
放課後等デイサービスサンフラワー	929-2231	七尾市中島町奥吉田カ乙部一番甲二地	0767-66-6010	0767-66-6299	（株）サンフラワー			10	
ほうぷ子どもの家	926-0852	七尾市小島町イ部1番地1	0767-52-0177	0767-52-0177	（特非）七尾鹿島手をつなぐ育成会			10	
こども通所センターふれんど	923-0972	小松市月津町ヲ94番地10	0761-48-8516	0761-48-8519	（福）こまつ育成会			10	
ことり	923-0032	小松市荒屋町丁82番地4	0761-66-8098	0761-66-8098	（一社）ひだまり			10	○
サービスセンターいとまち	923-0813	小松市糸町2番地12	0761-46-6533	0761-21-1811	（福）こまつ育成会			10	
三草二木西圓寺	923-0033	小松市野田町丁68番	0761-48-7773	0761-21-2120	（福）佛子園			10	
児童デイサービスサンターたんぽぽ	923-0153	小松市金平町リ148番地	0761-41-1301	0761-41-1648	（福）うめの木学園			10	
児童デイサービスセンター　ドレミ	923-0961	小松市向本折町ニ32-2	0761-22-5120	0761-22-2332	（福）松寿園		20		
児童発達支援・放課後等デイサービスZikka	923-0833	小松市八幡甲47番地1	090-8091-0104	―	（一社）HUG & HUG		10		
障がい者支援施設夢兎明	923-0151	小松市正蓮寺町セイ谷10番地	0761-47-4111	0761-47-2847	（福）南陽園		10		
3ピース小松	923-0965	小松市串町丙7番地2	0761-58-2085	0761-58-2085	リハビリライフサポート（株）			10	
たいむ	923-0183	小松市瀬領町丁1-2	0761-46-1306	0761-46-1307	（福）石川整肢学園			20	
放課後等デイサービスエンジェル	923-0811	小松市白江町り33-1	0761-21-9370	076-244-4406	（株）DS			10	
MIRAI小松	923-0965	小松市串町丙7番地2	0761-58-2085	0761-58-2085	リハビリライフサポート（株）		5		
B'sこどもLabo輪島	928-0001	輪島市河井町弐部208	0768-23-4890	0768-23-4890	（福）佛子園		10		
障害福祉サービス多機能型事業所さざなみ	927-1215	珠洲市上戸町北方参字141番地1号	0768-82-2660	0768-82-2661	（福）鳥越福祉会		5		
キッズきんじょう	922-0562	加賀市高尾町ヌ1-甲	0761-73-2580	0761-73-2581	（福）松原愛育会		10		
キッズデイサービスゆめのわ	922-0331	加賀市動橋町リ72番地1	0761-74-1609	0761-74-6604	（福）幸徳園		10		
放課後等デイサービスすくすくスクール	922-0241	加賀市加茂町ハ421	0761-75-7511	0761-75-7511	すくすく加賀（合同）			10	
レイクサイド楽	922-0402	加賀市柴山町も21-1	0761-74-6632	0761-74-6232	（福）南陽園		10		
COCO HOUSE 羽咋	925-0054	羽咋市千里浜町ソ1番3	076-255-3260	076-255-3260	（株）FUCHA			10	

資料編

331

事業所名称	郵便番号	所在地	電話番号	FAX	運営主体	定員（生活介護）	児童発達支援	放課後デイ	保育所等訪問支援
児童デイサービスぽぷら　なぎさ	925-0051	羽咋市島出町上1番16	0767-23-4800	0767-23-4803	(有)ぽぷら		10		
夢生民	925-0015	羽咋市大川町ク-9-11	0767-23-4137	0767-23-4137	(一社)つながり			15	
COCO HOUSE かほく	929-1177	かほく市白尾ナ40-1	076-255-0475	076-255-0474	(株)FUCHA		10		
チェンジA.	929-1173	かほく市遠塚ニ13-2	076-283-5311	076-283-5311	(福)四恩会		10		
あんず子どもの家	929-0205	白山市蓮池町エ5番2	076-259-6683	076-282-7475	(非特)美川あんずの家		10		
キッズルーム　トマト	924-0822	白山市みずほ6丁目1-10	076-218-4196	076-218-4197	(株)アルバ		10		
キッズルームパプリカ	924-0821	白山市木津町574番地1	076-220-6290	076-220-6741	(株)アルバ		10		
こどもサポート教室「きらり」白山松任校	924-0875	白山市辰巳町164番地	076-287-3555	076-287-3555	(株)クラ・ゼミ		10		
さるびあ子どもの家	929-0204	白山市平加町ヌ120番地1	076-278-7078	076-281-6720	(特非)美川あんずの家			10	
サンFC白山	924-0073	白山市千代野東3丁目8-8	076-227-9091	076-227-9091	(株)サンエデュケーションズ			10	
サンケアキッズ	924-0801	白山市田中町123番地10	076-274-8133	076-274-8006	(福)Flower		10		
児童発達支援事業所「だいじょうぶ」	924-0822	白山市みずほ一丁目1番地8	076-275-7494	076-275-7404	(特非)バリアフリー総合研究所		10		
Stella Spes	924-0022	白山市相木町106番地4号相木ハイツ102	076-256-2128	076-256-2138	(一社)NEXUS		5		
ひかりとあかり	924-0833	白山市向島町759番地2	076-256-3514	076-256-3103	(株)輝			10	
放課後等デイサービスひなたっ子クラブ	920-2165	白山市富光寺町293番地	076-272-8297	076-272-8298	(特非)希づき			10	
放課後等デイサービスりんぐ白山	924-0874	白山市四日市町5番地	076-282-7550	076-275-7565	(株)ケア・ハンディ			10	
らいと	920-2143	白山市七原町チト3番3	076-227-8475	076-227-8472	(株)輝			10	
おはなハウス	923-1112	能美市佐野町二3番地	0761-57-3630	0761-57-3632	(有)ピーク		10		
キッズMOMO	923-1245	能美市辰口町971番地	0761-51-3232	0761-51-0126	(医)澄鈴会		10		
サンサポートさらだ	929-0113	能美市大成町ヌ160番地2	0761-55-6061	0761-55-6062	(福)泰耀			10	
生活支援ネットBe星が岡ステーション	923-1224	能美市和気町ヤ4-5	0761-51-6553	0761-51-6156	(福)佛子園		10		
ネクストステップ	923-1226	能美市緑が丘11丁目77番地	0761-51-7777	0761-51-7778	(福)陽翠水		20		
ぴっこりいさらだ	929-0113	能美市大成町2丁目48番地1	0761-55-5577	0761-55-5611	(福)泰耀		10		
ぷっちいさらだ	929-0113	能美市大成町1丁目41番地	0761-55-5115	0761-55-5116	(福)泰耀			10	
夢ファクトリーてらい	923-1121	能美市寺井町を55番地4	0761-57-1755	0761-57-1754	(福)南陽園			10	
うさぎキッズ	921-8802	野々市市押野4丁目37番地3	076-255-7259	076-255-7259	うさぎキッズ(合同)		10		
キッズルームキャロット	921-8837	野々市市清金1丁目74-3	076-227-8422	076-227-8433	(株)アルバ		10		
キッズルームラディッシュ	921-8812	野々市市扇が丘22番33号	076-294-3633	076-294-3635	(株)アルバ		20		
くる〜く	921-8807	野々市市二日市3丁目35番地	076-259-6321	076-259-6587	(株)アシストプラス		10		
こどもプラスたかお教室	921-8812	野々市市扇が丘25番25号	076-220-7543	076-220-7543	(株)こどもプラスかなざわ教室			10	
こどもプラスののいち教室	921-8844	野々市市堀内2丁目180番地	076-227-8808	076-227-8808	こどもプラスかなざわ(株)		10		
コペルプラス野々市教室	921-8832	野々市市藤平田1丁目384-2	076-259-1161	076-259-1162	(株)アース		10		
児童・放課後等デイサービス　七星てんとう	921-8832	野々市市藤平田2丁目66番地	076-220-6112	076-220-6113	(株)メビウス		10		

事業所名称	郵便番号	所在地	電話番号	FAX	運営主体	定員			保育所等訪問支援
						（生活介護）	児童発達支援	放課後デイ	
ほ～だ	921-8805	野々市市稲荷4丁目96	076-213-5547	076-213-5563	(株)アシストプラス		10		
心家(ここち)	929-0441	河北郡津幡町字東荒屋432	076-288-0521	076-288-0522	(有)アップスタート		10		
COCO HOUSE 津幡	929-0345	河北郡津幡町太田は112-3	076-255-3260	—	(株)FUCHA		10		
こだま	929-0327	河北郡津幡町字庄ウ17番地1	076-289-4400	076-289-4411	(福)やまびこ		10		
みんなで笑顔「木のおうち」児童発達支援・放課後等デイサービス	929-0335	河北郡津幡町井上の荘5丁目57番地	076-208-7670	076-208-7671	(株)Plumeria Heart		10		
みんなで笑顔「木のおうち2っ!」放課後等デイサービス	929-0345	河北郡津幡町太田へ6-1	076-254-6558	076-254-6559	(株)Plumeria Heart			10	
児童デイサービスぽぷらきらら	920-0274	河北郡内灘町向粟崎3丁目43番地	076-239-1022	076-239-1029	(有)ぽぷら		10		
COCO HOUSE 志賀町	925-0122	羽咋郡志賀町倉垣か20	0767-36-1125	0767-36-1115	(株)FUCHA		10		
ぐんぐん＊療育教室	929-1634	鹿島郡中能登町福田口部107番地	0767-77-1550	0767-77-1551	tetote(株)		10		○
ぴいす子どもの家	929-1604	鹿島郡中能登町良川か部44番地4	0767-74-0055	0767-74-0055	(特非)七尾鹿島手をつなぐ育成会		10		
夢ういんぐ	929-1604	鹿島郡中能登町能登部下93の21	0767-72-3012	0767-72-3012	(福)つばさの会			10	
生活支援ネットBe日本海俱楽部ステーション	927-0603	鳳珠郡能登町字布浦カ字34番地	0768-72-0033	0768-72-0034	(福)佛子園		10		

○児童発達支援センター（9カ所）

（注）旧児童デイサービスに加え、保育所等訪問支援を行う事業所です。

事業所名称	郵便番号	所在地	電話番号	FAX	法人名称	定員			保育所等訪問支援
						（生活介護）	児童発達支援	放課後デイ	
石川療育センター	920-1146	金沢市上中町イ67-2	076-229-3033	076-229-3043	(福)松原愛育会	15	15		○
S-veranda	920-1165	金沢市若松町セ104番地1	076-256-1010	076-256-1020	(福)佛子園		10		○
そよかぜ	920-3114	金沢市吉原町ロ6-2	076-255-6166	076-255-6233	(福)石川整肢学園		50		○
独立行政法人国立病院機構七尾病院	926-8531	七尾市松百町8部3-1	0767-53-1890	0767-53-5771	(独行)国立病院機構七尾病院	8	8		○
和こう	923-0183	小松市瀬領町丁1-2	0761-46-1306	0761-46-1307	(福)石川整肢学園		30		○
多機能型ライフサポート 一互一笑	928-0022	輪島市宅田町25字4番10	0768-22-4141	0768-22-4949	(福)弘和会		10		○
児童発達支援センター このゆびとーまれ山中	922-0193	加賀市山中温泉上野町ル15-1	0761-78-0301	0761-78-5234	(公益社)地域医療振興協会		10		○
笑く楽	929-1175	かほく市秋浜へ20番地4	076-283-5880	076-283-5882	(福)眉丈会		10		○
B'sこどもLabo	924-0024	白山市北安田町548番地2	076-275-0616	076-275-0689	(福)佛子園		40		○

資料編

○重症心身障害児病棟（指定医療機関／児者一貫含む）（3カ所）

事業所名称	郵便番号	所在地	電話番号	FAX	運営主体	定員 指定医療機関	定員 （療養介護）
石川病院（重症心身障害児病棟）	922-0405	加賀市手塚町サ150	0761-74-0700	0761-74-7642	（独行）国立病院機構石川病院	48	48
医王病院（重症心身障害児病棟）	920-0171	金沢市岩出町ニ73番地1	076-258-1180	076-258-6719	（独行）国立病院機構医王病院	100	100
七尾病院（重症心身障害児病棟）	926-8531	七尾市松百町八部3-1	0767-53-1890	0767-53-5771	（独行）国立病院機構七尾病院	46	46

○進行性筋萎縮症病棟（指定医療機関／児者一貫含む）（1カ所）

事業所名称	郵便番号	所在地	電話番号	FAX	運営主体	定員 指定医療機関	定員 （療養介護）
医王病院（進行性筋萎縮症病棟）	920-0171	金沢市岩出町ニ73番地1	076-258-1180	076-258-6719	（独行）国立病院機構医王病院	10	

○ファミリーサポートセンター〔会員登録制〕（19カ所）

名称	郵便番号	所在地	電話番号
金沢市ファミリーサポートセンター	921-8171	金沢市富樫3丁目10番1号 金沢市教育プラザ富樫親子ふれあい館内	076-243-3410
七尾市ファミリーサポートセンター	926-0021	七尾市本府中町ヲ部38番地 矢田郷地区コミュニティセンター親子ふれあいランド内	0767-52-1476
こまつファミリー・サポート・センター	923-8640	小松市土居原町10番10号 KOMATSU A×Z SQUARE（こまつ アズ スクエア）1F　カブッキーランド内	0761-58-1212
輪島市ファミリーサポートセンター	928-0001	輪島市河井町2部287番地1 輪島市子育て支援センター内	0768-22-8031
珠洲市ファミリー・サポート・センター	927-1214	珠洲市飯田町9-155 珠洲市子育て支援センター内	0768-82-5479
かがファミリーサポートセンター	922-0012	加賀市下河崎町79番地2 親子ほっとステーション内	0761-75-7933
羽咋市ファミリー・サポート・センター	925-0034	羽咋市旭町ア200　羽咋市役所健康福祉課内	0767-22-0066
かほく市ファミリーサポートセンター	929-1125	かほく市宇野気ニ110-1 子ども総合センター内	076-283-0205
白山市ファミリーサポートセンター	924-0865	白山市倉光八丁目16番地1 白山市子育て支援センター内	076-274-8137
能美市ファミリー・サポート・センター	923-1121	能美市寺井町8番地1　ふれあいプラザ2階	0761-58-6230
野々市市ファミリーサポートセンター	921-8814	野々市市菅原町8-33 子育て支援センター菅原内	076-248-4634
川北町ファミリーサポートセンター	923-1261	能美郡川北町字土室丙129番地1 川北町児童館内	076-277-1314
津幡町ファミリー・サポート・センター	929-0342	河北郡津幡町北中条3丁目1-1 津幡町文化会館シグナス内	076-288-6276
内灘町ファミリー・サポート・センター	920-0272	河北郡内灘町字向陽台1丁目97番地 内灘町子育て支援センター内	076-238-3233
志賀町ファミリーサポートセンター	925-0198	羽咋郡志賀町末吉千古1番地1 志賀町役場1階子育て支援課内	0767-32-9122
宝達志水町ファミリーサポートセンター	929-1311	羽咋郡宝達志水町門前サ11番地 宝達志水町役場健康福祉課内	0767-28-5526

名称	郵便番号	所在地	電話番号
中能登町ファミリー・サポート・センター	929-1692	鹿島郡中能登町能登部下91部23番地 中能登町行政サービス庁舎 健康保険課子育て支援室内	0767-72-3134
穴水町ファミリー・サポート・センター	927-0027	鳳珠郡穴水町字川島タの38番地 穴水町子育て世代包括支援センター	0768-52-3210
能登町ファミリーサポートセンター	927-0492	鳳珠郡能登町字宇出津ト字50番地1 能登町役場本庁舎健康福祉課内	0768-62-8515

4. 生活保護関連施設

○救護施設（3カ所）

名称	郵便番号	所在地	電話番号	運営主体	定員
三陽ホーム	920-0944	金沢市三口新町1-8-1	076-263-7693	(福)陽風園	100
三谷の里ときわ苑	920-0155	金沢市高坂町ト1	076-257-4946	(福)金沢市民生協会	150
七尾更生園	926-0036	七尾市中挾町い12	0767-57-3939	(福)松原愛育会	80

5. 行政・相談窓口

○石川県各自治体の医療・福祉担当課

石川県　健康福祉部

所在地　〒920-8580　石川県金沢市鞍月1-1　TEL 076-225-1111

企画調整室 （行政庁舎9階）	（代表） 室長 室次長 予算調整グループ 企画グループ	TEL TEL TEL TEL TEL	076-225-1412 076-225-1401 076-225-1412 076-225-1412 076-225-1412	FAX	076-225-1409
厚生政策課 （行政庁舎9階）	（代表） 課長 管理・援護グループ 地域福祉グループ 福祉人材・サービスグループ 保護グループ 指導監査グループ	TEL TEL TEL TEL TEL TEL TEL	076-225-1411 076-225-1410 076-225-1411 076-225-1478 076-225-1419 076-225-1414 076-225-1413	FAX	076-225-1409
長寿社会課 （行政庁舎9階）	（代表） 課長 人材・生きがいグループ 地域包括ケア推進グループ 在宅サービスグループ 施設サービスグループ	TEL TEL TEL TEL TEL TEL	076-225-1487 076-225-1415 076-225-1487 076-225-1498 076-225-1417 076-225-1416	FAX	076-225-1418
障害保健福祉課 （行政庁舎9階）	（代表） 課長 管理グループ 企画推進グループ 自立支援グループ 地域生活支援グループ 医療支援グループ	TEL TEL TEL TEL TEL TEL TEL	076-225-1426 076-225-1425 076-225-1426 076-225-1428 076-225-1428 076-225-1426 076-225-1427	FAX	076-225-1429

資料編

医療対策課 （行政庁舎9階）	（代表）	TEL	076-225-1431	FAX	076-225-1434
	課長	TEL	076-225-1430		
	管理・看護グループ	TEL	076-225-1431		
	医療指導グループ	TEL	076-225-1433		
	国保指導グループ	TEL	076-225-1459		
	国保財政運営グループ	TEL	076-225-1432		

地域医療推進室 （行政庁舎9階）	（代表）	TEL	076-225-1449	FAX	076-225-1434
	室長	TEL	076-225-1401		
	室次長（医師）	TEL	076-225-1406		
	室次長（事務）	TEL	076-225-1407		
	地域医療・医師確保グループ	TEL	076-225-1449		
	医療・介護連携推進グループ	TEL	076-225-1468		

健康推進課 （行政庁舎9階）	（代表）	TEL	076-225-1436	FAX	076-225-1444
	課長	TEL	076-225-1435		
	企画管理グループ	TEL	076-225-1436		
	生活習慣病対策グループ	TEL	076-225-1437		
	健康づくり推進グループ	TEL	076-225-1584		
	難病対策グループ	TEL	076-225-1448		
	感染症対策室	TEL	076-225-1438		

薬事衛生課 （行政庁舎9階）	（代表）	TEL	076-225-1441	FAX	076-225-1444
	課長	TEL	076-225-1440		
	生活衛生・動物愛護グループ	TEL	076-225-1441		
	薬事・麻薬グループ	TEL	076-225-1442		
	食品衛生グループ	TEL	076-225-1443		
	食品安全対策室	TEL	076-225-1445		

少子化対策監室 （行政庁舎8階）	（代表）	TEL	076-225-1447	FAX	076-225-1423
	子ども政策課長	TEL	076-225-1446		
	子育て支援課長	TEL	076-225-1420		
	子ども・子育て企画グループ	TEL	076-225-1447		
	結婚支援・ワークライフバランス推進グループ	TEL	076-225-1494		
	子ども健全育成グループ	TEL	076-225-1422		
	保育人材グループ	TEL	076-225-1497		
	保育施設グループ	TEL	076-225-1497		
	家庭福祉グループ	TEL	076-225-1421		
	母子保健グループ	TEL	076-225-1424		

金沢市

所在地　〒920-8577　金沢市広坂1-1-1　TEL 076-220-2111

くらしの総合相談	市民相談窓口	TEL	076-220-2222		
健康推進	健康政策課	TEL	076-220-2233	FAX	076-220-2231
	泉野福祉健康センター	TEL	076-242-1131	FAX	076-242-8037
	元町福祉健康センター	TEL	076-251-0200	FAX	076-251-5704
	駅西福祉健康センター	TEL	076-234-5103	FAX	076-234-5104
国民健康保険	医療保険課	TEL	076-220-2255	FAX	076-232-5644
子ども・ひとり親家庭福祉	子育て支援課	TEL	076-220-2285	FAX	076-220-2360
	保育幼稚園課	TEL	076-220-2299	FAX	076-220-2360
障害福祉	障害福祉課	TEL	076-220-2289	FAX	076-232-0294
高齢者医療	医療保険課	TEL	076-220-2255	FAX	076-232-5644
高齢者福祉	福祉政策課	TEL	076-220-2288	FAX	076-260-7192
介護保険	介護保険課	TEL	076-220-2264	FAX	076-220-2559
年金制度	市民課	TEL	076-220-2241	FAX	076-224-2163
生活保護	生活支援課	TEL	076-220-2292	FAX	076-220-2532
公営住宅	市営住宅課	TEL	076-220-2331	FAX	076-261-3366

七尾市

所在地　〒926-8611　七尾市袖ケ江町イ部25　　　　　　　TEL 0767-53-1111

くらしの総合相談	総務課 人権・男女共同参画室	TEL	0767-53-1112	FAX	0767-54-8117
健康推進	健康推進課	TEL	0767-53-3623	FAX	0767-53-5990
国民健康保険	保険課	TEL	0767-53-8420	FAX	0767-53-5990
子ども・ひとり親家庭福祉	子育て支援課	TEL	0767-53-8419	FAX	0767-53-5990
障害福祉	福祉課	TEL	0767-53-8464	FAX	0767-53-5990
高齢者医療	保険課	TEL	0767-53-8988	FAX	0767-53-5990
高齢者福祉	高齢者支援課	TEL	0767-53-8463	FAX	0767-53-5990
介護保険	高齢者支援課	TEL	0767-53-8451	FAX	0767-53-5990
年金制度	市民課	TEL	0767-53-1265	FAX	0767-53-3699
生活保護	福祉課	TEL	0767-53-8418	FAX	0767-53-5990
公営住宅	都市建築課	TEL	0767-53-8429	FAX	0767-52-9288
生活困窮者自立支援	福祉課	TEL	0767-53-8418	FAX	0767-53-5990

小松市

所在地　〒923-8650　小松市小馬出町91　TEL 0761-22-4111

くらしの総合相談	各課で対応				
健康推進	いきいき健康課	TEL	0761-24-8056	FAX	0761-21-8066
国民健康保険	医療保険課	TEL	0761-24-8059	FAX	0761-23-6401
こども・ひとり親家庭福祉	こども家庭課	TEL	0761-24-8057	FAX	0761-24-4312
障がい福祉	ふれあい福祉課	TEL	0761-24-8052	FAX	0761-23-0294
高齢者医療	医療保険課	TEL	0761-24-8148	FAX	0761-23-6401
高齢者福祉	長寿介護課	TEL	0761-24-8053	FAX	0761-23-3243
介護保険	長寿介護課	TEL	0761-24-8149	FAX	0761-23-3243
年金制度	医療保険課	TEL	0761-24-8060	FAX	0761-23-6401
生活保護	ふれあい福祉課	TEL	0761-24-8051	FAX	0761-23-0294
公営住宅	建築住宅課	TEL	0761-24-8095	FAX	0761-23-6403

輪島市

所在地　〒928-8525　輪島市二ツ屋町2-29　　　　　　TEL 0768-22-2211
門前総合支所　〒927-2192　輪島市門前町走出6-69　　　TEL 0768-42-1111

くらしの総合相談	各課で対応				
健康推進	子育て健康課	TEL	0768-23-1136	FAX	0768-23-1138
国民健康保険	市民課	TEL	0768-23-1124	FAX	0768-22-9123
子ども・ひとり親家庭福祉	子育て健康課	TEL	0768-23-0082	FAX	0768-23-1138
障害福祉	福祉課	TEL	0768-23-1161	FAX	0768-23-1196
高齢者医療	市民課	TEL	0768-23-1124	FAX	0768-22-9123
高齢者福祉	福祉課	TEL	0768-23-1161	FAX	0768-23-1196
介護保険	福祉課	TEL	0768-23-1159	FAX	0768-23-1196
年金制度	市民課	TEL	0768-23-1131	FAX	0768-22-9123
生活保護	福祉課	TEL	0768-23-1161	FAX	0768-23-1196
公営住宅	都市整備課	TEL	0768-23-1156	FAX	0768-23-1198

資料編

珠洲市

所在地　〒927-1295　珠洲市上戸町北方1-6-2　TEL 0768-82-2222

くらしの総合相談	市民相談室	TEL	0768-82-7732	FAX	0768-82-4600
健康推進	健康増進センター	TEL	0768-82-7742	FAX	0768-82-8283
国民健康保険	市民課	TEL	0768-82-7741	FAX	0768-82-4600
子ども・ひとり親家庭福祉	福祉課	TEL	0768-82-7747	FAX	0768-82-8138
障害福祉	福祉課	TEL	0768-82-7748	FAX	0768-82-8138
高齢者医療	市民課	TEL	0768-82-7744	FAX	0768-82-4600
高齢者福祉	福祉課	TEL	0768-82-7749	FAX	0768-82-8138
介護保険	福祉課	TEL	0768-82-7749	FAX	0768-82-8138
年金制度	市民課	TEL	0768-82-7744	FAX	0768-82-4600
生活保護	福祉課	TEL	0768-82-7748	FAX	0768-82-8138
公営住宅	環境建設課	TEL	0768-82-7756	FAX	0768-82-0626

加賀市

所在地　〒922-8622　加賀市大聖寺南町ニ41　　TEL 0761-72-1111

総合相談	相談支援課	TEL	0761-72-7854	FAX	0761-72-1665
健康推進	健康課	TEL	0761-72-7865	FAX	0761-72-5626
国民健康保険	保険年金課	TEL	0761-72-7860	FAX	0761-72-7797
子ども・ひとり親家庭福祉	子育て支援課	TEL	0761-72-7856	FAX	0761-72-7797
母子保健・障がい児相談	子育て応援ステーション	TEL	0761-72-7866	FAX	0761-72-5626
障害福祉	介護福祉課	TEL	0761-72-7852	FAX	0761-72-1665
高齢者医療	保険年金課	TEL	0761-72-7867	FAX	0761-72-7797
高齢者福祉	介護福祉課	TEL	0761-72-7859	FAX	0761-72-1665
介護保険	介護福祉課	TEL	0761-72-7853	FAX	0761-72-1665
年金制度	保険年金課	TEL	0761-72-7861	FAX	0761-72-7797
生活保護	相談支援課	TEL	0761-72-7851	FAX	0761-72-1665
公営住宅	建築課	TEL	0761-72-7936	FAX	0761-72-7212

羽咋市

所在地　〒925-8501　羽咋市旭町ア200　TEL 0767-22-1111

くらしの総合相談	市民窓口課	TEL	0767-22-5940	FAX	0767-22-4229
健康推進	羽咋すこやかセンター	TEL	0767-22-1115	FAX	0767-22-7179
国民健康保険	市民窓口課	TEL	0767-22-7194	FAX	0767-22-9166
子ども・ひとり親家庭福祉	健康福祉課	TEL	0767-22-1114	FAX	0767-22-3995
障害福祉	健康福祉課	TEL	0767-22-3939	FAX	0767-22-1048
高齢者医療	市民窓口課	TEL	0767-22-7194	FAX	0767-22-9166
高齢者福祉	地域包括ケア推進室	TEL	0767-22-5314	FAX	0767-22-3995
介護保険	地域包括ケア推進室	TEL	0767-22-5314	FAX	0767-22-3995
年金制度	市民窓口課	TEL	0767-22-7194	FAX	0767-22-9166
生活保護	健康福祉課	TEL	0767-22-3939	FAX	0767-22-1048
公営住宅	地域整備課	TEL	0767-22-1119	FAX	0767-22-4484

かほく市

所在地　〒929-1195　かほく市宇野気ニ81　TEL 076-283-1111

くらしの総合相談	各課で対応				
健康推進	健康福祉課	TEL	076-283-1117	FAX	076-283-4116
国民健康保険	保険医療課	TEL	076-283-7123	FAX	076-283-3761
子ども・ひとり親家庭福祉	子育て支援課	TEL	076-283-7155	FAX	076-283-1115
子ども・ひとり親家庭医療費助成	保険医療課	TEL	076-283-7123	FAX	076-283-3761
障害福祉	健康福祉課	TEL	076-283-7120	FAX	076-283-4116
高齢者医療	保険医療課	TEL	076-283-7123	FAX	076-283-3761
高齢者福祉	長寿介護課	TEL	076-283-7150	FAX	076-283-3761
介護保険	長寿介護課	TEL	076-283-7122	FAX	076-283-3761
年金制度	保険医療課	TEL	076-283-7123	FAX	076-283-3761
生活保護	福祉事務所	TEL	076-283-7121	FAX	076-283-4116
公営住宅	都市建設課	TEL	076-283-7104	FAX	076-283-7108

白山市

所在地　〒924-8688　白山市倉光2-1　　　　　　　　　TEL 076-276-1111
美川支所　〒929-0292　白山市美川浜町ヨ103　　　　　TEL 076-278-3200
鶴来支所　〒920-2192　白山市鶴来本町4-ヌ85　　　　TEL 076-272-1111
河内市民サービスセンター　〒920-2392　白山市河内町福岡77　TEL 076-272-1100
吉野谷市民サービスセンター　〒920-2394　白山市佐良ニ136　TEL 076-255-5011
鳥越市民サービスセンター　〒920-2393　白山市別宮町口170　TEL 076-254-2011
尾口市民サービスセンター　〒920-2395　白山市瀬戸午10　TEL 076-256-7011
白峰市民サービスセンター　〒920-2501　白山市白峰ハ157-1　TEL 076-259-2011

くらしの総合相談	各課で対応				
健康推進	いきいき健康課（白山市倉光3-100健康センター松任内）	TEL	076-274-2155	FAX	076-274-2158
国民健康保険	保険年金課	TEL	076-274-9528	FAX	076-274-9519
子ども・ひとり親家庭福祉	こども子育て課	TEL	076-274-9527	FAX	076-274-9547
障害福祉	障害福祉課	TEL	076-274-9526	FAX	076-275-2211
高齢者医療	保険年金課	TEL	076-274-9528	FAX	076-274-9519
高齢者福祉	長寿介護課	TEL	076-274-9529	FAX	076-275-2211
介護保険	長寿介護課	TEL	076-274-9529	FAX	076-275-2211
年金制度	保険年金課	TEL	076-274-9528	FAX	076-274-9519
生活保護	生活支援課	TEL	076-274-9509	FAX	076-274-9519
公営住宅	白山市営住宅管理センター	TEL	076-274-2005	FAX	076-274-2006

能美市

所在地　〒923-1297　能美市来丸町1110　　　　　TEL 0761-58-1111
根上サービスセンター　〒929-0123　能美市中町子86　TEL 0761-58-2215
寺井サービスセンター　〒923-1121　能美市寺井町た35　　TEL 0761-58-2216

くらしの総合相談	各課で対応				
健康推進	健康推進課	TEL	0761-58-2235	FAX	0761-58-6897
国民健康保険	保険年金課	TEL	0761-58-2236	FAX	0761-58-2293
子ども・ひとり親家庭福祉	子育て支援課	TEL	0761-58-2232	FAX	0761-58-2293
障害福祉	福祉課	TEL	0761-58-2230	FAX	0761-58-2294
高齢者医療	保険年金課	TEL	0761-58-2236	FAX	0761-58-2293
高齢者福祉	福祉課	TEL	0761-58-2230	FAX	0761-58-2294
介護保険	保険年金課	TEL	0761-58-2236	FAX	0761-58-2293
年金制度	保険年金課	TEL	0761-58-2236	FAX	0761-58-2293
生活保護	福祉課	TEL	0761-58-2230	FAX	0761-58-2294
公営住宅	まち整備課	TEL	0761-58-2251	FAX	0761-58-2298

資料編

野々市市

所在地　〒921-8510　野々市市三納1-1　TEL 076-227-6000

くらしの総合相談	各課で対応				
健康推進	健康推進課（三納3-128）	TEL	076-248-3511	FAX	076-248-7771
国民健康保険	保険年金課	TEL	076-227-6071	FAX	076-227-6252
子ども・ひとり親家庭福祉	子育て支援課	TEL	076-227-6077	FAX	076-227-6252
障害福祉	福祉総務課	TEL	076-227-6063	FAX	076-227-6251
高齢者医療	保険年金課	TEL	076-227-6071	FAX	076-227-6252
高齢者福祉	介護長寿課	TEL	076-227-6062	FAX	076-227-6252
介護保険	介護長寿課	TEL	076-227-6066	FAX	076-227-6252
年金制度	保険年金課	TEL	076-227-6072	FAX	076-227-6252
生活保護	福祉総務課	TEL	076-227-6061	FAX	076-227-6251
公営住宅	建築住宅課	TEL	076-227-6087	FAX	076-227-6253

川北町

所在地　〒923-1295　能美郡川北町字壱ツ屋174　TEL 076-277-1111

くらしの総合相談	各課で対応				
健康推進	福祉課（保健センター）	TEL	076-277-8388	FAX	076-277-8355
国民健康保険	住民課	TEL	076-277-1126	FAX	076-277-2584
子ども・ひとり親家庭福祉	住民課	TEL	076-277-1126	FAX	076-277-2584
障害福祉	福祉課（保健センター）	TEL	076-277-8388	FAX	076-277-8355
高齢者医療	住民課	TEL	076-277-1126	FAX	076-277-2584
高齢者福祉	福祉課（保健センター）	TEL	076-277-8388	FAX	076-277-8355
介護保険	福祉課（保健センター）	TEL	076-277-8388	FAX	076-277-8355
年金制度	住民課	TEL	076-277-1126	FAX	076-277-2584
生活保護	福祉課（保健センター）	TEL	076-277-8388	FAX	076-277-8355
公営住宅	土木課	TEL	076-277-1108	FAX	076-277-1748

津幡町

所在地　〒929-0393　河北郡津幡町字加賀爪ニ3　TEL 076-288-2121

総合相談（高齢・障害・児童）	福祉課（地域包括支援センター）	TEL	076-288-7952	FAX	076-288-5646
健康推進	健康推進課	TEL	076-288-7926	FAX	076-288-5646
国民健康保険	税務課	TEL	076-288-7924	FAX	076-288-7935
子ども・ひとり親家庭福祉	子育て支援課	TEL	076-288-6726	FAX	076-288-5646
障害福祉	福祉課	TEL	076-288-2458	FAX	076-288-5646
高齢者医療	町民課	TEL	076-288-7959	FAX	076-288-4354
高齢者福祉	福祉課	TEL	076-288-2458	FAX	076-288-5646
介護保険	福祉課	TEL	076-288-2416	FAX	076-288-5646
年金制度	町民課	TEL	076-288-7959	FAX	076-288-4354
生活保護	福祉課	TEL	076-288-2458	FAX	076-288-5646
公営住宅	都市建設課	TEL	076-288-6703	FAX	076-288-6470

内灘町

所在地　〒920-0292　河北郡内灘町字大学1-2-1　TEL 076-286-1111

くらしの総合相談	住民課	TEL	076-286-6701	FAX	076-286-6704
健康推進	保健センター	TEL	076-286-6101	FAX	076-286-6103
国民健康保険	保険年金課	TEL	076-286-6702	FAX	076-286-6704
子ども・ひとり親家庭福祉	子育て支援課	TEL	076-286-6726	FAX	076-286-6704
障害福祉	福祉課	TEL	076-286-6703	FAX	076-286-6704
高齢者医療	保険年金課	TEL	076-286-6702	FAX	076-286-6704
高齢者福祉	福祉課	TEL	076-286-6703	FAX	076-286-6704
介護保険	福祉課	TEL	076-286-6703	FAX	076-286-6704
年金制度	保険年金課	TEL	076-286-6702	FAX	076-286-6704
生活保護	住民課	TEL	076-286-6701	FAX	076-286-6704
公営住宅	都市建設課	TEL	076-286-6710	FAX	076-286-6709

志賀町

所在地　〒925-0198　羽咋郡志賀町末吉千古1-1　　TEL 0767-32-1111
富来支所　〒925-0498　羽咋郡志賀町富来領家町甲10　　TEL 0767-42-1111

くらしの総合相談	志賀町社会福祉協議会	TEL	0767-42-2545	FAX	0767-42-2305
健康推進	保健福祉センター	TEL	0767-32-0339	FAX	0767-32-4171
国民健康保険	住民課	TEL	0767-32-9121	FAX	0767-32-0288
子ども・ひとり親家庭福祉	子育て支援課	TEL	0767-32-9122	FAX	0767-32-0288
障害福祉	健康福祉課	TEL	0767-32-9131	FAX	0767-32-0288
高齢者医療	住民課	TEL	0767-32-9121	FAX	0767-32-0288
高齢者福祉	健康福祉課	TEL	0767-32-9131	FAX	0767-32-0288
介護保険	健康福祉課	TEL	0767-32-9132	FAX	0767-32-0288
年金制度	住民課	TEL	0767-32-9121	FAX	0767-32-0288
生活保護	健康福祉課	TEL	0767-32-9131	FAX	0767-32-0288
公営住宅	まち整備課	TEL	0767-32-1111	FAX	0767-32-3978

宝達志水町

所在地　〒929-1492　羽咋郡宝達志水町子浦そ18-1　TEL 0767-29-3111
宝達志水町民センターアステラス
　〒929-1311　羽咋郡宝達志水町門前サ11　　TEL 0767-28-5506・5526

くらしの総合相談	各課で対応				
健康推進	健康づくり推進室	TEL	0767-23-4545	FAX	0767-28-5569
国民健康保険	健康づくり推進室	TEL	0767-23-4545	FAX	0767-28-5569
子ども・ひとり親家庭福祉	子育て応援室	TEL	0767-28-5526	FAX	0767-28-5569
障害福祉	健康福祉課	TEL	0767-28-5506	FAX	0767-28-5569
高齢者医療	健康づくり推進室	TEL	0767-23-4545	FAX	0767-28-5569
高齢者福祉	健康福祉課	TEL	0767-28-5506	FAX	0767-28-5569
介護保険	健康福祉課	TEL	0767-28-5505	FAX	0767-28-5569
年金制度	税務住民課	TEL	0767-29-8120	FAX	0767-29-4623
生活保護	健康福祉課	TEL	0767-28-5506	FAX	0767-28-5569
公営住宅	地域整備課	TEL	0767-29-8160	FAX	0767-29-4251

資料編

中能登町

所在地　〒929-1792　鹿島郡中能登町末坂9部46　　　　　　　TEL 0767-74-1234
行政サービス庁舎　〒929-1692　鹿島郡中能登町能登部下91部23番地　TEL 0767-72-3131

くらしの総合相談	各課で対応				
健康推進	健康保険課 子育て支援室	TEL	0767-72-3140	FAX	0767-72-3141
国民健康保険	健康保険課	TEL	0767-72-3129	FAX	0767-72-3794
子ども・ひとり親家庭福祉	健康保険課 子育て支援室	TEL	0767-72-3134	FAX	0767-72-3794
障害福祉	長寿福祉課	TEL	0767-72-3135	FAX	0767-72-3794
高齢者医療	健康保険課	TEL	0767-72-3129	FAX	0767-72-3794
高齢者福祉	長寿福祉課	TEL	0767-72-3133	FAX	0767-72-3794
介護保険	長寿福祉課	TEL	0767-72-3133	FAX	0767-72-3794
年金制度	健康保険課	TEL	0767-72-3129	FAX	0767-72-3794
生活保護	長寿福祉課	TEL	0767-72-3135	FAX	0767-72-3794
公営住宅	土木建設課	TEL	0767-72-3921	FAX	0767-72-3929

穴水町

所在地　〒927-8601　鳳珠郡穴水町字川島ラの174　TEL 0768-52-0300

くらしの総合相談	各課で対応				
健康推進	保健センター・いきいき健康課	TEL	0768-52-3589	FAX	0768-52-3320
国民健康保険	住民課	TEL	0768-52-3621	FAX	0768-52-4002
子ども・ひとり親家庭福祉	ふれあい福祉課	TEL	0768-52-3650	FAX	0768-52-4002
障害福祉	ふれあい福祉課	TEL	0768-52-3650	FAX	0768-52-4002
高齢者医療	住民課	TEL	0768-52-3621	FAX	0768-52-4002
高齢者福祉	ふれあい福祉課	TEL	0768-52-3650	FAX	0768-52-4002
介護保険	住民課	TEL	0768-52-3621	FAX	0768-52-4002
年金制度	住民課	TEL	0768-52-3621	FAX	0768-52-4002
生活保護	ふれあい福祉課	TEL	0768-52-3650	FAX	0768-52-4002
公営住宅	基盤整備課	TEL	0768-52-3680	FAX	0768-52-2079

能登町

所在地　〒927-0492　鳳珠郡能登町字宇出津ト字50番地1　　TEL 0768-62-1000
柳田総合支所　〒928-0392　鳳珠郡能登町字柳田仁部50番地　TEL 0768-76-8300
内浦総合支所　〒927-0695　鳳珠郡能登町字松波13字75番地1　TEL 0768-72-2500

くらしの総合相談	各課で対応				
健康推進	健康福祉課	TEL	0768-62-8514	FAX	0768-62-8506
国民健康保険	健康福祉課	TEL	0768-62-8512	FAX	0768-62-8506
子ども・ひとり親家庭福祉	健康福祉課	TEL	0768-62-8513	FAX	0768-62-8506
障害福祉	健康福祉課	TEL	0768-62-8515	FAX	0768-62-8506
高齢者医療	健康福祉課	TEL	0768-62-8512	FAX	0768-62-8506
高齢者福祉	健康福祉課	TEL	0768-62-8515	FAX	0768-62-8506
介護保険	健康福祉課	TEL	0768-62-8517	FAX	0768-62-8506
年金制度	住民課	TEL	0768-62-8510	FAX	0768-62-8501
生活保護	健康福祉課	TEL	0768-62-8515	FAX	0768-62-8506
公営住宅	建設水道課	TEL	0768-62-8523	FAX	0768-62-8500

○保健福祉センター／保健所

名称	郵便番号	所在地	電話番号	担当地域
南加賀保健福祉センター 南加賀保健所	923-8648	小松市園町ヌ48	0761-22-0793	小松市・加賀市 能美市・能美郡
南加賀保健福祉センター 加賀地域センター	922-0257	加賀市山代温泉桔梗丘2-105-1	0761-76-4300	（加賀市）
石川中央保健福祉センター 石川中央保健所	924-0864	白山市馬場2-7	076-275-2251	かほく市・河北郡 白山市・野々市市
石川中央保健福祉センター 河北地域センター 福祉相談部地域支援課	929-0331	河北郡津幡町字中橋ロ1-1	076-289-2177 076-289-2202	（河北郡）
石川中央保健福祉センター 福祉相談部	920-8557	金沢市本多町3-1-10 社会福祉会館内	076-223-9552	
能登中部保健福祉センター 能登中部保健所	926-0021	七尾市本府中町ソ27-9	0767-53-2482	七尾市・鹿島郡 羽咋市・羽咋郡
能登中部保健福祉センター 羽咋地域センター	925-0026	羽咋市石野町へ31	0767-22-1170	（羽咋市・羽咋郡）
能登北部保健福祉センター 能登北部保健所	928-0079	輪島市鳳至町畠田102-4	0768-22-2011	輪島市・鳳珠郡 珠洲市
能登北部保健福祉センター 珠洲地域センター	927-1223	珠洲市宝立町鵜島ハ124	0768-84-1511	（珠洲市）
金沢市保健所／金沢市駅西福祉健康センター	920-8533	金沢市西念3-4-25	076-234-5102	金沢市
金沢市泉野福祉健康センター	921-8035	金沢市泉が丘1-2-22	076-242-1131	金沢市
金沢市元町福祉健康センター	920-0842	金沢市元町1-12-12	076-251-0200	金沢市

○児童相談所

名称	郵便番号	所在地	電話番号	担当地域
石川県中央児童相談所	920-8557	金沢市本多町3-1-10	076-223-9553	金沢市を除く かほく市以南
石川県南加賀保健福祉センター 地域支援課	923-8648	小松市園町ヌ48	0761-22-0792	能美市・川北町 小松市・加賀市
こども相談センター 金沢市児童相談所　　　電話相談　いじめ相談　虐待通報　こども専用相談ダイヤル	921-8171	金沢市富樫3-10-1 教育プラザ内	076-243-4158 076-243-0874 076-243-1019 076-243-8348 0120-92-8349	金沢市
石川県七尾児童相談所	926-0031	七尾市古府町そ部8-1	0767-53-0811	羽咋郡以北

※上記の他、各自治体の福祉事務所（345ページ）には家庭児童相談室があります。

○こころの健康センター

名称	郵便番号	所在地	電話番号	FAX
石川県こころの健康センター	920-8201	金沢市鞍月東2-6	076-238-5750	076-238-5762

資料編

343

○発達障害支援センター／障害者更生相談所

名称	郵便番号	所在地	電話番号	FAX
石川県発達障害支援センター	920-8201	金沢市鞍月東2-6	076-238-5557	076-254-5533
発達障害者支援センターパース	920-3123	金沢市福久東1-56 オフィスオーセド	076-257-1918	076-257-1916
石川県知的障害者更生相談所	920-8557	金沢市本多3-1-10	076-223-9554	076-223-9556
石川県身体障害者更生相談所	920-8557	金沢市本多町3-1-10	076-223-9557	076-223-9563

○難病相談・支援センター

名称	郵便番号	所在地	電話番号	FAX
石川県難病相談・支援センター	920-0353	金沢市赤土町ニ13-1	076-266-2738	076-266-2864

○リハビリテーションセンター

名称	郵便番号	所在地	電話番号	FAX
石川県リハビリテーションセンター	920-0353	金沢市赤土町ニ13-1	076-266-2860	076-266-2864

○高次脳機能障害相談・支援センター

名称	郵便番号	所在地	電話番号	FAX
石川県高次脳機能障害相談・支援センター	920-0353	金沢市赤土町ニ13-1	076-266-2188	076-266-2864

○口腔保健医療センター

名称	郵便番号	所在地	電話番号	FAX
石川県口腔保健医療センター	920-0806	金沢市神宮寺3-20-5	076-255-3887	076-253-1277

○女性相談支援センター／母子・父子福祉センター

名称	郵便番号	所在地	電話番号	FAX
石川県女性相談支援センター　相談窓口　DVホットライン	920-8557	金沢市本多町3-1-10	076-223-8655 076-221-8740	076-223-9556
石川県母子・父子福祉センター	920-0861	金沢市三社町1-44 石川県女性センター5階	076-264-0503	076-231-5494

○地域生活定着支援センター

名称	郵便番号	所在地	電話番号	FAX
石川県地域生活定着支援センター	920-0353	金沢市赤土町ニ13-6	076-266-2922	076-266-1070

○年金事務所

名称	郵便番号	所在地	電話番号
金沢北年金事務所	920-8691	金沢市三社町1-43	076-233-2021
金沢南年金事務所	921-8516	金沢市泉が丘2-1-18	076-245-2311
七尾年金事務所	926-8511	七尾市藤橋町酉部22-3	0767-53-6511
小松年金事務所	923-8585	小松市小馬出町3-1	0761-24-1791
街角の年金相談センター金沢	920-0804	金沢市鳴和1-17-30	076-253-2222

○地方厚生局

名称	郵便番号	所在地	電話番号
東海北陸厚生局	461-0011	名古屋市東区白壁1-15-1 名古屋合同庁舎第3号館3階	052-971-8831
東海北陸厚生局石川事務所	920-0024	金沢市西念3-4-1 金沢駅西合同庁舎7階	076-210-5140

○福祉事務所

名称	郵便番号	所在地	電話番号	担当地域
石川県中央保健福祉センター	929-0331	河北郡津幡町字中橋ロ1-1	076-289-2202	川北町・津幡町 内灘町
能登中部保健福祉センター	926-0021	七尾市本府中町ソ27-9	0767-53-6891	志賀町・宝達志水 町・中能登町
能登北部保健福祉センター	928-0079	輪島市鳳至町畠田102-4	0768-22-4149	穴水町・能登町
金沢市社会福祉事務所	920-8577	金沢市広坂1-1-1	076-220-2292	金沢市
七尾市福祉事務所	926-0811	七尾市御祓町1　パトリア3階	0767-53-8418	七尾市
小松市社会福祉事務所	923-8650	小松市小馬出町91	0761-24-8051	小松市
輪島市福祉事務所	928-8525	輪島市二ツ屋町2-29	0768-23-1161	輪島市
珠洲市福祉事務所	927-1295	珠洲市上戸町北方1-6-2	0768-82-7748	珠洲市
加賀市福祉事務所	922-8622	加賀市大聖寺南町ニ41	0761-72-7851	加賀市
羽咋市福祉事務所	925-8501	羽咋市旭町ア200	0767-22-3939	羽咋市
かほく市福祉事務所	929-1195	かほく市宇野気ニ71-2	076-283-7121	かほく市
白山市福祉事務所	924-8688	白山市倉光2-1	076-274-9509	白山市
能美市福祉事務所	923-1297	能美市来丸町1110	0761-58-2230	能美市
野々市市福祉事務所	921-8510	野々市市三納1-1	076-227-6061	野々市市

※各自治体の福祉事務所には家庭児童相談室があります。

○社会福祉協議会

名称	郵便番号	所在地	電話番号
石川県社会福祉協議会	920-8557	金沢市本多町3-1-10石川県社会福祉会館2階	076-224-1212
金沢市社会福祉協議会	920-0864	金沢市高岡町7-25　金沢市松ヶ枝福祉館内	076-231-3571
七尾市社会福祉協議会	926-0811	七尾市御祓町1　パトリア3階	0767-52-2099
小松市社会福祉協議会	923-0811	小松市白江町ツ108-1 第1地区コミュニティセンター内	0761-22-3354
輪島市社会福祉協議会	928-0001	輪島市河井町13部120-1	0768-22-2219
珠洲市社会福祉協議会	927-1214	珠洲市飯田町5部9 市民ふれあいの里健康増進センター内	0768-82-7751
加賀市社会福祉協議会	922-0811	加賀市大聖寺南町ニ11-5　市民会館内	0761-72-1500
羽咋市社会福祉協議会	925-8506	羽咋市鶴多町亀田17　羽咋すこやかセンター内	0767-22-6231
かほく市社会福祉協議会	929-1173	かほく市遠塚ロ52-10 かほく市七塚健康福祉センター内	076-285-8885
白山市社会福祉協議会	924-0865	白山市倉光8-16-1 福祉ふれあいセンター内	076-276-3151
能美市社会福祉協議会	923-1121	能美市寺井町た8-1　ふれあいプラザ内2階	0761-58-6200
野々市市社会福祉協議会	921-8815	野々市市本町5-18-5	076-246-0112
川北町社会福祉協議会	923-1267	能美郡川北町字壱ツ屋196　保健センター内	076-277-1111
津幡町社会福祉協議会	929-0393	河北郡津幡町北中条3-1　文化会館シグナス内	076-288-6276
内灘町社会福祉協議会	920-0267	河北郡内灘町字大清台140 内灘町文化会館内	076-286-6953

資料編

名称	郵便番号	所在地	電話番号
志賀町社会福祉協議会	925-0498	羽咋郡志賀町富来領家町甲10 富来行政センター内	0767-42-2545
宝達志水町社会福祉協議会	929-1311	羽咋郡宝達志水町門前サ11 町民センターアステラス内	0767-28-5520
中能登町社会福祉協議会	929-1704	鹿島郡中能登町末坂2部37-1 老人福祉センターゆうゆう内	0767-74-2252
穴水町社会福祉協議会	927-0027	鳳珠郡穴水町川島タ38　保健センター内	0768-52-0378
能登町社会福祉協議会	927-0602	鳳珠郡能登町字松波13字77 内浦福祉センター内	0768-72-2322

○生活困窮者自立相談支援機関

名称	郵便番号	所在地	電話番号	担当地域
金沢自立生活サポートセンター	920-0864	金沢市高岡町7-25 金沢市松ヶ枝福祉館	076-231-3720	金沢市
金沢市社会福祉事務所 (金沢市福祉局生活支援課)	920-8577	金沢市広坂1-1-1	076-220-2292	
生活サポートセンターななお	926-0811	七尾市御祓町1　パトリア3階	0767-57-5086	七尾市
こまつふれあい支援センター	923-0811	小松市白江町ツ108-1 第1地区コミュニティセンター内	0761-21-8555	小松市
くらしサポートセンターわじま	928-0001	輪島市河井町13-120-1	0768-23-0783	輪島市
珠洲市福祉事務所(珠洲市福祉課)	927-1295	珠洲市上戸町北方1-6-2	0768-82-7748	珠洲市
加賀市福祉事務所 (加賀市市民健康部相談支援課)	922-8622	加賀市大聖寺南町ニ41	0761-72-1370	加賀市
加賀市社会福祉協議会	922-0811	加賀市大聖寺南町ニ11-5	0761-72-1500	
羽咋市社会福祉協議会	925-8506	羽咋市鶴多町亀田17	0767-22-6231	羽咋市
くらし再建支援センターかほく	929-1173	かほく市遠塚ロ52-10 かほく市七塚健康福祉センター	076-285-8885	かほく市
くらしサポートセンターはくさん	924-0865	白山市倉光8-16-1 福祉ふれあいセンター	076-276-9389	白山市
くらしサポートセンターのみ	923-1121	能美市寺井町た8-1 ふれあいプラザ2階	0761-58-6603	能美市
ののいち自立生活サポートセンター	921-8815	野々市市本町5-18-5	076-248-8210	野々市市
石川中央保健福祉センター 福祉相談部地域支援課	929-0331	津幡町字中橋ロ1-1 河北地域センター	076-289-2202	川北町・津幡町 内灘町
能登中部保健福祉センター 地域支援課	926-0021	七尾市本府中町ソ27-9	0767-53-2482	志賀町・中能登 町・宝達志水町
能登北部保健福祉センター 地域支援課	928-0079	輪島市鳳至町畠田102-4	0768-22-4149	穴水町・能登町

○労働局／労働基準監督署

名称	郵便番号	所在地	電話番号	担当地域
石川労働局	920-0024	金沢市西念3-4-1 金沢駅西合同庁舎5階・6階	総務課 076-265-4420 総合労働相談コーナー 076-265-4432	
金沢労働基準監督署	921-8013	金沢市新神田4-3-10 金沢新神田合同庁舎3階	安全衛生 076-292-7935 労災 076-292-7938 労働条件、解雇、賃金 076-292-7945 総合労働相談コーナー 076-292-7947	金沢市・白山市 野々市市・河北郡 かほく市
七尾労働基準監督署	926-0852	七尾市小島町西部2 七尾地方合同庁舎2階	0767-52-3294 総合労働相談コーナー 0767-52-7640	七尾市・羽咋市 羽咋郡・鹿島郡
小松労働基準監督署	923-0868	小松市日の出町1-120 小松日の出合同庁舎7階	監督、労働条件 0761-22-4316 安全衛生 0761-22-4245 労災 0761-22-4317 総合労働相談コーナー 0761-22-4207	小松市・加賀市 能美市・能美郡
穴水労働基準監督署	927-0027	鳳珠郡穴水町川島キ84 穴水千穂合同庁舎2階	0768-52-1140 総合労働相談コーナー 0768-52-1184	輪島市・鳳珠郡 珠洲市

○国税局／税務署等

名称	郵便番号	所在地	電話番号
金沢国税局	920-8586	金沢市広坂2-2-60	076-231-2131
金沢税務署	920-8505	金沢市西念3-4-1	076-261-3221
七尾税務署	926-8686	七尾市小島町大開地3-7	0767-52-3381
小松税務署	923-8570	小松市日の出町1-120	0761-22-1171
輪島税務署	928-8501	輪島市河井町15部90-16	0768-22-2241
松任税務署	924-8585	白山市博労2-22	076-276-2345
石川県金沢県税事務所	920-8585	金沢市幸町12-1	076-263-8831
石川県小松県税事務所	923-8515	小松市園町ハ108-1	0761-23-1713
石川県中能登総合事務所税務課	926-0852	七尾市小島町ニ部33	0767-52-6112
石川県奥能登総合事務所納税課	929-2392	輪島市三井町洲衛10部11-1	0768-26-2304

○消費生活相談窓口

名称		郵便番号	所在地	電話番号
石川県消費生活支援センター		920-0968	金沢市幸町12-1	076-255-2120
消費者ホットライン ※全国どこからでも、最寄りの市町、県又は国民生活センターのいずれかの消費生活相談窓口につながります （受付時間内）。				188番（いやや！）
金沢市	近江町消費生活センター	920-0907	金沢市青草町88番地 近江町いちば館5階	076-232-0070
七尾市	消費生活センター	926-8611	七尾市袖ヶ江町イ25	0767-53-1112
小松市	あんしん相談センター	923-8650	小松市小馬出町91	0761-24-8071

名称		郵便番号	所在地	電話番号
輪島市	市民課	928-8525	輪島市二ツ屋町2-29	0768-23-1131
珠洲市	消費生活相談窓口	927-1295	珠洲市上戸町北方1字6-2	0768-82-7760
加賀市	消費生活センター	922-8622	加賀市大聖寺南町ニ41	0761-72-7857
羽咋市	商工観光課	925-8501	羽咋市旭町ア200	0767-22-1118
かほく市	消費生活センター	929-1195	かほく市宇野気ニ81番地	076-283-7144
白山市	消費生活センター	924-8688	白山市倉光2丁目1	076-274-9507
能美市	消費生活センター	923-1297	能美市来丸町1110番地	0761-58-2248
野々市市	消費生活センター	921-8510	野々市市三納1丁目1番地	076-227-6054
川北町	福祉課	923-1295	能美郡川北町字壱ツ屋174	076-277-8388
津幡町	消費生活センター	929-0393	河北郡津幡町字加賀爪ニ3	076-288-2104
内灘町	住民課	920-0292	河北郡内灘町字大学1丁目2-1	076-286-6701
志賀町	商工観光課	925-0198	羽咋郡志賀町字末吉千古1-1	0767-32-9341
宝達志水町	税務住民課	929-1492	羽咋郡宝達志水町子浦そ18番1	0767-29-8120
中能登町	企画課	929-1792	鹿島郡中能登町末坂9-46	0767-74-2806
穴水町	住民課	927-8601	鳳珠郡穴水町字川島ラの174	0768-52-3640
能登町	住民課	927-0492	鳳珠郡能登町字宇出津ト字50-1	0768-62-8510
奥能登広域圏事務組合	奥能登広域消費生活センター	929-2392	輪島市三井町洲衛10部11番1　能登空港ターミナル4F	0768-26-2307

○就労支援のための相談・支援機関

名称	郵便番号	所在地	電話番号
高齢・障害・求職者雇用支援機構	920-0352	金沢市観音堂町ヘ-1	076-267-6001
石川障害者職業能力開発校	921-8836	野々市市末松2-245	076-248-2235
石川県職業能力開発プラザ	920-0862	金沢市芳斉1-15-15	076-261-1400
石川障害者職業センター	920-0901	金沢市彦三町1-2-1　アソルティ金沢彦三2階	076-225-5011
金沢障害者就業・生活支援センター	920-0864	金沢市高岡町7-25　金沢市松ヶ枝福祉館2階	076-231-0800
こまつ障害者就業・生活支援センター	923-0942	小松市桜木町96-2	0761-48-5780
さいこうえん障害者就業・生活支援センター	926-0045	七尾市袖ケ江町ハ14-1	0767-52-0517
ジョブカフェ石川　金沢センター	920-0935	金沢市石引4-17-1　石川県本多の森庁舎1階	076-235-4513
加賀サテライト	923-0924	小松市三日市町18-1　三日市きまっし☆プラザ2階	0761-21-2223
能登サテライト	926-0046	七尾市神明町1　ミナ.クル3階	0767-53-7070

○ハローワーク（公共職業安定所）

名称	郵便番号	所在地	電話番号	担当区域
金沢公共職業安定所	920-8609	金沢市鳴和1-18-42	076-253-3030	金沢市
津幡分室	929-0326	河北郡津幡町字清水ア66-4	076-289-2530	かほく市・河北郡・津幡町
七尾公共職業安定所	926-8609	七尾市小島町西部2　七尾地方合同庁舎1階	0767-52-3255	七尾市・中能登町
羽咋出張所	925-8609	羽咋市南中央町キ105-6	0767-22-1241	羽咋市・志賀町宝達志水町
小松公共職業安定所	923-8609	小松市日の出町1-120　小松日の出合同庁舎2階	0761-24-8609	小松市・能美市川北町

名称	郵便番号	所在地	電話番号	担当区域
輪島公共職業安定所	928-8609	輪島市鳳至町畠田99-3 輪島地方合同庁舎1階	0768-22-0325	輪島市・穴水町
能登出張所	927-0435	鳳珠郡能登町字宇出津新港3-2-2	0768-62-1242	珠洲市・能登町
加賀公共職業安定所	922-8609	加賀市大聖寺菅生イ78-3	0761-72-8609	加賀市
白山公共職業安定所	924-0871	白山市西新町235	076-275-8533	白山市・野々市市
ヤングハローワーク金沢 金沢新卒応援ハローワーク	920-0935	金沢市石引4-17-1 石川県本多の森庁舎1階	076-261-9453	
マザーズハローワーク金沢	920-0935	金沢市石引4-17-1 石川県本多の森庁舎1階	076-261-0026	
しごとプラザ金沢	920-0935	金沢市石引4-17-1 石川県本多の森庁舎1階	076-223-0765	
福祉・就労支援コーナーかなざわ	920-8577	金沢市広坂1-1-1 金沢市役所本庁舎1階生活支援課横	076-222-8609	
珠洲ハローワーク求人情報コーナー （珠洲市地域職業相談室）	927-1215	珠洲市上戸町北方1-9-2 すず市民交流センター1階	0768-82-0157	
穴水ハローワーク求人情報コーナー （穴水町地域職業相談室）	927-0027	鳳珠郡穴水町字川島ラ174 穴水町役場1階	0768-52-0168	

○石川県立産業技術専門校／障害者職業能力開発校

名称	郵便番号	所在地	電話番号
金沢産業技術専門校	920-0352	金沢市観音堂町チ9	076-267-2221
七尾産業技術専門校	926-0853	七尾市津向町ヘ部34	0767-52-3159
小松産業技術専門校	923-0967	小松市青路町130	0761-44-1183
能登産業技術専門校	927-0602	鳳珠郡能登町字松波3-60-3	0768-72-0184
石川障害者職業能力開発校	921-8836	野々市市末松2-245	076-248-2235

○夜間救急／休日当番医

名称	郵便番号	所在地	電話番号
金沢広域急病センター（内科・小児科）	920-8533	金沢市西念3-4-25 駅西福祉健康センター1階	076-222-0099 19時〜23時
南加賀急病センター（内科・小児科）	923-8560	小松市向本折町ホ60 小松市民病院南館1階	0761-23-0099 月〜土曜日： 19時〜22時半 日・休日等： 9時〜12時、 13時〜22時半
夜間小児救急電話相談（石川県）			♯8000または 076-238-0099 18時〜翌朝8時
休日当番医		i-search.pref.ishikawa.jp	
精神科救急医療システム（当番病院案内）			076-225-1499
石川県精神科救急情報センター （いしかわこころの救急ダイヤル）			076-238-3300
休日夜間当番薬局		www.ishikawakenyaku.com	

資料編

○教育相談先

名称	郵便番号	所在地	電話番号
石川県家庭教育電話相談	920-8575	金沢市鞍月1-1	076-263-1188
石川県教員総合研修センター	921-8153	金沢市高尾町ウ31-1	076-298-1729

○子どもの悩みごと電話相談先

名称	電話番号	相談時間
こども専用相談ダイヤル（金沢市教育プラザ富樫）	0120-92-8349	9時〜21時 （土日祝：9時〜17時）
いじめ電話相談（金沢市教育プラザ富樫）	076-243-1019	9時〜21時 （土日祝：9時〜17時）
子どもの悩みごと相談（金沢弁護士会）	076-221-0831	木曜日 12時半〜16時半
24時間子供SOS相談テレホン（石川県教員総合研修センター）	076-298-1699 0120-0-78310	24時間
いじめ110番（県警少年課）	0120-61-7867	24時間
ヤングテレホン（県警少年課）	0120-497-556	24時間
チャイルドライン・いしかわ（子ども夢フォーラム）	0120-99-7777	16時〜21時

○外国人のための相談窓口

名称	郵便番号	所在地	電話番号
石川県国際交流センター	920-0853	金沢市本町1-5-3リファーレ3階 kikaku3@ifie.or.jp	076-262-5932
（小松市）外国人サポートデスク	923-8650	小松市小馬出町91 tabunka@city.komatsu.lg.jp	0761-24-8231
（かほく市）市民生活課・生涯学習課・かほく市国際交流協会	929-1195	かほく市宇野気二81 syougai@city.kahoku.lg.jp	076-283-7137
（白山市）外国人生活相談窓口	924-0872	白山市古城町2（白山市国際交流サロン内） misalon@asagaotv.ne.jp	076-274-3371
（能美市）市民サービス課	923-1297	能美市来丸町 1110shimin1@city.nomi.lg.jp	0761-58-2213
外国人在留支援センター	160-0004	東京都新宿区四谷1-6-1四谷タワー13階	0570-011000
外国人労働者向け相談ダイヤル（厚生労働省）		https://www.check-roudou.mhlw.go.jp/soudan/foreigner.html	
石川県医療・薬局機能情報提供システム ※外国語に対応可能な医療機関等の検索		http://i-search.pref.ishikawa.jp/ ※「詳細検索」→「対応することができる外国語の種類」	

○法律相談／裁判所

名称	郵便番号	所在地	電話番号
法テラス石川	920-0937	金沢市丸の内7-36 金沢弁護士会館内	0570-078349 050-3383-5477
金沢弁護士会	920-0937	金沢市丸の内7-36	076-221-0242
石川県司法書士会	921-8013	金沢市新神田4-10-18	076-291-7070
金沢地方裁判所 金沢簡易裁判所	920-8655	金沢市丸の内7-1	076-262-3221
金沢家庭裁判所	920-8655	金沢市丸の内7-1	076-221-3111

○行政評価事務所

名称	郵便番号	所在地	電話番号	FAX
総務省石川行政評価事務所 行政苦情110番	920-0024	金沢市西念3-4-1 金沢駅西合同庁舎4階	076-222-5231 0570-090110	076-222-5233

○当事者団体／家族会等

団体名	郵便番号	事務局所在地	電話番号
全国心臓病の子どもを守る会 石川県支部	924-0021	白山市竹松町70	076-275-3205
(公益社)日本てんかん協会石川県支部	920-0022	金沢市北安江2-26-5　水山方	076-234-1434
石川県糖尿病協会	923-0012	小松市東蛭川町丁137-4	0761-21-0965
石川よろこびの会　【がん】	920-8201	金沢市鞍月東2-6 石川県成人病予防センター内	076-237-6262
(特非)がんとむきあう会 元ちゃんハウス	920-0935	金沢市石引4-4-10	076-232-5566
石川県がん安心サポートハウス つどい場・はなうめ	920-8557	金沢市本多町3-1-10 石川県社会福祉会館3階	076-234-2108
(公益社)石川県脳卒中リハビリテーション協会	921-8105	金沢市平和町1-3-1　石川県平和町庁舎3階	076-214-6650
(特非)石川県腎友会　【腎臓病】	920-0867	金沢市長土塀1-16-15　丸昌ビル2階	076-225-8762
(公益社)日本オストミー協会石川県支部 虹の会　【人工肛門・人工膀胱】	920-0172	金沢市河原市町1 越屋メディカルケア（株）	076-255-1220
石川県脊髄損傷者協会	922-0331	加賀市動橋町ネ27-8	090-1630-6377
日本二分脊椎症協会石川支部		https://sbaj-ishikawa.com/	
(公益社)日本リウマチ友の会石川支部	920-0014	金沢市諸江町22-16　高谷方	076-261-7914
日本ALS協会石川県支部	921-8034	金沢市泉野5-9-20 フォーブル泉野101号室　永井方	076-241-9872
(特非)いのちにやさしいまちづくり ぽぽぽねっと	923-0945	小松市末広町88	0761-23-7307
石川県パーキンソン病友の会 和みの会	924-0805	白山市若宮町1-53	090-2378-0265
萌の会　【血液疾患】	929-0125	能美市道林町ト29	0761-55-2217
「色変・ひまわりの会」　網膜色素変性症の患者と家族の会石川県支部	920-0338	金沢市金石北1-19-13　北山二三夫方	0761-24-1266 （光井）
(公益社)認知症の人と家族の会 石川県支部	920-0813	金沢市御所町末10	070-5146-1025
てるてるかふぇ(若年性認知症カフェ)	929-0343	河北郡津幡町南中条ト14-1	070-5063-1116
若年性認知症の人と家族と寄り添いつむぐ会	921-8035	金沢市泉が丘2-13-43 KKR北陸病院　医療福祉相談室	080-8698-5774 076-243-1377
(福)石川県身体障害者団体連合会	920-8557	金沢市本多町3-1-10 石川県社会福祉会館内	076-232-8372
石川県肢体不自由児協会 石川県肢体不自由児父母の会連合会	920-8557	金沢市本多町3-1-10 石川県社会福祉会館内	076-224-6126
(福)石川県視覚障害者協会	920-0862	金沢市芳斉1-15-26 石川県視覚障害者情報文化センター内	076-222-8781
石川県点訳友の会	920-0862	金沢市芳斉1-15-26 石川県視覚障害者情報文化センター内	076-222-8781
小松市点訳友の会	923-0811	小松市白江町ツ108-1　小松市社会福祉協議会第1地区コミュニティセンター内	0761-22-3354
いしかわ音訳友の会	920-0862	金沢市芳斉1-15-26 石川県視覚障害者情報文化センター内	076-222-8781

資料編

団体名	郵便番号	事務局所在地	電話番号
石川県視覚障害者の生活と権利を守る会	921-8848	野々市市柳町124-12　寺下方	076-276-3716
(特非)ぴあサポート　【視覚障害】	920-0003	金沢市疋田1-356	
(福)石川県聴覚障害者協会 石川県聴覚障害者センター	920-8557	金沢市本多町3-1-10 石川県社会福祉会館内	076-264-8615 FAX 261-3021
(特非)石川県難聴者協会	920-0987	金沢市池田町立丁14　山本方	076-231-1642 FAX 231-4742
石川県要約筆記サークル連絡会	920-8557	金沢市本多町3-1-10 石川県聴覚障害者協会内	076-264-8615 FAX 261-3021
石川県ことばを育む親の会	921-8845	野々市市太平寺2-9　大森方	076-248-6303
石川県知的障害者福祉協会	920-8557	金沢市本多町3-1-10 石川県社会福祉会館内	076-264-1728
(公益社)石川県手をつなぐ育成会 【知的障害】	920-8557	金沢市本多町3-1-10 石川県社会福祉会館内	076-264-1717
(福)金沢手をつなぐ親の会 【知的障害】	920-0864	金沢市高岡町7-25 金沢市松ヶ枝福祉館内	076-261-7840
白山・野々市つながりの会	939-0883	白山市東一番町38　徳田方	076-275-0799
(特非)地域支援センターポレポレ	920-1346	金沢市三小牛町イ3-2	076-287-3414
石川県精神障害者家族会連合会 (いしかれん)	920-8201	金沢市鞍月東2-6 石川県こころの健康センター内	076-238-5761
きょうされん石川支部　【作業所】	920-0836	七尾市屋町に部24 ゆうの丘内	0767-58-3135
ＰＡＬ(パル)の会 (学習障害および軽度発達障害児・者を持つ親の会)		http://パルの会.jp	
金沢エルデの会　【発達障害】		elde.kanazawa.tv	
(特非)アスペの会石川 【高機能広汎性発達障害】	920-0865	金沢市長町1-4-11	kanazawa-asupe@ abeam.ocn.ne.jp
日本自閉症協会石川県支部	920-0202	金沢市木越1-374	076-257-1327
(特非)ケーネット知楽市 【パソコン利用支援】	920-8203	金沢市鞍月2-3鉄工会館3階 http://www.chirakuichi.com/	jimukyoku@ chirakuichi.com
(特非)子育て支援はぐはぐ　そのままでいいよ		http://hagu-hagu.com	070-6559-9557
自分をみつけるママの会 スニーゲルマム 【育児不安】		http://snigelm.hatenadiary.jp	snigelm@infoseek.jp
KHJ北陸会　【ひきこもり】	920-0813	金沢市御所町丑57	090-9760-2135
いやし・ハート　【アダルトチルドレン】		http://lit.link/iyashi	
いしかわ「非行」と向きあう親たちの 会・みちくさの会			090-9444-9422
ＡＡ中部北陸セントラルオフィス 【アルコール依存】(石川地区ミーティング)	462-0844	名古屋市北区清水4-15-1 日宝黒川ビル404	052-915-1602 (月・水・金の12時～17時)
(公益社)全日本断酒連盟(金沢市断酒会)		http://kdansyu.wixsite.com/home	076-231-0280
(特非)あかりプロジェクト　【摂食障害】	921-8801	野々市市御経塚2-260	076-256-2548
親子の面会交流を実現する全国ネットワーク北陸 親子ネット北陸		http://hokuriku.oyakonet.org	
共同親権運動ネットワーク(Kネット)		http://kyodosinken.com/	0265-39-2116
"人間と性"教育研究協議会	151-0071	東京都渋谷区本町1-7-16 初台ハイツ1006号	03-3379-7556 (火・木の17時～20時)
レインボー金沢 【セクシュアル・マイノリティ】		http://www.rainbowkanazawa.jp/	
にじ♡はぐ石川～ひだまりの会～		https://www.facebook.com/nijihagu.hidamari nijihagu.hidamari@gmail.com	090-3888-5069(植田) 090-8966-0576(川島)

団体名	郵便番号	事務局所在地	電話番号
(特非)金沢あすなろ会 【多重債務】	920-0024	金沢市西念1-15-7恵西苑1号室	076-262-3454

○医療・福祉関係団体

団体名	郵便番号	事務局所在地	電話番号 FAX番号
石川県保険医協会	920-0853	金沢市本町2-11-7 金沢フコク生命駅前ビル7階	076-222-5373 076-231-5156
(公益社)石川県医師会	920-8660	金沢市鞍月東2-48	076-239-3800 076-239-3810
(公益社)金沢市医師会	920-0912	金沢市大手町3-21	076-263-6721
(一社)七尾市医師会	926-0854	七尾市なぎの浦156 七尾看護専門学校内	0767-52-2297 0767-53-6548
(一社)小松市医師会	923-0918	小松市京町81-2	0761-22-2714
(一社)加賀市医師会	922-0423	加賀市作見町リ36 加賀市医療センター内	0761-73-1450 0761-73-1841
(一社)能美市医師会	923-1121	能美市寺井町ぬ48 能美市健康福祉センター「サンテ」別館	0761-58-1936 0761-57-1636
(一社)白山ののいち医師会	924-0865	白山市倉光7-122	076-275-0795 076-276-8205
(一社)河北郡市医師会	929-1173	かほく市遠塚口52-10 かほく市七塚健康福祉センター2階	076-285-2770 076-285-2773
(一社)羽咋郡市医師会	925-0052	羽咋市中央町キ6-4 羽咋市合同事務所内	0767-22-6929 0767-22-6932
(一社)能登北部医師会	928-0001	輪島市河井町2部287-1	0768-22-5457 0768-22-7438
(一社)石川県歯科医師会	920-0806	金沢市神宮寺3-20-5	076-251-1010 076-251-6450
(一社)金沢市歯科医師会	920-0806	金沢市神宮寺3-20-5 石川県歯科医師会館内	076-251-1611 076-216-8241
(一社)石川県歯科技工士会	920-0024	金沢市西念1-15-7 恵西苑10号	076-223-0029
(一社)石川県歯科衛生士会	920-0806	金沢市神宮寺3-20-5 石川県歯科医師会館内	076-251-1212 同上
(公益社)石川県薬剤師会	920-0032	金沢市広岡町イ25-10	076-231-6634 076-223-1520
(公益社)石川県看護協会	920-0931	金沢市兼六元町3-69	076-232-3573 076-232-3973
(一社)石川県助産師会	920-2155	白山市知気寺町29-1 菜の花助産院内	090-9767-5503 076-272-3449
(公益社)石川県鍼灸マッサージ師会	921-8105	金沢市平和町1-3-1 石川県平和町庁舎B館3階	076-259-6628
(公益社)石川県柔道整復師会	920-0031	金沢市広岡2-3-26	076-233-2122 076-233-2196
(公益社)療術師会	920-0031	金沢市広岡2-6-25	076-224-3358 076-224-3328
(公益社)石川県鍼灸師会	921-8016	金沢市東力町ニ177	076-259-0750 076-259-0751
(公益社)石川県理学療法士会	920-8204	金沢市戸水1-25	076-254-1431 076-254-1432
(公益社)石川県作業療法士会	921-8043	金沢市西泉3-28-1 東和第3ビル201号室	076-259-0678 076-259-0681

資料編

団体名	郵便番号	事務局所在地	電話番号 FAX番号
(一社)石川県臨床衛生検査技師会	920-0941	金沢市旭町1-17-2 山根荘3号	076-210-3885 076-213-5112
(公益社)石川県診療放射線技師会	926-8605	七尾市富岡町94 恵寿総合病院　放射線課内	0767-52-3211 （内線1144） 0767-52-3218
(公益社)石川県言語聴覚士会	926-0816	七尾市藤橋町ア部6-4 公立能登総合病院リハビリテーション部内	info@st-ishikawa.com
石川県病院協会	920-8201	金沢市鞍月東2-48 石川県医師会内	076-239-3800 076-239-3810
(一社)日本精神科看護協会 石川県支部	920-0351	金沢市普正寺町9-6 かないわ病院	076-267-0601 076-267-0962
(公益社)石川県栄養士会	921-8105	金沢市平和町1-3-1 石川県平和町庁舎3階	076-259-5061 076-259-5062
(一社)石川県社会福祉士会	920-8557	金沢市本多町3-1-10 石川県社会福祉会館2階	076-207-7770 076-207-5460
石川県精神保健福祉士会	922-0424	加賀市小菅波町121-1 加賀こころの病院	0761-72-0880
(一社)石川県医療ソーシャルワーカー協会	920-8610	金沢市沖町ハ-15 地域医療機能推進機構金沢病院	076-252-2200 076-252-2369
(一社)石川県介護福祉士会	920-8557	金沢市本多町3-1-10 石川県社会福祉会館3階	076-255-2572 076-223-2672
石川県介護支援専門員協会	920-8557	金沢市本多町3-1-10 石川県社会福祉協議会・施設振興課内	076-224-1211 076-208-5760
石川県ホームヘルパー協議会	920-8557	金沢市本多町3-1-10 石川県社会福祉協議会内	076-224-1211
(公益財)いしかわ結婚・子育て支援財団	920-8201	金沢市鞍月東2-1 石川県立総合看護専門学校1階	076-255-1543 076-255-1544
生存権裁判を支援する全国連絡会 人権を主張するいしかわの会	920-0848	金沢市京町24-14 石川県民主医療機関連合会内	076-253-1458 076-253-1459
北陸生活保護支援ネットワーク石川		seiho-ishikawa.info	076-204-9366 毎週火、13〜15、18〜20時
医療・福祉問題研究会	920-1192	金沢市角間町　金沢大学地域創造学類 社会保障論研究室内	ihmk1986@gmail.com
石川県ＮＰＯ活動支援センターあいむ	920-0961	金沢市香林坊2-4-30 香林坊ラモーダ7階	076-223-9558 076-223-9559
石川県障害者スポーツ協会	920-8557	金沢市本多町3-1-10 石川県社会福祉会館1階	076-264-3135 076-264-3136
金沢大学しらゆり会　【献体】	920-8640	金沢市宝町13-1 金沢大学医薬保健系	076-265-2495
石川県社会保障推進協議会	920-0848	金沢市京町24-14	076-253-1636

6. 運賃、料金等の割引・免除

制　度　名	利用できる人	内　　容	手　続　き	問合せ先
ＪＲ旅客運賃の割引	第1種身体障害者・知的障害者	• 対象：①単独で片道100kmをこえて乗る場合は普通乗車券のみ②介護者とともに乗る場合は普通乗車券、急行券、普通回数券、定期乗車券について、介助者も対象 • 割引率：50％	乗車券発売窓口に手帳を提示する	(1) JR各駅 金沢駅：TEL 076-253-5222 　　　　FAX 076-253-5225 (2)市町障害福祉担当課
	第2種身体障害者・知的障害者	• 対象：単独で片道100kmをこえて乗る場合 • 割引率：50％		
	6歳未満の第1種身体障害者または知的障害者	対象・割引：介護者と乗る場合、本人は無料。介護者は割引		
IRいしかわ鉄道運賃の割引	第1種身体障害者・知的障害者	対象：IR線単独または、「あいの風」線、JR線との連絡について、介助者も対象 割引率：50％	乗車券発売窓口に手帳を提示する	(1) IR各駅 (2)市町障害福祉担当課
	第2種身体障害者・知的障害者	対象：IR線単独または、「あいの風」線、JR線との連絡について、本人のみ 割引率：50％		
	精神障害者保健福祉手帳1級所持者	対象：IR線単独または、「あいの風」線の連絡について、介助者も対象 割引率：50％		
	精神障害者保健福祉手帳2級及び3級所持者	対象：IR線単独または、「あいの風」線の連絡について、本人のみ 割引率：50％		
北鉄、能登島交通のバス・電車運賃の割引	身体障害者手帳・療育手帳・精神障害者保健福祉手帳所持者 ※介護者も対象 ※電車と県外都市を結ぶ高速バス利用は身体障害者と知的障害者のみ割引	• 割引率：50％、定期券は30％。 • 小児運賃は基本的に半額 • アイカ利用の場合、障害者割引登録をすれば引去り運賃が50％割引	料金支払い時に手帳を提示	(1) 北陸鉄道テレホンサービス TEL 076-237-5115 FAX 076-237-6961 (2) 市町障害福祉担当課
航空運賃の割引	身体障害者手帳・療育手帳・精神障害者保健福祉手帳所持者・戦傷病者手帳所持者 ※身体障害者手帳・療育手帳所持者の場合は介護者1人も対象	• 割引率：航空会社ごとに異なる • 小松空港第2駐車場料金の割引率50％（身体障害者手帳所持者）	• 航空券購入時に手帳を提示する • 小松空港駐車場の精算所で手帳を提示する	(1) 航空会社各社 ANA：TEL 0120-029-377 JAL：TEL 0120-25-0001 (2)市町障害福祉担当課

資料編

制　度　名	利用できる人	内　　容	手　続　き	問合せ先
有料道路の通行料金割引	(1) 障害者手帳所持者が登録車を運転する場合 (2) 介護者が運転する場合（第1種の手帳および療育手帳所持者が登録車に乗っているとき）	・ 割引率：50％以内 ・ 対象：県内有料道路は、北陸自動車道、白山白川郷ホワイトロード	① 障害福祉担当課または保健福祉センターで、手帳に車両番号と割引有効期限の登録申請を行う ② 料金所で手帳を提示する	(1) 中日本高速道路㈱金沢支社料金チーム TEL 076-240-4953 FAX 076-240-4964 (2) 白山林道　石川管理事務所 TEL 076-256-7341 (3) 市町障害福祉担当課、保健福祉センター
タクシー運賃障害者割引	身体障害者手帳・療育手帳・精神障害者保健福祉手帳所持者	料金：メーター器表示額×0.9（10円未満の端数切り捨て）	手帳を乗務員に提示する	石川県タクシー協会 TEL 076-232-1348 FAX 076-232-1349
携帯電話基本料金等の割引	身体障害者手帳・療育手帳・精神障害者保健福祉手帳所持者	割引率：会社により異なる	販売店で手帳を提示し、手続きを行う	(1) ドコモ TEL 0120-800-000 (2) au　TEL 0077-7-111 (3) ソフトバンク TEL 0088-21-2000
NTT無料番号案内	視覚障害（1〜6級）・肢体不自由の身体障害者（1〜2級）、戦傷病者手帳所持者で視力または上肢に障害がある人、精神障害者保健福祉手帳所持者	全額免除	NTT支店等で申込登録をする	TEL 0120-104-174
NHK放送受信料の減免	(1) 障害者手帳所持者がいる世帯で、世帯全員が市町民税非課税の場合 (2) 公的扶助受給者など	全額免除	免除申請書を障害福祉担当課または保健福祉センターで作成してもらい、NHKに提出する	(1) NHK金沢放送局 TEL 076-264-7010 FAX 076-264-7019 (2) 市町障害福祉担当課、保健福祉センター
	(3) 視覚・聴覚障害者、重度の身体・知的・精神障害者、重度の戦傷病者	半額免除		
障害者温泉療養事業（石川県）	(1) 在宅の障害者手帳所持者 (2) 身体障害者手帳2級以上・療育手帳A・精神障害者保健福祉手帳1級所持者の付添人1人	(1) 対象・割引額：指定の温泉旅館に宿泊した場合、1回の宿泊につき3,000円／人割引 (2) 利用回数：年間（4/1〜翌年3/31）1回 (3) 市町独自助成：市町独自の助成を行っているところもある（金沢市では1,000円）	各市町役場で「指定宿泊施設利用助成券」を受け取る	市町障害福祉担当課

※問い合わせ先の「市町障害福祉担当課」は335ページ以降を参照。

○文化・展示・スポーツ施設の料金割引
身体障害者手帳・療育手帳・精神障害者保健福祉手帳を提示した場合

施設の名称	問合せ先	利用時間・休館日・料金	割引額
県立美術館 [金沢市出羽町]	TEL 076-231-7580 FAX 076-224-9550	時間：9:30〜18:00 休館日：展示替え期間、年末年始 〈常設展〉 料金：コレクション展示室の料金 　一般　　　370円（団体…290円） 　大学生　　290円（団体…230円） 　高校生以下　無料 　65歳以上　コレクション展は団体 　　　　　　割引額（祝日無料）	本人、付添人（1人） …原則無料
金沢21世紀美術館 [金沢市広坂]	TEL 076-220-2800 FAX 076-220-2802	〈交流ゾーン〉 時間：9:00〜22:00 休館日：年末年始 〈展覧会ゾーン〉 時間：10:00〜18:00（金・土曜日は〜20:00） 休館日：月曜日、年末年始 特別展料金：展覧会ごとに異なります 　託児室：有料（500〜800円）	本人、付添人（1人） …団体料金に割引
中村記念美術館 [金沢市本多町]	TEL 076-221-0751 FAX 076-221-0753	時間：9:30〜17:00 休館日：展示替え期間、年末年始 料金：一般　　　　310円 　団体　　　　260円 　高校生以下　無料 　65歳以上　210円（祝日無料）	本人、付添人（1人） …210円（祝日無料）
金沢蓄音器館 [金沢市尾張町]	TEL 076-232-3066 FAX 076-232-3079	時間：10:00〜17:30 休館日：年末年始 料金：一般　　　　310円 　団体　　　　260円 　高校生以下　無料 　65歳以上　210円（祝日無料）	
県立歴史博物館 [金沢市出羽町]	TEL 076-262-3236 FAX 076-262-1836	時間：9:00〜17:00 休館日：展示替え期間、年末年始 料金：一般　　　300円（団体…240円） 　大学生　　240円（団体…190円） 　高校生以下　無料 　65歳以上　240円	本人、付添人（1人） …原則無料
兼六園 [金沢市兼六町]	TEL 076-234-3800 FAX 076-234-5292	時間：3/1〜10/15　7:00〜18:00 　10/16〜2/末　8:00〜17:00 料金：大人　　310円（団体…250円） 　小人　　100円（団体…80円） 　65歳以上、学校行事、福祉施設入所者　無料	本人、付添人（1人） …無料
妙立寺（忍者寺） [金沢市野町]	TEL 076-241-0888	時間：9:00〜16:30（冬季は〜16:00） 料金：中学生以上　1000円　予約が必要 　小学生　　　700円	本人…700円
石川四高記念文化交流館 （石川近代文学館） [金沢市広坂]	TEL 076-262-5464 FAX 076-261-1609	時間：9:00〜17:00（展示室） 休館日：年末年始 〈石川四高記念館〉料金：無料 〈石川近代文学館〉 料金：一般　　　　360円（団体…290円） 　大学生　　　290円（団体…230円） 　高校生以下　無料（団体…無料）	本人、付添人（1人） …無料
白山ろく民俗資料館 [白山市白峰]	TEL・FAX 076-259-2665	時間：9:00〜16:30 休館日：木曜日、12/11〜3/9 料金：一般　　　260円（団体…200円） 　高校生以下　無料 　65歳以上　200円	本人、付添人（1人） …無料

資料編

357

施設の名称	問合せ先	利用時間・休館日・料金	割引額
(財)輪島漆芸美術館 [輪島市水守町]	TEL 0768-22-9788 FAX 0768-22-9789	時間：9:00〜17:00 休館日：展示替え期間、年末 料金：一般　　　　　620円（団体…510円） 　　　高大学生　　　310円（団体…210円） 　　　小中学生　　　150円（団体…100円） 　　　輪島市在住小中高生　　無料	本人無料 身体障害者手帳1〜2級、 療育手帳、精神障害者保 健福祉手帳1級 …付添人（1人）無料
のとじま水族館 [七尾市能登島曲町]	TEL 0767-84-1271 FAX 0767-84-1273	時間：9:00〜17:00 ただし12/1〜3/19は30分前に閉館 料金：一般　　　　　　　　1,890円 　　　中学生以下3歳以上　　510円 　　　団体割引 　　　大人　　　　　1,690〜1,500円 　　　小人　　　　　　460〜410円	本人無料 療育手帳A、身体障害者 手帳1〜3級または精神 障害者保健福祉手帳1〜 2級 …付添人（1人）無料
いしかわ動物園 [能美市徳山町]	TEL 0761-51-8500 FAX 0761-51-8504	時間：4〜10月　9:00〜17:00 　　　11〜3月　9:00〜16:30 料金：一般　　　　　　　840円（団体…740円） 　　　中学生以下3歳以上　410円（団体…310円）	
ふれあい昆虫館 [白山市八幡町]	TEL 076-272-3417 FAX 076-273-9970	時間：4〜10月　9:30〜17:00 　　　11〜3月　9:30〜16:30 休館日：火曜日、年末年始 料金：一般　　　　410円（団体…360円） 　　　小中高生　　200円（団体…150円）	
辰口丘陵公園温水プール [能美市徳山町]	TEL・FAX 0761-51-3505	時間：平日・土曜日　13:00〜20:00 　　　日・祝日　　　10:00〜17:00 　　　7/1〜8/31　　10:00〜19:00 　　　　　　　　　（日・祝日は17:00まで） 休館日：月曜日、年末年始、メンテナンス日 料金：大人　　　550円 　　　高校生　　440円 　　　中学生以下　220円	
健民海浜プール [金沢市普正寺]	TEL 076-267-2266 FAX 076-267-2267	時間：9:00〜18:00 利用期間：7/1〜8/31 料金：18歳以上　　　620円 　　　13〜18歳未満　300円 　　　4〜13歳未満　200円	個人の利用については 200円 （障害福祉関係の学校、団 体は無料（事前申込要））
いしかわ総合スポーツセ ンター [金沢市稚日野町]	TEL 076-268-2222 FAX 076-268-2238	時間：9:00〜22:00 休館日：年末年始 無料開放日：毎月7日と体育の日	本人、付添人…無料

※この他にも、県の施設・市町や民間の施設で割引を行っているところがあります。また、割引額、対象者が変更される場合もありますので、利用する際に窓口で尋ねてください。

○その他の制度・サービス

制度名	利用できる人とその内容		利用方法と手続き
福祉タクシーチケット交付 （金沢市の場合）	下肢　　1、2級 体幹　　1〜3級 視覚　　1〜3級 内部　　1級 療育　　A 精神　　1、2級	の人 （市町民税所得割が16 万円以上、施設入所者 で自動車を持ち、運転 できる人をのぞく）	金沢市役所福祉と健康の総合窓口で申請 運転手に手帳を提示し、乗車1回につき 乗車券1枚を渡す（小型車初乗り運賃相 当額を超えた分は自己負担） ※金沢市以外については各市町に問い合 わせてください。
身体障害者補助犬給付	盲導犬：満18歳以上の視覚障害1・2級 （在宅）		(特)アイメイトクラブ石川 TEL 076-269-8944　FAX 076-269-8943

索　　引

【あ】

アスベスト健康被害救済制度……………………… 206
アディクション…………………………………… 198
穴水町相談窓口…………………………………… 342
育児休業給付金…………………………………… 149
育成医療…………………………………………… 136
いしかわ医療的ケア児支援センター…………… 130
石川県障害者職場実習…………………………… 142
石川県相談窓口…………………………………… 335
石川障害者職業センター……………… 141, 348
意思決定支援……………………………………… 168
意思疎通支援事業……………………… 124, 253
石綿（アスベスト）健康被害救済制度………… 206
遺族（補償）給付………………………………… 205
一時預かり………………………………………… 154
一時生活再建費（総合支援資金貸付）…………50
一時生活支援事業……………………… 45, 242
一般疾病医療（被爆者）……………… 16, 36
一般不妊治療…………………………… 147, 227
移動支援事業…………………………… 124, 255
入口支援…………………………………………… 194
医療型児童発達支援……………………………… 128
医療型児童発達支援センター………… 128, 333
医療型障害児入所施設………………… 129, 328
医療関係団体……………………………………… 353
医療観察制度……………………………………… 196
医療事故…………………………………………… 190
医療事故調査制度………………………………… 190
医療的ケア児……………………………………… 130
医療的ケア児支援法……………………………… 130
医療費控除…………………………………………60
医療費控除（介護保険関連）……………………61
医療費助成制度……………………………………15
医療保険給付の種類………………………………13
医療保険の種類……………………………………12
内灘町相談窓口…………………………………… 341
NHK放送受信料の減免………………………… 356
NTT無料番号案内……………………………… 356
延長保育…………………………………………… 154

【か】

解雇…………………………………… 56, 203
介護医療院…………………………… 89, 277
介護休業給付……………………………………… 204

介護（補償）給付………………………………… 205
介護給付（総合支援法）………………………… 117
外国人のための相談窓口………………………… 350
介護サービス計画…………………………………76
介護サービス情報公表制度……………………… 189
介護支援専門員……………………………………76
介護手当金…………………………… 87, 245
介護認定審査会……………………………………68
介護保険外サービス………………………………87
介護保険関連の医療費控除………………………61
介護保険の被保険者………………………………66
介護保険の保険料…………………… 66, 243
介護保険の保険料減免制度………… 67, 243
介護保険の利用者負担……………………………71
介護保険の利用者負担減免制度…… 73, 244
介護保険被保険者証………………………………69
介護保険負担割合証………………………………71
介護予防居宅療養管理指導………………………79
介護予防支援………………………………………76
介護予防小規模多機能型居宅介護………………82
介護予防短期入所生活介護………………………82
介護予防短期入所療養介護………………………82
介護予防通所リハビリテーション………………81
介護予防特定福祉用具購入………………………85
介護予防・日常生活支援総合事業…………… 251
介護予防認知症対応型通所介護…………………83
介護予防福祉用具貸与……………………………84
介護予防訪問看護…………………………………79
介護予防訪問入浴介護……………………………78
介護予防訪問リハビリテーション………………79
介護療養型医療施設………………… 90, 278
介護老人福祉施設…………………… 88, 273
介護老人保健施設…………………… 89, 276
加賀市相談窓口…………………………………… 338
かかりつけ医（認知症）…………………………98
学習支援……………………………… 45, 166, 242
家計改善支援事業…………………… 45, 242
家族会……………………………………………… 351
家族介護慰労事業…………………… 87, 245
家庭児童相談室…………………………………… 151
家庭生活支援員……………………… 163, 260
金沢広域急病センター……………… 158, 349
金沢市相談窓口…………………………………… 336
過払金返還請求……………………………………54
寡婦（夫）控除……………………………………59

寡婦福祉資金……………………………… 53, 161
かほく市相談窓口…………………………… 339
紙おむつの給付……………………………… 87, 246
川北町相談窓口……………………………… 340
肝炎治療医療費助成制度……………………37
看護小規模多機能型居宅介護……………… 83, 294
患者の一部負担………………………………14
基準収入額適用申請…………………………22
基礎控除………………………………………59
機能訓練…………………………………… 120
機能訓練型デイサービス……………………81
基本手当（雇用保険）………………………56
キャラバン・メイト……………………… 100
休業（補償）給付………………………… 204
休業手当（労働基準法）………………… 203
救護施設…………………………………… 335
救済給付（石綿健康被害救済制度）…… 206
求職者支援制度………………………………57
休日当番医………………………………… 349
休日保育…………………………………… 154
教育一般貸付…………………………………53
教育支援費（教育支援資金貸付）………50
教育センター……………………………… 350
教育総合研修センター…………………… 350
境界層該当者…………………………………44
行政相談窓口……………………………… 335
行政評価事務所…………………………… 351
共同生活援助……………………………… 121, 313
虚偽DV …………………………………… 178, 179
居住サポート事業………………………… 252
居住費・食費の負担限度額（介護保険）……73
居宅介護（総合支援法）………………… 117
居宅介護支援（介護保険）…………………76
居宅療養管理指導……………………………79
緊急小口資金（福祉資金貸付）…………50
緊急通報装置……………………… 87, 101, 246
勤労学生控除…………………………………59
勤労者小口資金融資…………………………53
クーリング・オフ制度…………………… 185
苦情相談窓口（介護保険）……………… 189
苦情相談窓口（福祉サービス全般）…… 189
グループホーム（介護保険）…………… 90, 284
グループホーム（総合支援法）………… 121, 313
訓練等給付………………………………… 120
ケアハウス………………………………… 91, 278
ケアプラン……………………………………76
ケアマネジャー………………………………76
携帯電話基本料金等割引………………… 356
軽費老人ホーム…………………………… 91, 278
健康保険の被扶養者…………………………12
建設アスベスト給付金制度……………… 206

限度額適用認定………………………………19
権利擁護（高齢者虐待）………………… 172
権利擁護（児童虐待）…………………… 176
権利擁護（障害者虐待）………………… 174
権利擁護（DV）………………………… 177
公営住宅…………………………………… 55, 270
高額医療・高額介護合算療養費制度………21
高額介護サービス費…………………………73
高額療養費貸付制度……………………… 236
高額療養費受領委任払制度……………… 236
高額療養費制度………………………………17
高額療養費の現物給付化……………………19
高額療養費の自己負担限度額………………17
後期高齢者医療制度一部負担減免制度……27
後期高齢者医療制度保険料減免制度………25
公共職業安定所…………………………… 141, 348
航空運賃の割引…………………………… 355
口腔保健医療センター…………………… 344
後見制度支援信託………………………… 183
後見制度支援預金………………………… 183
高次脳機能障害相談・支援センター…… 344
更生医療…………………………………… 135
厚生局……………………………………… 345
更生保護…………………………………… 195
交通遺児等貸付………………………………53
交通災害等遺児すこやか資金…………… 162
行動援護…………………………………… 118
高等学校授業料減免制度………………… 162
高等職業訓練促進給付金………………… 164
公費負担医療制度……………………………15
高齢者医療費助成制度…………………… 103
高齢者虐待………………………………… 172
高齢者生活福祉センター………………… 95, 291
国税局……………………………………… 347
国選弁護…………………………………… 192
国民健康保険一部負担減免制度………… 27, 28
国民健康保険料減免制度……………………23
国民健康保険料の滞納………………………26
こころの健康センター…………………… 343
個人再生………………………………………54
子育て世代包括支援センター…………… 151
子ども医療費助成制度…………………… 158, 216
子ども食堂………………………………… 156
子どもの学習支援事業…………………… 45, 166, 242
子どもの学習・生活支援事業…………… 45, 166, 242
子どもの連れ去り・引き離し…………… 178
子どもの悩みごと電話相談先…………… 350
個別延長給付…………………………………57
小松市相談窓口…………………………… 337
雇用保険の基本手当…………………………56
コロナ………………… 16, 26, 42, 46, 50, 51, 52

【さ】

サービス付き高齢者向け住宅……………………93
災害…………………………………………… 200
在宅寝たきり高齢者等介護慰労金……………… 87, 245
裁判所………………………………………… 350
債務整理………………………………………54
サテライト型住居…………………………… 125
里親制度……………………………………… 155
産業技術専門校……………………………… 349
産前・産後ママヘルパー…………… 155, 261
産前産後休業………………………………… 150
産婦一般健康診査…………………… 146, 258
JR旅客運賃の割引 ………………………… 355
視覚障害者情報提供施設…………………… 322
資格証明書（国保） …………… 26, 236
志賀町相談窓口……………………………… 341
事後重症制度………………………………… 139
自己破産………………………………………54
自己負担限度額（高額療養費）………………17
自己負担限度額（総合支援法）…………… 126
施設入所支援………………………………… 119
市町村地域生活支援事業…………………… 123
児童虐待……………………………………… 176
自動車税の免税……………………………… 144
児童ショートステイ（短期宿泊）………… 154, 261
児童自立支援施設…………………………… 328
児童相談所…………………………… 151, 343
児童手当……………………………………… 159
児童トワイライトステイ（夜間預かり）………… 154
児童発達支援事業…………………………… 128
児童発達支援センター…………… 128, 333
児童福祉法…………………………………… 128
児童扶養手当………………………… 140, 160
児童訪問援助員……………………………… 164
児童養護施設………………………………… 328
自発的活動支援事業………………………… 123
社会福祉協議会……………………… 191, 345
社会復帰調整官……………………………… 196
社会保険労務士……………………… 183, 204
若年性認知症の人と家族の会…………… 102, 351
就学援助……………………………………… 165
就学支度費（教育支援資金貸付）………………50
就業規則……………………………………… 202
住居確保給付金……………………… 45, 46
重症心身障害児病棟………………………… 334
重層的支援体制整備事業…………………… 212
住宅改修………………………… 84, 85, 246
住宅入居費（総合支援資金貸付）………………50
住宅扶助の特別基準額……………………………40
重度障害者等通勤対策助成金……………… 142
重度障害者等包括支援…………………… 118
重度訪問介護………………………………… 117
就労移行支援………………………………… 120
就労訓練事業（中間的就労）…………… 45, 242
就労継続支援（総合支援法）…………… 120, 121
就労支援（ひとり親家庭）………………… 164
就労準備支援事業…………………… 45, 242
就労定着支援………………………………… 121
出産育児一時金……………………… 148, 236
出産祝い金…………………………… 156, 263
出産手当金…………………………………… 149
受領委任払い（住宅改修）…………………85
手話奉仕員養成研修事業…………………… 124
障害基礎年金………………………………… 138
障害（補償）給付…………………………… 205
障害厚生年金………………………………… 138
障害支援区分認定…………………………… 114
障害児相談支援……………………………… 128
障害児通所支援……………………………… 128
障害児通所支援事業所……………………… 329
障害児入所支援……………………………… 129
障害児入所施設……………………… 129, 328
障害児福祉手当……………………… 130, 140
障害者温泉療養事業………………………… 356
障害者虐待…………………………………… 174
障害者権利条約……………………………… 107
障害者控除…………………………… 59, 249
障害者控除対象者認定………………………59
障害者更生相談所…………………………… 344
障害者作業施設設置等助成金……………… 142
障害者差別解消法…………………………… 106
障害者支援施設……………………… 119, 300
障害者試行雇用事業………………………… 142
障害者就業・生活支援センター………… 141, 348
障害者職業能力開発校……………………… 348
障害者総合支援法…………………………… 107
障害者総合支援法の自己負担減免制度…………… 126
障害等級…………………………………… 139
障害認定日…………………………………… 138
障害年金……………………………………… 138
障害福祉サービス事業所…………………… 313
奨学金（日本学生支援機構）………………53
小規模多機能型居宅介護…………… 82, 291
小児慢性特定疾病医療費助成制度………… 158, 223
消費生活相談窓口…………………… 186, 347
傷病手当金……………………………………30
傷病（補償）年金…………………………… 204
ショートステイ（介護保険）………………82
ショートステイ（児童）…………………… 154
ショートステイ（総合支援法）…………… 118, 310
職業訓練受講給付金…………………………57

職場適応援助者助成金……………………… 142
職場適応訓練…………………………………… 142
職場復帰支援…………………………………… 142
初診日（障害年金）…………………………… 138
女性相談支援センター…………………… 180, 344
所得控除………………………………………… 59, 249
ジョブカフェ…………………………………… 348
自立援助ホーム………………………………… 160
自立訓練………………………………………… 120
自立支援医療（育成医療）…………………… 136
自立支援医療（更生医療）…………………… 135
自立支援医療（精神通院）…………………… 137
自立支援型住宅リフォーム推進事業…………… 85
自立支援給付金事業…………………………… 164
自立支援教育訓練給付金……………………… 164
自立生活援助…………………………………… 121
自立相談支援事業（生活困窮者自立支援）……… 45
シルバーハウジング………………………… 96, 270
新型コロナウイルス感染症… 16, 26, 42, 46, 50, 51, 52
寝具乾燥・消毒サービス…………………… 87, 246
新高額障害福祉サービス等給付費…………… 115
進行性筋萎縮症病棟…………………………… 334
審査請求（介護保険）………………………… 189
審査請求書……………………………………… 188
心身障害者医療費助成制度………………… 134, 220
心身障害者扶養共済…………………………… 140
申請減免制度（国保）…………………………… 23
人生の最終段階における医療・ケアの考え方…… 171
身体障害者障害程度等級表…………………… 110
身体障害者手帳………………………………… 108
身体障害者福祉センター……………………… 322
身体障害者補助犬給付………………………… 358
水道料金の減免………………………………… 48
珠洲市相談窓口………………………………… 338
スポーツ施設の料金割引……………………… 357
生活介護………………………………………… 119
生活訓練………………………………………… 120
生活困窮者自立支援制度…………………… 45, 242
生活困窮者自立相談支援機関……………… 45, 346
生活支援ハウス……………………………… 95, 291
生活支援費（総合支援資金貸付）……………… 50
生活福祉資金貸付制度………………………… 49
生活保護…………………………………… 40, 335
生活保護受給者等就労自立促進事業………… 45
精神障害者保健福祉手帳……………………… 114
精神通院医療…………………………………… 137
成年後見制度…………………………………… 181
成年後見制度法人後見支援事業……………… 124
成年後見制度利用支援事業…………………… 183
成年後見人市町長申立て……………………… 183
税務署…………………………………………… 347

石綿（アスベスト）健康被害救済制度………… 206
総合支援資金………………………………… 49, 50
総合法律支援法………………………………… 192
葬祭費…………………………………………… 31, 236
葬祭料（労災保険）…………………………… 205
葬祭料（アスベスト）………………………… 206
相談支援事業（総合支援法）……………… 123, 252
相談支援事業所（総合支援法）……………… 323
相談窓口（医療）……………………………… 190
相談窓口（外国人）…………………………… 350
相談窓口（介護保険）………………………… 189
相談窓口（行政）……………………………… 335
相談窓口（権利擁護）………………………… 191
相談窓口（高齢者）…………………………… 189
相談窓口（自殺）……………………………… 191
相談窓口（子育て支援）……………………… 151
相談窓口（障害のある人）…………………… 335
相談窓口（消費者）………………………… 186, 347
相談窓口（女性）…………………………… 180, 344
相談窓口（審査請求）………………………… 187
相談窓口（生活困窮者自立支援）………… 45, 346
相談窓口（生活保護）…………………… 41, 43, 345
相談窓口（多重債務）…………………………… 55
相談窓口（福祉サービス全般の苦情）……… 189
相談窓口（法律）…………………………… 192, 350
尊厳死…………………………………………… 179

【た】

大規模災害被災者…………………………… 193, 200
退職…………………………………………… 28, 56, 203
退職後の健康保険……………………………… 28
体調不良児保育……………………………… 154, 261
タクシー運賃障害者割引……………………… 356
ダブルワーク…………………………………… 205
短期入所（総合支援法）…………………… 118, 310
短期入所生活介護……………………………… 82
短期入所療養介護……………………………… 82
短期被保険者証（国保）…………………… 26, 236
地域延長給付…………………………………… 57
地域型保育事業………………………………… 153
地域活動支援センター………………………… 321
地域活動支援センター機能強化事業………… 124
地域共生社会………………………………… 213, 214
地域支援事業…………………………………… 246
地域生活支援事業……………………… 123, 252, 295
地域生活定着支援センター………………… 197, 344
地域包括支援センター……………………… 74, 295
地域密着型介護老人福祉施設……………… 84, 275
地域密着型サービス………………………… 90, 284
地方厚生局……………………………………… 345
チャイルドシート購入補助金……………… 156, 263

中間的就労…………………………… 45, 242
聴覚障害者情報提供施設………………… 322
通院精神医療費助成制度…………… 137, 219
通所介護……………………………………80
通所型サービス……………………………80
通所看護……………………………………81
通所リハビリテーション…………………81
津幡町相談窓口………………………… 340
DV……………………………………… 177
定期巡回・随時対応型訪問介護看護……… 83, 295
デイケア（介護保険）……………………81
デイサービス（介護保険）………………80
出口支援………………………………… 194
展示施設の料金割引…………………… 357
同行援護………………………………… 118
統合保育………………………………… 154
当事者団体……………………………… 351
特定援助対象者（民事法律扶助）…… 193
特定求職者雇用開発助成金…………… 142
特定疾患医療費制度（指定難病）………32
特定疾病療養受療証………………………19
特定受給資格者……………………………56
特定調停……………………………………54
特定入所者特別給付費………………… 126
特定福祉用具購入…………………………84
特定不妊治療…………………… 147, 224
特定理由離職者…………………… 24, 56
特別遺族給付金（石綿健康被害救済制度）……… 206
特別休暇………………………………… 203
特別児童扶養手当………………… 130, 140
特別障害者控除…………………… 59, 249
特別障害者手当………………………… 140
特別養護老人ホーム……………… 88, 273
特別養子縁組…………………………… 155
都道府県地域生活支援事業…………… 124
トライアル雇用………………………… 142
トワイライトステイ（子育て支援）…… 154, 261

【な】

中能登町相談窓口……………………… 342
七尾市相談窓口………………………… 337
難病医療費助成制度………………………32
難病相談・支援センター……………… 344
二次健康診断等給付…………………… 205
日常生活自立支援事業………………… 184
日常生活防火安全用具の支給……… 87, 246
日常生活用具給付等事業………… 124, 254
入院時食事療養の一部負担………………22
入院時生活療養の一部負担………………22
乳児一般健康診査……………………… 146
乳児院…………………………………… 328

乳児家庭全戸訪問事業…………… 156, 260
乳児保育………………………………… 154
乳幼児健康診査………………………… 157
任意継続保険………………………………28
任意後見制度…………………………… 182
任意整理……………………………………54
任意予防接種助成……………………… 238
妊産婦健康診査…………………… 146, 258
妊娠110番……………………………… 151
認知症カフェ…………………………… 101
認知症サポーター……………………… 100
認知症サポート医…………………………98
認知症疾患医療センター…………… 99, 299
認知症初期集中支援チーム………………98
認知症専門医………………………………99
認知症対応型共同生活介護……… 84, 284
認知症対応型通所介護……………………83
認知症対応力向上研修……………………98
認知症地域支援推進員………………… 101
認知症の人と家族の会…………… 102, 351
認定こども園…………………………… 152
認定就労訓練事業………………… 45, 242
妊婦一般健康診査………………… 146, 258
年金事務所……………………………… 344
年次有給休暇…………………………… 203
年末保育………………………………… 154
能登町相談窓口………………………… 342
野々市市相談窓口……………………… 340
能美市相談窓口………………………… 339

【は】

配偶者からの暴力……………………… 177
配偶者控除…………………………………59
配食サービス……………………… 87, 246
羽咋市相談窓口………………………… 338
白山市相談窓口………………………… 339
発達障害………………………………… 128
発達障害支援センター………………… 344
ハローワーク……………………… 141, 348
犯罪被害者支援………………………… 192
被災者生活再建支援法………………… 200
非自発的失業者の保険料軽減（国保）………24
ひとり親家庭医療費助成制度…… 163, 218
被爆者一般疾病医療………………………36
被扶養者（健康保険）……………………12
病児保育………………………… 154, 261
ファミリーサポートセンター…… 154, 334
不育治療費助成…………………… 147, 230
複合型サービス……………………………83
福祉型障害児入所施設…………… 129, 328
福祉関係団体…………………………… 353

福祉健康センター……………………………… 343
福祉サービス第三者評価……………………… 189
福祉サービス利用支援事業…………………… 184
福祉資金…………………………………… 49, 50
福祉事務所……………………………………… 345
福祉タクシー……………………………… 246, 358
福祉費（生活福祉資金貸付）…………… 50, 52
福祉ホーム……………………………………… 322
福祉有償運送事業……………………………… 143
福祉用具購入……………………………… 85, 246
福祉用具貸与……………………………… 84, 245
不動産担保型生活資金………………… 41, 50
不妊・不育治療費助成……………… 147, 224, 230
不服審査請求（介護保険）………………… 189
不服審査請求（生活保護）…………………… 41
不服審査請求（福祉サービス全般）……… 187
扶養控除………………………………………… 59
プレミアム・パスポート……………………… 156
文化施設の料金割引…………………………… 357
保育所…………………………………………… 152
保育所等訪問支援……………………………… 129
法外援護………………………………………… 47
放課後児童クラブ………………………… 166, 266
放課後等デイサービス………………………… 128
宝達志水町相談窓口…………………………… 341
法定軽減制度（国保）………………………… 23
法定後見制度…………………………………… 181
法テラス…………………………………… 192, 350
訪問介護………………………………………… 77
訪問型サービス………………………………… 77
訪問看護（介護保険）………………………… 79
訪問指導（子育て支援）……………………… 260
訪問入浴介護…………………………………… 78
訪問リハビリテーション……………………… 79
法律相談…………………………………… 55, 350
法律相談援助…………………………………… 192
法律扶助…………………………………… 183, 193
ホームスタート………………………………… 155
ホームフレンド………………………………… 164
ホームヘルプサービス………………………… 117
北陸生活保護支援ネットワーク石川……… 43, 354
北陸鉄道バス・電車運賃等の割引…………… 355
保険外負担（医療保険）……………………… 14
保健所…………………………………………… 343
保健福祉センター………………………… 191, 343
保護観察官……………………………………… 195
保護司…………………………………………… 195
母子家庭等就業・自立支援事業……………… 165
母子生活支援施設………………………… 164, 328
母子父子寡婦福祉資金…………………… 53, 161
母子・父子福祉センター……………………… 344

補装具費………………………………………… 123
補聴器購入助成制度…………………………… 240

【ま】

埋葬料…………………………………………… 31
マイナンバー……………………………… 21, 186
未払賃金立替払制度…………………………… 203
民事法律扶助……………………………… 55, 192, 193
無料低額介護老人保健施設利用事業………… 48
無料低額診療事業……………………………… 48
メルシーキャブ………………………………… 143
もの忘れ外来…………………………………… 99
問題解決しない事例検討会…………………… 199

【や】

夜間救急………………………………………… 349
夜間対応型訪問介護……………………… 78, 83
遺言…………………………………………… 170
有料道路の通行料金割引……………………… 356
有料老人ホーム…………………………… 92, 279
要介護認定……………………………………… 68
養護老人ホーム…………………………… 95, 278
幼稚園…………………………………………… 152
要保護世帯向け不動産担保型生活資金……… 50

【ら】

理解促進研修・啓発事業……………………… 123
リハビリテーションセンター………………… 344
リハビリ特化型デイサービス………………… 81
療育手帳……………………………………… 109
利用者支援事業（子育て支援）………… 151, 267
理容・美容サービス…………………………… 87
療養援護………………………………………… 47
療養介護……………………………………… 119
療養（補償）給付…………………………… 204
療養通所介護…………………………………… 81
療養費払い……………………………………… 29
療養病床………………………………………… 90
リワーク支援………………………………… 142
臨時特例つなぎ資金貸付制度………………… 58
労災保険…………………………………… 204, 206
労働基準監督署………………………………… 347
労働基準法…………………………………… 202
労働局………………………………………… 347
労働者災害補償保険……………………… 204, 206
労働条件通知書……………………………… 202

【わ】

輪島市相談窓口………………………………… 337

○『福祉マップ』各版の特徴

	副題／発刊日	監修者	編集長	特　徴	構　成
第1版	福祉制度の活用のために ○1988年10月20日発刊	―	大野　幸治	各市町村の福祉制度とその利用法を解説。医療機関窓口、医療福祉関係者に活用を呼び掛け。生活・福祉問題への相談・援助こそ「かかりつけ医」	第1部　「Q&A」、老人の福祉・身体障害者の福祉・生活・医療保険・医療の保障・医療費 第2部　各市町村の福祉制度 第3部　資料
第2版	福祉制度の活用のために ○1990年12月15日発刊	―	井沢　宏夫	開業医と病院、福祉、保健の連携の必要性を説く。日常生活の中で、生活上の支障を来しておられる患者さんに役立てる。	第1部　「Q&A」、老人の福祉・身体障害者の福祉・生活・医療保険・医療の保障・医療費 第2部　各市町村の福祉制度・石川県保健所事業の概要 第3部　資料
第3版	医療と福祉の連携をめざして ○1993年10月30日発刊	―	喜多　徹	福祉制度の解説、市町村の相談窓口、進んだ自治体の制度を紹介。障害者(児)福祉の頁を新設。	1.　高齢者の福祉・障害をもつ人々の福祉・医療費・医療保険・住まいと貸付制度・生活保護 2.　資料編；41市町村の福祉制度、高齢福祉施設
第4版	医療と福祉の連携をめざして ○1997年10月15日発刊	―	喜多　徹	県内各市町村の計画がどれほど進んだかを検証。健保法改正成立、医療費についての最新情報を掲載。協会会員、現場で働く皆様、介護されている人へ。	第1部　医療・福祉制度；高齢者福祉、障害者福祉、医療保険制度、医療費、住まいと貸付制度、生活 第2部　各市町村の医療福祉制度 第3部　資料編　「患者団体・家族会」を追加
第5版	介護保険対応版 ○2000年12月15日発刊	横山　壽一	喜多　徹	開業医、医療・福祉現場、要介護認定や障害のある方及びその家族への幅広い活用を呼び掛け。住民がサービスの主体となる時代へ。	冒頭で介護保険制度の概要 第1部　福祉サービス；高齢者の福祉、住宅・税金・年金・貸付制度、障害者の福祉、相談窓口 第2部　医療保険制度と医療費助成制度 第3部　県内各市町村の医療費助成制度・福祉制度 第4部　資料編
第6版	社会資源マップ掲載、支援費制度対応、県内市町村の福祉制度一覧、施設一覧 ○2004年7月1日発刊	横山　壽一	服部　真	国民生活支援版。冒頭に社会資源マップを作成。制度の枠を超えて利用できるサービスを探せる。子どもの頁を新設。障害者福祉の全面改定、権利擁護の記載増	第1部　医療保険制度と医療費助成制度 第2部　福祉サービス；高齢者、障害者、子ども・一人親、その他 第3部　県内各市町村の医療費助成制度・福祉制度 第4部　資料編
第7版	一目でわかる医療・福祉サービス利用マップ、最新の医療保険・介護保険制度、障害者自立支援法対応、充実した権利擁護解説、県下自治体の福祉制度・施設一覧 ○2007年11月10日発刊	横山　壽一	服部　真	困ったときに使える制度を紹介するだけでなく、守られるべき権利を見直し、主張し、改善を求める努力に役立つように。権利擁護を充実。	第1部　医療保険制度と医療費助成制度 第2部　福祉サービスの解説；高齢者・障害者・出産子育て・その他・権利擁護 第3部　県内各市町の医療費助成制度・福祉制度 第4部　資料編
第8版	ひと目でわかる社会資源マップ、充実した医療・福祉制度解説、県内市町の福祉制度一覧、施設一覧 ○2011年12月26日発刊	横山　壽一	大川　義弘	生活支援を『章』として起こす。「認知症」に関する内容を充実（はじめて一疾病を詳細に取り上げ解説）。震災からの復興・復旧は、医療・福祉の抜本的改革なしには成し遂げられない。	第1部　医療・福祉制度の解説；医療保険制度と医療費助成制度・生活支援・高齢者の福祉医療・障害のある人・出産子育て・権利擁護・その他 第2部　県内各市町の医療費助成制度・福祉制度 第3部　資料編；大規模災害と社会保障・社会福祉制度について記載
第9版	ひと目でわかる社会資源マップ、充実した医療・福祉制度解説、県内市町の福祉制度一覧、施設一覧 ○2016年1月31日発刊	横山　壽一	大川　義弘	難病医療の全面改定、生活困窮者自立支援制度、障害者総合支援法などの新制度や、2015年介護保険制度改定にも対応。	第1部　医療・福祉制度の解説；医療保険制度と医療費助成制度・生活支援・高齢者の福祉医療・障害のある人・出産子育て・権利擁護・その他 第2部　県内各市町の医療費助成制度・福祉制度 第3部　資料編
第10版	ひと目でわかる社会資源マップ、充実した医療・福祉制度解説、県内市町の福祉制度一覧、施設一覧 ○2019年3月11日発刊	横山　壽一	大川　義弘	第1部序章「世代、分野を超えた相談支援をめざして」の創設、認知症関連支援、障害のある児童支援、学習支援等の記載充実。	第1部　医療・福祉制度の解説：世代、分野を超えた総合的な相談支援をめざして・医療保険制度と医療費助成制度・生活支援・高齢者の福祉医療・障害のある人・出産子育て・権利擁護・その他 第2部　県内各市町の医療費助成制度・福祉制度 第3部　資料編

本書の一部または全部を無断で複写（コピー）・複製・転載することは、
著作権法で認められた場合を除き、著作権および出版社の権利の侵害となります。
あらかじめ本協会に許諾を求めてください。

福祉マップ ［改訂第11版］

2023年2月11日　　第1刷発行

編　集 ——「福祉マップ」編集委員会
発行所 ——石川県保険医協会
　　　　　〒920-0853 金沢市本町2丁目11番7号 金沢フコク生命駅前ビル7階
　　　　　TEL（076）222-5373
　　　　　FAX（076）231-5156
　　　　　E-mail ishikawa-hok@doc-net.or.jp
発売所 ——能登印刷出版部
　　　　　〒920-0855 金沢市武蔵町7番10号
　　　　　TEL（076）222-4595
　　　　　FAX（076）233-2559
印刷・製本 —能登印刷株式会社

福祉マップ 改訂第11版
── アンケートにご協力ください ──

『福祉マップ』をご購入いただき、ありがとうございます。

次回改訂版の参考にさせていただきますので、アンケートにご協力をお願いいたします。

次回改訂版を発行する前に制度が大幅に変更になった場合には、変更箇所をまとめた追補版の作成を検討することとしています。追補版を発行した際には、アンケートにご協力いただいた方に追補版を進呈します。

なお、追補版の進呈は在庫がなくなり次第終了となること、また、追補版は次回改訂版作成のタイミング等により発行しない場合もあることをあらかじめご了承ください。

〈アンケートの回答方法〉

下記のいずれかの方法で送付してください。

① 回答はがき

　右の「きりとり線」内の項目をご記入の上、

　切り離し、切手を貼って郵送してください。

② 電子フォーム

　https://ishikawahokeni.jp/　または

　右下のQRコードから回答してください。

- - - - - - - - - - - - - - きりとり線 - - - - - - - - - - - - - -

1. **よく利用する箇所に☑を入れてください**
   - ☐ 社会資源マップ
   - ☐ 第1部　医療・福祉制度の解説
     - ☐ 第1章　医療保険制度と医療費助成制度
     - ☐ 第2章　生活支援のための各種制度
     - ☐ 第3章　高齢者の福祉・医療
     - ☐ 第4章　障害のある人の福祉
     - ☐ 第5章　出産・子育て支援の制度
     - ☐ 第6章　権利擁護
     - ☐ 第7章　働く人の制度
     - ☐ 第8章　包括的相談支援
       　　　　　〜「生きる」を支えるために〜
   - ☐ 第2部　県内市町の医療費助成制度・福祉制度
   - ☐ 第3部　資料編

2. **購入先** [　　　　　　　　　　　　　　　　　]

3. **本書を利用されたご感想やご意見など**

   _____

   _____

   _____

   _____

   ご住所　〒　　　　－

   _____

   お名前 _____

(第11版)

¥63
切手を
お貼り下さい

９２０−０８５３

金沢市本町 2 - 11 - 7
　金沢フコク生命
　　　　　駅前ビル 7 階

石川県保険医協会
「福祉マップ」係